KB262712

중국 고전 문학 연구의 회고와 전망

중국 고전 문학 연구의 회고와 전망

중국 고전 문학 연구의 회고와 전망

이홍진 · 송용준 · 류종목 · 김영문
신재환 · 이창숙 · 안찬순 · 나선희 공역

역락

서 언

　여기에 결집한 것은 고전 문학 연구 백년에 관계가 있는 한 그룹의 문장이다. 그것들은 일찍이 1998년에서 2000년까지 《문학유산》 잡지에 연속적으로 간행된 것이다. 왜 이러한 문장들을 발표하려고 하는가? 주로 중국의 고전 문학 연구는 기타 사회·인문 학과와 같이 현재 역시 하나의 매우 관건적인 전환기(轉換期, 어떤 사람들은 "전형기(轉型期)"라고 말한다)에 처하여 있다. 이러한 시기에 학과가 건전하게 발전하게 하려면 가장 중요한 것은 두 가지의 일을 하는 것이다. 첫째는 과거를 회고하여 결산하는 것이고, 둘째는 미래를 전망하여 기획하는 것이다. 그러나 전자는 후자의 기초이다. 이 10편의 문장은 이러한 인식에 기초하여 편집부가 조직하여 이룩한 것이다. 우리가 담화에 참가하도록 요청한 인사들은 물론 반드시 본 학과의 전문가들이어야 하고 동시에 또한 마땅히 본 학과가 발전해 온 과거에 대하여 상당한 이해를 가지고 있어야 하고 학과의 현재의 상황에 대하여 상당한 사고가 있는 전문가이어야 한다. 왜냐하면 우리는 이미 백년의 역사를 지닌 학과를 말하려고 하는 이상, 실제로는 이미 학과의 역사의 영역에 들어갔기 때문에 반드시 좋은 역사적인 의식을 갖추고 있어야만 비로소 그 일을 감당할 수 있기 때문이다. 이것은 말하지 않아도 자명한 것이다. 한 사람이 단지 한 번만 말하고 끝내는 것이 아니라, 상호 교류와 토론의 전개의 편의를 위하여 매 제목마다 요청한 전문가의 수는 비교적 적었다. 일반적으로는 단지 세 사람이지만 개별적으로는 두 사람이나 네 사람도 있다. 또 담화가 서로 다른 시각과 서로 다른 관점을 체현할 수 있게 하기 위하여, 우리가 요청한 전문가는 학문적 풍격에서는 모두 상당한 개성이 있고, 연령의 분포에서는 비교적 넓어 가능한 한 노(老)·중(中)·청(靑)의 각 방면을 돌보려고 하였다. 요청을 받은 전문가들은 북경(北京)·상해(上海)·천진(天津)·남경(南京)·광주(廣州)·무한(武漢)·소주(蘇州)·개봉(開封) 등의 대학과 연구소에서 왔고, 지역상에서도 역시 지나치게 집중되는 것을 피하였다. 담화의 제목을 왜 이 10개를 설정하였는가? 하는 것은 제일 먼저 비교적 넓은 포괄성을 가지고 있고 화제가 너무 전문적이고 자질구레한 것은 피하여 비교적 많은 학계의 동학(同學)들이 관심을 갖고 주의를 기울일 수 있기를 고려하였다. 동시에 또 너무 광범하지 않고 담화가 집중되지 않고 지나치게 추상적이거나 혹은 막연한 것을 피하였으며 결국 왕조와 문체를 경계로 삼아 이러한 제목들로 나눈 것이다.

문장이 계속하여 발표된 후에 학계의 반향이 매우 좋았다. 그리하여 20세기 말에 이러한 일을 하는 것이 필요하기도 하고 또한 매우 시의(時宜)에도 맞는다고 보았다. 이러한 문장들은 주로 백년 역사의 학과의 성패와 득실을 비교적 실사구시적(實事求是的)으로 회고하여 서로 다른 관점에서 20세기 학과가 어떠한 성적을 거두었는가 라는 것과 그러한 성적을 거둔 원인을 결산하는 것이고, 또 어떤 단계에서 걸어 온 학과의 꼬부랑길 및 주관적이고 객관적인 방면의 갖가지 교훈을 지적하는 것이다. 그리하여 학과의 역사와 현상에 대하여 일정한 거울의 작용을 일으킬 수 있는 것이다. 이 뿐만이 아니라 이러한 문장들은 또 학과의 금후의 발전을 위하여 적지 않은 건의와 구상을 제기하고 있다. 이러한 구상들은 아마도 또한 실제와는 꼭 맞지는 않지만 적어도 장래의 본 학과의 연구에 종사할 사람들에 대하여 상당한 참고 의의가 있을 것이다. 요컨대 이 10편의 문장은 비록 단지 일부분의 고전 문학 연구자들의 의론일 뿐이지만, 그것들은 일정한 대표성을 띠고 있고 현금의 학자들의 본 학과에 대한 관심과 사고를 대표할 수 있다. 그러므로 이것은 당면한 학과 건설에 불가결한 한걸음이다. 그러나 돌이켜 말한다면 담화는 결국 단지 일부분의 전문가가 발표한 의견일 뿐이다. 우리는 또 일찍이 담화자들에 게 대하여 알고 있는 것은 모두 말하고 말하는 것은 모두 다 나타내며 사상을 말하고 개성을 말할 수 있기를 희망한다고 제기한 적이 있다. 그 러므로 그중의 어떤 사람들의 견해는 반드시 전공이 같은 많은 동업자 들의 찬성을 얻을 수는 없고, 또한 의견상의 편파성이나 혹은 치밀하고 상세하지 못한 점이 있는 것을 면하기 어려울 것이다. 이것들은 우리는 사전에 역시 이미 예견한 바 있다. 그러나 우리도 인정하고 있다. 곧 누 구라도 모두 이의(異議)가 없는 평범한 "상투적인 말(套話)"을 하기보다는 차라리 반드시 보편적인 인정을 받을 수는 없지만 여러 사람들의 깊은 생각을 불러 일으키고 탐색하고 토론하는 것을 불러일으키는 개인적 의 견이 좋다는 것이다. 우리가 "담화"의 방식을 취한 중요한 이유는 좀 더 활발하고 좀 더 개방적이며 판에 박은 듯한 것과 얽매이는 것을 피할 수 있기를 바라기 때문이다.

20세기의 중국 고전 문학 연구에 관하여 많은 사람들은 모두 매우 크 게 진보하였다는 것을 인정한다. 진보의 주요한 표지(標識)는 그것이 19 세기 및 더욱 더 오래된 고전적 성질을 띤 "학문"으로부터 발전하고 성 장하여 하나의 근대(近代, 혹은 "현대(現代)"라고도 함)적 성질을 갖춘 인문 과 학이 되었다는 것이다. 중국의 고전 문학 연구는 비록 사실상은 일찍이 2천여 년 전에 이미 존재하였지만, 학과의 일련의 이론적 문제, 예컨대 학과의 성질·대상·방법·기능 등에 관해서는 종래 명확한 과학적 논 단을 얻지 못하였고, 학과는 자체의 이론 구축이 결여되어 실제적인 연 구에 영향을 미치지 않을 수 없어 경계도 분명하지 않고 관념도 명백하지 않고 방법도 잡다한 상태를 나타내게 하였기 때문에 당시의 연구는 단지 아직 전학과(前學科) 단계에 처했었다고 볼 수밖에 없다. 당시의 고전 문학 연구는 왕왕 경학(經學)·역사학·문장학·시학·고문헌학·고문자학·고거학(考據學)·제자학(諸子學)·문선학(文選學) 등의 학문과 서로 얽혀 있어 그 사이의 경계를 구분하기가 어려웠다. 곧장 20세기 초에 이르러 중국의 조기의 문학사 저작은 여전히 이러한 "대문학(大文學)"의 관념의 지배를 받아 경학·고문자학·음운학 등등을 서술 대상의 범위 안에 포함시킴으로써 문학사는 학술과 문화의 혼합의 역사가 되는데 이르렀다. 의심할 것도 없이 근대 중국의 고전 문학 학과의 성립은 또한 서방 근대 학술 사상 관념의 전래 곧 "서학(西學) 동점(東漸)"의 덕택이었다. 20세기 중국 고전 문학 학과의 성장의 과정은 실제로는 또한 어떻게 서방 학술 사상 관념을 흡수하고 아울러 운용하여 본토 문학사의 역사를 더욱 더 잘 연구하는가 하는 것이었다. 이른바 "동·서방 학술 사상의 맞부딪침"은 실제로는 "강세"·"약세"가 분명하여 기본적으로는 한편이 수출하면 한편이 수입하는 것이다. 그러나 또한 그 강·약세의 문제를 막론하고 그 결과는 중국의 학술 수준이 전에 없이 높아지게 하고 아울러 하나의 완전히 새로운 경계로 들어가게 하였다.

중국 고전 문학 연구의 백년 중의 구체적인 진보를 두루 꼽으려고 하는 것은 거의 불가능한 일이다. 그러나 우리는 반드시 학과 진보의 폭도 매우 크고 범위도 또한 매우 광범하다는 것을 지적해야 할 것이다. 표지성을 갖춘 사실은 20세기에 본 학과 중에 성취도 크고 영향도 심원한 수많은 연구가들 곧 이른바 "학술 대사(大師)"가 용솟음치듯 나타났다는 것이다. 그들은 왕국유(王國維, 1877~1927)·노신(魯迅, 1881~1936)·호적(胡適, 1891~1962)·문일다(聞一多, 1899~1946)·진인각(陳寅恪, 1890~1968)·전종서(錢鍾書, 1910~1998) 등이다. 그들은 각각 뛰어난 연구 논저를 출판하고 각각 독창적인 학술적 업적이 있으며 아울러 연구 방식·방법상에서 역시 스스로 길을 개척하여 고전 문학 연구 영역 중의 하나의 "극(極)"을 대표하였다.

왕국유는 고대 소설·희곡에 대하여 근대식 연구의 선구자가 되었고, 아울러 획기적인 업적을 올렸다. 그의 ≪홍루몽평론(紅樓夢評論)≫[1]은 근대의 개념과 방법으로 고전 문학을 연구한 첫 번째 저작으로 개산(開山)의 성질을 갖고 있다. 그가 제기한 "이중(二重) 증거법" 곧 "지상(紙上) 재료"와 "지하(地下) 재료"를 서로 인증(印證)하는 것은 또한 전통적인 서면(書面) 연구와 출토 기물에 실린 문자 연구를 서로 결합하는 방법이다. 비록 주로 역사학과에 응용하였지만 상고·진한(秦漢) 문학의 연구에 대하여 마찬가지로 중요한 의의가 있으며 따라서 역시 고전 문학 연구와 관계가 있는 일종의 근대적 의미를 갖춘 새로운 방법론이었다.

노신의 성취는 주로 고대 소설의 정리와 연구였다. 1923년에 간행된 ≪중국소설사략(中國小說史略)≫은 중국인이 지은 첫 번째 소설사이다. 이 책의 의의는 중국 고대의 일종의 극히 중요한 문체 곧 소설을 맨먼저 역사의 관점에서 전면적으로 서술한 것이며, 그 "깊이 숨겨진 것을 드러내어 밝힌(顯幽燭隱)"(≪중국소설사략≫ 전기(前記)) 공적 및 원류를 탐구한 효과는 지금까지도 여전히 현저하다. 체계를 갖춘 독창적인 이 작품은 중국의 소설 연구가 이로부터 과학화·체계화의 길에 올랐다는 것을 표지하고 있다. 그리고 사상가의 높이에 서서 고전 문학 연구를 전통 문화 비판과 서로 결합한 그의 깊은 안목은 더욱 따를 만한 사람이 없다.

호적의 공적은 주로 소설 고증 방면에 있다. ≪홍루몽≫의 작자 등의 구체적인 문제를 해결한 것 외에도 그는 10년대 후기의 "신문화(新文化)

---

1) 왕국유의 ≪홍루몽평론≫은 1904년 ≪교육세계≫지에 5회에 걸쳐 발표되었다.

운동” 중에서 “과학 방법”을 극력 창도하고 아울러 몸소 실천하고 기풍을 불러일으켰다. 당시의 주류 문화가 그를 긍정하든 혹은 부정하든 그를 선양하든 혹은 그를 비판하든, 20세기의 고전 문학 연구 영역 중에서 그의 영향이 미치지 않은 곳은 없었다.

진인각의 학식의 연박(淵博)함은 20세기의 중국의 학자로서 그를 뛰어넘을 자가 없다. 그의 고전 문학 연구는 “시를 가지고 역사를 증명하는(以詩證史)” 정신이 꿰뚫고 있다. 고대 시가 연구를 역사 연구 중에 조합하여 넣고 동시에 실증 방법을 시가 연구에 운용하여 독창적인 업적을 올렸다.

문일다는 마찬가지로 고대 시가를 연구하였지만 그가 운용한 방법은 “먼저 생물학적인 관점으로 보고” “다시 역사학의 관점을 빌려 보고” 그런 다음에 시인의 상상력으로 시가의 원래의 의미를 “탐색하고(揣摩)” “체득하고 음미하며(體味)”(모두 그의 ≪광재척독(匡齋尺牘)≫에 보임), 그 사이에 “연환식(連環式)의 추론”과 “취미가 있는 가설”(위와 같음)을 배척하지 않았다. 그는 자연 과학·사회 과학의 방법을 포함하는 각종의 “과학적인 방법”과 인문학과 예술학의 방법과 결합한 것이다. 그는 방법상 가장 개방적이고 종합적이었으며, 이것으로 고전 문학 연구 영역 중에 홀로 하나의 깃발을 세워 더욱 많은 근대성을 체현하였다.

전종서의 학식은 진인각과 서로 필적할 만하지만 그의 학문 방법은 연계(連繫)와 비교 연구(혹은 “타통(打通)”이라고도 함)를 주로 하여 중국과 서양을 횡적으로 연계하여 비교하고 옛날과 근대를 종적으로 연계하여 비교하였는데, 이른바 “동해와 서해는 심리가 같은 것이고 남학과 북학은 도술이 갈라지지 않았다(東海西海, 心理攸同 ; 南學北學, 道術未裂)”(≪담예록(談藝錄)≫ 서(序))는 것으로 자신의 장점을 발휘한 방면에서 그는 통쾌하기 그지없다.

이러한 “대사(大師)”급의 인물 외에도 20세기의 본 학과 내의 뛰어난 학자들은 아직도 수십 명을 열거할 수 있다. 예컨대 양계초(梁啓超, 1873~1929)·유사배(劉師培, 1884~1919)·전기박(錢基博, 1887~1957)·황절(黃節, 1873~1935)·황간(黃侃, 1886~1935)·고힐강(顧頡剛, 1893~1980)·유평백(兪平伯, 1900~1990)·주자청(朱自淸, 1898~1948)·심안빙(沈雁氷, 모순(矛盾), 1896~1981)·정진탁(鄭振鐸, 1898~1958)·곽말약(郭沫若, 1892~1978)·유국은(游國恩, 1899~1978)·곽소우(郭紹虞, 1893~1984)·나근택(羅根澤, 1900~1960)·범문란(范文瀾, 1893~1969)·육간여(陸侃如, 1903~1978)·여가석(余嘉錫, 1884~1955)·낙홍개(駱鴻凱, 1892~1954)·하승도(夏承燾, 1900~1986)·당규장(唐圭璋, 1901~1990)·왕계사(王季思, 1906~1966)·유대걸(劉大杰, 1904~1977)·주동윤(朱東潤, 1896~1988)·하기방(何其芳, 1912~1977)·여관영(余冠英, 1906~1995)·임경(林庚, 1910~2006)·녹흠립(逯欽立, 1911~1973)·정천범(程千帆, 1913~2000) 등등으로 그들은 모두 각자의 성취와 특색을 이루었다.

이러한 고전 문학 전문가들은 모두 각자의 학술적 업적이 있고 모두 중요한 논저가 있다. 그들은 장래의 어떤 시기의 본 학과의 발전 역사 연구 중에서 모두 중요한 대상이니, 그들은 20세기 학술사책에 이름을 남길 만하다고 할 수 있다. 이러한 학술 대사와 걸출한 학자를 핵심으로 하여 고전 문학 연구 영역에는 또한 사실상의 학파를 형성하였다. 예컨대 왕국유는 비록 그는 종래 명확하게 "학파"의 깃발을 내걸지는 않았지만 그는 자신의 걸출한 학술 업적으로 그의 "이중 증거법"으로 스스로 방법론을 정하고 그의 청화연구원(淸華硏究院)의 많은 연구생들을 기본 대오(隊伍)로 삼아 홀로 하나의 깃발을 세운 학술 유파를 확실하게 형성하였다. 기타 예컨대 호적을 우두머리로 하는 실험주의파, 고힐강을 우두머리로 하는 "고사변(古史辨)" 파, 곽말약을 우두머리로 하는 유물사관파, 심안빙·정진탁을 우두머리로 하는 "문학연구회(文學硏究會)" 파(역시 "소설월보(小說月報)" 파라고도 할 수 있는데, 그들은 1927년에 편집·인쇄한 ≪소설

월보≫ 제17호 호외(號外) "중국문학연구전호(中國文學硏究專號)"에서 고전 문학 연구
를 내용으로 하여 작자는 대부분 문학연구회의 성원이었는데, 서체(西諦, 정진탁의
호)・심안빙 외에 또 허지산(許地山)・구양여천(歐陽予倩)・유대백(劉大白) 등이 있었
다), 노신・진인각・문일다 등도 역시 스스로 학파를 이루었다. 문씨는
본인이 방법상의 종합성과 개방성으로 뛰어났을 뿐 아니라 또한 그의
계승자 손작운(孫作雲, 1912~1978) 등은 자못 그의 방법적 특색을 계승하
였다. 이렇게 많은 대사와 우수 학자들이 있고 그들의 후세에 전할 만한
수많은 작품이 있으며 또한 이렇게 성공적인 혹은 비교적 성공적인 학
파가 있어 고전 문학 학과로 하여금 20세기에 빛이 나게 한 것은 우리
가 스스로 자랑할 만한 것이다. 만약 횡적인 비교를 한다면 고전 문학
연구와 자매 학과 "현대 문학" 연구・당대(當代) 문학 연구・소수민족 문
학 연구 또 문학 이론 연구가 있지만 20세기에 거둔 성취는 서로 다르
다. 그러한 분과 학과에서는 비록 또한 성취를 거둔 것이 적지 않지만
이렇게 많은 걸출한 학자와 우수 저작이 출현하여 각각 특색을 갖춘 학
파를 형성하지는 못하였다. 명확하게 말한다면 고전 문학 연구의 성취는
기타 여러 분과 학과보다 크다.

  이러한 상황이 출현한 것은 물론 우연한 것이 아니다. 먼저 지적해야
할 것은 고전 문학 연구는 중국에서 극히 깊고 두터운 전통이 있고, "국
학(國學)"으로서든 아니면 수많은 사대부(士大夫) 가정의 "가학(家學)"으로서
든 그것은 모두 수천 년의 기초를 갖고 있다. 중국이 근대화에 들어가기
전에는 그것은 역대의 전통 "학문"의 주간(主幹) 부분이었을 뿐 아니라
심지어는 또한 "경세치용(經世致用)"의 기본 내용이라고 인정되었고 이 때
문에 지식 계층에서의 보급 정도가 극히 넓었다. 고전 문학은 옛날의 사
대부에 대해서는 옷과 음식과 같이 잠시라도 떼어 놓을 수 없는 것이었

다. 그러나 20세기의 학자들 특히 세기의 전반에 생활했던 학자들은 대부분 옛 사대부 가문 출신의 배경이 있었다. 그들은 비록 이미 근대화의 인생의 길을 밟았지만 그들의 지식의 근저는 도리어 옛 전통 "학문" 방면에 있었기 때문에 그들은 일단 근대의 관념과 방법을 이해한 후에는 신속하게 이 영역에서 연구 상태로 들어갈 수 있었고 아울러 성적을 올려 학과로 하여금 전체적으로 재빨리 성숙함으로 올라가게 하였다. 다른 한편으로는 20세기의 사회·인문학과는 비록 층층이 나타났지만 그러한 "새로운" 학과는 대부분 서방에서 전래된 것으로 중국 사람에 대해서 말한다면 모두 처음부터 배우고 해야 하였으니, 깊이 있고 계통적인 상태로 진입하려고 해도 또 매우 어려웠다. 막 눈을 떠서 세계를 직접 대면한 지 오래되지 않은 중국 학자들이 원래 서방에 속했던 그러한 학문을 깊이 들어가 연구하려고 하였지만 정말로 너무 어려웠고, 설사 천재라고 하더라도 만약 상당히 긴 시간의 준비가 없다면 또한 성취를 이루기가 어려웠다(예컨대 외국 문학에 대해서는 20세기의 전반기에는 비록 또한 적지 않은 인재들이 그 속에 투입되었지만 그들이 이룬 업적은 단지 "소개"를 주로 할 수밖에 없었고, 진정으로 "연구"라고 할 만한 것은 매우 적었다), 전체 학과의 성숙에 이르러서는 더욱 많은 시간이 필요하였다. 한 가지의 예를 들면 이 점을 설명할 수 있을 것이다. 1925년에 청화대학은 구미(歐美)의 일류 대학을 본받아 연구원을 개설하였다. 개설한 유일한 전공은 "국학(國學)"으로 세 차례에 걸쳐 학생을 100명 가까이 모집하였는데 또한 온통 문사(문사 : 문학과 역사학) 전공 학생으로 "국학"은 이 때문에 청화원(淸華園) 내에서 홀로 빼어났다. 서로 비교한다면 기타 학과는 규모와 인재 방면에서 모두 상대가 되지 않았다. 청화대학의 당시의 교장 조운상(曹雲祥)은 연구원에 전공을 확충하지 않으려고 한 것이 결코 아니었지만, 기타 학과는 사실은 매우 성숙하지 못하여 아무나 데려다가 어지럽게 겉치레만을 할 수는 없었다. 이러한 상황은 "청화연구원 장정(章程)·연기(緣起)" 중에서 말한 바와 같이 "유럽의 학술에 이르러서는 새로이 서방에서 와서 철(哲)·리(理)·문(文)·사(史)의 여러 학문은 정밀하고 깊이 있게 비교하는 고찰과 연구가 있지 않으면 그 정화(菁華)를 따고 그 취사선택을 확정할 수 없다 …… (至於歐洲學術, 新自西來, 凡哲理文史諸學, 非有精深比較之考究, 不足以挹其菁華而定其取捨 ……)"라고 하였다.

바로 이 때문에 우리는 20세기의 수많은 늙은 연배의 학자들이 그가 어떤 전공 학과의 연구에 종사하더라도 거의 대부분이 상당한 고전 문학의 기초를 갖추어 수많은 사람들이 기타 전공 연구에 종사하였고 그 고전 문학 수양은 왕왕 역시 매우 깊고 심지어 "정업(正業)"보다 조금도 뒤떨어지지 않았다. 예컨대 정문강(丁文江, 1887~1936)·축가정(竺可楨)·이사광(李四光, 1889~1971)·오대유(吳大猷, 1907~2000)와 같은 유명한 자연 과학자들도 또한 모두 이와 같았다. 우리는 또 원래는 이공과(理工科)를 배운 적지 않은 학자들이 갖가지 원인으로 이학을 버리고 문학에 종사하였는데, 그들도 또한 매우 빨리 각색(角色)에 들어가 고전 문학을 연구하였지만 또한 마음에서 터득하고 손에 응하여 결코 장애가 없었다는 것을 발견할 수 있다. 우리는 또 20세기의 중국과 외국을 겸통한 어떤 학자들은 똑같이 문학을 연구하더라도 도리어 왕왕 "중학(中學)"이 "서학(西學)"보다 뛰어나다는 것을 발견할 수 있다. 전종서를 예로 말한다면, 그는 여러 종류의 외국어와 외국 문학을 깊이 연구하였다. 수많은 외국 문학 전문가들은 그의 면전에서는 모두 멀리 자리를 피하여 함께 다투기가 어려웠으며, 그의 중국 문학 수양은 의심할 것도 없이 더욱 더 깊었다. ≪담예록(談藝錄)≫·≪관추편(管錐編)≫은 "외국의 이치를 중국의 이치와 한데 놓고 말한"(주진보(周振甫)의 말) 것이지만 그 학문의 뿌리와 기초는 마땅히 여전히 중국 문학 방면에 있다고 해야 할 것이다. 이것은 모두 20세기의 중국에서 고전 문학은 하나의 학문의 기초로서 얼마나 깊고 두터우며, 특히 세기의 전반기에 국내적 내지 세계적으로 앞선 지위를 차지할 수 있었던 학과는 이것을 제쳐 두고 누구이겠는가를 표명하는 것이다.

똑같이 중국의 "학문"이면서 왜 "현대 문학" 등등의 연구 성취는 고전 문학에 미치지 못하는가? 이것은 상술한 "기초"가 다른 것 외에도 또 학과의 상대적인 안정성에서 설명을 할 수 있다. 현대·당대의 문학은 현실 생활에서 너무 가까워서 대상 자체가 불확정성을 갖고 있고 연구의 축적도 너무 얇으며 또한 연구 작업이 현실 요소(사상 의식상·정치 이해상 심지어는 어떤 인간 관계상의 것을 포함하여)의 간섭을 비교적 강하게 받고 안정된 학술 연구 환경이 결여되어 있는 등등이 모두 그러한 학과에 영향을 주어 더욱 많은 업적을 올리기 어렵게 하는 것이다. 요컨대 학과의 내재적 기초와 외재적 환경 및 연구자 방면의 고유한 지식 결구의 여러 가지 요소는 20세기의 중국 학자가 중국 고전 문학을 연구하는 방면에서 독특한 우세를 차지한다는 것을 결정하여, 뛰어난 인재와 성과 및 성공적인 학파의 출현은 필연적 추세였던 것이다.

20세기의 고전 문학 학과의 진보 중에서 만난 최대의 장애는 의심할 것도 없이 관념과 방법상의 교조화(敎條化) 경향이다. 20세기 학과는 진보를 위하여 서방에서 수많은 근대의 관념과 방법을 도입하고 흡수하였으며, 이러한 도입과 흡수는 학과 근대화의 필수였다. 문제는 적지 않은 사람들이 급하게 성공을 추구하는 심리에서 아직도 그 새로운 관념과 방법이 어떤 것인지를 확실히 모르고 즉각적인 효과를 올리는 방식을 운용하였고 그리하여 필연적으로 갖가지의 편차(偏差)가 출현한 데 있다. 예컨대 세기의 전반기에는 "과학 방법"에 대한 도입은, 앞에서 서술한 바와 같이 당시의 호적의 마음씀은 틀림이 없었지만 그는 과학 방법 등을 "실험주의"와 동등하다고 생각하여 주로 자연 과학 영역에 적용하는 방법을 사회·인문학과 속에 그대로 옮겨 놓았는데 이것은 쉽게 인문학과 자체의 특징을 말살하는 폐단을 조성하였다. 호적 본인의 ≪홍루몽≫ 연구가 바로 "양판(樣板)"이었다. 이 위대한 소설에 대한 그의 연구는 겨우 사실(史實)의 정리와 고증 단계에 머물렀는데(이 방면에서 그는 위대한 공적을 올렸다), 만년에 이르러 그는 종래 소설의 사상 내용과 예술 성취에 대해서는 착실한 분석을 한 적이 없다는 것을 인정하였다. 소설 연구에 대하여 말한다면 이렇게 하는 것은 물론 매우 불충분하다. 문학 연구 중의 "유과학주의(唯科學主義)"에 대하여 당시의 학형파(學衡派) 중의 약간의 학자들은 일찍이 첨예하게 비평하고 인문 정신으로 과학 방법의 부족을 보완하고 구제할 것을 주장하였지만, 당시의 다수의 학자들은 벌떼처럼 몰려가는 심리 상태 아래 바로 "과학 방법"을 표준으로 삼았다. 그들의 합리적인 의견은 기본적으로 듣는 사람이 없었고 도리어 "신문화(新文化) 운동을 반대하는" "봉건(封建) 여얼(餘孽)"로 배척을 당하였다.

또 20년대 말에 고전 문학 연구는 처음으로 마르크스 주의의 유물사관을 도입하였다. 이것은 본래 일종의 완전히 새로운 관념 체계와 방법론 체계로서 사회·인문학과 중의 수많은 본질 문제를 깊이 들어가서 해명할 수 있었다. 그러나 진정으로 순수하고 능숙하게 이러한 방법을 운용할 수 있는 학자는 매우 적었다. 적지 않은 사람들이 실제로 행한 것은 단지 관련된 개념과 술어를 고대 작가와 작품에 덮어씌우는 것이었다. 이러한 방법은 30년대에 이미 출현하여 당시 약간의 "계급 분석 관점"으로 고대 문학에 간단화된 처리를 한 문학사 저작이 있었다. 이러한 문학사 중에는 "봉건 영주 문학"과 "농노 문학"이 분명하게 대립되었고 또한 기타 종류의 문학은 거의 존재하지 않았다. 계급 분석의 전제 아래 문학을 유형화하는 것은 비록 요점을 간명하게 제시하는 효과는 있지만 간단화의 방법은 또 실제로는 문학 사실의 복잡성을 말살하였다. 이러한 경향은 50년대 후에도 계속 발전되었다. 혹자는 작가의 사회 경제 지위를 "반동"과 "진보"의 판별의 의거로 삼았고, 혹자는 작품이 묘사한 제재 내용의 "노동 인민에 대한 태도가 어떠한가"라는 것을 "인민성"을 갖고 있는가 없는가의 표준으로 삼았다. 그밖에 고대 작가·작품의 구체적인 상황을 전혀 돌아보지 않고 생경하게 "정치 표준이 첫째이고 예술 표준이 둘째이다"라는 것을 강조하여 역시 고대 문학 중의 수많은 뛰어난 부분이 "사상성"이 표준에 맞지 않는다고 해서 사나운 비판을 당하였고 심지어는 말살되고 부정되었다. 이러한 편협한 경향은 발전하여 "문화 대혁명"에 이르러서는 "봉건주의·자본주의·수정주의를 매장하자(埋葬封·資·修)"라는 구호 아래 고전 문학을 한꺼번에 반동적인 것으로 보고 "싹쓸이(橫掃)"하였다.

옛 교조주의는 80년대에 발란반정(撥亂反正)을 거쳐 기본적으로 극복되었지만, 그러나 또 새로운 교조주의의 싹이 움텄다. 약간의 논자들은 개방적인 환경 아래 국외 서방의 어떤 새로운 이론·새로운 방법 특별히 "후현대주의(포스트·모더니즘)"의 이론과 방법을 도입하여 중국의 문학을 연구하였다. 이러한 이론과 방법들은 스스로 그 독창적인 시각과 독창적인 효용도 있지만 이러한 이론 방법에 대한 이해가 결코 주밀하고 완전하지 않고 더욱 이러한 이론 방법 자체가 아직도 발전 중에 있어서 그 성숙도가 아직도 의문이 남아 있다. 그것들은 한걸음 나아가 관찰하고 점검해야 하기 때문에 성급하게 이러한 이론 방법을 성급하게 이식하여와서 구체적인 상황을 돌아보지 않고 운용한다면, 공허하고 겉핥기식이거나 혹은 생경하고 부자연스러운 병폐를 형성하기가 매우 쉽고 진정으로 문학상의 문제를 해결하기도 어려우며 또한 많은 사람들이 믿고 따르게 하기도 어려울 것이다. 그러나 이것은 문학 이론 및 현·당대 문학 연구 중에는 비교적 많이 나타나지만, 고전 문학 연구 중에는 비교적 적어서 아직 일종의 엄중한 경향이 될 수는 없다.

교조화 경향이 흘러 넘쳐서 재난이 되는 까닭은 물론 먼저 문화 정책상의 "좌(左)"의 잘못된 결과이다. 50·60·70년대의 상황이 바로 그러했다. 그러나 또한 교조화도 또한 사회적인 뿌리가 있다는 것을 마땅히 보아야 한다. 한편으로는 그것은 낙후된 국가가 근대화의 과정 중에서의 성공을 성급하게 추구하는 심리에서 기원하는 것이다. 서방에서 온 근대성 사물에 대하여 간단하고 거친 "그대로 옮겨오기(照搬)"·"이식(移植)"으로 세밀하고 유효한 "소화"·"흡수"를 대체하고, 다른 한편으로는 전 사회·전 민족이 근대 문명의 소질이 결여되어 단일한 직선적 사유 방식에 익숙하여 진정한 변증 태도로 어떤 이론 관념을 대할 수 없어서 기계 유물론과 통속 사회학이 성행하는 데 이른 것이다. 교조화 경향은 발전되어 후에 이르러서는 더욱 격렬하고 극단적일수록 더욱 "혁명"적이라는 관념이 출현하여 전 사회의 일체의 생활 영역 중에서의 과격한 기풍을 조성하였다. 그리하여 본래는 선진적이거나 혹은 생명력이 있는 학설도 또한 뻣뻣하게 죽고 판에 박은 듯한 것으로 변하고, 원래는 건설적인 도구였지만 또한 파괴적인 날카로운 무기로 변한 것이다. 교조화 사조는 20세기 중국 사회로 하여금 중대한 대가를 지불하게 하였으니 본 학과에 대한 파괴는 오히려 그 작은 것에 속한다.

백년의 역사를 가진 학과의 중요한 문제의 하나는 인재에 관한 것이다. 이 문제에서 의미심장하게 생각할 만한 하나의 현상이 있다. 곧 20세기 전반과 후반의 고전 문학 연구자를 서로 비교하면 그 사이에 차이가 상당히 크다는 것을 발견할 수 있다. 사람의 수로 말한다면 후반은 분명히 전반을 뛰어넘고 또한 매우 크게 뛰어넘는다. 그것은 50년대 이후 문화 교육 사업 규모의 확대와 정비례한다. 그러나 만약 지식의 구조를 가지고 비교한다면 우세는 도리어 전자에 속할 것이다. 구체적으로 말한다면 전반 세기의 학자들은 그 지식 구조가 광박(廣博)하고 정심(精深)한 특징을 갖고 있어 일반적으로 모두 깊고 두터운 "국학"의 뿌리가 있다. 곧 고전 문학·역사학·문헌학·고한어학 방면의 교양을 갖추고 있고 고대 경전과 명저를 숙독한 것은 그들의 본편적인 "기본공(基本功)"이었다. 중국 고전 문학에 대한 그들의 이해는 비록 역시 중점이 있었고 결코 한 사람 한 사람이 모두 "통재(通才)"는 아니었지만, 파악하고 있는 면은 일반적으로 상당히 넓었다. ≪홍루몽≫을 연구한 전문가는 왕왕 이백(李白)·두보(杜甫) 심지어 ≪시경≫·≪초사(楚辭)≫에 대하여 역시 전문가라고 할 수 있었다(유평백(兪平伯)·오세창(吳世昌, 1908~1986) 등 선생이 모두 그랬다). 전통 경전 저작의 연구자도 역시 민간 문학 방면의 전문가일 수 있었다. 예컨대 고힐강(顧頡剛)은 이미 ≪시경≫·≪상서≫ 등도 연구하였고 또한 맹강녀(孟姜女) 고사를 연구하였다. 정진탁(鄭振鐸)은 ≪중국문학사≫를 지을 수도 있고 또 ≪중국속문학사≫도 지을 수 있었다. 강량부(姜亮夫, 1902~1995)는 돈황학(敦煌學)의 전문가이기도 하고 또 ≪초사≫ 연구의 명가이기도 하였다. 그밖에 그들 가운데 적지 않은 사람들은 문학 창작의 재능을 갖고 있었다. 어떤 사람은 신시(新詩)를 쓰는 것으로 장기를 보였고 어떤 사람은 동시에 유명한 소설가·산문가였다. 구체적인 시사(詩詞)를 짓는 것은 그들에게는 무슨 장기라고 할 것도 없을 것 같다. 일반적으로 말한다면 그들은 또한 적어도 한 가지 외국어(개별 "국학가"는 아마 예외일 것이다)에 익숙하였고 어떤 사람은 심지어 몇 가지의 외국어를 이해하였다. 예컨대 상술한 여러 대사와 뛰어난 학자들은 모두 그랬다. 이러한 지식 구조는 그들의 연구로 하여금 제재의 선택면이 극히 넓어 수

많은 문제에 대하여 모두 발언권을 가진 것처럼 보이게 한다. 50·60년 대에는 학술 문제 토론이 약간 있었다. 예컨대 굴원(屈原)에 관한 문제·한부(漢賦) 문제·조조(曹操) 문제·<호가십팔박(胡笳十八拍)> 문제·도연명(陶淵明) 문제·산수시(山水詩) 문제·변새시(邊塞詩) 문제·이욱(李煜) 사(詞) 문제·《비파기(琵琶記)》 문제·《삼국연의(三國演義)》 문제·《수호전(水滸傳)》 문제·《홍루몽》 문제 등등의 토론은 거기에 참여한 사람들의 이름이 중복하여 출현하는 확률이 매우 높았다. 그들은 왕왕 모두 사람들이 잘 아는 전문가들이고 이러한 전문가들은 거의 모두 50년대 이전에 이미 명성을 이루었다. 동시에 그들은 자신의 연구 작업 중에 자유자재로 글을 쓰고 여유롭게 재능을 발휘하여 사람들에게 촉박하고 얽매인 느낌을 거의 주지 않는다. 바로 자유자재로 글을 썼기 때문에 그들은 각자의 개성을 충분히 발휘할 수 있었다. 그들의 연구 논저를 읽으면 곰곰이 음미할 필요도 없고 또한 저자의 서로 다른 성격을 체득하고 깨달을 수 있다. 노신의 논저의 정련되고 중후함은 절대로 호적의 유창하고 산뜻함과 서로 달랐고, 진인각의 청신함과 주광잠의 자연스러움은 모두 타인이 갖추지 못한 것이다. 곽말약의 학술 문장은 격정적이고 충동적이며 주자청의 학술 문장은 근엄하고 정연(整然)하다. 문일다의 논문은 극히 아름다워 어떤 예술 산문에도 뒤지지 않고, 전종서의 재기의 충일(充溢)함은 또한 단지 그의 논저 중에서만 발견할 수 있다. "글은 그 사람과 같다(文如其人)"는 것은 학술 문장 등에서도 역시 구현될 수 있으니 참으로 간단하지 않은 일이다. 늙은 세대의 학자의 지식 구조의 표준으로 세기 후반의 학자들을 헤아린다면 그 낙차의 크기는 맥 빠지는 말 곧 참으로 사람을 부끄럽게 한다. 이에 대하여 필자도 역시 적지 않은 동시대인과 마찬가지로 자못 느낀 바가 있다. 내가 몸소 겪은 60년대 전기의 중국과학원 문학연구소 고대조(古代組)를 예로 든다면, 그것은 하나의 비교적 전형적인 두 세대의 학자들로 구성된 작은 세계였다. 여기에는 왕백상(王伯祥, 1890~1975)·유평백·여관영·오세창·전종서·오효령(吳曉齡, 1914~1995) 등 전반 세기에 이미 명성을 이룬 "노선생(老先生)"들이 있었고(실은 전·오 등의 선생은 역시 단지 40여 세·50세 정도에 불과하였다), 또한 10여 명의 50·60년대에 대학을 졸업한 새로운 세대의 학자들이 있었다. 그중에는 호념이(胡念貽, 1925~1982) 선생이 가장 연장으로 새로운 일대의 영수(領袖)라고 할 수 있었으며, 동내빈(董乃斌, 1942~) 형은 필자와 나이와 경력이 가장 얕아 단지 말석에 모시고 있을 수밖에 없었다. 이 10여 명의 50·60년대의 "젊은이"들은 자질은 아주 둔하다고 할 수는 없었지만 오성(悟性)도 약간 있고 지식도 또한 동년배보다 크게 차이가 나지는 않았다. 그들은 일반적으로 역시 매우 노력하였다. 그러나 두 세대 사람들의 직접적인 상호 교섭과 왕래 중에서 그러한 지식 구조상의 차이는 매우 분명하게 시시각각 모두 느낄 수 있었다. 필자의 기억 중에는 두 세대 사람들은 함께 회의를 열었는데(당시 각종의 회의가 적지 않았는데 일주일에 적어도 한 차례였다) 단지 전공 문제를 언급하기만 하면 회의는 즉각 "노선생"들의 통일 천하였다. "젊은 사람"들은 입을 열 여지가 거의 없었으니 필자처럼 열등한 사람은 당연히 단지 "수중(受衆)"의 각색에 충당될 수밖에 없었다. "노선생" 중에 가장 두드러진 사람은 물론 전종서 선생이었다. 그의 연박(淵博)함과 예지(叡智)는 사람을 놀라게 하였고 그의 풍취(風趣)와 유머는 사람들을 가슴이 탁 트이게 하였으니 항상 회의의 사실상의 주인공이었다. 왕수조(王水照, 1934~) 선생(그도 역시 "젊은 사람" 중의 하나였다)은 일찍이 한 편의 회고적인 문장 중에서 전종서 선생은 학문상 그와 "쌍방으로 교류할(雙向交流)" 수 있는 사람이 없고 이 때문에 그는 "고독감"이 있었다고 언급한 적이 있는데(<대화의 나머지 생각(對話的餘思)>, ≪수필(隨筆)≫ 1990년 제3기), 필자는 그가 말한 것이 극히 참되고 절실하다고 느끼고 있다.

여기에서 필자가 한 가지 점을 보충하려고 하는 것은 "젊은이"들은 전종서 선생과의 사이에 학술 공력상(功力上)의 격차가 존재할 뿐 아니라 기타 "노선생"과의 사이에서도 실제로는 또한 총체적인 학술 열세에 처하였고 이 때문에 진정한 의미상의 "대화"를 실현하기가 어려웠다는 것이다.

50·60년대에 성장하기 시작한 일대의 학자들도 역시 적지 않은 연구 작업을 하였다는 것을 부정할 수는 없다. 그러나 지금의 안목에서 살펴본다면, 설사 그들이 당시 비교적 잘 쓴 연구 논저라고 하더라도 역시 대부분은 "사상성"·"예술성"으로 장기(長技)를 보이고 있지만 절실하고 깊이 있는 문학 분석과 관련된 사료의 독창적인 운용은 거의 볼 수가 없다. 게다가 생각하는 방법이 판에 박은 듯한 것을 드러내고 논점도 결국 기계적인 혐의가 있으며 관점은 선입견이 주가 되고 결론은 참으로 합당하지 않다. 또 연구하는 문제는 왕왕 이데올로기화하였기 때문에 그 긍정적인 면의 학술 업적도 그 영향을 받아 학술상의 "창조적인" 가치는 유한하다. 그리고 연구의 풍모상 또한 평범화(平凡化)·뇌동화(雷同化)의 특징을 드러내고 있다. 우리가 고개를 돌려 50·60년대의 약간의 연구 논저를 본다면, 논제의 선택은 비록 차이가 있지만 사상·관념에서부터 운용하는 문자·언어에 이르기까지 서로 다른 연구자 사이의 차이는 매우 작고 심지어는 피차를 분간하기 어려우니 또 어디에서 온 "학술적 개성"이겠는가? 이러한 상황은 80년대 이후에 개변되었다. 이 시기의 어떤 학자들은 발란반정(撥亂反正)을 거쳐 학술상 또한 크게 진전이 있었는데, 그중의 어떤 것들은 상당한 재능을 표현하여 또한 학술 가치를 상당히 갖춘 연구 논저를 지어 내어 학과의 발전사에서 공헌한 바가 있다. 그러나 늙은 세대 학자들과 서로 비교하면 또한 지식 구조의 한계로 말미암아 연구의 기개(氣槪)와 방식을 막론하고 결국 촉박하고 좁은 것으로 보이고 일종의 대가의 풍모가 결여되어 있고 자유자재로 펼칠 수 없으며

"장력(張力)"이 부족하다. 새로운 세대의 전문가 중에 많은 사람들은 학술상 홀로 길을 개척하는 기개와 학술 개성·학술 풍격을 형성하는 공력이 결여되어 있다. 방법론상의 창조 및 학파의 형성이라는 학술 연구의 지고(至高)한 경계에 이르러서는 더욱 더 말할 것이 없다. 새로운 세대의 학자 가운데 비교적 젊은 그룹 곧 80·90년대에 성장하기 시작한 학자들은 사유의 활력·새로운 지식을 잘 받아들이고 개척·창신 정신이 풍부한 방면에서는 50·60년대의 사람들이 미치지 못하지만 학식의 근저(根柢)에서는 결코 치우치고 좁은 기본 상황을 전환시키지 못하였다. 나를 믿을 수 없다고 생각한다면 상술한 늙은 세대의 전문가들의 우수한 저작을 오늘날에 발표된 새로운 대표적인 연구 논저와 함께 살펴보아도 좋을 것이다. 후자는 비록 일정한 새로운 시대의 특징을 구현하여 약간의 새로운 관념·새로운 방법·새로운 내용·새로운 술어가 출현하고 심지어 "전위(前衛)" 풍을 갖추고 있지만 생각의 방법은 여전히 얽매이고 시야(視野)도 여전히 편협하고 지식과 능력상에서 부족을 드러내고 있다. 지식 구조 문제는 여전히 꼭 끼는 바지처럼 새로운 세대의 학자들을 속박하여 중대한 학술 문제를 해결하고 학과의 새로운 국면을 개척하고 스스로 체계를 이룬 학파를 창조하는 방면에서 능력이 상대적으로 빈약하여 전배 학자들과 서로 필적하기 어려우며 학술상 약세에 처하고 있다.

세기 전반의 학과는 왜 많은 뛰어난 인재 심지어는 약간의 "천재"를 가지고 있는가? 그러나 일단 후반 세기에 이르면 정세는 갑자기 바뀌어 여러 사람들은 모두 "재주가 다한" 것처럼 보이는 것인가? 이 문제를 고려하면 우리는 잊어버릴 수 없다. 곧 전통적으로 중국은 인문학과는 발달하였지만 자연·기술학과는 발달하지 않은 나라라는 것이다. 20세기 전반에 중국의 문화 학술 체계는 바로 커다란 개혁과 재조직을 거쳐 일종의 특수한 단계에 처하였다. 당시 어떤 근대의 학과들 특히 자연 과학·기술 과학은 아직 초창 건설 중에 있었고 심지어 소수인의 모색 단계였으며 아득히 완비되고 숙성하는 데 이르지는 못하였다. 그렇기 때문에 비록 이미 약간의 뜻있는 청년들을 흡수하여 학습하게 하였지만 사람 수는 또한 많지 않았고 적어도 아직은 압도적인 다수를 차지하지 못하였다. 당시 인재의 학과의 세분은 자연 학과와 사회·인문학과의 세분을 포함하여 사회·인문과학 내의 여러 학과의 세분은 이미 시작되었지만 전통 인문학과에 대해서는 아직 중대한 "위협"이 되지 않았으며 적지 않은 청년 학생들은 단지 본인의 원래 가지고 있던 학식의 기초 혹은 흥취·애호에 의지하여 문사류(文史類) 학과에 투신하였기 때문에 당시의 고전 문학 학과 영역은 인재 결핍의 걱정이 없었을 뿐 아니라 또한 일정한 인재의 우세를 보유하여 "인문(人文)에 모여드는" 국면을 계속 유지하였다. 그러나 50년대 후에 중국의 학술 체계의 커다란 구조는 이미 근본적인 변용(變容)이 생겨 자연 과학과 사회 인문 과학의 인재 쟁탈은 거대한 역전이 나타났다. 먼저 50년대에는 대규모의 경제 건설이 시작되어 다수의 청년 학생들을 흡수하여 자연 과학의 길로 가게 하였고 50년대에서 70년대에 이르는 인문 사회 과학의 영역 중에는 위험이 넘쳐흘렀는데, 이러한 상황은 또 인재 진입의 작용을 막고 위협하였다. 80년대 이래 인문 사회 연구의 큰 환경은 의심할 것도 없이 이미 비교적 큰 개진이 있었지만 이 시기에도 여전히 많은 요소가 있어서 학과의 인재 내원(來源)을 제약하고 있었다. 먼저 중국의 교육 개혁은 비록 끊임없이 진행되어 적지 않은 성취를 얻었지만, 고전 문학 연구라는 학과에 대하여 말한다면 교육 개혁의 작용이 어떠한가는 참으로 말하기 어렵다. 우리는 교육 개혁의 전체의 방침은 "미래를 향하고 세계를 향하고 현대화를 향한다(面向未來, 面向世界, 面向現代化)"라는 것이고 세 개의 "향(面向)"의 지도 아래 우리는 과학 교육·기술 교육·외국어 교육이 확실히 공전의 중시를 받아 교육 흥국(興國)의 정확한 사상을 충분히 구현하고 있다고 알고 있다. 서로 비교한다면 전통 인문학과는 사람들의 마음속에서의 중요성은 이미 크게 전만 못해졌으며, 세기의 교체기인 오늘에 이르러서는 "이과를 중시하고 문과를 경시하는(重理輕文)" 관념이 중학생 중에 이미 굳게 뿌리박혀 있다. 고등학교 시험으로 전공을 보완한다는 것을 표지로 하는 인재의 흐름의 방향은 전통 인문학과에 대하여 매우 불리하다. 천재 학생은 기본적으로 모두 이공과의 고급 과학·기술 전공으로 달려가고 남은 문과의 유한한 우수한 학생 자원도 역시 대부분 실용성이 강한 경제·법률·외국어 등 전공을 목표로 하고 있다. 대학 문사철(文史哲)의 여러 계열과 학과는 우수한 학생의 환영을 받기가 어렵고 학생 자원의 질도 자연히 영향을 매우 크게 받았다. 그러나 해당 계열과 학과의 기존의 졸업생은 또 구직(求職)의 곤경에 직면하여 전공을 바꾸어 직책을 꾀하는 것이 상당히 보편적인 현상이 되었다. 요컨대 고전 문학 학과는 사회에서 청년 학생 중에서 일찌감치 이미 "인기 있는" 지위를 잃어버리고 어떤 종류의 냉대를 당하여 학과 인재의 소질을 확보하기 어려운 지경에 이르렀다. 물론 우리는 "소질 결정론"만을 고집할 수 없다. 소질이 보통인 사람도 비범한 노력을 통하여 역시 뛰어난 인재로 성장할 수 있지만, 인재 성장에 대한 소질의 작용은 부인할 수 없다. 이러한 인재 내원 상황의 배경 아래 본 학과가 전반 세기와 같이 다시 대사급의 인물이 물밀듯 나타나기를 요구하는 것도 또 말하기가 쉽지 않다. 전종서 선생이 1998년 89세의 고령으로 세상을 떠난 이후 "대사가 없는 연대"는 또 언제까지 계속될 것인지 알 수 없지만, 이러한 시간이 너무 길지 않기를 희망한다. 이것은 우리의 아름다운 바람이다. 그러나 사회 대전환기의 고전 문학 학과의 처지 및 인재 소질상의 변화에서 본다면 총체적인 형세는 자못 낙관을 허용하지 않는다. 이것은 모두 역사가 결정하는 것이고 또한 일종의 항거하기 어려운 "운명"이라고 할 수 있다. 어떻게 이러한 운명을 평가하고 어떤 비극적인 의미가 있는가의 여부에 관해서는 당신이 어떤 방면에서 보는가에 달려 있다.

80년대 이후의 고전 문학 연구는 필자는 적어도 세 방면에서 진보가 있다고 보고 있다. 첫째는 학과의 자아 반성이고, 둘째는 학과의 자료 건설이고, 셋째는 다원화된 연구 방식의 형성이다.

자아 반성 문제에 관해서는 70년대 말·80년대 초에 이미 시작되었다. 정치 사상상 "발란반정"의 형세를 타고 학과는 이 한 걸음을 내디뎠다. 당시에는 "반사(反思)"라고 불렸는데 전국에는 적지 않은 "반사" 회의가 열렸고 적지 않은 "반사" 문장이 실렸다. "반사" 중에 비록 인식은 결코 일치되지는 않았지만 학과가 "문혁"의 음영을 벗어나서 새로운 연구 사상과 연구 방법을 기획하는 것에 대해서는 중대한 작용을 하였다. "반사"의 필요성은 수십 년래 학과가 극좌의 사상 문화의 대환경 중에 생존을 추구하였지만 외부에서 오는 갖가지 타격과 제한을 받았을 뿐 아니라 자체도 역시 적지 않은 중대한 결함이 쌓여 있었다. 사유 방식상에서는 수많은 고전 문학 연구자는 이미 약간의 부정확한 "공식"·"정률(定律)"에 익숙하게 되어 스스로 깨닫지 못하고 있었다. 예컨대 "정치 표준이 첫째이고 예술 표준이 둘째이다"·"고대 작가에 대해서도 역시 그의 인민을 대하는 태도가 어떤지를 보고 서로 다른 취사선택을 해야 한다" 등등이다. 만약 이러한 사상 관념상의 적습(積習)을 청산하고 아울러 개혁하고 제거하지 않는다면 학과가 새롭게 발걸음을 시작하고 아울러 완전히 새로운 국면을 개창하는 것은 내재적인 동력이 결핍될 것이다. 반사의 기본 내용은 학과로 하여금 기계 유물론과 통속 사회학의 속박 아래에서 해방시키는 데 있었는데 곧 학과의 본성이 "복귀"될 수 있게 하는 것이었다. "반사"를 통하여 극좌 사상이 청산을 받고 극좌 방법이 바로잡히고 사람들이 진정으로 학과의 현황을 인식하고 자아를 인식하고 사상이 진정한 해방을 얻어야 비로소 그 후에 학과의 해방이 있고 학과의 "새로운 삶(新生)"이 첫걸음을 내딛었던 것이다. 학술사의 관점에서 본다면 20세기 학과 근대화의 두 번째의 물결이라고 할 수 있다. 그것은 위로는 세기 초의 "신문화 운동"을 이었으며 또 하나의 학술 고조의 개시였다.

자료 건설 문제에 관해서는 극좌 사조 통치의 기나긴 시기에 고전 문학 연구 영역은 정치 비판이 성행하여 계급 분석을 중시하여 혁명의 가치 평판을 궁극적인 목표로 삼았기 때문에 자료 건설 방면에서 엄중한 홀시를 받았다. 작품의 총집을 예로 한다면, 당시에 사용된 주요한 것은 역시 엄가균(嚴可均)의 "전문(全文)"(곧 ≪전상고삼대진한삼국육조문(全上古三代秦漢三國六朝文)≫)·정복보(丁福保)의 "전시(全詩)"(곧 ≪전한삼국진남북조시(全漢三國晉南北朝詩)≫)·≪전당시(全唐詩)≫·≪전당문(全唐文)≫ 등의 몇 가지로 이것들은 모두 20세기의 초기 심지어는 수백 년 전에 편찬된 것이다. 단지 당규장(唐圭璋)의 ≪전송시(全宋詞)≫만이 근래 편찬된 것으로 그 주된 작업은 또한 40년대에 이루어진 것이다. 80년대 후에 "반사"의 성과의 하나는 이 방면의 작업이 엄중하게 뒤떨어져 있다고 인식하였기 때문에 80·90년대에는 문학 사료의 정리와 편찬의 고조가 일어났다. 앞뒤로 ≪전송시(全宋詩)≫·≪전송문(全宋文)≫·≪전송사≫·≪전원문(全元文)≫·≪전원시(全元詩)≫·≪전명시(全明詩)≫·≪전명문(全明文)≫·≪중국근대문학대계(中國近代文學大系)≫ 등의 항목이 시작되었고 어떤 항목들은 이미 완성 혹은 거의 완성되었다. 그러나 "전문"·"전시"·≪전당시≫ 등의 원래 있었던 총집은 또한 이미 혹은 곧 새로 편찬되고 더욱 더 완비된 같은 종류의 총집으로 대체될 것이다. 이러한 대형 항목 작업 중에 국무원(國務院) 국가고적정리출판규획소조(國家古籍整理出版規劃小組)와 교육부(教育部) 고적정리연구공작위원회(古籍整理研究工作委員會)의 조직 규획과 자금 보조가 또한 중요한 작용을 하였다. 고대에는 조비(曹丕)가 ≪황람(皇覽)≫을 엮은 것으로부터 강희(康熙)가 ≪전당시≫를 엮고 건륭(乾隆)이 ≪사고전서(四庫全書)≫를 엮기까지 유서(類書) 혹은 문장 총집의 편찬은 결국 태평성대의 기상의 하나의 표징이었다. 20세기의 최후 10여 년 간의 각종 문학 총집의 편찬이 얼마나 큰 의미에서 사회의 승평 분위기를 상징하고 있는지는 말하기 어렵다. 그러나 학술 건설상에서는 매우 무게가 있는 일로서 대서특필할 만한 것임은 의심할 여지가 없다. 그밖에 근 10년 이래 각 작가의 별집(別集)에 대한 정리와 편찬, 연보의 편저 및 문학 계년(繫年) 등의 방면도 역시 상당히 성적이 크다. 중요한 작가 예컨대 이백(李白)·두보(杜甫) 등의 신편신교집(新編新校集)이 계속하여 나오는데 수의 많음과 질의 정밀함이 모두 전인들을 뛰어넘는다.

다원화된 연구 방식의 형성에 관해서는 이 점은 의의가 더욱 중대하다. 1949년 후에 사상·문화·학술 영역 내에서 유물사관이 절대적인 통치 지위를 차지하여 기타 학술 파별은 모두 "자산계급 유심론"이라고 생각되어 제거당하였다. 당시의 영도자들은 비록 "백화제방(百花齊放)·백가쟁명(百家爭鳴)"의 방침을 제기하였고 아울러 "이것은 문화 학술을 발전시키고 번영시키는 유일하고 정확한 방침이다."라고 말하였지만, 실제의 이해에서는 도리어 또 "백가쟁명은 결국 단지 두 가(家)뿐이다. 일가는 무산계급이고 일가는 자산계급이다."라고 보았다. 후자는 기왕에 비판과 청산의 대상이므로 사실상 단지 "홀로 일가만을 존중하고 백가를 쫓아내는(獨尊一家, 罷黜百家)" 것을 실행할 수밖에 없었다. 학술의 일가화(一家化)

혹은 통일화는 학술이 의지하여 진보하고 발전하는 기본 조건을 없애는 것이다. 학술의 통일화는 그 다른 하나의 함의는 학술의 정치화로서, 이것은 더욱 학술의 고유한 특성을 상실하게 하였다. 학술 본성의 상실은 연구 작업을 비학술화시키고 연구자를 비학자화시켰는데 이것은 학술의 이화(異化)이다. 수십 년의 이화를 지나 80년대 후에 다원화된 정상 궤도로 회귀하여 학술 본성이 회복될 수 있었고 학과 건설은 기본적인 조건을 구비하게 되었다. 학술의 다원화는 연구의 태도 입장·관념·방법 등의 각 방면에 관련되는데 "중학·서학"과 전통·신조(新潮)를 막론하고 발휘하는 것에 맡기고 자주적으로 연구하여 진정으로 학술의 눈앞에서는 평등하게 대하고 적자생존(適者生存)하여 경쟁하여 발전하고, 동시에 학술의 무금구(無禁區) 원칙을 실행하고 연구 방향 및 과제를 한정하지 않으며 오직 학자의 능력 및 흥취가 이르는 것만으로 모두 안 되는 것이 없다. 다원화는 물론 역시 연구자 사이의 관계를 포함하고 있다. 곧 어떤 학술 사상의 계파에 속하더라도 여러 사람들은 일률적으로 평등하고 아울러 "영도"·"피영도"의 구분이 없으며 상대방의 독립된 인격을 존중하는 것을 기본 요구로 하는 것이다. 물론 일부분의 학자들은 새로운 학술 환경에 대하여 일시적으로 적용할 수 없어서 결국 매 항의 연구 작업은 마땅히 구체적인 "객관 표준"이 있고 "시비 결론"이 있고 "통일된 견해"가 있어야 한다고 느낄 것이다. 이것은 마치 전족(纏足)이 오래되면 갑자기 풀어 버리더라도 결국 걸을 수 없는 것과 같다. 또한 어떤 사람은 심지어 낡은 습관을 고치지 못하고 한번 기회만 만나면 비판적인 사업을 다시 일으켜 당동벌이(黨同伐異)하고 정치적인 모자를 씌워 극좌 사조의 회광반조(回光返照)를 드러내게 하려고 한다. 그러나 이러한 소수인의 행위는 학계의 총체적인 태도에는 방해가 되지 않는다. 그러나 세기 말에 이르러 극좌 사조의 시장은 역시 더욱 작아져, 학술 영역에서 이데올로기의 통제를 실행하려는 자가 비록 역시 있다고 인정할 수는 있지만 대세의 방향에 막혀 이미 바람을 이루기가 어렵게 되었다. 다원화는 일체 과학·문화·예술 사업이 발전하는 필요한 전제이고, "백화제방·백가쟁명"을 진정으로 실행하는 기초이다. 20세기 전반의 고전 문학 학과가 거둔 거대한 성취는 일찍이 이미 이 점을 증명하고 있다. 왕국유·양계초·황절·노신·호적·여가석·진원(陳垣, 1880~1971)·진인각 등은 당시 모두 학계의 거벽(巨擘)으로 일찍이 공동으로 학과의 번영 국면을 구축하였지만 피차의 입신행사(立身行事)의 원칙은 서로 매우 멀리 떨어졌다. 설사 학술 관념과 방법상에서는 역시 각각 견지한 바가 있고 절대로 서로 닮지 않았으며 개성이 두드러지고 풍격이 독창적이어서 거의 매 사람마다 모두 스스로 하나의 "원(元)"을 이루었다. 상상하건대, 만약 당시 권세를 가진 자가 이상의 여러 대사급 인물에 대하여 "일원화"의 조치를 취하였다면 그 후의 결과는 물론 크게 나빴을 것이니 어떻게 학술이 번영하였겠는가?

다원화는 학술을 발전시키는 필수이다. 그 좋은 점은 적어도 다음과 같은 여러 가지 방면이 있다. 먼저 다원화는 사상을 해방하는 데 유리하다. 일체의 속박을 벗어나서 학자의 탐색 정신을 발휘하는 데 이로우며 탐색 정신은 학술 전진의 기본 동력이다. 그 다음에 다원화는 역시 학술에는 성역이 없다는 것을 의미하며 이것은 학과의 자유로운 발전에 하나의 공간을 제공한다. 셋째 다원화는 학술의 경쟁에 유리하고 경쟁 기제(機制)의 형성은 학술 유파의 형성에 유리하며 일원화의 국면 중에서는 진정한 학술 유파를 말할 수 없다. 넷째 다원화는 역시 학과에 가장 좋은 선택 기제를 제공한다. 인문 연구는 물론 역시 우열시비가 있지만 그에 대한 판단은 절대로 "권력"으로 "재결(裁決)"할 수 없고 단지 비교 경쟁의 방법을 통하여 자연 선택 방식으로 얻을 수밖에 없으며 선택 결과의 질의 높낮이는 선택 범위의 넓이와 정비례를 이루는 것이다. 다섯째 다원화는 역시 학과에 좋은 자아 조정·자아 수정 기제를 건립하는 데 조건을 제공하여 어떤 특정한 시각에서 학술 단층 혹은 학술 대반복(大反復)이라는 악성 사태가 발생하는 것을 면할 수 있다. 마지막으로 다원화는 물론 학술 개성을 발전시키고 우수한 학자 심지어 학술 대사를 낳는 필요한 토양이다. 요컨대 20세기의 최후의 20년은 비록 주로 학술 전형기에 처하여 있어서 학과의 유형적인 진보는 아직 현저하지 않고 새로운 대사와 위대한 학술 저작은 아직 나타나지는 않았지만 다원화의 학술 방식을 형성하였으니 이것은 하나의 커다란 성취이다. 그것은 금후의 학과의 대발전을 위하여 상당한 기초를 놓은 것으로 21세기의 학자들은 갈수록 더욱 이 점을 인식하고 긍정할 것이다.

80년대 특히 90년대에 진입한 이후에는 고전 문학 연구계는 또한 주의할 만한 경향이 출현하였는데 그것은 부박(浮薄)하고 조급한 기풍이다. 부박하고 조급한 심리 상태의 표현은 사람에 따라 다르지만 가장 흔히 보는 현상은 학술적 준비가 매우 불충분한 상황 아래 "성과를 빨리 내고 성과를 많이 낸다(快出成果, 多出成果)"는 것을 강력하게 실행하여 센세이션 효과·여론 효과·"명사(名士) 효과"를 만들어 내는 것을 통하여 어떤 실용적인 목적을 달성하는 것이다. 그 실용 목적은 모두 명리(名利)와 지위 등의 실제적인 좋은 점이다. 예컨대 현행 "직칭 평가(評職稱)"·"평가 장려(評獎)"·임직(任職) 등의 제도 아래 선기를 차지할 수 있고 연대적으로 월급·주택 등의 방면에서 실리를 얻어 개인의 지위 승진과 이익 만족을 실현하는 것이다. 약간의 사람들은 원저를 아직 이해하지 못하고 재료를 이해한 것이 매우 적으며 심지어는 문자도 읽고 통하지 못하는데, 무슨 연구 심득(心得)이 있다고 할 수 있겠는가? 그러나 책을 쓰고 설을 내세우는 데 손을 대니 그 책이 천박하고 거칠며 심지어는 잘못이 백출(百出)하여 끝까지 읽을 수 없다는 것은 스스로 짐작할 수 있다. 또 어떤 사람은 전현들의 기존의 연구 성과를 많이 읽지 않고 학계가 이 문제에서 이미 도달한 수준에 대하여 전혀 이해하지 못하고 우연히 거칠고 얕은 체득이 있으면 함부로 큰 발명을 하였다고 생각하여 스스로 기뻐하여 급히 글을 지어 발표한다. 이러한 것들은 실제로는 도리어 타인의 저급한 노동을 중복하여 말할 만한 어떤 창조의 가치는 결코 없지만 일시적으로는 또한 일부분의 아마추어를 속여 넘길 수 있다. 이러한 “성과를 빨리 내고 성과를 많이 내는” 방법은 정상적인 학술 연구 규율에 어긋나서 학과의 건설에도 무익할 뿐 아니라 또 청년들을 잘못 인도하고 학풍을 파괴하여 학술 연구가 공리주의적인 색채를 띠게 하니 그 해가 막심하다. 또 극소수의 사람들은 더욱 멀리 간다. 예컨대 황탄(荒誕)하여 이치에 맞지 않는 설을 가지고 고전 명저를 해설하는 사람이 있다. 증거의 유무도 묻지 않고 학술 규범도 지키지 않고 가설은 지나치게 대담하지만 증거를 찾는 데는 신중할 수 없고 임의로 발휘하여 과장하고 허식하여 군중 심리에 영합하여 인기를 차지할 마음만 있고 실사구시(實事求是)의 뜻은 없다. 비록 사람들의 눈과 귀를 움직이지만 그 신뢰성은 본래 말하기가 어렵다. 학문의 기초 방면에는 힘을 기울이지 않고 오직 유행하는 용어·술어를 줍는 것을 능사로 하고 다시 표현·진술에서는 사유를 고도로 추상화하여 “선봉(先鋒)”·“전위”·“후현대(後現代)”(포스트·모던)의 자태로 출현하여 말하는 것은 매우 참신하고 기발하지만 어떤 문제도 해결하지 못하고 심지어는 사람들이 읽어도 “알지 못하고(不懂)” 학술 함량이 정말로 많지 않다. 어떤 저작은 자체가 이미 천박하고 조악(粗惡)하지만 일제의 인간관계·경제 수단의 방법을 동원하여 반드시 그것을 발표하게 한 다음에 엄연히 학자·전문가의 자태로 각종의 경우에 출현하니 영광이 무한하다. 어떤 저작은 결코 특색은 없지만 한번 인쇄하여 나오면 각종의 관계를 이용하여 사방으로 나가 활동하고 겸손한 말로 전문가를 청하여 서평을 써서 학술 명예를 날조하는 자도 있다. 동시에 또한 어떤 전문가는 원저의 수준이 높지 않은 것을 분명하게 알지만 갖가지 비학술적인 요소의 고려에서 가볍게 서평 문장을 써서 무원칙하게 치켜세우거나 혹은 "응수(應酬)"하여 불량한 사회 영향을 조성하고 또한 자신의 학문적 신용과 명예에 해가 되는 자도 있다. 학자 사이에 어떤 이해 충돌로 인하여 서로 사이가 나빠져서 결국 심지어는 말도 가리지 않고 체면도 돌보지 않고 핑계 삼아 사적인 화를 풀고 인신공격을 하여 보는 자로 하여금 "사문(斯文)이 땅에 떨어졌다(斯文掃地)"라고 탄식하게 하는 자도 있다. 회의에서는 어거지를 부리며 떠들고 문장 중에는 오로지 공격만을 일삼으며 정상적인 학술 토론의 습관이 없고 걸핏하면 배척과 욕설로 학술 동료를 대하고 이치를 가지고 사람을 감복시키는 태도는 거의 없어서 사람들을 세상의 기풍이 날이 갈수록 낮아진다고 깊이 느끼게 하는 자도 있다. 전문적으로 "학술 권위"를 찾아내어 필전(筆戰)을 벌이고 다른 문제를 파생시키고 끊임없이 시비를 일으키며 상대방이 상관하지 않으면 억지로 논쟁을 행하여 "양대 진영이 마주하여(兩大陣營對壘)" "적을 섬멸하고 나서야 아침 식사를 하겠다(滅此朝食)"는 기세를 벌려 상대방보다 더욱 뛰어나며 적어도 상대방과 "지위가 동등하다"는 것을 드러내는 자도 있다. 역시 어떤 사람은 "문화 혁명"의 옛 솜씨를 다시 연출하여 학술 문제를 정치화하여 정치 모자를 씌우는 "비장의 무기(殺手鐧)"를 꺼내어 본인은 "공을 세우고(建功)" 상대를 "죽을 땅(死地)"으로 모는 자도 있다. 먼저 시장판에서 출세하여 허리에 만 관(貫)을 찬 다음에 풍아(風雅)를 표방하려고 생각하는데 또 각고하여 독서할 수 없으므로 오직 조공(趙公) 원수(元帥)로 길을 열어 뜻밖에 탄탄대로를 가서 이기지 않는 것이 없고 곧장 박사 모자나 혹은 고급 직함을 취하는 것을 주머니에서 물건을 쥐는 것처럼 하는 자도 있다. 오로지 "주편(主編)"을 맡는 것을 능사로 삼아 짧은 수년 동안에 수십 부의 큰 책을 편찬하여 "한 글자를 짓지 않고도, 풍류(風流)를 다 얻어(不著一字, 盡得風流)" 이익도 이미 매우 많은데다 명성도 또한 따라서 찾아오니 "휘하(麾下)" 각(各) 로(路)에 전문가가 구름처럼 몰려들어 진영이 막강하고 엄연히 문화·학술계를 주도하는 자도 있다. 상술한 조직 재능과 기백이 결여되어 할 수 없이 친히 노동하여 고생스럽게 책을 엮는 자가 있지만, 주된 방식은 "가위와 풀(剪刀加漿糊)"이고 그외에 현대화된 복사(複寫) 기술을 더하여 비록 "자료 휘편(彙編)"이나 혹은 무슨 "연구"라고 하지만 이곳저곳에서 찢어와 맞추어 난잡하여 법이 없고 전혀 특징이 없으며 오직 내용의 약탈성 및 글자 수와 두께가 두꺼운 것으로 장기를 보일 뿐이다. 또 어떤 사람은 위험을 무릅쓰고 아예 베끼기 수단으로 큰 문장·큰 저작을 "써 내는(寫出)" 자도 있다. …… 이와 같은 학계의 여러 가지의 "기이한 볼꺼리(奇觀)"는 종류가 매우 많다. 이상의 갖가지는 "품행이 열악하거나(劣行)" 혹은 "품행이 없다(無行)"라고 할 만하다. 비록 많은 사람들이 하는 바는 아니지만 이것은 당면한 사회 기풍 중의 어떤 추악한 현상과 서로 대응하는 것이다. 이것은 일부분의 사람들이 상품 경제 환경 중에서 날이 갈수록 더욱 충동이 지나치게 강렬한 것을 반영하고 있으니 학자의 수양이 결여되어 학술 연구에 대하여 비정상적이고 심지어는 불법적인 행위를 취하는 데 이른 것이다. 이것은 학술의 성결(聖潔) 원칙에 어긋나는 것으로 본래 일반의 정직한 학자들은 상대도 하지 않는 것이다. 이상의 상황은 학과 대오에 옥석이 섞여 있고 일부분의 인원은 심리 상태가 매우 부박하고 조급하다는 것을 표명하고 있다. 더욱 소수의 청년 학자들은 이러한 악습에 물들어 학과의 앞길이 실로 매우 걱정할 만하다. 이러한 부박하고 조급한 기풍은 실은 자라나서는 안 되니 마땅히 학계 동학(同學)들의 고도의 경계심을 불러 일으켜야 할 것이다. 만약 극복하지 못하고 유행하여 만연하는 데 맡긴다면 높은 수준의 고전 문학 연구는 장차 이어지기 어렵고 높은 차원의 학술 풍격과 학술 유파는 형성될 가망이 없으며 새로운 세대의 학문의 큰 스승도 역시 출현할 도리가 없을 것이다.

세기말의 부박하고 조급한 심리 상태가 성행된 원인은 아마 어떤 사람들의 고전 문학 연구의 성질에 대한 이해의 부족일 것이다. 그밖에 사회 전형 시기 생활 중에 불확정 요소가 더 많아지고 상품 의식이 더 강해지고 사람들의 공리적인 욕망이 팽창한 것도 역시 원인일 것이다. 그러나 고전 문학 연구 자체는 결코 실용학과가 아니라는 이 점은 매우 명확하고, 이 영역에서 비학술적인 이익을 얻으려고 꾀하는 것은 실은 적절하지 않다. 학과는 이미 정면 건설 단계로 진입하였는데 이때의 부박하고 조급한 현상이 도리어 성행한다는 것은 비정상적인 현상이다. 학술·문화의 건설은 스스로 그 자체의 규율이 있어서 "대약진"할 수 없는데 이 점은 경제 건설과 이치가 같은 것이다. 그러나 정당하지 않은 수단의 운용은 더욱 학술 연구에 대한 모독이니 마땅히 학과를 애호하는 일체의 인사들의 배척과 거절을 당해야 할 것이다. 그리고 학술 품격의 높고 낮음은 한 학자의 학술 성취에 크기에 대하여 분명히 영향이 있다. 명성과 이익을 위하여 쉬파리처럼 애쓰고 구차한 무리는 절대로 우수한 학자가 될 수 없다. 사회 전형의 점차적인 완성과 정상 기제의 운전(運轉)·작동의 전개에 따라서 상품 경제와 문화 학술 관계는 장차 순조로울 것이고 학술 대오의 박잡한 상황도 역시 모습을 바꿀 것이고 사람들의 학문 연구의 심리 상태도 비교적 평화롭고 단순하게 변하고 동시에 부박하고 조급한 심리 상태도 역시 점차 없어질 것이다. 이 때문에 우리는 차라리 부박하고 조급한 기풍을 일시적인 사회 현상이지 중국의 일대의 학자들의 정신적 본질은 아니라고 이해하는 것이다.

　새로운 세기는 이미 내림하였다. 새로운 세기 중의 학과는 장차 어떤 길을 갈 것인가? 그 전경(前景)은 어떻게 될 것인가? 이것은 우리가 보편적으로 관심을 두는 문제이다. 이에 대하여 어떤 예언을 하고 싶더라도 모두 매우 곤란할 것이다. 왜냐하면 그 실천성이 대우 강하고 이론적 유도(誘導)는 왕왕 정확하지 않기 때문이다. 그러나 우리는 역시 약간의 대략적인 추상(抽象)을 할 수는 있다. 필자가 보건대, 이에 대하여 비교적 설득력이 있는 회답을 하려면 먼저 마땅히 학과 자체의 성질에 대하여 하나의 기본적 이해가 있어야만 비로소 그 전경에 대하여 파악하여 너무 동떨어지는 데 이르지 않을 것이다.

　중국의 고전 문학은 그것은 적어도 이미 한 세기 이전의 문학이고 새로운 세기의 현실 생활과의 거리가 축소되지 않고 확대되어 가고 있다. "고전적"인 문화 형태로서 그것은 오늘날 일찌감치 이미 일종의 "아(雅)" 문화가 되었다. 또한 시간의 추이에 따라서 그 아 문화의 성질은 더욱 분명해질 것이다. ≪시경≫의 민가·한악부(漢樂府) 민가·당대(唐代)의 죽지사(竹枝詞)·송대의 화본(話本)·원대의 희곡·명청의 소설은 그것들이 탄생한 시대에는 모두 "속(俗)" 문학이었고 민중의 광범한 사랑을 받았지만 수백 년·수천 년 후의 오늘날에는 그것들은 이미 "아" 문학이 되었고 어떤 것은 이미 매우 전아한 아문학이 되어버렸다. "풍아(風雅)"의 두 글자는 고금의 말뜻은 한 커다란 전환이 있다는 것이 이미 문제를 잘 설명한다. 고전 문학은 기왕에 이미 "아" 문화의 일부분이 된 이상, 그것은 어떤 사람들이 상상하는 것과 같이 광대한 민중 속에 심지어 전 세계 인민 중에서 광범한 보급을 얻어내기는 불가능할 것이다. 전통 문화·전통 문학에 대한 계승과 귀감으로 삼는 것은 늘 선전하고 극력 고무하고 반복하여 호소해야 하는데 이러한 사실은 역시 반면(反面)에서 그것들과 시대의 거리가 사실임이 증명된다. 우리는 또 그 전통 문화와 고전 문학을 "계승하고 발양하자"라고 선전하고 호소하는 사람들이 또 "21세기는 동방 문화의 세기이다"라고 고취하는 사람들이고 대부분 전통 문화 연구자 및 관련 인사라는 것을 분명하게 보아야 할 것이다. 이러한 인사들은 자신의 사업에 대한 애호와 중요시(重要視)에서 그것이 더욱 더 흥성하고 번영하여 세계적인 현학(顯學)이 되기를 희망하고 오직 쓸쓸한 경지에 빠지거나 심지어는 사회에서 망각되는 것을 두려워하고 있다. 이것은 마치 당시의 공자(孔子)가 "예는 무너지고 음악은 깨뜨려지는(禮崩樂壞)" 것을 걱정한 것과 같으니 그 마음은 이해할 수 있다. 그러나 그들의 감정은 현실을 대체할 수 없으니 가장 광대한 민중과 고전 문학 사이의 거리감은 없애기 어려운 것이다. 여기에서 우리는 또한 마땅히 "일대에는 일대의 문학이 있다(一代有一代之文學)"라는 원리로 고전 문학과 현시대의 관계를 실사구시적으로 헤아려야 할 것이다.

어떤 문명 시대·문명 사회에도 문학 유산은 결국 중시되고 보호되고 아울러 연구하였기 때문에 고전 문학 연구라는 학과는 영원히 소멸될 수 없을 것이다. 그러나 똑같이 확정된 것은 아문화를 연구하는 일종의 학과로서 고전 문학 연구는 어떤 시대·어떤 사회에서도 모두 주류 문화 형태가 될 수 없었다는 것이다. 고전 문학을 연구하는 목적은 결코 무슨 새로운 생산품을 창조해 내는 것이 아니라 첫째는 보존이고 둘째는 귀감으로 삼는 것에 있다. 고전 문학으로 하여금 직접 현실 생활 중에서 작용을 발휘하게 하는 것은 역시 결코 불가능한 것은 아니다. 예컨대 보급할 읽을거리를 지어 내고 텔레비전·무대 문예 따위로 개편하여 가능한 한 많은 민중이 고전 문학을 접촉하게 하는 것이다. 그러나 역시 안내와 배양을 통하여 고전 문학이 당대 민중의 주요한 문화 애호 대상이 될 수는 없다. 위문후(魏文侯)가 "고악(古樂)"과 "금악(今樂)"을 들을 때의 서로 다른 반응은 "문화 엘리트" 외에는 상당한 대표성이 있다는 것을 믿지만 엘리트는 단지 소수일 수밖에 없는 것이다. 고전 문학은 얼마나 큰 정도에서 미래 사회 사람들의 생활에 영향을 미칠 수 있을 것인가 라는 것에 이르러서는, 필자는 주로 고전 문학에 대한 읽기와 해석을 통하여 사람들의 심미 취미의 형성에 영향을 미칠 것이지만 기타 방면의 영향은 그렇게 크지 않을 것이라고 생각한다. 사람의 생활은 결국 현실적이고 더욱 중국인은 비현실적인 "허의(虛擬)" 경계 중에 과분하게 투입할 리가 없다. 문학이 생활에 "간여(干與)"하는 능력은 결국 한계가 있고 그것이 "인민을 단결시키고 인민을 교육하며 적을 공격하고 적을 소멸시킬(團結人民, 敎育人民, 攻擊敵人, 消滅敵人)" 것을 요구하는 것은 참으로 문학의 효능을 과장한 것이다. 고전 문학은 더욱 하나의 층이 "격하여" 있기 때문에 우리는 그것이 당장의 문화의 주류의 일부분이 되기를 기도(企圖)하고 희망해서는 안 되는 것이다. 21세기의 중국 고전 문학 연구에 이르러서는 20세기 학과에 대한 계승과 발전이고 약간의 새로운 시대의 색채를 더한 것 외에는 근본적인 차이는 있을 수 없을 것이다. 그것은 여전히 인문 사상과 과학 관념을 기본 출발점으로 삼아 민족 문학 전통의 본질 특징 및 그 형성 발전의 연변 궤적을 탐구할 것이다. 운용하는 방법은 아마도 더욱 더 풍부해질 것이지만 사회학적·문화학적·심리학적인 여러 종류의 방법을 뛰어넘을 수는 없을 것이다. 요컨대 고전 문학 연구는 그 본성에 대하여 말한다면 인문학과 중의 "기초 연구" 류에 속하는 것이지 응용성 학과는 아니다. 기초 연구 성질에서 착안한다면 학과는 비록 발전되고 제고될 수 있지만, 그것은 마땅히 주로 질적인 발전이고 연구 수준의 제고라고 이해해야 할 것이다. 중국의 교육 사업의 끊임없는 발전과 민중 교양 소질의 제승과 고아(高雅)한 흥취의 확충에 따라서 고전 문학 연구 사업도 역시 아마 한껏 확장을 실현할 것이지만 이것은 결국 일정한 한도 내에 있을 것이다.

20세기의 매우 긴 기간 중에 사람들은 고전 문학 연구에 대하여 지나치게 많은 공리적인 요구를 제기하여 학과가 적지 않은 손해를 받게 하였으며, 특정한 시기에는 커다란 곡절 심지어 후퇴가 나타났다. 지난 세기 초에서 시작하여 "5·4" 신문화 운동의 선구자들은 "고전 문학을 타도하고" "산림(山林) 문학을 타도하고" "귀족 문학을 타도하여" "백화 문학을 건설하고" "혁명 문학을 건설하고" "평민 문학을 건설하여" 사상·문화·사회의 혁명을 실현해야 한다는 호소를 제기하였다. 후에는 더욱 어떤 사람은 고전 문학 학과를 계급 투쟁의 틀 속에 넣어 그것이 계급 투쟁을 위하여 봉사하기를 요구하였다. 예컨대 ≪시경≫ 중의 "농노 시가"와 "노예주 시가"에 대한 변별을 통하여 계급적 각성(覺醒)을 제고하고, <공작동남비(孔雀東南飛)>·≪두아원(竇娥冤)≫에 대한 학습을 통하여 사람들의 혼인·가정 관념을 바로잡고, <이소(離騷)>·"삼리(三吏)"·"삼별(三別)"에 대한 연구와 독서를 통하여 애국주의 사상을 수립하고, ≪홍루몽≫ 연구에 대한 비판을 통하여 호적(胡適) 파의 자산계급 유심론을 숙청하고, "유가 문학"·"법가 문학"에 대한 연구를 통하여 "두 가지 노선 투쟁의 각성(兩條路線鬪爭覺悟)"을 제고하고, 심지어는 ≪수호전≫ 등의 연구를 통하여 수정주의를 비판하고 투항파를 비판하는 등등을 희망하였다. 여러 가지의 이러한 요구는 당시 특정한 역사적 배경이 있었고 심지어는 어떤 합리성을 포함하고 있지만 오늘날은 본래 반드시 더 이상 다시 잘못을 따질 필요는 없을 것이다. 다만 반드시 지적해야 할 것은 이러한 사회·공리적 성질의 요구들은 불가피하게 고전 문학 연구에 중대한 외재적인 부하(負荷)와 간섭이 있게 하였고, 그로 하여금 전진하는 도중에 발걸음을 어렵게 하고 효율에 영향을 미치고 자질에 영향을 미쳐 심지어는 갈림길로 잘못 들어가는 것을 면치 못하게 하였다. 새로운 세기의 고전 문학 연구의 변화는 필자는 이 방면에서 아마 비교적 실질적인 체현이 있을 것이라고 보고 있다. 학과에 대한 공리주의 태도는 완전히 소멸될 수는 없지만 그것이 점차 감소하고 힘도 또한 그렇게 강할 리가 없다고 판단할 수 있으니 이것은 주로 사회 발전이 더욱 이상화를 향하는 것에서 혜택을 입을 것이다. 높은 과학 기술의 사회는 또한 높은 이성 사회이고 이로부터 우리는 학과의 발전이 장차 더욱 더 정규적이고 질서가 있기를 희망하고 있다. "21세기는 동방 문화의 세기이다" 등등의 고상한 고론에 대해서는 필자는 여전히 공리주의식의 호소이니 잠깐 망녕되이 들어 두려고 한다. 우리가 오직 학과 자체의 규율에 따라 일을 실행하고 학과의 내외 환경을 규범화하며 정상적인 연구 작업을 착실하게 전개하고 공리주의의 침해를 적게 받는 것만이 바로 정면적이고 합리적인 주장이다. 학과가 또한 그 새로운 번영기로 진정으로 진입한다면 새로운 대사들의 출현도 역시 손꼽아 기다릴 수 있을 것이다.

역자의 말

이 책은 중국사회과학원 문학연구소 ≪문학유산≫ 편집부가 엮은 ≪세기 간의 대화 : 고전 문학 연구의 회고와 전망(世紀之交的對話 : 古典文學研究的回顧與展望)≫(상해 : 상해고적출판사, 2000. 12)을 우리 말로 완역한 것이다. 이것은 원래 ≪문학유산≫(격월간)에 <세기 학과 회고(世紀學科回顧)>로 1998년 제2기에서 2000년 제4기까지 10회로 나누어 연재되었던 것이다. 단행본은 정문(正文) 10편에 서공지의 <서언(序言)>이 덧붙어 있다. 책의 제목에서 알 수 있듯이 20세기가 끝나고 새 천년을 맞으면서 중국의 고전 문학의 여러 방면의 전공학자들이 지난 세기의 연구를 회고하고 새로운 세기의 전망을 개관한 일종의 학술사적 시도하고 할 수 있다. 당시 이러한 학술사의 정리는 중국 고전 연구뿐만이 아니라 인문·사회·자연과학의 여러 분야에서 시도되어 수많은 성과가 간행되었다.

당시 청대 시가에 관심을 가지고 있었던 필자는 오승학·조홍·장인의 <하나의 관심과 주목을 기대하는 학술 영역(一個期待關注的學術領域) : 명·청 시문 연구 삼인담(明淸詩文研究三人談)>(≪문학유산≫ 1999년 제4기)이라는 글을 보게 되었다. 중국 고전 문학계의 최신 경향을 잘 전해 주고 있는 이 글을 접하고 필자는 신재환 선생과 공역하여 ≪중국시문학(中國詩文學)≫ 제7호(중국시가연구회, 2000. 12)에 실은 바 있다.

이 책은 청대 시가 연구뿐만이 아니라 중국 고전 문학의 여러 분야를 다루고 있기 때문에 필자는 각 분야의 전공 학자들의 협력을 얻어 공동으로 번역하게 된 것이다. 초고는 2001년 상반기에 대략 완성되었다.

이 책이 나오기까지 너무 오랜 세월을 기다렸다. 우선 집필에 참여해

준 여러 사람들에게 많은 심려를 끼쳤다. 늦은 감은 있지만 깊은 감사를 드린다. 출판사의 편집자 이소희 선생은 유난히 무더운 날씨에도 불구하고 많은 수고를 하였다.

마지막으로 출판계의 여러 가지 어려운 사정에도 이 책의 출판을 선뜻 동의해 준 도서출판 역락 이대현 사장에게는 고맙다는 인사를 전하고 싶다. 신재환 선생에게는 특히 깊은 감사를 표한다. 그는 원고의 편집과 교정·집필자와의 연락 등 전 과정에서 여러 가지 번잡한 일을 필자를 대신하여 전담하여 주었다.

2010년 7월 14일
이홍진 씀

차 례

새로운 학문은 대부분 새로운 발견을 따른다

고고(考古) 발견과 선진(先秦)·진한(秦漢) 전적(典籍) 문화

| 이학근(李學勤)·구석규(裘錫圭) |

유약진(劉躍進, 중국사회과학원 문학연구소)　선진·진한 시기는 중국의 역사 문화 및 유관 전적이 형성 발전된 중요한 시기입니다. 이 방면과 관련된 연구는 이미 수천 수백 년의 역사를 거쳐 풍부한 성과가 축적되어 있지만 또한 적지 않은 문제도 남아 있습니다. 20세기의 고고 발견은 특히 그중의 갑골문(甲骨文)·금문(金文)·간백(簡帛) 일적(佚籍)의 발견은 우리의 학술 시야를 극히 풍부하게 하였고 선진·진한 전적의 정리 및 상고 문명사의 탐색을 위하여 새로운 계기를 가져 왔으며 아울러 관련된 신흥 학과의 신속한 발전을 촉진하였습니다. 문학사의 연구 방면에서 본다면 이러한 발견들은 관련된 새로운 자료를 제공한 것일 뿐 아니라 더욱 중요한 것은 기왕의 선진·진한 문학사에 대한 약간의 전통적인 관념을 바꾼 것입니다.

강림창(江林昌, 연대대학(煙臺大學) 중국학술연구소)   확실히 그렇습니다. 일찍이 70여 년 전에 왕국유(王國維, 1877~1927) 선생은 청화연구원(淸華硏究院)에서 <최근 2・30년 중의 중국에서 새로 발견된 학문(最近二三十年中中國新發見之學問)>[1]이라는 유명한 강연 중에서 이미 명확하게 지적한 바 있습니다. "예로부터 새로운 학문은 대부분 새로운 발견을 따른다"는 것입니다. 역사는 이미 그리고 또한 계속하여 이것은 하나의 평실(平實)하고도 또 깊이 있는 견해라는 것을 증명하고 있습니다. 이제 우리는 또 이러한 "새로운 발견"의 시대에 처하여 있고 이학근(李學勤)・구석규(裘錫圭) 두 분 선생은 몇 년 전부터 줄곧 학술의 전위(前衛)에서 활약하고 계시고 국내・외의 학계의 광범한 주목을 받고 있습니다. 이러한 기회를 갖기는 어렵습니다. 두 분 선생은 자신의 연구 체득을 숨김없이 말씀하여 주시고 아울러 선진・진한 문학사의 연구에 대하여 진실하고 분명한 지혜와 견해를 발표해 주시기 바랍니다. 기왕에 "새로운 발견"이 우리의 이 시대의 학술의 현저한 특징이라면 고고 발견과 선진・진한 전적 문화라는 유행하고 있는 화제를 둘러싸고 하고 싶은 말을 해 주십시오.

유약진   이러한 주제를 둘러싸고 다음과 같은 4가지 방면에서 전개해도 좋을 것입니다.

첫째, 고고 발견과 이중(二重) 증거법 ;

둘째, 간백 일적과 고적 정리 ;

---

1) 왕국유는 1925년 6월 청화학교 학생회의 요청으로 <근 30년 중국학문상의 발견(近三十年中國學問上之發見)>이라는 강연을 하였다. 후에 그 자신의 개정을 거쳐 <최근 2, 30년 중의 중국에서 새로 발견된 학문(最近二三十年中中國新發見之學問)>으로 ≪학형(學衡)≫ (45기(期)) 등에 실렸으며, 그의 문집 ≪정안문집속편(靜安文集續編)≫(조만리(趙萬里) 편, ≪왕국유유서(王國維遺書)≫, 제3책, 상해 : 상해서점, 1983년판)에 수록되었다.

셋째, 고고 발견과 문학사·문명사 연구 ;

넷째, 왜 의고(疑古) 시대를 벗어나야 하는가?

하는 것입니다.

이학근(李學勤, 중국사회과학원 역사연구소)   마지막의 한 가지 논제는 제가 제기한 것입니다만, 단지 저의 개인적인 관점일 뿐이고 아직 학계의 광범위한 토론을 기다려야 할 것입니다.

구석규(裘錫圭, 북경대학 중문계)   그렇다면 우리는 먼저 앞의 세 가지 문제로부터 이야기합시다.

1. 고고 발견과 이중 증거법

강림창   고고 발견은 우리의 서면(書面) 문헌에 대한 연구를 하나의 새로운 시대로 들어가게 하였습니다. 왕국유 선생은 ≪고사신증(古史新證)≫2)에서 지적하였습니다. "우리는 오늘날 태어나 다행히도 지상(紙上)의 재료 외에 지하(地下)의 새로운 재료를 얻었다. 이러한 재료에서 우리는 본래 그것을 근거로 지상의 재료를 보정(補正)할 수 있고 또한 고서의 어떤 부분이 완전히 실록임을 증명할 수 있으니 곧 백가(百家)의 아순(雅馴)하지 않은 말도 역시 일면의 사실을 표시하지 않음이 없다는 것이다."라고 하였습니다. 왕국유 선생은 이 때문에 유명한 "이중 증거법"을 제

---

2) ≪고사신증(古史新證)≫은 ≪연대월간(燕大月刊)≫ 7권 1~2기 합간(合刊)에 간행되었고, 북경 내훈각(來薰閣)의 영인본은 당란(唐蘭)의 서(序)를 붙여 1936년에 간행되었다. 1976년에 간행된 대통서국(大通書局)의 ≪왕국유선생전집≫(전 25책) 제11책에 수록되었다. 구석규(裘錫圭)가 교정한 ≪고사신증≫(왕국유의 최후의 강의)은 북경 청화대학에서 1994년 출판되었다.

　　　　기하였습니다. 두 분 선생은 연구 중에 역시 항상 "이중 증거
　　　　법"을 운용하고 있습니다. 구체적인 상황을 말씀해 주시지요.

이학근　왕국유 선생이 이중 증거법을 제기한 것은 중국 학술사상 중요
　　　　한 뜻이 있습니다. 그러나 그가 말한 지하의 재료는 주로 문자
　　　　가 있는 부분을 가리키는 것입니다. 그는 <최근 2·30년 중의
　　　　중국에서 새로 발견된 학문> 중에서 19세기 말에서 20세기 초
　　　　까지의 네 가지의 중대 발견을 예로 들었는데 그것들은 모두
　　　　문자 자료입니다. 이러한 문자 재료를 현존 문헌 재료와 대조
　　　　하고 연구하는 것은 본래 매우 중요한 것이지만, 실제로는 새
　　　　로 발견된 고고 재료는 실은 문자가 있는 것과 문자가 없는 두
　　　　종류로 나눌 수 있습니다. 문자가 없는 고고 재료 예컨대 유지
　　　　(遺址)·묘장(墓葬)·건축·복식(服食)·기물(器物) 등은 마찬가지로
　　　　그것을 가지고 고서를 증명할 수 있습니다. 홍콩(香港)의 요종이
　　　　(饒宗頤, 1917~) 선생은 또 이 때문에 "삼중(三重) 증거법(證據法)"
　　　　을 제기하였습니다. 예컨대 장장수(張長壽) 선생은 《문물(文物)》
　　　　1992년 제4기에 <"장류(墻柳)"와 "황유(荒帷)"(墻柳和荒帷)>를 발
　　　　표하였는데 풍서(灃西) 정숙묘(井叔墓) 중의 동어(銅魚)는 관뚜껑
　　　　위의 장식으로 한 줄로 꿴 것인데 그 시대는 서주(西周) 만기(晚
　　　　期)에서 춘추 시기에 이른다고 말하고 있습니다. 고고 재료는
　　　　바로 《의례(儀禮)》 중의 관련된 기록과 서로 대조할 수 있습
　　　　니다. 이 때문에 《의례》라는 책은 적어도 상당한 부분은 춘
　　　　추 시대와 관계가 있다고 추론할 수 있습니다.

유약진　구 선생님이 청화대학 출판사가 출판한 《고사신증》을 위하
　　　　여 쓴 <전언(前言)>을 읽어 보면 왕국유 선생의 이 유명한 논
　　　　점에 대하여 역시 매우 깊은 체득이 있다는 것을 알게 됩니다.

이 학설에 대하여 한걸음 더 나아가 천명해 주시겠습니까?

구석규 나는 이 선생님의 관점에 매우 동의합니다. 여기에 다시 ≪의례≫에 관련된 한 가지 예를 들겠습니다. 진공유(陳公柔) 선생은 ≪고고학보(考古學報)≫ 1956년 제4기에 <사상례(士喪禮)·기석례(旣夕禮) 중에 기록된 상장(喪葬) 제도(士喪禮旣夕禮中所記載的喪葬制度)>를 발표하였습니다. ≪의례≫에 기록된 부장(副葬) 기물의 조합 형식을 고고 발굴 중에서 본 실제 상황과 대비하여 ≪의례≫에 반영되어 있는 수많은 내용은 전국(戰國) 초기의 상황이라고 보았습니다. 다시 위에 인용한 장장수의 문장과 서로 연계하면 ≪의례≫의 저작 시기는 대략 춘추·전국 사이라는 것을 증명할 수 있습니다. 또 예컨대 곽말약(郭沫若, 1892~1978) 선생은 ≪중국고대사회(中國古代社會研究)≫[3] 중에서 ≪상서(尙書)·우공(禹貢)≫에 기록된 양주(梁州)의 공품(貢品) 중에 철(鐵)이 있다는 것을 지적하였습니다. 고고 발굴에서 본다면 철은 춘추 후기에 이르러 비로소 상당히 보편적으로 사용하기 시작하였습니다. 이 때문에 <우공>의 저작 시기의 상한은 마땅히 춘추보다 이를 수 없습니다.

유약진 기왕의 선진 문학사 연구는 비문자의 고고 자료에 대하여 충분하게 중시하지 못하여 자신의 연구 대상이 아니라고 잘못 생각하고 있었습니다. 두 분 선생의 소개 중에서 비문자적인 고고 자료는 현존 문헌을 증명하는 중에서 중요한 작용을 발휘할 수 있다는 것을 발견할 수 있습니다. 두 분 선생님이 여기에서 토론하고 계신 "삼례(三禮)"의 문제에 대하여 매우 뜻있는 것입니

---

3) 곽말약(郭沫若), ≪중국고대사회연구≫, 상해(上海) : 연합서점(聯合書店), 1930년 초판.

다. 적어도 금후에는 "삼례" 중의 관련된 자료에 대하여 마땅히 새로이 고려하고 이용해야 할 것이고, 이것은 선진 문학 연구의 시야를 확대할 것입니다. 문자가 있는 고고 자료의 선진 문학 연구에 대한 의의에 관해서는 두 분 선생은 어떻게 보십니까?

이학근 그 의의는 말하지 않더라도 알 수 있을 것입니다. 현존하는 서면 문헌은 전해지는 과정 중에서 의식적이든 혹은 무의식적이든 결국 서로 다른 정도의 왜곡과 변화를 받을 것입니다. 그러나 고고에서 획득한 문자 자료는 서로 다르며, 그것은 우리가 직접 볼 수 있는 고대의 원시 유존(遺存)이기 때문에 더욱 높은 학술 가치가 있습니다. 적어도 두 가지는 가장 분명합니다. 하나는 그것에 근거하여 현존 고적의 연대를 판정하는 것이고, 하나는 그것에 근거하여 현존 고적(古籍) 중의 자사(字詞)와 문구(文句)를 교독(校讀)하는 것입니다.

강림창 구체적인 예를 몇 가지 들 수 있겠습니까?

이학근 동작빈(董作賓, 1895~1963) 선생은 <"왕약왈(王若曰)" 고의(古義)(王若曰古義>라는 논문을 쓴 적이 있습니다. 글 중에서 1판의 갑골문을 인용하여 서술하였는데 위에는 "왕약왈(王若曰) : 강녀(羌女)……" 등의 말이 새겨져 있었습니다. 아래의 "강녀(羌女)"는 물론 각종의 상이한 해석이 있지만 가장 좋은 해석은 역시 "羌, 女……"일 것입니다. 이것은 강인(羌人)에 대한 일종의 문고(文告)로 뜻은 "왕이 이렇게 말씀하셨다 : 강(羌)이어, 너희는 어떻게 하라……"라는 것입니다. 당시에는 "고(誥)"라는 일종의 문체가 있었음을 알 수 있습니다. 그리하여 우리는 ≪상서(尚書)·상서(商書)≫ 중의 "왕약왈(王若曰)"을 증명할 수 있고, 또 "미자약왈

(微子若曰)”이 있으니 결코 주(周) 나라 사람의 의작(擬作)이 아닙니다. 제가 아는 바에 따르면 문학사 연구 영역에서 문체 연구도 역시 하나의 유행하는 문제라고 할 것입니다. 일종의 문체로서 “고”는 중국 역사상 매우 중요한 것입니다. 그것은 언제 기원하였는가? 또 어떤 특징이 있는가? 갑골문은 우리에게 유익한 연구 자료를 제공하고 있습니다. 또 예컨대 ≪산해경(山海經)≫은 문학사가가 잘 알고 있는 책입니다. 그중에는 사방풍(四方風)을 언급하고 있고 또 특별히 “사일월지장단(司日月之長短)”을 언급하고 있습니다. 그것의 확실한 함의는 무엇인가? 우리는 갑골문 중에서 또 그 자취를 발견할 수 있습니다. 갑골문 중에는 사방(四方)·사풍(四風)의 기록이 있어 당시에 이미 사계절의 관념이 있었음을 설명하고 있습니다. ≪산해경≫은 한걸음 더 나아가 그 바람이 불어오는 방향과 사계가 관계가 있다고 설명하고 있습니다. 이 두 가지를 연계하면 갑골문으로 현존 문헌을 인용하여 증명할 수 있습니다.

금문은 현존 문헌과 인용하여 증명할 것이 더욱 많습니다. 저는 일찍이 ≪일주서(逸周書)≫의 〈채공(祭公)〉편을 이야기한 문장 한 편을 쓴 적이 있습니다. 그중에 어떤 구들은 금문과 완전히 같습니다. 예컨대 편 중의 “호천질위(昊天疾威)”는 〈모공정(毛公鼎)〉에는 “민천질위(旻天疾畏)”라고 하였고, 편중의 “감소성강지업(龕紹成康之業)”은 〈사장반(史墻盤)〉에는 “감사궐벽(龕事闕辟)”이라고 하였고, 편중의 “벽험우난(辟險于難)”은 〈사순궤(師詢簋)〉에는 “벽함우간(辟函于艱)”이라고 하였습니다. 그리하여 우리는 〈채공〉이 반드시 서주(西周)의 작품임을 알게 됩니다. 또 ≪상서(尙書)·우하서(虞夏書)≫의 각각의 편은 현재 여러 사람들은 모두 전국 이후의 작품이라고 알고 있습니다. 곽말약(郭沫若)의 ≪갑골문자연구(甲骨文字硏究)≫4) <석조비(釋祖妣)>에는 서주·춘추의 동기 명문 중에는 언제나 "비(妣)"를 "조(祖)"와 짝짓고 "고(姑)"를 "모(母)"와 짝지은 것을 지적하고 "고비(考妣)는 연문(連文)으로 …… 마땅히 전국 때의 사람의 말임을 알 수 있고(可知考妣連文, …… 當係戰國時人語)" <요전(堯典)>에는 도리어 "백성들은 3년 동안 부모를 여읜 것 같았다(百姓如喪考妣三載)"라는 말이 있으니 그 저작 시대를 상상하여 알 수 있을 것입니다.

강림창 이 선생은 갑골문·금문의 현존 문헌의 연대를 판단하는 방면의 작용을 천술(闡述)하셨습니다만, 드신 예들은 모두 선진 문학사 연구에서 반드시 언급해야 하는 자료입니다. 만약 비교적 명확한 연대 의거가 있다면 이것은 선진 문학사 연구에 대한 거대한 의의는 분명한 것입니다. 구 선생님은 근래 <지하 재료의 선진·진한 고적 정리 작업 중의 작용을 말한다(談談地下材料在先秦·秦漢古籍整理工作中的作用)>(≪고대문사신탐(古代文史新探)≫5)에 수록)는 글을 발표하셨습니다. 갑골문·금문의 현존 문헌의 교독(校讀) 방면에서의 의의에 대하여 당신의 관점을 이야기해 줄 수 있겠습니까?

구석규 왕국유 선생은 <은(殷) 복사(卜辭) 중에 보이는 선공(先公)·선왕(先王) 고>(殷卜辭中所見先公先王考)6) 중에서 갑골 복사 중에 상(商)

---

4) 곽말약, ≪갑골문자연구≫(전 2권), 대동서국(大東書局), 1931. 인민출판사(1952) 본과 과학출판사(1962) 본도 있다.

5) 구석규(裘錫圭), ≪고대문사연구신탐(古代文史硏究新探)≫(중국 고문헌 연구 총서), 남경(南京) : 강소고적출판사(江蘇古籍出版社), 1992. 6.

6) 왕국유의 이 논문은 1917년 2월에 완성되어 ≪광창학군학술총서(廣倉學宭學術叢書)≫ 제2집(集)에 처음 간행되었고, 후에 그의 문집 ≪관당집림(觀堂集林)≫(1923년 간행) 권9에 수록되었다.

의 선공 "계(季)"·"왕해(王該)"·"왕항(王恒)" 등의 이름이 있는 것을 발견하였기 때문에 ≪초사(楚辭)·천문(天問)≫ 중에서 종래 해석할 수 없었던 "해병계덕(該秉季德)"·"항병계덕(恒秉季德)" 등의 말을 역시 통할 수 있었습니다. 이것은 "초사학" 연구의 중요한 발견이지만 역시 갑골문을 사용하여 현존 문헌을 교정한 전형적인 예이며 여러 사람들이 잘 알고 있는 것입니다. 또 한 복사에는 "자금준금익, 인방부대출(自今春至今翼, 人方不大出)"이라고 하였는데, 우성오(于成吾) 선생은 이것에 근거하여 ≪상서(尙書)·대고(大誥)≫의 "금춘금익일(今蠢今翼日)"은 마땅히 "금춘금익일(今春今翌日)"이라고 해야 한다고 교독하였습니다. 또 ≪국어(國語)·노어(魯語)≫에는 "그러므로 천자는 대채(大采)에 조일(朝日)하고 …… 일중(日中)에 고정(考政)하고 …… 소채(少采)에 석월(夕月)하고 …… 일중에 고정하고 일입(日入)에 입감구어(入監九御)한다. ……(是故天子大采朝日 …… 日中考政 …… 少采夕月 …… 日中考政 …… 少采夕月 …… 日入監九御 ……)"라고 하였는데, 옛날에는 "대채(大采)"와 "소채(少采)"는 천자가 조일(朝日)·석월(夕月) 때의 복식(服飾)에 대하여 말한 것이라고 하였지만 글의 뜻은 알기 어렵습니다. 갑골 복사에는 하루 중의 서로 다른 시간의 단락을 기록한 말 중에는 "대채"와 "소채"가 있습니다. 동작빈은 ≪은력보(殷曆譜)≫[7] 중에서 상대의 기시(記時) 역법(曆法)을 연구할 때 복사를 가지고 ≪국어≫와 서로 증명하였습니다. 이것으로 여러 사람들은 비로소 ≪국어≫ 중의 "대채"·"소채"는 같은 단락의 문자 중의 "일중(日中)"·"일입(日入)"과 마찬가지로 역시 천자가 활동하는

---

7) 동작빈, ≪은력보≫, 사천(四川) : 국립중앙연구원 역사어언연구소, 1945.

시간을 설명한 것임을 알게 되었습니다.

유약진　≪상서≫·≪시경≫은 중국 문학사상 산문과 시가의 두 가지 문체의 가장 중요한 근원이고, 종래의 연구 특히 문자 교석(校釋) 방면에서 이미 상당히 착실한 기초가 있습니다. 현재 이러한 "새로운 발견"의 시대에 아직 어떤 새로운 발견이 있을 수 있을까요?

구석규　대답은 물론 긍정적입니다. 가령 동기 명문으로 고서를 교독하는 것을 예로 든다면, ≪상서≫ 중의 <대고(大誥)>·<군석(君奭)>에는 주문왕(周文王)을 "녕왕(寧王)"이라고 부르고 선인(先人)은 "전녕인(前寧人)"이라고 불렀습니다. 옛날에는 "녕(寧)"자에 대하여 확실한 해석이 없었습니다. 청말의 오대징(吳大澂, 1835~1902)과 손이양(孫詒讓, 1848~1908) 등은 금문 중의 "문(文)"자는 대부분 "심(心)"을 따르고 있고 자형은 번체(繁體)의 "녕(寧)"자와 서로 유사하다는 것을 지적하였습니다.8) 이 때문에 ≪상서≫ 중의 "녕왕(寧王)"은 실제로는 "문왕(文王)"의 잘못된 해석이라는 것을 알게 되었습니다. 서주 동기 명문에서는 항상 사관(史官)을 "작책(作冊)"이라고 불렀습니다. ≪상서(尙書)·낙고(洛誥)≫에는 "왕이 작책 일(逸)에게 명하여 책을 빌었다(王命作冊逸祝冊)"고 하였는데 일(逸)은 사람의 이름이고 작책은 그의 관직입니다. 옛날에는 "작책"의 뜻을 몰라 "왕명작책(王命作冊)"을 구로 하고

---

8) 오대징의 설은 그의 ≪자설(字說)≫(소주(蘇州) : 진신서사(振新書社), 1918, 영인본)에 보인다. 구석규의 글 <청말 학자가 금문을 이용하여 ≪상서(尙書)≫를 교감한 하나의 중요한 발견을 말함(談談淸末學者利用金文校勘≪尙書≫的一個重要發見)>(≪고적 정리와 연구(古籍整理與硏究)≫ 제4기, 1988)에 따르면, ≪자설≫은 광서(光緖) 12년(1886)에 처음으로 간행되었다고 한다.
손이양의 설은 그의 ≪상서변지(尙書騈枝)≫(광서 18년(1892)에 간행됨)와 ≪명원(名原)≫(광서 31년(1905)에 간행됨)에 보인다.

“작책”을 왕이 명령하여 진행하는 일로 보았습니다. 손이양은 ≪고주습유(古籀拾遺)≫9)에서 비로소 “작책”은 직관의 이름이라고 지적하였는데 바로 금문의 시사(示唆)를 받은 것입니다.

왕국유 선생은 동기 명문을 이용하여 ≪시≫·≪서≫를 교독하는 방면에서 상당히 큰 공헌을 하였습니다. 예컨대 그는 <사송궤(史頌簋)>의 “리군백생(里君百生(姓))”에 근거하여 ≪상서·주고(酒誥)≫의 “월백성리거(越百姓里居)”의 “리거(里居)”가 “리군(里君)”의 잘못이라는 것을 지적하였고, <우정(盂鼎)>의 “포유사방(匍有四方)”에 근거하여 ≪상서·금등(金縢)≫의 “부우사방(敷佑四方)”의 “우(佑)”는 마땅히 “유(有)”라고 읽어야 한다고 지적하였고, <모공정(毛公鼎)>·<극정(克鼎)> 명문 중의 “사명(舍命)”이란 말의 용법에 근거하여 ≪시경·정풍(鄭風)·고구(羔裘)≫의 “사명불유(舍命不渝)”의 “사명(舍命)”은 정현(鄭玄)의 전(箋)과 같이 “처명(處命)”이라고 해석해서는 안 되고 “그 임금의 명령을 다한다(실행한다)”(致其君命)는 뜻이고, <채길궤(蔡姞簋)>의 “미궐생(彌厥生)”에 근거하여 ≪시경·대아(大雅)·권아(卷阿)≫의 “비이미이성(俾爾彌爾性)”의 “성(性)”은 마땅히 “생(生)”으로 읽어야 하고 “미생(彌生)”은 장명(長命)의 뜻이고, <불기궤(不其簋)>의 “여조회우융공(與肇誨于戎工)”에 근거하여 ≪시경·대아·강한(江漢)≫의 “조민융공(肇敏戎公)”의 “공(公)”은 마땅히 “공(工)”으로 읽어야 하고 “융공(戎工)”은 병사(兵事)의 뜻이라는 것을 지적하였습니다.

---

9) ≪고주습유≫ 3권은 송 설상공(薛尚功)의 ≪역대종정이기관지법첩(歷代鐘鼎彝器款識法帖)≫과 오영광(吳榮光)의 ≪균청관금문(筠淸館金文)≫의 금문을 저록한 책의 고석(考釋)의 잘못을 바로잡은 것이다. 광서(光緒) 14년(1888)에 간행되었다.

2. 간백(簡帛) 일적(佚籍)과 고적 정리

강림창   현재 우리가 고고 자료의 연대를 다시 아래로 내려가면 왕국유의 <최근 2~30년 중의 중국에서 새로 발견된 학문> 중에서 언급한 "돈황의 변경 지방 및 서역(西域) 각처의 한(漢)·진(晉) 목간(木簡)"에 집중됩니다. 우리는 왕국유 이후에 중국에서 많은 지방에서 대량의 간독과 백서를 발견하였고, 그 성질·내용과 연대 등의 방면에서 범위는 모두 왕국유가 볼 수 있었던 것보다 매우 많이 확대되었다는 것을 알고 있습니다. 이러한 자료에 대한 연구는 날이 갈수록 흥성하여 하나의 전문적인 학문 곧 이른바 "간백학(簡帛學)"을 형성하였습니다. 중국 사회과학원은 전문적으로 간백연구중심(簡帛硏究中心)을 성립시켰고 최근에는 국제유학연합회(國際儒學聯合會)가 또 국제간백연구중심(國際簡帛硏究中心)을 성립시켰습니다. 그러나 우리의 선진·진한 문학 연구계는 이러한 놀랄 만한 발견에 대하여 충분하게 중시하지 않는 것 같습니다. 적어도 지금까지 열렬한 토론이 있는 것을 보지 못하였습니다. 두 분 선생은 이 방면의 상황을 한번 간단하게 소개해 주실 수 있겠습니까?

이학근   옛날 사람들은 "대와 비단에 썼다(書於竹帛)"라고 하여 대나무 바탕의 간과 실 바탕의 백은 고대 중국인이 기록하는 데 사용한 주요한 재료였으며, 육조 시기에 이르러서야 비로소 점차 종이로 대체되었습니다. 이 때문에 "간백"은 장기간 책의 동의어로 사용되었습니다. 기원이 간백에서 나온 몇 가지 단어 예컨대 "편(編)"·"책(冊)"·"편(篇)"·"권(卷)" 등은 심지어 지금까지도 그대로 사용되고 있습니다. 고대의 간백은 수량은 마땅히 매우 많았을 것이지만 그 질료(質料)는 손상·파괴되기 쉽고 지하에 매장된 것은 더욱 보존되기 어렵습니다. 비록 그렇다고 하더라도 간백은 여전히 출토 문물의 하나의 큰 부분입니다. 이제까지 이미 발견된 간백은 그들의 내용 성질에 따라 주로 서적과 문서의 두 종류로 나눌 수 있습니다. 서적은 협의의 책을 가리키는 것입니다. ≪한서(漢書)·예문지(藝文志)≫의 분류에 따르면 육예(六藝)(경(經))·제자(諸子)·시부(詩賦)·병서(兵書)·수술(數術)·방기(方伎) 등이 있습니다. ≪한지≫에 수록되지 않은 것, 예컨대 법률은 후세의 목록 전통에 따라 또한 넣을 수 있습니다. 문서는 당시의 조정 및 지방의 문건(文件)·부적(簿籍)·당안(檔案)을 포함합니다. 변방 지구에서 나온 둔수(屯戍)·진관(津關)·역전(驛傳) 등과 관련된 재료는 더욱 특색이 있습니다. 약간의 사가(私家)의 부적(簿籍)도 역시 여기에 덧붙일 수 있습니다.

이 두 종류 외에도 또 일상 생황에서 사용하던 서찰(書札)·역보(曆譜)가 있고, 상장(喪葬)에 관련된 제사(祭祀)와 기도(祈禱)의 기록·유촉(遺囑)·견책(遣策) 등등은 비록 영쇄(零碎)하지만 여전히 각각 특수한 가치가 있습니다. 이러한 것들은 저는 ≪간백 일적과 학술사(簡帛佚籍與學術史)≫[10] 중에서 이미 상세하게 천명하고 서술한 바 있습니다.

강림창 1942년 호남(湖南) 장사(長沙) 자탄고(子彈庫)의 한 초(楚) 나라 무덤에서 백서를 발견하였습니다. 1944년 채계양(蔡季襄)의 ≪만주증서고증(晩周繒書考證)≫이 출판된 이후 소식이 학계에 두루 전

---

10) 이학근, ≪간백 일적과 학술사(簡帛佚籍與學術史)≫, 대북 : 대만시보출판공사, 1994 ; 강서교육출판사, 2001. 이 책은 우리 말로 번역되어 있다. 임형석 역, ≪잃어버린 고리 : 신출토 문헌과 중국 고대 사상사≫, 학연문화사, 1996.

해졌습니다. 이것은 근년의 간백 서적 출토의 진정한 개시(開始)라고 할 수 있습니다. 건국 이래 각지의 야외(野外) 고고 작업의 진전에 따라 간백 서적의 발견은 갈수록 점차 많아져서 내용과 수량에서 모두 넉넉히 역사상의 공벽(孔壁)·급총(汲冢)과 서로 비견할 수 있습니다. 각개의 중요한 발견 상황을 한번 소개하여 주십시오.

구석규　20세기 50년대 후반 이래 중국의 고고학 종사자들은 전국·진한 시대의 묘장에서 계속하여 적지 않은 간백 고적을 발견하였습니다. 그 출토 시대의 순서에 따르면 중요한 것은 다음과 같습니다.

1957년 하남(河南) 신양(信陽) 장대관(長臺關) 1호 초나라(楚)의 무덤(발굴자는 전국(戰國) 조기라고 정함)에서 고서의 잔간(殘簡)이 출토되었는데 근년에 어떤 학자는 《묵자(墨子)》의 일편(佚篇)이라고 정하였습니다.

1959년 감숙(甘肅) 무위(武威) 마취자(馬嘴子) 6호 한대 무덤에서 《의례(儀禮)》 목간(木簡) 8편·죽간(竹簡) 1편이 출토되었습니다.

1972년 산동(山東) 임기(臨沂) 은작산(銀雀山) 1호 한대 무덤(무제(武帝)의 초기에 속함)에서 《손자(孫子)》·《손빈병법(孫臏兵法)》·《안자(晏子)》·《울료자(尉繚子)》·《태공(太公)》 및 논정(論政)·논병(論兵)과 음양(陰陽) 등 방면의 여러 종류의 일서(佚書)가 출토되었습니다.

1973년 하북(河北) 정현(定縣) 팔각랑(八角廊) 40호 한대 무덤에서 한 무더기의 죽간이 출토되었는데 내용은 《논어(論語)》·《문자(文子)》·《태공(太公)》·《유가자언(儒家者言)》 등이 있습니다.

1973년 장사(長沙) 마왕퇴(馬王堆) 3호 한대 무덤에서 《노자(老子)》

(두 가지 종류가 있는데 권전(卷前) 혹은 권후(卷後)에 일서(佚書)가 베껴져 있음)·≪주역(周易)≫(≪역계사(易繫辭)≫와 금본에는 보이지 않는 일전(佚傳)이 덧붙어 있음)·≪춘추사어(春秋事語)≫·≪전국종횡가서(戰國縱橫家書)≫ 및 의약(醫藥)·점후(占候) 등 방면의 백서 여러 종류가 출토되었습니다. 같은 무덤에서는 또 방중술(房中術) 방면의 간서(簡書)도 나왔습니다.

1975년 호북(湖北) 운몽(雲夢) 수호지(睡虎地) 11호 진대 무덤에서 진률(秦律)·≪일서(日書)≫ 등 죽간이 출토되었습니다.

1977년 안휘(安徽) 부양(阜陽) 쌍고퇴(雙古堆) 1호 한대 무덤에서 ≪시경(詩經)≫·≪주역(周易)≫·≪창힐편(蒼頡篇)≫·≪만물(萬物)≫ 등의 죽서 여러 종류가 출토되었습니다.

1983년에서 1984년까지 강릉(江陵) 장가산(張家山) 247호 한대 무덤에서 한률(漢律)·≪진헌서(秦讞書)≫·≪맥서(脈書)≫·≪인서(引書)≫·≪산수서(算數書)≫·≪합려(闔廬)≫ 등의 죽서가 출토되었습니다.

1985년 장가산(張家山) 336호 한대 무덤에서 한률(漢律)·≪공령(功令)≫·≪도척(盜跖)≫ 등 죽서가 출토되었습니다.

1986년 감숙(甘肅) 천수(天水) 방마퇴(放馬堆) 1호 진대 무덤(전국 만기에 속함)에서 일서(日書) 등의 죽간이 출토되었습니다.

1987년 호남(湖南) 자리(慈利) 석판파(石板坡) 36호 초나라의 무덤(전국 중기에서 약간 이른 시기)에서 한 무더기의 죽간이 출토되었는데 몇 가지의 고서가 포함되어 있습니다.

1989년 호북 운몽(雲夢) 용강(龍崗) 6호 진대 무덤에서 진률(秦律) 죽간이 출토되었습니다.

1993년 강소(江蘇) 연운항(連雲港) 윤만(尹灣) 6호 서한의 무덤에서

한 무더기의 죽간·목독이 출토되었는데 그 가운데 서적에 속하는 것은 죽간 ≪신오부(神烏傳)(부(賦))≫·≪박국점(博局占)≫ 등이 있습니다.

1993년 호북 형문(荊門) 곽점(郭店) 1호 초나라의 무덤(전국 중기에서 약간 늦은 시기)에서 800支의 죽간이 출토되었는데 ≪노자(老子)≫·≪태일생수(太一生水)≫·≪치의(緇衣)≫·≪노목공문자사(魯穆公問子思)≫·≪오행(五行)≫ 등의 편이 있는데 내용은 유(儒)·도(道) 양가에 관련된 것입니다. 그밖에 또 ≪어총(語叢)≫ 4조(組)가 있는데 백가(百家)의 설을 잡다하게 베긴 것입니다.

상해박물관에서는 몇 년 전에 홍콩(香港)에서 1200여 지(支)의 전국 죽간을 도로 구입하였는데, 전하는 바에 따르면 역시 형문(荊門) 일대에서 나온 것이라고 합니다. 간의 내용은 유가의 전적을 주로 하는데 어떤 것은 ≪주역(周易)≫·≪치의(緇衣)≫·≪무왕천조(武王踐阼)≫ 등과 같이 후세에 전본(傳本)이 있지만 전에는 보지 못하였던 일서(佚書)가 더욱 많았습니다. 그밖에 방기서(方伎書) 따위도 있습니다.

강림창 왕국유 선생이 말한 바와 같이 역사사의 간백 서적의 발견, 예컨대 공벽(孔壁) 중의 죽서와 급총(汲冢)의 죽서는 일찍이 중국 학술의 발전에 중요한 영향을 미쳤습니다. 최근 이 선생님이 ≪문물(文物)≫ 1999년 제10기에 발표하신 <간백 서적의 발견 및 그 영향(簡帛書籍的發現及其影響)>을 읽었습니다만 우리에게 강렬한 인상을 주었습니다. 최근 50년래 전국·진한의 간백서의 대량 출현은 반드시 관련 학과의 발전에 대하여 새로운 더욱 깊고 먼 영향을 미칠 것입니다.

이학근 그렇습니다. 방금 구 선생이 소개한 간백 서적은 성질·범위가 극히 넓어서 중국 역사 문화의 각개 방면에 대한 탐구가 모두 촉진될 것이라는 것을 의심의 여지가 없습니다. 저는 일련의 중대한 발견의 가장 직접적이고 가장 중요한 영향은 두 가지 방면에 나타난다고 보고 있습니다. 첫째는 고문자학에 대한 영향이고 둘째는 고대 학술사에 대한 새로운 인식입니다.

간백 서적의 발견의 고문자학에 대한 영향은 다방면에 걸쳐 나타납니다.

전국 문자 연구에 대한 영향이 가장 현저합니다. 전국 문자 특히 육국(六國) 고문자의 연구는 50년대 이래 점차 고문자학 영역의 관심의 초점이 되어 성과가 비상하게 두드러집니다. 그러나 전국 문자 재료는 매우 번쇄(繁碎)합니다. 예컨대 새인(璽印)·병기(兵器) 따위는 글자수가 매우 적어서 문례(文例)를 추구하기가 쉽지 않습니다. 간백 문자는 장(章)을 이루어 어떤 서적은 그래도 현존본과 대조할 수 있으니 고석(考釋)에 더욱 좋은 조건을 제공하고 있습니다. 지하의 보존 상황이 비교적 좋기 때문에 현재 여러 사람들이 볼 수 있는 전국 간백 서적은 모두 초나라의 무덤에서 나온 것으로 이것은 우리로 하여금 초문자(楚文字)에 대하여 더욱 많은 인식을 갖게 합니다. 그러나 육국(六國)은 비록 "문자는 형체가 달랐지만(文字異形)" 피차 결국 적지 않은 공통점이 있으므로 초문자의 연구는 육국 고문 연구를 위하여 돌파구를 제공할 수 있습니다. 동시에 고문 내에는 또 수많은 상(商)·주(周) 이래 전하고 답습하던 서사법(書寫法)이 포함되어 되어 있으므로 더욱 이른 문자를 해독하기 위한 열쇠의 역할을 합니다. 예컨대 곽점(郭店) 간(簡) ≪치의(緇衣)≫의 도움으로 서주 금문 "채공(祭公)"을 해석해 내었고, 같은 무더기의 간

≪당우지도(唐虞之道)≫를 통하여 <작백궤(柞伯簋)>의 "현(賢)"자를 추정한 것은 모두 성공적인 예입니다. 진(秦)에서 한초(漢初)까지의 간백의 문자는 한자가 발전하여 전서(篆書)에서 예서(隷書)로 변하는 이른바 예변(隷變)의 과정에 실물 증거를 제공합니다. 과거에는 이 문자 변천의 관건(關鍵) 단계에 관련된 재료가 너무 적어서 학자들이 상세하게 연구할 방법이 없었지만 현재의 상황은 전혀 다릅니다.

간백 서적의 발견은 우리로 하여금 고대 학술사에 대하여 새로운 사고·새로운 인식·새로운 평가를 하게 합니다.

우리는 항상 대량의 간백 일적(佚籍)의 발견으로 고대 학술사는 반드시 다시 쓰여져야 한다고 말합니다. 이것은 조금도 또한 과장이 아닙니다. 예컨대 마왕퇴(馬王堆) 백서 ≪주역≫ 경전(經傳)의 출현은 ≪역≫학 역사의 수많은 곳을 새롭게 고려하게 하였습니다. 쌍고퇴(雙古堆) 죽간 ≪시경≫의 출현은 ≪시≫의 전파와 유행에 대하여 역시 새로운 문제를 제기하였습니다. 상해 박물관의 죽간 중의 ≪시론(詩論)≫은 약간의 일시(佚詩)가 포함되어 있는데 더욱 주의할 가치가 있는 것입니다. 마왕퇴 백서 ≪황제서(黃帝書)≫·≪노자≫는 사람들로 하여금 이른바 황로지학(黃老之學)에 대하여 전혀 새로운 인식을 갖게 하였습니다. 과거의 학자들은 대부분 그 학이 제학(齊學)에 연원(淵源)하였다고 생각하였고 어떤 사람은 아직도 제 나라 직하(稷下)의 약간의 학자들과 관계가 있다고 보고 있습니다. 현재는 마왕퇴 백서의 발견을 통하여 우리는 비로소 한초(漢初)의 황로(黃老) 도가의 연원이 초 땅에 있었고 제 땅의 도가는 그 주류가 아님을 알게 되었습니다. ≪사기(史記)≫·≪한서(漢書)≫에서 서술하고 있는 학술 전통은 대부분 북방에 비중을 두어 남방 초 땅의 학술사에 대해서는 언급한 것이 비교적 적습니다. 초 땅의 황로(黃老) 간백의 발견은 바로 이러한 빠진 고리를 채울 수 있습니다. 은작산(銀雀山) 간(簡) 오(吳)·제(齊)의 두 ≪손자(孫子)≫와 ≪울료자(尉繚子)≫·≪육도(六韜)≫ 등등은 병가의 연구에 새로운 경지를 열었습니다. 이와 관련된 것은 또 장가산(張家山) 간 ≪합려(蓋廬)≫ 등이 있습니다. 간백 중에는 병가(兵家)와 음양가(陰陽家)의 작품이 매우 많은데 모두 과거에는 보지 못했던 것입니다. ≪한지≫에는 수술가(數術家)의 책이 많지만 오랫동안 이미 존재하지 않았습니다. 간백 서적 중의 이러한 종류의 책은 이러한 결함을 채워주게 되었습니다. 방기류(方伎類) 서의 중국 의약사(醫藥史)에 대한 탐색은 극히 가치가 있어 이미 의학계의 보편적인 중시를 불러 일으켰습니다. 진률(秦律) 및 기타 법률 성질 서적의 법률사 영역에서의 영향도 또한 매우 큰 것입니다. 장가산 간(簡) 한률(漢律)의 공표는 생각하건대 마찬가지의 작용을 불러 일으킬 것입니다. 진률과 한률의 비교 연구는 이전에서 진행할 수 없었던 과제입니다. 현재는 곽점(郭店) 간이 1998년에 출판되었고 상해박물관 소장의 간은 전하는 바에 따르면 곧 발표된다고 하기 때문에 죽간 중의 유학(儒學) 일적(佚籍)의 연구는 바로 초점을 형성하고 있습니다. 이러한 서적들이 대표하고 있는 공(孔)·맹(孟) 사이의 유가의 전승(傳承)과 변천을 드러내고 탐구하는 것은 학술사 연구 중의 큰 일로서 해내·외의 매우 많은 학자들을 이끌어 들여 공동으로 노력하게 하는 것입니다. 멀지 않은 장래에 각지에는 더욱 많고 더욱 중요한 간백 서적의 발견이 있을 것이라고 예견할 수 있습니다. 우리는 이러한 서적이 매장되어 있는 묘장이 아마 있을 것이라고 예견하는 것에 대하여 역량을 조직화하여 충분한 기술적 준비를 갖춘 발굴을 진행하기를 더욱 희망하고 있습니다. 이미 획득된 간백은 마땅히 완전하게 보호하고 가능한 한 빨리 정리·공포하여 학계에 넘겨주어 연구하게 해야 할 것입니다. 이것은 다음 세기의 관련 학과의 발전에 대하여, 중국의 우수한 문화 전통의 천양에 대하여 장차 매우 큰 도움이 될 것입니다.

강림창 문헌학의 관점에서 본다면 간백 고적의 발견은 현존 고적의 정리·연구에 대하여 반드시 적극적인 작용을 일으킬 것입니다. 구석규 선생은 이미 많은 문장을 발표하여 이러한 중요한 관점을 계통적으로 천술한 바 있습니다. 여기에서 간단하게 우리 독자들을 위하여 개괄적인 소개를 해 주실 수 있겠습니까?

구석규 물론 할 수 있습니다. 개괄한다면 간백 서적의 고대 문헌 연구에 대한 적극적인 작용은 다음과 같은 세 가지 방면에 나타날 수 있습니다.

첫째, 고적의 형성 과정에 대한 인식에 도움이 됩니다.

여가석(余嘉錫, 1883~1955) 선생은 ≪고서통례(古書通例)≫[11] 중에서 고대의 자서(子書)는 왕왕 어떤 한 학파에서 전습(傳習)하던 자료 휘편(彙編)으로 그중에는 선생의 저술과 언론이 있을 뿐 아니라 또한 문제자(門弟子) 혹은 후학들이 덧붙인 "학안(學案)·어록(語錄)·필기(筆記)·전장(傳狀)·주석(注釋)" 등의 내용이 있다고 지적하였습니다. 은작산 한묘에서 나온 재료는 이 방면의 하나의 매우 좋은 예증을 제공하고 있습니다. 은작산 죽서 중

---

11) 여가석, ≪고서통례≫, 상해 : 상해고적출판사, 1985.

의 어떤 편들은 ≪관자(管子)≫와 밀접한 관계가 있습니다. 특히 <왕병(王兵)>편은 그 내용이 각각 ≪관자≫의 <칠법(七法)>・<참환(參患)>・<지도(地圖)> 등에 보이고 또한 대비를 통하여 ≪관자≫가 <왕병>편을 그대로 사용하고 찢어 온 것임을 발견할 수 있습니다. 이것은 ≪관자≫ 책의 완성 과정을 이해하는 데 중요한 뜻이 있습니다.

고대의 수술(數術)・방기(方伎) 방면의 저작은 왕왕 비교적 이른 같은 종류의 저작에 의거하여 점차 수개(修改)하고 증익(增益)하여 정본(定本)을 이룬 것입니다. 마왕퇴 백서와 장가산 죽서 중의 ≪맥서(脈書)≫는 ≪내경(內經)・영추(靈樞)≫ 중의 <경맥(經脈)>편의 조본(祖本)이라고 볼 수 있으며, 장가산 죽서 중의 ≪산수서(算數書)≫는 후세의 ≪구장산술(九章算術)≫과 역시 매우 밀접한 관계가 있습니다.

둘째, 고적의 진위에 대한 변별과 시대의 판단에 도움이 됩니다. 금본 ≪육도(六韜)≫・≪울료자(尉繚子)≫・≪안자(晏子)≫는 모두 일찍이 사람들에게 선진의 책이 아니라고 의심을 받았습니다. 서한 초기의 은작산(銀雀山) 무덤에서 이러한 책들의 일부분의 편장(篇章)이 출토되었는데 문자는 금본과 대체로 서로 부합합니다. 일종의 책의 완성에서 유전까지 결국 그렇게 짧지 않은 일단의 시간을 경과해야 하는데 이러한 책들의 저작 시대는 마땅히 전국보다 늦지는 않을 것입니다. 금본은 기본적으로 선진의 고적으로 볼 수 있습니다.

금본 ≪갈관자(鶡冠子)≫는 매우 많은 사람들에게 후인이 의탁한 위서라고 인정되었습니다. 마왕퇴 한묘애서 출토된 ≪노자≫ 을본의 권전(卷前) 일서(佚書) 등에는 ≪갈관자≫와 서로 같거나 혹은 서로 유사한 문자가 적지 않게 있어 그것이 결코 위서가 아니라는 것을 증명할 수 있습니다. 금본 ≪문자(文子)≫는 ≪회남자(淮南子)≫와 대량의 서로 같은 내용이 있어 전인들은 대부분 금본은 ≪한서·예문지≫에 저록된 것과 같은 책이 아니라 후인들이 ≪회남자≫ 등의 책을 베껴서 만든 위서(僞書)라고 인정하였습니다. 팔각랑(八角廊) 한대 무덤에서 나온 ≪문자≫의 잔간으로 본다면 금본은 비록 후인들이 비교적 큰 개작을 한 것이지만 여전히 적지 않은 한 대본의 실질성 내용을 유보하고 있으므로 간단히 ≪회남자≫ 등의 책을 초습하여 이룬 위서라고 볼 수는 없습니다. 전국의 초나라의 무덤과 마왕퇴 한초의 무덤에서는 모두 ≪노자≫가 출토되어 ≪노자≫가 늦게 나왔다는 설의 파산을 선고하게 되었습니다. ≪노자≫의 성서의 시대는 가장 늦어도 역시 전국 초기보다 늦을 수 없습니다. 이 점은 제가 최근 ≪도가문화연구(道家文化研究)≫ 제17집[12])에 발표한 <곽점 ≪노자≫ 간 초탐(郭店≪老子≫簡初探)>에서 이미 충분하게 고론(考論)하였는데 저는 이 문제는 정론으로 삼을 수 있다고 생각합니다. 그밖에 은작산 한묘에서는 동시에 손무(孫武)와 손빈(孫臏)의 병법(兵法)이 동시에 출토되어 ≪손자≫는 손빈이 지은 것이라는 설의 파산을 선고하게 되었습니다. 이러한 예를 나열하는 우리의 용의는 분명히 어떤 책이 어떤 연대에 이루어졌는가를 설명하기 위한 것만은 아닙니다. 중요한 것은 그것이 우리의 과거에 이미 정론이 된 것으로 보였던 학술사에 대한 새로운 인식과 새로운 평가 문제에 관련되어 있다는 것입

---

12) 진고응(陳鼓應) 주편, ≪도가문화연구≫ 제17집, "곽점초간전호(郭店楚簡專號)", 북경 : 삼련서점, 1999.

니다.

셋째, 고적의 교독 예컨대 문자를 교정하고 사의(詞義)·문의(文義)를 천명하는 등등에 도움이 됩니다.

고고 발견의 고서는 어떤 것들은 현존 고적의 고초본(古抄本)이고 어떤 것들은 비록 일서이지만 현존 고적과 어떤 공동의 내용을 갖고 있습니다(고대의 책은 항상 반복하여 베꼈기 때문에 이러한 상황은 비교적 흔히 보이는 것이다). 그것들은 모두 현존 고적을 교독하는 데 사용할 수 있는 극히 좋은 자료이다. 예컨대 은작산 죽서 중의 ≪손자≫·≪안자≫·≪울료자≫·마왕퇴 백서 중의 ≪노자≫는 모두 각서의 금본 문자상과 전인들의 해석상의 약간의 착오를 바로잡는 데 사용할 수 있습니다. 앞에서 언급한 은작산 죽서 중의 <왕병>편은 또한 ≪관자≫ 중의 관련된 각 편을 교독하는 데 사용할 수 있습니다. 이 방면에는 이미 참고할 만한 적지 않은 저작과 문장이 있지만 우리는 여기에서 많이 말하지 않으려고 합니다. 아래서는 단지 ≪손자≫ 중에서 하나의 간단한 예를 들어 지하 발견의 고본의 귀중함을 설명하려고 합니다. ≪손자(孫子)·계(計)≫편에는 한 마디 말이 있는데 금본은 다음과 같습니다.

> 땅이란 멀고 가까움·험하고 쉬움·넓고 좁음·죽음과 삶이다.
> (地者, 遠近·險易·廣狹·死生也.)

은작산(銀雀山) 죽서본은 다음과 같이 되어 있습니다.

> 땅이란 높고 낮음·넓고 좁음·멀고 가까움·험하고 쉬움·죽음과 삶이다.(地者, 高下·廣狹·遠近·險易·死生也.)

지세의 높고 낮음은 전쟁에 대하여 말한다면 극히 중요하지만, 금본에는 "고하(高下)"의 두 글자가 탈락된 것은 매우 부당한 것입니다. 그러나 만약 죽서가 출토되지 않았다면 아마 그 누구도 역시 이러한 문제를 발견하지 못했을 것입니다.

가령 현존 고적과 위에서 말한 그러한 관계가 없는 일서와 기타 문자 자료라고 하더라도 현존 고적을 교독하는 방면에서도 역시 중요한 작용을 할 수 있다. 현존 고적 중에는 단어와 통용자가 드물게 보이기 때문에 후인들이 이해하지 못하는 것이 적지 않습니다. 이것은 우리가 고서를 읽고 통할 수 없는 하나의 중요한 원인입니다. 이러한 단어와 통용자는 어떤 것들은 고고 발견의 동시대 혹은 시대가 서로 가까운 문자 자료 중에서 도리어 흔히 보이고 이해하기 쉬운 것이며, 또한 어떤 것은 비록 결코 흔히 보이지는 않지만 뜻은 명확하고 혹은 현존 고적과 대조하여 본다면 뜻이 명확해지는 것입니다. 현존 고적의 문자상의 어떤 착오들은 또한 이러한 문자 자료와 서로 대조하는 것을 통하여 바로잡을 수 있습니다. 여기에 "이(佴)"자의 사의(詞義) 이해에 관한 하나의 예를 들려고 합니다. ≪한서(漢書)·사마천전(司馬遷傳)≫에는 태사공(太史公)의 <보임안서(報任安書)>가 실려 있는데 다음과 같은 한 구절이 있습니다.

> 이릉(李陵)이 이미 산 채로 항복하여 그 집안의 이름을 무너뜨리자 나는 또 잠실(蠶室)로 수치를 당하여 거듭 천하의 구경거리와 웃음거리가 되었습니다.(李陵旣生降, 隤其家聲, 而僕又茸以蠶室, 重爲天下觀笑.)

안사고(顔師古)의 주에는 "소림(蘇林)은 용(茸)은 차(次)이다. 사람들이 서로 차례하는 것과 같다. 안사고(顔師古)는 이 설은 그릇되었다고 하였다. 용은 음이 인용반(人勇反)으로 민다는 뜻이다. 잠실(蠶室)은 부형(腐刑)을 하고 거처하는 따뜻하고 갇힌 방이다. 잠실 가운데 밀어 넣는다는 것을 말한다.(蘇林曰 : 茸, 次也. 若人相俾次. 師古曰 : 此說非也. 茸音人勇反, 推也. 蠶室乃腐刑所居溫密之室也. 謂推致蠶室之中也.)"라고 하였습니다. 유봉세(劉奉世)는 안사고의 설에 동의하지 않고 "용(茸)"은 마땅히 "수용(修茸)의 용(茸)과 같이 읽는다"(讀如修茸之茸)라고 보았습니다. ≪문선(文選)≫ 권41 <보임소경서(報任少卿書)>에는 "용(茸)"자를 "이(佴)"라고 하였습니다. 이선(李善)은 여순(如淳)의 ≪한서(漢書)≫의 주를 인용하여 "이(佴)는 자(次)로 사람이 서로 차례하는 것과 같다.(佴, 次也, 若人相次也.)"라고 하였습니다. ≪한서≫의 고본(古本)에는 "이(佴)"라고 하였음을 알 수 있습니다. 청 곽숭도(郭嵩燾)는 이 구를 해석하여 "'이차(佴次)'는 '부이(副貳)'(버금)로, 사마천은 이릉이 항복한 후에 일족이 죽임을 당하여 그 집의 이름을 무너뜨렸고 자기는 또 이릉을 구하다가 잠실에 내려 죄가 그 다음을 차지하였다는 것을 말한 것이다. 소(蘇)는 '용(茸)'을 '차(次)'로 풀었으니 역시 '용(茸)'을 '이(佴)'로 읽은 것이다.(佴次卽副貳, 遷言陵降後族誅, 隤其家聲, 己又以救陵下蠶室, 罪居其次也. 蘇解'茸'爲'次', 則亦讀'茸'爲'佴'耳.)"(≪한서보주(漢書補注)≫에 보임)라고 하였습니다. 그러나 이 글자를 "이(佴)"라고 읽고 "차(次)"라고 해석하든 아니면 "용(茸)"이라고 읽고 "추(推)"라고 해석하든 문의는 모두 매우 부자연스럽습니다.

"이(佴)"자와 "치(恥)"자는 모두 "이(耳)"성을 따르고 있습니다. 마왕퇴 백서에는 "이(佴)"를 "치(恥)"로 사용한 예가 있습니다. 예컨대 ≪경법(經法)·군정(君正)≫에는 "백성은 부유하면 부끄러움이 있다"(民富則有佴)라고 하였습니다. 은작산 죽서에도 때때로 또한 "이(佴)"로 "치(恥)"라고 한 예가 있습니다. 예컨대 어떤 일서(佚書)에는 "경·대부·관리·사민(士民)이 절개를 경계하고 그 듯을 높게 하고 그 입을 부끄러워하고 그 풍속을 행하니 백성의 정입니다.(卿大夫官吏士民徼節, 高其誼, 佴其口·行其俗, 民之請(情)也.)"라고 하였습니다. 이상의 두 가지 예 중의 "이(佴)"는 분명히 마땅히 "치(恥)"로 읽어야 할 것입니다. 백서와 죽서의 시대는 사마천과 서로 가까운데, <보임안서>의 "이(佴)"자는 문제없이 역시 마땅히 "치(恥)"로 읽어야 하며 "잠실로 수치를 당하였다(恥以蠶室)"라는 것은 궁형(宮刑)의 수치를 당하였다는 뜻입니다.

유약진 이것을 한번 확대한다면 간백 서적의 선진·진한 문학 연구에 대한 영향을 세 가지 방면으로 개괄할 수 있을 것입니다. 첫째, 우리가 선진·진한 전적을 석독(釋讀)하는 데 도움이 되고, 둘째 우리가 선진·진한 전적을 판단하고 이용하는 데 도움이 되고, 셋째 우리가 학술 시야를 확대하여 문학사 연구를 고고학·문자학의 연구와 결합하여 일종의 더욱 높은 학문 경계에 들어가는 데 도움이 될 것입니다.

구석규 이것은 문제가 없습니다. 고고 발견은 선진·진한 문학 연구에 간접적으로 영향을 미칠 뿐 아니라 최근 몇 해 이래의 고고 발견은 또한 우리의 문학사 연구에 수많은 직접적 자료를 제공하였습니다. 이것은 우리가 토론하려고 하는 셋째 방면의 문제와 관련될 것입니다.

3. 고고 발견과 문학사·문명사 연구

유약진 선진·진한 시기의 문학·사학·철학은 비록 명확한 분야는 없지만 ≪한서·예문지≫에는 오로지 "시부(詩賦)"류만을 열거하여 한대 이래의 문학 방면의 특징과 가치가 점차 인식을 얻게 되었음을 설명해 줍니다. 신중국 성립 이래 출토된 간백 서적은 우리의 문학 연구와 직접적인 관계가 있는 내용이 많이 있습니다. 예컨대 1972년 산동(山東) 임기(臨沂) 은작산(銀雀山) 한대 무덤에서 출토된 <당륵(唐勒)> 일부(佚賦)의 잔간(殘簡), 1977년 안휘(安徽) 부양(阜陽) 쌍고퇴(雙古堆) 한대 무덤에서 출토된 ≪시경(詩經)≫과 ≪초사(楚辭)≫의 잔간, 1993년 강소(江蘇) 연운항(連雲港) 한대 무덤에서 출토된 <신오부(神烏傳)(부(賦))> 죽간 등이 있습니다. 그밖에 1979년에 발견된 돈황(敦煌) 한간(漢簡) 중에는 한붕(韓朋) 부부 고사의 잔간이 있는데 그 체재는 구 선생이 아마 운(韻)이 있는 부체(賦體)일 것이라고 고증하셨습니다. 1986년 천수(天水) 방마퇴(放馬堆) 진대 무덤에서 출토된 죽간 중에는 이름이 단이라고 하는 사람이 죽었다가 다시 살아난 고사를 기술한 한 가지가 있는데 이 선생은 마땅히 중국에서 가장 조기의 지괴 소설일 것이라고 고증하셨습니다. 이러한 재료들의 출현은 확실히 사람들에게 일종의 신기하고 경이로운 느낌을 주고 있습니다.

구석규 그렇습니다. 출토된 간백 중의 문학 작품은 체재의 유변이나 제재의 취사선택 등의 방면에서 모두 문학사의 연구에 새로운 사고와 새로운 기상을 제기하여 예전의 잃어버린 약간의 중요한 빠진 고리를 보완하는 것입니다. 예컨대 호평생(胡平生)·한

자강(韓自强)의 ≪부양 한간 시경 연구(阜陽漢簡詩經硏究)≫13)는 총체적으로 보면 부양 한간 ≪시경≫은 노(魯)·제(齊)·한(韓)·모(毛) 사가시(四家詩) 중의 어떤 일가에도 속하지 않지만, 아마 ≪한서·예문지≫에 저록되지 않았지만 실제로는 민간에 유전되던 다른 하나의 시설(詩說)일 가능성이 있습니다. 이것은 한대의 ≪시경≫학이 결코 4가시에 국한되지 않았고 당시의 실제 상황은 우리가 상상하는 것보다 훨씬 풍부하였다는 것을 설명하는 것입니다. <한붕>부 잔간과 <신오부> 죽간의 발견은 중국 문학사의 연구에 대하여 더욱 중요한 뜻이 있습니다.

강림창   우리는 선생님이 ≪문물≫ 1997년 제1기에 발표한 <신오부 초탐(神烏賦初探)>을 읽고 매우 흥미를 느꼈습니다만 좀 상세하게 소개를 해 주시기 바랍니다.

구석규   <신오부>는 기본적으로 완정한 서한 시대(대략 서한 후기)에 창작된 일부(俳賦)입니다. 그 편폭은 비록 자수가 수천 자에 달하는 이른바 대부(大賦)와는 비교가 되지 않지만 또한 짧다고 할 수도 없습니다. 만약 없어진 글자까지 계산에 넣는다면 전체의 부는 대략 660자 정도입니다. 특히 주의할 만한 것은 그것이 독특한 풍격을 갖추고 있어 현존하는 한부 중에서 같은 종류의 작품은 한 편도 찾아낼 수 없다는 것입니다.

부 중에는 하나의 완벽한 새의 고사를 강술하고 있는데, 한 쌍의 까마귀가 둥우리를 틀 때 한 "도둑 새(盜鳥)"가 그 둥우리를 짓는 재료를 훔치는 것을 말하고 있습니다. 암까마귀는 발견한 후에 도둑 새를 뒤쫓아 갑니다. 그와 따지다가 도둑 새가 항복

---

13) 호평생(胡平生)·한자강(韓自强) 편저, ≪부양한간시경연구(阜陽漢簡詩經硏究)≫, 상해고적출판사, 1988.

하지 않자 끝내는 서로 싸우는 데 이르렀습니다. 암까마귀는 중상을 입고 죽음에 임하여 수까마귀와 결별하여 수까마귀가 "다시 어진 아낙네를 구하고 後母(의 말)를 듣고 외로운 아들을 걱정시키고 괴롭히지 말라(更索賢婦, 毌聽後母, 愁苦孤子)"고 요구하고 수까마귀에게 폐를 끼치지 않기 위하여 스스로 "더러운 변소(汚則(廁?))"에 투신하여 죽으니 수까마귀는 극히 슬퍼하고 "마침내 그 옛 땅을 버리고 높이 날아올라 가버렸다(遂棄故處, 高翔而去)"는 것입니다.

이것은 현재 볼 수 있는 고사를 강술하는 것을 특색으로 삼는 이른바 속부(俗賦) 중에서 시대가 가장 이른 한 편입니다. 또한 가령 시부류(詩賦類)의 작품의 비교적 큰 범위 중에 놓아두더라도 여전히 아마도 강술이 완벽한 가장 이른 하나의 예일 것입니다. <공작동남비(孔雀東南飛)>는 고사를 강술하는 기교에서 물론 크게 이 부보다 뛰어나지만 그 저작 시대는 동한 말 혹은 한의 멸망 이후 오래지 않으니 이 부보다 이미 200년 이상 늦습니다. 이것으로 이 부의 고대 문학사상의 중요한 지위를 알 수 있을 것입니다.

이 부는 통편이 의인(擬人) 수법을 사용하여 새를 묘사한 작품입니다. 현재 볼 수 있는 이러한 문학 작품은 《시경·빈풍(豳風)·치효(鴟鴞)》가 가장 이른 것입니다. 그 다음은 이 부를 꼽아야 할 것입니다. 이 부 이후에는 조식(曹植)의 <요작부(鷂雀賦)>와 돈황에서 나온 <연자부(燕子賦)>[14]가 있습니다. <치효>·<신오부>·<요작부>는 기본적으로 모두 4언구를 사용하였고

---

14) 두 종류가 있는데 항초(項楚)의 《돈황변문선주(敦煌變文選注)》, 374~430쪽에 보인다. 파촉서사(巴蜀書社), 1990.

<연자부> 갑종도 역시 대량의 4언구를 사용하고 있습니다. 각 편의 내용은 모두 종류가 서로 다른 새 사이의 투쟁을 말하고 있습니다. 이러한 의인 수법으로 새를 묘사한 문학 작품 사이에는 대개 어떤 전승 관계가 존재하고 있습니다. 그것들은 아마도 모두 민간 구두 문학 중의 관련된 내용을 창작의 기초로 삼았을 것입니다.

<신오부>는 6구의 <전(傳)>문을 인용하여 결말을 지었고 아울러 ≪시≫·≪논어≫·≪효경≫ 등의 유가 경전 중의 약간의 말을 "새의 말(鳥語)" 중에 채워 넣어 충분히 그 작자가 유학이 오래 전에 이미 그 독존적(獨尊的)인 지위를 확립한 시대의 한 지식분자라는 것을 충분히 반영하고 있습니다. 총체적으로 말한다면 이 부의 언어는 상당히 통속적이고 또한 어떤 곳은 아직 상당히 졸렬한 것으로 보입니다. 사마상여(司馬相如)·양웅(揚雄)·반고(班固) 등의 명가의 부(賦)가 대량의 화려하고 진기한 사조(辭藻)를 사용하고 또한 구법이 비교적 영활하고 변화가 많은 상황과 서로 비교한다면 반차(反差)는 극히 현저합니다. 분명히 작자는 층차가 비교적 낮은 한 지식분자이고 또한 민간 구두 문학의 강렬한 영향 아래 이 부를 창작한 것입니다. 조식은 그의 부친 조조(曹操)와 마찬가지로 그의 창작은 민간 악부시의 영향을 많이 받았기 때문에 그도 역시 민간 문학에 속하는 작품을 쓸 수 있었습니다. 이러한 작품들은 풍격상의 상사(相似)는 그것들과 민간 문학의 관계로 결정된 것입니다. 이것으로 본다면 4언의 부는 대개 민간 문학과 비교적 접근된 비교적 이른 시기에 출현한 일종의 부입니다.15) 용조조(容肇祖)는 30년대에 발표한 <돈황본 ≪한붕부≫ 고(敦煌本韓朋賦考)> 중에서 한선제

(漢宣帝) 때 왕포(王褒)의 <동약(僮約)>은 그 체재가 <한붕부> 등 "백화로 지은 운문 부(以白話作成的韻文賦)"와 유사하다고 지적하고 아울러 한대 민간에는 이미 "고사를 말한 백화부(說故事的白話賦)"가 있었다고 추측하였습니다.16) <신오부>의 출토는 그의 탁견이 사실임을 증명하게 되었습니다.

강림창 선생님은 방금 또 한대의 한붕 고사를 언급하셨고, 또 최근에 <한간 중에 보이는 한붕 고사의 새로운 자료(漢簡中所見韓朋故事的新資料)>17)라는 중요한 논문을 발표하셨다는 것을 알고 있습니다. 우리는 많은 독자들이 이것에 대하여 역시 매우 흥미를 느끼고 있다고 생각하고 있습니다. 약간의 소개를 해 주시겠습니까?

구석규 한붕 고사 잔간은 1979년에 돈황 서북 마권만(馬圈灣) 한대의 봉수(烽燧) 유지에서 발견된 것입니다. 이제 이 간의 석문(釋文)을 통행자(通行字)에 따라 수록하겠습니다.18)

> 서에는 한붕을 불러 "신은 부인을 취한지 이틀 낮과 사흘 밤에 그를 떠나 와서 노닐어 3년 동안 돌아가지 않았는데, 부인은 …… "(書, 而召韓朋問之. 韓朋對曰 : "臣取婦二日三夜, 去之來遊, 三年不歸, 婦 ……)

한붕 고사는 또 ≪수신기(搜神記)≫와 돈황본 <한붕부>에 보입니다. 그러나 기록된 내용은 약간 차이가 있습니다.

≪수신기≫에 기록된 한붕 고사는 300자도 안 됩니다. 대의는 송강왕(宋康王)의 신하 한붕의 처가 아름다워 왕이 처를 빼앗고

---

15) ≪순자(荀子)・부(賦)≫편(篇) 중의 <잠부(蠶賦)>는 기본적으로 역시 4언을 사용하였다.
16) ≪경축채원배선생육십오세논문집(慶祝蔡元培先生六十五歲論文集)≫, 하책, 648쪽에 보임.
17) ≪복단학보(復旦學報)≫, 1999년 제3기.
18) 원래의 간(簡)은 ≪돈황한간(敦煌漢簡)≫ 496A, 상책, 도판(圖版) 오이(伍貳)에 보임.

아울러 한붕을 벌하여 형도(刑徒)로 만들었습니다. 한붕의 처는 몰래 한붕에게 편지를 보내었는데 한붕은 편지를 보고 자살하였습니다. 한붕의 처는 송왕과 대(臺)에 올라 대 아래로 스스로 투신하여 죽었고 유서에는 한붕과 합장해 줄 것을 원하였습니다. 왕은 들어주지 않고 나누어 매장하여 두 무덤은 서로 바라보았습니다. 그 위에 하루 밤 사이에 각각 한 그루의 나무가 생겨나고 열흘만에 크기가 아름이 되어 피차 뿌리와 가지가 교착하고 또 원앙 한 쌍이 항상 나무 위에 깃들어 목덜미를 맞대고 슬프게 울었습니다.

돈황본 <한붕부>는 길이가 2천 자 정도에 달합니다. 전반 부분의 대의는 다음과 같습니다. 한붕은 어려서 부친을 여의고 홀로 늙으신 어머니를 봉양하고 있었는데 멀리 벼슬하려고 하였기 때문에 어진 아내를 얻어 어머니를 봉양하게 하였으며 부부의 정이 두터웠습니다. 한붕은 결혼 후에 오래지 않아 멀리 송에서 벼슬하여 장기간 돌아오지 못하였고 그의 아내는 그를 염려하여 한붕에게 편지를 보냈습니다. 한붕은 편지를 받고 마음으로 슬퍼하고 집으로 돌아가려고 하였지만 이유가 없었으며 편지를 품에 넣었는데 부주의하여 궁전 앞에서 잃어버렸습니다. 송왕은 편지를 주웠는데 그 말을 매우 좋아하여 그의 신하 양백(梁伯)을 보내어 한붕의 집으로 말을 달려가서 한붕의 아내를 데리고 입궁하게 하였습니다. 이러한 정절은 모두 ≪수신기≫에는 보이지 않는 것입니다. 부의 후반 부분은 주된 정절은 ≪수신기≫와 대체로 서로 부합하지만 서사가 비교적 번잡하고 세부적인 부분에서는 상당히 차이가 있습니다.

≪수신기≫에 기록된 한붕의 고사와 <한붕부> 사이에는 결국

어떤 관계가 존재하고 있겠습니까? 위에 인용한 용조조의 글에는 양자는 "근본적으로 하나의 고사에서 나온 것이다(根本出於一個故事)"(675쪽)라고 인정함과 동시에 후자는 결코 전자가 발전하고 연변하여 이루어진 것이 아니라고 강조하였습니다. 용씨는 "<한붕부>에 서술된 한붕의 고사는 마땅히 당 이전 민간의 전설로서 ≪수신기≫에 실려 있는 것과 비교한다면 더욱 훨씬 상세하다.(<韓朋賦>所敍韓朋的故事, 較之≪搜神記≫所載, 更爲詳細的多.)"(673쪽)라고 하고, 또 "<한붕부>의 내용에서 고증한다면 ≪수신기≫의 기록으로 말미암아 생긴 것이 아니고 또한 <한붕부>는 직접적이고 질박(質樸)한 민간 전설을 서술한 작품이라고 확정할 수 있다.(從<韓朋賦<的內容去考證, 可定爲不是因≪搜神記≫的記載而産生, 而且<韓朋賦>爲直接樸實的敍述民間傳說的作品.)"(679쪽)라고 하였습니다. 그는 분명히 ≪수신기≫ 전에 한붕의 전설은 일찍이 이미 생겨났고 또한 <한붕부>가 출현한 시대에 이르기까지 줄곧 민간에 유전되고 있었다고 보았습니다. ≪수신기≫의 작자는 그의 취미에 따라 간결한 문필로 이 민간 전설을 기록하였습니다. 그러므로 그는 ≪수신기≫에 <한붕부>의 전반 부분의 정절을 언급하지 않은 것은 결코 근거한 전설 중에 이러한 정절이 없었기 때문이 아니라 이러한 정절은 "≪수신기≫가 그렇게 주의하고 중시하지 않은 것이기 때문에 상세하게 서술하지 않았다(是≪搜神記≫所不甚注重的, 故未詳述)"(674쪽)라고 말하고 있습니다. 용씨의 이러한 관점은 매우 정밀한 것이며 우리는 마권만 한간 한붕 고사 중에서 그를 위하여 유력한 증거를 찾아내었습니다.

마권만에서 나온 한간 중의 기년간(紀年簡)은 가장 이른 것은 선제(宣帝) 본시(本始) 3년(전 71년) 간이고 가장 늦은 것은 신망(新莽) 시건국(始建國) 지황(地皇) 3년(22년) 간입니다. 한붕 고사 잔간의 초사(抄寫) 시대는 대개 서한 후기와 신(新)의 범위를 넘을 수 없습니다. 다시 말하면 그것의 시대는 당대의 <한붕부>보다는 적어도 600년 정도 이르고 서진 사이에 생존한 간보의 ≪수신기≫보다는 적어도 300년 정도 이른 것입니다. 이것으로 이 잔간의 고대 문학사상의 가치를 알 수 있습니다.

이 잔간에 보존된 한대 한붕 고사의 내용은 극히 적지만 그 서사 방식에서 여전히 그 풍격은 <한붕부>에 가깝습니다. 그러나 ≪수신기≫와는 멀며 또한 원래의 전문은 반드시 상당히 길었다는 것을 발견할 수 있습니다. 잔간을 <한붕부>의 관련된 내용과 서로 대조하면 간문에서 말한 "서(書)"는 한붕의 아내가 집에서 한붕을 그리워하여 쓴 그 편지라고 단정할 수 있습니다. 한붕을 불러서 물은 사람은 정리(情理)로 추측하더라도 마땅히 송왕일 것입니다. 그러므로 우리가 이미 볼 수 없는 윗글 가운데는 반드시 <한붕부>와 서로 유사하고 한붕의 아내의 편지를 한붕이 잃어버리고 송왕이 얻는다는 내용이 있었을 것입니다. <한붕부>에는 멀리 벼슬하려고 하는데 늙으신 어머니가 홀로 사는 것을 염려하였기 때문에 어진 아내를 얻었고 "문에 들어 온 지 사흘에 뜻이 맞아 함께 거처하고 군과 맹세하여 각각 그 몸을 지켰습니다. 군도 역시 다시는 아내를 얻지 말고 물고기 같고 물 같이 하고, 첩도 역시 다시는 개가하지 않고 죽어도 한 지아비를 섬기겠습니다.(入門三日, 意合同居, 共君作誓, 各守其軀, 君亦不須再娶婦, 如魚如水, 妾亦不再改嫁, 死事一夫.)" 이어서 한붕의 출유(出遊)의 일을 말하고 있습니다. 이른바 "문에 들어 온 지

사흘에 뜻이 맞아 함께 거처하였다(入門三日, 意合同居)”라는 것은
물론 문에 들어 온 지 사흘 이후에 비로소 뜻이 맞아 동거한
것을 말한 것이 아니라 아내를 맞는 데서 출유하기까지 중간에
단지 사흘 동안의 동거 시간이 있었을 뿐이지만 정은 매우 들
었다는 것을 말하는 것입니다. 이것은 간문(簡文)에서 말한 “신
은 아내를 맞은 지 이틀 낮 사흘 밤에 그를 떠나 놀러 왔습니
다.(臣娶婦二日三夜, 去之來遊)”와 또한 기본적으로 서로 부합하는
것입니다.

이상의 서술에서 본다면 <한붕부>의 전반 부분의 《수신기》
에 보이지 않는 내용은 그 주된 정절은 대체로 잔간이 대표하
고 있는 한대 한붕 고사 중에 이미 마땅히 이미 존재하였고 단
지 세부에서 피차 약간의 차이가 있었을 것입니다. 한붕 고사
중의 송왕(宋王)은 곧 송군언(宋君偃)으로 그는 전국 후기의 송 나
라의 망국의 임금입니다. 한붕 및 그의 아내에 관한 민간 전설
은 전국 후기에 이미 출현했을 가능성이 매우 높고 이후 한·
당 등의 시대를 거쳐 끊임없이 발전하고 변화한 것입니다. 잔
간이 대표하고 있는 한대의 한붕 고사와 <한붕부>는 모두 당
시의 한붕 전설에 대한 비교적 전면적인 기록과 서술입니다.
기록과 서술자는 의심할 것도 없이 전설에 대하여 약간의 문자
상의 가공을 하였을 것이지만 전설의 주요한 정절에 대해서는
마땅히 큰 변동이 있을 리는 없습니다.

우리가 토론하는 이 돈황 잔간에 기록된 한붕 고사는 어떤 체
재인가? 현존 잔문으로 본다면 서사 산문이나 혹은 산체부(散體
賦)인 것 같지만 남아 있는 글자가 너무 적어 아직 이것에 근거
하여 전편의 체재를 추정하기는 어렵습니다. 가령 용운(用韻)이

매우 세밀한 속부(俗賦) 중에도 역시 왕왕 가끔 약간의 산구(散句)가 섞여 있기 때문에 아직 이 한붕 고사가 운이 있는 부체를 채용했을 가능성을 완전히 배제할 수는 없습니다. 만약 확실히 그렇다면 물론 <신오부>와 마찬가지로 "그것은 민간에서 입으로 고사를 강술하고 운어(韻語)를 띠고 있음으로써 사람들이 듣고 감동하고 기억하기 쉽게 한(邪是民間用口講述故事, 而帶有韻語以使人動聽及易記)" 것의 반영일 것입니다. 설사 운이 없는 체라도 역시 마땅히 후세의 "화본(話本)"과 유사한 성질을 갖고 있었을 것이고 대개 주로 고사를 강술하는 사람의 저본으로 사용했을 것입니다.

<신오부>와 한붕 고사의 잔간으로 본다면 한대 속문학의 발달의 정도는 아마 우리의 예상을 뛰어넘을 것입니다. 돈황의 속문학 작품 중에는 한대의 고사를 말한 것이 적지 않습니다. 예컨대 <계포매진사문(季布罵陣詞文)>(곧 <착계포전문(捉季布傳文)>)・<왕릉변(王陵變)> 및 왕소군(王昭君)・동영(董永)을 말한 변문(變文) 등이 있습니다. 저는 그것들은 대부분 한 대로부터 전해진 민간 전설이 있어 바탕이 된 것이라고 의심하고 있습니다만, 장래에 또 이러한 민간 전설을 기록하고 서술한 한간이 출현할 것이라고 할 수는 없습니다. 앞에서 말한 바와 같이, 한붕 고사의 잔간은 원래 속한 책서(冊書) 중의 편호(編號)는 "백일십이(百一十二)"입니다. 이 책서에 포함된 간은 수량이 상당히 많았고 한붕 고사 외에도 반드시 또 기타의 내용이 적지 않았다는 것을 알 수 있습니다. 그중에는 또 속문학 작품이 있었을 가능성이 매우 높지만 애석하게도 이미 볼 수가 없게 되었습니다.

강림창 이상에서 말한 것은 모두 고고 발견과 선진・진한 전적을 둘러

싸고 전개한 것으로 미시적인 연구에 속하는 것입니다. 만약 거시적인 각도에서 본다면 고고 발견은 중국의 고문명 연구에 대하여 강렬한 충격을 주었습니다. 전통적인 설에 따르면 중국 문명의 기원은 지역상 황하 유역에 국한되어 있었고, 시간상은 단지 상대 후기까지 거슬러 올라 갈 수 있었습니다. 근 수십 년의 고고 발견은 이미 이러한 전통적인 관념을 넉넉히 바꿀 수 있습니다. 이것을 위하여 이 선생은 이미 솔선하여 1982년에 <중국 고대 문명을 새로이 평가한다(重新估價中國古代文明)>라는 유명한 논문을 발표하여 학계에 깊고 원대한 영향을 미쳤습니다. "고문명을 다시 평가한다(重估古文明)"는 것은 방대한 과제로 여기에서 우리는 선생께서 개괄을 좀 해 주시기를 바랍니다.

이학근　중국의 고문명은 인류가 창조한 세계의 몇 가지 원고 문명의 하나입니다. 중국 고문명의 독립적인 기원·역사의 유구함 그리고 또 끊임없음 등의 특징은 오래 전에 이미 세상에 이름을 떨치고 있습니다. 그러나 전통 관념 중에는 중국 문명의 기원의 구체적인 시간 및 그것이 두루 분포하는 공간 범위에 대하여는 수많은 일방적인 점이 존재하고 있습니다. 20세기의 고고학이 획득한 일련의 새로운 발견은 이미 수많은 깊고 원대한 의의가 있는 과제를 제기하였고, 바로 한걸음씩 사람들의 중국 문명사에 대한 전통적인 인식을 개변시키고 있습니다. 중국 고문명을 새로이 평가할 조건은 이미 성숙되어 있습니다.

1. 갑골문의 발견과 안양(安陽) 은허(殷墟)의 과학적 발굴은 상대 후기의 역사 문화로 하여금 견실한 기초 위에 서도록 했을 뿐 아니라, 더욱 중요한 것은 그것은 사람들로 하여금 다음과 같은 것을 인식하게 한 것입니다. 곧 사마천(司馬遷)의

≪사기・은본기(殷本紀)≫에 실려 있는 상대 역사는 대체로 믿을 수 있고 따라서 <하본기(夏本紀)>에 실려 있는 하대 역사도 역시 마땅히 진실하고 믿을 만하다는 것입니다.

2. 정주(鄭州) 이리강(二里崗) 문화의 인식과 정주 상성(商城)・언사(偃師) 상성(商城)・정주 소상교(小雙橋) 유지・형대(邢臺) 동선현(東先賢) 유지・안양(安陽) 원북(洹北) 화원장(花園莊) 유지의 계속된 발견은 문헌에 실려 있는 상대 전기의 도성들이 대체로 귀착점이 있도록 하였고, 상대 전기의 고고 문화의 서열이 기본적으로 서게 하고 따라서 상대 전기 역사의 개략적인 모습의 회복이 가능성을 갖도록 하였습니다.

3. 하남 서부의 언사(偃師) 이리두(二里頭) 유지와 산서(山西) 남부의 하현(夏縣) 동하풍(東下馮) 유지의 발견과 연구는 사람들이 하 문화에 대하여 일정한 인식을 갖게 하였으며 하 왕조의 존재는 이미 의심의 여지가 없게 되었습니다.

4. 하남 서부의 등봉(登封) 왕성강(王城崗) 유지・우현(禹縣) 와점(臥店) 유지의 발견은 사람들이 하(夏) 문화에 대한 인식은 곧장 우(禹)・계(啓) 시대까지 거슬러 올라갈 가능성을 갖게 하였습니다.

5. 용산(龍山) 시대의 각종의 문화의 발견은 오제(五帝) 시대가 전설에서 믿을 만한 역사가 되게 하는 가능성이 있게 하였습니다.

6. 용산 문명에서 위로 앙소(仰韶) 문화까지 거슬러 올라간다는 것은 중국의 문명이 자신의 근원이 있다는 것을 설명해 줄 수 있습니다.

이상의 여섯 가지 방면은 전후로 서로 관련되어 중국 5천 년 문명사의 상고 단락 부분(오제(五帝)의 전설에서 하(夏)·상(商)·주(周) 삼대(三代)까지)이 견실하고 믿을 수 있던 문화 서열을 갖게 하였습니다.

그러나 문제는 결코 종결된 것이 아닙니다. 중원 지구 외에서 고고 종사자는 장강(長江) 하류에서는 양저(良渚) 문화를 발견하였고, 장강 중류에서는 대계(大溪) 문화·굴가령(屈家嶺) 문화를 발견하였고, 장강 상류에서는 사천(四川) 광한(廣漢) 삼성퇴(三星堆) 문화를 발견하였고, 동북 요하(遼河) 유역에서는 홍산(紅山) 문화를 발견하였고, 서북 지구에서는 대지만(大地灣) 문화 등등을 발견하였습니다. 이러한 고고 발견들은 사람들이 과거의 이른바 "중원 문명 중심론"은 반드시 철저히 개변되어야 한다는 것을 인식하게 하였습니다. 중국 고문명은 원래 여러 기원이 아울러 일어나 상호 촉진한 것입니다.

고고학은 사람들의 중국 고문명의 탄생 시간과 공간에 대한 전통적인 관념을 개변시켰을 뿐 아니라 게다가 또한 중국 문명 특징에 대한 깊은 인식과 파악을 촉진시켰습니다.

신석기 시대의 약간의 고고학적 발견, 예컨대 복양(濮陽) 서수파(西水坡) 앙소(仰韶) 문화의 묘장 중에 무덤 주인의 양측에 방각으로 배열한 용호(龍虎) 도상(圖像), 양저(良渚) 문화의 옥벽(玉璧)·옥종(玉琮)·옥월(玉鉞) 및 그 덧붙여 새긴 도철문(饕餮文), 함산(含山) 능가탄(凌家灘) 신석기 시대 묘장 중의 옥귀(玉龜)와 옥판(玉版) 및 그 무술(巫術)과 관계가 있는 옥도문(玉圖紋), 대문구(大汶口) 문화 도준(陶尊)과 양저(良渚) 문화 옥벽 위의 일(日)·화(火)(월(月))·산(山)의 각획 부호(혹은 "경산(炅山)"의 두 글자로 해석할 수 있음)가 있는데, 우리가 중국 고대 우주론의 기원에 대하여 대체적인 이해를 갖게 해 주었습니다.

중국 고대 전통적인 우주론은 일련의 기본적인 개념이 있습니다. 예컨대 도(道)·음양(陰陽)·사시(四時)·오행(五行)·팔괘(八卦)·삼재(三才)(천지인(天地人)) 및 천인감응(天人感應)·천인합일(天人合一) 등등은 상당히 복잡한 이론 계통을 구성하고 있습니다. 현대 학자들의 연구에 따르면 이러한 이론 계통의 최후 정형(定型)은 매우 늦은 것으로 어떤 사람은 늦으면 서한 곧 기원 전 2~1세기까지 이른다고 주장합니다. 그러나 이러한 계통의 조성 부분의 약간의 기본 개념이 출현하기 시작한 것은 아마 훨씬 이를 것입니다. 기원 전 11~8세기의 서주(西周) 혹은 더욱 이른 상대에 어떤 개념들은 이미 존재하였고 아울러 우주론의 최초의 형태를 구성하고 있었다고 생각하기는 어렵지 않습니다. 서수파(西水坡)의 용호(龍虎) 도상·양저(良渚) 문화의 옥벽(玉璧)과 옥종(玉琮)·능가탄(凌家灘)의 옥판(玉版) 등은 우리에게 이러한 우주론의 맹아가 또한 더욱 일러서 기원 전 3천 기년(3100~2000)의 사전(史前) 시대까지 거슬러 올라갈 수 있다는 것을 알려 줍니다. 이러한 것들은 모두 중국 중국의 고문명의 특징에 대한 인식에 도움이 됩니다.

4. 왜 의고(疑古) 시대를 벗어나야 하는가?

강림창 위에 서술한 토론은 20세기의 고고 발견은 선진·진한의 수많은 현존 고적이 결코 전부가 위작인 것이 아니라 어떤 책들의 형성 연대를 또 앞으로 끌어 올릴 수 있다는 것을 증명할 수 있을 뿐 아니라, 또 한걸음 더 나아가 중국의 문명사는 서주에서 곧장 위로 오제(五帝) 시대까지 거슬러 올라 갈 수 있다는 것을 증명하게 되었습니다. 이 사실은 필연적으로 송대에 싹터 청대에 발전하고 20세기 20~30년대에 성행한 의고 사조에 대하여 우리가 새로운 인식을 하도록 촉구하고 있습니다. 최근 몇 년 이래 이 선생님은 "의고 시대를 벗어나자(走出疑古時代)"라고 극력 창도하고 계십니다. 선생은 왜 이러한 문제를 제기하려고 하십니까?

이학근   몇 년 전에 저는 요청을 받고 한 소형 학술 좌담회에서 발언을 하였고 후에 친구가 정리하여 ≪중국문화≫ 제7기에 발표하였는데 표제가 <의고 시대를 벗어나자>라는 것이었습니다. 1995년 요녕대학출판사에서 저의 작은 책을 출판하였는데[19] 책 이름으로 이 제목을 사용하였습니다. 이 책은 영향이 자못 커서 2년 이후에 재판할 수 있었습니다. 이 문제는 학계 동인의 공명을 불러 일으켰을 뿐 아니라 또한 사회 각계의 광범위한 관심과 주의를 불러 일으켰다는 것을 설명하고 있습니다. 동시에 또한 이 문제를 제기한 것은 의의가 있다는 것을 설명하고 있습니다.

강림창   선생님은 서로 다른 경우에 몇 차례나 풍우란(馮友蘭, 1894~1990) 선생이 20세기 30년대 후기에 ≪고사변(古史辨)≫ 제6책을 위하여 쓴 서언(序言)[20]을 인용하셨습니다. 이 말의 의미는 어디에 있습니까?

---

19) 이학근(李學勤), ≪의고(疑古) 시대를 벗어나자(走出疑古時代)≫, 심양 : 요녕대학출판사, 1995 ; (수정본), 1997.
20) 나근택(羅根澤) 주편, ≪고사변≫ 제6책(제자속고(諸子續考)), 상해 : 개명서점(開明書店), 1938. 9.

이학근　원래의 말을 다시 인용하겠습니다. 곧 "중국의 현재의 사학계는 세 가지 추세 곧 신고(信古)·의고(疑古) 및 석고(釋古)가 있다. 그중에 신고 일파는 일종의 추세라고 말하기보다는 차라리 일종의 포잔수결(抱殘守缺)하는 사람의 잔여 세력이라고 말할 수 있다. 아마 오래지 않아 소멸될 것이고 설사 소멸되지 않는다고 하더라도 중국의 장래의 사학에 대하여는 역시 아무런 영향도 없을 것이다. 진정한 사학가는 사료에 대하여 심사를 가하지 않은 채 곧장 그 표면 가치를 믿지 않는다. 의고 일파의 사람들이 하는 공부는 사료를 심사하는 것이다. 석고 일파의 사람들이 하는 일은 사료를 융회관통(融會貫通)하는 것이다. 전체의 사학에 대하여 말한다면 한 역사의 완성은 반드시 사료의 심사와 융회관통의 두 단계를 거쳐야 하고 또한 반드시 융회관통의 단계에 이르러야 역사는 비로소 완성될 수 있다. 그러나 한 역사가의 일에 대하여 말한다면 그는 가능한 한 이 두 단계 중의 어떤 단계나 혹은 어떤 단계 중의 어떤 부분을 만들어야 한다. 어떤 하나의 학문이라도 한 사람에 대하여는 모두 너무 크다. 한 사람은 단지 어떤 일의 일부분만을 할 수 밖에 없다. 분공합작(分工合作)은 어떤 일에서나 모두 반드시 이와 같이 해야 한다. 이러한 관점에서 본다면 의고·석고를 막론하고 모두 중국 사학이 필요로 하는 것이며 이 기간에는 이른바 어느 것이 가볍고 어느 것이 무겁다는 그러한 것이 없다."라고 했습니다. 여기의 관건어(關鍵語)는 신고(信古)·의고(疑古)·석고(釋古)일 것입니다.

강림창　이 선생은 일찍이 다음과 같은 말을 하신 적이 있습니다. "신고·의고·석고"의 설은 중국 학술사상의 일대 공안(公案)입니다. "신고"의 이름의 탄생은 의고 사조의 흥기에 말미암은 것으로 의고 출현 이전에는 결코 이러한 설이 없었습니다. 그러나 "석고"라는 이름의 제기는 또 의고와 구별하기 위한 것이었습니다. 그러므로 "신고·의고·석고"라는 이름의 출현은 관건은 여전히 의고 사조의 성행에 있었습니다. 의고 사조가 가장 성행한 시기는 바로 20세기의 20~30년대로 풍 선생의 "삼고(三古)"의 설은 당시에 이미 충분히 전개된 이러한 사조 및 그 영향을 겨냥하여 제기한 것입니다. 선생은 또 이러한 의고 사조를 어떻게 평가하십니까?

이학근 저는 수정본 ≪의고 시대를 벗어나자≫ 중에서 특히 <속견신지(續見新知)>를 덧붙여 넣었는데 그 가운데 2편은 <신고·의고·석고를 말한다(談信古·疑古·釋古)>와 <≪의고 시대를 벗어나자≫에 대한 몇 가지 설명(對≪走出疑古時代≫的幾個說明)>입니다. 저는 더욱 큰 범위에서 객관적이고 공정하게 이 사조를 평가하려고 시도하였습니다. 이른바 객관적이고 공정하다고 하는 것은 한 모퉁이에 얽매이지 않고 사상사의 각도에서 학술사의 각도에서 다방면적으로 일한 사조를 본다는 것입니다. 사상사의 각도에서 본다면 의고 사조는 유학의 속박을 타파하고 경학의 우상을 타도한 진보적인 의의가 있습니다. 학술사의 각도에서 본다면 의고 사조의 영향이 가장 현저하게 나타난 것은 바로 고서의. 변위(辨僞) 문제에서입니다. 풍우란 선생은 전문적으로 제기한 사료 심사란 역시 이 문제입니다. 송 이래 학자들은 의고하여 맨 먼저 고서의 위작을 분별하는 데 있었고 그 효과가 분명하게 드러난 것은 사람들이 함께 보는 것입니다. 그러나 의고 사조는 또한 부작용도 있었습니다. 이것은 변위 작업이 지나쳐서 그것은 고서에 대하여 수많은 "원가착안(冤假錯案)"을 만들어

내어 수많은 고문헌의 사료 가치를 완전히 모두 부정하게 되었고 따라서 또한 중국 상고 문명사를 부정하여 이른바 "동주(東周) 이전에는 역사가 없다(東周以前無史)"는 관점이 이로부터 생겨나게 되었습니다.

방법론에서 본다면 의고 일파의 변위는 그 근본 결점은 고서를 가지고 고서를 논하여 책 속의 학문의 테두리를 뛰어 넘을 수 없었던 것에 있습니다. 이러한 테두리에 제한을 받으면 고사의 중건을 진행할 방법이 없습니다. 현재 우리는 이미 대량의 고고 재료가 있으니 그것을 이용하여 의고파의 부족한 점을 보충하고 바로잡을 수 있습니다. 이것은 우리 시대의 학자들의 행운입니다. 우리는 문헌 연구를 고고 연구와 결합하여 "이중 증거법"을 가지고 객관적으로 고서를 심사하고 고대의 역사 문화를 연구하고 있습니다만, 이것은 의고 시대에는 할 수 없었던 것입니다. "이중 증거법"을 충분히 운용한다면 고대 역사 문화 연구의 새로운 국면을 개척하여 전체의 중국 고대 문명에 대하여 새로운 평가를 할 수 있을 것입니다.

최근 몇 년 동안에 학계는 새로 출토된 전국·진한 시기의 간백 서적에 매우 주의하고 있습니다. 대량으로 출토된 이러한 진정한 "진본비적(珍本秘籍)"은 우리가 과거의 고서에 대한 변위 성과에 대하여 객관적인 검증을 진행할 수 있게 합니다. 이상의 토론은 이미 우리가 고고 자료을 이용하여 이미 과거의 의고파가 만들어 낸 수많은 "원가착안"에 대하여 평반(平反)을 하였다는 것을 표명하고 있습니다. 더욱 중요한 것은 정리를 통하여 출토 일적(佚籍)을 연구하고 한걸음 더 나아가 고서가 역사상에서 어떻게 형성되었는가를 이해할 수 있는 것입니다. 우리는 또 한(漢)·진(晉) 시기의 학자들이 선진 고서를 정리하는 데 얼마나 복잡한 문제를 만났고 얼마나 많은 노력을 하였으며 후인들이 불만스럽게 생각하는 갖가지 결점과 잘못은 또 어떻게 생겼는지 체득할 수 있습니다. 저는 일찍이 "의고 사조는 고서에 대한 한 차례의 대반사(大反思)이다. 오늘날 우리는 마땅히 의고의 약간의 한계를 벗어나 고서에 대하여 제2차의 반사를 진행해야 한다"라고 말한 적이 있습니다. 이것이 제가 "의고 시대를 벗어나자"는 것을 대담하게 제기한 원인입니다.

유약진　"의고 시대를 벗어나자"라는 것은 하나의 중대한 사학 관념의 문제입니다. 그 이론 가치와 실천 의의는 이미 단지 사학계에만 국한된 것은 아닙니다. 의고 시대를 벗어난 후에는 어떻게 할 것입니까? 우리의 고대 문학 연구계는 어떻게 새로운 시대의 도전을 맞아들일 것입니까? 이와 같은 문제는 우리들이 착실한 사고를 할 필요가 있는 것입니다. 눈앞의 선진·진한 문학사의 연구를 객관적으로 평가하는 것은 아직은 강 건너 불구경하는 것처럼 막연하여 어쩔 수 없고 정체하여 나아가지 않는 것처럼 보입니다. 이러한 상황은 물론 사람들을 만족시킬 수 없습니다. 우리는 70여 년 전의 지당한 名言 곧 "새로운 학문은 대부분 새로운 발견에 따른다"라는 것을 다시 한 번 되풀이하려고 합니다. 현재 우리는 또 이러한 일신월이(日新月異)하고 사람들을 흥분시켜 마지않는 "새로운 발견"의 시대 속에서 선진·진한 문학의 연구가 이 조류에 참여하여 시대에 부끄럽지 않은 "새로운 학문"을 만들어 내기를 뜨겁고 간절하게 기대하고 있습니다. 두 분 선생님에게 감사를 드립니다.

제2장

위진남북조 문학의 분기(分期),
평가 및 그 상관된 문제들

| 조도형(曹道衡)·나종강(羅宗强)·서공지(徐公持) |

약   진(躍進, 문학연구소)   서공지 선생의 ≪위진문학사(魏晉文學史)≫[1]가 이미 완성되어 출판에 들어가서, 조도형(曹道衡)·심옥성(沈玉成) 선생의 ≪남북조문학사(南北朝文學史)≫[2]와 더불어 이 시기 문학사의 완정(完整)한 시리즈를 이루게 되었고, 나종강(羅宗强) 선생의 ≪위진남북조문학사상사(魏晉南北朝文學思想史)≫[3]가 이미 출판되어, 이렇게 쉽지 않은 기회를 가지게 되었습니다. 세 분 선생님들께서 한 공통된 화제를 놓고 20세기의 위진남북조 문학사와 문학 사상사의 연구에 대하여 허심탄회하게 자신의 견해를

---

1) 서공지(徐公持), ≪위진문학사(魏晉文學史)≫(북경 : 인민문학출판사, 1999).
2) 조도형(曹道衡)·심옥성(沈玉成), ≪남북조 문학사(南北朝文學史)≫(북경 : 인민문학출판사, 1991).
3) 나종강(羅宗强), ≪위진남북조문학사(魏晉南北朝文學史)≫(북경 : 중화서국, 1996).

말씀해 주시면 분명 독자들의 흥미를 불러일으킬 것이며 아울러 다들 이들 문제에 대해서 토론하게 될 것이라 믿습니다.

1. 학술 분과의 건립에 관한 약간의 문제

약 진   현대적 의미에 있어서 위진남북조 문학 연구는 근 100년 동안의 역정을 거쳐왔습니다. 이 학술 분과의 연구 범위를 어떻게 선을 그어 정할 것인가 하는 것은 이 학술 분과의 명칭 문제와 관련되게 되는데, 위진남북조 문학사로 할 것이냐 아니면 중고 문학사냐 하는 것입니다. 명칭이 다르다 보면 필연적으로 다른 연구 대상과 범위에 섭급될 것이기 때문입니다.

나종강(羅宗强, 남개대학(南開大學) 중문계(中文系))   이 시기 문학의 연구 범위와 이 시기 문학사의 명칭을 정하는 문제는 분명 아주 밀접한 관련이 있습니다. 유사배(劉師培) 선생의 ≪중고문학사강의(中古文學史講義)≫4)가 나온 후 왕요(王瑤) 선생도 ≪중고문학사론≫5)을 썼습니다. 근 몇 년에 조도형 선생이 ≪중고문학사논문집)≫6)을 출판하였고, 유약진 선생은 또 ≪중고 문학 문헌학≫7)을 썼

---

4) 유사배(劉師培), ≪중고문학사강의(中古文學史講義)≫(북경 : 북경대학출판부, 1923 ; 대북 : 세계서국, 1962 ; 대북 : 문해출판사(文海出版社), 1972). 정확한 서명은 ≪중고문학사강의≫가 아니라 ≪중고문학사≫이다.

5) 왕요(王瑤), ≪중고문학사론(中古文學史論)≫(상해 : 고전문학출판사, 1956 ; 상해고적출판사, 1982. 재판 ; 북경 : 북경대학출판사, 1998). ≪왕요문집(王瑤文集)≫(1)(태원(太原) : 북악문예출판사, 1995)에도 역시 그의 ≪도연명집(陶淵明集)≫과 함께 들어 있다.

6) 조도형(曹道衡), ≪중고문학사논문집(中古文學史論文集)≫(북경 : 중화서국, 1986). 그밖에 그의 ≪중고문학사논문집속집(中古文學史論文集續集)≫(대북 : 문진출판사(文津出版社), 1994) 도 출판되어 있다.

7) 유약진(劉躍進), ≪중고문학문헌학(中古文學文獻學)≫(남경 : 강소고적출판사, 1997).

습니다. 보아하니, 이 학술 분과를 "중고 문학사"나 혹은 "중고 문학 연구"라고 부를 수 있을 것 같고, 일반적으로 이미 이렇게 받아들이는 것 같습니다. 그렇지만, 이 문제는 비교적 복잡합니다. 우선 무엇보다 분기(分期)의 기준 문제인데, "중고"가 언제부터 언제까지이며, 그 분기의 기준이 무엇이냐 하는 것입니다. 역사 발전의 단계에 근거하여 나누느냐 아니면, 문학 발전의 각 단락에 근거하여 나누느냐 하는 것입니다. 만약 역사의 발전 기준으로 나누게 되면 사회 형태를 근거로 할 것이냐 아니면 생산력 발전의 각기 다른 단계나 혹은 제도의 변혁을 근거로 할 것이냐 하는 것입니다. 이 문제는 지금까지 마땅한 논증을 얻지 못하고 있습니다. 만약 문학 발전의 다른 단락을 근거로 하여 나누게 되면 이는 문학 발전의 성숙 정도를 근거로 삼을 것인가 아니면 문학의 문체 변화나 다른 무엇을 근거로 삼을 것인가 하는 것입니다. 그 다음은 분기에 있어서의 기한(期限)을 나누는 문제로, 중고 문학의 상한선과 하한선을 어디에 둘 것인가 하는 것입니다. 이 문제도 통일된 기준이 없습니다. 유사배 선생·왕요 선생·조도형 선생 및 유약진 선생의 분기 범위는 비교적 일치하는 것 같은데, 위진으로부터 시작하여 남조의 끝까지입니다. 그러나 호대뢰(胡大雷) 선생의 ≪중고 문학 집단(中古文學集團)≫8)은 수대(隋代)를 포함하고 있습니다. 그리고 일본 학자는 이 시기의 문학 비평을 연구하면서 또 당대(唐代)까지 포함하였습니다. 그래서 하한선은 세 가지가 있을 수 있게 되는데 어느 것이 옳겠습니까? 명대(明代) 문학 연구에 종

---

11) 호대뢰(胡大雷), ≪중고문인집단(中古文人集團)≫(계림(桂林) : 광서사범대학출판사(廣西師範大學出版社), 1996).

사하는 학자들은 일반적으로 명대를 중고로부터 근대에 이르는 전환기로 보고 있습니다. 그렇게 되면 송(宋)·원(元)도 당연히 모두 중고 문학 속에 포함시키는 셈입니다. 다시 말해서 이것은 단지 한 학술 분과의 명명 문제일 뿐이 아니고, 또 이 시기 문학사만의 문제도 아닌 모든 문학 발전사와 관련된 문제입니다. 만약 우리가 이 시기를 "중고 문학사"로 부르게 된다면, 한대(漢代) 이전의 문학사는 "상고 문학사(上古文學史)"라고 불러야 할 텐데, "중고" 이후에 "근고(近古)"는 없습니까? 있다면 언제부터 시작되어야 하겠습니까? 수대부터 청대까지? 아니면 원대(元代)부터 아편전쟁까지? 만약 문학사의 연구가 단지 중고 문학사에만 국한되어 "상고(上古)"도 없고 "근고(近古)"도 없다면 문제는 그래도 비교적 간단할 것입니다. 그러나, 전체 문학사 연구와 관련지어 보면 통일된 체례(體例)가 없고 통일된 기준도 없으며 통일된 인식도 없는 것이 됩니다. 저는 개인적으로 생각하기에 중고 문학의 단락을 나누는 것은 명확한 근거를 가지기 전에는 역시 조대(朝代)에 따라 나누는 것이 좋을 것 같습니다. 조대에 따라 나누게 되면 사실 중국 문학의 발전와 변화를 반영할 수 있습니다. 예를 들어 한대(漢代) 이전의 문학과 위진(魏晉) 이후 남조(南朝)의 문학은 다릅니다. 매 조대가 바뀔 때마다 약간의 과도기적인 현상이 있기는 하지만 큰 조대의 교체와 문학 발전의 변화는 보조(步調)를 비교적 같이 하는 것 같습니다.

서공지(徐公持, ≪문학유산(文學遺産)≫ 편집부) 저는 나 선생님의 견해에 동의합니다. "위진남북조 문학"은 "왕조 분기법"의 산물입니다. 이 분기법은 예전에 이미 있었고, 또 20세기 30년대부터 시작해서 곧바로 신식 학자들에 의해서 수용되었으며 점차 유행하게 되었습니다. 제가 생각하기에, 이 분기법이 유행한 주요 원인은 이 분기법이 유물사관의 중국 역사 발전 분기에 대한 관념에 부합되었기 때문이라고 생각하며, 이는 사회 역사의 분기 방법으로부터 이식(移植)되어 온 것입니다. 이 분기법은 분명 그 나름의 장점을 지니고 있습니다. 이 시기는 한(漢)을 이어받고 당(唐)으로 이어지는 양대 통일 제국 사이의 매우 길었던 한 사회 분열의 시기로, 양대 중화 문명 발전의 전성기 사이의 과도기라고도 말할 수 있는데, 한(漢)·당(唐)과는 다른 독특한 사회 형태를 지니고 있다고 할 수 있습니다. 그밖에 한말(漢末)에서 수말(隋末)에 이르기까지 기간이 마침 약 400년이 되어서 양한(兩漢) 400년과 당대(唐代) 300여 년과 대체로 엇비슷하여 역사 단계로 삼으면 균형을 이룹니다. 이러한 요소들도 일반인들로 하여금 이 분기법을 쉽게 이해하고 받아들이게 하였습니다. 문학은 물론 자체의 발전 규율을 가지고 있습니다. 그러나 문학사는 결국 역사의 한 부분이므로 분기 문제에 있어서 역사와 중복되는 것은 완전히 받아들여질 수 있는 것이므로, 문제삼아 회피해서는 안 될 것입니다. 이른바 "중고"와 "상고"·"근고(近古)"·"근대(近代)" 등의 구분법은 일본의 학자들로부터 들여온 것 같은데, 겉으로 보면 조대(朝代)에 따른 구분법의 한계를 벗어난 것 같지만 실질적으로는 결코 근본적으로 나아진 것이 없습니다. 왜냐하면 그것이 결코 역사시기에 대한 과학적인 구분에 입각하고 있지 않기 때문입니다. 이른바 "상고"는 하(夏)·상(商)·주(周) 3대(代)를 가리키는 것인데, "상고삼대(上古三代)"란 일찍부터 있어 왔던 말로 새로운 명사가 아닙니다. "중고"라는 말은 일반적으로 양한(兩漢) 위진남북조(魏晉南北朝) 바로 한위육조(漢魏六朝)를 포함하며, "근고"는 당송(唐宋)을 포함하고, "근대"
는 원(元) · 명(明) · 청(淸)을 포괄하므로, 그것은 단지 조대를 합
치고 확대했을 따름이지 결코 더욱 일리가 있다고 할만한 것은
없습니다, 그래서 후에 이 명칭들을 쓰는 사람은 날로 적어지
게 되었는데 이는 필연적인 추세라고도 할 수 있습니다.

조도형(曹道衡, 문학연구소)   나 선생님과 서 선생님 두 분의 견해에 대
해 저는 약간의 의견이 있습니다. "중고"라는 이 개념에 비하
여 "위진남북조"라고 말하는 것이 어쩌면 좀 더 명확하겠으나,
실제 사용할 때에는 마찬가지로 어려움이 있습니다. 왜냐하면,
"위(魏)"라는 이 개념은 적어도 조조(曹操)가 위공(魏公)에 봉해진
때로 거슬러 올라가야 하며, 심지어는 조비(曹丕)가 한(漢) 나라
를 대신하게 된 때부터 계산하여야 합니다. 그렇게 되면 "건안
(建安) 칠자(七子)"는 대부분 어쩔 수 없이 한대로 귀속시켜야 합
니다. 공융(孔融)은 말할 것도 없고, 왕찬(王粲)이라 해도, 심지어
그의 <칠애시(七哀詩)> · <등루부(登樓賦)>조차도 위(魏) 나라가
건립되기 이전에 쓰여졌습니다. 그러나 우리들 지금의 습관으
로는 "건안 칠자"중의 대부분을 위대(魏代)로 귀속시킵니다. 사
실 여기에만 그치는 게 아닙니다. 악부시(樂府詩)로 말하면, 우리
가 한악부(漢樂府)를 언급하면서 "상화가사(相和歌辭)"를 배제할
수 없는데, "상화가사"중의 절대다수가 조씨(曹氏) 부자 그리고
조손(祖孫)와 관련이 있습니다. ≪악부시집(樂府詩集)≫ 중의 "상
화가사"는 대부분이 "평조(平調)" · "청조(淸調)" 등 "청상삼조(淸
商三調)"에 속한다는 것은 위대에 악부(樂府)의 가공을 거쳤음을
말해줍니다. 저는 심지어 지금 조조(曹操) 등이 지었다고 하는
몇몇 "상화가사"가 완전히 그들의 손에서 나온 것인지 의심스

럽습니다. 민가(民歌)를 윤색하여 완성하고서 모두 그들의 이름 아래에 귀속시킨 것이 아닐까하고 말입니다. 왜냐하면 조예(曹叡 : 곧 위명제(魏明帝))의 시라고 하는 것 가운데 어떤 것은 조조와 조비의 시의 일부분을 그가 끼워 맞추어서 신곡이라고 만든 것을 곧 그의 작품으로 보기 때문입니다. 다시 <당상행(塘上行)>을 예로 들면, 이 시는 어떤 사람은 견후(甄后)가 지었다고 하고 어떤 사람은 조비가 지었다고 합니다만, ≪송서(宋書)·악지(樂志)≫에는 조조의 작품으로 되어 있습니다. 현재 우리가 보는 역사 자료로는 ≪송서·악지≫가 가장 이르므로 반드시 근거가 있을 것입니다. 저는 그것이 비록 민가이지만 아마 조조의 윤색을 거치지 않았겠는가 하고 의심합니다. 그래서 한위(漢魏) 악부를 연구하는 데 한대와 위대를 완전히 나누려고 하면 매우 힘듭니다. 저는 유약진 선생의 ≪중고문학 문헌학≫에서의 의견에 완전히 동의합니다. 위진남북조를 연구함에 있어서 동한(東漢)을 완전히 떼어놓을 수는 없다는 것입니다. 저는 또 여가석(余嘉錫) 선생의 의견에도 동의합니다. 즉 위진(魏晉) 지식인들의 많은 풍조가 동한(東漢)으로부터 이어져온 것이라는 것입니다. 본래 역사의 분기라는 것은 상대적인 것일 수밖에 없는 것이므로 완전히 잘라서 나누는 방법이 꼭 취할 만한 것만은 아닙니다. 그러므로, "중고 문학"으로 "위진남북조"을 가리키는 것도 장점이 없는 것은 아닙니다. 즉, 유사배(劉師培) 선생 이래 용어의 사용법은 나름대로 적합성을 지니고 있는 것입니다. 예를 들어서, 시가(詩歌)로 말한다면 "율시(律詩)" 같은 경우 역대(歷代)로 "근체(近體)"라고 불러 왔는데, 그것은 당대(唐代)에 성숙하였고, 율부(律賦)도 당대에 출현하였으며, 한유(韓愈)·유종원(柳宗

元)의 고문(古文) 운동도 당대에 일어났습니다. 그래서 유사배 선생은 당 이전을 "중고"라고 부르게 되었는데, 적어도 문학사의 연구 영역에서 말한다면 비교적 타당합니다. 만약 또 변문(變文)·당전기(唐傳奇) 등의 문체(文體)로부터 보면, 당과 남북조의 사이를 두 시기의 경계로 삼는 것도 옳을 것 같습니다.

서공지 물론, 다른 분기법도 공존할 수 있습니다. 만약 어떤 사람은 "한위 육조 문학"이란 말을 쓰고, 어떤 사람은 "중고 문학"이라고 쓴다고 할 때, 만약 나름대로의 타당성을 가지고 또 어느 정도의 체계를 가지고 있다면 모두 안 될 것이 없습니다.

나종강 저는 개인적으로 역시 다음과 같은 생각을 가져봅니다. 문학사의 연구에 있어서 비록 "상고"·"중고"·"근고"로 나누는 것을 배제하지는 않지만, 비교적 오랜 연구를 거쳐서 그 중의 이치를 설명하여야 할 것입니다. 학술 연구로서 매 한가지 범주를 확립하는 데에는 마땅히 근거로 삼을만한 과학적인 논증이 있어야지, 단지 사회 통념에 의해 약속되고 받아들여지는 것만으로는 안 될 것 같고, 또 그래서는 문제를 얼마 해결하지 못합니다. 특히 현대적인 연구는 엄격하게 규범화된 과학적인 논증 방법을 더욱 준수하여야 합니다. 위 문학이 동한 후기의 문학을 포함하여야 하느냐 말아야 하느냐 하는 이 문제는 사실 이미 해결되었습니다. 대다수의 문학사들이 모두 건안 문학을 범위 안에 포함시켜 넣었습니다. 건안 원년에 조조(曹操)는 병사를 거느리고 낙양(洛陽)에서 헌제(獻帝)를 맞고 허(許) 땅으로 천도하고서는 천자를 끼고 제후를 호령하였으니(挾天子以令諸侯) 사실상 정권은 이미 조씨에게로 넘어갔던 것입니다. 문단의 상황으로 보면 위 문학을 건안 원년을 그 시작으로 보는 것이 비교적 타당합니다. 이 점은 제가 ≪위진남북조 문학 사상사(魏晉南北朝文學思想史)≫9)에서 상세한 논술을 하였습니다.

약　진　≪위진남북조 문학 사상사≫를 말씀하시니 저는 나 선생님께서 장의(張毅)의 ≪송대 문학 사상사(宋代文學思想史)≫10)에 <서(序)>를 쓰실 때에 문학사상사를 독립적으로 하나의 학술 분과로 만들어야 한다는 견해를 특별히 제기하신 것이 생각납니다. 어떤 이유로 그러한 견해를 제기하셨습니까?

나종강　장의의 ≪송대 문학 사상사≫에 쓴 <서>에서 저는 이미 비교적 명확한 뜻을 밝혔으므로, 여기서는 다만 문학 사상사와 전통적인 중국 문학 비평사·문학 이론사와의 차이에 대해서 간략하게 설명하겠는데, 이 문제는 그래도 비교적 쉽고 명확하게 설명할 수 있습니다. 중국 고대 문학 비평사와 문학 이론사는 결코 문학 작품이 반영해 내는 문학 관념의 문제는 포함하지 않습니다. 그러나 중국 고대 중국 문학 사상을 연구하려면 중국 문학 비평과 문학 이론을 연구해야 하는 동시에 문학 작품 중에서 반영하고 있는 문학 창작의 경향도 연구해야 합니다. 다 아시다시피 문학 창작, 즉 한편의 작품은 작자의 문학에 대한 이해를 반영하는데, 그의 심미(審美)에 대한 추구, 기교에 대한 추구, 풍격(風格)에 대한 추구 등, 이러한 것들은 모두 작자의 문학 사상을 반영한 것입니다. 그러나 이전의 중국 문학 비평사와 중국 문학 이론사는 이러한 내용들을 결코 연구하지 않았습니다. 그러나 전체 문학 사상 발전사로 보면 만약 문학 창

---

9) 나종강(羅宗强), ≪위진남북조 문학 사상사(魏晉南北朝文學思想史)≫(북경 : 중화서국(中華書局), 1996).

10) 장의(張毅), ≪송대문학사상사(宋代文學思想史)≫(북경 : 중화서국, 1995).

작품 가운데 반영하고 있는 문학 사상을 배제한다면 그것은 적어도 불완전한 것일 겁니다. 많은 경우, 문학 비평이나 문학 이론이 그다지 풍부하지 못하거나 혹은 명확한 표현이 없지만, 창작은 아주 번창하여서 가끔은 어떤 새로운 관념이나 새로운 이상을 표현해 내곤 합니다. 그러므로 만약 문학 작품이 반영하고 있는 문학 사상을 연구하지 않으면 그 시대 문학 사상의 전모를 전면적으로 서술하기가 매우 어렵습니다. 예를 들어 도연명(陶淵明) 같은 경우, 모든 문학 비평사와 문학 이론사에서 여태껏 도연명을 언급한 적이 없습니다. 그런데 사실 도연명의 문학 관념과 문학 사상은 중국 고대 시가의 발전에 대해서, 그리고 중국 시가 사상에 대해 끼친 영향이 아주 큽니다. 전원(田園) 제재의 출현은 중국 고대 시가사에서 도연명이 첫 번째로 중국 고대 시가의 발전과 중국 시가 제재의 선택에 영향을 주었던 것입니다. 충담(沖淡)·자연(自然)의 그러한 풍격과 심미적인 취향도 도연명으로부터 시작된 것으로 중국 역대 시인과 그들의 시가 창작 그리고 그들 시가의 심미적 이상의 추구에 영향을 끼쳤습니다. 당대는 중국 문학 비평과 중국 문학 이론 방면에 있어서 그다지 풍부한 성취는 없었지만, 당시(唐詩)의 흥성과 그것이 반영하고 있는 문학 관념은 대단히 풍부합니다. 그래서, 만약 문학 창작의 경향을 연구하지 않으면, 당대 문학 사상사의 전모를 서술하기는 매우 어렵습니다. 다시 예를 들면 ≪홍루몽(紅樓夢)≫ 같은 경우, 문학 이론 비평사에서는 그다지 충분한 중시를 받지 못해왔습니다. 하지만 만약 문학 사상사를 쓰려고 한다면, ≪금병매(金甁梅)≫로부터 ≪홍루몽≫에 이르기까지 반영하고 있는 소설에 대한 관념의 변화와 소설의 소재로부터 언어·표현 기교의 추구에 이르기까지 모두 이전과는 매우 다르므로, 만약 우리 문학 사상사가 이러한 문학 관념의 변화들에 대해 연구하지 않는다면 고대의 문학 사상이나 소설 관념에 대한 서술 역시 당연히 전면적이지 못하게 됩니다. 그래서 문학 사상사의 연구 범위는 중국 문학 비평사와 중국 문학 이론사보다 훨씬 넓습니다. 문학 사상사를 하나의 독립된 학술 분과로 만드는 문제를 얘기하자면, 학술 분과의 구분 문제에 미치게 됩니다. 지금까지 대학의 학과구분으로는 1급 학과·2급 학과·3급 학과가 있었습니다. 중국 언어 문학(中國語言文學)은 1급 학과이고, 중국 문학은 2급 학과입니다. 문학 사상사는 3급 학과에 해당되어 고대 문학·문학 이론 비평사·현당대(現當代) 문학과 나란히 놓이게 됩니다.

약 진 이와 유관한 문제로는 문학 비평사와 문학 사상사는 또 어떠한 뚜렷한 차이가 있는가 하는 것입니다.

나종강 가령 우리가 문학 비평만 연구하면, 비평 이론 형태와 비평론만 연구하게 됩니다. 그러나 중국 고대에 그러한 비평론 혹은 비평 논저는 어떤 때에는 작자의 진짜 생각과 결코 일치하지 않고, 그 창작의 실제나 그의 작품이 추구하는 참된 생각과 결코 일치하지 않기도 합니다. 이 문제는 중국 고대에 결코 적지 않았습니다. 중국 고대에 있어서 유가(儒家) 사상은 지배적인 사상이어서 선비가 벼슬길에 나아가 글을 쓰는 것은 나와서 관료가 되는 것과 같은 길이어서 공개적인 상황에서는 친구에게 보내는 편지나 상주문(上奏文)이나 혹은 다른 문장을 막론하고 하는 말이 만약 유가의 기본 준칙을 벗어나게 되면 사회에 남아나기 어렵게 되었습니다. 그러므로 공개적인 상황하의 문장과 말이 반드시 참된 생각을 반영하지는 못했습니다. 그래서 진짜 생각은 때때로 시문(詩文) 속에 반영하게 되었습니다. 그러므로 시문 중에 드러낸 창작 경향과 문학에 대한 추구를 비평 이론과 대비시키면서 연구를 하면, 아마 진정한 문학 사상의 전모를 더욱 더 정확하고 전면적으로 서술할 수 있을 것입니다.

약　진 　선생님께서 문학사의 저작과 문학 사상사의 저작에 있어서의 차이 문제에 대해서 선생님의 생각을 좀 말씀해 주실 수 있겠습니까?

나종강 　문학사는 문학 이론과 문학 비평을 포함하지 않습니다. 예를 들어 ≪문심조룡(文心雕龍)≫과 ≪시품(詩品)≫을 얘기하게 되었을 때, 문학사는 그저 간단하게 한번 소개만 할 뿐입니다. 그러나 문학 사상사는 이 두 책을 얘기하게 될 때, 이시기 문학 사상사의 대략 절반의 편폭을 차지하게 됩니다. 왜냐하면 유협(劉勰)과 종영(鍾嶸)의 문학 사상은 이 시기의 가장 중요한 성취이고, 두 책은 또 후세에 대한 영향이 가장 큰 저작이기 때문입니다. 기타 이충(李充)·지우(摯虞) 등 같은 사람은 문학사에서는 일반적으로 언급되지 않습니다만, 문학 사상사에서는 자연히 그들 나름대로 어느 정도의 위상을 지닙니다. 또 갈홍(葛洪) 같은 경우는 보통의 문학사 속에서는 별 위상이 없지만, 그러나 문학 사상사 안에서는 갈홍은 떼어놓을 수가 없습니다. 이것이 첫번째 다른 점이고, 두 번째 다른 점은 똑같이 작가와 작품 자체에 관련되지만, 문학 사상은 작품 자체로부터 작품이 반영한 창작 경향을 거슬러 소급해 보지만 문학사가 분석하는 것은 작품 자체입니다. 한 작가에게는 어쩌면 문학 이론과 문학 비평이 있고 동시에 문학 창작도 있을 수 있는데, 그러할 경우 문학사의 저술은 보통 그의 시문 창작에 주의를 기울이게 됩니다. 예를 들어, 육기(陸機)와 같은 경우 주로 그의 시에 치중하게 됩니다. 그렇지만 문학 사상사는 창작 자체가 반영하고 있는 창작 경향과 그의 미에 대한 추구에 주의를 기울여야 할 뿐 아니라, 그의 시가(詩歌) 중에서 그러한 경향과 그의 문학 비평·문학 이론과의 관계 문제도 분석하게 됩니다. 즉 문학사의 저술상의 관심은 작품 자체인데 문학 사상사는 작가와 그의 작품을 언급하게 되면, 작품 배후의 문학 창작 경향을 거슬러 소급하게 되는 것입니다. 세 번째 다른 점은 문학사는 한 작가나 혹은 한 작가 무리나 문학 유파나 혹은 한 시기 문학의 창작 양상이나 문학 창작의 변천 과정을 연구합니다. 그래서 일반적으로 말해서 문학사가 포괄하는 면은 비교적 넓어서 밝혀 드러내는 문제가 비교적 전면적입니다. 그러나 문학 사상사는 작가와 작품을 언급할 때에 문학 창작의 새로운 경향을 반영하는 작품들에게만 주의를 기울이고, 한 작가나 문학 유파의 문학 경향을 반영하지 못하는 작품들에 대해서는 관심을 두지 않습니다. 그래서, 문학 사상사의 저술에는 때때로 한 가지 상황이 생길 수 있는데, 그건 바로 가장 중요한 방면에는 관심을 두나, 그 작은 방면은 무시하게 된다는 것으로, 큰 것 작은 것 모두 버리지 않고 다 써내는 것이 아니라는 것입니다.

약 진 근 20년 이래로 위진남북조 문학 비평사·문학 이론 사상사에 관한 연구는 어떠한 중요한 성과들을 거두었습니까? 또 아직 어떠한 문제들이 남아 있습니까?

나종강 근 20년 동안 위진남북조 문학 이론과 문학 사상에 관한 연구가 어떠한 중대한 발전이 있었던가는 제가 잘 생각해보지 못했고, 대답하기도 비교적 어렵습니다. 전체적으로 말하면 점차 심화시켜 나가는 과정 가운데에 있습니다. 어떤 분야는 비교적 깊고 넓게 개척되었는데 예를 들어 ≪문심조룡≫에 대한 연구 같은 경우, 연구 성과가 아주 많아서 ≪문심조룡≫의 갖가지 방면에까지 두루 미쳐서 이론 체계와 그 범주에 대한 연구, 후대에 대한 영향과 전대에 대한 계승 등과 같은 것들을 포함하게 되었습니다. 이러한 것들은 단지 성과라고 말할 수 있을 뿐 획기적인 큰 발전이라 할 수 있을 지요? 우리들의 "획기적인 큰 진전[돌파(突破)]"에 대한 기준이 무엇인가요? 이러한 것들 모두가 여전히 문제입니다.

2. 과거 100년에 대한 회고

약 진 나 선생님께서는 또 특별히 문학 연구에 있어서의 "획기적인 진전[돌파(突破)]" 문제를 지적하셨는데 그것은 사람들로 하여금 흥미를 느끼게 하는 화제입니다. 그러므로 우리들은 근 100년 간 위진남북조 문학 연구에 대하여 조금 회고해 볼 필요가 있습니다. 근 100년 이래로 이 학술 분과에 대한 연구에 있어서의 다른 단계가 있었던가요? 있었다면 이들 연구 단계를 나누는 근거는 무엇입니까?

나종강 이 문제도 꽤 복잡한 것 같은데, 다른 시기·다른 지역 그리고 다른 문화 환경에 있어서 그 연구의 역사는 다릅니다. 예를 들어, 홍콩·대만과 일본에서는 이 문제들에 있어서는 엄격한 단계가 없었습니다. 제가 이해하기로는 이른바 다른 단계라는 것은 다른 학술 사조를 가리키는 것으로 이 학술 분과 연구의 방법과 지도 이념에 영향을 주게 됩니다. 이점을 고려해 보면, 우리 중국 대륙은 다른 단계가 있었습니다. 예를 들어 1949년 이전, 이 학술 분과의 연구 동향, 연구 추세, 연구의 특징과 1949년 이후하고는 다릅니다. 그리고 80년대 이후는 또 다른데, 이는 중국 대륙에서 근 100년 이래의 연구는 다른 단계를 가져서 각기 다른 시대의 특징을 분명히 지니고 있음을 보여줍니다.

서공지 20세기 위진남북조 문학 연구의 분기에 관해서 저의 견해는 나 선생님과 조금 다릅니다. 저는 전에 한 논문에서 20세기 중국 고전 문학 연구에 대한 견해를 말했었는데, 그 논문에서 저는 4단계로 한번 나누어 보았는데, 그 근거는 바로 연구 관념과 방법의 변화였습니다. 학술사를 구분 짓는 다른 근거가 물론 또 있겠습니다만, 제가 생각하기에 가장 중요한 것은 이 두 가지입니다. 저는 20세기 초부터 1928년까지를 1단계로 나누었는데, 그 특징은 바로 연구 관념과 방법의 "근대화"라는 것인데, 이는 수천 년 이래의 전통적인 학술 관념·방법에 상대적으로 말하는 것입니다. "근대화"의 실질은 서양에서 전래되어 들어온 인문 학술의 관념과 과학적인 방법이 본 학술 분과에 운용되었는데, 그것이 수천 년 이래의 전통적인 관념·방법과는 완전히 다르기 때문에 혁신적인 그리고 획기적인 의의를 가지는 것입니다. 제2단계는 1928년부터 1949년까지로, 그 특징으로는 근대화의 진일보한 발전과 유물사관을 학술 가운데 운용했다는 것입니다. 1928년을 경계로 한 까닭은 세기 초 학술 근대화의 대표적인 인물인 왕국유(王國維)가 한해 전에 사망하였고, 동시에 중국에서 처음으로 유물사관으로 고대 문학을 연구한 저서(마찬가지 처음으로 유물사관으로 중국 역사를 연구한 저작이기도 함 : 곽말약(郭沫若)의 ≪중국 고대 사회 연구(中國古代社會硏究)≫[11])가 그 해에 완성되었으며, 유물사관은 이로부터 학술 가운데에서 신속하게 만연되어 크다란 기세를 형성하였기 때문입니다. 제가 1949년에서 1978년까지를 학술의 "통일기(統一期)"라고 부르고 또 1978년 이후를 학술의 "다원화기(多元化期)"라고 부르는 것도 관념과 방법에 착안한 것입니다.

약 진 1949년 이전의 위진남북조 문학에 대한 연구 업적을 어떻게 평가하십니까? 이후의 연구와 한번 비교해주실 수 있으시겠는지요?

나종강 1949년 이전 중국 대륙 지역의 연구는 그 주도적인 사상으로 말하자면 기본적으로 중국 문학사의 역사적인 면모를 살피고 만드는 것이었는데, 예를 들어, 작가의 면모, 즉 생평이나 교유(交遊) 관계, 작품 풍격에 대한 평가 등, 기본적으로 작품 그 자체에 집중되어 있었습니다.

서공지 20세기 10년대에 나온 유사배의 ≪중국 중고 문학사 강의(中國中古文學史講義)≫[12]는 중국의 첫 번째 단대(斷代) 문학사인데, 비록 책의 서술이 매우 간략하긴 하지만 양한(兩漢) 위진남북조(魏晉南北朝)의 문학 정신과 문학 풍조의 변천에 대하여 아주 정확하게 개괄하였습니다. 유사배와 거의 동시에 노신(魯迅)도 위진 문학의 연구에 힘을 쏟았으며 또한 많은 업적을 남겼습니다. 그는 위진남북조의 지괴(志怪) 소설을 정리하여 ≪고금소설구침(古今小說鉤沉)≫[13]을 집성(輯成)하고, ≪혜강집(嵇康集)≫[14]을 집교

---

11) 곽말약(郭沫若), ≪중국고대사회(中國古代社會)≫(북경 : 인민출판사, 1954).
12) 주 4) 참조.

(輯校)하였습니다. 그는 위진의 역사 사실과 문학에 대하여 깊은 연구를 하였는데, 그의 논문 <위진 풍도 및 문장과 약 및 술의 관계(魏晉風度及文章與藥及酒之關係)>[15)는 그의 이 시기 문학사에 대한 견해를 집약하였으며, 아울러 위진 문학에 대하여 사회적·문화학적 그리고 민속학적인 종합적 연구의 길을 열어 20세기 전체 중국 고전 문학 연구 사상에 대한 의의가 매우 큽니다. 40년대·50년대에 이르러서는 왕요(王瑤)가 이 시기의 문학에 대하여 더욱 세밀하고 깊은 연구를 하여, ≪중고문학 사상(中古文學思想)≫[16) · ≪중고 문인 생활(中古文人生活)≫[17) · ≪중고 문학 풍모(中古文學風貌)≫[18) 등을 발표하였습니다. 이 책들의 기본적인 사고는 노신의 연구를 계승하여 보충하고 확장하여 논술이 더욱 구체적이고 더욱 더 체계를 갖추어서 위진 문인과 문학 양상에 대한 이해가 더욱 더 정확합니다. 이상 세 분과 그들의 저서들은 20세기 위진남북조 문학 연구의 근대화 과정에 있어

---

13) 노신(魯迅), ≪고소설구침(古小說鉤沈)≫(북경 : 인민문학출판사, 1951).

14) 노신(魯迅), ≪혜강집(嵇康集)≫(홍콩(香港) : 신월서점(新月書店), 1962). 또 상해고적출판사에서 1986년에 출판한 책은 1913년 노신이 처음으로 수록(手錄) 한 총서당(叢書堂) 본을 저본으로 하여 명 황성증(黃省曾)·왕사현(汪士賢) 각본 및 기타 관련 서적으로 교감하고 발문(跋文)을 쓴 초고본(初稿本)이다.

15) 이 글은 북경 인민문학출판사(人民文學出版社)에서 1981년 출판한 ≪노신전집(魯迅全集)≫ 제3권에 수록되어 있으며, 처음에 이 원고는 1927년 8월 11, 12, 13, 15, 16, 17일 광주(廣州) <민국일보(民國日報)>의 부간(副刊) <현대청년(現代青年)> 제173~178기에 발표되었으며, 수정한 논문을 1927년 11월 16일 <북신(北新)>이라는 반월간지 제2권 2호에 발표하였다.

16) 왕요(王瑤), ≪중고문학사상(中古文學思想)≫(상해 : 당체출판사(棠棣出版社), 1951 ; 홍콩(香港) : 중류출판사(中流出版社), 1957).

17) 왕요(王瑤), ≪중고문인생활(中古文人生活)≫(상해 : 당체출판사(棠棣出版社), 1951 ; 홍콩(香港) : 중류출판사(中流出版社), 1957).

18) 왕요(王瑤), ≪중고문인풍모(中古文人風貌)≫(상해 : 당체출판사(棠棣出版社), 1951 ; 홍콩(香港) : 중류출판사(中流出版社), 1957).

서 이정비(里程碑)와도 같은 의의를 지닙니다. 물론 우리는 또한 나근택(羅根澤)의 ≪악부 문학사(樂府文學史)≫[19](1931년 출판)와 소척비(蕭滌非)의 ≪한위 육조 악부 문학사(漢魏六朝樂府文學史)≫[20](1943년 출판) 두 권을 가벼이 보아서는 안 됩니다. 두 책은 이 시기 악부 문학의 연구에 대하여 빼어난 공헌을 하였습니다. 그렇지만 이들은 20세기 전반기의 일입니다. 50·60년대에 이르러 연구에 있어 다시 무슨 획기적인 진전[돌파(突破)]은 없었고, 다만 몇몇 가지들에 대한 자료 정리 작업에서 어느 정도의 진전을 보았습니다, 예를 들어, 도연명과 ≪삼조자료휘편(三曹資料彙編)≫[21]과 같은 것입니다. 그밖에 보급 방면에서도 약간의 업적을 이루었는데, 예를 들어 20세기의 몇몇 시선(詩選)·부선(賦選) 같은 것들은 당시 많은 영향력이 있었습니다.

나종강   1949년부터 1979년까지는 매우 특별한 시기로 또 다른 양상을 띠었는데 비판적 계승을 강조하였습니다. 토론의 대상은 주로 문학을 저울질하는 몇 가지 기준이었는데, 곧 문학의 인민성(人民性)·계급성(階級性)과 현실성(現實性) 이 세 가지 기준으로 모든 작가와 작품을 평가하였는데, 이는 단지 위진남북조 문학 연구에 국한된 문제만이 아니라, 전체 고전 문학 연구의 문제였습니다.

이 세 가지 기본 원칙으로 작가와 작품을 긍정하고 부정하여 많은 문제가 생겨나게 되었습니다. 그 연구의 목적이 작가와

---

19) 나근택(羅根澤), ≪악부문학사(樂府文學史)≫(대북 : 문사철출판사, 1974).
20) 소척비(蕭滌非), ≪한위육조악부문학사(漢魏六朝樂府文學史)≫(대북 : 장안출판사(長安出版社), 1976 ; 북경 : 인민문학출판사, 1998).
21) 하북사범학원(河北師範學院) 중문계(中文系) 고전문학교연조(古典文學敎研組), ≪삼조자료휘편(三曹資料彙編)≫(북경 : 중화서국, 1980).

작품의 본래 면모를 설명하는데 있지 않고, 비판에 있었으며, 비판하는 가운데 정채(精彩)로운 부분과 찌꺼기를 찾아내는데 있었습니다. 그렇게 되고나니 많은 경우 작품 자체의 가치를 벗어나게 되었습니다. 예를 들어 말하면, 산수시(山水詩)에 계급성이 있느냐 없느냐 하는 것이었습니다. 지금 돌이켜 보면 이 문제를 제기한 자체가 아주 우습습니다. 왜냐하면 산수시를 평가하는 기준은 그것의 계급성 유무에 달려 있는 것이 아니라, 제재(題材)를 표현해 내는 데 있어서의 변화와 작가와 자연과의 관계·산수시에 대한 예술적인 가치 평가 그리고 그것이 중국 시가 발전사에 끼친 공헌 등에 달려 있는 것이지, 그것이 계급성을 지니는가 그렇지 않은가에 달려 있지 않기 때문입니다. 또 예를 들어, 호념이(胡念貽) 선생이 궁체시(宮體詩)를 논술한 문장을 한편 썼는데, 지금에 와서 보면 그 글이 궁체시를 그렇게 많이 긍정하지도 않았고 단지 비교적 사실대로 궁체시의 발생 상황을 설명하였을 뿐인데, 문장이 발표된 후 곧바로 비판하는 글이 여러 편 나왔습니다. 당시로 보면 궁체시는 전면적으로 부정되어야 하는 것이었는데, 부정되어야 했던 까닭은 궁체시가 문학의 인민성·계급성과 현실성에 위배되기 때문이라는 것이었습니다. 물론 그 당시 위진남북조 문학에 관한 토론 가운데 결코 장점이 없었던 것은 아닙니다. 예를 들어, ≪문심조룡≫에 관한 토론에서, "풍골(風骨)"에 관한 분석으로, 요중안(廖仲安)[22] 선생·구효신(寇效信)[23] 선생의 관련 논문처럼 아주 좋은

---

22) 요중안(廖仲安)의 논문은 그의 논문집 ≪반추집(反芻集)≫(북경 : 북경사범학원출판사, 1986)에 실려 있다.

23) 구효신(寇效信)의 논문은 그의 저서 ≪문심조룡 미학 범주 연구(文心雕龍美學範疇研究)≫ (서안(西安) : 섬서인민출판사(陝西人民出版社), 1997)에 실려 있다.

논문이 여러 편 발표되었습니다. 80년대 이후 위진남북조 문학의 연구와 전체 고대 문학의 연구에 있어서 비교적 큰 변화가 하나 생겨났는데, 바로 연구의 다원화・이념상의 다원화・방법상의 다원화였는데, 위진남북조 문학에 대한 연구는 비교적 심도 깊은 발전이 있었습니다.

서공지 선생께서는 여러 해 동안 줄곧 ≪문학유산≫의 일을 맡아오셔서 접한 분야가 다양하시니 선생님께 좀 더 많이 소개해 주시기를 부탁드려도 될 것 같습니다.

서공지　80년대 개혁 개방 이후, 이 시기의 문학 연구도 하나의 새로운 발전시기로 접어들었습니다. 근 20년 동안 위진남북조 문학의 연구에 있어서 인재가 속출하고 성과도 풍부하여, 거의 일일이 다 볼 수가 없을 정도입니다. 제가 본 것이 많지 않아서 전체적으로 정확한 평가를 하기가 어렵습니다만, 몇 분의 학자는 제가 예전부터 존경해 왔습니다. 왕운희(王運熙) 선생과 양명(楊明) 선생이 쓴 ≪위진남북조 문학 비평사(魏晉南北朝文學批評史)≫[24]는 문학 이론사인데, 이 책은 그 시기의 문학 비평과 이론에 대한 논술이 매우 전면적인데, 이러한 점은 자료의 선별과 정리에 있어서의 상세한 고증과 관련 문론(文論) 저서에 대한 정확하고 타당한 설명 등에 잘 나타나 있습니다. 저는 늘 그 책을 읽는데 첫째 그 책을 학술전문 서적으로 보고, 둘째는 그것을 참고 공구서로도 봅니다. 조도형의 저서는 특색이 관련 역사 자료에 대한 심도 깊은 발굴과 정리에서 보이는데, 또 그것을 기초로 하여 관련 문학사의 양상에 대해 새롭게 묘사하였으

---

24) 상해 : 상해고적출판사, 1989년, 597쪽.

므로, 개척자적인 성격을 지니고 있습니다. 그의 ≪남북조 문학 편년사(南北朝文學編年史)≫는 비록 아직 출판되지 않았지만, 질적으로 아주 우수할 것으로 믿습니다. 나종강 선생의 연구는 문학 사상사에 치중하고 있는데, 그 특색은 시야가 비교적 넓은 것으로, 단지 문론에만 착안하지 않고, 폭넓은 사회 풍조와 깊은 문화적인 배경으로부터 문학 사조를 고찰하므로 나종강 선생의 연구는 노신과 왕요를 계승한 것이며, 또 더욱 진전이 있는 것으로 여겨도 좋습니다. 또 갈효음(葛曉音)의 연구는 그 특색이 당시 문학 발전의 맥락에 대한 정확하고 섬세한 이해와 문학 발전에 영향을 미치는 갖가지 요소들에 대한 포괄적이고 심도 깊은 이해를 하고 있는 것입니다. 전 여기서 매우 특별한 중청년(中靑年) 학자 두 명을 얘기했으면 하는데, 하나는 왕종릉(王鐘陵)25)이고 한 명은 전지희(錢志熙)26)입니다. 두 사람은 모두 이론적인 사고에 뛰어난데 철리(哲理)에 대한 깨달음이 아주 좋고, 자신의 이론 체계를 구축하는 데에도 뛰어납니다. 전지희는 문학 정신을 연구하기 좋아하는데 그가 말하는 "문학 정신" 혹은 "시성(詩性) 정신"은 문학 사상 혹은 문학 내용과는 다르며, 작가의 "인격 모식"・"문화 시야"・"예술 창조력" 등의 요소를 포함하고 있습니다. 그는 또 언어・음악・문인의 사고방식 등으로부터 잘 접근하여 당시 문학 정신의 특징과 문학 정

---

25) 왕종릉(王鍾陵)의 저서로는 ≪중국 전기 문화 : 심리 연구(中國前期文化 : 心理硏究)≫(중경(重慶) : 중경출판사, 1991)가 있다.

26) 전지희(錢志熙)의 저서는 다음과 같은 것이 있다.
≪위진 시가 예술 원론(魏晉詩歌藝術原論)≫(북경 : 북경대학출판사, 1993) ; ≪당전 생명관과 문학 생명 주제(唐前生命觀和文學生命主題)≫(북경 : 동방출판사, 1997) ; ≪한위 악부의 음악과 시(漢魏樂府的音樂與詩)≫(정주(鄭州) : 대상출판사(大象出版社), 2000).

신이 부단히 바뀌고 변화한 원인들을 밝혀내었습니다. 제가 보기에는 그들의 연구는 새로운 세대 학자들의 장점을 잘 발휘하여 위진남북조 문학 연구에 새로운 바람을 일으키고 새로운 영역을 개척했다고 여깁니다. 물론 그들의 연구도 부족한 면이 없는 것은 아니어서, 어떤 때에는 이론적으로 아직 치밀성이 부족하기도 합니다. 그러나 그 탐구 정신은 긍정할 만합니다. 신세대 학자 가운데에도 자료 정리와 고증·교정 방면에 힘을 깊이 기울여 연구하고 아울러 성취를 거둔 사람도 있는데, 일반 사람들은 복단대학(復旦大學)의 진상군(陳尙君)27)이 당시(唐詩) 집일(輯佚)의 전문가라는 것을 알지만, 그의 처음의 집일(輯佚) 작업이 한위·육조에서부터 시작되었다는 것을 잘 모릅니다. 남개대학(南開大學) 이검국(李劍國)28)의 "선당(先唐)" 소설의 정리 성과도 매우 두드러진데, 그 자료 수집의 완비와 정리의 자세함은 노신이 연구한 기초 위에서 앞으로 큰 발을 한 걸음 내디딘 것입니다.

3. 위진남북조 문학의 특수성

약 진 위진남북조 문학사 연구의 특수성은 어디에 있고, 기존의 자료

---

27) 주요 저서로는 ≪전당시보편(全唐詩補編)≫(전3책)(북경 : 중화서국, 1992)·≪당대문학총고(唐代文學叢考)≫(북경 : 중국사회과학출판사, 1996)·≪전당문보편(全唐文補編)≫(전3책)(북경 : 중화서국, 2005) 등이 있음.

28) 주요 저서로는 ≪당전지괴소설사(唐前志怪小說史)≫(천진 : 남개대학, 1984)·≪당전지괴소설종록(唐前志怪小說綜錄)≫(상해 : 상해고적출판사, 1986)·≪당오대지괴전기서록(唐五代志怪傳奇敍錄)≫(전2책)(천진 : 남개대학, 1993)·≪송대기지괴전기서록(宋代志怪傳奇敍錄)≫(천진 : 남개대학, 1997) 등이 있음.

가 이미 그렇게 많은데 왜 또 그렇게 많은 연구자들이 하필 이 것에 유독 흥미를 갖는가? 위진남북조 문학의 연구에 있어서의 매력은 도대체 어디에 있는가? 이러한 것들은 아마도 위진남북조 문학 자체의 특징과 근 100년간의 연구 특징과 관련이 있을 것인데, 세 분 선생님의 고견을 좀 들었으면 합니다.

나종강 이 문제는 분명 매우 중요합니다. 위진남북조 문학이 사람의 흥미를 끄는 점은 그 전해지는 자료의 많고 적음에 달린 것이 아니라, 그 시기 문학의 특수한 매력에 있습니다. 저는 이 문제를 거듭 생각해 보았는데, 중국 문학 발전사상 정교(政敎)에서 동떨어진 즉 명백하게 정치 교화를 위한 문학이 아닌 것이 바로 위진남북조 시기의 문학이었습니다. 정치 교화의 실용적인 목적을 벗어나서 완전히 자신의 감정을 표현하고, 완전히 예술적인 면에서 추구하는 점은 이 시기 문학이 매우 두드러지게 잘 나타내고 있습니다. 이 시기 문학 발전의 중요성은 또 위진남북조 문학이 중국 문학 발전사상 매우 중요한 역할을 하고 있다는 것인데, 곧 당대(唐代) 문학의 전면적인 번영을 위하여 충분한 준비 작업을 하였다는 것입니다. 만약 위진남북조 문학의 번영이 없었다면 당대 문학의 번영도 없었을 것입니다. 세 번째로는 이 시기의 문학은 문체 발전사상 매우 중요한 의의를 지니고 있습니다. 중국의 많은 문체의 맹아 발생과 발전 성숙은 모두 이 시기와 관련이 있습니다. 예를 들어 중국 율시(律詩)의 출현 같은 경우, 이 시기의 영명체(永明體)가 없었다면, 당대 율시는 출현하지 못했을 것입니다. 다시 예를 들면, 변체문(駢體文)은 중국 변체문 발전에 있어서 높다란 봉우리와도 같습니다. 네 번째, 이 시기의 문학 이론 문학 비평은 기본적인 형태상 그리고 그것의 특색·범주·이론적인 틀 등 모두가 중국 고대 문학 이론 비평의 아주 중요한 창시(創始) 단계 혹은 틀을 형성한 단계라고 말할 수 있습니다. 그래서 이 몇 가지로 이 시기 문학의 중국 문학 발전 사상의 중요성을 충분히 설명할 수 있을 것입니다.

서공지　나 선생님의 견해에 대하여 저는 좀 더 보충을 해도 될 것 같습니다. 어떠한 학문을 연구하든지 깊이 파고들어 연구하게 되면 자연히 흥미와 즐거움이 생기게 될 것이며, 그 속에 간직하고 있는 특수한 매력을 발견할 수 있을 것입니다. 그래서 만약 위진남북조 문학을 연구해야 비로소 특수한 매력을 느끼게 된다라고 말한다면, 이런 말은 우리 몇몇끼리 해볼 수 있는 것이라서, 선진(先秦)이나 명청(明淸) 문학을 연구하는 사람들은 분명히 인정하려 하지 않을 것입니다. 위진남북조 문학의 특수성은 제가 생각하기에는 나름대로 얘기해 볼 만한 가치가 있다고 여깁니다. 총체적으로 볼 때, 저는 이는 중국 역사상에서 사상·학술·문화의 다원화가 가장 두드러진 시기라고 여깁니다. 다원화된 특색을 형성하게 된 까닭은 사회 각 방면 요소들의 종합적인 작용의 결과입니다. 거기에는 우선 그 시기 사회는 기본적으로 늘 분열 상태에 놓여 있으면서 전쟁이 빈번하고 조대(朝代)가 자주 바뀌어서 통치자들이 사상이나 문화 사업을 돌볼 힘이 없었던 것이지요. 정치 권력의 간섭이 비교적 적어지자, 사상 문화는 곧 자연적인 흐름에 내 맡기는 양상을 띠게 되어서 다원화되어 발전하는 현상이 나타나게 된 것입니다.

나종강　서 선생님께서 "다원화"로 개괄하신 것은 매우 적절합니다. 제가 여기기로는 그러한 다원화된 상황 가운데에서 가장 주의할 만하고, 또 가장 중요한 것이 바로 그것의 비공리성(非功利性)인데, 문학 그 자체로 돌아가려는 그 특성은 가장 중요한 특색입니다. 이것은 우리가 이 기간 문학사에 대한 평가와 관련이 있을 뿐 아니라, 우리 전체 중국 문학사의 발전과 변천 과정에 대한 기본적인 관점과도 관련이 있는 것입니다. 제 뜻은 중국 고대 문학의 발전 과정 가운데에서 우리가 어떤 것들을 긍정해야 하며 어떤 것들을 부정해야 하나 하는 것입니다. 대체적으로 말하면, 중국 문학의 발전에는 두 가지의 발전 "흐름"이 있습니다. 하나는 유가 사상의 영향을 받은 공리(功利)를 중시하거나 공리와 관련이 있는 문학이고, 둘째는 도가사상의 영향을 받은 비공리의 문학 혹은 정치 교화의 실용적인 목적을 벗어난 문학인데, 이 두개의 문학 흐름 가운데에서 우리가 어느 것을 긍정하고 어느 것을 부정하여야 하는가? 혹은 어느 것을 비교적 중시해야 하며 어느 것을 덜 중시할 것인가? 하는 것입니다. 우리가 과거에 문학사를 얘기하거나 문학사를 쓸 때에 일반적으로 유가 사상의 영향을 받은 문학을 문학 발전의 주류로 보고, 중국 문학의 정수(精髓)로 여기면서 도가 사상의 영향을 받은 비주류의 문학을 상대적으로 홀대하여 왔습니다. 저는 개인적으로 도가 사상의 영향을 받은 문학을 더욱 중시해야지, 유가 사상 이념의 영향을 받은 문학을 중시할 것이 아닌 것 같다고 여깁니다. 바꾸어 말하면, 중국 고대의 문학과 문학 비평에 대해서는, 제 생각에는 공리적인 것, 그리고 정통이라 여겨진 문학은 정수가 아니라고 여깁니다. 물론 이 가운데는 많은 복잡한 상황들이 있습니다. 예를 들어, 두보(杜甫) 같은 경우 그를 간단하게 공리를 중시한 작가나 혹은 정치 교화를 목적으로 한 작가라고 볼 수는 없습니다. 이 문제는 매우 복잡하므로 여기서 길고 복잡하게 얘기할 수가 없습니다.

서공지 나 선생님의 분석은 저로 하여금 위진 시대의 이단(異端)적인 문화 사조를 생각나게 합니다. 그 시기 현학(玄學)과 불학(佛學)의 흥성과 문인들 인생관의 괴이화(怪異化) · 극단화 등은 모두 이단적인 표현들입니다. 이단이 많을수록 그 영향이 미치는 범위도 더욱 커지며, 문화의 발전 공간도 더욱 커지는 것이어서, 비로소 우리가 볼 수 있는 매우 다채로운 위진남북조 문학을 형성하였던 것입니다. 저는 그 시기 전체 문학적인 성취가 특별히 높다라는 것이 아니라, 그 시기의 여러 작가의 문학적인 성취는 높고 낮음이 각기 다르지만 문학적인 개성은 뚜렷하고 두드러지지 않은 이가 없으며, 서로 간에 절대 유사한 법이 없다는 것입니다. 다른 조대에서는 예형(禰衡)과 같이 그런 광적이고 방자함, 도연명(陶淵明)처럼 그렇게 질박하고 자연스러움, 혜강(嵇康)처럼 그렇게 탕왕(湯王) · 무왕(武王)을 비난하고 주공(周公) · 공자(孔子)를 얕잡아 봄과 사령운(謝靈運) 같이 그렇게 조급하고 불안해하는 문인을 찾기가 쉽지 않습니다. 또 반악(潘岳)의 "간몰불이(乾沒不已 : 탐함에 끝이 없다)"라는 말만해도 가히 "절(絶 : 빼어나다)"이라고 할 만합니다. 바로 이러하기 때문에 이 시기의 대표적인 작품은 그 성질이나 면모가 지극히 독특합니다. 예를 들어, ≪세설신어(世說新語)≫ · ≪수신기(搜神記)≫ · <문부(文賦)> · ≪문심조룡(文心雕龍)≫ · ≪시품(詩品)≫ 등은 내용이나 형식을 막론하고 3천여 년의 중국 문학사상 그 전에 없었던 작품들일 뿐 아니라, 기본적으로는 그 뒤에도 다시없는 작품들이라 말할 수 있을 것입니다. 조조(曹操) 시의 웅혼비량(雄渾悲涼)함, 도연명 시의 평담자연(平淡自然), 현언시(玄言詩)의 "미언세심(微言洗心)"과 궁체시의 구구절절함 등은 중국 문학사상의 한 "극치"라 하여도 부끄러울 것이 없습니다. 요컨대, 그 시기의 문학은 전체 성취에 있어서는 다른 시기 보다 더 높다고 말할 수 없습니다만, 문학적인 개성 측면에서 보면 분명 가장 두드러지는 편에 속할 것입니다. 사실 이 시기의 문학이론도 개성 문제를 매우 강조합니다. 조비(曹丕)가 말한 "시부욕려(詩賦欲麗 : 시부는 아름다워야 한다)" 등의 "사과부동(四科不同 : 네 가지 문체는 다르다)"이란 말과, 육기(陸機)가 말한 "뽐내고자 하는 자는 호화로운 것을 좋아하고, 만족해 하는 자는 마땅함을 귀히 여겨서이며, 궁극까지를 표현하고자 하는 자는 협소하여 막힘이 없어야 할 것이며, 마음속의 생각을 모두 표현하고자하는 자는 오직 구속받고 구애됨이 없이 열려있어야 한다.(誇目者尙奢, 愜心者貴當, 言窮者無隘, 論達者唯曠.)"라는 말들은 모두 문학적인 개성을 발휘할 것에 뜻을 두고 있습니다. 개성의 발휘, 이 점은 이전 사람들에게 그다지 중시를 받지 못했습니다. 특히 유학(儒學)의 중용(中庸)의 도(道)의 전통이 뿌리 깊은 중국에서는 더욱 그렇습니다. 제 생각으로는 이 문학적 개성 문제를 위진남북조 시기 문학의 가장 중요한 특징으로 여겨 생각해 보아야 합니다. 만약 "특수한 매력"이라고 한다면, 제 생각에는 어쩌면 이점에 있을 것 같습니다. 그런데 어떻게 위진남북조의 문학이 두드러진 개성을 지니게 되었는가 하는 것은, 물론 이 시기에 우연히 성격이 특이하고 사상이 극단적인 사람들이 특별히 많이 나와서가 아니라, 그 시기 4백년이 중국 역사에 있어서 바로 유학이 가장 쇠미한 시기였던 것입니다. 유학은 예교(禮敎)를 근본으로 하여, "극기복례(克己

復禮"를 주장하고 "괴력난신(怪力亂神)"에 반대하고, 중용(中庸)을 제창하고 극단(極端)에 반대하는데, 유학의 쇠미는 왕왕 인성(人性)의 구속으로부터의 해방과 자유로운 발전을 의미하기도 합니다. 유학의 다른 한 쇠퇴기는 명말(明末)일 것입니다. 그러나 명말의 쇠미는 전 사회에 걸친 것이 아니고 시간도 비교적 짧고, 출현했던 성격이 괴이한 인물도 상대적으로 비교적 적었습니다. 위진남북조 시기 문인 가운데에 위해(危害)를 당하거나 혹은 좋지 못한 종말을 맞은 인물이 상당히 많았는데 아마도 중국 역사상 가장 많았을 것입니다. 그러나 원인은 대부분이 사회·정치적인 것으로 비문학적인 것이었습니다. 실제적으로 당시 문인들은 창작을 함에 있어서 금기시하는 것이 많지 않았습니다. 정치상의 금기는 특정 시기에 있었던 것인데, 예를 들어 조조(曹操)가 통치하던 시기, 위말(魏末)의 사마씨(司馬氏) 부자(父子)가 집정하던 시기에는 모두 문인들이 함부로 말하거나 행동하지 못했습니다. 여타 대부분의 시기는 별로 심하지 않았습니다. 동진(東晉) 시기 왕도(王導)는 바로 황제의 면전에서 예전에 사마씨가 왕위를 찬탈하고 정적(政敵)을 살육한 이야기를 거리낌 없이 하였습니다. 윤리 도덕상의 금기는 더욱 더 적어서 완적(阮籍)은 당시 정치를 논하거나 인물을 품평하고, "발언이 오묘하고 심원하지는(發言玄遠)" 못했으나, 문장 속에서 "예법 군자(禮法君子)"를 크게 욕했습니다. 위진 문인들은 대개 "임달(任達)"하였는데 방임광달(放任曠達)하고 자신들의 성정(性情)에 맞게 살려면, 전통적인 윤리 도덕과 유가의 예법에 대해서는 필연적으로 헌신짝 버리듯이 할 수밖에 없었습니다. 그래서 문인들은 말하고 싶은 대로 말을 하여 인성(人性)의 긍정적인 면, 부정적인 면,

밝은 면, 어두운 면, 선악(善惡)과 미추(美醜)에 대해서 모두 솔직하게 표현하여 거의 가식이 없었습니다. "임탄(任誕)"·"간오(簡傲)"·"검색(儉嗇)"·"분견(忿狷)"·"구극(仇隙)"·"우회(尤悔)"·"비루(紕漏)" 등의 반예교적인 언론과 극단적인 행동들을 모두 꾸밈없이 드러내었으며, 심지어는 부끄럽게 여기지 않고 자랑스럽게 여기기까지 하였습니다. 장한(張翰)의 유명한 말에는 "설령 내가 죽어 이름을 남긴다 해도 그것은 당장의 술 한 잔보다 못하다.(使我有身後名, 不如卽時一杯酒)"라고 했는데 이는 많은 문인들의 마음의 소리였습니다. 그들은 도덕이나 명예는 아주 가볍게 보았습니다. 그리고 이러한 것들은 문학 작품 가운데에 모두 반영되어서, 도연명은 "비록 죽은 후 이름이 남는다 해도, 사람의 일생은 또한 초목처럼 말라죽고 말 것. 죽은 후에 무엇을 알겠는가? 그러니 살아가면서 마음에 흡족한 것이 정말 좋은 것(雖有身後名, 一生亦枯槁. 死去何所知, 稱心固爲好)"(<음주(飮酒)>)이라 하였습니다. 오늘날의 연구자가, 위진남북조 문학을 어떻게 볼 것인가? 하는 여기 바로 이 한 출발점의 문제가 있습니다. 만약 도덕적인(특히 중국의 전통 도덕) 가치비판으로부터 출발한다면 위진 시기 문학의 가치는 그렇게 높지 않을 것이나, 만약 문학이 문인들의 정서를 솔직하게 나타내었는가로부터 출발한다면 이 시기의 문학은 의심할 바 없이 더욱 많은 중시를 받아야 할 것입니다. 여타 시기의 문학과 비교해보면 이 시기 문학은 아마도 가식이 비교적 적고 진실함이 더욱 더 많을 것입니다. 진실하기 때문에 문학적 개성 또한 더욱 뚜렷하고 두드러지는 것입니다.

나종강   저는 서 선생님의 관점에 매우 동의합니다. 문제의 핵심은 바로 거기에 있습니다. 송대(宋代) 이후 위진남북조 문학이 왜 늘 질시를 받고 폄하(貶下)당했는가는, 제가 생각하기에 한 중요한 원인이 그 당시에 이 시기 문학을 평가하는 데 있어서, 근거로 삼았던 기준이 바로 유가 사상이었습니다. 유가 사상에서 출발하여 이 시기 문학을 평가하여 "음란하다·방탕하다" 하며, 이 방면으로부터 폄하하였습니다. 수십 년 이래로 우리는 적지 않은 연구자들이 그런 관점으로 이 시기 문학을 폄하하여 왔습니다. 단지 유가 사상의 연속만은 아니고, 일종의 변종(變種)인데, 예를 들면 인민성·계급성·현실성 등을 기준으로 하는 분석의 방법을 더하였는데, 그러한 기준들 가운데에는 사실 유가 사상이 깃들어 있었습니다. 근 20년 이래로 왜 위진남북조 문학이 다시 중시되고, 갈수록 많은 사람이 이 시기 문학사에 대하여 관심은 느끼는가 하는데 대해서는, 제 생각으로 가장 근본적인 원인은 우리 연구자들이 공리(功利)를 목적으로 하던 문학 관념의 속박으로부터 어느 정도 벗어나서 사상이 다원화(多元化)되기 시작하여서, 문학 자체로 돌아가서 문학 자체의 특징을 중시하기 시작하였기 때문입니다. 왜 일본이나 대만 지역에서 지난 몇 십 년 동안 위진남북조 문학에 대한 연구를 중시해 왔는가 하는 점은, 제 생각에 근본적인 한 원인이 바로 그들은 공리치용(功利致用) 관념의 영향을 비교적 적게 받았기 때문일 뿐 입입니다. 문학의 매력은 제 생각으로 가장 주요한 것이 사람을 표현하는 것인데, 사람의 흉금·심미적인 기호를 표현해 내고, 사람의 개성과 기질을 표현해 내는 것입니다. 이 방면에 있어서, 건안(建安)의 비분강개하고 기세가 강하고, 난리에 관한 생각과 현언시(玄言詩)의 철리(哲理)가 풍부한 사고, 그리고 남조

(南朝)의 춘화추월(春花秋月) 등 이러한 것들은 대부분 개인적인 것에 속하는 것으로 정치 교화와는 거리가 비교적 먼 것들이어서 사람들에게 친근감을 느끼게 합니다. 예를 들면, 궁체시 같은 경우 문학 발전의 과정으로부터 보기만 한다면, 많은 긍정할 만한 것들이 있습니다. 대만(臺灣)의 학자 임문월(林文月)[29] 선생과 홍콩의 등사량(鄧仕樑)[30] 선생은 궁체시에 대해서 아주 훌륭한 연구를 하였습니다.

조도형 나 선생님의 말씀은 매우 일리가 있습니다. 지금 몇몇 사람들이 여기에 노력을 기울이고 있는데, 어쩌면 일종의 반발 심리일 텐데, 이것은 몇 100년 이래, 심지어 천년 이래로 사람들이 위진남북조 문학에 대하여 지나치게 경시해 온 것과 관계가 있을 것입니다. 한유(韓愈)의 <천사시(薦士詩)>로부터 진독수(陳獨秀)의 "선학(選學)의 요얼(選學妖孽)"라는 설에 이르기까지, 명·청 시대 사람들은 시문(詩文)을 논할 때에 늘 "문필진한(文必秦漢), 시필성당(詩必盛唐)"이라 했고, 동성파(桐城派)는 더욱 심했습니다. 우리가 ≪고문사류찬(古文辭類纂)≫을 보면, 선진(先秦)·양한(兩漢)의 문장이 있고, 당(唐) 이후의 문장은 있지만, 위진남북조의 문장은 극히 적습니다. 어떤 사물이나 현상이 극에 달하면 다시 반대 방향으로 진행되는 법, 어쩌면 이것이 또한 한 원인일 지도 모릅니다. 지금 사람들이 궁체시를 칭찬하는 것도 어쩌면 역시 이와 같은지 모릅니다. 사상면에서 보면 사람들이 "정치를 위해 봉사하는 것"을 강조할 때 위진남북조 문학은 대체로

---

29) 임문월(林文月), ≪중고문학논총(中古文學論叢)≫(대북 : 대안출판사(大安出版社), 1989).
30) 등사량(鄧仕樑)의 시가에 관련된 저서로는 ≪양진시론(兩晉詩論)≫(홍콩 : 중문대학출판사, 1972)과 ≪당송시풍 : 시가의 전통과 신변(唐宋詩風 : 詩歌的傳統與新變)≫(대북 : 대만서점(臺灣書店), 1998)이 있다.

중시 받을 수 없었으나, 예술적인 특성을 강조할 때 위진남북조 문학은 사람들의 찬사를 받게 되는데, 이것이 또 한 원인일 것입니다.

나종강 물론, 유가 사상의 영향·도가 사상의 영향이라고 하는 것은 큰 추세로 말하는 것입니다. 그 가운데는 많은 매우 복잡한 문제가 있는데, 그것들은 그 사이에 엇섞여 있지만, 전체적인 경향으로 보면 바로 공리이냐 비공리이냐, 정치 교화를 목적으로 하느냐 아니면 개인의 감정을 나타내느냐 입니다. 이러한 문제들은 파생되는 범위가 비교적 광범하고 비교적 복잡합니다. 문학이 무엇이냐? 문학은 어떤 점을 중시여기냐? 에 관해서, 저는 나름대로의 견해를 지니고 있지만, 여기서 상세하게 말할 수는 없습니다.

조도형 그렇지만, 이 문제도 전면적으로 보아야 합니다. 오랜 기간 동안 우리들은 한 가지 습관을 가지고 있는데, 바로 좋은 것은 모든 것이 다 좋다하여 모든 것을 긍정하고, 나쁜 것은 모두 다 나쁘다하여 완전히 부정하는 것입니다. 우리는 크게 손해본 것입니다. 몇 천 년 이래의 전통적인 견해에 대해서도 좀 분석을 해보았어야 될 것 같습니다. 설령 유가라 해도 마찬가지입니다. 공맹(孔孟)의 학설에 대하여 완전히 성현(聖賢)으로 받들면 당연히 안 될 것이지만 완전히 부정하여도 적절치 못합니다. 다시 말해서, 수천 년 이래로 사람들은 그래도 이지(理智)가 있었지, 완전히 맹목적으로 유가를 따라 달렸던 것은 아닙니다. 예를 들어, 현학은 철학에 있어서 공헌을 하였습니다만, 위진 사람들의 황당무계함과 방임은 취할 만한가요? 그렇지만 이러한 것들이 문학에 무슨 영향이 있는가는 아직 심도 깊은 토론은 없었던 것 같습니다. "궁체시"에 대한 평가도 연구할 만한 많은 문제가 있습니다. 예를 들어, "궁체시"의 출현은 양대(梁代) 사대부들의 향락 생활(≪안씨가훈(顔氏家訓), 섭무(涉務)≫에서 말한 것과 같은)과 얼마나 관계가 있는가와 같은 것을 잘 연구해보아야 할 것이며, 그것과 육조(六朝) 민가와는 무슨 관계가 있는가 또한 잘 연구해 보아야 합니다. 소강(蕭綱)과 같은 작가는 문학 예술상의 공헌은 부정하지 말아야 할 것 같지만, 그의 몇몇 시 가운데의 찌꺼기들은 또한 못 본 척 할 수는 없습니다. 최소한 <난동(孌童)> 같은 작품이 결코 무슨 좋은 작품일 수는 없겠지요? 지금 우리들 가운데 어떤 사람들은 문제를 토론하면 곧 극단으로 가기를 좋아하는 사람들이 있는데, "궁체시"에 대하여 다시 평가하여야 한다는 것은 분명 옳은 말입니다. 그런데 지금 어떤 사람들은 "궁체시"를 얘기하면서 ≪양서(梁書)·서치(徐摛)≫의 말에 상관없이 임의로 기간을 정하여, 심약(沈約)·구지(丘遲)를 모두 "궁체"로 보았으며, 심지어는 범운(范雲)마저도 궁체로 셈쳐 넣었는데, 사실 범운이 죽을 때에 소강은 아직 태어나지도 않았습니다. 만약 이렇게 "궁체"를 논한다면 아무 의의도 없습니다. 왜냐하면, 아무도 이들 작가를 부정한 적이 없었고, 궁체도 염시(艷詩)나 부녀(婦女)를 제재로 한 것과 동일시할 수는 없기 때문입니다.

4. 사료(史料)의 고증(考證) 및 정정(訂正)과 관념의 변화

약 진 근 100년의 학술 발전사로 보면 매번 학술 연구의 중대한 진전은 모두 자료의 발굴과 연구 관념의 변화와 직접적인 관계가 있었는데, 실제 그렇습니까?

조도형 근 100년 이래의 문학사 연구는 커다란 변화가 있었는데, 이는 모두들 함께 지켜보는 바입니다. 이러한 변화는 물론 새로운 자료의 발견 및 관념의 변화와 관련이 있습니다. 그러나, 구체적으로 위진남북조 문학에 있어서는 상황이 조금 다를 것 같습니다. 왜냐하면, 선진(先秦) 문학이나 당(唐) 이후의 문학과 상대적으로 말하면, 새로이 발견된 사료가 많지 않아서, 갑골문(甲骨文)·마왕퇴(馬王堆)·은작산(銀雀山)의 백서(帛書) 죽간(竹簡) 혹은 돈황권자(敦煌卷子)의 출현처럼 그렇게 사람들로 하여금 이목을 완전히 바꿔놓을 만한 것이 없기 때문입니다. 물론, 어떤 구체적인 문제에 있어서는 새로운 자료가 생겨서 변화가 있는 것도 있습니다. 예를 들어, 돈황에서 출토된 ≪세설신어(世說新語)≫ 잔권(殘卷) 및 돈황과 일본에서 나온 초본(抄本) ≪문선(文選)≫ 그리고 국내외 수장하고 있는 송본(宋本) ≪문선(文選)≫(예를 들어, 북송 잔본 이선(李善)의 주, 우무(尤袤) 간본 이선의 주, 대만에서 발견된 오신주(五臣注) 진팔랑본(陳八郞本), 일본과 한국이 소장하고 있는 조선(朝鮮) 간본(刊本) 오신주본(五臣注本), 한국(韓國) 규장각본(奎章閣本)의 육신주(六臣注) 등), 이것들의 발견은 많은 주목을 불러일으켜서, 몇몇 구체적인 문제에 대해서는 비교적 큰 추진 작용이 있었습니다. 그러나 위진남북조 전체로 보면 아직 커다란 변화를 가져왔다고 말할 수 없습니다. 몇 년 전 어떤 한 사람이 도연명의 <귀거래혜사(歸去來兮辭)>에 대해서 새로운 해석을 제기한 적이 있는데, 불교에 근원을 두고 있다고 했습니다. 이 문제는 제가 여기기에 어쩌면 큰 반향을 불러일으킬 수도 있었다고 생각합니다. 왜냐하면, 일설에 의하면 <귀거래사>의 그런 형식이 본래 불교 가운데 있는 형식인데다, 일본에 물증도 있다고 하니까요. 그러나 애석하게도 이 문제는 더 이상 토론되지 않았습니다. 그 설이 성립될 수 있었다면, 그러면 도연명에 대해서 뿐만 아니라 동진(東晉) 남조(南朝) 작가와 불교와의 관계에 대해서도 많은 연쇄 반응을 불러일으킬 수도 있었을 테니까요. 마땅히 인정해야 할 것은, 우리는 이 방면의 연구에 있어서 분명히 아직 매우 빈약하여서, 도연명뿐 아니라 심지어 불교와 관계가 더욱 밀접한 사령운(謝靈運)과 그의 작품이 도대체 불교와 얼마나 관련이 있는지에 대해서 우리는 아직 제대로 깊이 연구하지 못해 보고 있습니다. 제가 생각하기에 선진(先秦) 문학에 당륵(唐勒)의 부(賦)가 출현한 것과 양한(兩漢) 문학에 <신오부(神鳥賦)>가 출현한 것 같은 것은 사실 매우 중요합니다. 그래서 마땅히 그것들 가운데에서 많은 문제를 끌어내어 깊이 생각해 보아야 할 것입니다.

서공지   자료 방면에 있어서의 새로운 발견은 물론 중요합니다. 그러나 사실에 입각하여 말하면, 위진남북조 이 기간의 문학에 있어서 더 많은 새로운 자료를 발견하려 한다면, 어디에서 갑자기 조비(曹丕)의 《황람(皇覽)》이나 순욱(荀勗)의 《중경신부(中經新簿)》 같은 것이 발굴되면 모를까, 그것은 거의 불가능한 것입니다. 적은 양의 개별적인 새로운 발견은 국부적인 문제의 연구에는 큰 의미가 있을 수 있겠지만, 전 시대 문학 전체에 대한 영향은 그리 크지 않습니다. 그리고 보면, 관념의 변화가 더욱 중대한 의미를 지니는 것 같습니다.

조도형   서 선생님의 말씀이 매우 옳습니다. 만약 근 100년 이래로 위진남북조 문학의 연구에 큰 변화가 있었다고 한다면, 그것은 주로 역시 관념의 변화입니다. 예를 들어서, 위진의 "청담(淸談)"에 대해서, 예전 사람들은 대체로 "청담오국(淸談誤國)"이라고 욕하였지만, 사실 완전히 그러한 것만은 아니었습니다. "청담"은 사실 위진 현학에 대한 평가와 관련이 있습니다. 우리 선배 학자들은 위진 현학에 대한 연구에 있어서 많은 성과가 있었는데, 탕용동(湯用彤) 선생의 저작 같은 경우에는 청대학자들을 능가하는 것은 문제가 되지 않습니다. 그러나 현학이 문학에 대하여 도대체 무슨 영향이 있을까에 대해서는 우리들의 연구가 아직 부족한 것 같습니다. 또 남조 후기의 "궁체시"에 대해서 같은 경우, 우리는 오랫동안 줄곧 가치를 부정해왔습니다. 근년에 들어 상황에 변화가 생겨서 평가가 이전과 크게 달라졌지요. 여기에는 한 가지 중요한 문제가 있는데, 바로 유가 사상의 영향입니다. "현학"에 대한 부정이든지, "궁체시"에 대한 부정이든지 간에, 제가 보기에는 바로 유가 사상이 거기에 개입되었기 때문입니다. 이학(理學) 사상으로부터 보면 "현학"은 이단이며, "궁체시"는 "음란(淫亂)"이니, 무슨 긍정할 만한 게 있겠습니까? 오늘날 우리의 관념은 변했습니다. 그러한 낡은 틀은 버리고 새롭게 이러한 문제들을 살펴보아서, 바로 연구 궤도에 올려놓아야 할 것입니다. 제가 생각하기에는 관념의 변화에는 두 가지 내용이 담겨 있는데, 하나는 이론이고 다른 하나는 연구 범위입니다. 지금 우리는 관념의 변화를 제창하면서, 왕왕 전자만 이야기하고 후자는 이야기하지 않곤 합니다. 전자에 관해서 제가 생각하기에는 선진국의 새로운 학설을 들여오는 것도 크게 나쁠 것은 없습니다만, 분명하게 하여야 할 것이라고 여깁니다. 왜냐하면 그 외국이론들은 외국인들이 외국인들의 실제에 근거하여 제기한 것이기 때문입니다. 그 이론들을 파악하려면 먼저 그 본뜻을 이해해야 할 텐데, 만약 우리가 그 책의 원문을 이해하지 못한다면 그 이론이 생겨난 배경을 모르게 될 테니, 함부로 인용하는 것은 아무래도 그리 마음을 놓을 수 없습니다. 그러므로 외국어에 능하고 외국 상황에 밝은 사람이 그 새로운 방법들을 소개하고 사용하는 것은 물론 아주 좋은 일입니다. 그런데, 지금 상황에서는 우리 개개인이 외국어에 정통하지 못하고 외국의 역사와 문학사를 깊이 정확하게 알지 못하므로, 누구나 모두 쓰는 것이 아닙니다. 제가 생각하기에 마땅히 주의해야할 것은 오히려 연구 범위의 문제입니다. 저는 국외의 한학(漢學)에 대하여 많이 알지는 못하고, 그저 알고 있는 것만으로 몇몇 견해를 얘기해 볼까 합니다. 제가 느끼기에는 외국인이 중국의 문학과 역사를 연구할 때, 그 시야가 우리와 다릅니다. 언어학 방면으로 보면, 칼그렌(Karlgren) 등의 연구 성과는 사람들로 하여금 주목하게 하고, 중서(中西)의 교류사로 말하면, 펠리오(Paul Pelliot, 伯希和)[31]·등전풍팔(후지다 토요하찌, 藤田豊八)[32] 등 사람들도 훌륭한 업적이 있었습니다. 전하는 바에 의하면 국외 몇몇 학자들은 범어(梵語)를 알아서 영명(永明)의 성률(聲律)을 연구하는 문제에 있어서 매우 탁월한 면이

---

31) 폴·펠리오(Pelliot paul, 1878~1945)의 저서로 중국어로 번역된 것은 다음과 같은 것이 있다.
　　풍승균(馮承鈞) 역, ≪정화 하서양고(鄭和下西洋考)≫(상해 : 상무인서관, 1934) ; 풍승균 역, ≪교광 인도 양도고(交廣印度兩道考)≫(상해 : 상무인서관, 1934 : 대북 : 대만상무인서관, 1966) ; 풍승균 역, ≪몽고와 교정(敎廷)(蒙古與敎廷)≫(북경 : 중화서국, 1994).
32) 등전풍팔(후지다 토요하찌, 藤田豊八)의 저서로는 ≪동서양교섭사연구(東西交涉史硏究)≫(전2책)(동경 : 성문관(星文館), 1981)가 있다.

있다고 합니다. 그러한 문제에 있어서는, 저는 국외의 성과에 더욱 주목하여야 하지, 제자리 걸음하며 스스로 담을 쌓아서는 안 된다고 여깁니다. 물론, 선배 학자들은 이미 이 방면에 훌륭한 업적이 있었습니다. 예를 들어, 진인각(陳寅恪)·잠중면(岑仲勉) 등 선생님들은 모두 풍성한 성과가 있었습니다. 이 방면으로 말하자면, 우리 이 몇 10년은 어쩌면 정말 선배 학자들에게 좀 못 미칩니다. 물론, 제가 비교적 중시하는 것은 연구의 범위와 시야이지만, 제가 외국의 새로운 이론들을 받아들이는 것을 반대하는 것은 또한 아닙니다. 최소한 외국의 몇몇 학설들은 우리들을 일깨워 줍니다. 예를 들어서, 현재 문예 이론은 인간 사상의 복잡성을 비교적 강조하는데, 이점은 우리가 주목할 만합니다. 우리가 보면, 요즘 어떤 사람들이 고증을 하면서, 어떤 책의 어떤 논점들이 저자의 다른 한 저서에서와 같다고 하여서 같은 한 작가로부터 나왔다는 증거로 삼을 수 있다고 하고, 만약 차이가 있으면 한 작가가 쓴 것이 아니라는 증거로 여길 수 있다고 합니다. 이러한 방법에 대해서는 저는 늘 그 정확성이 의심스럽습니다. 왜냐하면, 같은 시대에 두 사람이 같은 관점을 가지는 것은 당연히 이상하게 여길 것이 없습니다. 그리고 한 사람이 전후 관점이 다른 것은 또 뭐 이상하게 여길 것이 있습니까? 저는 젊을 때 왕부지(王夫之)의 적지 않은 저서들을 보았는데, 그 가운데 부유한 상인과 거상(巨商)에 대한 태도가 ≪독통감론(讀通鑑論)≫과 ≪황서(黃書)≫에서 완전히 달랐습니다. 또 문체의 차이 같은 경우도 마찬가지입니다. 남제(南齊)의 육궐(陸厥)이 심약(沈約)과 성률(聲律)을 토론할 때 말하기를 <장문부(長門賦)>·<상림부(上林賦)>는 아마 한 사람이 지은 부(賦)가 아닐 것이고, <낙신부(洛神賦)>와 <지안부(池雁賦)>는 다른 두 체의 작품이다라고 했는데, 제가 보기에는 이 현상을 옛날 사람들이 일찌감치 이미 인식하였던 것입니다. 그러니 지금 우리가 만약 여전히 그런 방법으로 고증한다면 적절치 못할 것입니다.

약　진　근 100년 이래의 학술 발전을 통해 볼 때, 한 학자가 이 영역에서 성취를 얻으려면 사려가 깊고 배우기를 좋아하는 외에, 우선 또 어떤 기본적인 요소들을 갖추어야 합니까?

나종강　이 문제는 얘기하기가 그리 쉽지 않습니다. 이 시기의 문학 뿐 아니라, 전체 고대 문학을 연구하거나, 혹은 심지어 문학을 연구하는 경우 마땅히 어떠한 기질을 가져야 하느냐에 있어서 큰 방면은 비교적 비슷합니다. 고대의 문학을 연구하는 경우, 대체로 말해서 마땅히 문헌학적인 지식을 지녀야 하고, 자료를 수집하고 정리하고 가려낼 수 있어야 할 것이며, 역사 방면의 지식을 구비해야 할 것입니다. 그러나 제가 생각하기에 또 한 가지 매우 중요한 것이 있는데 그것은 바로 중국 문학의 발전에 대해서 비교적 뚜렷한 이해를 하고 있어야 합니다. 위진남북조만 알 것이 아니라, 이 시기 문학의 전과 후의 문학을 포괄하여 비교적 정확한 이해가 있어야 합니다. 우리의 지금 연구는 한 가지 문제점이 있는데, 바로 한 작가를 연구하면서 주변의 여타 작가를 이해하지 않는 것이며, 한 책을 연구하면서 그 주변의 창작 환경을 이해하지 않는 것이며, 한 시기의 문학을 연구하면서 그 시기 문학의 근원과 유변(流變)을 이해하지 않는 것입니다. 이것은 어쩌면 전통적인 관습과 관계가 있을 텐데, 특히 50년대 이후의 교육은 소련의 모식(模式)과 관련이 있습니다. 우리 대학의 고대 문학 교육은 50년대 이후로 전공을 매우 세분하였습니다. 선진(先秦)을 가르치는 사람은 양한(兩漢)을 가르치지 않고, 양한을 가르치는 사람은 당대(唐代)를 가르치지 않고, 당대를 가르치는 사람은 명대(明代)를 가르치지 않게 되었습니다. 제가 작년에 박사반 학생을 모집했을 때 어떤 수험생은 선진·양한의 문제에 대해서는 아주 훌륭하게 답하였습니다만, 송원(宋元) 이후의 문제에 대해서는 예상외로 한 문제도 답하지 못했습니다. 이렇게 되는 것은 문제입니다. 우리가 어떻게 학생들을 훈련시켜야 하겠습니까? 한 시기나 한 작가 혹은 한 작품을 가지고 연구하여서는 깊이 들어갈 수도 없고 또 문제를 확실히 설명하는 것이 어려울 것입니다. 트인 시야를 지녀야 할 것이며, 비교적 폭넓은 학식을 쌓아야 합니다. 물론 전통적으로 학문을 하는 입장에서 보면 한사람이 한 책을 한 평생 동안 연구한다고 해도 당연히 안 될 것은 없습니다. 우리 지금도 어떤 학자들은 이러한 전통을 이어받아서 한 책을 연구하기를 수십 년을 그 책만 연구하고, 심지어는 단지 그 책의 고주(校註)만 하기를 한 평생을 할 수도 있겠지만, 그 책에서 이야기하는 것이 무엇인지, 그 책이 안고 있는 문제, 그 안의 깊은 의미는 사실 잘 모르고서 다만 그 책의 교감(校勘)·주해(註解) 그리고 그 책의 교감을 위해서 수집한 자료에다 노력을 기울입니다. 비록 이런 일을 아주 훌륭하게 할 수는 있겠지만, 저는 아무리 생각해도 그러한 연구는 공헌이 높지는 않다고 여깁니다. 왜냐하면, 그런 학문 방법은 널리 보급하기에 맞지 않기 때문입니다. 한 책을 수십 년 간 연구하면서 교감 작업을 하고, 주해를 달거나 혹은 관련 자료의 수집에 몰두하면서, 그것들 외에는 아무것도 모르고 그 책에서 무엇을 말하고 있는지

조차도 별로 관심을 두지 않는다면, 그러한 연구 방법은 단지 한 가지 조건만 갖추게 되면 즉 세심하고 인내심을 가지고 포기하지 않고 꾸준히 하여 시간을 들인다면 중등 이상의 인재이면 누구든지 다 해낼 수 있습니다. 위진남북조 문학 방면에서의 연구는 비교적 큰 진전이 요구되므로, 연구자는 반드시 중국과 서양 학문에 모두 능하여야 해서, 깊고 두터운 국학의 기초를 구비하여야 할 뿐 아니라, 폭넓은 지식을 지니고 트인 시야를 가져야만 합니다. 물론, 한 사람이 선진부터 근대 문학의 발전에 이르기까지 모두 정통하기를 바라는 것은 안 될 일입니다. 그러나 그가 어느 부분을 연구하면 전후좌우로 모두 조금은 이해하여야 합니다.

조도형 만약 아는 분야가 너무 협소하면 한쪽으로 치우치기 쉽습니다. 예로, 근래 어떤 사람이 양무제(梁武帝)의 출신을 이야기하면서 "명문가 출신 : (출신고문(出身高門))"이라고 하였습니다. 그의 근거는 ≪양서(梁書)≫이었는데, 기껏해야 ≪남제서(南齊書)≫를 더 참고하였을 텐데, 사실 ≪남제서≫·≪양서≫에서 제(齊)와 양(梁) 양대(兩代)의 가문을 서술한 것은 잘못된 것으로, 이연수(李延壽)가 ≪남사(南史)≫에서 이미 안사고(顏師古)의 설을 인용하여 비평하였습니다. 제가 생각하기에, 제량(齊梁)의 가세(家世)를 연구하면서, 만약 ≪남사≫도 보지 않는다면 또 어떻게 과학적인 결론을 얻을 수 있겠습니까? 또 예를 들면, 최근에 어떤 사람이 글을 썼는데 동진(東晉)의 위(僞) ≪고문상서(古文尚書)≫를 인용하였는데, 작자도 위 ≪고문상서≫가 문제가 있다는 것을 알면서, 몇몇 이유를 들어서 그 책이 위서(僞書)가 아니라고 증명하려 했습니다. 그 가운데 한 조목은 진몽가(陳夢家) 선생의 ≪상서통론(尚書通論)≫33) 중의 견해에 근거하여, 이른바 위(僞) ≪공전(孔傳)≫이라고 하는 것은 동진의 공안국(孔安國)이 쓴 것이지 서한(西漢)의 공안국(孔安國)이 쓴 것이 아니라고 여겼습니다. 이러한 견해들은 사실 역사 사실(史實)에 맞지 않습니다. 왜냐하면, 위 ≪고문상서≫는 바로 매색(梅賾)이 바친 것이기 때문입니다. ≪세설신어(世說新語), 방정(方正)≫편과 유효표(劉孝標)의 주에 의하면, 매색이라는 사람은 도간(陶侃)과 동시대 사람인데, 도간은 진성제(晋成帝)의 함화(咸和) 9년(334)에 죽었는데, 매색과 그는 차이가 그렇게 크게 나지 않을 것입니다. 그런데 공안국은 진안제(晋安帝) 의희(義熙) 4년에 죽었으니 활동 시기가 주로 효제(孝帝)의 재위 시기 이후입니다. 그러니 매색이 어떻게 그보다 몇 10살이나 적은 사람의 책을 바칠 수 있겠습니까? 또 어떤 사람은 저에게 건의하기를 하손(何遜)의 죽은 해를 양무제(梁武帝) 보통(普通) 5년(524)으로 바꾸어볼 수 없느냐고 하였습니다. 사실 그것은 완전히 불가능한 것입니다. 왜냐하면, ≪양서(梁書)·하손전(何遜傳)≫에 하손이 죽은 후에 왕승유(王僧孺)가 그를 위해 유집(遺集)을 편집한 일을 분명히 말하였고, 같은 책에 의하면 왕승유는 보통(普通) 3년(≪남사(南史)≫는 2년이라고 함)에 죽었는데, 하손이 어떻게 왕승유의 뒤에 죽을 수 있겠습니까? 이러한 문제들은 보기에는 작은 실수 같지만, 사실 우리가 문제를 연구하는 데 영향을 미치는데, 우리는 자료를 완전히 파악하여야 하며, 최대한 완전한 자료를 손에 넣고 파악하여야 비교적 사실에 근접한 결론을 얻을 수 있습니다. 또한 자료를 충분히 파악한 후에

---

33) 진몽가(陳夢家), ≪상서통론(尚書通論)≫(북경 : 중화서국, 1985).

야 비교적 중요한 문제들을 발견할 수 있게 됩니다. 저는 어릴 때 ≪한서(漢書)≫를 읽으면서 늘 문제를 제기 할 수 없다고 여겼는데, 그때 동비승(童丕繩) 선생님께서 말씀하시기를 "자네가 깊이 들어가면 문제는 자연히 있게 마련이네, 깊이 들어가지 않는데 어떻게 문제를 발견할 수 있겠는가(你深入下去, 問題自然就有了. 不深入下去, 哪會發現問題.)"라고 하셨습니다. 이는 매우 일리 있는 말씀이었습니다. 제 생각에는 위진남북조 문학사 방면에 우리가 깊이 연구하고 발견해야 할 문제가 여전히 아주 많이 있습니다. 비록 기존의 자료가 그다지 많은 셈이 아니지만, 설령 익숙한 자료라고 해도 다시 깊이 사고를 해보면 온고지신(溫故知新)할 수 없는 것도 아닙니다. 어떤 때에는 한 조그만 문제가 비교적 거시적인 견해를 끌어낼 수도 있습니다. 제가 진인각(陳寅恪), 전종서(錢鐘書) 등 선배들을 보면, 왕왕 한 조그만 문제를 해결하는 데에서 착수하여서 큰 문제를 제기하곤 했습니다. 그분들의 학식에는 우리가 이르기 매우 어렵겠지만, 열심히 배워야 할 것입니다.

약 진　　시야가 트이고 아는 것이 폭넓고, 이러한 것은 모두 우수한 학자들이 학문을 하는 데에서 드러나는 품격(品格)입니다. 두 분 선생님께서 잘 말씀해 주셨습니다. 조 선생님께서는 작은 문제에서 출발하여 거시적인 문제를 끌어내는 문제를 언급하셨는데, 그것은 또 거시·미시의 문제에 미치게 됩니다. 서공지 선생께서는 근 10년 동안 ≪문학유산≫을 맡아오시면서, 이들 문제에 대하여 몇 차례의 큰 학술 토론을 마련하신 적이 있으십니다. 이에 대해서 학계(學界)는 여전히 기억이 새롭습니다. 어떤 이는 그 오랫동안 없었던 학술 관념에 대한 대토론이 문학 연구의 발전을 크게 추진시켰다고 여기지만, 어떤 이는 거시적인 문학 연구를 "공소한 학문(空疏之學)"이라고 여깁니다. 선생님께서 중요한 이 문제들에 대해 다시 한번 선생님의 견해를 밝혀주실 수 있으시겠습니까?

서공지　"미시적인 안목의 기초 위에서의 거시적 안목과, 거시적인 안목의 방침 하에서의 미시적인 안목(在微觀基礎上的宏觀, 在宏觀指導下的微觀)"이라는 이 말은 이미 오래된 케케묵은 말이 되었습니다. 그렇지만 제가 생각하기에 우수한 연구자라면 모두 양자의 관계를 잘 처리할 것입니다. 노신이 집교(輯校)한 《고소설구침(古小說鉤沈)》34)은 미시적인 연구입니다만, 그가 나중에 《중국소설사략(中國小說史略)》35)을 편찬한 것은 거시적인 영역으로 들어선 것입니다. 물론 사람은 각기 자신의 능력과 흥미, 그리고 사고의 특징에 따라서 연구 과제의 선택에 있어서 치우치는 바가 있을 수는 있을 것입니다. 어떤 사람은 이론 성향이 강하고 포괄 범위가 넓은 거시적인 연구를 하는 것을 좋아하고, 어떤 사람은 자료적인 가치가 크고, 범위가 상대적으로 좁은 미시적인 연구를 하는 것을 좋아하는데, 모두 나쁠 것은 없습니다. 사실상, 한 사람이 "만능형"일 수는 없습니다. 연구 작업에 있어 편애하는 것이 있으면 자신의 특기를 발휘하는 데 더욱 유리하여, 서로 간에 단점을 보완할 수 있게 해줍니다. 한 학문의 발전 필요성으로 말하면, 여러 사람이 다른 각도로 다른 유형의 연구를 하는 것을 환영해야 할 것입니다. 이 이치는 말하자면

---

34) 노신(魯迅), 《고소설구침(古小說鉤沈)》(북경 : 인민문학출판사, 1951 ; 상해고적출판사, 1993 ; 제남(濟南) : 제로서사(齊魯書社), 1997).
35) 노신(魯迅), 《중국소설사략(中國小說史略)》(북경 : 인민문학출판사, 1952).

아주 단순하지만 어떤 사람들은 여전히 잘 이해하지 못합니다. 어떤 사람들은 거시적 안목의 문학 연구를 "공소한 학문(空疏之學)"이라고 여기는 것이 바로 한 예입니다. 일반 자연 과학이나 사회 과학에 모두 거시 경제학·거시 물리학 등과 같은 거시·미시의 구분이 있다는 것을 알아야 할 것입니다, 아인슈타인의 상대성 이론은 바로 전형적인 거시 물리학 이론인데, 그것은 "공소하다"고 할 수 있겠습니까? 오늘날 세계의 어느 나라든 정책 결정권자는 만약 거시경제학을 잘 운용하지 못하면 곧바로 그 나라 경제를 곤경에 빠뜨리게 될 것이며, 심지어는 재난이 일어나게 할 수도 있습니다. 거시적인 안목의 문학 연구는 문학의 발생과 발전, 그리고 그것의 성질과 존재 양태와 같은 가장 기본적인 특징과 규율을 연구하는 학문입니다. 그러므로 없어서는 안 될 학문입니다. 사실 문학사의 연구는 한마디로 말하면 바로 문학의 거시적인 연구의 일종입니다. 한 문학사가 만약 전체를 아울러 보지 못하고 문학의 발생과 발전의 변천 규율을 밝혀 기술한다면 좋은 문학사라고 할 수 있겠습니까? 몇 년 전부터 어떤 사람이 "거시 문학사 연구(宏觀文學史研究)"라는 수업을 개설했는데, 저는 조금 우습다고 생각합니다. 왜냐하면, 문학사 자체가 바로 거시적인 것이어야 하는 것이니까요, 설마하니 또 "미시 문학사"가 있겠습니까? 저는 문학 연구에 있어서 관념을 바꾸어야 한다는 것을 특별히 강조하는데, 그 이유가 바로 여기에 있습니다.

약 진 위진남북조 문학 연구에 있어서 획기적인 진전을 얻으려고 하면, 어느 날 보기 힘든 자료를 발견하기를 기대한다는 것은 매우 어려울 것 같으니, 관념 면에 노력을 기울여야 할 것입니다.

문제는 모두들 위진남북조 문학 연구에 관한 사료에 한계가 있다고 하는 것입니다. 그렇지만 많은 자료들, 특히 종교 방면의 사료는 아직 충분하게 중시하고 이용하지 못하고 있는데, 그 이유가 어디에 있습니까? 지금 기존의 관련 연구를 통해 보면, 몇몇 연구자들은 비록 이들 자료를 이용하려고 시도하기 시작했지만, 아무래도 발이 가려운데 구두 위를 긁는 듯한 느낌을 주거나, 혹은 바로 문학사와 종교사나 철학사를 한데 합쳐놓은 것일 뿐입니다. 우리는 이러한 문제를 제기해볼 수밖에 없는데, 즉, 이 자료들은 위진남북조 문학 연구에 대해 도대체 어떠한 가치를 지니고 있나? 하는 것입니다.

서공지 제기하신 문제는 매우 일리가 있습니다. 종교와 문학의 관계는 위진남북조 시기 문학의 대과제로, 과거에 소수 사람들이 관심을 보였는데, 근년에 와서 몇몇 우수한 논문들을 본 적이 있습니다. ≪문학유산≫에도 몇 편을 실은 적이 있는데, 독자들의 시야를 적잖게 열어 주었습니다. 이제 막 걸음을 떼는 단계라 연구 방면이 아직 좁고 체계성도 부족하여 여전히 많은 노력을 기울여야 합니다. 또 현학(玄學)과 문학은 비록 진부한 과제지만 과거에는 주로 현언시(玄言詩)만 얘기하였을 뿐이며 현언시에 대해서는 또 간화(簡化)해버린 견해가 있으므로 이 문제도 마땅히 한 걸음 더 나아가서 연구하여 그 안의 더욱 광범하고 깊은 함의를 밝혀내어야 할 것입니다. 이밖에 문학 형식의 발전·장르의 유변(流變)에 관한 연구는 과거에 "형식주의"에 대한 인식의 오류 탓으로 역시 매우 빈약합니다.

조도형 제가 보기에는 불교와 도교 전적(典籍)의 문제는 사실 한 연구자의 지식 영역의 문제입니다. 지금 우리 몇몇 연구자들은 지식 영역이 때로는 아주 좁기도 합니다. 이 문제에 있어서 저 자신도 선배 학자들에 비해서 많이 뒤떨어진다고 여깁니다. 지식 영역이 좁으면 문제를 고려하는 시야가 좁아지니, 인식은 깊을 수가 없습니다. 사실 이 문제는 종교에 국한 된 것이 아니라, 역사학·경학(經學)·문자학·사상사 등 같은 것을 만약 비교적 깊이 이해할 수 있다면 문학 사상의 문제를 해결하는 데 도움이 될 것입니다. 지금 어떤 학자들은 여기에 대해서 그다지 중요시하지 않는 것 같습니다. 예를 들어, 몇 년 전에 어떤 사람이 논문을 써서 동진의 위 ≪고문상서≫의 진위(眞僞)를 논하면서, 추측하여 말하기를 "삼국(三國)의 위(魏)나라 때의 "삼체석경(三體石經)" 가운데에는 ≪상서(尙書)≫의 위편(僞篇)이 있었을 것이다"라고 했는데, "삼체석경"은 지금 거의 전부가 없어졌습니다. 그래서 우리는 물론 이 설(說)이 맞는지 틀렸는지를 증명할 방법이 없습니다. 그렇지만, 저자가 이왕 ≪상서≫를 토론한다면, ≪좌전(左傳)≫은 반드시 보아야 했을 것입니다. 예를 들어, 두예(杜預)의 ≪좌전주(左傳注)≫는 ≪좌전≫이 인용한 ≪상서≫ 위편(僞篇)의 문자를 만나면, 왕왕 "일서(逸書)"라고 주를 달았습니다(예를 들어, 장공(莊公) 8년 부분에 <하서(夏書)>에 보이는 <대우모(大禹謨)>를 인용하고, 희공(僖公) 5년 부분에 <주서(周書)>에 보이는 <채중지명(蔡仲之命)>·<군진(君陳)>과 <여오(旅獒)>를 인용하고 모두 "일서(逸書)"라고 하였다). 이로부터 이러한 편들을 두예가 모두 보지 못했음을 알 수 있습니다. 두예는 63세까지 살고 44년을 위(魏) 나라에서 살았는데, 그가 어떻게 "삼체석경"의 내용을 모를 수 있겠습니까? 만약 알았다면, 그러면 "일서"라고 말한 것이 바로 "삼체석경"에 위편(僞篇)이 없음을 설명하는 것이 아니겠습니까? 이것은 물론 너무 극단적인 예입니다. 또 어떤 사람들은 문학이외의 어떤 학설에 주의를 합니다만, 인용하여 증명하려 할 때 더 깊이 연구하지를 않습니다. 예로, 어떤 사람이 ≪설문(說文)≫의 "겸은 병이다. 우를 따르며 벼를 잡고 있는 것을 따르는데 두 개의 벼를 잡고 있는 것이다.(兼, 并也, 從又持秝, 兼持二禾.)"라는 것을 인용하고는 이 해설에는 평등의 뜻이 들어 있다고 했습니다. 그렇지만 사실, "손에 두 개의 벼를 잡고 있는(手持二禾)" 것이 평등과 무슨 관계가 있습니까? 그것은 명백하게 자신의 생각을 옛날 사람에게 억지로 부여한 것이지요. 그래서 시야를 확대해야 한다는 것은 결코 간단하게 문학 이외의 전적(典籍)들 가운데로부터 자신의 논점에 유리한 자료를 찾아서는 안 되고, 원서 본래의 의미를 제대로 알아야 합니다. 저는 일찍이 한 독자를 만난 적이 있는데, 한 문학사의 원고를 보고는 제게 말하기를 : "이 책에서는 사상사에서 늘 보던 견해들을 문학사로 옮겨다 놓았습니다만, 이렇게 한다고 해서 곧 문학사의 수준을 끌어올릴 수 있다는 것은 아니겠지요?"라고 했습니다. 제가 생각하기에는 그러한 방법은 분명 일을 해결하는데 도움이 되지 않습니다. 이른바 "장화를 신은 채 가려운 곳을 긁는다(隔靴搔癢)"는 것이 대략 바로 이러한 것을 말하는 것입니다. 저는 문학사를 연구하는 사람이 사상사와 문학사의 관계에 주의하는 것은 아주 필요한 것이라 여깁니다. 그렇지만, 그러한 문제들을 기왕 연구하는 바에는 사상사에 대하여 정말 한번 노력을 기울여야 합니다. 만약 단지 수박 겉핥는 식으로 남이 쓴 사상사 개론 몇 권으로부터 얼마간의 내용들을 옮겨 적는 것이라면, 그것은 문제를 해결할 수 없습니다.

나종강　저는 조 선생님의 견해에 동의합니다. 이것은 종교 방면의 사료만이 잘 연구되고 이용되지 않았을 뿐 아니라 다른 사료의 이용도 역시 문제입니다. 예를 들어, 위진 시기에 남겨진 사료는 많지 않은 데다가, 진위를 구분하기가 어렵습니다. 정사(正史) 안에는 소설가(小說家)의 말이 많이 섞여 있는데, 그 소설가들의 말은 어떤 것이 진짜이고 어떤 것이 거짓인지, 지금 상당 부분은 고증할 방법이 없습니다. 예를 들어 혜강(嵇康)에 관한 자료는 소설가의 말에서 나온 것이 적지 않습니다. 예를 들어, 혜강의 죽음에 대하여 지금 많은 논쟁이 있는데, 왜 그렇게 많은 의견 차이가 있겠습니까? 관건은 사료인데, 어떤 사료는 판단하기가 매우 힘들어서, 앞으로 새로운 고고학적인 발견이 있지 않는 한은 비교적 확실한 답을 얻기가 아주 어렵습니다. 조 선생님께서 든 예가 매우 설득력이 있으므로, 저는 여기서 더 자세히는 얘기하지 않겠습니다.

약　진　그러면, 두 분 선생님께서는 불교와 도교 방면의 사료 문제는 어떻게 보십니까?

조도형　불교와 도교를 얘기하자면 상황은 좀 더 복잡해집니다. 우리 세대는 학풍에 있어서 얼마간 청대(淸代) 사람들의 영향을 받게 마련입니다. 청대 학자들이 학문을 하는 방법은 적지 않은 장점이 있지만 한계도 있습니다. 우리가 청대 고증학의 대가이신 대진(戴震)의 저작을 한번 보면, 그 가운데에는 불교를 배척하는 사상이 아주 뚜렷한데, 이는 몇몇 사람들에게 영향을 끼쳤습니다. 예를 들어 말하면, 청대 탕구(湯球)는 진사(晉史)의 연구 방면에 많은 성취를 거두었지만, 한 가지 문제가 있었는데, 바로 불교 전적(典籍)은 읽지 않는 것이었습니다. 예를 들어, 그의 ≪십

륙국춘추집보(十六國春秋輯補)≫는 자료를 수집한 것이 매우 풍부
하지만 선진(先秦)의 조정(趙整)을 얘기할 때에 그는 전해지던
≪십륙국춘추(十六國春秋)≫(이 책은 두 가지 판본이 있는데, 그중 한 가
지는 진위의 논란이 있다) 가운데의 조정의 전기(傳記) 한편이 어느
책에서 나온 것인지 몰랐습니다. 사실, 그 전기의 글은 그저 혜
교(慧皎)의 ≪고승전(高僧傳)≫에서 나온 것일 뿐입니다. 탕구 같
이 박학한 사람이 ≪고승전≫을 읽은 적이 없다는 것은 대체로
청대 사람들이 불교·도교를 배척한 것과 상관이 있습니다. 더
구체적으로 우리 자신으로 말해 보면, 또 하나의 원인이 있는
데, 그것은 바로 우리가 문사(文史)의 연구 작업에 종사할 때 꼭
몇몇 목록학(目錄學)의 책을 읽게 됩니다. 그러나 대체로 우리는
보통 두 책을 중요시하는데, 하나는 ≪사고전서총목제요(庫全書
總目提要)≫36)이고 하나는 ≪서목답문(書目答問)≫37)인데, 이 두
책은 기본적으로 불교와 도교에 관한 전적은 언급하지 않습니
다. 그런데 우리는 책을 읽을 때 왕왕 이 두 책의 목록으로부
터 읽을 책을 선택합니다. 더욱이 "5·4" 이래로 우리는 종교
에 대해서 호감을 가지고 있지 않기 때문에 거의 주의를 기울
이지 않아 왔습니다. 저 개인으로 말하면, 문학사를 연구할 때
에 제 자신이 이 방면에 부족하다는 것을 분명히 느꼈습니다.
예를 들면, 19년 전에 제가 ≪강엄집(江淹集)≫의 전주(箋註)를 달
까 하여 명대(明代)의 호지기(胡之驥)의 주38)를 보니 그 책은 결점

---

36) 청 영용(永瑢)등 편, ≪사고전서총목(庫全書總目)≫(2책)(북경 : 중화서국, 1965 ; 1992).
37) 청 장지동(張之洞), ≪서목답문(書目答問)≫(대북 : 대만상무인서관, 1978). 이 책의 보정
    본으로 범희증(范希曾) 편, ≪서목답문보정(書目答問補正)≫(상해 : 상해고적출판사, 1983 ;
    1986)이 유용하다.
38) 명(明) 호지기(胡之驥) 주, 이장로(李長路)·조위(趙威) 점교(點校), ≪강문통집휘주(江文通

이 적지 않아서 전고(典故)와 훈고(訓詁) 방면에 있어서 많은 부분을 완전히 그를 뛰어넘을 수 있겠다고 여겼습니다. 그런데 한 가지 문제가 있었는데, 그것은 바로 그는 불학(佛學)을 좀 이해하고 있었는데, 저는 완전히 모른다는 것입니다. 또 사령운(謝靈運)·심약(沈約)·유협(劉勰) 등 같은 사람들은 모두 불교의 영향을 받았지만 저는 깊이 연구할 용기가 없었습니다. 저 개인의 체험으로 말하자면, 불교와 도교 전적은 비록 매우 중요하긴 하지만 어려움이 많습니다. 불경 자체만으로도 매우 심오한데다 한 불장(佛藏, 적사장(磧沙藏)이나 일본의 대정장(大正藏)을 막론하고)이 모두 그렇게 방대하고 번잡하여서, 저는 정말 어디에서부터 손을 써야할 지 몰랐습니다. 이 문제는 개론서 몇 권을 읽어서 해결할 수 있는 문제가 아닙니다. 왕원화(王元化) 선생이 예전에 불경을 연구하려고 하여 일부러 웅십력(熊十力) 선생께 가서 가르침을 청했습니다. 왕원화 선생의 철학 수준으로도 일부러 대가에게 가르침을 청해야 했는데, 우리들은 말할 것도 없지요. 요즘 어떤 학자들은 개론서 몇 권 읽고, 혹 아니면 불경을 조금 읽고서는 이 분야에서 의견을 발표하려고 하는데, 그렇게 되면 당연히 "격화소양(隔靴搔癢)하는" 격이 되기 쉽습니다.

나종강 위진남북조 문학의 자료가 불교과 도교의 문학에 대한 영향 문제와 관련된다는 문제에 있어서, 저도 조 선생의 의견과 비슷하며 역시 어려움이 비교적 많다고 여깁니다. 지금의 연구로 보면, 불교의 문학에 대한 영향을 말하는 경우 대부분 문인과 고승(高僧) 간의 교유나 불경의 몇몇 단어에 머물러 있습니다.

集彙注)≫(북경 : 중화서국, 1984 ; 1999).

이러한 측면에서 불교의 문학에 대한 영향을 논의한다면, 제가 보기엔 단지 피상적인 문제밖에 안 됩니다. 어떠한 외래 문화든 중국에 대한 영향은 우선은 단어의 차용에 있었습니다. 이들 단어의 유입은 생활의 모든 측면에 나타나게 되는데, 그러한 것들을 문학에 대한 영향이라 할 수 있을지 없을지, 저는 매우 어렵다고 봅니다. 예를 들어서, ≪문심조룡≫의 연구 같은 경우, 많은 사람들이 유협이 불교의 영향을 받았다고 말합니다. 예를 들어, ≪문심조룡≫의 "도(道)"와 같은 경우, 그 가운데 불교 어휘가 있는 문제나, 심지어 어떤 사람들은 육조의 기려(綺麗)한 문풍(文風) 역시 불경 번역의 영향을 받아서라고 말하는데, 이런 견해가 성립되느냐 아니냐는 어휘학을 연구해 보아야 하는데, 깊은 연구가 없이는 결론을 내리기가 매우 어렵습니다. 육조의 기미(綺靡)한 문풍이란 것은 세 가지 측면의 내용을 포함할 따름인데, 첫째는 기려(綺麗)한 어휘이고, 둘째는 성률(聲律)이며, 셋째는 유약(柔弱)한 정서입니다. 기려한 어휘만 가지고 얘기하면, 우리는 어떤 어휘는 불경(佛經) 이외에 중국 문학 자체 내에 있던 것이며, 어떤 것이 중국 본토에는 없던 것인데 불전(佛典)의 번역과정에서 번역되어 들어온 것인가를 분명히 하여야 합니다. 그 어휘사의 발전 변화의 상황을 잘 파악하여야 그러한 단정을 내릴 수 있습니다. 만약 단지 한 인상에만 의거해서 불경의 번역이 문학 창작에 많은 기려한 어휘를 보태었다고만 한다면, 그것으로는 사람을 설득시킬 수 없습니다. 석도안(釋道安)이 <육십이문경서(六十二門經序)>를 지어 말하기를 "천축의 옛 글은 글이 통창하고 질을 숭상한다(天竺古文, 文通尚質)."라고 하였습니다. 만약 기려한 문풍으로 불경을 번역하게 되었다면, 불경을 번역하는 풍조를 바꾸어버린 것이 되니, 이는 불경을 번역하는 본래의 풍격에 맞지 않습니다. 만약 이 논법이 성립된다면, 어떻게 육조의 기려한 문풍이 불전을 번역하는 과정에서 생겨난 것이라고 말할 수 있겠습니까? 저는 불교의 영향이 분명 있었다고 생각합니다. 그러나 관건은 우리가 어떻게 그것을 판단하느냐 하는 것입니다. 제가 생각하기에는 불교의 중국 문학에 대한 가장 주요한 영향은 지식인들의 삶의 취향·삶의 이상·생활의 정취·심리 상태 등을 바꾼 것으로, 이러한 측면들이 가장 중요합니다. 왜냐하면, 이러한 측면들은 그들의 문학 창작과 문학의 경지, 문학 작품 중에 표현하는 의리(義理) 등에 직접 영향을 미치기 때문입니다. 그러므로, 우리는 불교가 지식인들의 마음가짐에 대하여 끼친 영향을 더욱 깊이 연구하여야 할 것입니다. 이것이 한 가지 측면이고, 다른 한 측면으로는 불교의 사상·불교의 사유 방식이 어떻게 중국 지식인의 사유 영역 안으로 들어왔으며, 중국 지식인들의 사유 습관을 바꾸어 놓았나 하는 것입니다. 이러한 것들은 모두 깊이 파고들어 연구하여야 하며, 이러한 연구들은 모두 큰 어려움을 지니고 있습니다. 특히 불교와 현학이 융합되고 나서, 이러한 연구는 더욱더 어려워졌습니다. 왜냐하면, 우리는 현학이 생겨난 이유를 가려내어야 합니다. 현학이 중요시하는 고도의 사변(思辨) 방법은 어디에서 비롯된 것이며, 어떠한 것들이 경학(經學) 자체에서 변천되어 나온 것이며, 어떠한 것들이 불교의 영향으로부터 나온 것인가 하는 것인데, 이러한 문제들은 일반적인 사료 정리로는 해결할 수 없고, 더욱 더 심층적인 연구가 있어야 할 것입니다. 어휘 방면의 연구는 그래도 비교적 간단합니다. 그밖에, 시문(詩文) 가운데 표현 기교나 문체(文體)의 연변(演變) 등 방면에 있어서 불전(佛典)의 간접적인 영향을 받은 측면들은 또한 깊이 살펴 가려낼 필요가 있습니다. 어떤 영향들은 간접적인 것이기 때문에, 평상시에 받은 영감을 통하여, 연상작용을 일으키게 되고 그것을 다시 문학작품에다 나타내게 됩니다. 그러므로 우리가 이런 문제에 대하여 연구를 할 때에는 반드시 비교적 깊이가 있고 근거가 있는 분석을 하여야 합니다. 이점이 있어서, 저는 홍선굉(興膳宏)의 ≪문심조룡≫과 ≪출삼장기집(出三藏記集)≫ 대한 연구가 비교적 훌륭하다고 여깁니다. 그는 비교적 진지하게 ≪출삼장기집≫의 문체와 ≪문심조룡≫의 문체 사이에 몇몇 비슷한 점을 분석하였는데, 그러한 것들은 비교적 진지하고 내실 있는 연구입니다. 그래서 불교의 문학에 대한 영향은 자료만의 문제가 아니어서 자료의 정리로 모든 문제를 해결할 수가 없으므로, 이 시기와 이 시기 이전 중국 철학의 발전·중국 역사의 발전·중국 민속의 발전 등 갖가지 방면에 대하여 비교적 깊이 있는 연구를 하여야만 비로소 그 문제를 설명할 수 있다고 할 것입니다.

조도형   도교 전적에 관한 연구의 상황도 그것과 비슷합니다. 저는 처음에는 도교의 철리(哲理)가 아무래도 불교만큼 심오하지는 않을 것이고, 또 좀 이해하기가 쉬울 것이라고 생각했습니다. 그런데 처음 몇 권을 읽은 후에는 또 꼭 그렇지만은 않다는 것을 느꼈습니다. 도교 가운데 많은 용어들이 우리가 일반적으로 이해하고 있는 것과 상당한 차이가 있어서, 토납(吐納)이나 연단(煉丹) 같은 것들도 마찬가지로 감을 잡을 수 없게 했습니다. 그래서 저는 불장(佛藏)과 도장(道藏)이 양대 보고(寶庫)라는 것을 알았지만, 감히 쉽사리 접근하지 못했습니다. 제 생각에는 여기에 뜻이 있는 학자는 굳게 결심을 하고 깊이 연구하여야 하겠으나 그것은 아주 힘든 일이라고 여깁니다. 그리고 몇몇 기본적인 내용을 제대로 파악한 후에 문학사를 연구하게 되면 분명히 큰 발견을 할 수 있을 것입니다. 그저 대충대충 얘기하고 살짝 맛만 보고 그쳐서는 아마도 별 도움이 되지 않을 것입니다. 이러할 뿐 아니라, 우리 연구자가 만약 불교·도교의 전적을 연구하려고 할 때, 동시에 문학사와 역사 자료에 대한 연구를 포기하여서는 안 됩니다. 왜냐하면 이 방면의 자료를 포기하게 되면, 불교와 도교 두 종교 관련 사료는 문학사와 결부시키기가 어렵게 되며, 설령 불경과 도장을 읽는다 해도 역사에 익숙하지 않으면 깊이 있게 이해하기가 어려워질 것이기 때문입니다.

나종강 더욱 폭넓은 역사 배경으로부터 문제를 보게 되면, 도가 사상과 그 사상의 영향으로 생겨난 도교는 더욱 더 우리들의 중시를 받아야 할 것이며, 과거 우리의 연구는 많이 미흡했던 것 같습니다. 예를 들어, 장자(莊子) 사상의 위진남북조 문학에 대한 영향이나 도교 사상의 위진남북조 문학에 대한 영향 등 같은 문제는 아직 진지하게 분명히 밝히지 않았습니다. 이 문제는 어떻게 보아야 할까요? 이렇게 큰 사조, 즉 중국 사유 발전사 전체에 관건적이면서도 아주 중요한 이 시기 사조가 문학에 대하여 어떠한 영향을 미쳤던가에 대하여 우리는 잘 이해하지 못하고 있습니다. 우리는 단지 현언시만 아는데 앞으로 어떻게 한 걸음 나아가 연구하겠습니까? 현언시와 현언의 논제로 말하면, 동진 말엽에 기본적으로 끝이 났습니다. 만약 우리가 현학을 독립된 논제로 삼는다면, 우리는 마땅히 철학사에서 말하는 현학과 일반 노장(老莊) 사상의 영향을 구분하여야 할 것입니다. 유송(劉宋) 시기 "사문학(四門學)" 가운데의 현학은 결코 양진(兩晉) 시기의 현학이 아니라, 그저 단지 노장의 학문을 가리키는 것이었습니다. 물론 유송 이후부터 남조에 이르기까지 모두 현학을 담론하는 습관이 있었지만 거기에서 얘기하는 문제는 이미 모두 노장의 문제였으며 현학을 말하는 사람도 많지 않아서 위진 시기처럼 그렇게 하나의 사조를 형성하거나 지식인들이 두루두루 그 사조 속에 휘말려들어 가지는 않았습니다. 그러므로 우리는 유송 이후에 현학을 담론하는 것을 현학의 발전으로 보아서는 안 됩니다. 도교는 남조시기에 이미 상당히 높은 수준으로 발전하였는데, 문학에 대해서 도대체 어떤 영향을 주었을까에 대해서 우리는 아직 충분한 연구를 하지 못했습니다. 이 연구는 아마도 불교와 마찬가지로 사료를 정리하여야 할 뿐 아니라, 사상사적인 시각에서 그것의 문학에 대한 영향을 연구하여야 할 것입니다.

5. 21세기의 전망

약 진 위에서 언급한 관점에 의거하여서 보면, 근 20년간의 위진남북조 문학 연구는 중대한 획기적인 발전이 있었습니까? 어떤 점에 있어서 획기적인 발전이 있었으며, 어떤 점이 제자리걸음하고 있으며, 어떤 점이 오히려 퇴보하였습니까?

서공지 20세기 문학사 연구에서 얻은 실질적인 진보는 관념의 변화가 연구 작업을 추진시키는 원동력이라는 것을 분명하게 나타내

주었습니다. 구체적으로 말하면, 20세기 전반기 "민주(民主)"와 "과학(科學)" 개념의 도입과 "인문(人文)" 사상의 도입, 그리고 조금 뒤의 마르크스주의의 유물사관의 확립은 20세기 문학사 연구가 수천 년 간의 전통 학문과 크게 다르게 된 근본적인 원인입니다. 관념의 변화와 서로 관련이 있는 것으로는 또 방법의 변화가 있습니다. 20세기 전반기 호적(胡適) 등이 제창한 "과학적인 방법" 역시 고전 문학 연구의 양상을 완전히 새롭게 하였습니다. 100년 이래로 문학사 연구의 영역은 비록 여러 차례 파장을 겪고 쉴 새 없이 동요하였으나, 조용히 생각해보면 실제로 "민주와 과학"이라는 큰 궤도를 벗어나지 않았습니다. 이른바 "현대주의" · "후현대주의" 등 역시 그저 "민주와 과학"이라는 큰 조류 안의 작은 물결이었을 뿐입니다. 20세기의 중국 학술은 근본적으로 말하면 바로 "민주와 과학"의 학술입니다. 우리가 지금 미래를 내다보았을 때 "과학과 민주" 이후에 장차 어떤 더욱더 고급스럽고 합리적인 학술이 출현할지 아직은 보이지(혹은 분명히 보이지는) 않습니다. 제가 대담하게 짐작하건대 다음 세기의 중국 문학사 연구를 포함한 중국 학술은 여전히 "민주와 과학"의 방향을 따라 전진할 수밖에 없을 것입니다. 왜냐하면, 중국은 경제 건설에 있어서 뿐 아니라 "민주와 과학"에 있어서도 모두 아직은 "초보 단계"에 머물러 있으니까요.

약 진 앞에서 이미 언급했던 화제로 돌아가서, 20세기 위진남북조 문학의 연구는 비록 중요한 성과를 거두었지만, 중요한 획기적인 발전이라고 할 수 있겠느냐는 데 대해서는 세분께서 거의 하나같이 그다지 긍정적이지 못한 대답을 주셨습니다. 그렇다면 이 시기 문학 연구의 출로는 어디에 있겠습니까?

나종강   저도 요즘 내내 이 같은 문제를 생각하고 있습니다. 중국 고대 문학의 연구에 있어서, 최근 20여 년 이래로 비교적 큰 성과가 있었던 것은 모두 비교적 착실한 문헌학의 힘으로 세밀한 자료 정리의 일을 하고, 그 기초 위에서 역사 본래의 면모에 대하여 치밀한 분석을 하고서야 비로소 비교적 견실한 결론을 얻어낼 수 있었던 것입니다. 그렇지만 그러한 연구들을 문학연구에 있어서의 획기적인 발전이라고 볼 수 있을까요? 우리는 단지 그것을 문학연구가 깊이 들어가고 진전된 것이라고 밖에 볼 수가 없습니다. 수십 년 간 우리의 연구와 우리의 연구를 이끄는 학술의 지도적인 사상은 결코 왕국유(王國維)·진인각(陳寅恪) 그 세대 학자들의 범위를 뛰어넘지 못했습니다. 비교적 성취를 이룬 몇몇 학자들과 그들의 연구 성과는 학술 사상으로 말하고, 연구 방법으로 말할 때 결코 왕국유·진인각 그 세대 사람들의 연구 방식을 뛰어넘지 못했다는 것입니다. 만약 있다고 말한다면, 겨우 한 사람 있는데 바로 전종서(錢鐘書) 선생입니다. 그의 연구 방법, 그의 연구 성과, 그의 연구에 있어서의 전체적인 사고, 그의 학술 사상은 이미 왕국유와 진인각 그 세대의 사람들과 완전히 다르며, 건가학파(乾嘉學派)와도 다릅니다. 그러나 전 선생님을 따라갈 수 있는 사람은 극소수입니다. 왜냐하면, 여러 방면의 조건들을 구비하여야 하니까요, 중서(中西)를 두루 널리 잘 알아야하는데, 근 10년 이래 우리 국내에는 그러한 인재가 나오지 않았습니다. 그래서 우리는 지금 실제적으로 "5·4" 전후 혹은 심지어는 더 일찍부터 왕국유와 그들의 발자취를 따라서 가고 있습니다. 고대 문학의 연구 그리고 위진남북조 문학의 연구가 큰 획기적인 진전을 얻으려면, 더 많은 사료의 발

견이 있어야할 뿐 아니라, 제가 생각하기에 더 중요한 것은 새
로운 학술사상이 나타나야 합니다. 그런데 새로운 학술 사상의
출현은 학술 환경을 기초로 하여야 하는데, 학술 활동이 자유
롭고 사상이 비교적 활기를 띠는 상태에 있어야 하며, 문화가
비교적 깊고 두텁게 누적되어야 하는데, 지금으로서는 분명 이
러한 기초를 가지기가 아직 매우 어렵습니다.

약　진　문학의 연구가 이러한 노정(路程)을 따라 계속된다면 괜찮습니
까? 더욱 높은 경지에 도달할 수는 없을까요?

나종강　이 문제는 판단을 내리기가 쉽지 않습니다. 우리들의 지금 수
준에 의거해서 말한다면, 저는 이 노정을 따라 계속 가면서 우
리가 한편으로는 건가학파의 치학(治學) 방법을 받아들이고, 왕
국유·진인각 세대 사람들이 서양의 치학(治學) 방법을 흡수하
던 것을 받아들이고, 그런 학술 사상을 한 걸음 나아가 발전시
키기만 하면, 제가 생각하기에 우리가 해낼 수 있는 것은 하나
하나의 문제에 있어 깊이 파고 들어가고, 범위를 확장해 나가
면, 이 방면에 있어서의 성과를 거둘 수는 있겠습니다만, 일대
의 학풍을 바꾸어놓지는 못합니다. 그렇지만 문제가 있습니다,
시대의 발전이 매우 빠르고 과학기술은 급속도로 진보하는 것
이 장차 어떠한 결과를 초래할지 우리는 알 수가 없다는 것입
니다. 예를 들어서 사료의 집일(輯佚)에 우리는 지금 매우 많은
시간과 노력을 기울입니다. 그러나 만약 일단 컴퓨터가 또 다
른 단계로 발전한다면, 우리가 지금 스캔을 통한 문자 인식 기
술을 사용하는 경우 정확도가 8~90%에 밖에 달하지 못하고,
이러한 방법에 따라 입력한 자료는 따로 불러내기가 매우 어려
우며, 검색하기도 매우 힘듭니다만, 만약 미래의 스캔 작업이

100% 정확하고 또 자료를 마음대로 불러 움직일 수 있어서, 한 가지 프로그램이면 되고 아주 짧은 시간에 세상에 전해지는 고적(古籍)들을 모두 스캔하여 넣게 되면 집일 작업이 쉬워지지 않겠습니까? 그러면 연구자의 능력과 힘을 어디에 써야 하겠습니까? 그때 우리는 어떤 모습이겠습니까? 현대 과학 기술의 발전, 현대인의 가치관과 가치 기준은 분명히 학술 연구에 영향을 미치게 될 것입니다. 만약 우리가 왕국유·진인각과 같은 그런 길을 계속 따라가게 된다면, 사회에 받아들여질지, 또 더 높은 경지에 이를 수 있을지는 매우 예측하기가 어렵습니다. 그러므로 저는 지금 문학의 연구에 있어서 새로운 획기적인 진전이 있을 수 있겠는가? 그 획기적인 진전은 자료의 발견으로 인하여 나타날 것인가를 논의하는데, 제가 보기에 이는 모를 일입니다.

약　진　위진남북조 문학의 연구는 도전을 맞이하고 있는데, 하나는 어떻게 선배들을 뛰어넘을 것인가 하는 것이고, 둘째는 어떻게 자기 자신의 한계를 극복할 것인가 하는 것인데, 둘 중에서 어느 것이 더 어렵습니까? 지금 위진남북조 문학을 연구하는 사람이 무척 많은데, 만약 여러 사람들이 같은 문제를 연구한다면 어떻게 하면 자신의 학술상 유리한 점을 발휘할 수 있을 것이며, 또 다른 사람들의 장점을 흡수할 수 있겠습니까?

나종강　학술 간을 서로 소통시키는 것이 관건입니다. 중국의 전통적인 연구는 문사철(文史哲)을 나누지 않았습니다. 문사철을 꿰뚫는 것은 매우 중요한 문제입니다. "문혁(文革)" 이전의 20여 년 동안 대학교 중문과의 문학 연구는 왕왕 철학과 역사에서 벗어나서 문학 자체만 가지고 연구하여 매우 천박했습니다.

약 진 근 20년 간 문사철의 경계를 허무는 것을 중시해온 것은 분명 일종의 진전입니다. 지금 모두들 아래와 같은 공통된 인식을 가지고 있습니다. 즉 문학에 대한 연구는 문헌학의 기초 위에 이루어져야 하고, 풍부한 문헌 자료를 점유한 바탕 위에서 연구를 해야 하는데, 그렇게 하려면 반드시 문사철의 경계를 허물어야 된다는 것인데, 이는 중국의 전통적인 학문 방법입니다. 그러나 문제는 문사철의 경계를 허물고 나서 어떻게 문학 자체의 연구로 돌아갈 것이냐 하는 것입니다.

나종강 문사철의 경계를 허무는 것은 단지 하나의 기초에 불과합니다. 그 기초 위에서 문학을 연구하는 사람, 역사를 연구하는 사람, 철학을 연구하는 사람들은 각기 다른 소속을 지녀야 합니다. 철학을 연구하는 사람은 문사철을 꿰뚫고 마지막에는 철학의 과제로 되돌아가야 하며, 역사를 연구하는 사람은 문사철을 꿰뚫고 결국에는 역사의 과제로 되돌아가야 하며, 문학에 종사하는 사람은 결국 반드시 문학으로 되돌아와야 합니다. 우리가 어떻게 문학으로 돌아갈까요? 문학은 지극히 특수한 한 학문으로 풍부한 형상(形象)있고 감정이 있고, 풍부한 상상이 있고 심미적인 바탕이 있는데, 이점은 사학, 철학과 크게 다릅니다. 최근에 문장을 한편 보니, 섭가영(葉嘉瑩)의 연구 성과를 토론하였는데, 긍정하는 측면은 섭 선생이 문학에 대한 음미(吟味)가 아주 깊고 세밀하다고 하였고, 부족하다고 여기는 측면으로는 어떤 사람은 섭 선생이 너무 천박(淺薄)하다고 여기고 있습니다만, 저는 그렇게 보지 않습니다. 저는 지금 문학을 연구하는 사람들은 한 가지 중요한 문제점을 가지고 있다고 여기는데, 문학으로 돌아오지 않는다는 것입니다. 문학을 연구하면서 문학을 역사로 간주하고, 문화로 간주하면서 문학 자체는 제대로 연구하지 않는다면 문학 연구에 있어서 중요한 진전이나 획기적인 발전이 있다고 말하기 어렵습니다. 국외의 몇몇 한학자들이 중국 당시(唐詩)·고대 소설을 연구함에 있어서 어느 정도의 성취를 이룬 사람은 모두가 문학 자체에 입각하여 문학을 논하였습니다. 문학 자체에 많은 문제들이 있습니다. 예를 들어, 어떤 문체(文體)의 연변(演變)이나, 어떤 경계(境界)의 역사와의 내재 관계의 변화나 어떤 표현 수법의 내력, 그리고 그것의 우열, 그리고 그 가치는 어디에 있는가 등등, 이들 문학 자체의 각기 다른 차원의 문제들을 우리가 결코 제대로 연구하지 않으면서, 우리가 연구해낸 결과물을 사학으로 간주하고 철학으로 간주한다면, 문학 연구 자체의 특성을 잃어버리게 됩니다. 이 점을 얘기하게 되면, 전종서 선생을 얘기해야 하는데 전 선생의 연구는 문학으로 귀결된 것입니다. 그의 ≪관추편(管錐編)≫[39)과 ≪담예록(談藝錄)≫[40)에서 주로 논의한 것은 어떤 표현 수법·표현 방법이며, 그것은 전 세계 문화의 변화 과정 가운데에서 융회관통(融會貫通)한 보편성을 지닌 그런 것으로서 많은 전적(典籍)들이 표현 수법, 단어와 구(句)의 운용, 표현 기교 등에 있어서, 그리고 어떤 의미에서는 그들의 세계적인 의미 등 그 보편성을 밝혀낸 것입니다. 문학 자체의 특성에 의거한 것으로 결코 감상(鑑賞)이라는 그 외길에만 국한된 것이 아니었습니다. 여러 갈래의 길이 있습니다. 예를 들어 매조린(梅祖麟)과 고우공(高友工)은 언어학의 방법으로 두보(杜甫) 시를 연구하였고,[41) 우문

---

39) 전종서(錢鍾書), ≪관추편(管錐編)≫(전5책)(북경 : 중화서국, 1986. 제2판 ; 1991).
40) 전종서(錢鍾書), ≪담예록(談藝錄)≫(보정본(補訂本) 보정(補正))(북경 : 중화서국, 1984).

소안(宇文所安)(Stephen Owen)의 당시(唐詩)에 대한 연구,[42] 송포우구(마츠우라 토모히사, 松浦友久)의 <단장고(斷腸考)> 등은 고시(古詩)의 리듬 등을 연구하였는데 역시 그러한 방법이었습니다. 우리가 사료를 정리하는 것, 작가 생평에 관한 사료, 작품의 진위, 작품의 집일 등, 그러한 것들은 연구의 기초이며 연구의 시작입니다. 그것은 연구의 끝이 아닙니다. 연구의 궁극 목적은 마땅히 그 작가와 작가군(群)의 작품의 면모는 도대체 무엇인가? 왜 그러한가? 혹은 그들과 전후(前後) 문학과는 도대체 무슨 관계인가? 하는 것이어야 합니다. 그것이야말로 문학 연구의 궁극적인 목적입니다.

약 진   세 분 선생님께서 선생님들의 연구 실천을 종합하여서 처음으로 이 연구영역으로 들어오는 후배들에게 경험담을 좀 들려주셨으면 합니다. 구체적으로 몇몇 연구 과제들을 열거하여 참고할 수 있도록 해주실 수 있겠습니까?

나종강   위진남북조 문학을 어떻게 하면 더 잘 연구할 수 있을까 하는 이 문제는 저에게는 발언권이 없습니다. 왜냐하면 우리 세대는 특수한 역사적인 조건 하에서 성장하였기 때문에 우리들의 연구 작업은 선천적으로 모자랍니다. 우리는 수십 년의 세월을 낭비해 버렸습니다. 우리가 정말 연구에 종사한 것은 겨우 근 십 몇 년 혹은 이십 몇 년의 시간뿐으로 이는 선천적인 부족을 초래하여서, 중서(中西)에 두루 밝아야 하는 기본 조건을 갖추지

---

41) 고우공(高友工)・매조린(梅祖麟) 공저, 이세요(李世耀) 역, ≪당시의 매력(唐詩的魅力)≫ (상해 : 상해고적출판사, 1989).

42) 스티븐・오웬(Stephen Owen)의 저서로 중국어로 번역된 것은 다음과 같은 것이 있다. 스티븐 오웬((Stephen Owen, 斯蒂芬・歐文), 가진화(賈晉華) 역, ≪성당시(盛唐詩)≫(하얼빈(哈爾濱) : 흑룡강인민출판사(黑龍江人民出版社), 1991).

못했을 뿐 아니라, 국학(國學)이라는 이 방면으로만 보아도 우리의 지식 영역은 지극히 좁습니다. 그래서 저 자신의 연구 방법이나 연구해 온 길이 후대 사람들에게는 아무 의의가 없습니다.

서공지 자기 자신의 한계를 극복하는 것은 일반적으로 비교적 쉽습니다. 왜냐하면 출발점이 비교적 낮을 수 있으니까요. 설사 이미 비교적 높은 수준에 도달했다 해도 스스로 걸음을 멈추고 제자리걸음만 하지 않고 노력만 한다면 역시 해낼 수 있는 것입니다. 전대 사람을 능가하려면 분석을 할 필요가 있습니다. 만약 모든 연구자로 하여금 전체적인 수준과 성취 면에서 모두 엄가균(嚴可均)·노신(魯迅)·유사배(劉師培)·왕요(王瑤)·녹흠립(逯欽立) 등과 같이 선배 학술 대가를 능가하기를 바란다면 아마 비현실적일 것입니다. 그러나 이는 우리가 "선배들의 어깨 위에 올라서면(站在前人肩膀上)" 어느 방면에 있어서 심지어는 어느 한 점에 있어서 선배들을 능가하는 것은 문제가 없습니다. 우리들과 같은 평범한 연구자로 말해도 그것은 어쩌면 그래도 해낼 수 있을 것이고, 또 마땅히 그렇게 하도록 하여야 할 것입니다, 그렇지 않으면 우리들의 연구가 또 무슨 의미가 있겠습니까? 숨길 것 없이 솔직히 말해서, 우리는 늘 평범하고 전혀 특색이 없는 논문과 저서들이 단지 선배학자나 다른 사람의 노고를 되풀이하기만 하거나 기껏해야 다른 사람이 이미 완성해놓은 연구에다 약간 손질만 한 경우를 보게 되는데, 그러한 연구는 물론 그 수준을 말하기가 어렵습니다. 정말 연구 수준을 향상시키려면 각고의 노력으로 깊이 연구하는 외에 다른 방도가 없습니다. 연구에 있어서 매우 중요한 한 가지는 조급한 마음 자세를 버려야 한다는 것입니다.

구체적인 연구 과제로 말하자면, 두 분 선생님께서 앞부분에서
이미 많이 언급하셨습니다. 예를 들어, 종교와 문학의 관계가
매우 중요한 한 가지 과제이고, 또 그 시기의 문학 형식의 발
전이나 장르의 유변(流變)과 같은 것에 관한 연구는 과거에 "형
식주의"에 대한 인식의 오류로 인하여 역시 매우 취약합니다.
그 시기의 문학장르는 아주 많아서 소통(蕭統)이 부류를 나눈
것은 분명 당시 실제 문학사의 근거가 있었습니다. 그 연변(演
變)의 미묘한 맥락을 따라 거슬러 올라가서 발전의 구체적인 과
정을 밝혀내는 것은 그 시기 문학의 성질과 특징을 파악하는
데에 있어서 또한 빼놓을 수 없는 한 부분입니다. 예를 들어,
"근체시(近體詩)"의 형성에 관하여, "사성팔병(四聲八病)"의 제기
등과 같이 보통은 이론 측면의 연구만 중시하였습니다. 그러나
창작 과정에서 어떠한 구체적인 성취가 있었던가에 대해서는
분명하지 않습니다. 음운학·문자학·중국 시가의 장법(章法)과
구법(句法), 시가 낭송과 창법, 그리고 변문(駢文) 발전의 영향 등,
여러 방면으로부터 "근체시" 출현의 필연성을 증명하려고 한
다면 계속 더 열심히 힘써 나가야 합니다. 그 시기 400년의 문
학사, 장르별 문학사(시가사(詩歌史)·부사(賦史)·산문사(散文史)·소설
사(小說史) 등) 그리고 문학 사상사를 총괄하여 논하면, 비록 이미
약간의 저서가 출판되었지만 분명 여전히 아직 모자랍니다. 학
술의 번영과 부단한 진보를 위하고 또 비교하는 가운데 각각
학술적인 성격을 드러내기 위해서라도 그것에 뜻을 둔 사람들
이 새로운 성과를 내놓도록 격려하여야 합니다. 특히 새로운
시각과 체계로 전체적인 면을 모두 고려하면서 아울러 설득력
있게 그 시기 문학 발전의 본질을 밝혀내는 문학사를 기대합니

다. 이 밖에 기존 학술성과의 학술적인 의의와 중요성으로 말하자면, 비록 매우 중요하게 여길만하지만 문제가 이미 대충 다 연구되었다고는 말할 수 없습니다. 사실, 연구 작업은 아직 많이 부족하여서, 문학사 발전의 맥락에 대한 연구 및 해설 방면이나 문학 정신이나 문학 풍토에 대한 이해방면 혹은 작가나 작품에 대한 심도 깊은 연구 방면이나 관련 문학사 자료에 대한 정리와 감별(鑑別) 등 방면을 막론하고 아직 많은 해야 할 일이 있습니다. 자료 정리로 말해 보면, 위진남북조 이 기간 내에 이미 뭐 할 수 있는 일이 없다고 여겨서는 안 됩니다. 많은 중소(中小) 작가의 작품이 아직 체계적으로 잘 정리되지 않은 것은 말할 것도 없고, 설사 몇몇 대가(大家)라 해도 작품이 유실된 경우가 많습니다. 예를 들어서 조조(曹操)나 조식(曹植)처럼 그렇게 역대로 중시를 받아온 인물도 비록 이미 정리된 작품집이 있고 한 부에 그치지도 않지만, 아직도 작품이 지금의 작품집 안에 들어가지 않은 것이 있습니다. 이러한 상황은 적지 않아서 노력을 기울이려고만 한다면 뭔가 발견할 수 있습니다. 특히 지하에서 출토된 것이나 묘비명(墓碑銘) 같은 것이 각지에 적지 않게 흩어져 있어서 수집하여 모으게 되면, 30년대에 출토된 <좌분묘명(左棻墓銘)>처럼 우리들이 연구하는 데 매우 유용할 것입니다. 집일(輯佚)로부터 변위(辨僞) 문제를 말하자면, 제가 생각하기에 이 시기의 문학사 자료는 비록 여러 차례의 정리와 편찬을 거쳤지만 진위가 명확하지 않은 경우가 아직 적잖게 있습니다. '<양보음(梁甫吟)>이 제갈량(諸葛亮)의 작품인가?'라는 데 대하여 대다수 논자들은 이미 공통된 의견을 얻은 것 같습니다. 그러나 <난정집서(蘭亭集序)>가 왕희지(王羲之)의 작품인가에 대한 쟁론은 아직 정설이 없습니다. 채염(蔡琰)의 이름으로 된 3편의 작품은 모두 의심스러운 부분이 있는데 5~60년대의 토론에는 비학술적인 요소가 개입되어서 결말을 보지 못했습니다. 그리고 <목란시(木蘭詩)>가 쓰여진 시대와 작자의 문제도 이설(異說)이 꽤 많습니다. 이와 같은 문제들은 모두 시간과 노력을 기울여서 연구할 필요가 있습니다. 이러한 문제들은 모두 역사의 수수께끼들로 전대 사람들이 해결하지 못했지만, 우리는 어렵다고 해서 뒷걸음쳐서는 안 될 것입니다. 제가 전에 주제학(主題學)을 연구하는 한 젊은 전공자에게 "진녀휴(秦女休)" 이야기의 전말에 관해서 연구해 보라고 건의한 적이 있습니다. 왜냐하면 이는 조식(曹植)의 <비무가(鼙舞歌)>, 좌연년(左延年)의 <진녀휴행(秦女休行)>, 부현(傅玄)의 <진녀휴행(秦女休行)>을 이해하는 데 너무나도 중요하기 때문입니다. 결과가 어떻게 되었는지는 지금 저는 모릅니다. 작가와 작품의 연구 방면으로는 근 10년 동안 기뻐할 만한 성과가 있는데, 특히 몇몇 박사논문들이 가끔 한 작가나 작품을 선택하거나 혹은 어떤 한 문학 유파, 어떤 한 문학 시기를 대상으로 하여 주도면밀하게 연구하였는데, 그 제목들은 크지도 않고 적지도 않고 "중관(中觀)" 범주에 속하는 것으로 문학 전문 연구 과제의 연구로서 사람의 주목을 끕니다. 하지만 이미 완성한 연구는 아직 적으며, 아직 많은 작품들이 전면적으로 정리되거나 연구되지 않았습니다. 예를 들어, 삼조(三曹)·혜강(嵇康)·완적(阮籍)·이륙(二陸)·사령운(謝靈運)·포조(鮑照)·강엄(江淹)·사조(謝脁)·심약(沈約)·유신(庾信)·≪문선(文選)≫·≪옥대신영(玉臺新詠)≫·≪수경주(水經注)≫·≪낙양가람기(洛陽伽藍記)≫ 그리고 건안(建安) 작가들, 태강(太康)

작가들, 동진(東晉) 중기의 작가들, 수대(隋代) 작가들과 궁체 문학 등은 모두 박사논문 과제로 삼기에 적당합니다. 이러한 과제들을 제대로 수행하고 나면, 마치 하나 하나의 중요한 거점을 공략한 것과 같아서 그것들을 합하게 되면, 전체 위진남북조 문학 연구의 발전에 중대한 의의를 지니게 됩니다. 제가 여기기에, 이 방면에 있어서 지금의 상황은 아주 좋아서 계속 밀고 나가야 할 것이며, 아울러 앞으로 한 시기 연구의 중점으로 삼을 만하다고 생각합니다.

나종강 젊은 학자들이 이시기 문학을 연구하는 데 대하여 저는 한 으슴푸레한 생각을 가지고 있는데, 그것은 만약 그들이 큰 업적을 이루기를 원한다면 폭넓은 지식을 가지고 있어야 하고, 중서(中西)에 모두 밝아야 합니다. 한학(漢學) 방면에 폭넓은 지식과 문학사에 대한 견실한 바탕이 있어야할 뿐 아니라 서양에 대해서도 충분히 이해하고 있어야 한다는 것입니다. 이러한 기초 위에서 다시 위진남북조 문학으로 돌아와서 아무개 한 작가나 한 문학 현상을 기점으로 하여 매우 철저한 연구를 하고 겉도는 논의는 하지 말고, 하나 하나의 문제에 대하여 구체적이고 심도 깊은 연구를 수행하고 사료(史料)에 있어서 샅샅이 빠짐없이 훑어서 모든 사료를 완벽하게 모으는 것입니다. 왜냐하면 폭넓은 지식을 가지고 한 구체적인 문제로 돌아가면 최대한 한 쪽에 치우치는 것을 막을 수 있지만, 폭넓은 지식을 지니지 못하면 일방적인 결론을 낳기가 쉬운데, 이것은 작금의 연구에 있어서 비교적 흔하게 있는 문제입니다. 지금 젊은 학자들의 연구 추세로 보면 제 생각으로는 장차 대가급의 인물이 나올 것입니다. 왜냐하면 지금 그들은 젊은데다 연구의 방향이 아주 훌륭하여서 중서(中西)에 모두 밝고 넓은 것에서 하나의 정세한 것으로 돌아가는 길을 온전하게 갈 수 있으므로, 폭넓게 통달한데서 정세하고 전문적인 것으로 이르는 것을 충분히 해낼 수 있을 것이므로 충분히 전대의 학자들을 능가할 수 있을 것입니다. 지금의 몇몇 비교적 젊은 학자들의 연구 성과로 보면 그 중에는 몇몇은 벌써 훌륭한 조짐을 드러내어 보이고 있습니다. 그들은 재주가 넘치는 데다가 그들은 진지하게 학술에 헌신할 마음으로 매우 진지하게 학술 연구의 일에 힘쓰고 있으므로 그들에게는 밝은 앞길이 열려 있습니다.

약 진 세 분 선생님들께서 귀한 시간을 내어서 위진남북조 문학 연구의 몇 가지 문제에 대하여 허심탄회하게 선생님들의 의견을 개진하여 주셨으니, 독자들에게 아마 많은 도움이 되었으리라 믿습니다. 이에 대하여 저는 다시 한 번 충심으로 감사드립니다.

제3장

사료 · 시각 · 방법

당대(唐代) 문학 연구

| 동내빈(董乃斌) · 조창평(趙昌平) · 진상군(陳尙君) |

1. 당대 문학 연구의 기초는 줄곧 매우 좋았다

대연(戴燕, 《문학유산(文學遺産)》 편집부)　　　저는 편집부의 위탁을 받아 다행히도 세 분의 선생을 청하여 공동으로 20세기의 당대 문학 연구의 화제를 둘러싸고 한 차례의 담화 교류를 하게 되었습니다. 연령과 학력상에서 본다면 여러분들은 마땅히 동시대 사람이라고 해야 할 것이고, 현재 비교적 실력이 있는 한 세대의 사람일 것입니다. 저는 여러분들의 또 다른 공통점을 발견하였습니다. 모두 비교적 중요한 행정 직무를 담당하고 있으며 당대 문학 연구에 대하여 특별한 발전 기회를 획득할 수 있었을 것입니다. 예컨대 여러분들 자신의 직장에서 말입니다. 누구라도 모두 알고 있습니다. 당대 문학 연구는 최근 10~20

년 동안에 확실히 부러워할 만한 성적과 영향을 얻었으며 전체 고대 문학 연구 영역에서도 역시 지위가 빛난다고 할 수 있을 것입니다.

진상군(陳尙君, 복단대학(復旦大學) 중문계(中文系))　국내의 고대 문학 연구는 인원이나 혹은 논저로 본다면 당대는 기타 각대에 대하여 모두 첫 손가락에 꼽을 것입니다. 어떤 사람은 반쪼가리 강산이 당대에 있다고 말하고 있는데 이 말은 좀 과장된 것이지만 대체로는 역시 그렇습니다. 중국의 고시는 고체 혹은 근체를 막론하고 당대에 이르러 모두 이미 발전하여 극치에 이르렀고 당시에 대한 학습과 중시는 역대의 당시에 대한 연구를 가져 왔습니다. 당대 문학의 연구 상황은 송대 이래 줄곧 좋은 기초가 있었습니다. 청대에 편찬된 두 가지 큰 책 곧 ≪전당시(全唐詩)≫와 ≪전당문(全唐文)≫은 비록 편찬의 질은 실은 그렇게 높지 않다고 하지만 일대 시문의 기본 바탕을 제공하여 연구자로 하여금 기본적으로 의거하게 하였습니다. 20세기 학자들은 당을 연구하는 데 여기에서 이익을 얻은 것이 극히 많지만, 송대를 연구하는 데는 이러한 조건이 없습니다. 그밖에 또 하나의 중요한 원인이 있습니다. 저 자신은 느낀 바가 매우 많습니다. 당대 이전의 재료는 너무 적어 연구 작업의 전개와 심화를 속박하지만, 당대 이후의 문헌은 또 너무 많아 개인의 힘으로는 전면적으로 파악할 방법이 없다는 것입니다. 당대의 현존 문헌은 많지도 않고 적지도 않으므로 학문을 하는데 매우 좋은 시험용 전담입니다. 그밖에 또 언급해야 할 것은 20세기에 새로 나온 당대 문헌의 수량이 매우 많다는 것입니다. 첫째는 돈황(敦煌) 문헌이고, 둘째는 석각(石刻)으로 묘지명(墓誌銘)이 더욱

주종(主宗)이며, 셋째는 역외(域外)의 한적(漢籍)으로 일본에 보존
된 것이 더욱 많습니다. 단지 불전(佛典)에 대해서만 말하더라도
지금 사람들이 볼 수 있는 것은 대략 청대 사람들의 3배입니
다. 기타 각대의 새로운 사료의 발견도 역시 매우 풍부하지만
문학 연구에 대한 의의는 당대에 미치지 못합니다. 예컨대 한
간(漢簡) 및 근년 장사(長沙) 주마루(走馬樓)의 오간(吳簡)은 군사·
경제 제도의 연구에 대하여는 극히 중요하지만 문학과는 관계
가 크지 않습니다.

대　연　　저와 같은 전문적으로 당대 문학을 연구하지는 않는 사람이 본
다면 당대 문학과 당대 문학 연구는 아무튼 모두 좀 신비화된
맛이 있습니다.

조창평(趙昌平, 상해고적출판사)　　당대 문학 연구가 당·송에서 현재까
지 전체의 문학 연구 영역에서 줄곧 발달하여 온 것은 매우 자
연스러운 일입니다. 당대의 시가·산문 자체는 발전하여 하나
의 고조에 이르렀고 이후의 본보기와 전범이 되었으니 이것이
하나입니다. 송대 이후 당송시의 논쟁이 있었고, 유파·풍격의
논쟁 중에서 필연적으로 연구의 범주로 들어가게 되었습니다.
남송 이전의 사람들은 주로 역시 창작의 각도에서 당시를 말하
였지만, 남송 이후에는 어떤 사람은 당시의 역사 발전 상황을
관심을 갖고 주의하기 시작하였습니다. 명대에 이르면 이에 대
한 관점이 상당히 성숙하여 명·청의 중요한 시학 저작, 예컨
대 ≪시수(詩藪)≫(명 호응린(胡應麟))[1]·≪당음계첨(唐音癸籤)≫(명 호
진형(胡震亨))[2]·≪시원변체(詩源辨體)≫(명 허학이(許學夷))[3]·≪원시(原

1)　호응린(胡應麟), ≪시수(詩藪)≫, 상해 : 중화서국 상해편집소, 1958 ; 상해고적출판사, 1979,
　신1판.

詩)≫(청 섭섭(葉燮))4)는 모두 당시의 역사에 대하여 전반적으로 연구하였습니다. 마땅히 주의해야 할 것은 대부분 당시의 내부에서 말한 것이며 시격·풍격상에서 말하였지만 사회 배경은 그렇게 연구하지 않았다는 것입니다. 그러나 "5·4" 이후에는 새로운 사조를 받아들여 시가에 대하여 사회·정치학·문화학 각도의 연구 곧 외부적인 연구가 나타났습니다. 외부 연구는 시가의 내함에 대한 인식을 풍부하게 할 수 있었습니다. 당시가 어떻게 변해 왔는가를 설명하게 되었을 뿐 아니라 동시에 그것이 왜 이렇게 변했는가를 설명하게 되었습니다. 물론, 외부에서 연구하면 설명하는 것은 결국 외부적인 것이니까, 마지막에는 역시 시가 자체로 귀착되어야 할 것입니다.

대　연　선생이 말하는 것은 시가 자체에 맞추려는 것입니다. 그렇지 않으면 이른바 문학 연구는 없는 것인가요?

조창평　사실상 고전 시가 이론은 종래 "내부"·"외부"를 나누어 말하지 않았습니다. 유협(劉勰)은 "체성(體性)"·"체세(體勢)"를 말하였고 교연(皎然)은 "풍률(風律)은 밖으로 드러나고, 체덕(體德)은 안으로 쌓인다(風律外彰, 體德內蘊)"라고 말하였습니다. 이른바 "성(性)"·"체덕(體德)"은 실은 내외의 여러 요소가 누적되어 이루어진 시인의 개성과 심태로서 그것은 창작의 본체이고 내부적인 것이지만, 그것이 형성되는 까닭은 여러 가지의 외부적인 요소가 있습니다. 예컨대 시대 정신·문화 전승 내지 때와 장소에

---

2) 신문방(辛文房)·호진형(胡震亨), ≪당재자전(唐才子傳)·당음계첨(唐音癸籤)≫, 대북 : 세계서국, 1981, 3판.
3) 허학이(許學夷), ≪시원변체(詩源辯體)≫, 북경 : 인민문학출판사, 1987.
4) 섭섭(葉燮)·설설(薛雪)·심덕잠(沈德潛), ≪원시(原詩)·일표시화(一瓢詩話)·설시수어(說詩晬語)≫, 북경 : 인민문학출판사, 1979.

따른 환경 등등입니다. ≪문심조룡(文心雕龍) · 체성(體性)≫에는 작가의 창작 개성은 내재적인 재기(才氣)가 녹아서 이루어진 것이고 동시에 또한 학습을 통하여 외부의 각종의 요소가 모여 이루어지는 것이라고 말한 바 있습니다. 연구의 편의를 위하여 우리는 "내부" · "외부"의 설을 사용하고 있고 그렇게 하면 문제는 두 가지 방면이 있습니다. 한편은 외부의 연구로 역시 매우 중요합니다. 그러므로 가령 50년대에는 사회학의 자료를 이용하여 당대 문학을 연구하여 또한 성과가 있었으므로 한통속으로 부정해서는 안 된다고 저는 말하고 싶습니다. 당시의 유물론의 기초에서 제기한 문학사 이론을 포괄하고 있는데 그것은 또한 시인의 창작 개성이 형성된 하나의 중요한 방면이기 때문입니다. 애석하게도 당시에는 기계 유물론이 너무 엄중하여 시가사를 정치사 · 경제사의 부용으로 보는 편향을 조성하여 내외를 분열시켜 송대 이래 시가의 내부로부터 연구를 진행하던 전통을 포기하였습니다. 문화 혁명 후에 이러한 편향에 대한 반사로 말미암아 약간의 새로운 탐색을 불러 일으켰습니다. 주로 외부 요소가 어떻게 시가의 내부에 들어가는가를 탐색하여 당시사를 "시가의 예술사"로서 연구하게 되었습니다. 총체적으로 말한다면 당대 문학은 줄곧 문학사상 기타의 단대(斷代)가 갖추지 못한 조건을 가지고 있으며 풍부한 성과와 매우 좋은 기초가 있습니다.

동내빈(董乃斌, 중국사회과학원 문학연구소) 당대 문학이 상당히 많은 연구자를 끌어 들이고 아울러 현저한 성적을 거둔 것은 아마 또한 하나의 원인이 있을 것입니다. 그것은 당대 문학이 전체의 중국 고전 문학의 추뉴(樞紐) 지대로 중국 문학사에 대하여

전·후기의 경계를 나누는 분수령의 의미를 갖고 있다는 것입니다. 간단하게 말한다면 당대에는 중국 고전 문학의 두 가지 중요한 문체인 시와 산문이 절정에 달하였습니다. 시가는 심지어 닿기 어려운 꼭대기라고 인정되고, 소설이라는 허구의 서사를 근본 특징으로 하는 문체는 오랫동안의 발전을 거쳐 당대에 이르러 역시 독립적인 지위를 차지하였습니다. 당(唐) 전기(傳奇)는 그 뛰어난 창작 실적으로 중국 소설사상 상당히 빛나는 지위를 차지하고 희극이 싹트기 시작하였습니다. 이러한 근대적인 의미의 문학 개념 중의 주요한 문체가 당대에 모두 이미 구비되고 또한 앞의 세 가지는 또 정도는 서로 다르지만 성숙하게 되었습니다. 당대 문학의 성취는 자연히 아무리 취하더라도 다함이 없고, 또 사람을 유인(誘引)하는 연구 제목을 많이 제공합니다. 옛 사람들에 대하여 말한다면 그것들은 선편(選編)·주해(註解)·전석(箋釋)·비점(批點)·감상(鑑賞) 등의 방법으로 연구할 수 있고 현대에 이르러서는 연구자의 학술 사상과 연구 방법의 변화로 말미암아 당대 문학은 그들이 충분히 재능을 펼곳이 되었습니다. 잠중면(岑仲勉, 1885~1961)은 전통 역사가의 방법으로 당대 산문을 연구하였습니다. 진인각(陳寅恪, 1890~1969)은 "시로 역사를 증명하고(以詩證史)" "역사로 시를 증명하여(以史證詩)" 흥취가 비록 여전히 역사에 있지만 문학에 대하여 매우 독창적인 이해가 있습니다. 문일다(聞一多, 1899~1946)는 시인의 마음으로 당시를 체득하였고 시인의 은밀하고 미묘한 내심 세계에 대한 그의 척결은 홀로 한 깃발을 세웠다고 할 수 있습니다. 그리고 소설림(蘇雪林, 1898~1999)은 본인이 소설가로서 소설가의 솜씨와 안목으로 이상은(李商隱)의 시를 탐구하여5) 심지어

　　는 그것들을 머리도 있고 꼬리도 있으며 애감(哀感)이 완염(頑艶)한 한 편의 애정 소설을 엮어 내었습니다. 물론 근·현대에 또 수많은 연구자는 전통 방법을 답습하여 당대 문학을 연구하였는데 그들의 성적도 역시 소홀히 할 수 없습니다.

대　연　저는 선생들이 당대 문학을 고전 문학 발전사의 절정으로 묘사하고 서술한 점에 대하여 매우 흥미가 있습니다만 여기서는 아마 이 문제를 토론할 틈이 없을 것입니다. 선생들의 묘술 중에서 저는 또 다른 한 가지 점에 주의하였습니다. 당대 문학 연구는 20세기의 전후에 면모가 상당히 다른 것 같습니다. 사람들은 수많은 학과 영역에서 이러한 학술 전형이 대부분 20~30년대에 발생하였다는 것을 발견하고 있습니다. 당대 문학 연구는 어떻습니까?

진상군　그렇게 같지는 않습니다. 전통적인 당대 문학 연구는 대개 시화식(詩話式)의 수감(隨感)·전주(箋注)와 평상(評賞)의 세 가지로 나눌 수 있지만 계통이 결여되어 있고 사료의 인용면도 역시 좁습니다. 민국 시기의 변화는 매우 큽니다. 상당한 문학사들은 당시에 관해서는 동내빈이 방금 언급한 문일다의 ≪당시잡론(唐詩雜論)≫6)·소설림의 ≪당시개론(唐詩槪論)≫7)·전기박(錢基博, 1887~1957)의 ≪한유지(韓愈志)≫8)·왕벽강(汪辟疆, 1887~1966)의 ≪당인소설(唐人小說)≫9)이 상당히 좋습니다. 그러나 가장 걸출

---

5) 소설림(蘇雪林), ≪이의산 연애 사적고(李義山戀愛事跡考)≫, 북경 : 북진서국(北辰書局), 1928 ; ≪옥계시미(玉溪詩謎)≫(개제(改題)), 대북 : 대만상무인서관, 1969.

6) ≪문일다 전집(聞一多全集)≫(3), 삼련서점(三聯書店), 1982 ; 부선종(傅璇琮) 도독(導讀), ≪당시 잡론(唐詩雜論)≫(문일다 저), 상해고적출판사, 1998.

7) 소설림(蘇雪林), ≪당시 개론(唐詩槪論)≫, 대북 : 대만상무인서관, 1970, 초판.

8) 전기박(錢基博), ≪한유지(韓愈志)≫, 중국서점(中國書店) 영인, 1988.

9) 왕벽강(汪辟疆), ≪당인 전기 소설(唐人傳奇小說)≫, 대북 : 세계서국(世界書局), 1974.

한 것은 물론 진인각의 ≪원백시전증고(元白詩箋證稿)≫10)입니다. 당시의 학자들의 장점은 구학의 근저가 좋아서 대부분 시를 알고 시를 지었으며 신학을 받아들인 이후에는 적지 않은 정채로운 새로운 견해를 제기하였지만, 사료 운용의 방법과 범위에 대하여 본다면 당대 문학에 대한 연구는 분명히 당대의 역사 연구에 비하여 손색이 있습니다. 30~40년대의 하승도(夏承燾, 1900~1986)의 ≪당송사인연보(唐宋詞人年譜)≫11) · 이가언(李嘉言, 1911~1967)의 ≪가도연보(賈島年譜)≫12)와 문일다의 ≪잠가주계년고증(岑嘉州繫年考證)≫13)을 가지고 말한다면 청인의 방법과 차이가 크지 않습니다. 이용한 기본 문헌은 역시 ≪당시기사(唐詩紀事)≫ · ≪당재자전(唐才子傳)≫ · ≪당음계첨(唐音癸籤)≫ 등의 당인의 필기 · 송인의 시화와 명 · 청의 점평(點評)입니다. 범위는 결코 넓지 않습니다. 예컨대 ≪가도연보≫는 상관된 사람과 사건에 대하여 깊이 있는 추구와 탐색을 진행하지 못하고 단지 재료를 가지고 가도의 생평 윤곽을 늘어놓은 것에 불과하지만, 현재는 어떤 사람이 가도의 시가에 언급된 사람과 사건에 대하여 상당히 깊은 분석을 하였기 때문에 그의 생애에 대한 수많은 관점이 모두 변하게 되었습니다. 그러므로 선생이 말하는 전변은 70~80년대에 이르러서야 비로소 분명하게 볼 수 있습니다.

---

10) 진인각(陳寅恪), ≪원백시 전증고(元白詩箋證稿)≫, 대북 : 세계서국, 1975. 재판.

11) 하승도(夏承燾), ≪당송 사인 연보(唐宋詞人年譜)≫(수정본(修訂本)), 상해 : 상해고적출판사, 1979, 신1판.

12) ≪가도연보≫는 1941년 ≪청화학보(淸華學報)≫ 13권 2기(期)에 발표되었고, 1947년 상무인서관(商務印書館)에서 출판되었다. 이가언이 정리한 ≪장강집 신교(長江集新校)≫(상해 : 상해고적출판사, 1983년)에 "부록"으로 실려 있다.

13) 1933년에 완성한 것으로, ≪문일다 전집(聞一多全集)≫(제3책)(북경 : 삼련서점(三聯書店), 1982년)에 수록되어 있다.

동내빈 문학 통사 중의 당대 부분을 말하면 저는 유대걸(劉大杰, 1904~1977)의 ≪중국문학발전사(中國文學發展史)≫14) 중권에서 묘사한 것을 상당히 높이 평가하고 있고 또 임경(林庚, 1910~2006)이 40년대에 쓴 ≪중국문학사≫15)도 있습니다. 그들은 자신의 감정을 가지고 당대 작품을 읽었고 다시 감정이 충만하여 독자들에게 소개하였으며 그 속에는 그들의 독창적인 체득과 개성 색채를 띤 천명과 해석이 있으며 그 속에는 "사람"이 있습니다. 문학 연구의 대상은 문학이고 사람의 정신 활동의 산물입니다. 그들은 보통의 학자들처럼 알고 있기만 하면 되는 것은 아니었습니다.

조창평 20~30년대 내지 40년대에 당시사의 연구는 비록 대작은 없지만 다방면으로 개척하는 경향을 나타내고 있습니다. 50에서 90년대에 이르는 연구 방향은 상당히 많은 부분은 그때부터 시작된 것입니다. 더욱 언급할 만한 것은 당시의 학자들은 문·사·철을 겸하여 공부하였고 중·서학을 아울러 중시하였으며 오성(悟性)이 또 극히 높았다는 것입니다. 문일다·주자청(朱自淸, 1898~1948)·임경·유대걸 등의 전배들이 모두 그렇습니다. 40년대에 문일다는 ≪당시잡론≫16)을 썼는데 그중의 <궁체시의 자속(宮體詩的自贖)>17) 1편은 오늘날 보더라도 역시 매우 뛰어남

---

14) 유대걸(劉大杰), ≪중국 문학 발전사(中國文學發展史)≫(상·중·하), 상해고적출판사, 1982, 신1판.
15) 임(문)경(林(文)庚), ≪중국 문학 발전사(中國文學發展史)≫, 대북 : 청류출판사(淸流出版社), 1976 ; ≪중국문학간사≫(상·하), 북경대학출판사, (상 : 1988 ; (하) : 1997.
16) 문일다, <당시 잡론(唐詩雜論)>, ≪문일다 전집(聞一多全集)≫ 제3권, 북경 : 문학고적사(文學古籍社), 1956 ; 북경 : 삼련서점, 1982. (1) <유서와 시(類書與詩)>, (2) <궁체시의 자속(宮体詩的自贖)>, (3) <사걸(四傑)>, (4) <맹호연(孟浩然)>, (5) <가도(賈島)>, (6) <소릉선생 연보 회전(少陵先生年譜會箋)>, (7) <잠가주 계년 고증(岑嘉州繫年考證)>, (8) <두보(杜甫)>, (9) <영역 이태백시(英譯李太白詩)>.

니다. 그것은 문학 자체의 발전을 근본으로 삼아 시와 시대 기풍의 복잡한 관계를 토론하였는데, 결론을 믿을 수 있을 뿐 아니라 방법상에서도 역시 새로운 기풍을 열었습니다. 20년대에서 40년대에 이르는 당시 연구가 굉문대저(宏文大著)가 없는 까닭은 한 시대의 문제가 있습니다. 변동하는 시대의 사람들이 맨 먼저 관심을 두고 주의한 것은 정치사·사상사·철학사·사학사이며 문학이 크게 관심과 주의를 받는 데까지 순서가 돌아가지는 못한 것 같습니다. 물론 또한 기타의 요소도 있습니다.

대 연　20~30년대에 예컨대 고대의 역사에 대한 고변(考辨)은 일찍이 대대적으로 선진 문학의 연구를 자극하였는데, 당시에 당대 문학 연구는 이러한 계기를 만나지 않았습니까? 돈황 문헌의 발견은 또한 연변되어 특별한 외적인 힘이 되지 않았습니까?

조창평　조금은 있습니다만 당대 문학 연구는 오래 전부터 매우 평온하였고 따라서 근본적인 충격 작용이 있었다고 말할 수는 없습니다. 현재는 제가 초당의 7언 고시와 변부(駢賦)의 관계를 연구하고 이교(李嶠)의 영물시(詠物詩)의 시범 작용을 연구할 때 돈황(敦煌) 문헌 중에서 제1차 자료를 얻을 수 있었습니다.[18]

동내빈　"돈황 문학"은 스스로 하나의 체계를 이룬 개념으로 그속에는 서로 다른 시대·서로 다른 지역의 것이 있습니다. 결코 모두 당대에 생긴 것도 아니고 또한 결코 돈황 지구에서 생겨난 것도 아니며 당대 문학과 직접적인 대응 관계도 없습니다. 물론 그중에 일부분은 당대 문학에 속하고 당대 문학의 사료입니다.

---

17) 이 글은 1941년 ≪당대평론(當代評論)≫ 제10기에 발표되었고, ≪문일다 전집≫(제3책)(북경 : 삼련서점, 1982년)에 수록되어 있다.

18) 조창평(趙昌平), <초·성당 7고의 연진에서 당시 발전의 내재 규율을 봄(從初·盛唐七古的演進看唐詩發展的內在規律)>, ≪중국사회과학≫ 1986년 제6기(期).

진상군   "돈황학"이 가는 방향은 날이 갈수록 스스로 한 갈래의 학문이
되어 당대 문학과의 연계는 갈수록 점점 멀어졌습니다. 적어도
현재까지는 그렇습니다. 저는 이것에 대하여 매우 이해하지 못
하고 있습니다. 저는 돈황 지방 자체의 역사와 석굴 예술 연구
가 스스로 체계를 이룬 것을 제외하면 기타 방면은 모두 마땅
히 당대의 문학·역사학과 한 몸으로 합해야 한다고 보고 있습
니다. 예컨대 돈황부(敦煌賦)는 하나의 독립된 단원으로 할 가치
가 없습니다. 돈황 문헌 중에 대량의 현존 문헌 중에는 드물게
보이는 하층 작품이 있습니다. 예컨대 서의(書儀)·계몽(啓蒙)·
독물(讀物)·소류서(小類書) 등은 문학을 연구하는 데 모두 매우
뜻이 있지만 애석하게도 정리가 불충분합니다. 이 방면은 설창
문학의 연구가 가장 성과가 높고 사가 다음이며 시는 왕범지(王
梵志) 이외에 기타는 아직 정리 중에 있으며 문은 더욱 불충분
합니다. ≪토원책(兎園冊)≫과 같은 전서(專書)도 역시 정리할 필
요가 있습니다.

2. 당대 문학 연구의 최근 20년의 추세

대 연   선생들이 더욱 흥미 있게 70~80년대 이후의 상황을 말하는
것은, 제가 추측하건대, 이 단락의 시간은 선생들 자신의 학술
경력과 마침 발걸음을 같이 하고 있기 때문인 것 같습니다.

진상군   저는 20세기의 가장 좋은 연구 성과는 역시 최근 20년에 나왔
다고 생각합니다. 부선종(傅璇琮, 1933~) 선생의 ≪당대시인총고
(唐代詩人叢考)≫[19]의 출판은 당대 문학 연구에 대하여 매우 큰

촉진 작용을 일으켰습니다. 그는 진인각·잠중면의 당대 역사 연구의 영향을 받아 광범하고 전면적으로 문헌을 확보하여 고정(考訂) 중에 사료의 주차(主次)·원류(源流)를 구별하는 데 주의하였습니다. 예컨대 전인들은 당시를 말하는데 대부분 ≪당시기사≫·≪당재자전≫의 시인들의 일사(逸事)를 신용하였지만, 그는 작자 본인의 작품이 더욱 더 믿을 만하고 방지(方志)·석각(石刻)·진신록(搢紳錄)의 기록이 더욱 믿고 따를 수 있으며 이러한 일사전문(逸事傳聞)을 검색하고 조사해보면 수많은 설이 원래 모두 믿을 수 없다는 것을 발견하게 된다고 강조하였습니다. 또 방금 말한 연보는 하승도 선생이 ≪온비경계년(溫飛卿繫年)≫[20]을 지었는데 기본적으로는 시화(詩話)·필기(筆記)·사서(史書) 및 그 시작(詩作)을 배열·비교하고 실마리를 열거하여 일부분의 계년(繫年) 연구는 비교적 깊게 하였지만 대체로는 모두 전적에서 볼 수 있는 재료입니다. 그러나 주훈초(周勳初, 1929~) 선생이 ≪고적연보(高適年譜)≫[21]를 지은 것은 매우 큰 차이가 있습니다. 그는 대량의 석각의 자료에 근거하여 고적의 가세(家世)를 밝혔고 불장(佛藏) 중의 단편적(斷片的)인 기록에 근거하여 고적과 밀종(密宗)의 승려들의 관계를 추정하였는데, 저작 형식은 구식이지만 방법은 도리어 전인들과 서로 다르게 되었습니다. 80년대 이래 그들과 관점이 서로 같은 한 그룹의 학자들이 공동의 노력을 통하여 수천 수만의 당대 작가의 생평과 작품을 비교적 철저하게 정리하였습니다. 최근 20년 당대 문학 문헌의

---

19) 부선종(傅璇琮), ≪당대시인총고(唐代詩人叢考)≫, 북경 : 중화서국, 1980 : 1996. 제3차.
20) 하구선(夏瞿禪)(승도(承燾)), ≪온비경계년(溫飛卿繫年)≫, 대북 : 세계서국, 1970. 재판 ; 원래는 ≪당송사인연보(唐宋詞人年譜)≫(고전문학출판사, 1955, 초판)에 실려 있었음.
21) 주훈초(周勳初), ≪고적연보(高適年譜)≫, 상해 : 상해고적출판사, 1980.

연구는 총체 성적은 멀리 이전의 80년보다 뛰어나지만 고증 방법의 운용은 청대 사람들보다 또한 한걸음 나아간 바가 있습니다.

조창평 사료학의 관점에서는 확실히 진상군이 말한 바와 같이 당대 문학 연구는 최근 20년 동안에 더욱 깊고 더욱 넓은 개척과 발굴이 있었습니다. 그러나 여기에는 매우 중요한 점이 있는데 사료학이 문화학적인 의의를 띠게 된 것입니다. 부선종 선생의 고증은 테느(Taine, Ippolyte, 1828~1893)의 지역 문화와 시인 군체(群體)에 관한 예술 이론을 빌린 것입니다.

진상군 그의 《과거와 당대 문학(科擧與唐代文學)》22)도 역시 그렇습니다. 과거를 묘술하는 과정 중에서 당대 문인의 활동이 두드러지는 것입니다. 유사한 작업 예컨대 막부(幕府)와 문학도 역시 연구한 사람이 있습니다. 다시 할 만한 것은 또 문관(文官)과 문학·기녀(妓女)와 문학·사관(史官)과 문학 등이 있습니다. 당대 불교와 문학의 관계는 진윤길(陳允吉, 1939~)23) 선생·손창무(孫昌武, 1937)24) 선생의 연구가 매우 뛰어나고, 유학(儒學) 복고(復古)와 고문(古文) 운동(運動)도 근년에 역시 깊이 있는 탐구가 있습니다. 도교와의 관계는 아직 불충분한 혐의가 있는데 적지 않은 당·송의 도사들은 소설을 엮는 것에 열중하였는데 깊이 연구할 만한 가치가 있습니다.

동내빈 당대 문학 연구는 근 20년에 두 가지의 깊이가 있습니다. 첫째

---

22) 부선종(傅璇琮), 《당대 과거와 문학(唐代科擧與文學)》, 서안(西安) : 섬서인민출판사(陝西人民出版社), 1986.
23) 진윤길(陳允吉), 《당음 변사록(唐音辨思錄)》, 상해 : 상해고적출판사, 1988.
24) 손창무(孫昌武), 《불교와 중국 문학(佛教與中國文學)》, 상해 : 상해인민출판사, 1988 ; 《선사와 시정(禪思與詩情)》, 중화서국, 1997.

는 사료 연구의 깊이입니다. 부선종 선생·오여욱(吳汝煜, 1940~
1990)[25] 선생·도민(陶敏, 1938~)[26] 선생 등의 당대 작가 생평·
작가 교왕 사적에 대한 고색, 진상군[27]의 당시에 대한 집일(輯
佚), 한리주(韓理洲, 1943~)[28] 선생의 당문(唐文)에 대한 것과 주훈
초[29] 선생의 당인(唐人) 필기(筆記)에 대한 계통적인 정리는 모두
현저한 성적을 거두었습니다. ≪당오대인 교왕시 색인(唐五代人交
往詩索引)≫[30]·≪당인 필기소설 인명 색인(唐人筆記小說人名索引)≫[31]·
≪당시 대사전(唐詩大辭典)≫[32] 등의 대형 공구서(工具書)의 출현
역시 이 점을 설명해 줍니다. ≪전당오대시(全唐五代詩)≫·≪전
당오대문(全唐五代文)≫의 편찬은 장차 상술한 갖가지 작업을 기
초로 한 집대성적인 공정(工程)이 될 것입니다. 사료에 대한 발굴
과 연구는 또 일련의 당집(唐集)의 정리본을 탄생시켰습니다. 초
당(初唐) 사걸(四傑)[33]·왕유(王維)[34]·고잠(高岑)[35]에서 이두(李杜)[36]·

---

25) 오여욱(吳汝煜) 주편, ≪당오대인 교왕시 색인(唐五代人交往詩索引)≫, 상해 : 상해고적출판
사, 1993.
오여욱(吳汝煜)·호가선(胡可先), ≪전당시 인명고(全唐詩人名考)≫, 남경 : 강소교육출판사,
1990.
26) 도민(陶敏), ≪전당시 인명 고증(全唐詩人名考證)≫, 서안 : 섬서인민교육출판사, 1998.
27) 진상군(陳尙君) 집교(輯校), ≪전당시 보편(全唐詩補編)≫(상·중·하), 북경 : 중화서국, 1992.
28) 한리주(韓理洲), ≪신증천가당문작자고(新增千家唐文作者考)≫, 서안(西安) : 삼진출판사
(三秦出版社), 1995.
29) [송]왕당(王讜) 찬, 주훈초(周勳初) 교증, ≪당어림 교증(唐語林校證)≫(상·하), 북경 : 중
화서국, 1987.
30) 오여욱 주편, ≪당오대인 교왕시 색인≫, 상해 : 상해고적출 판사, 1993.
31) 부선종(傅璇琮)·장침석(張忱石)·허일민(許逸民), ≪당오대 인물 전기 자료 종합 색인(唐
五代人物傳記資料綜合索引)≫, 북경 : 중화서국, 1982 ; 1992.
32) 주훈초(周勳初) 주편, ≪당시 대사전(唐詩大辭典)≫, 남경 : 강소고적출판사, 1990.
33) 왕발(王勃), [청]장청익(蔣淸翊), ≪왕자안집주(王子安集註)≫, 상해 : 상해고적출판사, 1995.
하림천(何林天) 교주, ≪중정 신교 왕자안집(重訂新校王子安集)≫, 태원(太原) : 산서인민
출판사, 1990.
노조린(盧照鄰)·양형(楊炯), 서명하(徐明霞), 점교(點校), ≪노조린집·양형집≫, 북경 :
중화서국, 1980.

원백(元白)37)·한류(韓柳)38)와 이하(李賀)39)·이상은(李商隱)40) 내지

많은 비교적 작은 작가41)에 이르고 있습니다. 어떤 것은 신주

노조린, 축상서(祝尙書) 전주, ≪노조린집전주(盧照鄰集箋注)≫, 상해 : 상해고적출판사,
1994.

낙빈왕(駱賓王), [청]진희진(陳熙晉) 전주, ≪낙림해집전주(駱臨海集箋注)≫, 상해 : 상해
고적출판사, 1985.

34) 진철민(陳鐵民), ≪왕유집 교주(王維集校注)≫(전4책), 북경 : 중화서국, 1997.

35) 손흠선(孫欽善), ≪고적집 교주(高適集校注)≫, 상해 : 상해고적출판사, 1984.
   진철민(陳鐵民)·후충의(侯忠義), ≪잠삼집교주(岑參集校注)≫, 상해 : 상해고적출판사, 2004.
   요립(廖立), ≪잠가주 시집주(岑嘉州詩箋注)≫(전2책), 북경 : 중화서국, 2004.

36) 구태원(瞿蛻園)·주금성(朱金城), ≪이백집 교주(李白集校注)≫, 상해 : 상해고적출판사.
   안기(安旗)·염기(閻琦)·설천위(薛天緯)·방일석(房日晰), ≪이백 전집 편년 주석(李白全
   集編年注釋)≫(전3책), 성도(成都) : 파촉서사(巴蜀書社), 1990.

37) 기근(冀勤) 점교(點校), ≪원진집(元稹集)≫(전2책), 북경 : 중화서국, 1982.
   양군(楊軍), ≪원진집 편년 전주(元稹集編年箋注)≫, 서안(西安) : 삼진출판사(三秦出版社),
   2002.
   주금성(朱金城), ≪백거이집 전교(白居易集箋校)≫(전6책), 상해 : 상해고적출판사, 1988.
   사사위(謝思煒), ≪백거이 시집 교주(白居易詩集校注)≫(전6책), 북경 : 중화서국, 2006.

38) 굴수원(屈守元)·상사춘(常思春) 주편, ≪한유 전집 교주(韓愈全集校注)≫(전5책), 성도 :
   사천대학출판사, 1996.
   왕국안(王國安), ≪유종원시 전석(柳宗元詩箋釋)≫, 상해 : 상해고적출판사, 1993.

39) 오기명(吳企明), ≪이하 자료 집편(李賀資料集編)≫, 북경 : 중화서국, 1993.

40) 유학개(劉學鍇)·여서성(余恕誠), ≪이상은 시가 집해(李商隱詩歌集解)≫(전5책), 북경 :
   중화서국, 1988.
   유학개·여서성, ≪이상은문 편년 교주(李商隱文編年校注)≫(전5책), 북경 : 중화서국, 2002.

41) 부선종(傅璇琮)·주건국(周建國), ≪이덕유집교전(李德裕集校箋)≫, 석가장(石家莊), 하북
   교육출판사, 2008.
   오재경(吳在慶), ≪두목집 계년 교주(杜牧集繫年校注)≫(전4책), 북경 : 중화서국, 2008.
   유학개(劉學鍇), ≪온정균 전집 교주(溫庭筠全集校注)≫(전3책), 북경 : 중화서국, 2007.
   섭안복(聶安福), ≪위장집 전주(韋莊集箋注)≫, 상해 : 상해고적출판사, 2002.
   제도(齊濤), ≪위장 시사 전주(韋莊詩詞箋注)≫(전2책), 제남(濟南) : 산동교육출판사, 2002.
   나시진(羅時進), ≪정묘집 전증(丁卯集箋證)≫(허혼(許渾)), 남창(南昌) : 강서인민출판사, 1998.
   이지량(李之亮), ≪나은 시집 전주(羅隱詩集箋注)≫, 장사(長沙) : 악록서사(嶽麓書社), 2001.
   진계룡(陳繼龍), ≪한악 시주(韓偓詩注)≫, 상해 : 학림출판사, 2001.
   엄수징(嚴壽徵)·황명(黃明)·조창평(趙昌平), ≪정곡 시집 전주(鄭谷詩集箋注)≫, 상해 :
   상해고적출판사, 1991.
   부의(傅義), ≪정곡 시집 편년 교주(鄭谷詩集編年校注)≫, 상해 : 화동사범대학출판사, 1993.
   화침지(華枕之)·유학재(喩學才), ≪맹교 시집 교주(孟郊詩集校注)≫, 북경 : 인민문학출판
   사, 1995.

(新注)이고 어떤 것은 집석(集釋) 혹은 휘주(彙注)입니다. 첨영(詹鍈) 선생이 주관한 이백(李白) 시의 휘주[42]는 규모가 방대합니다. 상 해고적출판사가 출판한 당인(唐人) 소집(小集)[43]은 습유보궐(拾遺補 闕)입니다. 이 방면에서 연구자가 사용하는 것은 대체로 전통적 인 방법이지만 이것은 공교롭게도 전통 방법은 역시 효과가 있 다는 것을 증명하는 것입니다. 다른 하나의 깊이는 구체적인 작가·작품의 해독(解讀)의 깊이입니다. 시대는 전진하고 있고 관념은 연변하고 있으며 학자들의 가치 관념·문예 관점은 개 혁·개방의 연대 중에서 서방 이론이 물밀듯 들어오는 상황 아 래 역시 크고 작은 변화가 생겼기 때문에 그들은 당인 및 그 작품에 대하여 역시 갖가지 새로운 해독이 있게 되었습니다. 수많은 전저와 논문의 분석은 왕왕 더욱 깊고 더욱 정확하게 작가의 심령 세계로 들어가서 지금 사람에 대하여 시사적(示唆 的)인 구체적인 평가와 관점을 이끌어 내고 있습니다. 80년대 중기의 "감상 열기" 중에 또한 적지 않은 좋은 문장이 나타났 지만 고전 문학을 보급하여 역시 우리의 옛 사람에 대한 이해 를 더욱 더 깊게 하였습니다. 근 20년래에는 또 교차 연구와 종합 연구의 추향이 출현하였는데 이러한 연구의 특징은 시야 가 확대되어 문학에서 전체의 문화까지 확대되어 이론은 더욱 새롭고 강화되어 매우 구체적인 분석에서 비교적 일반적인 의

학세봉(郝世峰), ≪맹교 시집 전주(孟郊詩集箋注)≫, 석가장 : 하북교육출판사, 2002.
　황붕(黃鵬), ≪가도 시집 전주(賈島詩集箋注)≫, 성도 : 파촉서사(巴蜀書社), 2002.
42) 첨영(詹鍈) 주편, ≪이백 전집 교주 휘석 집평(李白全集校注彙釋集評)≫(전8책, 천진 : 백 화문예출판사(百花文藝出版社), 1996.
43) ≪당오십가시집(唐五十家詩集)≫(전8책)(명(明) 동활자본(銅活字本)), 상해 : 상해고적출판 사, 1981.

미를 갖춘 인식으로까지 상승하려고 하고 있습니다. 문학사의 편찬은 일종의 종합적인 연구라고 할 수 있는데, 근년 이래 적지 않은 수당 문학사가 출판되었습니다. 개인이 지은 이종군(李從軍) 선생의 ≪당대 문학 연변사(唐代文學演變史)≫,[44] 공동으로 지은 나종강(羅宗强, 1931~) 선생의 ≪수당 오대 문학사(隋唐五代文學史)≫(상·중책)[45]와 문학연구소의 "중국문학통사(中國文學通史)" 시리즈 중의 ≪당대 문학사(唐代文學史)≫(상·하)[46]는 모두 각각 특색이 있고 새로운 수준을 보이고 있습니다.

조창평 당시사(唐詩史)의 연구 중에 사람들의 주목을 상당히 끄는 점은 이론과 사료의 동보공진(同步共進)입니다. 한편으로는 끊임없이 외래의 이론을 빌려 시야를 확대하여 시각을 새롭게 하고, 다른 한편으로는 부지런히 내공을 조련하여 자료의 발굴·정리·고정을 중시하는데 이것은 "문혁" 후의 당시 연구의 주류입니다. 각종의 새로운 연구 각도, 예컨대 군체(群體) 연구·구역(區域) 연구·고봉(高峰) 사이의 연접부(連接部)의 중·소 시인들의 연구, 체식(體式) 연구·시격(詩格) 연구·의상(意象) 연구 및 초보적인 음운 연구는 모두 개척되었습니다. 이러한 연구 중에 현대 문론의 영향을 발견할 수 있고 동시에 구체적인 문제의 연구 중에서 점차 당시의 민족성 이론 체계를 정리하여 확립하려는 노력을 발견할 수 있는데, 각각의 노력은 또 하나의 초점으로 모이는 것 같습니다. 그것은 곧 외부 요소가 어떻게 시가

---

44) 이종군(李從軍), ≪당대 문학 연변사(唐代文學演變史)≫, 북경 : 인민문학출판사, 1993.

45) 나종강(羅宗强)·학세봉(郝世峰)·이검국(李劍國)·항초(項楚), ≪수당 오대 문학사≫, 북경 : 고등교육출판사, (상) 1990, (중) 1994.

46) 교상종(喬象鍾)·진철민(陳鐵民) 주편, ≪당대 문학사(唐代文學史)≫(상) ; 오경순(吳庚舜)·동내빈(董乃斌) 주편, ≪당대 문학사≫(하), 북경 : 인민문학출판사, 1995.

내용에 들어가서 시가의 유기적인 조성 부분이 되는가 하는 것입니다. 최근 몇 년 동안 대형의 연구 토론회가 적게 열리고 순이론의 거시적인 연구는 적어져서 표면으로 본다면 약간 적막하지만 적막의 배후에는 더욱 깊은 사색과 연구가 있습니다. 저는 당시학계는 더욱 성숙되어 몇 년 동안 고요한 후에는 아마도 새로운 돌파구가 있을 것이라고 생각하고 있습니다.

3. 당대 문학의 현재 가지고 있는 사료의 상황

대 연   우리는 이야기를 두 부분으로 나누어 하려고 합니다. 먼저 비교적 간단한 방법으로 현재의 당대 문학과 관련된 사료 상황을 설명할 수 있는가 하는 것입니다. 예컨대 이러한 사료에 의지하면 일반인의 연구는 어떤 정도까지 이를 수 있습니까?

동내빈   저는 일찍이 ≪만력십오년(萬曆十五年)≫[47]과 같은 것을 하나 만들려고 생각했습니다. 예컨대 "원화(元和) 아무개 해의 낙양(洛陽)"을 선택하여 이 해에 낙양에서는 어떤 문인들이 있었고 문인 중에는 중심이 있었는지 어떤 사람들이 왔고 어떤 사람들이 갔으며 그들은 창작 이외에 또 어떤 관장(官場)의 응수가 있었고 승려·도사·기녀와의 교유와 왕래는 어떠했는가 등등입니다. 이 제목은 현재 할 만한 조건이 있습니다. ≪당재자전≫과 진상군·도민 선생 등의 고증이 있어 관련된 역사 상황은 이미

---

47) 황인우(黃仁宇), ≪만력 십오년(萬曆十五年)≫, 북경 : 삼련서점, 1997. 이 책은 우리 말로 번역되어 있다. ≪만력 15년 : 아무 일도 없었던 해≫, 김한식 외 옮김, 서울 : 새물결, 2004.

비교적 분명합니다. 중요한 시인들 예컨대 백거이(白居易)·유우석(劉禹錫)의 문집은 모두 매우 잘 정리되어 있고, 그렇게 중요하지 않은 시인들도 또 정치가 겸 시인의 작품도 역시 모두 비교적 완전하고 그것들을 사용하면 어떤 한해에 낙양에 있었던 문인들의 활동을 볼 수 있기 때문입니다.

조창평　당대 문학 내지 문화 문헌에 대한 정리는 부선종 선생·도민 선생과 진상군 세 사람이 가장 두드러집니다. 기타 사람들 예컨대 동배기(佟培基, 1944~)[48] 선생 등도 역시 약간 정리하였고, 나 자신은 ≪당시사(唐詩史)≫를 쓰는 과정 중에서 역시 약간 정리를 한 바 있습니다. 지난 20년 동안 사료의 방법은 문화학의 안목을 띠고 있기 때문에 그 결과로 본다면 설사 단지 사료학의 관점만 따르더라도 역시 여러 사람과는 다른 문학사를 쓸 수 있을 것입니다. 저는 시사를 연구할 때 사료 정리를 주로 하는 동학들에게 매우 감사하는데, 현재의 사료는 이미 여러 각도에서 당시에 들어가는 데 매우 좋은 기초를 놓았기 때문입니다. 그러나 어떤 성과도 모두 상대적인 것입니다. 당대의 사료는 아직 해결해야 할 문제가 매우 많습니다. ≪당재자전교전(唐才子傳校箋)≫[49]이 방금 다 나왔는데 진상군과 도민 선생은 한 부의 ≪보정(補正)≫[50]을 썼습니다. 저도 ≪당시사≫를 쓰는 과정 중에서 역시 ≪교전≫은 아직 소루(疏漏)와 잘못이 많이 있

---

48) 동배기, ≪전당시 중출오수고(全唐詩重出誤收考)≫, 서안 : 섬서인민교육출판사, 1996.
49) [원]신문방(辛文房) 저, 부선종(傅璇琮) 주편, ≪당재자전 교전(唐才子傳校箋)≫(전5책), 북경 : 중화서국, (1) : 1987. 5. ; (2) : 1989. 3. ; (3) : 1990. 5. ; (4) : 1990. 9. ; (5) : 보정(補正)) : 1995. 11.
50) 도민(陶敏)·진상군(陳尙君), ≪당재자전 교전 보정(唐才子傳校箋補正)≫, 북경 : 중화서국, 1995. 11.

어 왕왕 새로이 고정해야 한다고 느끼고 있습니다. 이 몇 년 동안 시를 내증(內證)으로 고정하여 크게 얻은 바가 있지만 동시에 또한 새로운 문제가 생겼습니다. 첫째는 문본(文本)을 읽는 능력입니다. 수많은 고정의 잘못은 문본의 오독(誤讀)에 있습니다. 둘째는 시사의 기본 형태에 대한 이해입니다. 때때로 작품의 판별에 문제가 생기는 것은 바로 이것에 근원하는 것입니다. 저는 당대 문학의 연구자는 각각 전문적인 장점이 있을 수 있지만 소양(素養)으로서는 마땅히 고정·감상·이론을 겸통해야 하고 문본 해독의 능력은 기초 중의 기초라고 생각하고 있습니다.

4. 기존의 당대 문학 연구의 시각과 방법

대 연 사료의 개척과 발굴·정리 방면에서 선생들이 제기한 약간의 학자들의 일은 마치 "문학"의 범위를 벗어나 있고 어떤 일들은 아마 역시 역사학자의 시야 중에 있는 것 같습니다.

동내빈 제가 대학에 다닐 때는 선생님이 가장 많이 언급한 사람은 진인각(陳寅恪)입니다. 그의 ≪당대 정치사 술론고(唐代政治史述論稿)≫[51]와 ≪원백시 전증고(元白詩箋證稿)≫[52]로 그의 "역사로 시를 증명하고(以史證詩)" "시로 역사를 증명하는 방법(以詩證史)"은 당대 문학 연구에 대하여 극히 큰 영향을 주었습니다.

---

51) 진인각, ≪당대 정치사 술론고(唐代政治史述論稿)≫, 중경(重慶) : 상무인서관(商務印書館), 1944 ; 북경 : 삼련서점, 1956. 2 : 1957. 7 재판.
52) 진인각, ≪원백시 전증고(元白詩箋證稿)≫, 문학고적간행사, 1955. 9. 이 책은 1950년 영남대학(嶺南大學) 중국문화연구실에서 간행된 것에 증보와 교정을 가한 것이다.

조창평 역사 문화 배경의 토론에서 진인각의 연구는 일종의 규범을 수
       립하였고 후에 부선종 선생은 바로 그렇게 하였으니 사료에서
       사사(史事)로 들어간 것입니다. 진이흔(陳貽焮, 1924~2000) 선생의
       ≪두보 평전(杜甫評傳)≫(상·중·하)53) · 정천범(程千帆, 1913~2000)54)
       선생의 두보 연구·나종강(羅宗强) 선생의 ≪수당 오대 문학 사
       상사(隋唐五代文學思想史)≫55) · 진윤길(陳允吉)56) 선생이 불교와 당
       대 문학의 관계에서 진행한 연구는 모두 이러한 길을 따른 것
       입니다.

진상군 아마 중학과 대학을 모두 단지 1년만 다녔고 또 주동윤(朱東潤,
       1896~1988) 선생을 스승으로 이어받았기 때문일 것입니다. 저
       는 자신에 대하여 결코 어떤 학과의 경계선이 없고 단지 중문
       계 출신이므로 이 분야에 대하여 비교적 익숙하기 때문에 문학
       상에 쏟은 힘이 좀 큽니다. 어떤 친구가 나와 약속하여 ≪구오
       대사(舊五代史)≫57)를 하고 있습니다만, 문학과는 관계가 없지만
       역시 기꺼이 명령에 응하였습니다. 당문학(唐文學) 연구자 중에
       는 나와 같은 사람이 매우 많습니다. 욱현호(郁賢皓, 1933~) 선생
       은 ≪당자사고(唐刺史考)≫58)를 썼는데 완전히 역사입니다. 저는
       당 일대의 문헌을 망라할 생각이 있으며, 이후 아마 방향을 바

---

53) 진이흔(陳貽焮), ≪두보 평전(杜甫評傳)≫(상·중·하), 상해 : 상해고적출판사, (상) : 1982.
    8. ; (중)(하) : 1988. 5.
54) 정천범(程千帆) · 막려봉(莫礪鋒) · 장굉생(張宏生), ≪개척된 시세계(被開拓的詩世界)≫, 상
    해 : 상해고적출판사, 1990.
55) 나종강(羅宗强), ≪수당 오대 문학 사상사(隋唐五代文學思想史)≫, 상해 : 상해고적출판사,
    1985 ; (수정본) : 중화서국, 1999. 8.
56) 진윤길(陳允吉), ≪당음 변사록(唐音辨思錄)≫, 상해 : 상해고적출판사, 1988.
57) 진상군, ≪구오대사 신집 회증(舊五代史新輯會證)≫(전12책), 상해 : 복단대학출판사, 2005.
58) 욱현호(郁賢皓), ≪당자사고(唐刺史考)≫(전5책), 회음(淮陰) : 강소고적출판사(江蘇古籍出
    版社), 1987.

꾸어 ≪당인저술고(唐人著述考)≫를 하여 경(經)·사(史)·자(子)·집(集) 외에 의(醫)·농(農)·석(釋)·도(道)를 모두 섭렵할 생각입니다.

대 연 그렇다면 드러나서 보기 쉬운 사학 혹은 사료학의 영향 외에 당대 문학에 대한 연구는 또 어떤 방법을 비교적 많이 사용합니까?

동내빈 이전에 저는 전종서(錢鍾書) 선생과 한담한 적이 있습니다. 그는 문학을 연구하려면 당연히 문학 작품을 다독하고 세독(細讀)해야 하며, 이른바 문예 이론에 대해서는 반드시 너무 마음에 둘 필요는 없지만 마땅히 철학과 심리학을 보아야 한다고 말씀하셨습니다.

대 연 그 시대의 학자 중에는 이러한 기풍이 상당히 많았습니다.

조창평 저는 문제를 확대하여 말한다면 현재 여러 사람들은 모두 세기성의 학술 회고를 하고 있지만 저는 두 개의 반차(反差)가 있다고 느끼고 있습니다. 첫째는 세기 말의 중·서학이 부딪친 성과는 멀리 세기 초의 그것만 못하다는 것입니다. 그 원인은 간단히 말한다면 학자의 소질에서 본다면 우리 세대의 사람들은 국학·외국어의 바탕이 모두 세기 초의 그러한 대사들과 비교될 수가 없습니다. 둘째는 설사 세기 초의 만남이라도 문학 연구의 성과는 역시 멀리 역사 철학보다 빛나지 않는데 현재도 역시 그렇습니다. 저는 일찍이 하나의 주제를 선정(選定)하려고 한 적이 있는데 "5·4" 전후의 10명의 국학 대사의 전집을 정리하는 것이었습니다. 문학을 주로 한 부분은 뽑기가 매우 어려웠습니다. 왕국유(王國維, 1877~1927)는 반이라고 할 수 있고 유사배(劉師培, 1884~1919)는 기껏해야 4분의 1이라고 할 수 있으며 나근택(羅根澤, 1900~1960)은 역시 좀 약합니다. 또 일찍이 문·사·철의 최신 성과의 원고를 청탁하려고 생각하였는데 사·철은 몇 사람을 찾아낼 수 있었지만 고전 문학은 일류의 논저를 찾아내기가 매우 어려웠습니다. 후에 나는 비로소 점차 이해하게 되었습니다만, 이것은 아마 필연적인 현상일 것입니다. 앞에서 말한 시대적 요소 외에도 매우 중요한 한 가지 점은 문학 연구는 한편으로는 반드시 역사학·철학·사회학·문화학·심리학·민족학 등의 연구 성과에 도움을 빌려야 하지만 그것은 필연적으로 좀 뒤떨어지게 된다는 것입니다. 다른 한편으로는 문학 현상의 복잡성은 역사와 철학을 훨씬 뛰어넘어 이른바 "말로는 풀이하기 어려운(難以言詮)" 느낌이 있습니다. 말로 풀이하기 어렵지만 또 말로 풀이해야 하므로 한 세기의 전체적인 방향은 문학 외부의 이론을 차용하여 문학을 말로 풀이하는 것이었습니다.

대 연 선생은 선생 자신의 전문가로서의 매우 가혹한 표준으로 문학 연구 저작의 수준을 평가하고 계십니다. 저는 선생과 마찬가지로 엄격한 역사학 전공과 철학 전공의 표준을 가지고 그것들 중의 일류의 저작을 고른다면 그 전공들도 아마 또한 반성할 만한 곳이 있을 것이라고 의심을 품고 있습니다.

조창평 최근 20년 동안 상황에 변화가 있는데 주로 서방 문론의 약간의 관점을 흡수하는 것입니다. 그중에 당대 문학 연구에 대하여 영향이 매우 현저한 것은 역사 문화 이론과 언어학 비평이며 특히 양자의 결합입니다. 언어학 비평은 당대 문학 언어 구조의 연구에 대하여 문학 내부의 문제를 더욱 깊이 들어가 접촉하지만, 역사 문화 연구는 또 바로 언어학 비평이 언어 구조의 자족성(自足性)을 지나치게 강조하기 때문에 일정한 폐쇄성을 초래하는 병폐를 구제할 수 있습니다. 이 양자의 결합은 전도가 밝습니다. 해결해야 할 문제는 하나는 여전히 역사 문화 요소가 어떻게 문학 내부로 들어가서 그 언어 구조의 유기적인 구성 부분이 되는가 하는 문제이고, 다른 하나는 서방 문론을 흡수할 때 어떻게 자신의 전통 이론 속으로 돌아가는가 하는 문제입니다.

대　연　그렇게 말한다면 당대 문학 혹은 전체의 고대 문학의 연구는 기타 학과의 틈새 속에 끼어 진행하는 것입니다. 저는 문학 연구는 자신에게 속하는 것이 있는지 없는지 모릅니다. 이것은 어쩌면 또한 자신의 연구 방법과 세계를 창조해야 하는지 아닌지라고 말할 수 있을 것입니다.

동내빈　문학 연구는 물론 그 자신의 세계가 있습니다. 곧 그 독특한 대상이 있으니 이것은 문제가 되지 않습니다. 그러나 방법을 말한다면 상황이 달라집니다. 단지 문학에만 속하고 다른 학과와는 전혀 갈등이 없는 특수한 방법은 있는지 없는지? 저는 문·사·철과 같은 인문 과학의 연구 방법은 대체로 서로 통하고 서로 사용할 수 있다고 생각하고 있습니다. 특히 역사 과학의 방법이 그렇습니다. 마르크스(Marx, Karl, 1818~1883)와 엥겔스(Engels, Friedrich, 1820~1895)가 "우리는 겨우 하나의 유일한 과학 곧 역사 과학만을 알고 있을 뿐이다."라고 말한 바 있다는 것을 기억하고 있습니다. 문학 연구는 대체로 문학사·문학 비평·문예 이론의 세 가지를 포함하고 있습니다. 비평은 왕왕 감정 색채를 띠고 있어 과학이 되기는 매우 어렵고 문학사는 역사학의 한 분과로 물론 사학 방법을 떠날 수 없으며 문예 이론은 비교적 자주 철학에 힘을 빌립니다. 이렇게 본다면 이른 바 독립적이고 오직 자신에만 속하는 문학 연구 방법이 결국 어디에 있겠습니까? 진정 독립적이고 다른 지식의 갈래와 서로 구별되는 문학을 말하려고 한다면 그것은 창작입니다. 왕몽(王蒙, 1934~)과 유심무(劉心武, 1942~)는 ≪홍루몽≫을 연구하였는데 연구의 결과는 그의 소설에 녹아 들어들어 있습니다. 가평요(賈平凹, 1953~)는 비록 ≪금병매(金瓶梅)≫를 연구한 논문을 발표하지는 않았지만 나는 이 소설에 대한 그의 체득과 음미는 매우 독창적인 점이 있다고 느끼고 있습니다. 이것은 그의 ≪폐도(廢都)≫[59]에서 발견할 수 있습니다. 그들이 가령 문학 연구의 논문을 쓴다면 또 전공 출신의 학자와는 매우 다를 것입니다. 순수한 문학을 하려고 한다면 창작을 해야 합니다. 문학은 예술과 같이 과학과는 본래 병립하는 것이며, 문학 연구가 자신을 과학이 되게 하려고 한다면 이론적으로는 역시 마땅히 이와 같아야 하지만 그렇게 쉬운 것은 아닙니다.

대　연　저는 동 선생이 역사 소설과 역사극을 쓸 수 있다고 알고 있고 조창평도 역시 이러한 재능이 있다고 말하는 것을 들었습니다.

조창평　그러나 저는 약간 다른 관점을 가지고 있습니다. 아마 우리의 방법은 아직 성숙하지 못하였지만 없는 것은 아니고, 아마 문학 연구는 불가피하게 기타 학과의 성과에 도움을 빌려야 하지만 일체의 기타의 성과는 결국 주변적인 것으로 최후에는 문학 자체로 돌아와야 합니다. 문학 현상의 복잡성이 문학 연구 방법이 기타의 학과보다 더욱 다원성을 갖고 있다는 것을 결정하

---

59) 가평요(賈平凹), ≪폐도(廢都)≫, 북경 : 북경출판사, 1993.

고, 문학 연구 및 그 방법은 바로 이러한 다각도의 연구와 끊임없이 나타나는 일득지견(一得之見) 중에서 점차 심화되는 것이라고 말할 수 있을 것입니다. 이 때문에 이른바 문학 연구 방법이라는 화제는 마땅히 기타 학과보다 더욱 동태성과 개성을 갖추어야 할 것입니다. 그러나 문학 연구 방법의 심화는 또한 유파의 형성과 논쟁을 연구할 필요가 있기 때문에 저는 항상 대학 중문계와 문학연구소에서는 자신의 연구 개성을 추구하여 유파를 형성해야 하고 가령 하나의 유파 중의 학자라도 역시 자신의 개성이 있어야 한다고 말합니다.

대　연　문학 연구의 방법을 말하면 저는 하나의 문제를 생각합니다. 동내빈 선생이 계통론 등의 3론으로 고전 문학을 연구할 것을 제창한 문자를 썼습니다만, 사람들에게 준 인상이 매우 깊었다고 기억하고 있습니다. 그렇다면 당대 문학 연구 영역에서 이러한 당대 국외에서 유행하는 방법을 빌려 연구를 진행한 상황이 많습니까?

동내빈　그 문장은 ≪문사지식(文史知識)≫의 부탁을 받아 쓴 것으로 저는 당시 바로 신학과(新學科) 연구실의 주임이었습니다. 저는 신기한 것을 추구하는 것은 사람의 상정(常情)으로 문제는 새로운 방법에 대하여 반드시 먼저 분명히 이해한 다음에 이용해야 한다는 것입니다. 예컨대 구조주의 같은 것은 저는 그것 자체는 매우 복잡하고 번쇄하여 이해하기가 그렇게 쉽지는 않습니다. 원형(原型) 비평·서사학(敍事學)·부호학(符號學)은 비교적 이용하기가 쉽다고 보았기 때문에 저는 자신이 이미 이해하고 있는 그 부분을 이용하고 아울러 운용 과정 중에서 끊임없이 결산하고 끊임없이 수정해도 상관이 없다고 주장한 것입니다.

대　연　이러한 연구 중의 비교적 좋은 예를 들어 주실 수 있겠습니까?
저는 다음과 같은 사람의 논문을 만나는 것이 가장 두렵습니다. 그는 새로운 이론도 좀 알고 또 고전 문학도 알고 있으므로 마음대로 한 냄비 속에 던져 넣지만, 결과는 사람들이 보고 부자연스럽다고 여기게 되는 것입니다.

진상군　1985년 낙양(洛陽)에서 회의가 열렸는데 정천범 선생이 제기하셨습니다. "자네들 젊은 사람들은 이제 이런저런 새로운 관념과 새로운 방법이 있는 것은 매우 좋네, 나는 대요(大要)를 들을 수는 있지만 완전히 알고 있지는 않네, 한 편을 지어서 보여 줄 수 있겠는가?"라고 하셨습니다. 우리는 마땅히 요즈음 어떤 새로운 방법으로 상당히 성공한 저작이 있지만 많지는 않다고 해야 할 것입니다. 저는 자신이 잘 사용하지 못하는 것을 알고 있습니다. 호랑이를 그리다가 개를 닮기보다는 역시 하지 않는 것이 좋지만, 저는 사용하는 사람이 있는 것은 반대하지 않습니다. 저는 새로운 방법을 말할 때라도 역시 반드시 전통을 포기할 수 없다고 생각합니다. 국외의 한학가는 이 방면에서 상당히 잘 하고 있는데 일본은 더욱 규범이 있습니다. 어떤 젊은 이는 전통을 말하면 전인들을 뛰어넘을 수 없고 단지 전통을 포기해야만 비로소 새로운 것을 낼 수 있다고 봅니다. 그러면 그럴듯한 일을 할 수 없을 것입니다.

동내빈　저는 새로운 방법을 사용하는 것을 배척하지 않습니다만, 더욱 어떤 사람이 사용한 것이 그렇게 좋지 않다고 해서 그것을 반대할 수는 없습니다. 사실상 잘 사용한 사람도 역시 있습니다. 예컨대 임흥택(林興宅, 1941~) 선생의 ≪예술 매력의 탐구(藝術魅力的探尋)≫[60]는 새로운 방법(곧 계통론)으로 고전 문학의 의의를 천명하였습니다. 비록 그것은 결코 당대 문학을 전문적으로 연구한 저작은 아니지만 수많은 새로운 뜻을 말하고 있습니다. 사실 이른바 새로운 방법이란 결코 신비한 것이 아니라 단지 우리가 과거에 그렇게 잘 알지 못했던 일종의 연구 방식에 불과합니다. 비록 서방 사람들이 그들의 문학을 연구할 때 결산하고 정련해 낸 것이고 우리가 연구하는 것은 중국 문학이고 중국 고전 문학이지만 방법론상에서는 의미가 없는 것은 아닙니다. 전종서 선생의 ≪관추편(管錐編)≫61)은 방대한 책으로 저는 결국 하나의 이치를 말한 것이라고 이해하고 있습니다. 곧 동·서방 사람들의 사상·감정·문학 표현 내지 수사 수법은, 비록 각자는 문학 표현과 서술상에서 어떤 것은 출현한 것이 비교적 이르고 어떤 것은 출현한 것이 비교적 늦지만, 모두 서로 통하는 점이 있다는 것입니다. 전 선생은 다량의 예로 이 점을 증명하였습니다. 이전에 우리는 봉쇄되어 서방 문론의 갖가지 새로운 변화를 몰랐으며 개혁·개방 이래 갖가지 새로운 서방 문론이 밀려들어 왔습니다. 이것들은 물론 사람들로 하여금 신선하게 느끼게 하였습니다. 어떤 사람은 그것을 가져 와서 시험적으로 사용하여 자연히 부당하고 잘못에 이르는 것을 피하기 어려웠지만 이것은 결코 이상한 것이 아닙니다. 여기에는 이미 갖가지의 실제적인 곤란이 있었습니다. 예컨대 진정으로 외국어 원저를 아는 자가 적어서 부박하고 조급한 심리 상

---

60) 임홍택, ≪예술 매력의 탐구(藝術魅力的探究)≫, 성도(成都) : 사천인민출판사(四川人民出版社), 1985 ; 대북 : 곡풍출판사(谷風出版社), 1987.

61) 전종서(錢鍾書), ≪관추편(管錐編)≫(전4책), 북경 : 중화서국, 1979년 ; ≪관추편증정(管錐編增訂)≫, 중화서국, 1982년 ; ≪관추편증정지이(管錐編增訂之二)≫, 1989년 완성 ; ≪관추편≫(전5책), 1991년 ; ≪전종서집(錢鍾書集)≫, 북경 : 삼련서점, 2001년에 수록됨.

태로 조금만 맛보고 그만두어 착실하지 않은 학풍이 좋지 않은 영향을 가지고 왔지만, 아무튼 새로운 방법을 학습하고 사용을 시도하는 것은 한통속으로 부정할 수는 없습니다. 저는 결코 새로운 방법을 그대로 옮겨 오는 것을 주장하는 것이 아니라 학습하고 체득해야 할 것은 사람들의 사고방식입니다. 당시 우리는 마르크스 주의를 학습하여 무턱대고 암기하고 교조(敎條)를 그대로 옮겨오는 것을 반대하고 극력 그 입장·관점·방법을 학습할 것을 주장하였는데 오늘날에는 서방의 문론에 대하여 연구해야 합니다. 사람들은 무엇으로 이러한 길을 가려고 생각할 수 있겠습니까? 어떻게 이러한 방법을 채용하는 것을 생각할 수 있겠습니까? 이러한 방법을 사용하면 새로운 문제와 새로운 시각을 제기할 수 있겠는가? 이것은 역시 우리의 연구 대상과 대조하고 사고하여 어떤 새로운 발견이 있을 수 있는지를 보는 것도 무방할 것입니다. 이것은 제가 말하는 새로운 방법을 운용한다는 것입니다. 이것이 문학 연구에 대하여 어떤 잘못이 있겠습니까?

대　연　이론상 이 점을 반대할 사람은 있을 수 없지만 제가 걱정하는 것은 실천하는 것이 아마 그렇게 쉽지는 없을 것이라는 점입니다.

동내빈　신비평의 방법과 같이 비록 문학과 그 외부의 일체의 연계를 단절하는 폐단은 있지만 문본을 중시하는 원칙은 결코 잘못이 없으니 흡수하여 취할 만합니다. 이러한 문본을 세독하는 방법은 영미에서는 행하는 것이 매우 학구적이고 정세하고 미시적이고 번쇄합니다. 이것은 마침 중국의 전통 문학 연구의 부족을 보완할 수 있을 것입니다. 우리의 전통은 왕왕 섬세하지 못하여 체계가 없고 논리 의식이 결여되어 있으며 또한 이론이 결여되어 시를 말하면 단지 음송(吟誦)만 있을 뿐입니다. 예컨대 어떤 늙은 선생님은 음송하는 것이 바보 같기도 하고 취한 것 같기도 하여 잇달아 좋다고 외치지만 그분에게 좋은 점이 어디에 있는지 물어 보면 말하지 못하고 스스로 체득하라고 합니다. 저는 중국의 시를 독해하는 데는 신비평의 방법을 시도하여 우리의 천명과 해석을 더욱 이성화시키는 것도 무방하다고 느끼고 있습니다. 그밖에 의상(意象) 연구와 부호학도 역시 사용할 만한 것으로 보입니다. 이미 작고한 진식악(陳植鍔, 1949~1994)의 《시가의상론(詩歌意象論)》[62]은 잘 쓴 것입니다. 저도 역시 일찍이 부호학의 방법으로 이상은(李商隱)의 시 중의 "나비(胡蝶)" 의상을 연구하고 시사(詩詞) 중의 서신(書信)과 몽경(夢境)의 의상 조합 관계를 연구한 적이 있는데 매우 흥미가 있다고 느꼈습니다.

조창평 저는 전통적인 문학 연구가 이론이 결여되어 있고 단지 음송의 학만이 있다고 말하는 것에 그렇게 동의하지 않습니다. 이것은 또 문학 연구의 방법 문제가 있는가 없는가에 관련된 것입니다. 제가 볼 때는 음송은 마침 당시 연구의 제일보로서 음송의 공부가 없다면 근본적으로 당시 연구의 오묘한 경지에 들어갈 수 없습니다. 저는 당시 연구자는 반드시 두 가지의 기초가 있어야 한다고 봅니다. 첫째는 자료에 대한 가능한 한 상세한 점유로서 문화 배경·시사(詩史) 배경·시인의 행사 및 그 군체 동향 등등입니다. 둘째는 시가에 대한 감오(感悟) 능력입니다. 문학 문본의 해독이 과학 문본과 서로 다른 것은 감오에 있습니다. 감오는 영성(靈性)에 의지하고 있는데 영성은 일부분은 선

---

62) 진식악(陳植鍔), 《시가의상론(詩歌意象論)》, 북경 : 중국사회과학출판사, 1992.

천적인 데서 오고 일부분은 음송과 암기(暗記)에 의지하고 있습니다. 언어학 비평의 설을 가지고 말한다면, 시의 언어 구조가 의지하고 있는 것은 기질(肌質) 연계(連繫)이고 시가의 매력은 그것이 "하나 더하기 하나는 둘보다 크다"는 효과를 가지고 있다는 데 있습니다. 음송과 암기 사이에 얻어지는 것은 문자의 밖을 뛰어넘는 독특한 감각이고 이후 연구로 들어갈 때의 주된 심골(心骨)입니다. 단지 대량의 암기와 응송의 체득에서 시가에 대한 특수한 민감함을 양성해야만 비로소 어지럽고 번잡한 재료와 어떤 이론의 틀 앞에서도 자아를 잃어버리는 데 이르지 않을 것이고 비로소 개성화된 연구라고 할 수 있습니다. 그러므로 시가 연구는 방법이 없는 것이 아니라 그것의 방법 중에는 이론 시각이 모두 제이의적(第二義的)이고 제일의적(第一義的)인 것은 감오라고 말하는 것입니다. 감오가 있고 개성화된 감오가 있다면 어떤 시각에서 들어가더라도 모두 창조적인 수확이 있을 수 있지만, 감오가 없다면 시각과 이론은 모두 죽은 것입니다. 감오가 있으면 이것을 뿌리로 하여 갖가지 이론의 영양분을 흡수할 수 있지만, 감오가 없다면 단지 갖가지 이론에 의하여 왔다갔다 하는 탁구공이 될 수밖에 없습니다. 저는 문학 연구의 방법은 매우 많아 여기에서 펼쳐 보일 방법이 없지만, 위에서 말한 것은 문학이 기타 학과의 연구 방법과 서로 다른 핵심입니다. 문학 연구의 다원성은 이러한 감오를 근본으로 하는 개성에서 오는 것입니다. 저는 모든 원로 선생들이 단지 음송만 알고 그것이 그러한 까닭을 모르는 것이 결코 아니라는 것을 알고 있습니다. 저는 다행히도 임경(林庚) 선생 · 시칩존(施蟄存, 1905~2003) 선생 · 마무원(馬茂元, 1918~1989) 선생 및 원행패

(袁行霈, 1936~) 선생을 따라 배웠습니다만, 그들은 모두 대량으로 암기하고 음송할 수 있고 감오도 극히 뛰어납니다. 마 선생의 연구생은 그가 1만 수의 당시를 외울 수 있다고 하였습니다. 제가 일찍이 그분에게 그렇습니까 라고 물었는데, 그 분은 겸손하게 "5천 수, 5천 수라네!"라고 말하셨습니다. 그런데 마 선생의 당시 논문은 미문(美文)이라고 할 만합니다. 저도 역시 현재의 박사와 석사 논문을 좀 본 적이 있습니다. 새로운 사유를 흡수하는 그들의 예민성은 우리 연배를 뛰어넘지만, 결함은 왕왕 암기와 음송이 너무 적고 거기에서 오는 감오 능력의 부족에 있습니다.

동내빈　시가를 연구하는 데는 당시 뿐만도 아니고 또한 중국 구시(舊詩) 뿐만도 아닙니다. 반드시 많이 암기·음송하고 또한 연구자는 예민하고 독특한 감오가 필요합니다. 이것은 모두 문제가 없습니다. 시가 연구에 대해서 감오와 이론(이성 분석)은 실은 상보상성(相輔相成)하고 서로 전제가 되는 것입니다. 저는 반드시 제일의와 제이의를 나누어야 하는 것은 아니라고 생각합니다. 물론, 이 문제는 또 토론할 만합니다.

5. 당대 각종 문체 연구의 불균형 상태에 대하여

대　연　당대 문학 연구 중에는 좀 시에 편중되어 기타 문체를 충분히 중시하지 않는 편향이 있습니까?

동내빈　저는 일찍이 ≪당대소설사≫를 하려고 계획하였는데 강소고적 출판사에서 출판하는 "단대(斷代) 분체사(分體史) 총서(叢書)" 중에 넣을 수 있었습니다. 이미 출판된 ≪중국 고전 소설의 문체 독립(中國古典小說的文體獨立)≫[63]은 주로 역시 "소설 전사(前史)" 곧 중국인의 서사 방면의 사유가 어떻게 싹터 발전하고 성숙되었는가 이고, 사용한 방법은 "서사"를 핵심적인 개념으로 하여 각 종류의 문체 중의 서사 요소를 살펴서 소설이 어떻게 경·자·사·시부 등의 문체의 발전 중에서 탄생하였는가의 과정을 보는 것이었습니다. 당대 소설 중에는 단지 전기만을 비중을 두어 언급하였는데, 그것으로 문체의 특질을 설명하고 전기로 소설 문체가 이미 독립하였다는 것을 나타냅니다. 저는 정의중(程毅中, 1930~) 선생의 ≪당대 소설사략(唐代小說史略)≫[64]을 읽은 적이 있는데 이 책은 당대 소설의 발전을 위하여 하나의 윤곽을 그리고 기본적인 사료를 열거하고 있습니다. 또 왕여도(汪汝濤, 1921~) 선생의 ≪전당소설(全唐小說)≫[65]을 본 적이 있는데 편찬과 인쇄의 두 방면에 모두 비교적 많은 문제가 존재하고 있다고 느꼈습니다. 저는 상해의 이시인(李時人, 1949~) 선생이 ≪전당소설(全唐小說)≫[66]을 편찬하고 있다는 것을 알고 있는데 그가 더욱 정세하게 하기를 희망하고 있습니다. 자료의 수집과 정리는 한걸음 나아간 연구의 기초이기 때문입니다.

대　연　선생은 시종 서로 다른 방법과 시각을 운용하기를 시도하여 새로운 문제를 제기하고 아울러 그것들을 해결하는 것 같습니다.

---

63) 동내빈(董乃斌), ≪중국 고전 소설의 문체 독립(中國古典小說的文體獨立)≫, 북경 : 중국 사회과학출판사, 1994.
64) 정의중(程毅中), ≪당대 소설사(唐代小說史)≫, 북경 : 인민문학출판사, 2003.
65) 동내빈(董乃斌), ≪중국 고전 소설의 문체 독립(中國古典小說的文體獨立)≫, 북경 : 중국 사회과학출판사, 1992.
66) 이시인(李時人) 편교(編校), ≪전당오대 소설(全唐五代小說)≫, 서안(西安) : 섬서인민출판사(陝西人民出版社), 1998.

조창평　시와 상대하여 말한다면 문과 소설의 표현력은 비교적 분명합니다. 사람의 본성은 알듯 모를듯 한 것에 대하여 흥미가 생기는 경향이 있기 때문에 당시는 결국 당문에 비하여 더욱 많은 독자와 연구자를 흡인하는 것입니다. 저는 이러한 국면은 100년 후에도 역시 변하지 않을 것이라고 생각합니다. 어떤 사람은 당시의 연구는 되었다고 말하지만 사실은 독특한 감오 기초에서의 당시 연구는 그렇게 많은 것이 아니고 너무 적습니다. 물론 당시와 당문·당소설의 발전은 결코 격리된 것이 아니라는 것을 마땅히 주의해야 할 것입니다. 사람들은 대문화 배경의 연구에 마음을 쏟을 때 왕왕 이러한 서로 이웃한 부류의 상호 영향을 소홀히 하지만 영향은 영향이고 문은 각각 체가 있어 체식의 구별은 여전히 가장 주요한 것입니다. 이 때문에 저는 "문체를 타통한다(打通文體)"는 설에 그렇게 동의하지 않습니다. 예컨대 한유의 시를 논하는 데는 결국 그의 "문으로 시를 지었다(以文爲詩)"는 것을 말하지만, 실은 체식에 대하여 본다면 한유 시의 산문화(散文化)는 시사(詩史)에서 연원이 뿌리가 있고 한유에 있어서는 "하나의 바람이 여러 움직임을 북돋우니, 온갖 구멍이 각자 우네.(一風鼓群動, 萬籟各自鳴)"라는 것으로서 상호의 영향이 있지만, 시는 여전히 시이고 문은 여전히 문으로 체식의 구별은 명백하게 분변할 수 있습니다. 시가의 연구는 반드시 각체의 시의 체식을 알아야 하는데, 지금 사람들은 왕왕 단지 의상(意象)만을 논할 뿐 체식에 밝지 않으니 아마 깊이 들어가기가 어려울 것입니다.

대　연　현대인이 만약 고시를 쓰지 않고 고시를 읊지 않는다면 대개 당시의 이른바 "체식(體式)"을 체득하기 어려울 것입니다. 저는 어떤 때는 역시 옛 사람들이 습관적으로 사용하던 개념·술어를 현재 사람들이 들어서 보고 아는 언어로 전화시켜야 한다고 어렴풋이 느끼고 있습니다. 가령 극단적으로 깊이 들어간 전공 연구 영역에 있어서도 역시 적절한 정도의 개방을 고려해야 할 것입니다.

진상군 시를 중시하고 문을 경시하는 것은 쉽게 볼 수 있습니다. 문에 대하여 말한다면 역시 경중이 있는데, 여러 사람들은 습관적으로 변문(騈文)을 고문의 대립면이라고 생각하여 비판하는 것 같습니다. 변문에 대한 연구는 이미 출판된 3~4종의 통론이 언급하고 있는 외에는 거의 공백입니다. 실은 당대의 실제의 응용과 유행의 상황에서 본다면 주도적인 위치를 차지한 것은 역시 변문으로 한류의 고문은 단지 반 세기만 유행하였을 뿐이고, 구양수(歐陽修)가 나타나기 전의 근 2세기는 여전히 변문의 천하였지만, 변문의 내재 기교를 지금 사람들은 도리어 유의하지 않습니다. 또 비판문(碑版文)은 옛 사람들은 역시 극히 중시하였고 가장 많이 힘을 쏟은 것이니 마땅히 대부분 문장학의 관점에서 중시해야 할 것입니다. 응용형 문체의 연구는 더욱 빈약하지만, 조화평(趙和平) 선생의 당대 서의(書儀) 연구67)는 매우 의의가 있습니다.

---

67) 조화평(趙和平), ≪당오대 서의 연구(唐五代書儀研究)≫, 북경 : 중국사회과학출판사, 1996.

6. 국외의 동학에 대한 이해와 평가

대　연　앞의 말에서 이미 외래 이론의 흡수에 대해서는 우리가 당대 문학 연구와 더욱 직접적인 관계가 있는 문제를 말하는 것이 더 나을 것입니다. 저는 선생들은 국외 동항의 연구에 대하여 얼마나 많이 이해하고 있고 평가는 어떤지 알고 싶습니다.

동내빈　갖가지 원인 주로 외국어의 한계입니다만 이해하는 것은 많지 않습니다. 이전에 저는 ≪이상은전(李商隱傳)≫68)을 썼습니다. 제가 알기에는 유약우(劉若愚, 1926~1984) 교수가 이상은69)을 한 권 지었는데 앞은 논술이고 뒤는 시를 뽑은 것입니다. 그러나 저는 단지 안경사원(安慶師院)의 주건국(周建國) 선생의 번역·소개70) 중에서 약간을 이해하고 있을 뿐 한계가 많습니다. 저는 또 프랑스의 학자 이브·에르부에(Yves Hervouet, 1921~, 吳德明) 교수가 유사한 책이 한 권 있다는 것을 알고 있지만 더욱 볼 인연도 없고 보더라도 역시 읽고 이해할 수 없을 것입니다. 그러나 저는 일본의 ≪동방학보(東方學報)≫에 연재된 이의산(李義山)의 7률·7절의 집석(集釋)을 읽은 적이 있습니다. 아라이·껜(荒井健) 선생이 이끌고 있는 독서반이 지은 것으로 그들은 한 수 한 수 집석(集釋)하여 사원(詞源)·전고(典故) 방면에서 연구하였고 또 천강(串講)이 있는데 매우 세밀합니다. 그러나 문제는 이상은의 시는 비교적 복잡하여 이른바 과학적인 통일된 인식을 얻기

---

68) 동내빈(董乃斌), ≪이상은전(李商隱傳)≫, 서안 : 섬서인민출판사, 1985.
69) 유약우, ≪이상은의 시(The Poetry of Li Shangyin)≫, 시카고 : 시카고대학 출판부 (Chicago University Press), 1967.
70) 주건국(周建國), <≪이상은시 연구≫의 "금슬편(錦瑟篇)" 역주(≪李商隱詩硏究≫之"錦瑟篇"譯註)>, ≪안경사원학보(安慶師院學報)≫, 1986년 제3기.

는 매우 어렵다는 것입니다. 히라오까·다께오(平岡武夫) 교수가 만든 몇 가지 색인과 유사한 것은 매우 많은 힘을 쏟아 유용한 것입니다. 상해고적출판사와 중화서국에서 따로 몇 가지의 외국학자가 중국 고전 문학을 연구한 저작은 제가 약간 보았습니다. 저는 역시 ≪서품(書品)≫을 위하여 마쓰우라·도모히사(松浦友久) 교수의 ≪당시 어휘 의상론(唐詩語彙意象論)≫71)의 서평을 쓴 적이 있는데 그 책에 대한 총체적인 학술 평가는 매우 높습니다. 저는 그의 방법은 간단한 것에서 번잡한 것에 이르고 다시 번잡한 것에서 간단한 것에 이르러 전형적인 아카데미 풍격(風格)으로 학술을 위한 학술이라고 보았습니다. 그러나 그 책은 좀 나를 불만스럽게 하는 점이 있습니다. 서평 중에서는 비교적 함축적으로 썼는데 그것은 중국 시 중에서 "아미(蛾眉)"·"단장(斷腸)"·"원제(猿啼)"를 자주 사용한 원인에 대한 해석은 한 사람의 중국인으로서의 저의 감정을 상하게 한다고 생각하고 있습니다.

대　연　여기에는 아마 역시 문화적인 차이의 문제가 좀 있을 것입니다.
조창평　미국의 연구자 중에는 스티븐·오웬(史蒂芬·歐文, Stephen Owen, 1947~)72) 교수가 괜찮고 차숙산(車淑珊) 교수의 방법이 괜찮고 미국 국적의 중국인 유약우(劉若愚)73) 교수·고우공(高友工)74) 교

---

71) [일]마쓰우라·도모히사(松浦友久), 진식악(陳植鍔)·왕효평(王曉平) 역, ≪당시어회의상론(唐詩語匯意象論)≫, 북경 : 중화서국, 1992.

72) 스티븐·오웬, 가진화(賈晉華) 역, ≪초당시(初唐詩)≫, 남녕(南寧) : 광서인민출판사, 1987 ; 가진화 역, ≪성당시(盛唐詩)≫, 할빈(合爾濱) : 흑룡강인민출판사, 1991.
　정학근(鄭學勤) 역, ≪추억 : 중국 고전 문학 중의 과거 재현(追憶 : 中國古典文學中的過去再現)≫, 상해 : 상해고적출판사, 1990 ; 삼련서점, 2004.
　정장찬(程章燦) 역, ≪미루 : 시와 욕망의 미궁(迷樓 : 詩與欲望的迷宮)≫, 대북 : 연경출판사업공사(聯經出版社業公司), 2006 ; 북경 : 삼련서점, 2004.

73) 유약우(劉若愚), The Art of Chinese Poetics, 시카고대학 출판부, 1966 ; 두국청(杜國淸)

수·매조린(梅祖麟, 1933~) 교수는 모두 괜찮습니다. 캐나다의 중국인 학자 섭가영(葉嘉瑩, 1924~)[75] 교수는 상당히 빛납니다. 일본 경도의 코오젠·히로시(興膳宏)[76] 교수·동경의 마쓰우라·도모히사(松浦友久)[77] 교수는 약간의 새로운 방법을 사용하였으며 그들의 제자 중에는 뛰어난 사람이 없지 않습니다. 총체적인 수준에서 본다면 일본이 비교적 좋고 또한 상당히 오랜 전통이 있습니다.

진상군 저처럼 대규모로 문헌을 하는 사람이 국외에도 있는지의 여부는 그렇게 분명하지 않습니다. 저는 당신들과 동감을 가지고 있습니다. 일본의 학자들은 색인을 만드는 것이 매우 착실하여 구체적인 작품과 문제에 대한 연구도 매우 세밀하고 방법과 안목도 모두 독창적인 점이 있습니다. 다만 문헌에 대한 해독이 항상 너무 세밀하거나 혹은 지나치게 색인에 의지하여 통달하지 못한 점이 있습니다. 스티븐·오웬 교수의 책을 본 적이 있는데 그의 초당시(初唐詩)에 대한 해설은 작품에서 출발한 것이고 이해에서는 간혹 차이가 있지만 우리가 소홀히 하는 수많은

역, ≪중국 시학(中國詩學)≫, 대북 : 유사문화공사(幼獅文化公司), 1977.
The Chinese Thoughts of Literature, 시카고대학 출판부, 1975 ; 뇌춘연(賴春燕) 역, ≪중국인의 문학 관념(中國人的文學觀念)≫, 대북 : 성문출판사(成文出版社), 1977.
74) 고우공(高友工)·매조린(梅祖麟), ≪당시의 매력(唐詩的魅力)≫, 상해 : 상해고적출판사, 1989.
75) 섭가영(葉嘉瑩), 석가장(石家莊) : 하북교육출판사, 1997.
  (1) ≪두보 추흥팔수 집설(杜甫秋興八首集說)≫, (2) ≪왕국유 및 그 문학 비평(王國維及其文學批評)≫, (3) ≪가릉 논시 총고(迦陵論詩叢稿)≫, (4) ≪가릉 논사 총고(迦陵論詞叢稿)≫, (5) ≪당송사 명가 논고(唐宋詞名家論稿)≫, (6) ≪청사 총론(淸詞叢論)≫, (7) ≪고전 시사 강연집(古典詩詞講演集)≫, (8) ≪한위육조시 강록(漢魏六朝詩講錄)≫, (9) ≪당송사 십칠강(唐宋詞十七講)≫, (10) ≪나의 시사(詩詞)의 길(我的詩詞道路)≫.
76) 코오젠·히로시(興膳宏), 팽은화(彭恩華) 편역, ≪흥선굉 문심조룡 논문집(興膳宏文心調龍論文集)≫, 제남 : 제로서사, 1984.
77) 마쓰우라·도모히사(松浦友久), 진식악(陳植鍔)·왕효평(王曉平) 역, ≪당시 어회 의상론(唐詩語滙意象論)≫, 북경 : 중화서국, 1993.

것을 발견하였습니다. 계제에 말한다면 그가 1992년 하버드에서 출판한 한 책78) 중에는 작은 단락의 주석이 있는데, 한국 출신의 학자인 방지동(方志彤)79) 선생의 지금까지 아직 출판되지 않은 저작 중에서 ≪이십사시품(二十四詩品)≫의 작자에 대하여 회의적이라고 하였습니다. 저와 가깝기 때문에 이것은 저의 흥미를 불러일으키지 않을 수 없었습니다.

대　연　적어도 당대 문학 연구 영역에서는 역시 중국학계의 전체적인 수준이 가장 높은데 이렇게 볼 수 있습니까? 대외 교류의 기회와 채널의 증가로 말미암아 최근 수많은 사람들은 모두 발견합니다. 곧 어떤 외국의 한학가들의 수준은 매우 높고 따라서 압력과 위기감이 생긴다는 것입니다.

동내빈　교류와 학습은 필요한 것이고 외국 학자의 특수한 방법과 시각은 우리에 대하여 계발이 있을 수 있으며, 동시에 그들의 연구 실적도 역시 소홀히 할 수 없습니다. 방금 진상군은 방지동 선생과 관점이 대략 같다고 말씀하였습니다. 이 현상은 매우 의미가 있습니다. 그러나 당대 문학이라는 영역에서 우리는 역시 마땅히 스스로를 좀 믿어야 할 것입니다. 그렇지 않습니까?

진상군　10여 년 전에 저는 고대 문학을 공부하는 데는 일본어가 유용하다고 굳게 믿고 영어 실력을 높이는 것을 포기하였습니다. 근년에 국외의 학술 저작이 대량으로 번역되어 나왔습니다. ≪당대의 외래 문명(唐代的外來文明)≫80) · ≪케임브리지 중국 수

---

78) 스티븐 · 오웬(Stephen Owen, 宇文所安), Readings in Chinese Literary Thought, Cambridge ; Massachusetts, 1992 ; (중역본) 왕백화(王柏華) · 도경매(陶慶梅) 공역, ≪중국 문론 : 영역과 평론(中國文論 : 英譯與評論)≫, 상해 : 상해과학원출판사, 2003.
79) 미국 이름은 Achilles Fang, 앞에서 든 스티븐 · 오웬의 책, 제6장 <사공도(司空圖)>와 ≪이십사시품(二十四詩品)≫, 주 5)에 간략하게 소개되어 있다.

　　　　당사(劍橋中國隋唐史)≫81) · ≪홍업 : 청조　개국사(洪業 : 淸朝開國史)≫82)
등을 보았는데, 국외의 한학계의 문헌에 대한 점유·기존의 연
구에 대한 존중과 의론의 깊이와 절실함은 모두 우리의 상상을
뛰어넘습니다. 당대 문학 연구는 중국의 전체 수준이 가장 높
다고 하는 것은 저는 단지 상대적인 것이라고 생각합니다. 나
자신을 포함한 대부분의 연구자들은 주제 선택을 확정할 때 국
외 학자의 관련된 연구에 대하여 전혀 하나도 아는 바가 없기
때문에 중복이 불가피합니다.

대　연　그렇게 말한다면 국내 학자의 국외의 같은 전공자에 대한 이해
　　　는 여전히 그렇게 충분하지 않습니다.

동내빈　매우 불충분합니다. 국내 학자로 외국어에 정통한 사람은 왕왕
　　　고전 문학 연구를 하지 않고 또한 외국의 연구 성과를 소개하
　　　는 데 힘을 쓰기를 바라지 않습니다. 문학연구소에는 하나의
　　　연구실이 있어 일찍이 일부분의 동지들이 "국외 중국학 연구"
　　　의 동태를 책임을 지고 있었지만, 후에 어떤 동지는 더 이상
　　　이러한 "대독(代讀)"의 일을 하기를 바라지 않았습니다. 그리고
　　　현재는 많은 고전 문학 연구자들은 외국어의 수준이 높지 못하
　　　여 그들이 외국의 연구 저작을 읽은 데 장애가 됩니다. 상황을
　　　바꾸어보려고 하지만 한 세대 사람들의 일이 아닙니다.

대　연　때때로 저는 남에 대하여 이해가 부족하기 때문에 혹은 전면적
　　　으로 부정하거나 혹은 맹목적으로 숭배하는 그러한 극단적인

---

80) ≪당대의 외래문명(唐代的外來文明)≫, [미국]사불(謝弗)(Schafer, E. H.), 오옥귀(吳玉貴)
　　역, 북경 : 중국사회과학출판사, 1995.
81) [영국]최서덕(崔瑞德)(Denis Twitchett) 편, 북경 : 중국사회과학출판사, 1990.
82) [미국]위비덕(魏斐德)(Wakeman, Frederie, E. Jr) 저, 진소진(陳蘇鎭) 등 역, 남경 : 강소인
　　민출판사, 1992.

국면이 나타나는 데 다시 이르지 않을까 하고 생각합니다.

조창평 전체적으로는 아마 전면적인 부정과 맹목적인 숭배의 문제는 존재하지 않을 것입니다. "자신"에 이르러서는 역시 반드시 그렇게 문제를 제기할 필요는 없을 것입니다. 학술은 국제적인 것으로 상호 계발하고 장단점을 상호 보완할 뿐입니다. 어떤 해외 학자들의 연구는 매우 투철합니다. 예컨대 코오젠·히로시(興膳宏) 교수의 5언시 기원에 관한 연구와 사조의 연구, 마쓰우라·도모히사(松浦友久) 교수의 당시의 음보(音步)에 관한 견해는 모두 한걸음 앞선 것입니다. 섭가영(葉嘉瑩) 교수의 자료 공부와 시가 예술에 대한 오성(悟性)은 일류이고 이 때문에 성적이 빛나는 것입니다. 전체적으로 말한다면, 적어도 중·서학의 융통 방면에서 해외 학자들은 우리보다 성숙하고 해외 중국 학자들은 이 방면에서 더욱 천연적인 우세를 가지고 있습니다. 20세기 학술의 방향은 중서(中西)의 융통이고 이러한 경향은 적어도 예견할 수 있는 장래에 계속 주류가 될 것입니다. 만약 이러한 것이 틀림없다면 우리는 더욱 많이 해외의 같은 전공자들의 동향에 주의를 기울여야 할 것입니다. 우리 연배는 외국어에서 손해를 보았습니다. 일본어의 자료는 저는 그래도 볼 수 있지만 영어는 단지 역저(譯著)를 볼 수밖에 없어서 매우 불편합니다.

진상군 저도 당신들의 관점에 동의합니다. 우리 세대는 선천적·후천적 요소의 영향을 받아 단지 과도적인 일대일 수밖에 없습니다. 그러나 우리는 진정으로 높은 격조의 연구는 마땅히 세계적인 안목을 갖추어야 하고 맹목적으로 자신(自信)하거나 급히 공을 세워 이익만을 추구해서는 안 된다는 것을 젊은 세대에게 알려 줄 책임이 있습니다.

7. 당대 문학 연구자의 분포

대 연   선생들이 소속한 기관에서 본다면 연구소·학교·출판사인데,
이들은 마침 근대 이래 학술 환경의 가장 중요한 세 가지 기구
입니다. 여기에서 직능의 차이 때문에 생기는 피차 서로 다른
연구 특점을 말해 주실 수 있겠습니까?

동내빈   문학연구소의 고대문학 연구실은 시대에 따라 세 단락으로 나
누는데 당·송은 둘째 단락입니다. 60년대에 3권본 ≪중국문
학사≫를 편저할 때 당·송이 한 단락으로 전종서(錢鍾書) 선생
이 책임을 졌습니다. 하기방(何其芳, 1912~1977) 선생·여관영(余
冠英, 1906~1995) 선생은 당시(唐詩)에 대해서도 역시 흥미를 느
끼고 깊이 연구하였습니다. 그밖에 또 진우금(陳友琴, 1902~1996)
선생·교상종(喬象鐘, 1921~) 선생·장화삼(蔣和森, 1928~1996) 선
생·왕수조(王水照, 1934~) 선생·오경순(吳庚舜, 1932~) 선생 등
이 있었는데 매우 훌륭한 대오를 형성하였다고 할 수 있습니
다. 그들은 문학사를 편저하는 외에 각자는 모두 적지 않은 전
문적인 주제의 논문을 썼고 어떤 문장들은 당시 영향이 매우
컸습니다. 또 600수 정도의 ≪당시선(唐詩選)≫[83]을 지어 인민문
학출판사에서 출판되었는데 저는 일찍이 후기(後期)의 공작에
좀 참가한 적이 있습니다. 자료 방면에서는 진우금 선생의

---

83) 중국사회과학원 문학연구소 편, ≪당시선(唐詩選)≫(상·하), 북경 : 인민문학출판사, 1978.

≪백거이시 평술 휘편(白居易詩評述彙編)≫84)은 이러한 종류의 책의 개창자로서 최초에는 과학출판사에서 출판되었고 후에 고전 문학 연구 자료 휘편(古典文學硏究資料彙編) 중의 "백거이권(白居易卷)"이 되어 중화서국에서 출판되었습니다. 그러나 이러한 순 자료성의 작업은 수행한 것이 많다고 할 수 없습니다. "문혁"이 끝나고 발란반정 이후에 "중국 문학 통사 시리즈"의 작업이 시작되었는데 이것은 국가 중점 사업으로 여러 사람들이 반드시 참가해야 하는 것이었습니다. 그중에 당대 문학 상·하권은 문학연구소가 담당하여 저와 나중에 온 많은 동지들이 모두 참가하였고 또한 점차 주력이 되었습니다. 그러므로 단편 논문을 쓰고 문학사를 엮는 것은 시종 문학연구소 고대실 동지의 작업의 중점이었습니다. 이러한 상황 때문에 우리는 일반적으로 연구 동태에 상당히 관심을 갖고 주의하며 고대 작가 작품에 대하여 이론적 분석을 중시하고 비교적 강한 이론 수립의 자각성이 있습니다. 물론 이것은 우리가 자료 작업을 중시하지 않는다는 것과는 다른 것이고, 어떤 종지는 고정(考訂)·전주(箋注) 방면에서도 역시 매우 장점이 있고 성과를 올렸습니다. 단지 순수하게 자료 작업만을 하거나 혹은 단지 고증 문장만을 쓰는 사람이 비교적 적을 뿐입니다. 늙은 세대의 전문가의 점차적인 서거(逝去)에 따라서 문학연구소는 적지 않은 방면에서 원래의 어떤 우세를 잃어버리게 되었습니다. 당대 문학 연구도 자연히 또한 예외일 수 없습니다. 고대 중국의 문학은 내용이 너무 풍부하고 당대 중국의 문학 연구계는 능력 있는 사람이 너무 많

---

84) 진우금(陳友琴) 편, ≪백거이권(白居易卷)≫(고전 문학 연구 자료 휘편), 북경 : 중화서국, 1962.

습니다. 한 개의 연구 기관이 각 방면에서 모두 우세를 유지하는 것은 불가능합니다. 이상적인 것은 전국의 각 연구 기관과 각 고등 교육 학교가 모두 자신의 장점과 특징을 갖고 공동으로 하나의 번영·창성의 국면을 만드는 것입니다.

대　연 여기서 제가 한번 여쭙겠습니다. 선생님은 현재 어떻게 학생들을 가르치고 있습니까?

동내빈 한 학생이 이하(李賀)의 연구사를 하고 있습니다. 저는 학술사라는 이 연구 방향은 금후 한 동안에는 전도가 밝다고 느끼고 있습니다.

대　연 진상군 선생의 집일(輯佚)과 고증의 범위는 아마 머지 않아 당대를 뛰어넘을 것입니다.

진상군 저는 줄곧 당대에 국한되지 않았습니다. 연구생일 때는 남·북송 문헌을 모두 접촉한 바 있습니다. 당대로 들어가서는 당을 공부하는 사람들은 대부분 단지 당 계열의 문헌에만 국한하고 있을 뿐이라는 것을 발견하였습니다. 송 계열 중에 수많은 당대 문헌이 있지만 종래 언급하는 사람이 없었기 때문에 당의 시문을 집록(輯錄)하려는 흥미를 불러 일으키게 되었습니다. 근년에는 진(晉)에서 민국(民國)에 이르는 문제에 대하여 모두 흥미와 관심이 있지만, 문자에 나타난 것은 당대만큼 이해하고 있지 않습니다. 이후 저는 아마 위로 육조(六朝)로 거슬러 올라가 한당(漢唐) 일서(佚書) 연구를 할 것입니다. 저는 만약 건(乾)·가(嘉)(건륭(乾隆)·가경(嘉慶)) 이래의 학문을 정리한다면 어떤 곳들은 사람이 가득차서 붐비고 어떤 곳들은 도리어 온통 공백이라는 것을 주의하게 되었습니다. 주마루(走馬樓)의 오간(吳簡)은 아마 오(吳) 나라 역사 연구를 초래할 것이지만 손오(孫吳)의 전적(典籍)

은 전인들이 거의 이용하지 않았습니다. 한당의 별전(別傳)은 ≪조만전(曹瞞傳)≫에서 ≪업후가전(鄴侯家傳)≫까지 현존하는 잔문(殘文)은 극히 풍부하고 결산할 만한 가치가 있습니다. 전인들은 "육경(六經)은 모두 역사이다(六經皆史)"라고 하였는데 저도 동감을 가지고 있습니다. 일체의 문자가 있는 것은 모두 문학 연구에 이용될 수 있고 운용의 묘에 이르러서는 "하나의 마음에 있다(存乎一心)"는 것에 달려 있을 것입니다.

대 연   선생은 강의하는 데 오로지 집일과 고증만을 강의하십니까?

진상군   저는 본과생과 연구생에게 모두 문헌학·사료학의 강의를 개설하였습니다. 사료 운영의 방법을 강의하는 데는 역시 고증 실례를 드는데 물론 눈에 띠고 알기 쉬운 것입니다. 저는 그들이 고거(考據)를 좀 알고 동시에 넓게 트인 시야와 비교적 좋은 이론 소양이 있기를 희망합니다. 학생이 논문을 쓰는 데는 저는 그 성정(性情)을 살펴보고 제목을 선택해야 한다고 주장합니다. 최근에 어떤 동학들이 집현원(集賢院)과 문학·당대 신선(神仙) 소설을 제목으로 삼아 논문을 썼는데 저는 모두 지지하였습니다.

대 연   현재 당대 문학 사료와 고증을 하는 학자들은 대부분 고등 교육 학교에서 나오는 것 같습니다. 왜 이러한 국면이 형성되었는지 모르겠습니다. 그밖에 계제에 선생께서 ≪전당오대시(全唐五代詩)≫와 ≪전당오대문(全唐五代文)≫을 새로 편찬하는 것과 관련된 진전 상황을 말씀해 주시기를 바랍니다.

진상군   당대 문학계가 사료 고증을 중시하는 것은 기타 각 대의 연구를 뛰어넘고 심지어는 당사학회(唐史學會)보다도 더욱 사료 건설을 중시하며 관련된 성과가 매우 많아 그 특색을 형성하고 있다고 마땅히 말해야 할 것입니다. 부선종 선생·주훈초 선생이 근년에 완성한 ≪당인선당시 신편(唐人選唐詩新編)≫[85]·≪당인 일사 회편(唐人軼事匯編)≫[86]은 모두 일대 문헌의 건설에 착안한 것입니다. 부 선생이 주편한 ≪당오대 문학 편년사(唐五代文學編年史)≫[87]는 이미 대체로 완성되었는데 당대 문학 발전의 시간 순서 과정을 철저하게 정리한 것이라고 할 수 있습니다. 오로지 ≪전당시≫만을 공부하여 또 성과가 뛰어난 사람 중에 저는 상담대학(湘潭大學)의 도민(陶敏) 교수를 가장 존경하고 중시하고 있습니다. ≪당오대 문학 편년사≫의 반은 그가 담당한 것입니다. 고등 교육 학교 중에는 확실히 장기간 동안 당대 문학 사료의 정리와 연구 작업에 종사하고 있는 분들이 있습니다. 임의로 꼽아 본다면 하남대학(河南大學)에는 당시를 연구하고 있는 그룹이 있고, 호북대학(湖北大學)에는 당오대사(唐五代詞)를 하는 사람이 있고,[88] 상해사대(上海師大)에는 당인 소설을 하고 있는 사람이 있고,[89] 남개대학(南開大學)에는 지괴(志怪)·전기(傳奇)의 고증을 하는 사람이 있고,[90] 남경대학(南京大學)에는 시격(詩格) 문헌을 집록(輯錄)하는 사람이 있고,[91] 하문대학(廈門大學)에는 오로지 만당·

---

85) 부선종(傅璇琮) 편찬(編撰), ≪당인선당시 신편(唐人選唐詩新編)≫(당시 연구 집성), 서안 : 섬서인민교육출판사, 1996.
86) 주훈초(周勛初) 주편, ≪당인 일사 회편(唐人軼事滙編)≫, 상해 : 상해고적출판사, 1996.
87) 부선종(傅璇琮) 주편, ≪당오대 문학 편년사(唐五代文學編年史)≫(전4책), 심양(瀋陽) : 요해출판사(遼海出版社), 1999.
88) 증소민(曾昭岷)·조제평(曹齊平)·왕조붕(王兆鵬)·유존명(劉尊明), ≪전당오대사(全唐五代詞)≫(상·하), 북경 : 중화서국, 1999.
89) 이시인(李時人), ≪전당오대 소설(全唐五代小說)≫, 서안 : 섬서인민출판사, 1998.
90) 이검국(李劍國), ≪당오대 지괴 전기 서록(唐五代志怪傳奇敍錄)≫, 천진(天津) : 남개대학출판사, 1993.
91) 장백위(張伯偉), ≪전당오대 시격 교고(全唐五代詩格校考)≫, 서안 : 섬서인민교육출판사, 1996.

오대시만을 고증하는 사람이 있고,[92] 또 하북대학(河北大學)·산동대학(山東大學)·안휘사범대학(安徽師範大學) 등이 있는데 모두 고증이나 혹은 집석의 성과를 적지 않게 냈습니다. 최근에 길림대학(吉林大學)에 ≪신당서예문지보(新唐書藝文志補)≫[93]를 하기 시작한 사람이 있다고 말하는 것을 들었습니다. 저는 그들은 모두 당대 문학 연구의 비교적 높은 수준을 대표할 수 있을 것이라고 생각합니다. 바로 모든 이러한 연구의 기초 위에 ≪전당오대시≫는 1989년에 걸음을 내디뎠는데 두보에 이르기까지의 정리 작업은 이미 완성되어 오래지 않아 계속 세상에 나올 것입니다. ≪전당오대문≫의 작업도 역시 전개된 지는 여러 해가 지났지만 세상에 나오는 것은 낙관할 수 없습니다.

대 연　한 대학의 교수로 말한다면 그로 하여금 자신의 연구 과제와 항목을 확정하게 하는 원인은 어떤 것들이 있을 수 있습니까? 예컨대 국가 사회과학 기획의 영향을 받는 것이 큽니까? 아니면 출판사의 과제 선택 기획의 제약을 받는 것이 큽니까?

진상군　사회과학 기획은 전국에서 말한다면 의의가 중대하지만 당대 문학과 같은 구체적인 영역에 대하여 말한다면 또 별도로 마땅히 따로 의논해야 할 것입니다. 일정한 정도에서 말한다면 출판사의 영향을 받는 것이 더욱 큽니다. 저는 가장 의의가 있는 학술 작업은 개인이 독립하여 연구하는 가운데 얻는 것이고 사회과학 기획과 출판사의 주제 선택과 모두 관계가 없다고 믿고

---

92) 오재경(吳在慶), ≪당오대 문사 총고(唐五代文史叢考)≫, 남창(南昌) : 강서인민출판사, 1995 ; ≪증보당오대문사총고≫, 황산서사(黃山書社), 2006 ;
　　≪당대문사여당시고론(唐代文史與唐詩考論)≫, 하문(厦門) : 하문대학출판사, 2006 ;
　　≪두목집계년교주(杜牧集繫年校注)≫(전4책), 북경 : 중화서국, 2008.
93) 장고야(張固也), ≪신당서예문지보(新唐書藝文志補)≫, 장춘(長春) : 길림대학출판사, 1996.

있지만 장기간에 걸쳐 축적하고 공정이 거대하고 또한 순서에 따라 하나하나 진행해야 비로소 완성할 수 있는 작업은 항목 수립의 경비와 출판의 보증이 모두 없어서는 안 됩니다. 서로 비교한다면 후자가 더욱 중요합니다.

대 연 당대 문학은 자신의 연구 연감이 있고 자신의 연구 시리즈가 있습니다. 전체의 고대 연구에 관련된 저작 출판이 그렇게 불경기인 상황 아래서 당대 문학은 참으로 특별히 좋은 조건을 갖추고 있습니다. 저는 항상 사람들이 당대 문학 연구계의 기풍은 특별히 좋다고 말하는 것을 들었습니다. 이러한 기풍은 만약 출판의 유력한 지지를 얻지 못한다면 역시 유지하기 어려울 것입니다.

진상군 이 점은 쉽게 볼 수 있는 것입니다. 다른 하나의 중요한 원인은 당대 문학계의 몇 세대의 사람들이 모두 학술 규범의 전승을 비교적 중시하고 착실한 문헌 근거가 있고 또 독립된 견해와 개인적 체험이 있는 연구를 고무하고 격려하였습니다.

조창평 중국의 명망이 있는 전문 출판사는 역대로 준(準) 학술 기구입니다. 상해고적출판사에 대하여 말한다면 역시 매우 좋은 학술 전통이 있습니다. 우리가 주제를 선택한 골간(骨幹) 부분은 역시 국가 사과 기획 항목으로 5년 계획·10년 계획이 있지만, 스스로 손익을 부담하고 있기 때문에 매년 학술 저작의 출판 비중은 모두 유동적입니다. 우리 출판사는 전체 문과를 대상으로 하기 때문에 어떤 학과의 어떤 시단(時段)의 주제 선택에 분배하는 것은 필연적으로 매우 유한합니다. 그러나 전체적으로 말한다면 진정으로 질적으로 뛰어난 원고는 출판할 수 없다고 걱정하지 않습니다. 진상군은 출판사의 제약을 받는다고 말하지만 실은 그의 책의 원고는 모두 출판되었습니다. 나는 그와 ≪수당오대시 기사(隋唐五代詩紀事)≫를 약속한 지 8~9년이 되었는데 저는 기다리고 있습니다. 간단하게 말한다면 명망이 있는 출판사는 질적으로 뛰어난 학술 저작에 대해서는 가능한 한 지지합니다. 솔직하게 말한다면 이 몇 년 동안에 저는 질적으로 뛰어난 고전 문학 논저를 찾았지만 찾기가 매우 어렵습니다. 저는 학술과 출판의 두 분야 사이에 "걸터 앉아(騎牆)" 있다고 할 수 있습니다. 학술 경기(景氣)의 호황과 불황 여부는 먼저 자신의 기풍과 능력을 보아야 하고 그 다음이 비로소 출판사의 지지라고 말할 수 있을 것입니다.

대　연　물론 우연한 것이지만 부선종 선생과 선생은 근년에 중국의 가장 중요한 두 고적출판사의 총편집(總編輯) 자리를 맡고 계십니다. 당대 문학 연구에 대하여 말한다면 하나의 다행한 일이라고 할 수 있겠습니다.

조창평　출판사의 총편집 자리는 전 회사의 주제 선택에 대하여 책임을 지고 있으니 실은 한결같이 자신의 전공에서 기획하는 것은 불가능합니다. 편견과 기호는 물론 약간의 영향이 있을 것이지만 주된 것은 아닙니다. 우리 출판사는 당대의 고적 정리본과 논저를 낸 것이 상대적으로 약간 많습니다. 주로 당대 문학의 전체 연구 수준이 좀 높아서 연구자와 애호자도 역시 좀 많습니다. 개인의 영향은 유한합니다. 아마도 부 선생의 영향이 좀 더 클 것입니다. 이것은 그의 개인적인 위신·명망과 관계가 있으니 저는 감히 견줄 수 없습니다. 다시 개인의 연구에 대하여 말한다면 출판사의 직위가 높을수록 자신의 연구 시간은 더욱 적습니다. 저는 결국 학계의 친구들이 같은 부류로 본다고 할 수 있으니 이는 저에게 다행한 일입니다. 제가 볼 때는 학술 기풍에 대하여 영향이 더 큰 것은 마땅히 대학일 것입니다.

8. 당대 문학 연구의 미래에 대한 평가와 기대

대 연 이후의 몇 년 동안에 당대 문학 연구는 어떤 방향으로 발전할 것이라고 상상할 수 있습니까? 어떤 주제에 또 개척과 발굴의 잠재력이 있는지요?

동내빈 저는 당대 문학 연구는 금후에 새로운 사료를 발견하고 자료의 정리에서 아직 할 만한 일이 많이 있는 외에도 또 주의할 만한 몇 가지 방면이 있다고 생각합니다. 간단히 말한다면 첫째는 종합 연구입니다. 이것은 실제에서 출발한 이론 수립입니다. 둘째는 교차 연구입니다. 기타 학과와 서로 교차하는 것으로, 예컨대 민속학·비교 문학과 서사학이 있습니다. 셋째는 학술사 연구입니다. 예컨대 사걸(四傑)의 연구사, 이백(李白)·두보(杜甫) 등의 연구사, 당시 연구사가 있습니다.

조창평 첫째는, 중·서학의 융통은 여전히 주된 추세이고 서학의 양분을 흡수하는 과정 중에 민족적인 성질의 시학 내지 문학 이론 체계를 수립하는 것입니다. 둘째는, 이러한 과정은 마음에 의지하여 만드는 웅대한 이론이 아니라 크고 작은 개안(個案) 연구 중에서 점차 심화하는 것입니다. 이러한 체계도 역시 오직 이 한 사람만인 것이 아니라 마땅히 다각적이고 백화제방(百花齊放)이어야 합니다. 셋째는, 금후 수년 안에 역사 문화 요소가 어떻게 문학 내부에 들어가 그 중개 혹은 구체적인 형태가 무엇인가가 여전히 관심과 주의의 중점이 될 것입니다. 넷째는, 주의가 불충분한 영역에 대한 개척으로, 당시에 대하여 말한다면 체세(體勢) 연구·음운(音韻) 연구·시격(詩格) 연구로서 누가 이러한 점에 잠심하여 노력을 할 수 있다면 반드시 창조적 수확이 있을 것입니다.

진상군 사료 문헌 작업은 일정한 한도가 있는 것으로 사료 이해의 기의(歧義)는 너무 많아서는 안 됩니다. 고증 방법도 역시 일정한 규율성이 있어야 합니다. 이 점에서 말한다면 저는 구(求)하는 것이 지나치게 깊고 지나치게 세밀한 것을 주장하지는 않습니다. 자사(刺史) 이하 또 현령(縣令)·현위(縣尉)를 고찰할 수 있고 물론 역시 유용하지만 겨우 백에 한둘을 얻을 것이니 의의는 크지 않을 것입니다. 시인의 생평을 해를 따라 밝히고 작품을 전부 계년(繫年)하기를 희망합니다. 바램은 물론 좋지만 사실은 도리어 할 수 없으니 역시 의심나는 것을 그대로 남겨 두는 것이 좋습니다. 저의 소견에 대해서는 몇 가지는 할 만한 가치가 있습니다.

첫째는 사실 문헌 연구의 결산성 작업으로 이미 그렇게 많은 연구 성과가 있는데 체계적인 정리·귀속을 하지 않으면 일반 연구자가 충분히 이용할 방법이 없습니다. ≪등과기고(登科記考)≫·≪양경성방고(兩京城坊考)≫는 모두 다시 할 가치가 있습니다.

둘째는 중요한 전적의 전석(箋釋)입니다. 예컨대 ≪운계우의(雲溪友議)≫·≪본사시(本事詩)≫·≪당척언(唐摭言)≫·≪명황잡록(明皇雜錄)≫ 등이 있습니다.

셋째는 검색 작업입니다. 단지 인명·서명에 국한될 뿐 아니라 사회·명물(名物)도 모두 마땅히 검색할 수 있어야 합니다. 이 방면에서 우리는 일본에 크게 뒤떨어져 있고 또한 대만에도 미치지 못합니다.

그밖에 또 자주 국외와 교류하는 것이 필요합니다.

대 연   저는 이 기회에 또한 선생들의 개인적인 연구 방식과 취향을 이해하고 싶습니다. 또 선생들에 대하여 말한다면 이러한 연구는 무엇을 의미하고 있습니까?

조창평   저의 주된 연구 방향은 여전히 당시사 곧 당시(唐詩) 연진(演進)의 궤적과 형태입니다. 저의 시각은 대체로 이렇게 귀납할 수 있습니다. 곧 시대의 역사 문화 분위기를 배경으로 하고 시인 및 그 군체의 개성화된 심리 상태를 중개로 하며 시체(詩體)의 전승 연변을 귀결로 삼는 것입니다. 저의 방법 중에서 매우 중요한 한 가지는 비교(比較) 열독법(閱讀法)입니다. 동일한 시인의 전·후기 시작과 상이한 시기의 시인의 같은 종류의 시작 그리고 당시 중의 것과 기타 시대의 같은 종류의 시작 등등을 비교하여 읽는 것입니다. 그 이동(異同)을 구별한 다음에 변이(變異)의 생성 역사와 발생 원인을 분석하고 이를 통하여 다시 시인의 개성 및 역사 문화 배경을 돌이켜 살펴보는 것입니다. 왕왕 여러 번을 반복해야 합니다. 이 때문에 저는 문본에 대한 감오가 기초 중의 기초라고 말하는 것입니다. 물론 이른바 당시의 연진 형태는 단지 연구자의 일정한 시각에서 출발한 묘사와 서술일 수밖에 없고 결코 그 실제 형태의 전부를 포함할 수 없습니다. 또한 일단 시각을 가지면 "사각(死角)"이 생겨 실은 유용한 수많은 것을 버릴 수 있습니다. 이 몇 년 동안 저는 항상 이러한 일종의 역설 속에 처하여 있다는 것을 느끼고 있습니다. 잠깐 자위하는 한 가지 점은 저는 결국 감오를 연구의 제일의로 삼기 때문에 끊임없이 시각을 수정하여 유용한 것을 좀 남기기를 희망하고 있습니다.

진상군 대략 50년대에서 시작하여 자료는 논점의 들러리가 되었습니다. 학술계도 비록 논점은 마땅히 자료 중에서 와야 한다고 역시 말하고 있지만, 자료 고증은 일반적으로 중시를 받지 않았으며 어떤 고등 교육 학교에서는 심지어 진급의 의거로 삼지 않았습니다. 저는 80년대로부터 당대의 기본 문헌을 섭렵하기 시작하였습니다. 나에 대하여 말한다면 이것은 나의 장점을 다하고 평범함을 피하는 한 가지 길입니다. 나처럼 직업화하여 자료와 고증을 하는 것의 좋은 점은 문헌의 판별과 거취(去取)에서 태도가 비교적 객관적이라는 것입니다. 오로지 한 사람만을 공부하는 사람은 감정의 영향을 받기 쉬운 것과는 달리 섭렵한 것이 이미 넓어 문제를 발견하고 해결할 기회도 또한 좀 많아진다는 것입니다.

대　연 담화의 과정 중에 선생들은 주동윤의 전기(傳記) 문학 이론을 언급하였고, 임경 선생의 강렬한 개성을 띠고 있는 서정식의 연구를 언급하였고, 또 정천범 선생의 고전 시사의 매우 깊은 교양을 언급하였습니다. 저는 매우 깊은 느낌을 받았습니다. 선생들은 그들 세대의 영향을 깊이 받고 아울러 그들을 매우 존경한다는 것입니다. 그러나 늙은 연배의 학자들이 가지고 있던 교양과 소질 및 그들이 학문을 공부할 때의 환경 조건은 모두 이미 더 이상 존재하지 않습니다. 젊은 연구자 혹은 연구 영역에 들어가려고 준비하는 사람에 대하여 말한다면, 어떻게 해야 비로소 자신의 연구가 또한 좋은 결과를 획득하게 할 수 있겠습니까?

진상군 전배 학자의 문화 소양과 학문 연구의 환경은 이미 우리가 바랄 수는 있지만 미칠 수는 없는 것입니다. 비유한다면 고시를 짓는 것은 우리는 엄격한 훈련을 거치지 않았고 또한 사승과 친구들의 절차(切磋)도 결여되어 억지로 지어도 잘 짓기가 어렵습니다. 짓지 않으면 고시에 대한 이해는 깊이 들어가기 어려우니 이것은 정말 어쩔 수 없는 것입니다. 그러나 우리는 전배보다 또한 수많은 나은 점도 있으니 문헌 점유와 검색 방면에서 전배의 당시보다 얼마나 편리한지 모릅니다. 해외의 왕래도 역시 많아졌습니다. 제가 생각하건대, 젊은 초학자에 대하여 말한다면 첫째는 기초를 잘 닦는 것으로 고문 열독의 관문을 지나 반드시 원전을 읽어야 한다는 것입니다. 둘째는 방법을 이해하는 것으로 목록학을 잘 아는 것이 더욱 중요합니다. 셋째는 현대 의식과 세계 의식이 있어야 한다는 것입니다.

조창평 학술의 진전은 결국 앞뒤가 서로 계승하는 것입니다. 학문과 교양은 비록 전배에 미치지 못하지만 학술은 여전히 진전이 있을 수 있습니다. 학술상 개척과 확대가 있을 수 없는 것은 환경이 최대의 장애는 아닙니다. 저는 결국 가장 좋은 친구는 자심(自心)이고 최대의 적도 역시 자심이라고 보고 있습니다. 젊은 학인들에 대하여 시사하는 바가 있을지 모르겠습니다.

동내빈 저는 두 가지 방면으로 나누어 말하려고 합니다. 한편으로는 기존의 원시 자료를 이해하고 투철하게 소화하는 데 힘을 쏟고 아울러 새로운 사료를 발견하는 데 노력하는 것입니다. 사료의 파악은 기본공(基本功)이지 완전히 죽은 공부가 아닙니다. 학술 시야의 확대와 학술 통찰력의 강화는 사료의 발견과 사용에 도움이 됩니다. 그리고 다른 한편으로는 타인을 이해하는 데 힘을 쏟는 것입니다. 여기에는 전현(前賢)·동시대인과 외국 동향의 연구 성과가 포함됩니다. 이것은 이미 타인에 대한 존중이기도 하지만 또한 학술 규범의 기본 요구이며, 동시에 또한 연구를 일은 반쯤하고 공은 배가 되게 하는 유효한 길이기도 합니다. 매우 중요한 한 가지는 이성 사변 능력과 이론 의식의 자각적인 제고에 충분하게 힘을 쏟고 일련의 구체적인 인식과 구체적인 결론을 이론적인 수립으로 상승시키는 데 노력하는 것입니다 이것은 중국의 전통적인 사유 방식의 약점을 겨냥하여 말한 것이기 때문에 특히 강조해야 할 것입니다. 이론을 소홀히 하고 심지어는 이론을 무시하며 이론을 강조하면 필연적으로 공허함에 빠진다고 생각합니다. 이것은 우리 학술계의 하나의 사유(思惟) 방식으로 고전 문학계가 더욱 심합니다. 만약 주의를 기울여 극복하지 않는다면 다음 세기에 이르러서는 반드시 학술 수준의 제고에 심각하게 영향을 미칠 것입니다.

제4장

송시(宋詩) 연구의 회고·평가와 전망

| 막려봉(莫礪鋒)·도문붕(陶文鵬)·정걸(程杰) |

도문붕(≪문학유산≫ 편집부)　　　중국의 시가 발전사를 살펴보면 송시는 확실히 당시 이후에 나타난 또 하나의 높은 봉우리입니다. 비록 완전히 당시에 필적한다고 말하기는 어렵겠지만 선명한 시대적 특색과 독특한 예술 풍모를 지니고서 시가 창작의 새로운 천지를 개벽하여 총체적인 성취는 원(元)·명(明)·청(淸) 삼대(三代)를 능가합니다. 20세기에 들어와서 송시 연구는 적지 않은 성과를 거두었지만 전체적으로 살펴보면 아직은 당시 연구만큼 위세가 높지도 않고 수확이 풍성하지도 않습니다. 송사(宋詞) 연구와 비교해서도 연구 인력이나 실제 성취에 있어서 송시 연구는 송사 연구에 못 미치는 점이 많습니다. 왜 이렇게 되었는가를 점검해 보면 반성하고 결산해야 할 점들이 적지 않을 것입니다. 그런 점에서 오늘 두 분의 송시 전문가를 모시고

이야기를 나누게 된 것은 무척 다행한 일입니다. 그러면 먼저 20세기 송시 연구의 대체적인 상황을 회고해볼까요?

1. 송시 연구 : 회고와 결산

막려봉(남경대학 중문계)   20세기 초의 송시 연구는 주로 시단(詩壇)의 풍조에서 파생되어 나왔습니다. 청말(淸末) 민초(民初)의 "동광체(同光體)"[1] 시인들은 대부분이 송시에 경도되었고, 주로 황정견(黃庭堅)·왕안석(王安石) 등의 전형적인 "송조(宋調)"를 학습했습니다. 진삼립(陳三立, 1852~1937)은 자칭 "변화무쌍한 형국 속에 난간에 기대어, 중원 땅의 한가한 사람이 되었다(憑欄一片風雲氣, 來作神州袖手人)"라고 하여 도도하면서도 울적한 분위기가 황정견에 가깝습니다. 심증식(沈曾植, 1850~1922)은 학문이 고금을 꿰뚫는 대학자인데, 그의 기벽하고 난해한 시풍은 송시 중의 "재능과 학문으로 시를 짓는" 노선에 접근해 있습니다. 정효서(鄭孝胥, 1860~1938)는 훗날 패가망신하기는 했지만, 만주국(滿洲國) 괴뢰정부에 가담하기 전에는 시명이 높았으며 시풍도 진삼립에 가까웠습니다. 이들은 당시 시단에서 명성이 높아서 번증상(樊增祥, 1846~1931)·역순정(易順鼎, 1858~1920) 등 중(中)·만당(晚唐)을 배운 사람들보다 영향력이 컸기 때문에 이들이 떠받든 송시도 자연히 중시를 받았습니다. 전종서(錢鍾書)의 소설 ≪위성

---

1) 청(淸) 동치(同治, 1862~1874)·광서(光緒, 1875~1908) 연간의 시가 유파로서, 그들의 작품은 송대의 강서시파(江西詩派)를 애써 모방하였고, 대표 작가로는 진삼립(陳三立)·진연(陳衍) 등이 있다.

(圍城)≫의 등장인물인 동사천(董斜川)이 "당(唐) 이후의 대시인은 '능·원·산·곡(陵·原·山·谷)'이다"라고 말하였는데, 그들은 바로 두소릉(杜少陵 : 두보(杜甫))·왕광릉(王廣陵 : 왕령(王令))·매완릉(梅宛陵 : 매요신(梅堯臣))·이창곡(李昌谷 : 이하(李賀))·황산곡(黃山谷 : 황정견(黃庭堅))·이의산(李義山 : 이상은(李商隱))·왕반산(王半山 : 왕안석(王安石))·진후산(陳後山 : 진사도(陳師道))·원유산(元遺山 : 원호문(元好問))과 진산원(陳散原 : 진삼립(陳三立))을 가리키는 것이어서 이 대시인들의 명단 속에 당대 사람은 3명뿐이고 송대 사람은 5명이나 들어 있습니다. 이것이 소설에 나오는 가공 인물의 말이긴 하지만 확실히 중화민국 초기 시단의 기풍을 대변하고 있습니다. 바로 그와 같은 기풍에 힘입어 진연(陳衍)은 이론적으로 송시의 편에 서서 앞장설 수 있었던 것입니다. 그는 ≪송시정화록(宋詩精華錄)≫[2]을 편찬했을 뿐만 아니라 "시에는 삼원(三元)이 있다(詩有三元)"라는 설을 주장했는데, 이는 "위로 개원(開元)(당 현종(玄宗)의 연호, 713~741)이 있고, 중간에 원화(元和)(당 헌종(憲宗)의 연호, 806~820)가 있고, 아래로 원우(元祐)(송 철종(哲宗)의 연호, 1086~1093)가 있다"는 설로서, "원우(元祐)"를 대표로 하는 송시가 성당(盛唐)과 중당(中唐)의 시에 필적한다고 생각한 것입니다.

정　걸(남경사범대학 중문계)　심증식은 "삼원"이 모두 외국의 탐험가

---

2) 이 책의 초판은 1935년에 나왔고, 1971년 4월 대북 광문서국(廣文書局)에서 영인본이 나왔다. 교주·교점·역주본으로는 다음과 같은 것이 있다.
　　조욱(趙旭) 교점, ≪송시정화록≫(백화주문고(百花洲文庫))(남창(南昌) : 강서인민출판사(江西人民出版社), 1984. 10).
　　조중부(曹中孚) 교주, ≪송시정화록≫(성도(成都) : 파촉서사(巴蜀書社), 1992. 3).
　　채의강(蔡義江)·이몽생(李夢生), ≪송시정화록역주(宋詩精華錄譯注)≫(상해고적출판사(上海古籍出版社), 1999. 12).

가 식민지를 개척하고 신대륙을 발견한 것과 같은 공헌을 했다고 생각했는데, 이는 송시의 역사적 지위에 대한 대단히 높은 평가입니다.

도문붕   앞에서 이야기한 상황은 결코 "동광체" 시인에 국한된 것이 아닙니다. 예를 들어 황절(黃節, 1873~1935)은 남사(南社)3)의 멤버였지만 시론은 황정견(黃庭堅)과 진사도(陳師道)를 받들었고, 그의 《겸가루시(蒹葭樓詩)》는 진사도의 영향을 받은 것이 대단히 많습니다. 황절은 대학에서 여러 해 동안 시학을 강의하였으니, 그와 같은 기풍이 학술의 기풍에 분명히 영향을 주었을 것입니다.

정 결   "동광체"는 청조(淸朝)로 들어선 이래 송을 배우려는 기풍의 발전된 모습으로서 고대문학의 범주에 속합니다. 20세기 초기의 송시 정리도 청대의 송집(宋集) 편각 추세를 계승한 것입니다. 이지정(李之鼎)은 1914년부터 송인의 별집을 정리하기 시작하여 10년에 걸쳐 《송인집(宋人集)》 갑·을·병·정 4편을 완성했는데, 주로 중·소 시인의 별집 60여 종을 엮은 것입니다.4) 그 대부분이 선본(善本)이고 별집 뒤에는 각 시인의 자료가 부록으로 붙어 있습니다. 《송인집》과 《전송시(全宋詩)》5)는 20세기

---

3) 신해혁명(辛亥革命) 시기의 진보적인 문학 단체로서 진거병(陳去病)·고욱(高旭)·유아자(柳亞子) 등이 발기하여 1909년에 소주(蘇州)에서 성립하였다. 문학 방면에서는 당시(唐詩)를 본받았고, 정치적으로는 자산계급 민주혁명을 고취하고 청(淸) 왕조의 전제 통치를 반대하였다. 이들이 낸 시문집으로 《남사총각(南社叢刻)》이 있다.

4) 이지정(李之鼎)이 편집한 《송인집(宋人集)》은 모두 273권으로 1937~1945년에 남성(南城) 이씨(李氏) 의추관(宜秋館)에서 간행되었다. 구준(寇準)·진순유(陳舜兪)·김군경(金君卿) 등 61가(家)의 시문집을 편집한 것이다.

5) 《전송시(全宋詩)》는 북경대학 고문헌연구소(古文獻研究所)에서 주관하고 북경대학출판사에서 출판한 것으로 모두 72권으로 이루어져 있다. 1차 분 25권(1~25)은 1991년 7월부터 1995년 11월까지 5년에 걸쳐서 나왔고, 2차 분 47권(26~72)은 1996년 12월부터 1998년 12월까지 2년에 걸쳐서 출간되었다.

송시의 양대 문헌 정리 작업이라고 할 수 있겠습니다. 공교롭게도 하나는 20세기 초에 나왔고, 다른 하나는 20세기 말에 나왔군요.

도문붕　20세기의 송시 연구를 통시적으로 살펴보아도 양끝이 열기차고 가운데가 냉랭한 과정이었습니다.

막려봉　"5·4 운동" 전후의 백화시(白話詩)도 송시와 연원 관계가 있습니다. 호적(胡適, 1891~1963)은 "최근 수십 년 동안 사람들은 모두 송시를 이야기하기 좋아하고 송시를 배우기 좋아하였다"고 말하였고, 심지어는 "이 시대 대다수의 시인들은 모두 송시 운동가에 속한다"라고까지 말하였습니다. 그가 말한 "송시 운동"은 "동광체"를 가리키는 것이 아니라 "동광체"와는 물과 불처럼 서로를 용납하지 않는 백화(白話) 시인을 가리킵니다. 왜냐하면 호적이 보기에 "작시는 더욱 작문에 가깝고, 말하기에 가까웠다"는 것이 바로 송시의 큰 특징이었기 때문입니다.

정　걸　당시에 전통에 대한 그와 같은 해석은 문학개혁을 위해 봉사하였고, 또한 가요와 속담·악부민가(樂府民歌)·사곡(詞曲) 및 송시에서 문학의 진화와 혁신의 규율을 찾는 것은 문학혁명을 위해 앞장을 선 것입니다.

도문붕　송시와 백화시의 관계에 관해서는 갈조광(葛兆光)이 <송시로부터 백화시까지(從宋詩到白話詩)>[6]라는 글에서 상세히 설명했습니다.

정　걸　갈조광 선생은 양자 간의 비교와 맥락에 있어서 식견이 탁월했습니다. 대략 같은 시기에 소주대학(蘇州大學)의 마아중(馬亞中) 선생도 그 문제를 다룬 논문을 썼는데, 출발점이 다른 것 같습니다.

---

6) ≪문학평론≫ 1990년 제4기.

막려봉 그와 같은 사조는 학술 연구에 대해서도 영향력을 행사하여 호
적의 문학사 저작을 보면 송시에 대한 평가가 비교적 높습니다.

도문붕 그 후 주자청(朱自淸)이 쓴 ≪송오가시초(宋五家詩鈔)≫7)도 그와 같
은 사조와 관계가 없지 않습니다.

막려봉 작시에서 파생된 송시 연구는 그 동안 몇몇 대가에 주의를 기
울였을 뿐입니다. 진연의 ≪송시정화록≫에는 수록된 시인이
130명에 달하지만 대부분의 시인은 한 두 수의 작품만이 들어
있을 뿐이고, 10수 이상이 수록된 시인은 14명에 불과합니다.
그리고 ≪석유실시화(石遺室詩話)≫8)에서 언급한 송대 시인도 많
지 않습니다. 이 같은 형편은 지금에 이르러서도 달라진 것이
별로 없어서 아직도 송시 연구자의 시야에 들어오지 못한 시인
이 너무나 많은 실정입니다.

정 걸 진지하게 연구한다는 견지에서 보자면 확실히 그렇습니다. 한
가지 지적하고 넘어가야 할 현상은 중화인민공화국 건국 후의
문학사 저작이 "한 조대(朝代)는 그 조대의 문학이 있다"는 관
념의 영향을 받아 송시 부분이 불공평하리만큼 가볍게 다루어
져 있고 언급된 시인 수도 매우 적습니다. 저희 과에서 주관하
여 최근에 출판한 두 권 짜리 ≪송대문학사(宋代文學史)≫9)도 마
찬가지입니다. 오히려 1920~1930년대에 나온 몇몇 시사(詩史)
저작은 송시를 논할 때 그래도 객관적으로 일부의 중소 시인을

---

7) 이 책은 1981년에 상해고적출판사에서 ≪주자청고전문학전집(朱自淸古典文學全集)≫(4)으
   로 출판하였다.
8) 진연(陳衍)이 편찬한 것으로, 32권과 속편 6권으로 되어 있다. 1929년 5월에 상무인서관
   (商務印書館)에서 초판이 나왔고, 또 1976년 12월 대북 제2판도 있다.
9) 손망(孫望)·상국무(常國武) 주편, ≪송대문학사(宋代文學史)≫(상·하)(북경 : 인민문학출
   판사, 1996. 9).

언급했습니다. 예를 들어 1925년에 출판된 이유(李維)의 ≪시사(詩史)≫[10)는 하송(夏竦)·송기(宋祁)·곽상정(郭祥正)·원세필(袁世弼)·참료(參寥)승(僧) 도잠(道潛)·혜홍(惠洪)·송말(宋末)의 방봉(方鳳)과 방악(方岳) 등을 언급하였습니다. 물론 간단한 소개뿐으로 명단을 열거한 데 불과하며 재료도 다만 ≪초계어은총화(苕溪漁隱叢話)≫에서 가져온 것 같기는 하지만 말입니다. 30년대에 나온 송시에 관한 전문 연구 저작으로 사람들이 늘 언급하는 두 권의 책은 호운익(胡雲翼)의 ≪송시연구(宋詩研究)≫[11)와 양곤(梁崑)의 ≪송시파별론(宋詩派別論)≫[12)입니다. 전자는 몇몇 장절에서 송시의 특징과 당·송시 풍격의 이동(異同)을 설명하였습니다. 비록 간략한 언급이긴 하지만 계몽의 작용이 있다고 하겠습니다. 후자는 전적으로 파별을 가지고 논지를 세웠습니다. 비록 범유파적인 경향이 있고 유파의 기준도 일치하지 않으며 명칭과 설명 방식에도 잘못이 있긴 하지만, 유파로부터 착수하여 송대 시사(詩史)의 대강을 파악한 것이라고 말할 수 있겠습니다. 송시는 종파의식이 강하고, 풍격 유파가 많아서 이에 대한 이해가 특히 중요합니다. 오늘 송시의 풍격 유파에 대해 토론하자면 어쨌건 양곤의 이 책을 빼놓을 수 없습니다.

도문붕   40년대의 송시 연구는 전종서(錢鍾書)의 ≪담예록(談藝錄)≫[13)이

---

10) 이유(李維)의 이 책은 1996년 3월에 동방출판사에서 "민국학술경전문고"의 하나로 재판되었다.
11) 이 책은 1935년에 상무인서관(商務印書館)에서 출판하였고, 1993년 10월에 파촉서사(巴蜀書社)에서 중인(重印)하였다.
12) 이 책은 1932년에 상무인서관(商務印書館)에서 출판되었고, 대북 동승출판유한공사(東昇出版有限公司)에서 1980년 5월에 재판이 출판되었다.
13) 전종서(錢鍾書)의 ≪담예록(談藝錄)≫은 1948년 개명서점(開明書店)에서 초판이 출판되었고, 1984년 9월에 보정본(補訂本)이 중화서국(中華書局)에서 출판되었다.

큰 영향을 끼쳤습니다. 이 책은 상당한 편폭을 할애하여 송시를 논술했습니다. 예를 들면 당시와 송시의 차이 및 그 구분 등에 관하여 논술하고 있어서 역사적으로 전개되어 온 당시와 송시의 우열 논쟁에 과학적이고 변증적인 방법을 동원하여 설득력 있는 결론을 내렸다고 말할 수 있습니다. 이 책은 또한 황정견·육유 등의 시에 대해서도 독보적인 평가를 내렸습니다. 그리고 목월(繆鉞) 선생의 <송시를 논함(論宋詩)>14)은 단편 논문이긴 하지만 당시와 송시의 예술성에 대해 매우 생동적이고 깊이 있게 비교해 놓았습니다.

막려봉　50~60년대에는 모든 고대문학 연구가 당시 정치 풍조의 영향을 크게 받아서 송시 연구도 자연히 예외일 수 없었습니다. 그때의 가장 중요한 송시 연구저작은 전종서 선생의 ≪송시선주(宋詩選注)≫15)라고 하겠습니다. 이것은 물론 탁월한 견해가 대단히 많이 들어있는 책이긴 하지만 <전언(前言)>에서 송시가 "말류(末流)를 본원(本源)으로 삼았다"고 지적한 것은 실제에 부합하지 않는 것이며, 송시의 요점을 말한 것도 아닙니다. 그리고 시의 선정도 황정견의 경우 3제(題) 5수(首)뿐이어서 육유의 1/9, 범성대(范成大)의 1/4, 유극장(劉克莊)의 1/2에 불과합니다. 이것은 의심의 여지없이 내용과 사상가치를 중시하고 형식과 예

---

14) 이 글은 목월(繆鉞)이 1940년 8월에 쓴 것으로, 후에 그의 ≪시사산론(詩詞散論)≫(대만 개명서점(臺灣開明書店), 1953. 11)에 수록되었다. 또 ≪송시감상사전(宋詩鑑賞辭典)≫(상해사서출판사(上海辭書出版社), 1987. 12)의 서두와 장고평(張高評)·황영무(黃永武) 편, ≪송시논문선집(宋詩論文選輯)≫(전3책)(고웅(高雄) : 복문도서출판사(復文圖書出版社), 1988. 5.) 등에도 실려 있다.

15) 이 책은 1958년 9월 인민문학출판사에서 초판이 나왔고, 또 1980년 6월 대북 목탁출판사(木鐸出版社)의 영인본도 있다. 경북대(慶北大) 이홍진(李鴻鎭) 교수의 우리말 번역본이 1992년 2월에 서울의 형설출판사에서 출판되었고, 2010년 4월에 역락출판사에서 개정판이 나왔다.

술가치를 경시하는 당시의 풍조에 기인한 것입니다. 전종서가 ≪담예록≫에 수록한 황정견에 관련된 단락을 가지고 대조해 보기만 해도 이 점을 알 수 있습니다.

도문붕 당시에 발표된 송시 관련 논문의 총수는 200편이 안 되는데, 그 중에서 육유·문천상(文天祥)의 애국주의 사상을 논한 것이 반을 차지합니다. 따라서 당시의 송시 연구는 총체적으로 볼 때 편파적이고 수준이 높지 않았다고 하겠습니다.

정 걸 ≪담예록≫과 비교해볼 때 전종서 선생의 입장에 확실히 큰 변화가 있었습니다만 그래도 당시에는 그의 좌경화가 불충분하다고 하여 사실상 그의 ≪송시선주≫는 출간되자마자 비평을 받았습니다. 50~60년대에 송시가 별다른 주의를 끌지 못하는 상황에서 두 가지 토론의 쟁점이 출현했는데, 하나는 소식의 정치시에 관한 것이고, 다른 하나는 전종서의 ≪송시선주≫입니다. 전종서 선생의 이 책은 당시로서는 어쩔 수 없었던 한계가 있고 개별적인 세부 사항에서도 소홀한 면이 없지 않지만 높이 평가해야 할 책임에 틀림없습니다. 그가 이 책 속에서 부정적인 입장에 서서 제기한 문제는 사실상 송시 창작특징의 본질을 언급한 것입니다. 듣자니 왕수조(王水照) 선생이 전에 ≪송시선주≫는 네 가지 안목을 가지고 읽어야 한다고 말한 적이 있답니다. 저는 왕수조 선생의 그 말씀이 구체적으로 무엇을 뜻하는지 잘 모르겠습니다만 ≪송시선주≫는 확실히 작품 독본과는 거리가 멉니다. 우선적으로 이 책은 선시(選詩)를 통해 역사를 보이는 방식으로, 선록한 대가·명가들에 대해 대부분 상세하고도 예리한 평론을 가하고 있어서 관통해서 읽으면 바로 간명한 송시사(宋詩史)가 됩니다. <전언>과 몇몇 중요한 시인의 이름 아래에서 잇따라 송시의 중요한 문제, 이를테면 계승과 창신, 서적과 창작의 문제 등을 다루고 있어서 집약하면 한 책의 송시 통론과 같습니다. 그밖에도 문동(文同)의 이름 아래에서 그림으로 경치를 비유한 사경법(寫景法)을 이야기하고, 소식의 이름 아래에서 비유를 설명하고, 조훈(曹勛)의 이름 아래에서 송대 변새시(邊塞詩)를 논하고, 유자휘(劉子翬)의 이름 아래에서 이학가(理學家)의 시를 토론하고, 범성대의 이름 아래에서 전원시(田園詩)를 토론하고 있는데, 이런 문제들은 송시에서 모두 일정한 보편적 의의를 지니는 것이어서 앞으로 우리들이 특정한 제목을 붙여 토론할 만한 것들입니다. 이 책을 펴면 언제나 송시에 대한 전종서 선생의 전면적이고 깊이 있는 이해와 파악을 느낄 수 있습니다. 책 속에 들어있는 정보량이 그렇게 크니 결코 보통의 수완이 아닙니다. 몇 년 전에 저는 진환명(秦寰明) 선생과 대담하다가 이 책을 언급하게 되었는데, 송인(宋人)의 별집 등 문헌 자료에 대한 열독을 가지고 말한다면 오늘날 송시 연구자가 그와 같은 광범한 정도에 도달하기는 매우 어려울 것이라는 데 의견이 일치했습니다. 전종서 선생의 이 책은 적어도 1949년 이후 30년 동안에 행해진 송시 연구의 최대 수확이라고 말할 수 있겠습니다.

막려봉 "문화대혁명"이 끝난 후 송시 연구는 규모와 깊이에서 모두 전단계를 크게 뛰어넘어 적지 않은 우수한 논문과 저작이 출현하였고 문헌의 정리도 성과가 컸는데, 이는 모두가 다 아는 사실입니다. 그러나 당시·송사와 비교해 보면 송시의 연구는 여전히 쓸쓸한 편입니다. 우리가 비록 연구자의 정확한 숫자는 알 수 없지만 논저의 발표 상황을 가지고 보면 송시를 다룬 사람이 당시를 다룬 사람보다 훨씬 적고, 송사를 다룬 사람보다도 적은 편입니다. 여기에는 다음과 같은 몇 가지 원인이 있다고 저는 생각합니다. 첫째는 당시와 송사의 작품 수량이 적당하다는 것입니다. ≪전당시(全唐詩)≫의 5만 수에다 진상군(陳尚君)의 ≪전당시보편(全唐詩補編)≫16)을 합쳐도 전체 수량이 6만 수에 못 미칩니다. 그래서인지 당시 연구자들은 대부분 ≪전당시≫를 통독했는데 종진진(鍾振振)은 6번이나 읽었다고 합니다. 그러나 송시는 어떻습니까? 비록 ≪전송시(全宋詩)≫가 나왔다고는 하지만 한번이라도 통독할 수 있는 자가 몇이나 되겠습니까? 억지로 통독했다고 하더라도 작품 수가 엄청나게 많기 때문에 전체적인 인상을 형성하기는 쉽지 않을 것입니다. 따라서 송시 연구자들은 대체로 몇몇 대가를 연구 대상으로 삼을 뿐이고, 중소 시인들을 함께 돌아보기에 어려움을 느낍니다. 이런 연유로 일대(一代)의 시가를 전문적으로 연구해보고 싶지만 "수박 겉핥기식으로 연구한다"는 비난을 듣기 싫은 사람은 대부분 당시를 선택하게 됩니다. 기실 전종서 선생같이 깊이와 폭을 다 갖춘 학자도 재료의 누락이라는 결점을 피하기 어려운 것입니다. ≪송시선주≫는 여본중(呂本中)의 <병란후잡시(兵亂後雜詩)>를 선록하고 주에서 ≪영규율수(瀛奎律髓)≫에 수록된 5수에 의거하여 뽑았다고 설명하였으며, 아울러 이 시가 ≪동래시집(東萊詩集)≫에는 보이지 않는다고 말했습니다. 그러나 송간본(宋刊本) ≪동래외집(東萊外集)≫을 보면 <병란후자희잡시(兵亂後自嬉雜詩)>라는 제목으로 원시(原詩) 29수가 모두 들어있습니다. 만약 전종서 선

---

16) 진상군(陳尚君) 집교(輯校), ≪전당시보편(全唐詩補編)≫(상·중·하)(북경 : 중화서국, 1992. 10).

생이 원시 29수 전부를 다 보았다면 선시가 달라졌을지도 모릅니다. 둘째로 당시는 연구의 기초가 탄탄합니다. 즉, 작품의 정리와 시인 생애의 고증 방면 등에서 모두 훌륭하게 기초를 다져놓아, 현재의 연구자들은 말하자면 거인의 어깨 위에 서서 더욱 멀리 바라볼 수 있게 된 것입니다.

정 걸 송시 연구자들은 그런 행운이 없어서 수많은 작업을 처음부터 해야 합니다. 따라서 입론이 편파적이 될 가능성도 더욱 크지요.

도문붕 또 다른 하나의 원인은 당대 문학 연구의 영향이 커서 전국 규모의 학회가 진작에 성립되어 매년 정기적으로 학회가 열리고, 또한 ≪당대문학연구(唐代文學研究)≫17)와 ≪당대문학연구연감(唐代文學研究年鑑)≫18)이라는 두 가지 전문 간행물이 있어서 대오가

---

17) 중국당대문학학회(中國唐代文學學會)가 주편하는 비정기 간행물이다.

제1집, 중국당대문학연구회(中國唐代文學研究會)·서북대학중문계(西北大學中文系)·산서인민출판사(山西人民出版社) 주편(태원(太原) : 산서인민출판사, 1988. 3).

제2집, 중국당대문학학회·서북대학중문계·광서사범대학출판사(廣西師範大學出版社) 주편(계림(桂林) : 광서사범대학출판사, 1990. 10).

제3집, 중국당대문학학회·서북대학중문계·광서사범대학출판사 주편(계림 : 광서사범대학출판사, 1992).

제4집, 중국당대문학학회·서북대학중문계·광서사범대학출판사 주편(계림 : 광서사범대학출판사, 1993).

제5집, 중국당대문학학회·서북대학중문계·광서사범대학출판사 주편(계림 : 광서사범대학출판사, 1994).

제6집, 중국당대문학학회·서북대학중문계·광서사범대학출판사 주편(계림 : 광서사범대학출판사, 1996. 9).

제7집, 중국당대문학학회·서북대학중문계·광서사범대학출판사 주편(계림 : 광서사범대학출판사, 1998. 10).

18) 중국당대문학학회(中國唐代文學學會)가 편집하여 광서사범대학출판사(廣西師範大學出版社)에서 1984년부터 매년 출간하였다.

≪당대문학연구연감≫(1989·1990합집(合輯)), 곽송림(霍松林) 등 주편(계림 : 광서사범대학출판사, 91).

≪당대문학연구연감≫(1991), 곽송림(霍松林)·부선종(傅璇琮) 주편(계림 : 광서사범대학출판사, 92).

≪당대문학연구연감≫(1992), 곽송림·부선종 주편(계림 : 광서사범대학출판사, 93).

장대하고 발표진지도 많아 자연히 더욱 많은 사람을 끌어들일 수 있는 것이지요. 반면에 송시 연구자들은 집단에 속하지 않고 독자적으로 행동하는 사람과 같아서 "술 마시며 문장을 논하고", "인원을 조직하고 확충할" 기회를 갖기가 매우 어렵습니다. 과연 언제나 "송대문학학회(宋代文學學會)"와 "송시학회(宋詩學會)"가 성립되고 송대 문학 연구의 전문 간행물이 창간될 수 있을는지요?

정 결 송시 연구가 낙후된 것은 역사적으로 조성된 것입니다. 송시는 옛사람들로부터 장기간 냉대를 받았고, 당대(當代)에도 정치적 기준과 예술적 기준의 이중 협공을 받아서 이것이 학문 분야로써 발걸음을 내딛는 데 심각한 영향을 끼치고 있습니다. 학문 분야의 건설과 연구 대오의 형성은 모두 거쳐야 할 과정이 있습니다. 과제 자체의 난이도는 오히려 부차적인 것입니다. 기실 난이도는 상대적인 것입니다. 당시의 의경(意境)은 대부분 허처(虛處)에 있고, 송시의 의경은 실처(實處)에 있습니다. 허처를 분명하고 확실하게 하기는 어렵습니다. 당시를 연구할 때 생애를 고증·해석하고, 작품을 편년(編年)하고, 작가의 시대 배경을 살피는 것은 상대적으로 어렵습니다. 송시의 이른바 "용인(用人)과 행정(行政)"·"차·말과 상품"·"의론(議論)과 시의 증답(贈答)"·"구문(舊聞)과 유사(遺事)"는 모두 갖추어져 있어서 시인의 생애와 사적 및 작품 배경의 실증 재료는 상대적으로 많은 편입니다. 당시 연구는 기초가 잘 닦여 있지만 지극히 성대하면 뒤를 잇기가 어려운 법입니다. 송시는 수량이 많아 바라보면 대략 개

≪당대문학연구연감≫(1995·1996합집), 중국당대문학학회·광서사범대학중문계·광서사범대학출판사 편(계림 : 광서사범대학출판사, 1997. 12).

간된 곳이 없어서 광활한 천지에 해야 할 일이 많습니다. 요컨대 관건은 인력을 투입하는 일입니다. 그런데 송시가 진정으로 사람들의 주의를 끌어서 송시에 인력이 투입된 것은 최근 20년의 일에 불과합니다.

막려봉　물론 당시·송사와 비교하지 않고 송시 연구 자체에 국한해서 살펴본다면 최근 20년 동안의 성적은 그래도 좋은 편입니다. 우선 문헌 정리 작업을 들 수 있겠군요. 북경대학에서 편찬한 ≪전송시≫는 일대(一代)의 거대한 문헌 총집으로서 연구자들에게 많은 편리를 제공하게 되었습니다. 사천대학(四川大學)에서 펴낸 ≪전송문(全宋文)≫19)도 매우 유용하여 송대 시인에 관련된 자료를 대부분 검색할 수 있습니다.

정　걸　별집의 정리 작업도 성적이 좋아서 주동윤(朱東潤) 선생의 ≪매요신집편년교주(梅堯臣集編年校注)≫,20) 전중련(錢仲聯) 선생의 ≪검남시고교주(劍南詩稿校注)≫,21) 백돈인(白敦仁) 선생의 ≪진여의집교전(陳與義集校箋)≫,22) 진증걸(陳增傑) 선생의 ≪임경희시집교주(林景熙詩集校注)≫,23) 부평양(傅平驤)·호문도(胡問陶) 선생의 ≪소순흠집편년교주(蘇舜欽集編年校注)≫24)는 모두 일컬을 만합니다. 그러나 안타깝게도 정리가 매우 불충분합니다. 수많은 중소 시인

---

19) 증조장(曾棗莊)·유림(劉琳) 주편, 사천대학고적정리연구소편(四川大學古籍整理硏究所編)으로 성도(成都)의 파촉서사(巴蜀書社)에서 1988년부터 간행되었다.

20) 주동윤(朱東潤), ≪매요신집편년교주(梅堯臣集編年校注)≫(상·중·하)(상해고적출판사, 1980. 11), 또 1983년 4월에 나온 대북 원류출판사(源流出版社)의 영인본(상·하)도 있다.

21) 전중련(錢仲聯) 교주, ≪검남시고교주(劍南詩稿校注)≫(전8책)(상해고적출판사, 1985. 9).

22) 백돈인(白敦仁), ≪진여의집교전(陳與義集校箋)≫(상·하)(상해고적출판사, 1990. 8).

23) 진증걸(陳增傑) 교주(校注), ≪임경희시집교주(林景熙詩集校注)≫(양절작가문총(兩浙作家文叢))(항주(杭州) : 절강고적출판사(浙江古籍出版社), 1995. 12).

24) 부평양(傅平驤)·호문도(胡問陶), ≪소순흠집편년교주(蘇舜欽集編年校注)≫(성도(成都) : 파촉서사(巴蜀書社), 1991. 3).

은 말할 것도 없고, 소식·황정견·왕안석 같은 대가들의 시도 여전히 송인과 청인의 구주(舊注)를 읽을 수밖에 없는 형편입니다.

도문붕   송인들이 학문으로 시를 지었기 때문에 소식·왕안석·황정견 같은 대가들의 신주본(新注本)이 오랫동안 나타나지 않는 것은 아마도 주를 달기가 어려운 데 원인이 있겠지요.

막려봉   인민문학출판사에서 전에 저에게 황정견 시집의 정리를 제의해 왔었는데, 저는 아직 그만한 실력을 쌓지 못해서 결국 사양하고 말았습니다.

도문붕   작가 연보의 제작 방면에서는 우북산(于北山) 선생의 ≪육유연보(陸游年譜)≫[25]가 무게있는 저작이라고 하겠습니다. 최근에 사회과학문헌출판사에서 청년학자 정영효(鄭永曉)의 ≪황정견연보(黃庭堅年譜)≫[26]를 출판했습니다. 지은이가 저에게 편집 책임을 맡아달라고 했는데, 장장 수십 만 언에 달하는 이 책은 재료가 풍부하고 황정견의 시 90% 이상을 편년한 매우 가치 있는 책입니다. 중화서국에서는 일찍이 1978년에 부선종(傅璇琮) 선생이 편집한 ≪황정견과 강서시파권(黃庭堅和江西詩派卷)≫[27]을 출판하였습니다. 또한 공범례(孔凡禮) 선생이 쓴 백만 자 규모의 ≪소식연보(蘇軾年譜)≫[28]도 최근에 중화서국에서 출판하였습니다.

막려봉   앞으로 더욱 많은 사람들이 이런 작업에 종사하면 좋겠군요.

도문붕   문헌 정리 외에도 요 20년 동안에 수준 높은 학술 논저들이 나

---

25) 우북산(于北山), ≪육유연보(陸游年譜)≫(상해고적출판사, 1985).
26) 정영효(鄭永曉), ≪황정견연보신편(黃庭堅年譜新編)≫(북경 : 사회과학문헌출판사(社會科學文獻出版社), 1997. 12).
27) 부선종(傅璇琮), ≪황정견과 강서시파권(黃庭堅和江西詩派卷)≫(고전문학연구자료회편(古典文學研究資料匯編))(북경 : 중화서국, 1978).
28) 공범례(孔凡禮), ≪소식연보(蘇軾年譜)≫(상·중·하)(북경 : 중화서국, 1998. 2).

와 여러 방면에서 새로운 돌파가 있었습니다.

막려봉 우선 주목할 만한 것으로 몇몇 대가에 대한 연구가 있습니다. 예를 들어 소식과 황정견에 대한 연구는 이미 상당한 규모를 갖추어 발표된 논문 수도 적지 않고 토론회도 여러 차례 열렸습니다. 소식연구학회(蘇軾硏究學會)의 경우 활동이 비교적 활발하여 출판된 논저도 그 수가 적지 않은데, 그 중에서 왕수조(王水照)·유내창(劉乃昌)·사도방(謝桃坊) 등 몇몇 사람의 책은 모두 학술적 가치가 높은 것들입니다.[29]

정 결 1991년에 있었던 제1회 당송시사국제토론회(唐宋詩詞國際討論會)에서 저는 진환명(秦寰明)과 함께 송시 연구의 술평(述評)이라는 글을 발표했는데, 송시 전체에 대한 연구와 토론·작가 연구·유파 연구·비교 개척 연구 등 몇 가지 방면으로 나누어 70년대 말기부터 당시까지의 상황을 상세히 이야기했습니다. 작가 연구 항목에서는 소식과 황정견에 대한 연구 상황을 집중적으로 이야기하였습니다. 그 후로 작가 연구는 여전히 소식·황정견·양만리(楊萬里)·육유 등 몇몇 대가들에 대한 연구가 활기를 띠고 있습니다. 소식 연구는 요 몇 년의 수확이 비교적 많아서 막려봉 선생이 언급한 사람 외에 주정화(朱靖華)·왕홍(王洪)·장승관(張勝寬)·당령령(唐玲玲)·종래인(鍾來因)[30] 선생 등에게도 모

---

29) 왕수조(王水照), ≪소식연구(蘇軾硏究)≫(석가장시(石家莊市) : 하북교육출판사(河北敎育出版社), 1999. 5).
유내창(劉乃昌), ≪소식문학논집(蘇軾文學論集)≫(제남(濟南) : 제로서사(齊魯書社), 1982. 4).
사도방(謝桃坊), ≪소식시연구(蘇軾詩硏究)≫(성도(成都) : 파촉서사(巴蜀書社), 1987. 5).
30) 주정화(朱靖華), ≪소식신론(蘇軾新論)≫(제남 : 제로서사(齊魯書社), 1983. 11) ; ≪소식신평(蘇軾新評)≫(북경 : 중국문학출판사(中國文學出版社), 1993. 12).
왕홍(王洪), ≪소식시가연구(蘇軾詩歌硏究)≫(북경 : 조화출판사(朝華出版社), 1993. 5).
종래인(鍾來因), ≪소식여도가도교(蘇軾與道家道敎)≫(도교연구총서)(대북 : 대만학생서국(臺灣學生書局), 1990. 5).

두 전저(專著)가 있고, 도문붕 선생께서도 무게 있는 논문을 발표하셨습니다.

도문붕 본래 저는 송시 중에서도 특히 소식 시의 연구에 힘을 쏟고 싶었습니다. 그러나 두 분에 비하면 저의 노력은 너무나 보잘것없습니다. 요 몇 년 동안 저는 <송대 산수시의 회화(繪畫) 의취(意趣)를 논함(論宋代山水詩的繪畫意趣)> 한 편을 발표했을 뿐이고, 소식 시의 인물 형상 소조(塑造)를 논한 글이 한 편 더 있을 뿐입니다.[31]

정 걸 80년대 초기에 선생님이 소식에 관해 쓰신 글로 <소식 산수시의 이취·해취·기취(蘇軾山水詩的理趣·諧趣·奇趣)>가 있는 것 같은데,[32] 지금도 저에게는 그 인상이 남아 있습니다.

도문붕 저는 전에 왕수국(王守國) 선생의 전저(專著) ≪성재시연구(誠齋詩研究)≫를 읽은 적이 있는데, 양만리(楊萬里) 시에 대한 미시적인 해설을 통해 송시 미학의 거시적 특징을 드러내 보였습니다. 또한 왕석구(王錫九) 선생의 <송대의 7언고시(宋代的七言古詩)>는 북송에서 남송에 이르는 여러 작가의 7언고시가 지니고 있는 예술 풍격 특색에 대해 구체적이고 자세한 평론을 가해 많은 것을 얻을 수 있었습니다.

막려붕 황정견에 대한 연구는 다분히 누명을 벗겨주고 명예를 회복시켜주는 의미가 담겨있습니다. 예전에는 "형식주의"·"반현실주

---

31) 도문붕의 이 글은 <소식 시의 인물 형상 소조의 예술을 논함(論蘇軾詩塑造人物形成的藝術)>(≪문학유산≫ 1994년 1기, pp.73~84)을 가리킨다.

32) 도문붕, <소식 산수시의 해취·기취와 이취(蘇軾山水詩的諧趣·奇趣和理趣)>, ≪강한논단(江漢論壇)≫ 1982년 4기. 도문붕은 또 이 시기에 <소식의 "시화동이설(詩畫同異說)"을 논함(試論蘇軾的"詩畫同異說")>(≪문학평론총간(文學評論叢刊)≫ 제13집, 1982. 5)을 발표하였다.

의” 등의 멍에가 그를 옭아매고 있었는데, 지금은 사람들이 차분하게 그의 시와 시론을 연구하여 비록 평가가 일치하는 것은 아니지만 대다수의 연구자들이 그가 시와 시론 두 방면에서 모두 공헌이 있으며, 그것도 독창성이 두드러진 공헌이었다고 인정하고 있습니다. 따라서 지금의 과제는 황정견 시가예술의 특징과 역사적 지위를 정확하게 파악하는 일이라고 하겠습니다.

정 걸　전지희(錢志熙)·능좌의(凌佐義)·유정연(劉靖淵) 선생 등과 막려봉 선생님 당신도 최근 몇 년의 논문에서 황정견 시의 창작 분기·제재 내용과 풍격 특징 등을 좀 더 깊이 있게 논의하였지요.33)

막려봉　저는 송시 연구의 중점이 육유에서 소식·황정견으로 옮겨간 것 자체가 학문의 진보라고 생각합니다.

정 걸　중소 시인들도 점차 주의를 끌어서 혜홍(惠洪)·장순민(張舜民)·한구(韓駒) 등에 대해서는 요 몇 년 동안 산발적으로 전론(專論) 발표가 있었습니다. 호명(胡明) 선생은 ≪남송시인론(南宋詩人論)≫34)에서 많은 소시인들을 언급하였습니다. 왕조붕(王兆鵬) 선생도 간간이 남송의 소시인들을 고찰한 논문을 발표하였습니다. 연구의 시야에도 새로운 개척의 싹이 돋아나 이를테면 시인의 교유 관계·창작 활동 방식으로부터 착수하여 창작 문제를 해석한

---

33) 전지희(錢志熙), <황정견 시학 실천의 기본 과제를 논함(論黃庭堅詩學實踐的基本課題)> (≪중국고대·근대문학연구≫ 1997년 8기).
　능좌의(凌佐義), <황정견 시학 체계론(黃庭堅詩學體系論)>(≪중국고대·근대문학연구≫ 1998년 3기).
　유정연(劉靖淵), <개체 인생을 묘사하는 화권(畵卷)(산곡(山谷) 시의 제재 취향(趣向)을 논함)(描摹個體人生的畵卷(論山谷詩的題材趣向))>(≪중국고대·근대문학연구≫ 1995년 6기).
　막려봉(莫礪鋒), <황정견 시가 창작의 세 단계를 논함(論黃庭堅詩歌創作的三個階段)> (≪문학유산≫ 1995년 3기).
34) 호명(胡明), ≪남송시인론(南宋詩人論)≫(대북 : 대만학생서국, 1990. 6).

　　　　　　논문들이 나왔습니다. 구양광(歐陽光) 선생은 전저(專著) ≪송원시
　　　　　　사연구(宋元詩社硏究)≫35)를 발표하기도 했습니다.

도문붕　　최근 20년 동안 송시의 총체적 특징·발전 단계·풍격 유파·
　　　　　　창작 사조·작품 분석 등 각 방면 모두에 연구 성과가 나타났
　　　　　　습니다.

정　결　　송시의 총체적 예술 특징과 가치 및 지위에 관한 논저도 적지
　　　　　　않습니다만 이 문제는 깊이 들어가기가 쉽지 않지요.

막려붕　　거시적인 논의는 단편적이고 피상적으로 흐르기 쉽습니다. 이
　　　　　　방면의 논의를 제대로 평가하려면 병행과 대비의 사고를 구사
　　　　　　하여 전제(專題) 종론(綜論)을 써야 할 것입니다. 지금으로서는 몇
　　　　　　가지 예를 들어 이야기할 수밖에 없습니다. 제 생각으로는 주
　　　　　　유개(周裕鍇)의 ≪송대시학통론(宋代詩學通論)≫36)이 잘 쓰여진 책
　　　　　　인 것 같습니다. 이 책의 주된 공헌은 송대 시학의 한 체계를
　　　　　　세운 데 있는 것이 아니라 송대 시학의 각 조성 부분에 대해
　　　　　　비교적 분명한 이론적 개괄을 해낸 데 있습니다. 그와 같은 개
　　　　　　괄은 송대 시학의 특징과 본질에 대한 저자의 깊이 있는 이해
　　　　　　를 체현한 것인데, 현대적인 용어와 표현 방식으로 잘 서술해
　　　　　　놓아서 그럴듯한 신조어를 사용하여 아리송한 논점을 포장해
　　　　　　놓은 저작들과는 다릅니다. 저자는 송대의 시가 창작과 시학
　　　　　　이론 두 방면에 대한 재료를 잘 파악하고 있어서 책 속에 인용
　　　　　　이 풍부하고 예증이 적당합니다. 그 결과 전체적으로 재료로부
　　　　　　터 이론에 이르는 사유 방식을 보여주고 있으며, 결론은 실사

―――――――――
35)　구양광(歐陽光), ≪송원시사연구(宋元詩社硏究)≫(광주(廣州) : 광동고등교육출판사(廣東高
　　　等敎育出版社), 1996. 9).
36)　주유개(周裕鍇), ≪송대시학통론(宋代詩學通論)≫(성도(成都) : 파촉서사(巴蜀書社), 1997.
　　　1).

구시(實事求是)의 모습을 갖추고 있습니다. 또한 장의(張毅)의 ≪송대문학사상사(宋代文學思想史)≫37)도 언급할 만합니다. 이 책은 비록 전적으로 송시를 논한 것은 아니지만 송대의 사상 문화 배경 및 그로부터 조성된 문인 심태에 대해서 명쾌하게 설명하였는데, 이런 점들이 바로 송시 특징의 생성 원인을 이해하는 관건이 될 것입니다. 왕수조(王水照) 선생이 주편한 ≪송대문학통론(宋代文學通論)≫38)은 학술사의 관점에서 송시 연구 과정을 논술하였고, 아울러 문헌학과 문학사의 각도에서 송시에 대해 일목요연할 정도로 간명하게 소개해 놓았습니다. 정걸 형의 박사 논문 ≪북송시문혁신연구(北宋詩文革新研究)≫39)도 잘 쓰여진 책입니다. 좀 해묵은 문제이긴 합니다만 새롭게 밝힌 것이 적지 않고 시야가 넓으며 논증도 세밀합니다.

정 걸 　저는 그 논문을 너무 길게 썼다고 후회하고 있습니다. 사실상 몇 가지 작은 문제에서 약간의 의의가 있을 뿐이라 논문 몇 편으로 족할 걸 그랬습니다. 막려봉 선생님이 언급하신 책 이외에도 조인규(趙仁珪) 선생의 ≪송시종횡(宋詩縱橫)≫40) 같은 책은 횡으로 송시와 송대의 사회 문화 제 방면의 관계를 다루고 있고 종으로 송시 발전의 과정을 논술하고 있어서 읽어볼 만하고, 또한 한경태(韓經太)의 ≪송대시가사론(宋代詩歌史論)≫41)도 있습

---

37) 장의(張毅), ≪송대문학사상사(宋代文學思想史)≫(북경 : 중화서국, 1995. 4).
38) 왕수조(王水照) 주편, ≪송대문학통론(宋代文學通論)≫(개봉(開封) : 하남대학출판사(河南大學出版社), 1997. 6).
39) 정걸(程杰), ≪북송시문혁신연구(北宋詩文革新研究)≫(대륙지구박사학위총간)(대북(臺北) : 문진출판사(文津出版社), 1996. 12).
40) 조인규(趙仁珪), ≪송시종횡(宋詩縱橫)≫(북경 : 중화서국, 1994. 6).
41) 한경태(韓經太), ≪송대시가사론(宋代詩歌史論)≫(중국시가사론총서(中國詩歌史論叢書))(장춘(長春) : 길림교육출판사(吉林敎育出版社), 1995).

니다. 그리고 호명(胡明)·허총(許總)·진환명(秦寰明)·장정(張晶)·축
진옥(祝振玉) 선생 등도 계속해서 총체적으로 송시를 논한 논문
이 있습니다.

도문붕   제가 북경대학에 다닐 때 교수님이셨던 고(故) 조제평(趙齊平) 선
생의 ≪송시억설(宋詩臆說)≫42)은 의식적으로 송시 발전의 단서
와 그것과 상관있는 문제를 결합시켜 명가들의 명편을 뽑고,
작품을 통해 문제점을 들어가며 그에 대한 해법을 제시하고 있
어서 접근 방식이 새롭고 견해에도 깊이가 있습니다.

정 결   조제평 선생은 송시 연구에 전념하셨던 분이지요. 맨 처음 방
송통신대학 용으로 나온 것으로 기억되는 ≪중국문학사강요(中
國文學史綱要)≫의 송대 부분은 조제평 선생이 쓰신 것인데, 특히
송시에 대해서는 서술이 간명하면서도 핵심을 찌르고 있어서
저에게 깊은 인상을 남겨주었습니다. 조제평 선생 이야기가 나
온 김에 한 마디 더하면 북경대학의 장명(張鳴) 선생은 조제평
선생의 제자인데, 송시선(宋詩選) 책이 한 권 있습니다.43) 이 책
은 고심하여 시를 뽑아 상세하게 주석을 달았으며, 시의 선정
을 통해 자신의 시론을 피력하고 있어서 자못 식견이 있다고
하겠습니다.

도문붕   시선서(詩選書) 중에서 정천범(程千帆) 선생의 ≪송시정선(宋詩精選)≫44)
은 작품에 대한 평석을 통해 저자의 예리한 예술적 안목을 보
여 주고 있어서 학술적 가치가 매우 높습니다.

정 결   그밖에도 허총(許總)의 ≪송시사(宋詩史)≫45)가 있습니다. 1991년

---

42) 조제평(趙齊平), ≪송시억설(宋詩臆說)≫(북경 : 북경대학출판사, 1993. 11).
43) 장명(張鳴) 선주, ≪송시권(宋詩卷)≫(중국고전시가기초문고(中國古典詩歌基礎文庫))(절강
    문예출판사(浙江文藝出版社), 1996. 5).
44) 정천범(程千帆), ≪송시정선(宋詩精選)≫(남경 : 강소고적출판사(江蘇古籍出版社), 1992. 12).

에 우리들이 송시연구 10년을 논평할 때만 해도 "국내에서는 아직 송대 시사(詩史)라고 할 만한 저작이 나오지 않았다"라고 감개에 젖어 말했었는데, 바로 다음 해에 그의 ≪송시사≫가 나왔습니다.

도문붕 그 ≪송시사≫는 서술이 좀 거칠기는 합니다만 창업의 공을 인정해야 하겠지요. 진상요(陳祥耀) 선생이 쓴 ≪중국고전시가총화(中國古典詩歌叢話)≫46) 속의 <송시화(宋詩話)> 1장은 목월(繆鉞)의 <송시를 논함(論宋詩)>의 관점을 발전시킨 것으로서, 독창적으로 간명하고 요령 있게 정리한 "송시사"라고 할 수 있겠습니다.

막려봉 깊이를 가지고 말하면 몇몇 전제(專題) 방면에서 송시 연구의 성취는 더욱 볼 만합니다. 예를 들어 당시와 송시의 관계 방면에는 좋은 논문이 적지 않습니다. 제치평(齊治平) 선생의 장문(長文 <중국비평사상의 당·송시의 다툼(中國批評史上的唐宋詩之爭)>47)은 역대 당송시 우열론에 대해 전면적으로 총결산한 것인데, 재료가 풍부하고 태도도 어느 한 편으로 치우치지 않아서 참고 가치가 높습니다. 송시에 대한 당시의 영향과 당시에 대한 송시의 계승과 혁신에 대해서 피상적으로 논하는 것은 이미 학계에서 환영받지 못하게 되었습니다. 그 결과 구체적이고 치밀한 연구가 진행되어 송초(宋初)의 삼체(三體)와 사령(四靈) 등의 당시 계승, 구양수(歐陽修)·매요신(梅堯臣)·소식·황정견 등의 당풍(唐風)에 대한 변혁, 이백(李白)·두보(杜甫)·한유(韓愈)·백거이(白居

---

45) 허총(許總), ≪송시사(宋詩史)≫(중경(重慶) : 중경출판사, 1992. 3).
46) 진상요(陳祥耀), ≪중국고전시가총화(中國古典詩歌叢話)≫(화정서국(華正書局), 1991. 3).
47) 이 글은 저자가 1980년에 북경사범학원(北京師範學院) 개교 25주년을 기념하여 쓴 것이다. 장사(長沙)의 악록서사(岳麓書社)에서 1984년 1월에 ≪당송시지쟁개술(唐宋詩之爭概述)≫이란 제목의 책으로 출판했다.

易) 제인(諸人)이 송대에서 차지하는 지위의 오르내림, 만당시에 대한 남송 시단의 상이한 태도 등의 방면에서 탁월한 견해를 밝힌 논문들이 다수 발표되었습니다.

정 결 시체(詩體)와 시파(詩派)를 연구한 핵심적인 논문들, 이를테면 강서시파(江西詩派)·강호시파(江湖詩派)·서곤체(西崑體)에 관한 논문들은 훌륭한 것이 많습니다. 막려봉 선생의 <왕형공 체를 논함(論王荊公體)>,48) 진환명의 구양수·소순흠·매요신 삼가(三家) 시에 관한 논문,49) 왕수조 선생이 쓴 구양수·매요신의 문학 결맹과 시풍 전변 관계에 대한 몇 편의 논문도 모두 비중 있는 것들입니다.50)

도문붕 또한 ≪문학유산≫의 우수논문상을 받은 장굉생(張宏生) 선생의 <원우체를 논함(論元祐體)>51)이 있습니다. 그의 ≪강호시파연구(江湖詩派研究)≫52)는 막려봉 선생의 ≪강서시파연구≫53)의 뒤를 이은 또 한 권의 송시 유파에 대한 연구 전저입니다.

막려봉 문학사의 고정(考訂) 방면에서도 적지 않은 성적을 올렸습니다. 예를 들어 송초 시단의 기풍 변화 과정에서 왕우칭(王禹偁)은 도대체 어떤 단계에 처해 있는지, 여본중(呂本中)은 강서시파라는 명칭을 언제 제기한 것인지, 강호시파의 구성원은 누구인지 등

---

48) ≪남경대학학보(南京大學學報)≫ 1994년 제1기.

49) 진환명(秦寰明), <북송 인종조의 시가 혁신과 구(歐)·소(蘇)·매(梅) 삼가의 시를 논함(論北宋仁宗朝的詩歌革新與歐蘇梅三家詩)>(≪문학유산≫ 1993년 제1기).

50) 왕수조(王水照)의 <북송 낙양 문인 집단과 지역 환경의 관계(北宋洛陽文人集團與地域環境的關係)>(≪문학유산≫ 1994년 3기)는 그 중의 하나이다.

51) 장굉생(張宏生), <원우(元祐) 시풍의 형성 및 그 특징(元祐詩風的形成及其特徵)>(≪문학유산≫ 1995년 제5기).

52) 장굉생(張宏生), ≪강호시파연구(江湖詩派研究)≫(북경 : 중화서국, 1995. 1).

53) 막려봉(莫礪鋒), ≪강서시파연구(江西詩派研究)≫(남경대학고전문헌연구소전간(南京大學古典文獻研究所專刊)(제남(濟南) : 제로서사(齊魯書社), 1986).

등에 대해서 모두 토론을 전개하여 새로운 결론을 얻었고 답습한지 오래된 잘못된 학설을 적지 않게 정정했습니다. 물론 이 방면의 성과는 아직도 대단치 않아서 당시(唐詩) 학계에 훨씬 못 미칩니다.

도문붕 대륙 이외의 송시 연구도 이곳과 사정이 비슷하여 역시 "시세"가 당시·송사만 못한 것 같습니다.

막려봉 저는 대륙 이외의 송시 연구 상황에 대해 별로 아는 것이 없습니다. 다만 대만(臺灣) 성공대학(成功大學)의 장고평(張高評) 교수가 이룬 성과는 주목할 만하다고 알고 있습니다. 장 교수는 일찍이 개인의 힘으로 "전송시(全宋詩)"를 편찬할 계획을 세웠었고 근년에는 ≪송시종론총편(宋詩綜論叢編)≫[54]·≪송대문학연구총간(宋代文學硏究叢刊)≫[55] 등의 책을 엮었으며, 독자적으로 ≪송시의 전승과 개척(宋詩之傳承與開拓)≫[56]·≪송시의 신변과 대웅(宋詩之新變與代雄)≫[57] 등의 전저(專著)를 써서 그는 아마도 대만의 학자 중에서 가장 송시 연구에 전념하는 사람에 속할 것입니다. 장 교수는 양안(兩岸)의 학문 교류 강화에 대해서도 열심이어서 그가 엮은 책에는 대륙과 대만 학자의 논문이 모두 수록되어 있습니다. 이것은 매우 의의 있는 작업입니다.

정 걸 장고평 선생은 자신이 송시 연구에 열심일 뿐만 아니라 제자의

---

54) 장고평(張高評) 편, ≪송시종론총편(宋詩綜論叢編)≫(대북 : 여문문화사업유한공사(麗文文化事業有限公司), 1993. 10).
55) 이 책은 대만의 여문문화사업유한공사(麗文文化事業有限公司)에서 간행하며, 1995년 3월에 창간호가 나온 이래 매년 한 호씩 출간하고 있다.
56) 장고평(張高評), ≪송시지전승여개척(宋詩之傳承與開拓)≫(대북 : 문사철출판사(文史哲出版社), 1990. 3).
57) 장고평(張高評), ≪송시지신변여대웅(宋詩之新變與代雄)≫(대북 : 홍엽문화사업유한공사(洪葉文化事業有限公司), 1995. 9).

육성에도 힘을 기울여 그의 밑에서 송시를 연구하는 학생들도 적지 않습니다. 또한 대만의 공붕정(龔鵬程) 선생도 강서시사(江西詩社)에 관한 전저를 발표하였습니다.58) 이밖에도 대만에는 왕우칭·황정견·여본중·범성대 등에 대한 전저가 나와 있습니다.59) 다만 유감스럽게도 양안의 정보 소통이 원활하지 못하여 많은 저작들에 대해 서명(書名)만을 들었을 뿐입니다. 일본 와세다(早稻田) 대학에는 송대시문연구회(宋代詩文硏究會)가 있어서 부정기적으로 ≪감람(橄欖)≫60) 잡지를 출판하는데, 주로 송시의 번역과 논문을 싣는다고 합니다.

도문붕 작고한 일본 학자 요시카와·코오지로오(吉川幸次郎)가 쓴 ≪송시개설(宋詩槪説)≫61)에는 몇 가지 영향력 있는 견해가 들어 있어서 사람들이 늘 언급하곤 합니다.

2. 송시의 평가 : 이동(異同)과 우열(優劣)

도문붕 송시 연구의 회고와 결산에 대해서는 우선 여기까지 이야기하지요. 이제 송시의 평가와 당송시의 우열 논쟁에 대하여 이야기하는 것이 어떻겠습니까? 송시는 역사적으로 냉대를 받아왔

---

58) 공붕정(龔鵬程), ≪강서시사종파연구(江西詩社宗派硏究)≫(대북 : 문사철출판사, 1983).
59) 황계방(黃啓方), ≪왕우칭연구(王禹偁硏究)≫(대북 : 학해출판사(學海出版社)).
　　구양형(歐陽炯), ≪여본중연구(呂本中硏究)≫(대북 : 문사철출판사).
　　장검하(張劍霞), ≪범성대연구(范成大硏究)≫(대북 : 대만학생서국, 1985).
60) 일종의 논문집 성격의 잡지이다.
61) 요시카와·코오지로오(吉川幸次郎), ≪송시개설(宋詩槪説)≫(동경 : 이와나미 서점(岩波書店), 1962. 10). 정청무(鄭淸茂)의 중국어 번역본은 1977년 4월에 대북의 연경출판사업공사(聯京出版事業公司)에서 출판되었다.

는데, 요체는 시가 관념의 문제일 것입니다. 지금 이 문제에 대한 사람들의 견해가 일치하지 않고 있는데, 만약 송시에 대해 총체적으로 객관적이고 정확한 태도를 가질 수 없다면 연구의 깊이 있는 발전에 영향을 끼칠 것입니다.

막려봉 총체적으로 송시를 어떻게 평가할 것인가 하는 것은 확실히 송시 연구의 분란을 바로잡는 핵심적인 문제입니다. 최근 20년 동안 이 문제에 대한 토론이 활발하여 의의가 큽니다. 어떤 논저들은 비록 한 방면에서 수확을 거두었을 뿐이지만 그래도 환영받을 만합니다. 송시의 예술적 성취는 어디에 있습니까? 송시의 총체적인 특징은 무엇입니까? 총 수십만 수에 달하는 일대(一代)의 시가에 대해서 몇 마디 말로 요령 있게 개괄하기는 물론 매우 어려울 것입니다. 송인 엄우(嚴羽)로부터 금인(今人) 목월(繆鉞)·전종서(錢鍾書)에 이르는 몇몇 저명한 논단들은 아마도 가장 예리한 것이어서 이를 능가하기 어려울 것입니다. 그러나 학문은 발전해야 하므로 현대의 학문이 평점식의 몇몇 경구(警句)에 만족할 수는 없습니다. 우리는 마땅히 각 방면에 걸쳐 논의를 진행하여 전면적이고 과학적으로 송시의 총체적인 특징을 밝히는 데 진력해야 할 것입니다. 1991년 성도(成都)에서 거행된 송대문화연토회(宋代文化硏討會)에서 저와 주유개(周裕鍇) 등이 발표한 논문은 모두 송시의 특징에 관한 것이었는데, 당시 누군가가 발언하여 말하기를 이 논문들은 모두 본질을 파악하지 못한 것이어서 "장님이 코끼리를 만지는 격"이라고 혹평을 했습니다. 그의 발언은 매우 귀에 거슬리는 것이어서 회의를 주관한 사천대학(四川大學)의 증조장(曾棗莊) 교수는 토론회 분위기에 영향을 끼칠까봐 다소 긴장하기까지 했습니다. 기실 저는 오히려 "장님이 코끼리를 만지는 격"이라는 말이 나쁠 것도 없다는 생각이었습니다. 송시라는 거대한 코끼리에 대해서 말하자면 한 마디로 그 모습을 분명히 말하기는 매우 어렵습니다. 차라리 먼저 코는 밧줄 같고 다리는 기둥 같다는 식으로 말하여 이를 합치면 대체적인 윤곽이 드러날 수 있도록 하는 것도 괜찮겠지요. 그러나 주의해야 할 것이 있습니다. 거대한 코끼리가 하나의 밧줄 같다고 말해서는 안 되겠지요.

정 결 거대한 코끼리가 바로 밧줄이라고 말해서는 더욱 안 될 것입니다. 미의 본질이 무엇인가, 시의 본질이 무엇인가, 송시의 본질이 무엇인가 하는 등의 본체 인식은 자연과학과 달라서 결국 "장님이 코끼리를 만지는 격"일 수밖에 없습니다. 이른바 상대진리의 총화가 절대 진리라는 것인데, "눈을 떠서 코끼리를 보는 것"은 영원히 희망 사항일 뿐이지요. 이는 또한 어쩔 수 없는 책략이 아니라 인식론의 필연율이기도 합니다.

도문붕 그렇다면 우리가 송시라는 거대한 코끼리를 어떻게 만져야 비교적 객관적일 수 있을까요?

막려붕 송시가 있은 이래로, 정확히 말해서 송시가 일대의 시풍을 형성한 이래로 그 평가는 언제나 당시를 참조계수(參照系數)로 한 것이었습니다. 당송시의 우열에 대한 논쟁도 줄곧 1천 년을 끌어온 것이어서 당시를 떠나 단독으로 송시를 평가할 방법이 없을 지경입니다. 이미 습관화된 이 해묵은 비교 방법에 하나의 커다란 어려움이 존재하고 있는데, 그것은 바로 어떻게 시대를 나누느냐 하는 것입니다. 전통적인 방법은 오대(五代)의 시를 당시에 귀속시키고, 송시는 진교(陳橋)에서의 병변(兵變)62) 이후부터 셈하는 것입니다. 그러나 전인들이 이미 지적했던 것처럼 당시와 송시는 사실상 서로 안에 서로를 끌어안고 있습니다. 송시의 연원 중 어떤 부분은 당대의 두보와 한유가 열었고, 송대의 서곤체(西崑體)·육유·양만리·사령(四靈) 등은 모두 정도 차이가 있긴 하지만 당풍(唐風) 복귀의 경향을 나타내었습니다. 그렇다면 도대체 어느 시인을 당시의 대표로 삼고, 어느 시인을 송시의 대표로 삼아 양자를 비교해야 할까요? 아마도 송시의 경우는 소식과 황정견을 대표로 삼는 데 동의하는 사람이 많을 것입니다. 그렇다면 당시의 경우는 어떻겠습니까? 성취의 크기를 가지고 말한다면 이백과 두보를 대표로 삼아야 하겠지요. 그러나 송인들은 반드시 그렇게 생각하지는 않았습니다. 남송의 섭적(葉適)은 "경력(慶曆, 1041~1046)·가우(嘉祐, 1056~1063) 이래 천하가 두보를 스승으로 삼으면서 당인(唐人)의 학(學)이 축출되기 시작하였다"라고 말하였습니다. 그는 송인이 두보를 배우면서 당시와 취향을 달리하게 되었다고 생각한 것입니다. 문일다(聞一多) 선생은 시사(詩史)를 논하면서 당대 천보(天寶, 742~755) 말년을 경계로 삼고서, 초당은 전기에 귀속시키고 중·만당은 송시와 마찬가지로 후기에 귀속시켰습니다. 만약 우리가 그와 같은 관점을 취한다면 두보와 중·만당시를 송시와 대비시켜 송시의 특징을 밝힐 수는 없을 것입니다. 왜냐하면 그 둘 사이의 관계가 대동소이하다는 것을 인정한 셈이니까요. 물론 우리가 반드시 그와 같은 관점을 취해야한다는 것은 아닙니다. 다만 적어도 그와 같은 구체적이고 복잡한 상황을

---

62) 후주(後周) 현덕(顯德) 7년(960) 북한(北漢)이 거란(契丹)과 결탁하여 침입했을 때 조광윤(趙匡胤)은 이들을 막기 위해 출병하여 진교역(陳橋驛)에 주둔하였다. 이때 조보(趙普)·석수신(石守信) 등의 획책 하에 병변(兵變)을 일으켜 조광윤을 새 황제로 옹립하고 국호(國號)를 송(宋)으로 바꾼 사건을 가리킨다.

염두에 두어야 하고, 마음가는 대로 몇몇 예를 선택하여 경솔하게 결론을 내려서는 안 된다는 것을 말씀드리고자 합니다.

정 결 비교가 있어야 감별이 있는 법입니다. 송시의 본질적 특징은 근본적으로 한(漢)·당(唐) 시가와의 비교 가운데 존재한다고 말할 수 있습니다. 전형적인 송시는, 다시 말해 서방 학자 웨버(Max Weber)의 표현을 빌려 송시의 "이상(理想) 유형(類型)"은 이론상의 개괄에 불과합니다. 추상이 구체에 존재한다는 것이 구체와 같은 것은 아닙니다. 인식에 있어서 각주구검(刻舟求劍)하고 교주고슬(膠柱鼓瑟)할 수는 없는 것입니다. 다만 이론상의 개괄과 추상이 실제와 유리되어서는 안되겠지요. 송시의 본질적 특징은 당송시의 전개와 변천 전 과정 속에서 파악해야 하고, 송시 창작 각 단계와 측면의 상황을 충분히 고려해야 하고, 더 나아가 송 이후 "당송시 우열 논쟁"의 추이와 연계 지을 필요가 있습니다. 비교는 응당 서로 다른 각도와 측면에서 광범하게 진행되어야 합니다. 당송시의 전개와 변천 과정이 비교적 분명히 드러나고 각 측면에 대한 연구가 깊이 있고 충분하게 진행된 기초 위에서만이 송시의 이른바 본질적 특징에 대해 절실하고 전면적이고 깊이 있는 인식을 가질 수 있을 것입니다. 물론 저의 이 말은 인식논리의 측면에서 말한 것이고, 실제 연구에서 행해지는 구체적인 부분과 측면에 대한 고찰은 거시적 사고·이론의 개괄과 쌍방향 삼투와 상호 촉진·부단한 심화의 관계가 있습니다. 그리고 문학사의 구조로부터 볼 때 한 시대 시가의 풍격 특징 문제도 그 자체로는 문학사 인식에 대한 일종의 관점이어서 고립된 것으로 볼 수 없으며, 그 인식과정은 더욱이 고립되고 폐쇄적일 수 없습니다.

도문붕   최근 20년 동안 송시의 총체적 특징에 대한 토론은 모택동(毛澤
         東)의 "송인은 형상사유(形象思維)를 몰랐기 때문에 송시는 그 맛
         이 밀랍을 씹는 것 같다"는 유명한 논단으로부터 시작되었습니
         다. 당시에는 이 점을 논증하는 글을 쓴 사람들이 제법 있었습
         니다.

막려봉   그럴 수도 있겠지요, 사람은 누구나 자신의 견해가 있는 것이
         니까요. 그러나 그 문장들을 들여다보면 왕왕 송시에서 몇 수
         를 뽑아 예로 삼았는데, 대다수가 소옹(邵雍)의 ≪격양집(擊壤集)≫
         이나 황정견 등의 철리(哲理)와 선리(禪理)를 쓴 시들이어서 특히
         형상성이 결핍된 것들입니다. 그들은 이런 작품들을 들어서 송
         시는 확실히 "그 맛이 밀랍을 씹는 것 같다"는 것을 증명했습
         니다. 그와 같은 논증방법으로 공정한 결론을 도출할 수 없다
         는 것은 자명한 일입니다. 그 몇 개의 예들이 수십만 수의 송
         시를 대표할 수 있겠습니까? 그런 식으로 논증한다면 똑같이
         당시로부터도 충분한 예를 찾아내어 "당인은 형상 사유를 몰라
         서 당시는 그 맛이 밀랍을 씹는 것 같다"는 것을 증명할 수 있
         을 것입니다.

정 걸   모(毛) 즈석(主席) 자신도 재미있는 구석이 있어서 우리가 견강부
         회의 혐의를 마다하지 않는다면 그분의 시사(詩詞)는 초년의
         <심원춘(沁園春)·장사(長沙)>는 초당시(初唐詩) 같고, 중년의 <억
         진아(憶秦娥)·누산관(婁山關)>·<심원춘(沁園春)·설(雪)>은   성당
         시(盛唐詩) 같고, 만년의 <제여산선인동조(題廬山仙人洞照)>·<하
         신랑(賀新郞)·독사(讀史)>·<염노교(念奴嬌)·조아문답(鳥兒問答)>
         등은 송조(宋調)입니다.

도문붕   바로 전종서 선생이 말한 "천하에 두 부류의 사람이 있듯이 두

종류의 시가 있다”·“일생 동안에 젊은이의 재기가 발동하면 당체(唐體)가 되고, 만년에 들어 사려가 깊어지면 송조(宋調)에 물든다”는 유명한 논단을 실증한 셈이군요.

막려봉 당시에는 아직 그와 같은 토론을 허용하지 않았습니다. 당시에 비교적 유력했던 논문으로 왕수조 선생의 <송대 시가의 예술 특징과 교훈(宋代詩歌的藝術特點和敎訓)>63)이 있는데, 그 논문의 최종 목적은 “송시는 맛이 밀랍을 씹는 것 같다”는 설을 실증하는 것이었습니다. 그러나 구체적인 논증은 임의로 예를 취하는 방법이 아니라 엄우(嚴羽)의 “의론으로 시를 짓고, 재주와 학문으로 시를 짓고, 문자로 시를 짓는다”는 세 가지 점에서 착수하여 송시의 특징에 대해 분석을 가하고 그로부터 엄우가 비판한 송인의 “기이하고 독특한 해석”이 바로 “형상사유를 모른다”는 뜻임을 밝혔습니다. 제가 느끼기엔 그 글이 송시의 결점에 대해 깊이 있게 비판하긴 했지만 결론이 편파적임을 면치 못했습니다. 이는 아마도 논문의 작성연대가 이른 것과 상관이 있을 것입니다.

도문붕 정천범(程千帆) 선생의 <한유 “이문위시” 설(韓愈“以文爲詩”說)>64)도 당시의 중요한 논문이지요.

막려봉 그렇습니다. 정천범 선생의 문장은 한유 시를 논한 것이긴 하지만 “산문을 짓는 작법으로 시를 짓는다”가 나중에 송시의 주된 특징 중의 하나가 되었기 때문에 자연히 논문 속에서 송시를 언급하게 되었고, 부대적으로 송인이 “결코 형상사유를 버린 것이 아니며, 그들의 작품 또한 형상성이 결핍되어 있지 않

---

63) ≪문예논총(文藝論叢)≫ 제5집, 1978. 11.
64) ≪고대문학이론연구총간(古代文學理論研究叢刊)≫ 제1집, 1979. 12.

다”는 결론을 내렸는데, 이것이 아마도 “그 맛이 밀랍을 씹는
것 같다”는 설에 대한 최초의 반격일 것입니다.

정 걸 “형상사유”는 서양에서 19세기에 유행하기 시작한 문학 관념
입니다. 오늘날에 이르러서는 심리학의 발달에 따른 파급 효과
로 인하여 문학 이론계가 예술 창작의 사유 특징에 대하여 명
확한 설명을 제공하기가 어렵게 되었습니다. 이것은 바로 “형
상사유”라는 개념 자체에 문제가 있다는 말이기도 합니다. 문
학 비평에서 이 개념을 사용할 때 실제로는 대부분 의상(意
象)・비유・상상・과장 등의 몇 가지 기본적인 표현 기교를 가
리킵니다. 그런데 이런 기교들이 어떤 시에나 반드시 들어 있
어야 하는 것은 아니며, 시가 갖추어야 할 필요조건도 아니고,
더욱이 “좋은 시”가 되기 위한 충분조건도 아닙니다. 이른바
“비흥기탁(比興寄託)”을 갖춘 작품이라도 서툴고 졸렬하며, 진부
하고 뻣뻣하여 무미건조한 것이 없지 않습니다. 시가는 “형상”
의 방법말고도 다른 방법이 있는 것입니다. 옛 사람들이 “부
(賦)・비(比)・흥(興)”을 제기한 것은 “부”도 한 방법이라는 말입
니다. 부법(賦法)도 풍부한 기교성을 갖추고 있어서 “비・흥”이
맛을 낼 수 있다면 “부”도 얼마든지 맛을 낼 수 있습니다.

도문붕 연구가 점차 깊어짐에 따라서 “맛이 밀랍을 씹는 것 같다”는
설을 꺼내는 사람은 많지 않은 것 같고, 송시에 대해 긍정적인
견해를 갖고 있거나 부분적으로 긍정하는 사람이 점차 많아지
고 있습니다.

막려붕 그러나 여전히 총체적으로는 송시를 부정하는 논의가 있습니
다. 1989년에 저는 <내리막길을 가는 문학―송시 간론(走在下坡
路上的文學―宋詩簡論)>65)이라는 논문을 읽은 적이 있습니다. 그

논문은 한 저명한 학자가 쓴 것으로, 논점은 송대 문학 전체를 겨냥한 것이었습니다. 그는 "당과 육조의 문학에 비해 송대 문학은 사람의 사상과 감정을 자유롭게 표현하는 측면에서 명백히 후퇴했다"고 주장하였습니다. 아마도 그분은 송시의 형편이 더욱 나쁘다고 생각해서 송시를 비난의 돌파구로 삼은 것 같습니다. 제 생각은 그러나 정반대입니다. 사(詞)·문(文)과 소설·희곡을 함께 고려한다면 송대 문학은 당과 육조 문학에 비해 사람의 사상과 감정을 자유롭게 표현하는 측면에서 명백히 전진했습니다. 송시에 국한해서 말한다고 하더라도 송시가 사상 감정을 표현하는 측면에서 후퇴했다고 보기 어렵습니다. 시가는 물론 감정을 기반으로 삼아야 하고, 심지어는 감정을 생명으로 삼아야 한다고 말할 수 있습니다. 송시에 담겨 있는 감정이 당시만큼 강렬하지는 않은 것 같지만 그렇다고 감정이 강렬한 시일수록 좋은 시이며 감동적인 시라고 말할 수 있는 것입니까? 반드시 그렇다고는 보지 않습니다.

정 걸 노신(魯迅) 선생이 전에 "감정이 달아오를 때 시를 쓰는 것은 좋지 않다(情緖正烈時不宜做詩)"·"예봉이 너무 드러나면 시미(詩美)를 죽일 수 있다(鋒芒太露, 能將詩美殺掉)"고 말한 적이 있습니다.

막려봉 백거이의 신악부(新樂府)를 보면 감정이 아주 강렬한 작품이 몇 수 있습니다. 예를 들어 <두릉수(杜陵叟)>의 "사람을 학대하고 재물을 해치면 바로 승냥이지, 어찌 반드시 갈고리 같은 발톱과 톱날 같은 어금니로 인육을 먹어야만 하리!(虐人害物卽豺狼, 何必鉤爪鋸牙食人肉)"와 같은 구절은 분명 두보의 <삼리(三吏)>·

---

65) 장배항(章培恒), ≪상해문론(上海文論)≫ 1989년 제3기.

<삼별(三別)>을 뛰어넘는 것입니다. 그러나 어느 것이 더 감동적입니까? 저로서는 <삼리>·<삼별>을 더 좋아합니다. <삼리>·<삼별>의 감정은 함축적이거나 온유돈후(溫柔敦厚)하여 기실 백거이의 시보다 더욱 송시에 접근해있다고 할 수 있습니다. 송시에는 이백 시의 용솟음치는 격정이 없고, 맹교(孟郊)의 "문을 나서면 바로 장애가 있으니, 누가 말했던가 천지가 넓다고!(出門卽有碍, 誰謂天地寬)"와 같은 불평도 없다는 말에 대해서 언급하자면, 그것은 송인이 감히 그렇게 못 쓰거나 그렇게 쓰기를 원치 않아서가 아니라 송인이 본래 그와 같은 감정 상태에 빠져들지 않았기 때문입니다. 그들은 감정을 조작해 가며 글을 쓰지는 않았습니다.

도문붕　송인은 감정 문제에 있어서 절제를 중시했습니다. 한유·맹교 등의 불평 불만이 송인의 눈에는 정도(正道)를 모르는 것으로 비쳐서 송인은 의식적으로 비관주의를 억제했습니다. 그들의 사상 근원을 해석할 때 일반적으로 이학(理學)의 제약 탓으로 돌리지만 사실은 그것이 송대의 보편적인 사조였습니다.

막려봉　송인의 감정은 확실히 이학 사상의 제약을 받았지만 그 제약은 자발적이고 자기 반성적인 것이어서 명·청 시대에 관(官)에서 주도한 강제성 요구와는 다릅니다. 송대의 이학은 결코 봉건 통치의 이론 형태에 그치는 것이 아닙니다. 그것은 군권(君權)에 대해서도 제한을 했습니다. 송대에 비록 몇 차례의 문자옥(文字獄)이 발생하긴 했지만 그것이 시가에 심각한 영향을 끼치지는 않았습니다. 소식은 직접 "오대시안(烏臺詩案)"을 겪기는 했지만 출옥하자마자 시를 지어 "평생의 문자가 나에게 누가 되었으니, 이제부터 명성이 떨어져도 싫을 것 없겠다(平生文字爲吾累, 此

去聲名不厭低)"라고 하였습니다. 이처럼 그는 입을 다물고 아무 말도 못하지는 않았습니다. 소식이 "감정의 표현에 약하다"라는 비판이 있는데, 그것은 남녀 간의 정을 가리키고 사체(詞體)를 가리키는 데 불과합니다. 소식은 스스로 "말이 마음에서 솟아 내 입으로 튀어나오는데, 뱉으면 남을 거스르고 도로 삼키면 나를 거스르게 된다. 그래서 차라리 남을 거스르자고 마음먹고 뱉고 마는 것이다(言發于心而衝余口, 吐之則逆人, 茹之則逆余, 以爲寧逆人也, 故卒吐之)"라고 말했습니다. 마치 목구멍에 걸린 뼈를 속 시원히 내뱉는 듯한 글쓰기 충동의 결과 즐거워 웃고 화가 나 욕하는 소리 모두가 시를 이룬다고 하였으니, 이것이 자유롭게 사상 감정을 표현하는 것이 아니고 무엇이겠습니까? 다시 육유를 예로 들면 <서분(書憤)>과 <시아(示兒)> 같은 작품은 감정이 강렬하지 않다고 치더라도 그의 시에는 감정이 강렬한 시가 분명 매우 많습니다. 더욱이 <금착도행(金錯刀行)>·<호무인(胡無人)> 같은 7언 고시는 애국의 감정이 유달리 강렬하여 당시(唐詩)에도 그만한 예가 많지 않을 것입니다.

정 걸 감정이 시가의 본질이라는 거의 상식화된 관념은 기실 많은 문제에 직면해 있습니다. 우선 동서고금의 문학 작품을 살펴보면 시가는 서정시 한 종류만 있는 것이 아닙니다. 둘째로 감정에는 또 대상·성질·강약 등등의 상이한 종류와 상태가 있는데, 그렇다면 어떤 감정을 어떤 강도로 시에 표현하는 것을 표준으로 삼을 수 있을까요? 사실상 감정의 곡직(曲直)과 강약(强弱)은 많은 경우에 표현 방식과 예술 풍격의 문제일 뿐입니다. 더욱 중요한 것은 감정이 일종의 심리 활동이긴 하지만 시가에 표현된 감정과 실제 심리 활동 사이에 등호를 그을 수는 없다는 사

실입니다. 때로는 창작 충동과 예술 감정이 주로 시작 과정 중
에 나타나기도 합니다. 이에 대해 소식은 "나는 평생 뜻대로
되는 일이 없었는데, 문장을 지을 때만큼은 뜻이 가는 곳에 붓
이 따라가 뜻을 다 표현할 수 있었습니다(某平生無快意事, 惟作文章,
意之所到, 則筆力曲折, 無不盡意)"라고 말했습니다. 이런 상태에서는
"어떻게 말하느냐"가 관건이고, "무엇을 말하느냐"는 오히려
부차적인 것입니다. 시가의 서정 본질을 간단히 표면적으로 이
해할 수는 없는 것입니다. 사람들은 종종 내용의 측면에서 작
품에 감정이 담겨 있는지의 여부를 따지면서 송시에 "감정의
표현이 적다"고 비판하는데, 그 때의 이른바 "情"이란 사실상
"남녀 간의 애정"이나 "염정" 같은 협소한 내용 기준을 가리킬
뿐입니다.

도문붕　송시에 애정을 제재로 한 작품이 부족한 것은 사실입니다. 그
　　　러나 많은 사람들이 이미 지적한 것처럼 그것은 시(詩)·사(詞)
　　　분업의 결과입니다. 그들이 애정을 표현하기에 더 적합한 시체
　　　(詩體)를 찾아낸 만큼 그들의 5·7언 시에 애정의 표현이 적은
　　　것은 어쩌면 당연한 결과입니다. 우리가 송대 작가를 고찰할
　　　때는 그의 시·사·문 각 작품을 두루 살펴야 비교적 공정하게
　　　그의 사상 감정이 어떠했는지 말할 수 있을 것입니다. 마찬가
　　　지로 우리가 송시의 그와 같은 상황을 이야기할 때는 송사와
　　　대조해서 보아야지 그렇지 않다면 참으로 송시에게 가혹한 것
　　　입니다.

정　걸　송시와 송사에 대한 상대평가 또한 진일보한 인식을 요하는 문
　　　제입니다. 왕수조 선생의 《송대문학통론》이 전적으로 이 문
　　　제를 다루고 있는데, 그의 의견은 사(詞)가 송대에 이르러 전성

기를 맞긴 했지만 그렇다고 송대에서 가장 훌륭한 것으로 인정할 수는 없다는 것입니다. 저는 그의 관점에 찬성하는 편입니다. 송사 연구자들은 보통 송사가 송의 시대 정신의 대표이며, 가장 심각한 부분이라는 견해를 갖고 있습니다. 그러나 옛 사람 중에는 다른 견해를 갖고 있는 사람들이 있어서 송문(宋文)을 대표로 치는 사람도 있고 이학(理學)을 대표로 치는 사람도 있습니다. 저의 경우 송사 · 송시 · 송문 중의 어느 하나를 송의 시대 정신의 대표로 삼는 것은 모두 편파적일 뿐이라는 생각이 듭니다. "시는 장대하고 사는 어여쁘다"라는 말이 있듯이 문 · 시 · 사의 다층화되고 다원화된 구조라야 사대부 인격의 다중성에 대응하고 사회 생활과 시대 정신의 복합성을 반영할 수 있을 것입니다.

막려봉　시 · 사 · 문의 세 문체는 모두 사대부를 창작 주체로 하고 있어서 그것들 사이에는 기능상의 분업이 있었는가 하면 기교의 측면에서 상호 영향도 있었고, 나중에는 기능상의 삼투 작용도 있었습니다. 따라서 송시의 몇몇 특징들은 송사 · 송문과 연계 지어야 분명히 말할 수 있을 것 같습니다.

정　결　몇 년 전에 저도 그와 같은 생각에서 시 · 사 · 문 사이의 "생태" 관계에 주의를 기울여야 한다는 의견을 제기했었습니다.

도문붕　비평 관념의 해방과 연구 시야의 확장은 함께 가는 것입니다. 오늘 저희의 송시 연구는 완전히 이치가 닿아 당당하고 시야도 훨씬 넓어졌습니다. 송시에는 정감 있는 작품도 있고, 형상이 있는 작품도 있고, 이취(理趣)를 담은 작품은 더욱 많습니다. 당인과 비교해볼 때 송인은 지성사유(智性思維)가 증대되고 심화되었으며, 기교의 운용면에서도 더욱 자각적이고 정교하고 성숙해졌습니다. 저는 송시의 창신이 주로 예술 방면에 체현되었다고 생각합니다만 물론 사상 내용과 정신 품격 방면에도 있겠지요

정 걸   송시가 이룬 예술 방면의 성취는 "형식주의"라는 딱지가 붙어 있었습니다. "감정"설과 "형상사유"설의 속박 외에도 송시는 또 하나의 압제를 받아왔는데, 그것은 바로 "형식주의"라는 딱지였습니다. 최근 20년 동안 우리들이 송시의 명예 회복을 위해 가장 심혈을 기울여 온 것은 사실상 "정치 지상주의"·"사상 지상주의" 등 "좌익(左翼)"의 관념을 타파하는 것이었습니다. 과거 형식주의에 의해 파묻혀 있던 것을 지금 발굴하여 살펴보니 예술상의 탐색과 창신이 송시의 생명이며 안신입명(安身立命)할 수 있는 터전임을 알게 되었습니다. "재능과 학문으로 시를 짓는다(以才學爲詩)"·"문자로 시를 짓는다(以文字爲詩)"·"낡은 것을 새것으로 만든다(以故爲新)"·"속된 것을 우아한 것으로 만든다(以俗爲雅)"는 등 자법(字法)과 구법(句法)과 장법(章法)에 있어서 송인은 스스로 많은 방법을 탐색하였고, 또한 많은 견해가 있었습니다.

도문붕   송대에 시가 예술은 성숙한 단계로 진입했습니다. 송인은 예술 표현의 각 측면에서 더욱 뚜렷한 의식을 지니고서 세심한 노력을 기울였습니다. 종적 측면에서 볼 때 송시 예술의 일부분은 당시 성취의 심화 또는 변화 발전이며, 다른 한 부분은 횡적 측면에서의 차감(借鑒)·도입인데, 그것이 바로 "선법으로 시를 짓고(禪法爲詩)", "화법을 시에 도입하고(畫法入詩)", "산문을 짓는 작법으로 시를 짓는(以文爲詩)" 것입니다. 송인들은 심지어 희극의 "타원출장(打諢出場)"66)을 참조한 장법(章法) 등 예술상으로 "튀는 사고"를 시도하기도 했습니다. 송인 창작의 가장 우렁찬

두 개의 구호―"낡은 것을 새것으로 만든다(以故爲新)"·"속된 것을 우아한 것으로 만든다(以俗爲雅)"를 열린 마음으로 보면 바로 이 두 가지 창신의 방향을 대표한 것입니다.

정 걸   이러한 것들을 누적시켜 전체적으로 살펴보면 당시에 비해 질적인 차이가 드러납니다. 즉 송시는 일종의 생각이 더 깊고 언어가 더 기지가 있고 학문이 있으며 더욱 기교 있고 총명한 시입니다. 예술의 본질은 현실의 초월에 있습니다. 송시의 훌륭한 점·정채로운 점·초월한 점은 "감정"의 강렬함·"형상"의 생동함·의경(意境)의 변화무쌍함에 있는 것이 아닌 만큼 우리들은 송인을 따라서 기이하고 독특한 해석을 가해야할 것입니다. 이 방면에서 좋은 성과를 거둔 분들도 있습니다. 갈조광(葛兆光)과 주유개(周裕鍇)는 약간의 신비평과 구조주의 비평의 관념과 방법을 받아들여 이를 중국의 시화(詩話) 재료와 결합시키는 방법으로 송시의 예술 특징과 성취를 토론했습니다. 주유개 선생의 <언어의 장력―송 시화의 언어 결구 비평을 논함(語言的張力―論宋詩話語言結構批評)>[67]은 바로 신비평과 구조주의 이론을 사용하여 송대의 시법(詩法)을 설명한 것입니다. 갈조광 선생이 당시·송시·백화시의 이동(異同) 관계를 다룬 논문도 언어 비평의 사고 방식을 성공적으로 활용한 것입니다. 서양의 이론을 채용하지는 않았지만 역시 좋은 성과를 거둔 논저들도 있습니다. 예를 들어 막려봉 선생이 황정견의 시를 논하여 구법(句法)이 새롭고 대장(對仗)이 심원하고 장법(章法)에 도약이 많다고 평

---

66) 희극에서 배우가 무대에 등장하여 즉흥적으로 우스갯소리를 해서 관중을 웃기는 수법을 말한다.

67) 주유개(周裕鍇), ≪사천대학학보(四川大學學報)≫, 1989년 1월.

한 것은 전통적인 방법을 사용하여 문제를 잘 설명하였습니다. 대만의 장고평(張高評) 선생도 주로 시화에서 재료를 뽑아 논증하고 설명하는 방식을 사용하고 있는데, 매우 설득력이 있습니다.

막려봉 우리가 "생신(生新)"(새롭다)이라고 말하는 것을 서양에서는 "낯설다"라고 하고, 우리가 "함축(含蓄)"이라고 하는 것을 그들은 "모호하다"고 하고, 우리가 "대우(對偶)"라고 하는 것을 그들은 "병치(幷置)"라고 합니다. 만약 이들이 똑같은 뜻을 나타낸다면 중국의 용어를 버리고 서양의 용어를 써서 굳이 신기함을 추구할 필요가 없을 것입니다. 물론 서양의 용어에 새로운 뜻이 내포되어 있다면 그것은 예외입니다.

정 걸 송시의 예술 성취는 깊이 있는 연구를 기다리고 있습니다. 모종의 유행하는 관념에 의해 시야가 속박되어서는 안 됩니다. 기실 시가 관념은 어떤 것이건 간에 모두 일정한 창작 실천의 기초 위에서 형성된 것으로서 각자의 길이 제각기 있다고 하더라도 모두가 상대적인 것이어서 일정한 범위에만 적용한다면 각자 인식상의 "미포착 지역"이 있게 마련입니다. 문학이 끊임없이 발전하듯이 문학에 대한 인식도 끊임없이 발전합니다. 새로운 관념도 끊임없이 출현할 테지만 모두가 그저 맹인이 거대한 코끼리를 향해 뻗는 손일 뿐입니다. 송시의 특징과 송시의 성취를 도대체 어떻게 인식하고 파악해야 할까요? 관념과 기준이 상대적인 것이라면 개방된 관념과 융통성 있는 기준을 취하여 구체적인 문제를 구체적으로 다루어야 하지 않을까요? "산문을 짓는 작법으로 시를 짓는다(以文爲詩)"·"의론으로 시를 짓는다(以議論爲詩)"·"재능과 학문으로 시를 짓는다(以才學爲詩)"·"문자로 시를 짓는다(以文字爲詩)"라는 것들이 각자의 입장과 상이한 관점에서 모두 인정을 얻을 수 있을 것입니다. 우리에게 필요한 것은 구체적인 연구와 깊이 있는 연구로서, 수박 겉핥 기식으로 그쳐서는 안 되며 더욱이 간단히 부정해버려서는 안 될 것입니다. 그러한 기반 위에 뜻밖에도 종합의 가능성과 통일의 지향이 있지 않을까요? 그리고 그러한 종합과 초월이 이른바 송시의 본질에 접근하는 길이 아닐까요? 이 기이하고 독특한 해석을 가하는 표현 방식과 당시의 "감정"·"형상"이 겉 모습은 다르지만 정신이 합치되어 그 속에 예술 본질상의 통일성이 있는 건 아닐까요? 그것들은 또 어떻게 통일될까요? 이 문제들은 송시를 연구할 때 반드시 고려해야 할 것입니다. 결론은 긍정적인데, 관건은 어떻게 인식하느냐 하는 것입니다. 작품 분석이건, 작가 연구이건, 유파 연구이건 간에 모두 이 문제에 유의해야 할 것입니다. 고립되어 전체를 보지 못하고 제각기 자신의 생각에만 몰두해서는 안 될 것입니다. 세밀해야 하지만 자질구레해져서는 안 되며, 깊이 들어가야 하지만 폐쇄적이어서는 안 될 것입니다. 송시 연구의 의의는 송시 자체에만 있는 것이 아닙니다. "감정"·"형상"·"비흥(比興)" 등의 예전에 건립된 기준이 적용되지 않는 곳에서 문제를 발견하고 사고하여 문제를 해결한다면 시가와 문학에 대한 우리의 이론 인식이 풍부해지고 심화될 수 있을 것입니다.

도문붕 송시 연구의 의의는 문학사적 내용에만 있는 것이 아니라 문학 이론에 대해서도 많은 계발이 있을 것입니다. 예를 들면 계승과 창신의 관계라든가 이성사유(理性思維)가 시가 창작에서 차지하는 작용과 지위 같은 것들에 계발 작용이 있을 것입니다. 제 생각에는 완전한 중국 시학의 건립을 위해 송시가 성숙한 경험과 본보기를 제공할 것입니다. 송시를 떠나서는 중국 시학이 완전해질 수 없습니다.

막려봉 성공의 경험과 실패의 교훈은 모두 소중한 것이어서 정(正)·반(反) 양 방면을 다 총괄할 필요가 있습니다.

3. 미래에 대한 전망 : 방향과 방법

도문붕 이야기가 여기에 이르니 우리가 송시를 연구하는 것은 정당하고 떳떳한 일이라는 생각이 듭니다. 그런 만큼 여기에 그치지 말고 대대적으로 일을 벌여나가야 하겠습니다. 해야 할 일이 많다그 생각하니 임무는 무겁고 갈 길은 멀다는 것을 통감하게 됩니다. 이제 우리 자신을 되돌아보고 그동안 우리의 연구에 명백히 부족했던 점과 고쳐나가야 할 점은 무엇인지 살펴봅시다. 다시 말해 21세기로 넘어가는 시점에서 시대의 추세와 학문의 맥박을 파악하고 송시 연구의 전도와 방향에 대해 예측해 볼 수 있을까요?

막려봉 송시 연구에 부족한 점이 무엇인가? 이 문제는 말을 하자면 깁니다. 기초가 탄탄하지 못하고 출발 지점이 낮아서 송시 연구의 전체적인 학문 수준은 여전히 낮은 편입니다. 아무래도 단시간 내에 약진을 이룩할 수는 없겠지요. 왜냐하면 그것은 장기간에 걸쳐 연구가 누적되어야 하니까요. 당시 연구가 오늘날의 수준에 이른 것은 단번에 이루어진 것이 아닙니다. ≪전당시≫가 편성된 지 이미 300여 년이 지났는데도, 그에 대한 학자들의 고증과 교정 작업은 아직도 마무리되지 않았습니다.

≪전송시≫는 이제 막 나왔습니다. 그런데 수량이 ≪전당시≫
에 비해 엄청나게 많은 데다가 송인의 시집 중에 작가가 잘못
수록된 경우가 특히 많아서 몇 세대에 걸쳐 심혈을 기울이지
않으면 지금 중편(重編)하는 ≪전당오대시(全唐五代詩)≫ 만큼의
학문 수준에 도달할 수 없을 것입니다. 다행스런 것은 ≪전송
시≫에 대한 학계의 관심이 높아서 증보와 교정의 작업에 종사
하는 사람이 벌써 나왔습니다. 이를테면 청년학자 호가선(胡可
先) 같은 이를 들 수 있는데, 그는 이미 착오를 정정하는 글을
여러 편 발표하였습니다.

도문붕 우리 ≪문학유산≫에도 방일석(房日晰)·장여안(張如安) 등의 변오
(辨誤) 문장이 실렸습니다.[68]

막려봉 제 생각에는 송시 연구에 부족한 점은 국부적인 데에 있는 것
이 아니라 전 분야에 걸쳐 있습니다. 송시 연구라는 학문 분야
가 처녀지는 아니지만 개간을 시작한 지 얼마 되지 않은 옥토
여서 많은 역량을 투입해야 합니다.

정 결 막려봉 선생님의 그와 같은 판단에 저도 동감입니다. 송시 연
구에 부족한 점은 전 분야에 걸친 것이어서 역량의 투입에는
인력과 경비 및 출판 지원 등이 필요합니다. 당시 연구는 대가
가 많고 기세가 왕성하여 더욱 많은 참여와 지지를 끌어들일
수 있습니다. 이는 경제가 호경기에 진입한 것과 같은 것인데,
그에 비하면 송시 연구는 아직 멀었습니다.

도문붕 송사 연구에 종사하는 사람 수에 비해서도 송시를 연구하는 사

---

68) 방일석(房日晰), <≪전송시(全宋詩)≫ 변오(辨誤)(6칙(六則))>(≪全宋詩≫辨誤(六則))(≪문
학유산≫ 1996년 2기).
장여안(張如安), <독≪전당시≫소찰(讀≪全宋詩≫小札)>(≪문학유산≫ 1996년 2기).

람이 훨씬 적어 보입니다. 요 몇 년 동안 우리 편집부에 투고한 원고를 살펴보면 송사 원고는 넘쳐나는 데 비해 시문(詩文)의 원고는 상대적으로 훨씬 적습니다.

정　걸　그와 같은 형편이 일시에 바뀌기는 어렵겠지요. 전통 학문 분야에 사람을 끌어들이기는 갈수록 어려워지고 있습니다. 40~50세의 우리 세대 사람들이 최후의 "지킴이"는 아니겠지만 지금 20~30세의 젊은이들에게는 더 좋은 일자리가 많이 있어서, 이런 상황의 변화가 연구 대오의 건설에 영향을 끼칠 것입니다. 이것은 고대문학 연구 분야 모두가 당면하고 있는 문제입니다. 송시 연구가 명예를 회복한 지 여러 해가 되었는데도 수확이 풍성하지 못하고 기세가 왕성하지 못한 것은 학문 후속 세대의 부족과 밀접한 관계가 있습니다.

막려봉　모든 고대문학 연구 기관이 공유하고 있는 문제가 하나 더 있습니다. 이 문제는 해묵은 것이긴 합니다만 송시 연구에 끼친 해독이 워낙 커서 말씀드려보겠습니다. 어떤 사람은 논문을 쓸 때 기존의 연구 성과를 살펴보려고 하지 않습니다. 어떤 문제들은 학계에 이미 새로운 이론이 나와 구설(舊說)을 능가하거나 뒤집어 엎어버렸는데도 이미 부정된 구설을 상대로 서슴없이 반박의 글을 쓰는 사람이 끊이질 않습니다. 심지어 어떤 이는 50~60년대에 나온 문학사 논저를 상대로 큰소리칩니다. 그래서 그저 그의 논문만 본다면 그럴듯하지만 일단 자료를 조사해보면 그의 논점은 십여 년 전에 이미 다른 사람이 논증한 것이고, 심지어 그가 사용한 재료와 논증 방법까지 대동소이하다는 사실을 알게 됩니다. 이것은 참으로 유한한 연구 역량과 발표 창구에 대한 크나큰 낭비입니다. 본래 기반이 튼튼하지 못한 송시 연구인지라 그와 같은 낭비가 계속된다면 결국 버텨내지 못할 것입니다. 따라서 모두가 다 학계의 동태에 더욱 주의를 기울여 중복 연구를 피해야 할 것입니다. 물론 기존의 연구 성과를 일부러 거들떠보지 않거나 분명히 참고한 바가 있는데도 보지 않은 체 하는 사람들도 있을 텐데, 그런 경우는 언급할 가치도 없습니다.

정 결 몇 가지 구체적인 대책을 생각해서 규정을 만들면 어떨까요? 이를테면 투고 시에 기존의 연구성과·논문의 목적과 의의에 대한 설명을 붙이게 하면 심사에 편리할 것입니다. 아니면 논문의 서두에 그와 같은 설명을 붙이고 마지막에 명확한 결어를 쓰도록 요구하는 것입니다. 물론 그렇게 하는 것은 또 하나의 팔고문(八股文)을 요구하는 혐의가 있고, 또한 겉만 치료하고 근본은 치료하지 못하는 부적절한 방법이 될 우려도 있습니다.

도문붕 이것은 학풍의 문제인 동시에 문품(文品)의 문제입니다. 근년에 들어 이 방면의 호소가 많아져서 원성이 비등하다고 할 수 있습니다. 사회 풍조가 숙정되고 학계는 더욱 자각이 필요합니다. 자각과 자율과 품격과 양지(良知)를 이야기해야 하겠지요. 그러면 이제 앞으로 어떤 길을 걸어가야 할 지 전망해 봅시다.

정 결 송시 연구의 전망에 관하여 1991년 진환명(秦寶明)과 함께 한 <술평(述評)> 마지막에서 저희는 작가·작품·유파 연구의 전개를 호소하였고, 시야를 개척하여 넓히고 깊이를 쟁취하자고 호소하였고, 문화학과 가치학의 연구를 호소했으며, 시(詩)·사(詞)·문(文) 상호간의 생태 관계 연구를 호소했습니다. 그 후 7~8년 동안 각 방면에서 약간씩의 새로운 수확이 있긴 했지만 전체적으로 박약한 상황은 크게 개선되지 않았습니다. 저

자신도 이렇다 할 만한 것을 내놓지 못했으니 계속 함께 노력
하자고 해야겠군요.

막려봉 앞으로 송시 연구의 발전 방향은 무엇입니까? 이것은 예측하기
도 어렵고 미리 기획할 수 있는 것도 아닌 것 같습니다. 그래
도 제 자신의 견해를 말해 보겠습니다. 연구자들이 제각기 나
름대로의 장점과 기호를 가지고 있으니 물론 스스로 연구 과제
를 선택하겠지요. 송시의 범위 내에서는 연구가 전면적이고 투
철하게 된 분야가 없는 것 같으므로 거시적 연구에서 미시적
연구까지, 고증에서 이론까지 어떤 글이나 다 쓸 수 있습니다.
그러나 전국(全局)을 돌아보면 급선무는 송시에 대한 전면적이
고 총체적인 이론 탐색이 아니라 문헌 연구에 역량을 집중하는
일인 것 같습니다. ≪전송시≫를 보완하는 것 이외에도 중요한
시인의 별집을 정리해야 합니다. 편년과 교주(校註)에 투입해야
할 작업량이 매우 많습니다. 이 방면에서 주동윤(朱東潤)·백돈
인(白敦仁)·전중련(錢仲聯) 세 분 선생이 우리를 위해 모범을 보
여 주셨으니 더 많은 사람들이 그들의 작업을 계승해야 할 것
입니다. 송시의 연구 자료에 대해서도 정리가 필요합니다. 송
대 시화의 정리에 대해서는 전인들이 해놓은 작업이 적지 않습
니다. 최근에 다시 정의중(程毅中) 선생이 주편한 ≪송인시화외
편(宋人詩話外編)≫[69]이 출판되었고, 여러 종의 작가연구자료휘편
(作家研究資料彙編)이 나와 있지만 여전히 진일보한 발굴과 정리가
필요합니다. 이른바 개별 안건 연구는 반드시 제목이 작은 미
시적 연구여야 하는 것은 아니고, 거시적 성질의 전제(專題) 연

---

69) 정의중(程毅中) 주편(主編), 왕수매(王秀梅)·왕경동(王景桐)·서준(徐俊)·기근(冀勤) 집록(輯
錄), ≪송인시화외편(宋人詩話外編)≫(상·하)(국제문화출판공사(國際文化出版公司), 1996. 3).

구를 해도 될 것입니다. 예를 들자면 송시 분기(分期)의 연구를 하면서 어떻게 분기할 것인지, 각 시기의 특징은 무엇인지를 다룰 수 있을 것입니다.

도문붕 당시의 분기에 대해서는 이미 깊이 있는 분석과 파악이 되어 있는데, 송시의 경우는 아직 모호한 것 같습니다.

정 걸 아직도 간단히 당시학(唐詩學) 전통의 "사분법(四分法)"을 원용하는 경우가 있습니다.

막려봉 또한 송시 유파의 연구는 유파 자체의 상황은 물론이고, 유파 상호간의 관계도 있어서 해결해야 할 문제가 아직도 많습니다.

정 걸 송시는 시대적 특색이 농후하여 과제에 따라서는 독자적인 우세를 점할 수도 있습니다. 예를 들면 사상 내용에 대해 대작을 써낼 수 있을 것입니다.

도문붕 송시에는 풍부한 인생 철리(哲理)가 들어 있고, 사대부의 복잡하고 깊숙한 심령 세계를 반영하고 있으며, 유(儒)·불(佛)·도(道) 3가(家) 사상이 그 안에 깊이 있게 투사·삼투되고 있어서 사상 자료로서의 활용 가치가 높습니다. 요종이(饒宗頤) 선생은 21세기의 시(詩)·사(詞)가 형이상학의 길을 걸어갈 것이라고 말했는데, 송시는 형이상학의 의미가 충만하여 전제(專題) 연구와 발굴을 기다리고 있습니다.

막려봉 송시 연구도 "외향형(外向型)" 비교 연구를 특히 중시해야 합니다. 예를 들어 송시와 당시의 이동(異同)은 비록 해묵은 과제지만 아직도 깊이 들어가지 못하여 많은 논술이 인상성 서술에 머물고 있습니다. 송시와 송사·송문의 관계는 더욱 깊이 있게 논의할 필요가 있습니다.

정 걸 외부 관계도 송시가 내세울 만한 우세를 점하고 있습니다. 송대는 문화가 고도로 번영하였고, 시가와 다른 방면의 문화가 관계가 밀접하고 내용이 풍부하며 재료가 직접적이어서 연구 전망이 밝습니다. 도문붕 선생님 당신께서는 시와 그림의 관계 연구에 주의를 기울이고 계신데, 그것은 매우 중요한 분야입니다. "시화일률론(詩畵—律論)"이라는 중국 특색의 시화(詩畵) 관계론은 송대의 시가와 송대의 회화가 함께 발전하고 서로 영향을 끼친 기초 위에서 점차로 명확해진 것입니다.

도문붕   시가와 이학(理學)·선종(禪宗)·도교·서예·회화·음악·희극·소설·원림(園林)의 갖가지 관계도 연구를 진행해야 합니다. 대만의 장고평 선생은 송시와 희극의 관계에 대해 정채로운 논문을 발표한 적이 있고, 저 자신도 시가와 회화·시론과 화론의 관계에 대해 좀 더 깊이 있게 생각해 볼 계획입니다.

막려봉   저는 여기서 다시 작가와 작품의 연구를 강조하고 싶습니다. 문학의 연구는 문학 자체에 귀결되어야 합니다. 소식·왕안석·황정견·육유 등 대가는 물론이고 매요신·구양수·진사도(陳師道)·진여의(陳與義)·양만리·범성대 등의 명가들에 대한 연구가 현재로서는 모두 충분치 못하니, 기타 시인들은 말할 것도 없습니다. 앞으로 우리가 노력하여 각종 개별 안건 연구와 각 방면의 전제 연구를 잘 수행한다면 세월이 지나 일정한 연구 성과가 쌓인 후에는 송시의 총체적 특징에 대한 인식도 한 단계 향상될 것입니다.

도문붕   80년대부터 90년대 초까지 서양의 많은 이론이 인문과학과 사회과학 분야에 들어왔습니다. 이것이 고대문학 연구에도 영향을 끼쳐서 적지 않은 중·청년학자들이 그 수입된 이론을 운용하여 문제를 해결하고 학문 시야를 넓히고 이론 사유 능력을 향상시키고자 시도하여 분야에 따라서는 성과를 거둔 측면도 있습니다. 물론 그 중에는 불필요한 우회로를 걸어서 교훈을 남긴 경우도 적지 않고요. 방금 전에도 송시 연구에 새로운 관념과 사고를 끌어들인 분을 언급했으니, 이 문제를 가지고 다시 이야기를 해보면 어떨까요? 크게 보아 이 문제에 있어서 저는 개인적으로 원행패(袁行霈) 선생이 말한 세 가지 귀결설에 찬동하는 편입니다. 세 가지 귀결이란 어떤 분야·어떤 방법을 사용하건 간에 최종적으로는 문학본위(文學本位)·문본본위(文本本位)에 귀결되어야 하고, 그것이 어디서 왔건 간에 최종적으로는 민족본위(民族本位)로 귀결되어야 한다는 것입니다.

막려봉 방법을 말한다면 너무 많은 논쟁을 할 필요가 없다고 생각합니다. 방법은 수단이지 목적이 아닙니다. 목적에 도달할 수만 있다면 무슨 수단을 쓰든지 상관할 것이 없습니다. 새로운 방법을 운용하여 문제를 해결하고 설명할 수만 있다면 그와 같은 방법이 사람들에게 낯선 것이라고 해도 어찌 운용하기를 꺼리겠습니까? 반대로 전통적인 방법이 여전히 유용하고 여전히 효과적으로 문제를 해결할 수 있다면 무엇 하러 그것을 헌신짝처럼 버리겠습니까? 어떤 사람들은 자신의 방법을 가장 좋은 것으로 여기고 걸핏하면 다른 사람의 방법이나 모델을 능가한다고 주장합니다. 기실 일구어 낸 학문 수준에는 높고 낮음의 구분이 있어서 "능가"라는 말을 쓸 수 있겠지만 방법은 그런 것이 아닙니다. 송시 연구라는 아직 충분히 개간되지 않은 학문의 땅에서는 각종 방법이 다 발휘될 수 있는 공간이 있고 공존 공영할 수 있는 것입니다.

정 걸 막려봉 선생의 말씀을 다음의 두 구호로 개괄할 수 있을지 모르겠습니다. 하나는 "흰 고양이건 검은 고양이건 간에 쥐를 잡는 고양이가 좋은 고양이다(不管白猫黑猫, 逮着老鼠就是好猫)"이고, 다른 하나는 "백화제방(百花齊放)·백가쟁명(百家爭鳴)"입니다. 저는 이 두 구호에 찬성입니다. 그 외에 두 개를 더 보충하겠습니다. 하나는 "과녁을 조준하여 화살을 쏜다(有的放矢)"이고 또 하나는 "실사구시(實事求是)"입니다.

도문붕 오늘 송시에 관한 우리의 이야기는 여기서 그치는 것이 어떻겠습니까? 앞으로 다시 이야기를 나눌 기회가 있기를 바랍니다. 오늘 우리가 나누었던 이야기를 종합하자면 다음의 몇 마디 말로서 우리의 심정을 개괄하고 싶습니다. 송시를 중시하고, 송시를 깊이 있게 연구하고, 더욱 많은 사람들이 송시 연구에 종사하기를 바랍니다. 두 분께서도 저와 동감이겠지요!

제 5 장

사학(詞學) 연구의 회고와 전망

| 엄적창(嚴迪昌) · 유양충(劉揚忠) · 종진진(鍾振振) · 왕조붕(王兆鵬) |

1. 20세기 사학의 전승과 변혁, 그리고 새로운 모형의 구축

엄적창(소주대학 중문계)　　20세기의 사학(詞學) 연구 상황을 회고하는 데는 서로 다른 관점이 있을 수 있습니다. 사고 방식이 서로 다르고, 시각이 서로 다르고, 취미가 서로 다르고, 흥미를 갖는 분야가 서로 다르기 때문에 중점을 두는 곳이 서로 다를 수밖에 없고 서로 다른 평가가 있을 수밖에 없습니다. 방대하고 풍부하고 복잡하기조차 한 평가 대상을 대할 때는 특별한 안목과 식견도 가지고 있어야지 그렇지 않으면 부분으로 전체를 평가함으로써 왕왕 적확성과 공정성을 잃어 평가의 의의가 없어집니다. 더구나 사학의 연구는 아직 진행 중에 있기 때문에 그것에 대한 회고도 또한 상대적이고, 불안전하고, 각자 자신에게 보이는 것만 볼 수 있을 뿐입니다.

20세기라는 이 100년 동안 사학 연구의 역사는 부단히 변화하는 동태적 과정에 처해 있었습니다만 사실상 그것은 만청(晚淸) 사학을 계승했습니다. 왕붕운(王鵬運)이 금세기 초에 세상을 떠나고 이어서 1918년에 정문작(鄭文焯)이 세상을 떠났으며, 그로부터 8년 뒤에는 황주이(況周頤)가 세상을 떠났고 1931년에는 주조모(朱祖謀)가 세상을 떠났습니다. 이것이 바로 "사대가(四大家)"의 영향이 정말로 심원하여 20세기의 전반부 30년까지 미쳤다고도 하고, 심지어는 30년 이상이라고도 하는 그것입니다. 이러한 영향은 단순히 창작 경향에만 미친 것도 아니고, 《사인재소각사(四印齋所刻詞)》[1]에서 《강촌총서(彊村叢書)》[2]에 이르는 사집(詞集)의 편찬이나 판본학(版本學)·교감학(校勘學)에 국한된 것도 아닙니다. 이보다 더욱 중요한 것은 각 유파(流派)가 무엇을 가장 중요시했으며 작품의 풍격이 어떤 경향을 띠었는지를 연구하는 등 사학에 있어서의 심미 비평의 방향을 설정하는 데 미친 영향과, 사사(詞史)라는 관념을 형성하는 데 미친 영향입니

---

1) 왕붕운(王鵬運)이 청(淸) 광서(光緒) 14년(1888)에 남당 사인 풍연사(馮延巳)와 소식(蘇軾)·하주(賀鑄)·이청조(李淸照)·주방언(周邦彦)·신기질(辛棄疾)·강기(姜夔)·장염(張炎) 등 송대 사인 16명, 금대 사인 채송년(蔡松年), 원대 사인 백박(白樸) 등의 사를 모아서 편찬한 사집(詞集). 5년 뒤에 다시 반랑(潘閬)·주돈유(朱敦儒) 등 송대 사인 24명과 유병충(劉秉忠)·육문규(陸文圭) 등 원대 사인 7명의 사를 모아서 편찬한 《송원삼십일가사(宋元三十一家詞)》도 《사인재소각사(四印齋所刻詞)》 뒤에 덧붙였다. 1989년 상해고적출판사(上海古籍出版社)에서 출판한 영인본이 있다.
2) 주조모(朱祖謀)가 당대에서 원대까지의 사(詞) 총집(總集) 5종과 별집(別集) 168종을 모아서 편찬한 총서(叢書). 1917년에 초판본이 나온 이후 증보를 계속하여 1922년에 비교적 완비된 제3차 증보본이 나왔다. 여기에는 고려(高麗) 문인 이제현(李齊賢)의 사집인 《익재장단구(益齋長短句)》도 수록되어 있다. 1970년 대북(臺北) 광문서국(廣文書局)에서 출판한 10책 본, 1980년 강소광릉고적각인사(江蘇廣陵古籍刻印社)에서 출판한 60책 본, 1989년 상해서점(上海書店)에서 출판한 2책 본 등이 있다.

다. 1950년대에 읽었던 오매(吳梅) 선생의 ≪사학통론(詞學通論)≫[3] 등의 저작이나, 직·간접적으로 받은 스승 뻘 되는 분들의 사학에 관한 가르침을 한 번 회상해 보면 앞에서 얘기한 영향이 한결 분명해질 것입니다.

유양충(중국사회과학원 문학연구소)   확실히 1920~1930년대에 두각을 드러낸 저 새 시대의 사학 연구자들은 그 공이 대단히 큽니다. 그들의 공동 노력에 힘입어 사학은 아주 빠른 속도로 과거 몇백 년 동안 지속되어온, 규모가 작고 인원이 적고 길이 좁고 이론의식이 부족하고 시야가 트이지 못하고 연구 수단이 낙후한 상태에서 벗어나 학술 현대화의 행렬에 동참하게 되었고 또 하나의 현학(顯學)[4]이 되기도 했습니다. 물론 학술의 전승이라는 측면에서 우리는 만청 시기의 왕붕운(王鵬運)·주조모(朱祖謀)·황주이(況周頤)·정문작(鄭文焯) 등을 골간으로 하는 저 구식 사학 연구자들을 잊어서는 안 될 것입니다. 그들은 양적으로나 질적으로나 아주 볼 만한 사학 문헌의 정리와 이론의 탐색에 대한 자신들의 성과를 가지고 새로운 사학의 발전을 위하여 튼튼한 기초를 닦았던 것입니다.

엄적창   사학 백년사를 돌아보면 사에 대한 연구가 다른 장르와 비교할 때 특수한 색채를 띠고 있음을 발견할 수 있습니다. 전통적인 시나 산문이 "5·4" 신문학 사조가 일어난 이후 뿔뿔이 흩어져서 집단의 형태를 이루지 못한 데 반하여 사는 시종일관 전통을 계승하고 집단의 형태를 견지해 왔습니다. 신문화 운동의

---

3) 오매(吳梅), ≪사학통론(詞學通論)≫(상해 : 상무인서관, 1932년 초판 ; 홍콩 : 태평서국(太平書局), 1965년).
4) 근간을 이루는 주요한 학문 분야.

주동자들은 "동성파(桐城派)" 문장이나 "동광체(同光體)" 시를 태어나지 말았어야 할 못난이로 배척했지만 사인들에 대해서는 그처럼 보수적인 고집쟁이로 보지 않았을 뿐만 아니라 오히려 적지 않은 사람들이 여전히 흥미를 잔뜩 가지고 이 서정적인 장르를 수용하여 개조하려고 했는데 이것을 "해방"이라고 부르기도 했지요. 아무튼 사는 이른바 "전통"과 "해방"의 틈바구니에 처해 있으면서도 첨예한 충돌은 없었던 것 같습니다. 이것은 20세기 사학 연구사에 있어서 매우 음미해 볼 만한 현상입니다.

유양충 그렇기는 하지만 저는 20세기의 새로운 사학이 결코 전통 사학이 발전하여 자연스럽게 생긴 결과라고는 생각하지 않습니다. 반대로 저는 이 점을 강조하고 싶습니다. 새로운 사학은 금세기 벽두의 30여 년 동안 새로운 문화 사조가 전통 사학에 충격을 가함으로써 그것으로 하여금 핵분열을 일으키게 한 결과로 생긴 것이지 결코 전통 사학이 대물림을 함으로써 이루어진 생명 연장이나 복제가 아니라는 말씀입니다.

새로운 사상, 새로운 관념, 새로운 방법을 가지고 금세기 초의 사단(詞壇)에 뛰어들어 이 낡은 학문에 새로운 면모를 부여한 사람은 왕국유(王國維)·양계초(梁啓超)·호적(胡適)·유평백(兪平伯) 등 서학(西學)의 영향을 받은 신파(新派) 인물들이었습니다. 전통적인 구식 사학 연구자들과 비교하면 이 신파 인물들은 사유방식이 다르고 학문하는 방법이 달랐기 때문에 똑같은 연구 대상을 놓고도 얻어낸 결론이 크게 달랐습니다. 그들이 발표한, 당시에 커다란 파문을 일으킨 그 전문적인 저술과 문장들은 새로운 학술 방향과 새로운 학술 모형을 제공했습니다. 몇 십 년 동안 사학계에서는, 그들에게 동조하는 사람들은 대개 그들의 노선을 따라 앞으로 나아가 사학 연구의 새로운 천지를 열었고, 그들에게 동조하지 않는 사람들은 그들을 사학의 "문외한"이라고 배척하거나 심지어 "이단"이라고 배척하기까지 했습니다. 동조했든 동조하지 않았든 간에 이 사람들이 개입하고부터 사학 연구의 모형이 바뀌고 새로운 차원의 연구성과가 나타나게 되었을 뿐만 아니라, 전체적으로 보아 사학 연구가 문학 연구의 현대화와 과학화의 과정으로 들어갔습니다.

왕조붕(호북대학 인문학원)   사학 연구는 금세기의 현학(顯學)으로서 그것이 제시한 모형에는 세 가지 지표가 있습니다. 첫 번째는 전문 간행물이 있었다는 점입니다. 1930년대부터 사학은 벌써 전문 간행물인 ≪사학계간(詞學季刊)≫5)이 나왔고, 1980년대에는 시칩존(施蟄存) 선생 등이 또 ≪사학(詞學)≫6)을 창간하여 지금까지도 계속 출판되고 있습니다. 두 번째는 종사(宗師)가 있었다는 점입니다. 금세기의 사학계에는 하승도(夏承燾)·당규장(唐圭璋) 등 일대(一代)의 종사(宗師)가 나타났습니다. 금세기의 고전 문학 연구는 장르별로 볼 때 시·사·소설이 중요한 분야였는데 시학계나 소설학계는 모두 "시학 대사" 혹은 "소설 대사"라는 칭호를

---

5) 용유생(龍楡生)이 간행한 사학 전문 학술지. 1933년 4월 상해에서 창간되어 제3권 제3호 (총 11호)까지 간행되다가 1936년 9월 항일전쟁이 발발하는 바람에 정간되었다. 제3권 제4호는 원고가 수합된 상태에서 간행되지 못했는데 1982년 상해서점에서 옛날에 간행된 ≪사학계간≫을 2책으로 묶어서 영인본을 낼 때 잔존해 있던 제3권 제4호의 원고도 정리하여 수록했다.

6) 1981년 11월 상해에서 창간된 사학 전문 학술지. 창간 당시의 주편자는 하승도(夏承燾)·당규장(唐圭璋)·시칩존(施蟄存)·마흥영(馬興榮) 등이었고, 편집위원은 장백구(張伯駒)·하승도(夏承燾)·유평백(兪平伯)·임중민(任中敏)·당규장(唐圭璋)·반경정(潘景鄭)·황군탄(黃君坦)·전중련(錢仲聯)·완민호(宛敏灝)·여정백(呂貞白)·왕기(王起)·서진악(徐震堮)·정천범(程千帆)·만운준(萬雲駿)·시칩존(施蟄存)·마흥영(馬興榮) 등 16명이었다.

붙여준 적이 없습니다. 이것은 참 재미있는 현상입니다. 세 번째는 종파(宗派)가 있었다는 점입니다. 1930년대에 사맹제(查猛濟)는 "근대의 사학은 대략 두 종파로 나눌 수 있으니 한 종파는 음률 방면에 중점을 둘 것을 주장한 주조모(朱祖謀)·황주이(況周頤) 같은 분들이고, 한 종파는 의경(意境) 방면에 중점을 둘 것을 주장한 왕국유(王國維)·호적(胡適) 같은 분들이다"(≪사학계간≫ 제1권 제3호 <유자경(劉子庚) 선생의 사학(劉子庚先生的詞學)>)라고 했지요.

종진진(남경사범대학 중문계)   용유생(龍楡生) 선생도 일대 종사였습니다. 1930년대에 그는 ≪사학계간≫을 주편했는데 거의 매기(每期)마다 그가 직접 쓴 장편 논문으로 책의 첫머리를 장식했습니다. 이 논문들은 사학 연구의 각 방면에 있어서 과거를 결산하는 것으로부터 미래를 전망하는 데까지, 그리고 이론체계의 수립에서 중요한 작가의 평론에 이르기까지 모두 비교적 전면적이고 심오한 사고를 지니고 있었지요. 그의 많은 견해들은 오늘날에 이르러서도 여전히 사람들에게 계발작용을 하고 있습니다.

왕조붕   사학 종사 얘기가 나왔으니 말씀입니다만, 그 분들의 학문 연구의 정신과 학문연구의 경지에는 공통적인 특징이 있습니다. 바로 전일성(專一性)·정치성(精緻性)·장대성(壯大性)입니다. 이른바 전일성이란 오로지 사학 한 가지에만 마음을 기울였다는 뜻으로 그 분들은 필생의 정력을 쏟아 사학의 연구에 종사하고 다른 일에 힘쓰는 일이 극히 적었습니다. 어떠한 인생의 좌절이나 변고를 만나든 간에 사학 연구에 대한 신념이 흔들린 적이 없었지요. 정치성이란 학문의 정확성과 치밀성을 추구했다는 뜻입니다. 하승도 선생은 1930년대의 일기에서 "학문을 연구하려면 정력을 다른 곳에 쏟아서는 안 되는데 근래 몇 년 동안 ≪사인연보(詞人年譜)≫[7]와 ≪강백석사고증(姜白石詞考證)≫[8]을 집필하고 ≪술림청화(述林清話)≫를 모작한 것 등은 비록 스스로 는 가벼운 마음으로 아무렇게나 쓴 것이 아니라고 할지라도 결 국은 최고의 저작이 아니다. 더욱 정치하고 장대한 것이어야 한다"(≪천풍각학사일기(天風閣學詞日記)≫ 323쪽)[9]라고 썼습니다. 그 의 ≪당송사인연보≫는 본래 "최고의 저작"이었건만 그 자신 은 아직 만족하지 못하여 더욱 정치하고 더욱 장대한 저작을 써내려고 생각하고 있었던 것이지요. 장대성이란 기백이 워낙 커서 자질구레한 것은 다루지 않고 커다란 주제를 잡아 방대한 연구를 진행함으로써 전반적인 문제를 해결하는 것입니다. 당 규장 선생은 1930년대에 혼자서 있는 힘을 다하여 ≪전송사(全 宋詞)≫[10]를 편찬했습니다. 하승도 선생은 연보를 만들 때 한두 사람의 연보를 만든 것이 아니라 열 몇 사람의 연보를 만들었 으며 심지어는 ≪사림연보(詞林年譜)≫를 만들기에 이르렀습니다 (애석하게도 이 책은 완성되지 못했습니다).

엄적창 왕조붕 선생이 금세기 사학 종사들의 특징을 "전일성·정치 성·장대성"으로 개괄한 것은 매우 정확하고 핵심을 찌른 것입

---

7) 하승도(夏承燾), ≪당송사인연보(唐宋詞人年譜)≫(상해 : 상해고전문학출판사(上海古典文學 出版社), 1955년 초판 ; 상해고적출판사, 1979년 개정판).
8) 하승도(夏承燾), ≪강백석사편년전교(姜白石詞編年箋校)≫(상해 : 중화서국상해편집소(中華 書局上海編輯所), 1958년 초판).
9) 하승도(夏承燾), ≪천풍각학사일기(天風閣學詞日記)≫(항주 : 절강고적출판사, 1984년), 323 쪽, 1934년 9월 30일 조.
10) 당규장(唐圭璋)이 송대 사인 1,330여 명의 사 19,900여 수를 모아서 편찬한 사집. 1940 년 상무인서관이 장사(長沙)에서 선장본(線裝本)을 출판한 이후 계속적으로 수정하여 1965년 중화서국에서 증보판을 냈다. 공범례(孔凡禮)는 명초본(明抄本) ≪시연(詩淵)≫을 비롯한 다른 책에서 누락된 것을 찾아 140여 명의 사 430여 수를 보충한 ≪전송사보집 (全宋詞補輯)≫을 1981년 중화서국에서 출판했다.

니다만 제가 약간만 보충을 하겠습니다. "전일성"이라고 했는데, 현상적인 성과로 보자면 종사들의 주된 성취가 사학의 연구에 있기는 했지만 사실 종사들이 일생 동안 오로지 사학에만 매달렸던 것은 결코 아니었습니다. 이 점은 상세하게 설명할 필요는 없겠습니다만 어쨌든 후인들이 본보기로 삼을 만한 가치가 있습니다.

사실 옛날 사인들은 결코 특종작물 재배 농가처럼 전공 분야가 좁은 오늘날의 작가와 같지 않았습니다. 송대의 사인은 당대의 시인과 달리 여러 가지 재능을 겸비하고 있는 경우가 많았는데 송대 이후 이 특징은 보편적인 현상이 되어서 시·문·사를 겸하지 못하는 사람이 없었습니다. 뿐만 아니라 어떤 사람은 소설가나 극작가를 겸하기도 했고 심지어 서화(書畵)의 대가이거나 학자 또는 역사가인 경우도 있었습니다. 그들 각자의 심리 상태를 전체적으로 파악하고 그들의 공시적(共時的) 군체생태(群體生態)나 원생태(原生態), 그리고 작품의 표현 형태를 파악하려면 반드시 폭넓은 연구의 시야가 있어야 합니다. "전일성"을 협소성으로 변질시켜서는 안 될 것입니다.

"장대성"도 총체적인 표현이라고 생각합니다. 종사들의 "장대성"은 그들이 폭넓게 두루 통했다는 사실과도 관계가 있고 사사(詞史)에 대한 총체적 인식 및 파악과도 관계가 있습니다.

2. 양대 종파의 학술적 공헌과 그 역사적 의의

유양충 최근 몇 년 동안 사학계 동지들은 금세기 사학사를 총결산할 때면 언제나 이 영역 안에 오랫동안 양대 학술 종파가 존재했다는 사실을 거론하곤 했습니다. 한 종파는 청말(淸末) 민초(民初) 구사학(舊詞學)의 계승을 위주로 한 "전통파"였고, 한 종파는 현대 문예학의 도움을 받아 사학의 문제를 해결하려고 한 이른바 "신파"였습니다. 두 종파가 병립한 것은 1920~30년대 이래 사학계에 존재한 현실이었을 뿐 어떤 사람이 주관적으로 나눈 것이 아니었습니다. 이 두 종파의 사학 연구자들이 공동으로 금세기의 사학 번영의 국면을 형성하여 사학으로 하여금 현학(顯學)의 지위에 오르게 했습니다. 보충해서 말씀드리고 싶은 것은 이 두 학술 종파는 결코 이것이 아니면 저것이라는 식의 양립할 수 없는 관계가 아니었다는 점입니다. 이들 두 종파 사이에는 항상 서로 소통하고, 서로 영향을 미치고, 서로 협력하는 면이 있었습니다. 또 두 종파의 학술 사상과 연구 방법, 사학 이론도 결코 고정불변하는 것이 아니었습니다. 이른바 "전통파"는 중견 인물인 용유생의 <사학 연구를 위한 논의(硏究詞學之商榷)>11) · <사체의 전개과정(詞體之演進)>12) · <양송 사풍 변천론(兩宋詞風轉變論)>13) 등 현대적 의식과 이론적 색채를 갖춘 일련의 논문을 시발점으로 삼아 점진적으로 사집(詞集)이나 교감하여 간행하고, 사율(詞律)이나 정정(訂正)하고, 사화(詞話)나 비평하는 등의 일에 전념하는 협소한 울타리를 돌파하고 새로운 관점과 새로운 방법으로 사학을 연구하는 길을 걷게 되었습니다. 당시 용유생뿐만 아니라 원래 "전통파"에 속했던 다른 사학 연

---

11) ≪사학계간(詞學季刊)≫ 제1권 제4호.
12) ≪사학계간(詞學季刊)≫ 제1권 제1호.
13) ≪사학계간(詞學季刊)≫ 제2권 제1호.

구자들도 이러한 변화를 일으켰습니다. 예컨대, 당규장 선생이 1934년에 발표한 <이후주평전(李後主評傳)>[14]은 바로 "성령"과 "정감"으로써 이후주의 사를 비평한 것이었는데, 여기서 당규장 선생은 왕국유의 ≪인간사화(人間詞話)≫[15]를 칭찬하여 "나머지 사람들을 쓸어버리고 오로지 이후주만 높이 떠받들 줄 알았으니 탁월한 식견을 가진 감상자라고 할 만하다"라고 하여, 신파 사학 연구자의 이론과 관점에 대해 상당한 정도의 동조를 표시했습니다. 한편, 이른바 "신파"도 어떤 사람들이 말한 것처럼 구학(舊學)의 기초가 전혀 없는 상태에서 단지 서방 이론이나 팔아먹을 뿐 사학 문제에 대해서 근거도 없는 허튼 소리나 한 것이 결코 아닙니다. 사실 그들 가운데 대다수는 구학의 기초가 절대로 "전통파"보다 못하지 않았습니다. 뿐만 아니라 그들은 새로운 이론을 만들어낼 때 전통 사학의 휘황찬란한 업적으로 간주되는 고증과 교감의 성과를 포함한 "전통파"의 "실

---

14) ≪독서고문(讀書顧問)≫ 창간호(남경, 1934년) ; 당규장 저, ≪사학논총(詞學論叢)≫(상해 : 상해고적출판사, 1986) ; 화동사범대학(華東師範大學) 중문계 고전문학연구실 편, ≪사학연구논문집(詞學研究論文集)(1911~1949)≫(상해 : 상해고적출판사, 1988) 등에 수록되어 있다.

15) 1908년 ≪국수학보(國粹學報)≫에 상권(上卷)이 발표되었고 1926년 유평백(兪平伯)이 여기에 표점을 찍어서 단행본으로 출판했다. 1927년 조만리(趙萬里)가 간행되지 않은 왕국유의 유저(遺著)를 정리하여 <인간사화 미간고 및 기타(人間詞話未刊稿及其他)>라는 제목으로 ≪소설월보(小說月報)≫에 발표했는데 이것은 그 뒤 ≪인간사화산고(人間詞話刪稿)≫라고 불렸다. 1928년 나진옥(羅振玉)이 왕국유의 유집(遺集)을 편찬할 때 ≪인간사화산고(人間詞話刪稿)≫를 하권(下卷)으로 삼음으로써 비로소 2권 본이 되었다. 1939년 상해 개명서점(開明書店)에서 사화(詞話) 64조(條)와 산고(刪稿) 49조에다 사학에 관한 다른 문장들을 수록한 부록 29조 등을 모아서 출판한 단행본과, 1960년 북경 인민문학출판사에서 개명서점 본 ≪인간사화≫와 황주이(況周頤)의 ≪혜풍사화(蕙風詞話)≫를 1권으로 묶어서 출판한 합간본(合刊本)이 있다. 1981년 등함혜(滕咸惠)가 ≪인간사화≫의 원고를 입수하였는데 이 때 인민문학사 본에 수록되지 않은 것이 13조 발견되었으므로 이것을 정리하여 제로서사(齊魯書社)에서 ≪인간사화신주(人間詞話新注)≫를 출판했다.

학”적 성과를 충분하게 받아들여 활용했습니다. 이 두 학술 종파의 충돌과 대립은 옛 것과 새 것이 교체하고 학술 연구가 전환점에 서 있던 그 시기에는 필연적이고 정상적인 일이었습니다. 사학 연구의 현대화 과정이 완성되고 새로운 학술 유형이 사람들의 마음 속 깊은 곳으로 파고 듦에 따라 신구 두 종파의 대립도 점점 완화되어 마침내 아주 약해지고 말았습니다.

왕조붕　최근에 호명(胡明)은 <일백 년 동안의 사학 연구－해석과 사고(一百年來的詞學研究－詮釋與思考)>라는 글에서 이 두 종파를 “체제 내파”와 “체제 외파”로 불렀는데 그것도 매우 재미있는 표현입니다. 주조모(朱祖謀)·황주이(況周頤) 일파에 속하는 대표적 인물로는 하경관(夏敬觀)·진순(陳洵)·오매(吳梅)·조존악(趙尊嶽)·왕이(王易)·양계훈(梁啓勳)·진비석(陳匪石)·임대춘(林大椿)·용유생(龍楡生)·하승도(夏承燾)·당규장(唐圭璋)·첨안태(詹安泰)·조만리(趙萬里) 등이 있지요. 이 두 종파는 사학을 연구함에 있어서 각자 특징을 가지고 있었습니다. 왕국유(王國維)·호적(胡適) 일파는 대부분 부업으로 참여한 사학의 “아마추어”로 사학의 가장자리에 서서 사를 바라보고 사를 중국문학 전체의 진행과정 속에 놓고 고찰했는데, 그들은 눈빛이 매우 예리하여 사학에 대한 전통적인 관념이나 견해와는 그 취향이 크게 달랐습니다. 다만 주관적인 가치 판단이 많고 사를 선정하거나 사를 논함에 있어 객관성이 결여되었다는 단점이 있었지요. 그들은 비록 여가시간을 이용하여 노닥거렸기 때문에 사학 연구의 성과도 컸다고 할 수 없지만 그들의 영향은 오히려 컸습니다. 용유생은 일찍이 “호적 선생의 《사선(詞選)》16)이 나오면서부터 중등학교 학생들이 비로소 사에 주의를 조금씩 기울이기 시작했고 학교에서

사학을 가르치는 사람들도 거의 모두 이 책을 금과옥조로 떠받
들고 있으니 권위가 크기로 말하자면 아마 어떤 사선보다도 더
클 것이다"(<하방회사를 논하며 호적지 선생께 묻는다(論賀方回詞質胡適
之先生)>(≪사학계간≫ 제3권 제3호))라고 말한 적이 있으니 호적이
던진 충격파의 영향이 얼마나 컸는지를 엿볼 수 있습니다.
　주조모 · 황주이 일파의 학자들은 대부분 "직업"적인 사학 전
문가로 정력을 주로 사학의 연구에 쏟았는데 그들은 연구 방법
에 있어서 보다 실증을 중시했지요. 그들은 사학의 전통을 잇
는 것을 기초로 하고 그 위에 개척과 창신을 가미했습니다. 그
들은 사학에 관한 문헌과 사료(史料)를 정리하고 연구하는 데
중점을 두었는데 성과가 매우 컸습니다. 여기서 밝혀두어야 할
것은 사학의 종파를 나누는 것은 상대적인 것일 뿐 결코 두 종
파가 극명하게 대립한 것이 아니며 서로 다르면서도 그 가운데
서로 같은 점이 있었다는 사실입니다. 그리고 1980~90년대에
이르러 이와 같은 종파의 한계가 없어졌습니다.

엄적창　사학 연구자는 "프로"적이든 "아마추어"적이든 간에 사라는
장르의 기능을 파악하고 이해하는 것이 중요합니다. 사실상 사
의 기능에 대한 이해가 연구의 안목을 결정하고 있습니다. 사
를 음악과 결부시켜서 다루는 것과, 사를 서정의 매체로 간주
하는 것은 분야를 나누어서 각자 체계가 다른 연구 노선을 걷
는 것입니다. 말이 나온 김에 말씀드립니다만, 저는 "직업"이
니 "아마추어"니 하는 말로 20세기 전반 50년의 사학 연구 종
사들을 두 편으로 갈라서 이해하는 데 찬성하지 않습니다. "직

---

16) 호적(胡適)이 당 · 오대에서 송말 · 원초 사이의 사인 39명의 사 350수를 모아서 편찬한
　사집(詞集)(상해 : 상무인서관, 1927년 초판).

업"으로 삼다 보면 "장이[匠]"가 되기 쉽고 옛날 물건을 감정하는 골동품 전문가가 되기 쉽지만, 생계를 유지하기 위해 물건을 파는 사람이 쉽게 "장난삼아 즐길" 수도 있습니다. "아마추어"는 아무래도 입에 나오는 대로 대충대충 이야기할 수밖에 없습니다. 이전의 훌륭한 학자들이 연구한 것 가운데 "장난"삼아 하거나 손에 닥치는 대로 한 것이 없지는 않지만, 대부분은 진지한 태도로 연구에 임하여 후세 사람들이 전체적인 면모를 파악할 수 있도록 끊임없이 참고자료를 제공했습니다. 사학의 종사들에게는 편견에 사로잡혀 잘 알지도 못하면서 아무렇게나 이야기한 것이 없습니다.

유양충　말이 나왔으니 저도 좀 말씀을 드리겠습니다. 사학 영역에 있어서의 두 학파의 대립은 이미 역사가 되어버렸습니다만 오늘 그것을 좀 이야기하여 역사를 회고하고 경험을 총결산할 뿐만 아니라, 사학의 "신파"에 대한 오해도 없앨 필요가 있겠습니다. 여러 해 동안 사학계에는 언제 어디서 생겨났는지 알 수 없는 유언비어가 사람들 사이에 돌아다니고 있었습니다. 바로 사학의 "신파"에 속하는 여러 사람들의 관점과 방법이 비록 참신하기는 하지만 그들은 아무래도 사학이라는 이 "전문 학술"에 대하여 전문가가 아니기 때문에 그들이 사학에 대하여 한 이야기들은 "믿을 수 없다"는 것입니다. 이러한 주장은 영향력이 매우 커서 최근에 어떤 학자가 사학 백년사를 회고한 문장을 발표하면서 아직도 "신파"를 "체제 외파"라고 불렀을 정도입니다. 왕조붕 군도 이 일파를 이야기할 때 "부업으로 참여한 사학의 '아마추어'"라고 불렀습니다만 저는 "체제 외파"니 "부업"이니 "아마추어"니 하는 칭호를 쓰는 데 찬동하지 않습니다. 왜냐하면 이 용어들은 왕국유·호적·양계초·유평백 등이 "사학 속의 사람"이 아니고 그들의 말이 "전문가의 전문적인 말"이 아니라고 여기는 의미가 내포되어 있어서 사실상 금세기 신사학(新詞學)에 스며 있는 그들의 작용과 공헌을 부정하거나 적어도 폄하하고 있기 때문입니다.

사실 "신파"의 인사들은 하나같이 문학과 사학(史學)에도 두루 통달하고 사학(詞學)에도 정통한 대학자들이었습니다. 왕국유로 말할 것 같으면 그는 구학의 바탕이 넓고 깊고 튼튼할 뿐만 아니라 여러 분야의 학문에 다 통달했습니다. 이것은 모든 사람들이 다 아는 사실입니다. 그는 사에 대해서도 지극히 전문가였습니다. 그 자신이 쓴 훌륭한 사 작품들은 완전히 전문가의 면모를 갖추었다는 것이 오래 전부터 있어온 학계의 공론입니다. 그리고 그의 ≪인간사화≫·〈청진선생유사(淸眞先生遺事)〉[17] 등의 저작을 보면, 그의 사에 대한 심미적 감수성과 이론에 대한 이해가 평생 동안 오로지 사학 하나에만 매달린 동시대의 일부 명가들보다 훨씬 더 뛰어나다는 사실을 알 수 있습니다. 호적도 그렇습니다. 어떤 사람은 그가 사학의 "문외한"으로서 "허튼소리"[18]를 했다고 비난하는데, 비록 젊을 때 오랫동안 미국에서 유학하여 "신학"을 받아들였다고는 해도 그는 결코 "구학"을 팽개치지 않고 줄곧 견지했을 뿐만 아니라, "구학"의 한 분야인 사학에 대해 특별한 애정을 가져서 사를 그가 제창한 백화문학의 원천 가운데 하나로 보고 항상 탐구하고 연마했으

---

17) 장철륜(蔣哲倫) 교편(校編), ≪주방언집(周邦彦集)≫(남창(南昌) : 강서인민출판사(江西人民出版社), 1983)에 부록으로 첨부되어 있다.
18) 이 "허튼소리"는 원문의 "호설(胡說)"을 옮긴 것이다. "胡"는 "胡適"의 "胡"와 "胡說(허튼소리)"의 "胡"를 동시에 가리키는 이중적인 의미를 가지고 있다.

며, 심지어 문학혁명에 대한 "맹세의 시"마저도 <심원춘(沁園春)> 사조(詞調)에 맞추어 지었습니다. 이러한 학자가 사학계에 발을 들여놓았다고 해서 "체제 바깥"의 "문외한"이 "허튼소리를 했다"고 할 수 있겠습니까?

양계초와 유평백·묘월(繆越) 등등의 학자들도 오로지 사학만 연구하지는 않았지만 사학에 대한 조예는 매우 깊었습니다. 그들에 대해서는 학계에 더욱 잘 알려져 있기 때문에 더 이상 이야기하지 않겠습니다.

요컨대, 사학 중의 "신파"는 결코 사학을 몰랐던 것이 아닙니다. 금세기 사학에 대한 그들의 공헌은 충분히 인정을 받아야만 합니다. 그들의 "전통파"와의 주된 차이점은 사상과 관념과 방법이 새로웠다는 데 있고, 사학이라는 이 구학의 영지에 근대문예의 과학적 이론을 도입하고 새로운 학술체계와 연구 모형을 구축했다는 데 있습니다. 금세기 전반기에 사학을 위해 발랄한 생기와 새로운 기상을 가져다 준 사람이 대부분 오로지 사학에만 매달린 사람이 아니라는 사실로부터 한 걸음 더 나아가 저는 다음과 같은 생각을 해봅니다. 우리 신시기의 "사학전문가"들이 만약 "사학"이라는 이 작은 영지에만 눈을 돌릴 뿐 연구 대상을 문학계 전체 내지 문화계 전체 속에 놓고 연구·고찰·해석하지 않는다면 우리는 사학의 새로운 국면을 열어나갈 수 없게 되어 마침내 사학으로 하여금 "현학(顯學)"의 지위를 잃게 할 것입니다. 우리는 진정으로 전통 사학의 폐쇄적이고 고립적인 고정관념을 타파하고, 지난날 "신파"의 사학 연구자들이 그랬던 것처럼 광활한 천지를 향해 이 학문을 개방하여 그것으로 하여금 새로운 시대에 새로운 생명력을 발산하도록 해야 할 것입니다.

3. 20세기 사학의 양대 단계와 성과

왕조붕 사학 연구를 되돌아보면서 저는 특별히 주의할 만한 두 단계가 있다고 생각합니다. 하나는 1930~40년대이고 하나는 1980~90년대입니다. 금세기 사학 연구의 성과는 주로 이 두 시기에 이루어졌습니다. 사학이 하나의 "현학"이 되었습니다만, 그것은 1930년대에 비로소 신분이 상승되어 "현귀(顯貴)해지기" 시작한 것입니다. 당시 "사학"이라는 이름이 붙여진 저작으로 양계훈(梁啓勳)의 ≪사학(詞學)≫19)(1933)과 오매(吳梅)의 ≪사학통론(詞學通論)≫20)(1933), 그리고 호운익(胡雲翼)의 ≪사학개론(詞學槪論)≫21)(1934) 등이 있었습니다.

이 두 단계는 또 각각 특징을 가지고 있습니다. 1930~40년대에는 사학의 대가를 탄생시켰고 1980~90년대에는 대가가 사학을 탄생시켰다는 것이 그것입니다. 1930~40년대에는 용유생·하승도·당규장 등 사학의 대가가 탄생했는데 그들은 개인적인 성취가 매우 두드러졌습니다. 1980~90년대에는 여러 사람들이 함께 사학 연구의 번영을 이룩하여 군체적(群體的) 성

---

19) 양계훈(梁啓勳)의 ≪사학(詞學)≫은 북경 경성인쇄국(京城印刷局)에서 1932년에 초판을 발행했다. 1933년이라고 한 것은 착각이다. 출판 연도에 대해서는 대담자의 기억이 부정확한 곳이 몇 군데 있다. 이후로는 별도의 설명 없이 정확한 연도만 제시하기로 한다.
20) 오매(吳梅)의 ≪사학통론(詞學通論)≫ 역시 1932년에 상해 상무인서관에서 초판을 발행했다.
21) 호운익(胡雲翼), ≪사학개론(詞學槪論)≫(상해 : 세계서국, 1934년 초판).

취가 비교적 두드러졌습니다. ≪사학계간≫과 ≪사학≫을 잠시
비교해 보면 이러한 차이점을 분명하게 알 수 있습니다. ≪사
학≫의 필자는 매우 광범위하여 주편인 시칩존 선생이 앞에
<역대사선집서록(歷代詞選集敍錄)>을 연재한 것 이외에는 다른
"고정란(固定欄) 집필자"가 없었던 것 같습니다. 수많은 필자의
군체가 ≪사학≫을 지탱하고 있어서 개인의 실력은 충분하게
발휘되지 못했습니다.

종진진 ≪사학≫에 "고정란 집필자"가 없는 주된 이유는 아마 그것의
출판 주기가 너무 길기 때문이 아닐까 싶습니다. 그것은 1년
만에 한 번씩 아주 얇은 책 1권을 내는데 부피가 매년 16절지
크기로 네 번씩 낸 ≪사학계간≫에 비해 훨씬 작습니다. 게다
가 오늘날은 학술 간행물의 종류가 1930~40년대를 크게 웃돌
아서 사학에 관한 문장이라도 아무데나 다 발표할 수 있기 때
문에 사학에 관한 문장이 꼭 ≪사학≫에만 보이는 것도 아닙니
다. 이렇게 바꾸어 말할 수 있을까요? 사학 연구자의 개인적인
실력이 충분히 발휘되기는 했으되 결코 "천교(天橋)[22]라는 좁
은 공간에 몰려서 공연한 것이 아니라 여기저기로 돌아다니며
"순회 공연"을 했다고 말입니다. "사학 대사"로 말할 것 같으
면 시간이 지나야 검증되고 후인들이 인정해 줄 일입니다. 20
세기 후반기에 도대체 "사학 대사"가 있었는지 없었는지 아직
은 긍정적이든 부정적이든 성급한 결론을 내리지 말고 다음 세
기의 학술계가 고려하도록 넘겨줍시다.

유양충 금세기 사학 연구의 기본적인 모형은 1930~40년대에 구축되

---

22) 북경(北京) 남쪽의 영정문(永定門) 안에 있는 600년의 역사를 가진 번화가. 청나라 말기
   부터 차츰 민간 연예의 공연장으로 사용되기 시작했다.

었습니다. 첫째는 다섯 가지의 거대한 총집(總集)과 총서(叢書)의 출판입니다. 임대춘(林大椿)의 ≪당오대사(唐五代詞)≫23)(1933), 당규장의 ≪전송사(全宋詞)≫(1940)와 ≪사화총편(詞話叢編)≫(1934),24) 조존악(趙尊嶽)의 ≪명사휘간(明詞彙刊)≫25)(1936), 진내건(陳乃乾)의 ≪청명가사(淸名家詞)≫26)(1937) 등이 그것입니다. 이들 총집과 총서는 금세기의 사학 연구를 위해 가장 기본적인 문헌 자료를 제공해주었습니다.

종진진 둘째는 판본·목록·교감·전주(箋注)·집일(輯佚) 등 사적(詞籍)에 관한 문헌학적 연구의 기본 범위를 확정했고 또한 모든 분야에서 시범적 내지 집대성적인 성과를 올려 각 분야가 다 전문적인 학문이 되기에 이르렀습니다. 당시에 이미 사학의 "목록학"·"교감학"·"전주학(箋注學)"·"집일학(輯佚學)"이라는 말이 있었지요. 사집(詞集)의 판본과 목록에 관한 성과로는 당규장 선생의 <송사판본고(宋詞版本考)>27)(1940)와 조존악의 <사집제요(詞集提要)>28)가 있습니다. 사집의 교감과 전주는 선배인 왕붕운(王鵬運)·주조모(朱祖謀) 등의 성과를 바탕으로 그 위에 여러 가지의 규범을 제시했습니다. 이빙약(李冰若)의 ≪화간집평주(花間集評注)≫29)

---

23) 임대춘(林大椿)이 당·오대 사인 81명의 사 1,148수를 모아서 편찬한 사집. 상무인서관에서 1931년에 초판을 발행했다.
24) 당규장(唐圭璋)이 송대부터 청대까지의 각종 사화(詞話)를 모아서 편찬한 사화집. 1934년에 60종의 사화를 수록한 초판이 나왔고 그 뒤 증보를 계속하여 수록 사화를 85종으로 늘리고 표점도 찍었다. 1967년 대북(臺北) 광문서국(廣文書局)에서 출판한 60종 본과 1986년 북경 중화서국에서 출판한 85종 본이 통행한다.
25) 금본(今本)으로는 상해고적출판사에서 1960년과 1992년 두 차례 출판한 것이 있다.
26) 진내건(陳乃乾)이 청대 사인 100명의 사집 100종을 모아서 편찬한 사집. 1937년 개명서점(開明書店)에서 초판을 발행했다.
27) ≪금릉학보(金陵學報)≫ 제10권 제1·2기, 1940년 5월.
28) ≪사학계간(詞學季刊)≫ 제1권 제1호 및 제1권 제2호.
29) 이빙약(李冰若), ≪화간집평주(花間集評注)≫(상해 : 개명서점(開明書店), 1935).

(1935)는 비평과 주석의 모형을 구축했고, 당규장 선생의 ≪남당이주사휘전(南唐二主詞彙箋)≫30)(1936)은 사집 전주(箋注)의 편년체를 완성했습니다. 집일(輯佚)은 특히 당송금원사(唐宋金元詞)의 집일이 두드러진 성과를 거두었습니다. 조만리의 ≪교집송금원인사(校輯宋金元人詞)≫31)(1931)는 체재가 잘 짜여지고 수집한 작품이 많은 것으로 유명하며, 주영선(周泳先)의 ≪당송금원사구침(唐宋金元詞鉤沈)≫32)(1937) 또한 산일(散佚)된 작품을 두루 망라한 역작이지요. 그리고 당규장 선생의 ≪전송사≫는 특히 집대성적인 거작이지요.

셋째는 사인과 사작에 관한 사료(史料) 연구의 기본 모형을 완성한 것입니다. 사인의 생애와 사상 및 사작의 창작 연대를 연구하는 데는 두 가지의 주된 저술 방식이 있었습니다. 첫째는 연보 혹은 연표이고, 둘째는 전기 혹은 평전입니다. 이 두 가지의 저술 방식도 1930년대에 모형이 완성되었습니다. 대표작으로는 하승도 선생의 ≪당송사인연보(唐宋詞人年譜)≫(전후하여 ≪사학계간≫에 발표하고 나중에 책으로 묶어서 출판했습니다)와 당규장 선생의 <장록담평전(蔣鹿潭評傳)>33)(1933) 등이 있습니다.

왕조붕　넷째는 사사(詞史) 연구의 기본 모형을 만든 것입니다. 당시의 사사 저작은 매우 다채롭고 풍부해서 장관을 이루었습니다. 역대의 사사를 두루 기술한 통사(通史)도 있고 어느 특정 시대의

---

30) 당규장(唐圭璋), ≪남당이주사휘전(南唐二主詞滙箋)≫(남경 : 정중서국(正中書局), 1936). 대북정중서국 간행본도 있다.

31) 조만리(趙萬里), ≪교집송금원인사(校輯宋金元人詞)≫(남경 : 중앙연구원 역사어언연구소, 1931).

32) ≪강촌총서(疆村叢書)≫·≪사인재소각사(四印齋所刻詞)≫·≪교집송금원인사(校輯宋金元人詞)≫ 등의 사집에 수록되지 않은 작품을 모아서 편찬한 사집. 1937년 상무인서관 초판.

33) ≪사학계간(詞學季刊)≫ 제1권 제3호.

사사를 기술한 단대사(斷代史)도 있었습니다. 유육반(劉毓盤)의 ≪사사(詞史)≫34)(1931), 왕이(王易)의 ≪사곡사(詞曲史)≫35)(1931), 호운익(胡雲翼)의 ≪중국사사략(中國詞史略)≫36)(1933) 등은 모두 당송(唐宋)에서 만청(晩淸)까지 논술한 통사이고, 설여약(薛礪若)의 ≪송사통론(宋詞通論)≫37) 등은 단대사입니다. 연구 범위와 논술 방식은 서로 다르지만 모두 중국 사사가 발전해온 기본적인 방향과 맥락의 윤곽은 그려냈습니다. 나중에 나온 사사는 이러한 저작들을 바탕으로 진일보 발전시키고 심화시킨 것입니다.

전문적인 사사의 출판이 하드웨어(hardware)의 구축이라면 새로운 사사관(詞史觀)의 형성은 소프트웨어(software)의 구축으로 후대에 대한 영향이 더욱 큽니다. 당시에 학자들은 이미 옛날 사학 연구자들이 가졌던 폐쇄적 사사관의 한계를 인식하여, 사의 발전과 시대적 환경의 밀접한 관계에 주의를 기울이고 또한 힘써 그것을 파헤치려고 노력했습니다. 그리고 역사가의 객관적 태도를 가지고 실사구시적(實事求是的)으로 사사 발전의 본래 면모를 살핌으로써 전인들의 종파적 관점과, 남을 내편으로 끌어넣으려고 하거나 옛날 것을 중시하고 지금 것을 경시하는 등의 병폐를 극복할 것을 사학 연구자들에게 요구했습니다.

종진진　송대 사사의 시기 구분과 사파(詞派)에 대한 관점은 기본적으로

---

34) 원래 저자가 북경대학에서 사용했던 강의록으로 1931년 상해 군중도서공사(群衆圖書公司)가 초판을 발행했다. 또 대북 학생서국 간행본(1972년 초판)도 있다.

35) 신주국광사(神州國光社)에서 1932년에 초판을 발행했다. 또 대북 광문서국(廣文書局) 1971년 제3판도 있다.

36) 호운익(胡雲翼), ≪중국사사략(中國詞史略)≫(상해 : 대륙서국(大陸書局), 1933). 또 대북 경씨출판사(經氏出版社)에서 1977년에 ≪중국사사≫(부 : ≪사학개론(詞學槪論)≫)라는 제목으로 영인본이 출판되기도 했다.

37) 설여약(薛礪若), ≪송사통론(宋詞通論)≫(상해 : 개명서점(開明書店), 1949 ; 홍콩 : 중류출판사(中流出版社), 1974).

1930년대에 그 모형이 정해졌습니다. 예컨대, 송사의 시기 구분이라는 문제에 있어서 당시의 학자들은 북송사와 남송사의 둘로 나누어온 전통적 분류법이 지닌, 강제적으로 분할하고 두루뭉실하게 통합한 폐단을 타파하려고 노력했지요. 용유생은 일찍이 "양송 사풍의 변천은 각각 그 시대와의 관계를 가지고 있어서 '완약'과 '호방'이라는 두 사파가 포괄할 수 있는 것도 아니고 남북에 집착하여 자신을 가두어둘 수 있는 것도 아니다"(≪사학계간≫ 제2권 제1호)라고 분명하게 지적한 바 있습니다. 그가 <양송 사풍 변천론(兩宋詞風轉變論)>에서 송사를 여섯 단계로 나눈 것은 송사의 시기 구분과 송사의 변천에 대한 후인들의 관점에 줄곧 영향을 미쳐 왔습니다. 이 뒤로 시기 구분에 대한 관점은 비록 사람마다 차이가 있기는 하지만 기본적으로 용씨가 제시한 6분법의 기초 위에 이를 수정하고 심화시킨 것입니다.

왕조붕　1980~90년대에 이르러 사학의 연구는 갑자기 가속화되었습니다. 그리고 사의 보급도 전에 없이 활발해졌습니다. 물론 최근 10~20년 동안의 사학 연구의 특징을 거시적으로 개괄해보는 것도 좋겠습니다만, 이와 같은 간단한 "담화" 방식으로는 애기가 공허한 데로 흘러가기 쉬우므로 역시 몇 개의 방면으로 나누어서 애기하는 것이 좋겠습니다.

종진진　사집의 정리와 출판은 종류면에서나 수량면에서나 모두 이전의 몇 10년 어치를 초과했습니다. 영인한 사집이 있는가 하면 수정·재판한 사집도 있습니다. 그리고 새로 정리하고 교주(校注)한 사집은 더욱 많습니다. ≪당송명현백가사(唐宋名賢百家詞)≫38)·≪송육십명가사(宋六十名家詞)≫,39) 쌍조루(雙照樓)와 도씨(陶氏) 섭원(涉園)의 ≪영간송금원명본사(景刊宋金元明本詞)≫[40]·≪사인재소각사(四印齋所刻詞)≫·≪강촌총서(彊村叢書)≫·≪명사휘간(明詞彙刊)≫ 등의 대형 사집 총서 몇 가지는 모두 1980년대에 새로 영인하여 출판했는데 어떤 것은 색인이 첨부되어 있어서 검색하기에 매우 편리합니다.

왕조붕　색인 이야기가 나왔으니 말씀입니다만, 우리 사학계의 학술 저작은 전체 고대문학 저작과 마찬가지로 주제나 인명의 색인이 첨부된 것이 매우 적습니다. 이것은 첫째 국제관례에 부합하지 않고, 둘째 독자나 학자들이 이용하기에 불편합니다. 1997년 9월 27일자 ≪문회독서주보(文滙讀書周報)≫에 실린 장원산(張遠山)의 <왜 색인이 없는가(爲何沒有索引)>라는 글에는 귀머거리도 들릴 만큼 우렁찬 소리가 있는데 그것은 지금도 저에게 깊은 인상을 새겨놓고 있습니다. "자신이 아주 대단하다고 생각하는 학자들(이런 학자는 중국에 상당히 많습니다)이 만약 자신의 전문저작에 색인을 붙이지 않는다면 그것은 자신의 학술적 생명을 스스로 끊는 것이다", "색인이 없는 서적을 낸 출판사는 지구 바깥 10마일 되는 곳으로 추방해야 한다"(이것은 영국의 역사가 토마

---

38) 명(明) 정통(正統, 1436~1449) 연간에 오눌(吳訥)이 당대와 송대의 각종 사집을 모아서 편찬한 사집. 당·오대의 ≪화간집(花間集)≫에서 남송 사인 곽응상(郭應祥)의 ≪소소사(笑笑詞)≫에 이르기까지 90종의 사집이 수록되어 있다. 통행본으로 1939년 상무인서관에서 출판한 임대춘(林大椿) 교본(校本)과 1989년 천진고적출판사(天津古籍出版社)에서 영인한 천진도서관 소장 명(明) 홍사란(紅絲欄) 초본(鈔本)이 있다.

39) 원명(原名) ≪송명가사(宋名家詞)≫. 명(明) 모진(毛晉)이 송대 사인 61명의 사집을 모아서 편찬한 사집으로 현존하는 최초의 송사 총집이다. 1989년 상해고적출판사에서 출판한 영인본이 통행한다.

40) 오창수(吳昌綏) 집(輯)·도상(陶湘) 속집(續輯), ≪영간송금원명본사사십종(景刊宋金元明本詞四十種)≫(인화(仁和) 오씨(吳氏) 쌍조루(雙照樓) 간(刊), 1911 ; 무진(武進) 도씨(陶氏) 섭원(涉園) 속간(續刊), 1924). 1961년에 북경 중화서국, 1985년에 북경시중국서점(北京市中國書店), 1989년에 상해고적출판사에서 중판한 적이 있다.

스·카알라일(Thomas Carlyle)의 말을 인용한 것입니다)라는 것이 그의 생각입니다. 카알라일의 관점에 의하면 우리 작자들 가운데 절대 다수와 우리의 저작 가운데 절대 다수가 지구 바깥으로 추방되어야 합니다.

그러나 컴퓨터 기술이 발전함에 따라 현대화된 방법으로 사학 문헌을 검색할 수 있게 되었는데 최근 몇 년 동안에도 놀랄 만한 진전이 있었습니다. 남경사범대학에서 연구하여 만든 ≪전송사≫ 컴퓨터 검색 시스템이 이미 활용 단계에 들어가 조회와 검색이 아주 신속하고 편리합니다. 최근에는 이 검색 시스템이 개선을 거치고(≪전금원사(全金元詞)≫[41]의 검색이 추가되었습니다), 또 인터넷망에도 올려져 있어서 네티즌들은 남경사범대학 사이트에만 들어가면 자유로이 검색하여 이용할 수 있습니다. 남경문사관(南京文史館)의 주숭재(朱崇才) 박사는 지금 "사학(詞學) 컴퓨터 전문가 시스템"을 만들고 있는데 이 시스템은 ≪전당오대사(全唐五代詞)≫[42]·≪전송사≫·≪전금원사≫ 및 ≪사화총편≫ 등의 내용을 포괄하고, 조회·색인·통계·보조 등 네 가지의 주요 기능을 갖추게 될 것입니다. 저도 대학원 학생을 지도하여 역대 사선(詞選)의 컴퓨터 검색 시스템을 만들고 있는데 이미 고금의 사선 몇 가지를 입력했습니다. 얼마 안 있으면 ≪사율(詞律)≫[43] 및 ≪사보(詞譜)≫[44]의 검색 시스템과 ≪전송사≫의

---

41) 당규장(唐圭璋)이 금(金)·원(元) 사인 282명의 사 7,293수를 모아서 편찬한 사집. 금대 사인 70명의 사 3,572수와 원대 사인 212명의 사 3,721수가 수록되어 있다. 중화서국에서 1979년에 초판을 발행했다.

42) 장장(張璋)·황여(黃畬) 편, ≪전당오대사(全唐五代詞)≫(상해 : 상해고적출판사, 1986).

43) 청(淸) 강희(康熙) 26년(1687)에 만수(萬樹)가 편찬한 사보(詞譜). 당·송·금·원대의 사 660조(調) 1,180여 체(體)를 수집·정리하여 사조(詞調)의 글자수 순으로 배열해 놓았다. 1978년 대북(臺北) 중화서국(中華書局) 영인본과 1984년 상해고적출판사 영인본이 통행

검색 시스템이 완성될 것입니다.

종진진 1980년대 이후에 수정하여 재판한 사적(詞籍)으로는 ≪사화총편≫ 등이 있습니다. 사학의 거작인 ≪사화총편≫은 세상에 나온 지 반세기 뒤에 원래 수록한 60종의 사화에 25종이 추가되어 수록한 자료가 더욱 풍부해졌습니다. 그리고 중화서국(中華書局)에서는 또 ≪사화총편색인(詞話叢編索引)≫45)과 ≪전송사작자사조색인(全宋詞作者詞調索引)≫46)을 출판하여 독자들이 이 두 가지 사학의 거작을 이용하는 데 엄청난 편의를 제공했습니다. 한 가지 너무나 안타까운 것은, 중화서국이 ≪사화총편≫의 표점본을 출판하기로 결정했을 때, 돌아가신 당규장 선생이 이미 여든 살이 넘은 고령이라 손수 신식 표점을 찍을 기력이 없어서 중화서국이 다른 사람에게 대신하게 했는데, 수준에 한계가 있는 데다 표점을 찍는다는 게 워낙 어려운 일이라서 표점을 찍는 사람이 이 일을 능숙하게 해내지 못했다는 사실입니다. 이 때문에 이 책에는 구두점을 잘못 찍은 곳이 매우 많습니다. 빨리 새로 표점을 찍어야 합니다.

왕조붕 새로 나온 사의 총집(總集)으로는 장장(張璋) 선생 등이 편찬한 ≪전당오대사≫가 있습니다. 이 책은 약간의 문제점을 갖고 있기는 하지만 1930년대에 나온 임대춘의 ≪당오대사(唐五代詞)≫

한다.

44) 일명 ≪흠정사보(欽定詞譜)≫. 청(淸) 강희(康熙) 54년(1715) 왕혁청(王奕淸) 등이 칙명을 받아 편찬한 사보. 826조(調) 2,306체(體)를 수집·정리하여 사조(詞調)의 글자수 순으로 배열해 놓았다. 1964년 대북(臺北) 문여현(聞汝賢) 영인본과 1983년 중국서점(中國書店) 영인본이 통행한다.

45) 이복파(李復波), ≪사화총편색인(詞話叢編索引)≫(북경 : 중화서국, 1991).

46) 고희전(高喜田)·구기(寇琪), ≪전송사작자사조색인(全宋詞作者詞調索引)≫(북경 : 중화서국, 1992).

에 비하면 그래도 커다란 진보가 있었습니다. 저와 유존명(劉尊明) 등이 새로 편찬한 ≪전당오대사≫도 곧 중화서국에서 출판될 것입니다. 이 책은 아마 기존의 당오대사 총집 두 가지보다 약간 나을 것입니다. ≪전청사(全淸詞)・순강권(順康卷)≫[47) 2책도 출판되었고, ≪전명사(全明詞)≫도 요종이(饒宗頤) 선생과 장장 선생의 여러 해에 걸친 편찬을 거쳐 곧 출판될 전망입니다. 다음 세기에는 각 시대별 총집도 당・오대에서 명・청에 이르기까지 모두 나오겠지요.

종진진 장장 선생 등이 편찬한 ≪전당오대사≫는 여러 비평가들의 평어(評語)를 모아놓은 것이 장점이지만, 반면에 상당수의 시를 사로 착각하여 함께 수록하고 있는 것이 결점입니다. 이밖에 사인의 배열에도 시대의 선후가 뒤바뀐 곳이 있습니다. 1980년대 전야에 중화서국은 또 당규장 선생의 ≪전금원사≫를 출판했습니다. 이것은 당 선생의 사학에 대한 또 하나의 중대 공헌이지요. 유감스러운 것은 출판사가 교정을 철저하게 보지 않아서 오자 투성이입니다. 이것도 세밀하게 교정해서 바로잡아야겠습니다.

1980년대 이전에는 역대의 유명한 사선집(詞選集) 가운데 ≪화간집(花間集)≫[48)을 비롯한 몇 가지만이 표점본이 있었는데, 최근 몇 년 사이에 송인들이 송사(宋詞)를 뽑아 편찬한 ≪악부아사(樂

---

47) 남경대학(南京大學) 중국어언문학계(中國語言文學系) 전청사편찬위원회(全淸詞編纂委員會) 편, ≪전청사(全淸詞)≫(북경 : 중화서국, 1994).

48) 후촉(後蜀) 조숭조(趙崇祚)가 당・오대 사인 18명의 사 500수를 모아서 편찬한 사집으로 현존하는 최초의 문인 사집이다. 현존하는 최초의 판본인 남송 소흥(紹興) 18년(1148) 본과 순희(淳熙) 말년(末年) 각본(刻本), 개희(開禧) 각본 등의 고판본(古版本) 이외에 여러 가지의 교주본(校注本)이 통행하고 있다.

府雅詞)≫49)·≪화암사선(花庵詞選)≫50)·≪양춘백설(陽春白雪)≫51)·
≪절묘호사(絶妙好詞)≫52)와 2부의 명사선(明詞選)인 ≪명사종(明詞
綜)≫53)과 ≪난고명사회선(蘭皐明詞滙選)≫54) 등이 모두 표점본이
있습니다.

사별집(詞別集)의 새로운 전주본(箋注本)은 더욱 많습니다. 1980년
대 이래 원래부터 교주본(校注本)이 있던 이청조(李淸照)·신기질
(辛棄疾)·강기(姜夔) 등의 사집 이외에 유영(柳永)·장선(張先)·안
수(晏殊)·구양수(歐陽修)·소식(蘇軾)·안기도(晏幾道)·진관(秦觀)·
하주(賀鑄)·조보지(晁補之)·주돈유(朱敦儒)·장원간(張元幹)·장효
상(張孝祥)·육유(陸游)·진량(陳亮)·유과(劉過)·유극장(劉克莊)·사
달조(史達祖)·왕기손(王沂孫) 등의 사집도 모두 교주본이 있습니
다. 이 가운데 어떤 것은 편년본(編年本)이지요. 설서생(薛瑞生) 선
생의 ≪악장집교주(樂章集校注)≫,55) 오웅화(吳熊和)·심송근(沈松勤)
선생의 ≪장선집교주(張先集校注)≫,56) 서배균(徐培均) 선생이 교주
한 ≪회해거사장단구(淮海居士長短句)≫57)와 등자면(鄧子勉)이 교주
한 ≪초가(樵歌)≫도 좋은 책입니다.

---

49) 남송 증조(曾慥)가 소흥(紹興) 16년(1146) 송대 사인 50명의 사를 모아서 편찬한 사집.
50) 남송 황승(黃昇)이 순우(淳祐) 9년(1249)에 당·오대 및 송대 사인 220명의 사 1,000여
   수를 모아서 편찬한 사집.
51) 남송 조문례(趙聞禮)가 송대 사인 230여 명의 사 670여 수를 모아서 편찬한 사집. 대부
   분 남송 사인의 사이고 북송 사인의 사는 많지 않다.
52) 남송 주밀(周密)이 남송 사인 132명의 사 385수를 모아서 편찬한 사집.
53) 청(淸) 왕창(王昶)이 명대 사인 380명의 사를 모아서 편찬한 사집.
54) 청(淸) 호윤원(胡胤瑗)·이규생(李葵生)·고경방(顧景芳) 등이 명대 사인 212명의 사를 모
   아서 편찬한 사집.
55) 설서생(薛瑞生), ≪악장집교주(樂章集校注)≫(북경 : 중화서국, 1994).
56) 오웅화(吳熊和)·심송근(沈松勤) 점교(點校), ≪장선집교주(張先集校注)≫(항주 : 절강고적
   출판사, 1996).
57) 서배균(徐培均) 교주(校注), ≪회해거사장단구(淮海居士長短句)≫(상해 : 상해고적출판사,
   1985).

유양충 사인들의 생애에 관한 자료의 고증에 있어서도 전에 없던 새로운 성과와 발견이 있었습니다. 진상군(陳尚君)의 <화간사인사집(花間詞人事輯)>[58]은 매우 무게가 있는 논문인데 유평백(兪平伯) 선생을 기념하는 문집에만 수록되어 있기 때문에 찾기가 별로 쉽지 않습니다. 송대의 사인들 가운데 안기도의 생졸 연도는 지금까지 추측에 의존해 왔을 뿐 확실하게 고증하기가 어려웠는데 최근 ≪동남안씨중수가보(東南晏氏重修家譜)≫의 발견으로 인하여 의문의 응어리를 완전히 풀 수 있게 되었습니다(≪문학유산(文學遺産)≫ 1997년 제1기에 보입니다). 대사인(大詞人) 주방언(周邦彦)의 집안 상황에 대해서는 왕국유의 <청진선생 유사(清眞先生遺事)> 이래 지금까지 줄곧 더 이상 고증할 수가 없었는데 최근 유영상(劉永翔) 선생의 <주방언 가세 발복(周邦彦家世發覆)>(≪화동사범대학학보(華東師範大學學報)≫ 1996년 제3기)에도 수수께끼의 실체가 밝혀져 있습니다. 주숙진(朱淑眞)의 생활 연대를 고증하는 일에도 최근 몇 년 동안 새로운 진전이 있었는데 그 가운데 등홍매(鄧紅梅)의 <주숙진 사적 신고(朱淑眞事迹新考)>에는 새로 발견해 낸 사실이 있습니다. 양해명(楊海明) 선생이 장염(張炎) 집안의 비밀을 밝히고 그의 북유(北遊) 행적(行迹)을 고증한 것도 비교적 중대한 발견입니다.[59]

≪당송사인연보(唐宋詞人年譜)≫와 ≪신가헌연보(辛稼軒年譜)≫[60] 등

---

58) ≪유평백선생문학활동65주년기념논문집(兪平伯先生從事文學活動65周年紀念論文集)≫(성도 : 파촉서사, 1992).

59) 양해명(楊海明)의 ≪당송사논고(唐宋詞論稿)≫(항주 : 절강고적출판사, 1988)에 장염(張炎)의 가계(家系)와 행적에 관한 2편의 논문 <장염가세고(張炎家世考)>와 <장염북유행적탐측(張炎北游之行探測)>이 수록되어 있다.

60) 1980년 이전에 나온 신기질(辛棄疾)의 연보는 여러 가지가 있는데 여기서 가리키는 것이 어느 책인지는 분명하지 않다. 신매신(辛梅臣) 편·용목훈(龍沐勛) 증보(增補), ≪신가헌

두 가지의 유명한 연보가 세상에 나온 뒤로 1980년대 이래 또 몇 가지의 연보가 나왔습니다. 왕조붕의 ≪양송사인연보(兩宋詞人年譜)≫61)와 ≪장원간연보(張元幹年譜)≫,62) 엄걸(嚴杰) 선생의 ≪구양수연보(歐陽修年譜)≫,63) 공범례(孔凡禮) 선생의 ≪소식연보(蘇軾年譜)≫,64) 정영효(鄭永曉)의 ≪황정견연보신편(黃庭堅年譜新編)≫,65) 백돈인(白敦仁) 선생의 ≪진여의연보(陳與義年譜)≫,66) 정장찬(程章燦) 선생의 ≪유극장연보(劉克莊年譜)≫67) 등이 그것인데 모두가 상당히 착실한 저작입니다.

왕조붕 최근에는 또 사학 비평에 관한 자료집도 좀 출판되었습니다. 예를 들면 ≪당송사집서발회편(唐宋詞集序跋滙編)≫68)과 ≪사적서발췌편(詞籍序跋萃編)≫69)은 역대 사집의 서문과 발문을 한 곳에 모아놓아 연구자들에게 많은 편의를 제공하고 있습니다. 다만 애석하게도 둘 다 수록한 내용이 전면적이지 못하고 ≪당송사

연보(辛稼軒年譜)≫(국립기남대학(國立曁南大學) 중국어언문학계(中國語言文學系) 강의록(講義錄), 1929 ; 등광명(鄧廣銘), ≪신가헌선생연보(辛稼軒先生年譜)≫(상해 : 상무인서관, 1947) ; 등광명, ≪신가헌연보(辛稼軒年譜)≫(상해 : 상해고전문학출판사, 1957 ; 증정본, 상해 : 상해고적출판사, 1997) ; 양계초(梁啓超), ≪신가헌연보(辛稼軒年譜)≫(≪신가헌연구논문집(辛稼軒研究論文集)≫, 홍콩 : 숭문서점(崇文書店), 1972) ; 양계초, ≪신가헌선생연보(辛稼軒先生年譜)≫(대북 : 대만중화서국, 1960) ; 정건(鄭騫), ≪신가헌선생연보(辛稼軒先生年譜)≫(북평(北平) : 협화서국(協和書局), 1938 ; 보정본(補訂本), 대북 : 화세출판사(華世出版社), 1977).

61) 왕조붕(王兆鵬), ≪양송사인연보(兩宋詞人年譜)≫(대북 : 문진출판사(文津出版社), 1994).
62) 왕조붕(王兆鵬), ≪장원간연보(張元幹年譜)≫(남경 : 남경출판사, 1989).
63) 엄걸(嚴杰), ≪구양수연보(歐陽修年譜)≫(남경 : 남경출판사, 1993).
64) 공범례(孔凡禮), ≪소식연보(蘇軾年譜)≫(전3책)(북경 : 중화서국, 1998).
65) 정영효(鄭永曉), ≪황정견연보신편(黃庭堅年譜新編)≫(북경 : 사회과학문헌출판사, 1997).
66) 백돈인(白敦仁), ≪진여의연보(陳與義年譜)≫(북경 : 중화서국, 1983).
67) 정장찬(程章燦), ≪유극장연보(劉克莊年譜)≫(귀양(貴陽) : 귀주인민출판사(貴州人民出版社), 1993).
68) 김계화(金啓華) 등 편, ≪당송사집서발회편(唐宋詞集序跋滙編)≫(남경 : 강소교육출판사(江蘇敎育出版社), 1990).
69) 시칩존(施蟄存) 주편, ≪사적서발췌편(詞籍序跋萃編)≫(북경 : 중국사회과학출판사, 1994).

집서발회편≫은 섭몽득(葉夢得)의 ≪석림사(石林詞)≫를 섭적(葉適)의 것으로 간주했으니 더욱이나 있어서는 안 될 착오입니다. 유경운(劉慶雲) 선생이 편찬한 ≪사화십론(詞話十論)≫[70]과 종진진 선생 등이 편찬하고 있는 ≪역대사기사회평총서(歷代詞紀事會評叢書)≫도 모두 아주 실용적인 책입니다. ≪역대사기사회평총서≫는 덩치가 크고(500만 자 이상입니다), 소요된 시간이 근 10년인데도 아직까지 최종 마무리가 덜 된 상태입니다. 종진진은 이미 다음 세기까지 끌지 않고 금세기 안에 일을 끝내도록 노력하고 있음을 밝힌 바 있습니다. 진인각(陳寅恪) 선생은 송대의 사학(史學)을 아주 높이 평가했는데 송인들이 역사 연구에서 성공한 요인 가운데 하나가 바로 먼저 "자료의 수집과 정리"를 철저하게 한 것입니다. 그들이 이 기초 공사에 투입한 노동력은 전례가 없을 정도였습니다. 종진진이 하는 이 일도 송사의 연구를 위해 철저하게 "자료의 수집과 정리"를 하는 것이라고 할 수 있습니다. 이 책은 모든 송대 사인의 전기(傳記) 및 사인이나 작품에 관한 기사와 평론문 등의 자료를 시대순으로 배열하여 해당 사인의 조목 아래에 나누어 실음으로써 마침내 각종의 기록과 견해·관점 등이 어떻게 생기고 발전했는지, 어떤 점이 다르고 어떤 점이 같은지, 누가 처음 제창하고 누가 그것을 계승했는지 등을 일목요연하게 알 수 있도록 했습니다. 이 책에 수록된 자료 가운데는 사람들에게 별로 알려져 있지 않은 것이 많습니다. 심지어 사람들의 입에 오르거나 사용된 적이 없는 자료도 많습니다. 그 가운데는 공공도서관이나 개인이 소

---

70) 유경운(劉慶雲) 편저, ≪사화십론(詞話十論)≫(장사(長沙): 악록서사(岳麓書社), 1990).

장한 선본(善本)과 초고도 있고 나아가서는 국내 유일본도 있습니다. 이 밖에 종진진은 인용된 각종 자료의 학술적 착오에 대해서 근 1만 항목이나 되는 주석을 썼는데 대략 수십 만 자에 달합니다. 사용자들에게 참고 자료를 제공함으로써 잘못된 정보가 계속적으로 전해지지 않도록 한 것이지요. 이 책이 출판되면 사학 연구자들에게 아주 많은 편의를 제공할 것으로 믿습니다.

종진진 개별 사인에 대한 연구 성과도 매우 풍성합니다. 양해명(楊海明)의 ≪장염사연구(張炎詞硏究)≫[71]와 소붕(蕭鵬)의 ≪주밀과 그의 사연구(周密及其詞硏究)≫[72]는 세심하고 착실한 것이 장점이고, 증대홍(曾大興)의 ≪유영과 그의 사(柳永和他的詞)≫[73]와 유양충의 ≪신기질 사심 탐미(辛棄疾詞心探微)≫[74]는 논리가 참신한 점이 뛰어납니다. 특히 ≪신기질 사심 탐미≫는 연구 모형의 전환을 지향하고 있습니다.

왕조붕 사사의 연구는 1980~90년대에 있어서 성과가 가장 컸던 영역입니다. 사(詞)의 통사 혹은 단대사가 적어도 10종은 출판되었을 것입니다. 이 가운데 양해명(楊海明) 선생의 ≪당송사사(唐宋詞史)≫[75]와 도이부(陶爾夫) 선생의 ≪남송사사(南宋詞史)≫,[76] 엄적창 선생의 ≪청사사(淸詞史)≫[77]는 가장 영향력 있고 특색 있는

---

71) 양해명(楊海明), ≪장염사연구(張炎詞硏究)≫(제남(濟南) : 제로서사(齊魯書社), 1989).

72) 김계화(金啓華)·소붕(蕭鵬), ≪주밀과 그의 사연구(周密及其詞硏究)≫(제남 : 제로서사, 1993).

73) 증대홍(曾大興), ≪유영과 그의 사(柳永和他的詞)≫(광주(廣州) : 중산대학출판사(中山大學出版社), 1990).

74) 유양충(劉揚忠), ≪신기질 사심 탐미(辛棄疾詞心探微)≫(제남 : 제로서사, 1990).

75) 양해명(楊海明), ≪당송사사(唐宋詞史)≫(남경 : 강소고적출판사, 1987). 이 책은 우리말로 번역되어 있다. 송용준(宋龍準)·류종목(柳種睦) 역, ≪당송사사≫(서울 : 신아사, 1995).

76) 도이부(陶爾夫)·유경기(劉敬圻), ≪남송사사(南宋詞史)≫(하얼빈(哈爾濱) : 흑룡강인민출판사(黑龍江人民出版社), 1992).

저작입니다.

당송사의 거시적 연구로는 2권의 저작이 학자들의 주목을 많이 받고 있습니다. 하나는 오웅화(吳熊和) 선생의 《당송사통론(唐宋詞通論)》[78]이고 하나는 양해명 선생의 《당송사사》입니다. 전자는 사원(詞源)·사체(詞體)·사조(詞調)·사파(詞派)·사론(詞論)·사적(詞籍)·사학(詞學) 등 7개의 장으로 나누어 서술한 책입니다. 이것은 전통적인 사학의 연구를 전반적으로 총결산한 집대성적인 저작이라고 할 만한 책으로 전통 사학의 "과거"를 멋지게 마무리한 대표적 저작입니다. 그리고 후자는 사사관(詞史觀)으로부터 사사(詞史)의 기술 방식에 이르기까지 모든 면에서 아주 참신한 견해를 제시한 책으로 사학의 "미래"를 열 대표적 저작입니다.

1980년대 이래로 사학의 연구는 새로운 단계에 진입했습니다. 시각이 참신하고 방법이 다양해진 것입니다. 양해명의 《당송사풍격론(唐宋詞風格論)》[79]처럼 풍격의 각도에서 관조한 것도 있고, 양해명과 등교빈(鄧喬彬)이 전후하여 같은 이름으로 출판하여 각자 특색을 가지고 독자들로 하여금 서로 다른 각도와 층차에서 당송사의 미학적 풍모를 깨닫게 한 《당송사미학(唐宋詞美學)》[80]처럼 당송사의 미학적 경지와 미학적 특징을 전반적으

---

77) 엄적창(嚴迪昌), 《청사사(淸詞史)》(남경 : 강소고적출판사, 1990).
78) 오웅화(吳熊和), 《당송사통론(唐宋詞通論)》(항주(杭州) : 절강고적출판사(浙江古籍出版社), 1985). 이 책은 우리 말로 번역되어 있다. 이홍진(李鴻鎭) 역, 《당송사통론(唐宋詞通論)》(대구 : 계명대학교(啓明大學校) 출판부, 1991).
79) 양해명(楊海明), 《당송사풍격론(唐宋詞風格論)》(상해 : 상해사회과학원출판사(上海社會科學院出版社), 1986). 이 책은 우리 말로 번역되어 있다. 이종진(李鍾振), 《당송사풍격론(唐宋詞風格論)》(서울 : 신아사, 1994).
80) 양해명(楊海明), 《당송사미학(唐宋詞美學)》(남경 : 강소교육출판사(江蘇敎育出版社), 1998). 등교빈(鄧喬彬), 《당송사미학(唐宋詞美學)》(제남 : 제로서사, 1993).

로 분석한 것도 있습니다. 또 왕조붕의 ≪송남도사인군체연구(宋南渡詞人群體研究)≫[81] 등과 같이 군체라는 각도에서 접근한 것도 있습니다. 또 사파의 연구에도 전문적인 저작이 있습니다. 엄적창 선생의 ≪양선사파연구(陽羨詞派研究)≫[82]는 바로 그 가운데 대표적인 저작입니다. 항주대학(杭州大學) 오웅화 교수의 문하에서 배출된 박사들 가운데 꽤 여러 명의 박사 논문이 청대의 사파를 연구한 것입니다. 다만 아직 공개적으로 출판되지 않았습니다.

청사(淸詞)의 연구도 근래 몇 년 동안 점점 연구자들의 주의를 끌게 되었습니다. 장굉생(張宏生) 선생은 청사의 연구에 상당히 많은 노력을 기울여 적지 않은 논문을 발표했습니다. 다만 명사(明詞)만은 아직 공백으로 남아 있습니다. 전인들은 명사가 중도에 쇠락한 것이라고 여겼지만 명사가 도대체 어떠한 상황에 처해 있었으며 무엇 때문에 쇠락했는지에 대해서는 아직까지 분명하지 않습니다.

유양충   사학의 이론과 비평에 대한 연구도 개척적인 진전이 있었습니다. 주숭재(朱崇才)의 ≪사화학(詞話學)≫[83]과 방지범(方智範) 등이 공동으로 쓴 ≪중국사학비평사(中國詞學批評史)≫,[84] 사도방(謝桃坊)의 ≪중국사학사(中國詞學史)≫[85] 등은 모두 사람들의 이목을 일신케 합니다.

---

81) 왕조붕(王兆鵬), ≪송남도사인군체연구(宋南渡詞人群體研究)≫(남경사범대학 박사논문, 1990) ; 왕조붕, <송남도사인군체연구>(≪문학유산(文學遺産)≫ 1992년 제1기) ; 왕조붕, ≪송남도사인군체연구≫(대북 : 문진출판사(文津出版社), 1992).
82) 엄적창(嚴迪昌), ≪양선사파연구(陽羨詞派研究)≫(제남 : 제로서사, 1993).
83) 주숭재(朱崇才), ≪사화학(詞話學)≫(대북 : 문진출판사(文津出版社), 1995).
84) 방지범(方智範) 등, ≪중국사학비평사(中國詞學批評史)≫(북경 : 중국사회과학출판사, 1994).
85) 사도방(謝桃坊), ≪중국사학사(中國詞學史)≫(성도(成都) : 파촉서사(巴蜀書社), 1993).

4. 해외의 사학 연구 상황

왕조붕 해외의 사학 연구도 비교적 열기가 뜨거웠습니다. 해외의 사학이라고 하면 맨 먼저 떠오르는 사람이 섭가영(葉嘉瑩) 선생일 것임에 틀림없습니다. 그녀는 저작이 많을 뿐만 아니라 방법도 참신합니다. 그녀는 예술 감상 능력과 이성적 해석 능력이 모두 최상급입니다. 그녀는 서방의 문학 이론을 숙지하고 있을 뿐만 아니라 중국의 전통문화에도 정통하기 때문에 그녀의 연구 성과는 중국과 서양의 결합이요 물과 젖의 융합이라 기계적으로 모방한 병폐가 없습니다. 그녀의 해설과 결론은 사람들로 하여금 신복하게 합니다. 섭 선생은 해외에서 장기간에 걸쳐 외국인에게 사학(詞學)을 강의한 관계로 왕왕 큰 일과 작은 일을 가리지도 않고, 낯선 글자와 낯익은 글자를 가리지도 않은 채 꼬치꼬치 모두 설명하기 때문에 중국의 국내 독자가 그녀의 글을 읽으면 장황하고 번잡하다는 느낌을 갖지 않을 수 없습니다.

종진진 북미의 사학 연구 성과도 상당히 볼 만합니다. 예일대학 손강의(孫康宜) 교수의 ≪만당에서 북송까지의 사체의 발전과 사인의 풍격(晚唐迄北宋詞體演進與詞人風格)≫[86]은 영향력 있는 사학의 전문 저작으로 중국 대륙에도 소개된 적이 있었고 대만의 연경출판사업공사(聯經出版事業公司)에서 중국어 번역본을 출판하기도 했습니다. 이 책에는 <20년 동안의 북미의 사학연구(北美二十年來詞學

---

86) 손강의(孫康宜) 저 · 이석학(李奭學) 역, ≪만당에서 북송까지의 사체의 발전과 사인의 풍격≫(晚唐迄北宋詞體演進與詞人風格)(대북 : 연경출판사업공사, 1994). 이것은 Kang-i Sun Chang의 프린스턴 대학(Princeton University) 박사학위 논문으로 1980년 ≪The Evolution of Chinese Tz'u Poetry : From Late T'ang to Northern Sung≫이라는 제목으로 프린스턴대학출판부(Princeton University Press)에서 출판된 적이 있다.

研究)>라는 부록이 있는데 이 글에서 필자는 북미의 사학 연구
가 1970년대에 시작되어 줄곧 완약파를 연구의 중심으로 삼았
다고 소개했습니다. 가장 대표적인 학자는 섭가영 교수입니다.
이 밖에 비교적 활약이 많은 사람으로 미시간대학의 임순부(林
順夫) 교수도 있습니다. 임 교수의 저작으로는 ≪중국 서정 전
통의 변천－강기와 남송사(中國抒情傳統的變轉－姜夔與南宋詞)≫87)가
있는데 이 책은 남송의 격물(格物) 관념을 영물사(詠物詞)의 연구
에 응용하여 중국 사상사와 문학의 밀접한 관계를 보여 주었습
니다. 캘리포니아대학의 로날드 · 이간(Ronald Egan) 교수에게는
구양수(歐陽修)를 연구한 저작 ≪구양수의 문학 작품(歐陽修的文學
作品)≫88)이 있습니다. 이 책은 구양수의 사에 대해서도 언급하
고, 구양수의 사와 안수(晏殊)의 사를 비교하기도 했는데 새로운
견해가 좀 있습니다. 섭가영 교수의 수제자인 캐나다 맥길대학
(Université McGill) 방수결(方秀潔, Grace S. Fong) 박사의 전문 저작
≪오문영과 남송사의 예술(吳文英與南宋詞的藝術)≫89)도 북미 사람
들의 관심을 많이 끌고 있습니다.

왕조붕 가까운 이웃 일본의 사학 연구는 더욱 중시할 만합니다. 촌상
철견(村上哲見)의 ≪당오대북송사연구(唐五代北宋詞研究)≫90)와 청산

---

87) Lin Sheun-fu, ≪The Transformation of the Chinese Lyrical Tradition : Chiang K'uei and
Sourthern Sung Tz'u Poetry≫(Princeton : Princeton University Press, 1978).

88) Ronald C. Egan, ≪The Literary Works of Ou-yang Hsiu≫(New York : Cambridge
University Press, 1984).

89) 방수결(方秀潔, Grace Sieugit Fong), ≪Wu Wenying and the Art of Song Ci Poetry≫,
Ph. D. Diss., Universty of British Columbia, 1984 ; Grace S. Fong, ≪Wu Wenying and
the Art of Sourthern Song Ci Poetry≫(Princeton : Princeton University Press, 1987).

90) 촌상철견(村上哲見), ≪송사연구(宋詞研究)－당오대북송편(唐五代北宋篇)≫(동경(東京) :
창문사(創文社), 1976); 양철영(楊鐵嬰) 역, ≪당오대북송사연구(唐五代北宋詞研究)≫(서
안 : 섬서인민출판사(陝西人民出版社), 1987).

굉(靑山宏)의 ≪당송사(唐宋詞)≫91)는 이미 중국어로 번역되어 중국에서 출판되었습니다. 이 밖에 왕수조(王水照) 선생과 일본 학자 보예가소(保刈佳昭)가 공동으로 편찬한 ≪일본학자중국사학논문집(日本學者中國詞學論文集)≫92)도 중국어로 번역·출판되었습니다. 이러한 몇 권의 책으로부터 우리는 일본의 사학 연구 개황을 파악할 수 있습니다. 그들의 주제 선정은 <중국 시가 중의 낙화(落花)와 상춘(賞春)·석춘(惜春)의 관계(中國詩歌中的落花與賞春惜春的關係)>처럼 비교적 거시적인 것도 있고, <유영(柳永)의 대구법(柳永的對句法)>·<대장(對仗)과 중복(對仗與重複)>처럼 작은 주제를 가지고 긴 논문을 쓴 것도 있는데, 연구가 비교적 깊고 세밀하며 어떤 견해는 매우 참신합니다. 일본 학자들이 즐겨 쓰는 통계법·역사 소급법·비교법 등의 연구 방법도 참고할 가치가 있습니다.

홍콩의 사학 연구는 두 분의 노학자가 대표적인 인물입니다. 요종이(饒宗頤) 선생의 ≪사적고(詞籍考)≫93)는 사학에 관한 판본 목록학의 역작입니다. 돈황사(敦煌詞)와 사곡 음악의 연구에 대해서도 그는 공을 세운 바가 있습니다. 또 명사(明詞)의 정리와 연구에 있어서도 그는 많은 일을 했습니다. 나강렬(羅忼烈) 선생은 주방언(周邦彦) 사와 유영(柳永) 사의 연구에 있어서 독특한 견해가 많습니다.94)

---

91) 청산굉(靑山宏), ≪당송사연구(唐宋詞研究)≫(동경(東京) : 급고서원(汲古書院), 1991) ; 정욱철(程郁綴) 역, ≪당송사연구(唐宋詞研究)≫(북경 : 북경대학출판사, 1995).

92) 왕수조(王水照)·보예가소(保刈佳昭) 편, ≪일본학자중국사학논문집(日本學者中國詞學論文集)≫(상해 : 상해고적출판사, 1991).

93) 일명 ≪사집고(詞集考)≫. 요종이(饒宗頤), ≪사적고(詞籍考)≫(홍콩 : 홍콩대학출판사(香港大學出版社), 1963년 초판 ; 요종이, ≪사집고(詞集考)≫(북경 : 중화서국, 1992).

94) 나강렬(羅忼烈)에게는 ≪주방언청진집전(周邦彦淸眞集箋)≫(홍콩 : 삼련서점(三聯書店), 1985)

유양충　　대만에는 사학의 연구에 종사하는 학자가 홍콩보다 더 많습니
　　　　　다. 한 세대 앞의 학자로 이미 작고하신 정건(鄭騫) 선생은 연구
　　　　　성과가 대단히 많습니다. 한 세대 젊은 대만 학자들은 대부분
　　　　　그의 문하에서 나왔지요. 내가 알고 있는 사람으로 오굉일(吳宏
　　　　　一) 교수가 있는데 그는 청사(淸詞)의 연구에 힘을 많이 쏟아
　　　　　≪상주파사학연구(常州派詞學硏究)≫95)와　≪청대사학사론(淸代詞學
　　　　　四論)≫96) 등의 저작이 있습니다. 이 밖에 오로지 사학 연구에
　　　　　만 힘을 쏟는 사람으로 중앙연구원(中央硏究院)의 임매의(林玫儀)
　　　　　교수와 창화사범대학(彰化師範大學)의 황문길(黃文吉) 교수가 있습
　　　　　니다. 황 선생은 ≪사학연구서목(詞學硏究書目)(1912~1992)≫97)을
　　　　　편찬했고, 임여사는 ≪사학논저총목(詞學論著總目)(1901~1992)≫98)
　　　　　을 편찬했습니다. 이 두 권의 책은 90년 동안의 국내외 사학
　　　　　연구의 논저 목록을 한 곳에 모아놓았기 때문에 여기저기 뒤져
　　　　　서 찾을 필요 없이 천하의 사학 연구 성과를 알 수 있으니 참
　　　　　으로 공이 한없이 크다고 하겠습니다. 그들은 자신의 저술도
　　　　　비교적 많습니다. 임 여사의 ≪사학고전(詞學考詮)≫99)·≪돈황곡
　　　　　연구(敦煌曲硏究)≫100)·≪돈황곡자사각증초편(敦煌曲子詞講證初編)≫101)

　　　과 ≪유영을 얘기하다(話柳永)≫(홍콩 : 성도교육출판사(星島敎育出版社), 1988)가 있다.

95) 오굉일(吳宏一), ≪상주파사학연구(常州派詞學硏究)≫(국립대만대학(國立臺灣大學) 중문연
　　　구소(中文硏究所) 석사논문, 1969) ; 오굉일, ≪상주파사학연구≫(대북 : 가신수니공사문
　　　화기금회(嘉新水泥公司文化基金會), 1970).
96) 오굉일(吳宏一), ≪청대사학사론(淸代詞學四論)≫(대북 : 연경출판사업공사(聯經出版事業公
　　　司), 1990).
97) 황문길(黃文吉), ≪사학연구서목(詞學硏究書目)(1912~1992)≫(국립창화사범대학국문학계
　　　연구총간(國立彰化師範大學國文學系硏究叢刊, 대북 : 문진출판사(文津出版社), 1993).
98) 임매의(林玫儀) 주편, ≪사학논저총목(詞學論著總目)(1901~1992)≫(대북 : 중앙연구원(中
　　　央硏究院) 중국문철연구소(中國文哲硏究所) 주비처(籌備處), 1995).
99) 임매의(林玫儀), ≪사학고전(詞學考詮)≫(대북 : 연경출판사업공사(聯經出版事業公司), 1987).
100) 임매의(林玫儀), ≪돈황곡연구(敦煌曲硏究)≫(국립대만대학중문연구소(國立臺灣大學中文

등은 모두 매우 성공적인 저작입니다. 황문길 선생은 ≪송남도
사인(宋南渡詞人)≫[102]과 ≪북송십대사가연구(北宋十大詞家研究)≫[103]
등의 전문 저작 몇 가지를 가지고 있는 매우 부지런한 학자입
니다. 상대적인 얘기가 되겠습니다만, 임 여사는 실증적인 연
구에 중점을 두고 황 선생은 거시적인 연구에 더욱 뛰어난 것
같습니다.

5. 20세기 사학 연구에 있어서의 약간의 부족과 앞으로의 전망

왕조붕　사학의 연구가 비록 현학(顯學)이기는 하지만 당시(唐詩)의 연구
와 비교하면 역시 성과가 좀 떨어집니다. 눈앞의 상황을 보면
사를 연구하는 사람의 수는 당시를 연구하는 사람에 훨씬 못
미칩니다. 현단계에서 당시를 연구하는 유명한 학자는 굉장히
많지만 사학을 연구하는 유명한 학자는 손으로 꼽을 정도입니
다. 당시의 연구는 자체적인 학회 조직이 있어서 그럴듯하게
연차 총회도 개최하고 연감과 간행물도 내고 있으니 이런 면에
서도 사학 연구는 상대적 열등성을 드러냅니다.

유양충　20세기의 사학 연구를 회고하면서 우리는 그것의 풍성한 성과
를 보았지만 동시에 또 그것의 약간 부족한 점과 결함도 발견

研究所) 석사논문, 1974).

101)　임매의(林玫儀), ≪돈황곡자사각증초편(敦煌曲子詞覈證初編)≫(대북 : 동대도서공사(東大
圖書公司), 1986).

102)　황문길(黃文吉), ≪송남도사인(宋南渡詞人)≫(대북 : 대만학생서국(臺灣學生書局), 1985).

103)　황문길(黃文吉), ≪북송십대사가연구(北宋十大詞家研究)≫(대북 : 문사철출판사(文史哲出
版社), 1996).

했습니다. 이러한 부족과 결함을 보완하는 것이 바로 우리가 새 세기에 완수해야 할 중요한 임무가 되겠습니다. 금세기의 사학계에 있어서는 명사(明詞)와 청사(淸詞)에 대한 연구가 줄곧 지나치게 냉담했습니다. 다들 벌떼같이 당송사라는 이 "인기품목"에만 몰려들고 명사나 청사는 거들떠보지도 않았으니 이것은 연구자의 분포가 고르지 않다는 사실뿐만 아니라 우리의 사사관(詞史觀)이 과학적이지 못하고 통사(通史) 의식이 결핍되었다는 사실도 반영합니다. 한번 생각해 봅시다. 사가 명·청 양대의 500여 년 동안 변천해온 상황과 발전 과정을 명확하게 밝히지 않고서야 어떻게 전체 사사(詞史)의 발전 추세와 발전 규율을 전면적이고 깊이 있게 파악할 수 있겠습니까? 청사의 연구에 관해서는 청사의 전문가이신 엄적창 선생께서 고견을 피력해 주시기 바랍니다.

엄적창 왕조붕씨가 선배들이 한 말을 인용하여 사학을 "현학"으로 부를 수 있다고 범주를 설정했는데 저는 이 범주 설정에 동의합니다. 다만, 이 "현학"이 "두드러지게 한" 것은 사학 중의 한 부분일 뿐입니다. 이러한 현상은 금세기 후반 50년 동안 특히 두드러졌습니다. 원명사(元明詞)는 정도의 차이가 있기는 하지만 연구가 거의 없다시피 했고 청사(淸詞)의 연구도 사실 썰렁했습니다. 대만에서는 섭가영 선생과 진방염(陳邦炎) 선생 두 분이 함께 지은 ≪청사명가논집(淸詞名家論集)≫이 출판되었고, 섭 선생에게는 이와 별도로 대륙에서 출판된 ≪청사논집(淸詞論集)≫이 있습니다. 황언리(黃嫣梨)의 ≪장춘림평전(蔣春霖評傳)≫도 대륙에서 출판된 것이 있는데 노력을 많이 기울인 역작입니다. 최근에는 장굉생(張宏生)이 관련 논문을 한데 모아서 만든 ≪청대

사학의 구축(構築)(淸代詞學的建構)≫104)도 출판되었습니다. 1980년
대에 속속 세상에 나온 "천풍각총서(天風閣叢書)"에는 이미 오위
업(吳偉業)105) · 주이준(朱彝尊) · 왕사진(王士禛)106) · 납란성덕(納蘭成
德)의 사집이 정리 · 출판되어 있으니 이것은 공덕을 쌓은 일이
라 하겠습니다. 제가 아는 바에 의하면 납란사(納蘭詞)의 전주(箋
注)107)는 북경과 상해에서 각각 한 가지씩 출판되었습니다. 선
본(選本) 중에서는 심일류(沈軼劉) · 부수손(富壽蓀)의 ≪청사정화(淸
詞菁華)≫108)가 매우 수준이 있고 평점(評點)에도 공력이 드러나
보여서 청사를 아는 선가(選家)가 심혈을 기울여 편찬한 책이라
고 생각됩니다. 왕태릉(汪泰陵)의 ≪청사선주(淸詞選注)≫109)는 부
피가 비교적 큰데 원본을 별로 많이 확인하지 않은 것이 약점
입니다. 또 재작년에 나중정(羅仲鼎) 선생이 담헌(譚獻)의 ≪협중
사(篋中詞)≫110)를 교정하고 표점을 찍어서 ≪청사일천수(淸詞一千
首)≫로 개명하여 출판했는데 청사의 연구에 매우 유익합니다.
굴흥국(屈興國) 선생이 표점을 찍고 교정을 가한 "양절작가문총
(兩浙作家文叢)" 가운데 ≪주이준사집(朱彝尊詞集)≫111)은 철저하게

---

104) 장굉생(張宏生), ≪청대사학의 구축(淸代詞學的建構)≫(남경 : 강소고적출판사, 1998).
105) 오위업(吳偉業) 찬(撰), 이소옹(李少雍) 교(校), ≪매촌사(梅村詞)≫(하승도(夏承燾) 주편,
　　　천풍각총서(天風閣叢書))(광주(廣州) : 광동인민출판사(廣東人民出版社), 1985).
106) 왕사진(王士禛) 찬(撰), 이소옹(李少雍) 교(校), ≪연파사(衍波詞)≫(하승도(夏承燾) 주편,
　　　천풍각총서(天風閣叢書))(광주 : 광동인민출판사, 1986).
107) 장초인(張草紉) 전주(箋注), ≪납란사전주(納蘭詞箋注)≫(상해 : 상해고적출판사, 1995).
　　　장병수(張秉戍), ≪납란사전주(納蘭詞箋注)≫(북경 : 북경출판사, 1996).
108) 심일류(沈軼劉) · 부수손(富壽蓀) 선(選), ≪청사정화(淸詞菁華)≫(합비(合肥) : 안휘문예출
　　　판사(安徽文藝出版社), 1986).
109) 왕태릉(汪泰陵), ≪청사선주(淸詞選注)≫(귀양(貴陽) : 귀주인민출판사(貴州人民出版社), 1992).
110) 청(淸) 담헌(譚獻)이 광서(光緒, 1875~1908) 초에 청대 사인의 사를 모아서 편찬한 사
　　　집.
111) 굴흥국(屈興國) · 원이래(袁李來) 점교(點校), ≪주이준사집(朱彝尊詞集)≫(항주 : 절강고
　　　적출판사(浙江古籍出版社), 1994).

수집하여 거의 빠진 것이 없습니다. 최근 몇 년에는 항주(杭州) 오웅화(吳熊和) 선생의 문하생인 여러 여자 박사들이 전후하여 상주(常州)·서령(西泠)·유주(柳州)[112] 등 청사의 유파에 대한 연구를 완성하여 곧 출판한다고 하니 참으로 값진 일입니다. 오 선생 본인도 대만과 대륙에서 명말 청초 사파를 연구한 논문을 여러 편 발표했지요. 사학 전문가들이 당송대에서 청대에 이르기까지 두루 연구하는 기풍이 날로 농후해 가는 것은 실로 다행스러운 일이라 하겠습니다.

유양충 청초 이래 사화가(詞話家)들은 너도나도 명대의 사는 거론할 가치가 없다고 평론했습니다. 심지어는 "명대에 이르러 사가 망했다"고 단정하기까지 했지요. 몇 년 전에 ≪전명사≫의 주편자 가운데 한 사람인 장장(張璋) 선생은 자신이 가지고 있는 대량의 자료를 근거로, "명대에 이르러 사가 망했다"는 옛날 학설을 반박하는 글을 발표했습니다. 그가 소개한 바에 의하면 ≪전명사≫는 명대 사인 1,300여 명의 사 20,000여 수를 수록하고 있는데 이 수량은 ≪전송사≫와 대체로 비슷합니다. 그는 이 작품들의 예술적인 품질로 판단할 때 명사를 송사에 비할 수는 없으나 "명대에 이르러 사가 망했다"고 경솔하게 말한 것은 분명히 사실을 무시하고 함부로 내린 결론이라고 보았습니다. 이러한 사실은 지금까지의 사학계에 ≪전명사≫ 편찬자 이외에는 전면적이고 진지하게 명사에 관한 자료를 접해본 사람이 거의 없었음을 입증합니다. 당연한 얘기지만 명사를 제대로

---

112) 유주(柳洲)의 오자이다. 유주사파(柳洲詞派)는 명말 청초 절강성 가선(嘉善) 지방에서 활동한 사의 유파로 추기모(鄒祇謨)의 ≪원지재사충(遠志齋詞衷)≫에 "사는 유주의 제가에 이르러 거의 200여 명이나 되었으니 극성기였다고 할 만하다(詞至柳洲諸子, 幾二百餘家, 可謂極盛)."라고 했다.

연구하거나 평론한 사람은 더더욱 없었겠지요.

사사를 전체적으로 살펴볼 때 명대는 확실히 사라는 장르가 중도에 쇠락한 시기입니다. 그러나 "중도의 쇠락"은 중단이나 공백하고 같지는 않습니다. 그것은 여전히 사사를 이루는 유기적 고리들 가운데 하나입니다. 그것이 쇠락기라고 할지라도, 사가 발전해온 맥락과 방향과 규율을 명확하게 그려내기 위하여, 쇠락의 원인을 탐구하고 쇠락의 구체적 상황을 밝혀야 합니다. 이런 작업은 지금까지 아무도 손을 대려고 하는 사람이 없었습니다. 물론 명사의 연구가 썰렁했던 것은 자료가 완비되지 못했다는 사실과도 관련이 있습니다. 기대를 모으고 있는 ≪전명사≫라는 책은 오래 전에 벌써 편집이 끝났지만 몇 가지 세부적인 요인이 있어서 아직 출판되지 못했습니다. 관념이 새롭게 바뀌고 자료 문제가 해결됨에 따라 명사와 청사라는 사사(詞史) 연구에 있어서의 두 군데 공한지도 메워지기 시작할 것으로 생각됩니다.

엄적창 현재 양송 이후의 사사는 아직까지 충분한 연구가 이루어지지 않은 상태입니다. 명사가 도대체 어떠한 모습을 하고 있는지에 대해서뿐만 아니라 금원사(金元詞)에 대해서도 이와 마찬가지로 깊이 있고 전반적인 연구와 파악이 없었습니다. 청사도 아직 깊이 있게 연구해야 할 곳이 많이 남아 있습니다. 사사의 저술은 의심의 여지없이 사학 연구의 중요한 작업입니다. 만약 양송 이후의 사사를 연구하지 않는다면 사사의 대강을 기술할 수 없겠지요. 앞으로 작은 대오를 이루어(클 필요가 없습니다) 양송 이후의 사를 전문적으로 연구할 수 있게 되기를 희망합니다. 다만 이것은 하나의 학술적 대오여야지 몇 권 또는 몇 질의 책이 나오는 것으로 만족할 수는 없을 것입니다.

왕조붕　사학이론의 구축도 또한 매우 절박한 문제입니다. 사학은 자체적인 이론체계가 있는가 없는가? 자체적인 개념과 범주가 있는가 없는가? 대답은 응당 긍정적일 것입니다. 문제는 우리에게 아직 체계적인 정리와 연구가 결핍되어 있다는 사실입니다. 한편으로는 과거부터 이미 있어온 이론체계를 분명하게 정리하고, 다른 한편으로는 중국 사사의 실제 상황에 근거를 두고 사학의 새로운 이론체계를 구축해야 합니다. 양해명이 얼마 전에 출판한 ≪당송사미학≫은 이 방면에서 유익한 개척을 감행하여 방법론상 상당한 의의를 지니고 있습니다. 그는 이 책에서 당송사의 "미학적" 특질을 제시했는데, 그것은 서방의 미학 이론이나 미학 개념을 빌려서 그럴듯하게 다듬은 것이 아니라 몇 가지의 정통적이고도 순수한, 중국 사학 비평사 고유의 이론과 개념을 사용하여 오늘날의 의식과 오늘날의 언어로 과학적인 해석을 시도한 것으로 당송사의 "미학 체계"를 구축했다고 하겠습니다. 이 책을 읽고 나면, 이것은 중국 본토의, 민족적 특색을 지닌, 사사의 실제 상황에 꼭 맞는 "미학"이지 수입해 들여온 "서양" 미학이 아니라는 생각을 갖게 될 것입니다.

유양충　사학이론의 연구와 구축은 이미 새삼스러운 문제가 아닙니다. 저 자신을 포함한 사학계의 몇몇 동지들이 여러 차례 글을 써서 이 문제를 강조했지요. 우리는 최근 몇 년 동안에 이미 몇 부의 사학사와 사학 비평사 및 사학 이론에 관한 기타의 전문적인 저작들이 세상에 나온 것을 보고 기뻐했습니다. 그러나 이것으로는 아직 턱없이 부족합니다. 우리 사학계는 이 문제에 대하여 최대한으로 폭넓은 공동인식을 갖고 최대한으로 폭넓은 공감대를 형성하여 이론 창조와 이론 구축의 중요성·필요성·긴박성을 인식하고, 그것을 새로운 세기에 있어서의 사학 발전의 "절정"으로 삼고 힘을 쏟아야 할 것입니다. 사학의 연구에 새로운 돌파와 진전이 있으려면, 반드시 사학 이론에 의탁해야 하며 철학과 문학이론과 사학 자체의 이론을 포함한 이론의 지도와 견인이 있어야 합니다. 그런데 우리 학계에는 이론의 중요성에 대한 인식이 비교적 부족한 편임을 이야기하지 않을 수 없습니다. 이것은 물론 전통 "국학"이 오랫동안 타성에 빠져 있었다는 사실과 관계가 있습니다. 청나라 건륭(乾隆)·가경(嘉慶) 시대의 고증학의 융성 이래로 우리의 문학 연구와 사학(史學) 연구는 널리 자료를 수집하여 그것을 엄정하게 변별하고 교정하고 정리하는 것을 능사로 삼았습니다. 이로 인하여 이 영역은 오랫동안 의미의 해석을 경시하고 서방의 선진적인 이론을 배척하게 되었으니 이는 중대한 결점입니다. 이론의 경시는 상당히 오랫동안 중국 고전 문학 학계의 공통적인 병폐였습니다만, 그 중에서도 사학계는 시학이나 소설학·희곡학 등의 분야에 비해 한층 더 보수적이고 폐쇄적인 면을 드러내어서 오늘날에 이르러서도 아직 일부 동지들은 사보·사율·판본·교감 등의 학문만이 "사학"이라고 할 수 있다고 여기는 결과를 초래했습니다. 금세기 초에 왕국유 등이 서양 철학과 서양 미학을 빌려서 새로운 사학이론을 구축한바 이것은 아주 훌륭한 출발이었는데 애석하게도 몇 십 년이 지나면서 이 사업은 뒤를 이을 힘이 없어서 오랫동안 방치된 상태에 놓여 있었습니다. 저는 우리 모두가 다음과 같은 사실을 간파할 수 있으리라고 생각합니다. 중국 전통 문화의 정수를 발굴하여 우리 민족의 새로운 문화를 창조해내는 이 세기적인 작업은 절대로 옛날의 고증학이나 문헌학이 감당할 수 있는 일이 아니라는 사실, 그리고 시대가 우리에게 새로운 이론과 새로운 관념과 새로운 연구 방법을 기대하고 있다는 사실 말입니다. 사학이론의 구축과 관념 갱신의 필요성, 그리고 그 추진 방법에 대해서는 3년 전에 제가 <관건은 이론의 구축과 초월에 있다─사학 학술사에 관한 초보적인 반성(關鍵在於理論的建構和超越─關於詞學學術史的初步反思)>이라는 장편 논문을 발표하여 저 자신의 견해를 체계적으로 제시했기 때문에 여기서는 다시 말씀드리지 않겠습니다.

종진진   앞으로의 사학 연구는 작품에 관한 문헌의 정리와 사인의 생애를 고증하는 일을 강화해야 합니다. 송대에는 1,000여 명의 사인이 있었는데 생애와 사적(事跡)이 비교적 분명한 사람은 몇십 명에 불과하고 대부분의 사인은 생졸년조차도 확실하지 않습니다. 사인이 생활한 연대가 분명하지 않으면 사사의 발전 과정도 진정하게 밝혀질 수 없습니다. 송대는 정사(正史)나 야사(野史)와 같은 사료가 아주 풍부합니다. 그리고 송인의 별집(別集)과 역대 지방지(地方志) 속에 있는 송대 사인의 생애에 관한 자료도 아직 충분하게 이용되지 못했습니다. 진지하게 이 문헌들을 검열하기만 해도 많은 문제가 해결될 수 있을 것입니다.

유양충   학술적 개성의 부각이라는 문제도 앞으로 중시할 필요가 있습니다. 1980~90년대에는 사학이 극도로 번창하여 전체적인 국면에서 보면 열기가 뜨겁고 참여하는 사람이 많았으며 성과가 풍성했습니다. 그러나 진정으로 이론을 수립하거나 스스로 하나의 체계를 갖춘 저작은 결코 많지 않았으며 이정표가 될 만한 것은 더욱 적었습니다. 중요한 원인 가운데 하나가 바로 연구자들이 유행을 좇고 시류를 따랐을 뿐 개인의 장기를 발휘하거나 개인의 학술적 개성을 확립한 경우는 적었다는 것입니다. 왕조붕과 유존명(劉尊明)은 금세기 사학 연구의 기본 모형을 이야기한 글에서 1930~40년대에 솥의 세 발처럼 나란히 서 있었던 용유생(龍愉生)·하승도(夏承燾)·당규장(唐圭璋) 등 사학 대사 세 분의 상황을 분석했는데 그들은 이 글에서, 이 세 분이 한 시대를 영도한 사학의 종사가 된 것은 물론 그 분들의 걸출한 성취와 관련이 있지만 한편으로 그 분들 각자의 학술적 개성과도 뗄 수 없는 관계가 있음을 지적했습니다. 그 분들은 사학의 각 영역에 대한 지식을 두루 섭렵하기도 했고 각자 전문적으로 연구하는 분야도 있었습니다. 용유생은 비평학에 뛰어났기 때문에 의식적이든 무의식적이든 근대 문예이론을 수용하여 거시적 연구에 중점을 두고 사의 예술적 특징과 사사의 발전규율을 탐구하고 논증하는 일을 성공적으로 수행했지요. 하승도는 고증학에 뛰어났기 때문에 사인의 생애와 사적(詞籍)의 고증 및 사악(詞樂)과 성률의 연구에 중점을 두었지요. 당규장은 필생의 정력을 사에 관한 문헌의 정리와 연구에 쏟아 사적(詞籍) 문헌학(文獻學)의 제일가는 대가가 되었지요. 이 세 분의 종사들은 각자 자신이 나누어 맡은 일도 있고 또 밀접하게 협력하기도 했기 때문에 사학이라는 이 학술 분야를 위하여 튼튼한 기초를 닦을 수 있었던 것입니다. 왕조붕과 유존명 두 사람은 이것이 우리 새 세대 사학 연구자들이 학술적 개성을 계발하고 연구 방향을 설정하는 데 귀감이 될 수 있을 것이라고 했지요. 저는 이 견해에 전적으로 동의하면서 학술적 개성의 발휘와 개인적 장기의 과시를 신시기 사학 건설의 중요한 목표로 삼을 것을 주장합니다. 이것은 이론의 구축을 제창하는 저의 관점과 조금도 모순되지 않습니다. 사학의 전체적 구도와 전공 체계의 균형이라는 관점에서 말하자면 이론의 창조와 구축은 지극히 중요한 항목이고 심지어 최종 목표적 성격을 띠는데도 과거에는 이것이 취약점이었던 만큼 빨리 공백을 메우거나 적어도 강화해야 합니다. 그러나 전공 분야 안에서의 세부적 분업이라는 관점에서 말하자면 각각의 세부 분야마다 다 상당수의 전문 지식을 갖춘 인재가 작업에 종사해야 합니다. 10년 전에 제가 ≪송사연구의 길(宋詞硏究之路)≫[113]이라는 책을 편저하여 현대의 사학 연구 분야를 열거한 하나의 상세한 도표를 만들었는데 그 도표에 열거된 연구 항목은 매우 많았습니다. 그러나 귀결해 보면 삼대 항목에 속하지 않는 것이 없었습니다. 첫째, 사에 관한 자료의 정리와 연구입니다. 둘째, 고증입니다. 셋째, 사학 비평과 사학 이론의 구축입니다. 이 삼대 항목은 각각 전문 지식을 갖춘 사람이 분담하여 완성해야 합니다. 이 세 항목은 각각이 하나의 학문 분야로서 어느 것 하나도 빠질 수 없습니다. 우리는 고증과 문헌 정리만 학문으로 간주하고 이론적 비평과 이론의 창조를 경시하는 것도 반대하고, 이론만을 중시하여 고증학과 문헌학은 "문학 연구"라고 하기 어렵다고 여기는 경향에도 반대합니다. 그러나 더욱 구체화하여 연구자 개인으로 말할 것 같으면, 어쩔 수 없이 각자 성격상 특별히 좋아하는 바가 있고, 학문적으로 특별히 좋아하는 분야가 있고, 어느 분야에 특별히 뛰어난 재주가 있으므로, 각자 자신의 소질과 흥미

---

113) 유양충(劉揚忠), ≪송사연구의 길(宋詞硏究之路)≫(천진(天津) : 천진교육출판사(天津敎育
　　　出版社), 1989).

에 따라 자신의 학술적 개성을 계발하고 연구 방향을 설정하는 것을 허용할 뿐만 아니라 한 걸음 더 나아가 그것을 고무해야 합니다.

지금까지의 이야기를 종합해 보면 다음과 같이 정리될 수 있겠습니다. 곧 21세기가 닥쳐옴에 즈음하여 21세기의 사학을 내다보건대 우리는 세 가지의 중대한 목표를 가지고 있습니다. 첫째, 사학이론의 구축에 박차를 가하여 학문의 체계를 완성해야 합니다. 둘째, 사학 연구자 개인의 장기를 충분히 발휘하여 연구자 개인의 학술적 개성과 연구 방향을 확립하고 나아가 다 함께 사학의 번영과 창성을 촉진해야 합니다. 셋째, 있는 힘을 다하여 공백을 메우고 새로운 연구 영역을 개척하며, 특히 사 사상(詞史上)의 공한지인 명사와 청사의 정리와 연구를 강화해야 합니다.

왕조붕　저는 지금 대학원 학생을 지도하면서 주로 세 방면의 일을 하고 있습니다. 첫째, 사인의 연보나 연표를 작성하는 일입니다. 한 사람 한 사람씩 작성해나가 몇 년 동안 쌓이면 아마 ≪당송사인연보속편(唐宋詞人年譜續編)≫과 같은 책을 한 권 낼 수 있겠지요. 둘째, 미학적인 시각을 수용하여 정량분석적(定量分析的) 방법으로 사사상의 개별 사안들을 해결하는 일입니다. 셋째, 사의 판본에 관한 자료를 수집하여 사집의 판본에 대한 전반적인 정리를 시도하는 일입니다.

설명 : ≪문학유산(文學遺産)≫ 편집부가 중국사회과학원 문학연구소의 왕소운(王筱雲) 박사에게 의뢰하여 이상 네 분의 전문가로 대담조를 짜서 대담을 진행케 했다. 이 글 역시 왕 박사가 담화의 초고를 바탕으로 정리하고 편집하여 이루어진 것이다.

제 6 장

문학과 예술 사이에서 거닐다

희곡 연구

| 강보성(康保成) · 황사충(黃仕忠) · 동상덕(董上德) |

1.

강보성(중산대학(中山大學) 중문과)　　≪문학유산(文學遺産)≫ 편집부가 매우 좋은 화제를 내놓았습니다. 21세기가 마지막 카운트다운에 들어간 이 순간 우리가 종사하는 고대 희곡 연구와 교학에 대하여 냉정하게 전면적으로 살펴보고 생각하는 것은 매우 필요합니다. 더욱이 현대 이래로 희곡 연구 분야는 시작과 발전에서부터 지금까지 본 세기와 완전히 궤적을 같이 하였으며, 번영에서 몰락까지, 붐에서 적막까지 그 가운데는 되씹어 볼 만한 것이 참으로 적지 않습니다.

황사충(중산대학 중국고문헌연구소(中國古文獻硏究所))　　고대의 시가 · 산문 · 소설에 비교하면 고대 희곡 연구는 확실히 희비와 쇠락의 커다란 편차를 경험하였으며, 쓸쓸한 가운데 20세기와 고별하지 않으면 안 되게 되었습니다. ≪문학유산≫에 실린 소식을 보면 ≪문학유산≫이 "문혁(文革)" 후 80년대 초기에 복간되었을 때의 고대 희곡 연구는 두드러진 강세를 띠고 있었습니다. ≪문학유산≫과 6년간의 ≪증간(增刊)≫에 60여 편의 글이 발표되었습니다. 이밖에 1985·1986년 전국 제1차·제2차 고대 희곡 학술 연토회가 정주(鄭州)와 임분(臨汾)에서 열리자 참석한 학자는 80 내지 100명 정도로 노년·중년·청년 삼대의 학자들이 운집하여 공전의 성황을 이루었습니다. 그러나 90년대에는 날로 식어 가 1997년에는 한 해 동안 ≪문학유산≫에 겨우 4편의 희곡 관련 논문이 실렸을 뿐입니다.

동상덕(중산대학 중문과) 학술 연구의 성쇠는 의심의 여지없이 정치 형세와 밀접한 관련이 있습니다. "문혁" 기간에 쌓인 역량이 하루아침에 터져 나와 희곡 연구의 백화만발한 기꺼운 국면을 조성하였습니다. 문제는 90년대 이래 연구 조건은 진일보 개선되었으나 희곡문학 연구는 날로 쇠락하여 대조를 이룬다는 점입니다. 이것이 우리가 당면한 학술연구의 현실이며, 이 상황을 해결하기 위해서는 20세기의 희곡연구의 역사를 샅샅이 회고해 볼 필요가 있습니다. 다만 먼저 우리의 연구 대상—희곡문학이 희곡문학인 특질을 선명하게 밝혀야 합니다.

강보성 그렇습니다. 우리의 교학과 연구에서 이것도 항상 홀시하거나 함께 고려하기 힘든 문제였습니다. 물론 현대인은 문학의 각종 체재에 대한 인식에서 이미 대체로 일치하여 희곡과 시가·산문·소설은 중국의 4대 고대 문학 양식으로 매김되었습니다. 당연히 각 문학양식은 대체할 수 없는 형식적 특징과 심미적 가치를 가지고 있지만, 희곡 이외에 시가·산문·소설은 문자를 이용해서만 독자들에게 직접 작용할 수 있습니다. 오직 희곡만이 반드시 배우의 재창조(습관적으로 '2차 창작'이라고 부르죠)를 거쳐서 최종적으로 실현됩니다. 우리가 지금 읽는 희곡의 극본은 원래는 작가가 배우에게 공급하는 연출 각본이라고 할 수 있습니다. 이 때문에 희곡 문학 작품에 대한 연구는 기본적으로 연출 각본에 대한 연구라고 할 수 있습니다(물론 여기서는 두 가지 예외적 상황의 존재를 배제하지 않습니다. 첫째는 시가·산문·소설의 음송·낭독 등의 방식을 통한 구두 전파이며, 둘째, 읽기 위한 극본입니다). 전체적으로 보면 희곡 문학과 기타 문학 양식의 본질적 구별은 쉽게 드러납니다.

희곡 문학의 특수성은 《사해(辭海)》와[1] 《중국대백과전서(中國大百科全書)》의[2] 분류에서도 볼 수 있습니다. 《사해》의 <문학분책(文學分冊)>에서 문학 "체재(體裁)" 조목에 대한 해석은 "각종 문학 작품의 유별, 시·산문·소설·연극 문학 등을 가리킨

---

1) 어휘 사전과 백과 사전을 겸한 종합 사서. 1936년 서신성(舒新城)·심이(沈頤)·장상(張相) 등이 주관하여 상해 중화서국에서 출판하였는데, 상무인서관에서 출판한 《사원(辭源)》과 함께 한 시대를 풍미하였다. 1959년에 "사해 편집 위원회"를 설립하여 개편하였고, 1979년 상해사서출판사(上海辭書出版社)에서 《사해(辭海)》 3권본을 정식 출판하였다. 단자(單字) 14,872자, 어휘 91,706조를 수록하였다. 성어(成語)·전고(典故)·인물(人物)·저작(著作)·고금지명(古今地名)·역사 사건(歷史事件) 및 각 학문 분과의 명사(名詞) 술어(術語)를 포괄하는 중요한 공구서이다. 1982년 사해편집위원회는 《사해》에 실리지 않은 어휘 15,730개, 백과(百科) 사어(詞語) 2,281개를 수록한 《사해·증보본(增補本)》을 출판하였다.

2) 중국 최초의 대형 종합 백과사전. 1978년 중국 국무원(國務院)이 중국대백과전서출판사(中國大百科全書出版社)를 설립하여 출판하였다. 중국 전역의 학자와 전문가를 동원하여 철학·사회과학·문학예술·문화교육·자연과학·공정기술 등 각 학과와 영역을 포괄하여 해당 분야의 기본지식을 상세히 설명하되 독자의 기준은 고등학교 이상 대학 수준에 맞추었다. 학문분야별로 나누어 출판하되 권수를 매기지 않고 《哲學》·《法學》·《中國文學》·《力學》·《化學》 등 학과의 명칭을 표제로 삼았다.

다”라고 하였지만, “문학의 종류와 체재(文學的種類和體裁)”에서는 “희곡(戲曲)” 또는 “연극 문학(戲劇文學)”이라는 조목이 없습니다. “원대 작가(元代作家)”에도 관한경(關漢卿)・왕실보(王實甫)・백박(白樸) 등의 이름은 없습니다. 그러나 “그리이스・로마(古希臘・羅馬)”에는 아이스퀼로스・아리스토파네스 등 비극과 희극 작가들이 당당하게 들어 있으니 이는 분명 모순이며 불공평합니다. 편집자는 중국연극 조목을 ＜예술분책(藝術分冊)＞에 넣는 방식으로 이 모순을 해결하려 하였지만, 여전히 희곡을 문학 밖으로 밀어내는 경향이 있습니다. ≪중국대백과전서≫는 희곡 작가・작품과 관련된 조목을 ≪중국문학권(中國文學卷)≫과 ≪희곡곡예권(戲曲曲藝卷)≫에 동시에 수록하였으며, 연출용어는 ≪희곡곡예권≫에만 수록하였습니다. 이러한 처리는 다소 타당하지만 여전히 부족합니다. 희곡의 각색(角色)・과범(科范)・천관(穿關)・체말(砌末)3) 등의 제시는 원래 각본에서 빠뜨릴 수 없는 유기적인 구성 부분인데 두 군데로 갈라놓았기 때문입니다.

모두들 알고 있는 두 가지 중요한 명제가 있습니다. 하나는 “극본은 한 연극의 근본이다”라는 것이며, 또 하나는 “상연은 희곡의 영혼이다”라는 것입니다. 이 두 명제는 모순이며, 연극

---

3) 각색(脚色, 角色)은 배우와 인물을 짝짓는 배역 체제로서 인물의 유형에 따라 연기하기에 적합하도록 배우를 신체적 특징과 연기력을 기준으로 분류한 것이다. 극종(劇種)에 따라 약간의 차이는 있으나 말(末) 또는 생(生)(남자역)・단(旦)(여자역)・정(淨)(개성적 인물)・축(丑)(우스꽝스런 인물)로 크게 나뉜다. 각 각색은 다시 세분되는데, 말을 예로 들면 남자 주인공역은 정말(正末), 조연급은 부말(副末)・충말(冲末), 젊은이 역은 소말(小末)이 연기한다.
과범(科范)은 배우의 몸짓을 총칭하는 말이다. 여기에는 한 배우의 짧은 동작은 물론, 하나의 독립된 의미를 전달하는 여러 배우의 연속된 동작도 포함된다.
천관(穿關)은 천대관목(穿戴關目)의 준말로서 배우의 분장을 총칭하는 말이다.
체말(砌末)은 무대에서 사용하는 도구를 가리킨다.

이론에서 역설을 낳았습니다. 앞 명제에 따르면 극본은 연극에
서 가장 핵심적인 부분으로서 극본이 없으면 연극이 되지 않으
니 중국 희곡 발전의 역사는 이 명제를 강력하게 지지하는 듯
합니다. 그러나 뒤의 명제를 따르면 극본의 작용은 부차적이며,
상연의 부속물로서 때로는 있어도 좋고 없어도 좋다고도 할 수
있는 것은 중국과 외국의 연극의 역사와 현상이 말해 주듯 극
본 없는 연극 연출도 드물지 않기 때문입니다.

미국의 저명한 미학자 수잔 랭거(Susan Langer)는 이 문제를 매우
분명하게 인식하였지요. 이렇게 말했습니다. "엄격한 의미에서
말하자면 연극은 '문학'이 아니다." "본질적으로 말하면 연극
은 상연할 수 있는 시이다." "연극은 춤도 아니며, 문학도 아니
요, 각종 예술 기능의 집합물은 더더욱 아니며, 동작을 형식으
로 삼는 시가이다."(《정감과 형식》 제17장)

동상덕 고대 희곡문학 작품의 평가에서 "안두지작(案頭之作)"과 "장상지
작(場上之作)"[4]은 항상 거론되며 논쟁이 끊이지 않는 주제입니다.

황사충 문학과 상연은 희곡의 두 날개로서 어느 한 쪽도 없앨 수 없습
니다. 읽기에도 좋고 상연하기도 좋은 작품이 옛날부터 이상적
인 경지로 인식되어 왔습니다. 그러나 본질적인 의의에서 희곡
은 무대 연출이 중심인 예술이어야 한다는 것이 일반적인 인식
입니다. 다만 역사는 이상적인 궤도를 따라 진행되지는 않았습
니다. 희곡 문학은 무대 상연이긴 하지만 억지로 희곡의 "이
념"에 맞추어야 하는 것은 아니며, 그 자체는 탐색과 진전의
과정을 거쳤습니다. 희곡의 특성에 대한 관중의 이해와 열애도

---

4) 안두지작은 읽기 위한 작품, 장상지작은 무대에서 상연하기 위한 작품.

마찬가지로 점차로 진전되어 왔습니다. 희곡에 대한 관중의 인식과 애호는 반드시 시대와 사회의 낙인이 찍힙니다. 그러나 희곡 자체의 발전은 기타 문예 체재와 비교하면 복잡합니다. 그것은 하나의 단순한 열독 과정이 아니라 일종의 상업 활동이며, 배우의 연기를 통하여 관중과 상호 소통하기 때문입니다. 동시에 그것은 일종의 문화 활동이며, 중국인의 사회 생활·풍속·종교 활동과 밀접히 연계되어 있기 때문입니다. 다른 한편, 오늘날 우리가 희곡에 매우 높은 학술적 지위를 부여한다 하더라도 중국 고대 사회에서 희곡의 지위는 매우 낮았으며, 희곡은 전통 시문에의 접근을 통하여 문인 사대부의 정취를 주체로 삼아서 사회적 승인을 얻어야 하였으며, 자립의 조건과 지위를 얻은 다음에 비로소 무대를 중심으로 삼는 방향으로 자유로이 발전하였습니다. 희곡 형식이 성숙한 뒤 청대(淸代)의 화부(花部)와 아부(雅部)[5]의 투쟁을 경계로 전후 두 단계로 나눕니다. 공연 예술 체계는 오랜 기간을 거쳐 경험 축적과 사제간 전수의 방식으로 유치한 단계에서 성숙한 단계로 점점 발전하여 완성되었으므로 희곡 발전의 전기에는 치졸한 공연 수준이 희곡 문학을 덜 구속하여 걸작이 샘솟듯 나왔으며, 희곡 문학의 성숙은 희곡 발전의 주요 동력이 되어 작가와 작품은 이 단계 희곡사의 주체를 구성합니다. 단 상연 체계가 일단 성숙하고 희곡 자체가 독립한 다음에는 필연적으로 문학성을 배척하고 제한하여 무대 연출이 제일의 원리가 됩니다. 이런 각도에서 보면 중

---

5) 화부는 청대 중기 이후 각 지방에서 그 지역의 언어와 음악을 바탕으로 발달한 지방희를 총칭하는 말이다. 경극(京劇)이 대표적이다. 아부는 명대 이래 희곡의 중심이 된 곤곡(崑曲)을 가리킨다.

국 고대 희곡의 변증법적 발전 과정에서 앞 단계는 실제로 희곡 문학 극본이 대표하는 고대 희곡사이며, 작가와 작품이 주목받고 예인과 배우는 차별 받았습니다. 뒤 단계는 희곡 무대가 중심이 되는 근세 이래의 희곡사를 전개하며, 명배우와 창("聲腔")이 관심의 초점이 되고 작가와 작품은 말할 거리가 없어집니다.

강보성   희곡은 역사의 차원에서 문학과 예술 사이를 거닌 셈이군요. 다시 우리의 연구 대상을 살펴보면 근 100년래 희곡 연구의 역사적 진행을 회고하고 우리의 관념과 방법·시각을 반성하는 것도 매우 필요합니다.

토론의 편의를 위해서 대체로 다섯 단계로 나누어 회고해 볼 수 있지 않을까 생각합니다. 제1단계는 20세기 초부터 "항전(抗戰)" 초까지, 제2단계는 "항전" 초부터 40년대 말까지, 제3단계는 50년대 초부터 "문혁(文革)" 초까지, 제4단계는 "문혁" 초부터 "사인방(四人幫)"을 타도한 때까지, 제5단계는 "사인방"을 타도한 뒤부터 지금까지입니다. 정치의 변천으로 학술 발전을 구분하는 이런 방법은 폐단이 많음을 인정하지만, 중국의 학술과 정치의 밀접한 관계를 객관적으로 반영하고 있습니다. 제4단계는 기본적으로 공백이므로 얘기하지 않아도 되지만, "공백" 자체가 문화사에서는 보기 힘든 현상이므로 반성할 가치가 있으므로 여기에 설정한 것입니다.

2.

강보성 20세기에 희곡 연구를 개척하고 기초를 다진 사람은 왕국유(王國維)입니다.6) 그는 1907년부터 1912년 사이에 사곡(詞曲)과 희곡사 연구에 종사하였습니다. 그의 희곡 논저의 발표 시기를 보겠습니다. ≪곡록(曲錄)≫(1908), ≪희곡고원(戱曲考原)≫(1909), ≪녹귀부교주(錄鬼簿校注)≫(1909), ≪우어록(優語錄)≫(1909), ≪당송대곡고(唐宋大曲考)≫(1909), ≪녹곡여담(錄曲餘談)≫(1910), ≪고극각색고(古劇角色考)≫(1911), ≪송원희곡고(宋元戱曲考)≫(1912).7) 이 논저들을 열거한 까닭은 왕국유의 희곡 연구는 전방위적이며 이론상 체계를 갖추고 있음을 설명하기 위해서입니다. 분명히 그는 희곡을 문학에서부터 배제하려거나 희곡을 시·사 등 순문

---

6) 1877~1927. 청말민초(淸末民初)의 문학자, 사학자, 희곡사학자. 자는 백우(伯隅), 호는 정안(靜安), 관당(觀堂)이며, 절강(浙江) 해녕(海寧) 사람이다. 어려서 사숙에서 공부하였으며, 15세에 주학(州學)에 들어갔고, 향시에 두 번 응시하였으나 낙제하였다. 1898년에 상해로 가서 양계초(梁啓超)·강유위(康有爲)가 편집하는 ≪시무보(時務報)≫에서 서기로 일하며 서양문화를 접하였다. 1901년 일본으로 유학하였으나 다음해 병으로 귀국하였다. 1903년부터 1906년 사이 남통사범학당(南通師範學堂)·강소사범학당(江蘇師範學堂)에서 가르쳤다. 1907년부터 1912년 사이 사곡과 희곡사 연구에 종사하여 ≪인간사화(人間詞話)≫ 등 명저를 저술하였다. 1913년 이후에는 중국고대사와 문자 연구에 주력하였다. 1925년 청화연구원(淸華硏究院) 교수가 되었고, 1927년 이화원(頤和圓) 곤명호(昆明湖)에 투신 자살하였다. 평생의 저술이 매우 많아 ≪정암문집(靜庵文集)≫·≪관당집림(觀堂集林)≫·≪왕충의공유서(王忠懿公遺書)≫ 등이 있다.
7) 왕국유(王國維)는 희곡 연구물로서 8편의 논저와 서발문 형식의 산론 10여 편을 남겼다. 이 가운데 ≪송원희곡고≫가 대표 저작으로서 이전의 7편은 이 책의 준비 단계로 썼다고 할 수 있다. ≪송원희곡고≫는 1912년에 완성하여 1913년 4월부터 1914년 3월까지 ≪동방잡지(東方雜誌)≫ 권 9·10의 각 기에 연재되었고, 1915년에 상무인서관(商務印書館)에서 단행본으로 출간하면서 이름을 ≪송원희곡사≫라고 바꾸었다. 1940년 상무인서관은 ≪해녕왕정안선생유서(海寧王靜安先生遺書)≫를 출판하면서 제15책에 이 책을 수록하였으며, 이름은 다시 ≪송원희곡고≫라고 하였다. 1984년 중국희극출판사(中國戱劇出版社)에서 그의 다른 논저와 1책으로 묶어 출판하면서 이 책을 처음에 놓고 표점을 달았다.

학 양식과 동일시하지도 않았습니다.

왕국유의 희곡 연구는 시대를 가르는 의의가 있습니다. 어떤 의의에서는 우리는 지금도 대학자의 광휘 아래 살고 있으며, 대학자가 세운 범주와 명제 안에서 살고 있다고 할 수 있습니다. 그가 제기한 "춤과 노래로 이야기를 연출한다(以歌舞演故事)"는 참신한 연극 개념은 근본적으로 전통 곡학(曲學)의 "곡 본위(曲本位)"의 울타리를 넘어 희곡을 시·사와 구별하였으며, 희곡은 시·사·곡 등 운문에서 분리하였으니 희곡학이라는 학문 분과의 독립적 존재 가치를 확립하였습니다. 이로부터 "소도(小道)"로 취급받고 대아지당(大雅之堂)에 오르지 못한 희곡이 학술 연구의 전당에 오르기 시작하였습니다. 그는 중국의 연극이 "무당과 배우로부터 나왔다"고 주장하여 후인들에게 희곡의 기원에 관한 탐구의 방향을 지시해 주었습니다. 80년대 중후기에 일어난 "나희열(儺戱熱)"은 사실 이 대학자가 열어 놓은 길을 간 것이었습니다. 그는 서역(西域)의 연극문화가 희곡에 중대한 영향을 끼쳤음을 정확히 지적하였습니다. 가장 중요한 것은 그는 신뢰성 있는 자료를 이용하여 상고시대부터 원대(元代)에 이르기까지 각종 연극과 범연극 형태의 발전과 연변의 궤적을 고증하여 희곡사를 하나의 학문분과일 뿐만이 아니라 하나의 과학으로 성립시켰다는 점입니다. 이밖에 그는 직접 "비극(悲劇)"이라는 미학 범주를 사용하여 ≪두아원(竇娥冤)≫8)·≪조씨고아(趙氏孤兒)≫9)는 "세계의 대비극 가운데 놓아도 손색이 없다"고

---

8) ≪두아원(竇娥冤)≫은 관한경(關漢卿)의 대표작이자 원잡극의 대표작이다. 청상과부 "두아"가 정절을 지키려다 시아버지를 독살했다는 누명을 쓰고 사형 당한 후 원혼이 되어 아버지의 도움을 받아 원한을 해소한다. 고명가본(古名家本)·≪뇌강집(酹江集)≫ 본·≪원곡선(元曲選)≫ 본이 전한다.

주장하였습니다.

왕국유의 학문 방법은 고거(考據)입니다. 그의 이론 체계는 고거 가운데에 건립되어 상세하고 확실한 자료에 스며들어 있어 외재적인 상표 붙이기 식의 이른바 "이론"은 절대로 그 뒷모습도 바라볼 수 없습니다. 학술적 의의가 있는 과제를 선택하여 정밀하고 심오한 개별 연구와 거시적인 이론적 사고를 결합하려면 탁월한 학술적 안목, 드넓은 학술적 도량, 심후한 국학의 기초가 있어야 합니다. 왕국유는 이것을 해냈습니다.

동상덕 왕국유는 희곡 관람을 즐기지 않았는데(왕동명(王東明)의 <아버지 왕국유 선생을 추모하며(懷念我父親王國維先生)> 참조) 그가 희곡을 연구한 동력과 이론의 근원은 어디서 나왔을까요? 그 자신의 회답을 들어 봅시다. "내가 희곡에 뜻을 둔 데는 까닭이 있다. 우리 중국 문학에서 가장 부진한 것은 희곡이다. 원대의 잡극, 명대의 전기 가운데 오늘날 남아 있는 것은 수 100종이며, 그 가운데 훌륭한 문장도 있지만 그 이상과 구조는 매우 유치하고 졸렬하다고는 말하지 않고 싶지만 그럴 수는 없다. 국조의 작자는 약간 진보하였으나 서양의 명극에 비기면 거리를 잴 수가 없다. 이것이 내가 자신의 불민함을 잊고 여기에 뜻을 까닭이다."(<삼십자서(三十自序)>)

원래, 왕국유의 희곡 연구는 서방 연극을 참조한다는 전제 하에서 출발한 것입니다. 한편으로는 그는 종래 차별 받았던 희곡을 정통 문학과 함께 논할 수 있는 자리로 끌어올려 중국 희

---

9) ≪조씨고아(趙氏孤兒)≫는 기군상(紀君祥)의 작품이다. 춘추 시대 진(晋) 나라 영공(靈公) 때 조돈(趙盾) 집안과 도안고(屠岸賈) 집안의 원한과 복수를 그렸다. 중국 희곡 가운데 가장 먼저 유럽으로 전파되기도 하였다. ≪뇌강집(酹江集)≫ 본·원간본(元刊本)·≪원곡선(元曲選)≫ 본이 전한다.

곡에게 세계 예술계의 한 자리를 쟁취해 주었습니다. 다른 한 편, 그는 결국 일종의 편견을 가졌습니다. 즉 주로 문학의 각도에서 원곡(元曲)을 긍정하고, 근저에서는 민간의 희곡을 무시하였던 것입니다. 이는 바로 연극 이론의 두 모순을 형성하였습니다. 즉, 원잡극이 대표하는 희곡 문학에 대한 찬양과 비판, 원대 이후 희곡 발전의 과정에 대한 긍정과 부정입니다.

강보성 이러한 모순의 형성에는 중서 연극 문화의 충돌과 교류라는 영향 이외에 희곡이라는 학문 분과 자신의 특징의 제한을 받았습니다. 구체적으로 말해서 그가 원잡극을 "중국의 가장 자연스런 문학"이라고 찬양했을 때 그 대상은 순문학으로서의 곡사(曲辭)였습니다. 그는 말하였습니다. "원 잡극의 가장 아름다운 곳은 그 사상이 아니라 그 문장에 있다. 그 문장의 묘함은 한마디로 말해서 의경(意境)이 있다라고 할 뿐이다. …… 옛 시사(詩詞) 가운데 아름다운 것은 이와 같지 않은 것이 없으니 원곡 역시 그러하다." 그가 원잡극은 "지극히 유치하고 지극히 졸렬하다"고 말했을 때 사용한 것은 서방 화극(話劇)의[10] 표준과 무대 상연 각본의 표준이었습니다. 청대 희곡에 대한 평가도 이와 같아서 문학적 표준을 이용하면 당연히 원곡을 따라갈 수 없습니다. 그러나 연출의 표준을 이용하면 오히려 "약간의 진보"가 있습니다.

왕국유의 희곡사 저작이 최초가 아니라는 것도 반드시 설명해야 합니다. 노전(盧前)의 ＜중국연극개론서(中國戲劇槪論序)＞에[11]

---

10) 드라마(drama)를 중국에서는 "화극(話劇)"이라고 한다.

11) 노전(盧前), ≪중국희극개론(中國戲劇槪論)≫(세계서국(世界書局), 1943. 3. ; 1944. 신일판(新一版). 중국 희곡의 발전 과정을 몇 단계로 나누어 서술하면서 범극(梵劇)이 중국 희곡에 깊은 영향을 끼쳤다고 여겨 범극의 제재·체제·언어·각색 등을 중국 희곡과 비

따르면 왕국유 이전에 진불경(陳紱卿)(가린(家麟))이 영문으로 ≪중국 연극사(中國戲劇史)≫를 썼으며, 30년대 초 영국에서 매우 유행했습니다. 이 사실을 이용하여 ≪송원희곡사≫의 탄생 배경을 보충 설명할 수 있을 것입니다.

같은 시기 또 한 명의 대학자는 오매(吳梅)[12]입니다. 그가 희곡 연구에 종사한 시기는 왕국유보다 늦지 않으며, 지속 시간은 30여 년이나 됩니다. 최초로 ≪사마타실곡화(奢摩他室曲話)≫를 1907년에 발표했고, ≪남북사간보(南北詞簡譜)≫는 1939년에 발표하였으며, 이밖에도 중요한 희곡 논저로 ≪고곡주담(顧曲塵談)≫[13] (1914), ≪중국희곡개론(中國戲曲概論)≫[14](1926), ≪곡학통론(曲學通論)≫[15](1932), ≪장생전전기각율(長生殿傳奇斠律)≫(1934) 등이 있습니다.

동상덕   포강청(浦江淸) 선생은 이런 평가를 한 적이 있습니다. "근세에 희곡이라는 학문에 대하여 가장 연구가 많은 사람으로는 왕정

교하였다. 또한 화극이 중국 희곡에 끼친 영향도 언급하였다.

12) 1884~1939. 근대 희곡이론가, 희곡작가. 자는 구안(瞿安), 호는 상애(霜厓). 강소(江蘇) 장주(長洲) 사람. 어려서부터 유업을 익혀 18세에 장주의 학생원(學生員)이 되었다. 북경대학・중산대학(中山大學)・중앙대학(中央大學)・금릉대학(金陵大學) 등에서 교수를 역임하였다. 일생을 성운(聲韻)과 격률(格律) 연구에 바쳤다.

13) 오매(吳梅), ≪고곡주담(顧曲塵談)≫(상무인서관 1916. 12). 남・북곡의 궁조(宮調)・음운(音韻)・작법의 규율과 극작법과 작곡법의 이치를 밝히고, 음운・곡조・독음 등의 방면에서 예를 들어 설명하였다. 마지막에는 관한경(關漢卿)・왕실보(王實甫)・교길(喬吉) 등 원・명 이래 희곡가들의 일화도 소개하였다.

14) 오매(吳梅), ≪중국희곡개론(中國戲曲概論)≫(대동서국(大東書局), 1926. 10). 금원(金元) 시대부터 청대까지 희곡 발전의 역정과 특징을 서술하면서 근원을 따지고 변화를 고찰하였다.

15) 오매(吳梅), ≪곡학통론(曲學通論)≫(상무인서관, 1935. 11). 오매의 대표 저작으로서 왕기덕(王驥德)의 ≪곡률(曲律)≫을 바탕으로 원・명・청 곡가의 견해를 널리 채용하고 자신의 실천적 경험을 결합하여 작곡의 규율, 창곡의 방법 및 전기(傳奇)・잡극의 작법을 체계적으로 깊이 있게 밝혔다.

안(王靜安) 선생과 오 선생 두 분이다. 정안 선생은 역사 고증 방면에서 희곡사 연구의 길을 열었다. 단 희곡 자체의 연구는 당연히 오 선생이 독보적이다.” 오매는 필생의 정력으로 곡학에 종사하여 제곡(制曲)·보곡(譜曲)·도곡(度曲)·연곡(演曲) 등의 방면에서 하나의 이론 체계를 건립하였습니다. 이 체계의 주요 특징은 무대에서 상연하는 희곡(“場上之曲”)을 중시한 것입니다. 이른 바 “장상곡(場上曲)”이란 바로 연극 안의 곡입니다. 그는 “곡”은 당연히 연극을 위해 이바지해야 하고 연극에 융화되어야 한다고 생각했습니다. 그는 문학으로서의 “곡”과 예술 공연으로서의 “희”를 통일시키려고 한 것이지요. 이것은 분명 명나라 사람들이 제창한 문사와 곡률(曲律)이 다 아름다워야 한다는 학설보다는 대대적으로 진보한 것입니다. 이것은 또한 오매가 민족 연극 이론에 바친 최대의 공헌이기도 합니다.

“장상곡”에 대한 요구에 근거하여 오매는 왕국유와 마찬가지로 원잡극은 배장(排場)[16]·관목(關目)·빈백(賓白) 등 여러 방면에서 명청의 전기보다 못하다고 여겼으며, 관한경의 ≪망강정(望江亭)≫ 제4절은 강노지말(强弩之末)의 병폐가 있다고 말하였습니다. 그는 이미 희곡의 연극화 발전 경향을 간파하였습니다. 그는 이어(李漁)의 극작을 평론할 때 말하였습니다. “입옹(笠翁)의 가사는 비난과 칭찬이 반반이다. 섭회정(葉懷庭)이 졸렬한 문장(“惡札”)이라고 비웃은 뒤로부터 듣는 자들이 따라서 부합하여 비판하고 헐뜯어 거의 완선한 말이 없다. 그러나 사실 동작과

---

16) 배장(排場)이란 “장면을 안배하다” 또는 “안배된 장면”이란 뜻으로 극 전체의 장면을 구성하거나 한 장면을 구성하는 작업을 말한다. 극본의 줄거리를 바탕으로 노래와 동작 등 구체적인 수단으로 무대 상연을 이끌어나가는 작업이다.

대사, 배우 안배의 공교함과 골계와 떠들썩한 우스개의 아름다움은 본래 사림(詞林)의 고수이다. 이른바 장상의 곡이지 안두의 곡이 아니다."라고 하였습니다. 오매는 희곡 작품에 대한 평론의 도처에서 상연을 고려하였습니다. 예를 들어 청대의 여류 극작가 왕균(王筠)의 《전복기(全福記)》에17) 대해 "읽으면 전극이 너무 냉랭하여 상연하기 마땅치 않다"고 하였습니다. 그는 또 극장 관중의 반응에도 주의하였습니다. 예를 들어 《보은연(報恩緣)》은 "왕수아(王壽兒)와 이구아(李狗兒)의 대목이 가장 묘하여 우스개 동작에 떠들썩하게 웃지 않는 관중이 없다"고 말하였습니다.

황사충   왕국유와는 달리 오매는 이론가일 뿐만 아니라 희곡을 쓰고 연기도 하였습니다. 한세창(韓世昌)18) · 백운생(白雲生) · 매란방(梅蘭芳)19) 등도 오매의 지도를 받은 적이 있습니다. 그의 이론은 매

---

17) 왕균(王筠), 자는 송평(松坪), 호는 녹창여사(綠窓女史), 장안현(長安縣) 사람. 생졸년 미상. 아버지 왕원상(王元常)은 건륭(乾隆) 13년(1748) 진사로 벼슬은 한림(翰林)에 이르렀고 시를 잘 지었다. 왕균은 가업을 계승하여 시로 일가를 이루었으며, 사곡에 더욱 능하였다. 아들 백령(百齡)은 가경(嘉慶) 7년(1802) 진사이다. 그녀는 시 200여 수를 지어 아버지 · 아들과 한 편으로 출간하였다. 여자의 몸으로 태어나 큰 일을 못하는 것을 한하여 《번화몽(繁華夢)》 전기 25척(齣)과 《전복기(全福記)》 28척(齣)을 지었다. 《전복기》는 등장 인물이 많고 줄거리가 복잡하다.

18) 한세창(韓世昌, 1897~1977), 북방 곤곡(崑劇)의 배우로 단(旦) 역을 잘 하였다. 자는 군청(君青), 하북(河北) 고양(高陽) 사람. 유년 시절 곤익반(崑弋班)에 들어가 무생(武生)을 익히다가 곤단(崑旦)으로 바꾸었다. 오매를 스승으로 모셔 연기력을 높였으며 북경에서 오랜 동안 활동하였다. 1919년 상해로 가 북방 곤곡을 퍼뜨리고, 1928년 일본으로 가서 연출하면서 일본의 고전극도 익혔다. 그의 동작은 원활하고 자연스러우며 생기가 넘쳤다. 특히 손 동작과 표정 연기로 인물의 내면을 표현하는 데 뛰어났다. 1949년 이후 최승희(崔承喜)와 합작으로 곤곡의 무도 동작에 바탕하여 중국고전무 7편을 편성하였다. 1957년 북방곤곡극원(北方崑曲劇院) 원장이 되었고, 1959년 중국공산당에 가입하였다. 중국인민정치협상회의(中國人民政治協商會議) 제4기 전국위원회 위원과 중국희극가협회(中國戲劇家協會) 이사를 지냈다.

19) 매란방(梅蘭芳, 1894~1961), 20세기 초 정연추(程硯秋) · 순혜생(荀慧生) · 상소운(尙小雲)

우 강한 실천적 색채가 있음을 알 수 있습니다. 오매는 1917년
부터 1937년 사이 북경·남경·광주·상해의 유명 대학에서
가르쳤으며, 더욱이 남경에 있었던 시간이 길어 일군의 학생을
배양하였으니 그 가운데 노기야(盧冀野)·임중민(任中敏)[20]·왕계

과 함께 4대 명단(名旦)으로 꼽히는 경극(京劇)의 대표적인 명배우이자 세계적인 연기자
이다. 배우 집안에서 태어나 어릴 때부터 배우 수업을 받았다. 할아버지 매교령(梅巧玲,
1842~1882)은 경극의 명단으로서 "동광십삼절(同光十三絶)"의 한 명이었고, 아버지 매
죽분(梅竹芬, 1876~1897)도 곤곡(崑曲)과 경극의 단이었다. 어머니 양장옥(楊長玉, 1876~
1908) 역시 유명한 무생(武生) 양륭수(楊隆壽)의 딸이며, 어려서 부모를 여읜 그를 기른
백부 매우전(梅雨田, 1865~1912)도 담흠배(譚鑫培)의 연기를 반주한 유명한 호금(胡琴)
연주가였다. 그는 8살 때부터 여러 방면에 걸친 고된 배우 수련을 시작했고 10살에 처
음 무대에 올랐다. 당시의 유명한 단인 왕요경(王瑤卿, 1882~1954)에게서 연기를 배워
청의(靑衣)가 갖추어야 할 기술을 획득해 나갔다. 경극의 다양한 공식 동작을 장기간에
걸쳐 착실하게 습득하여 그는 젊은 여성 역을 완벽히 소화하는 단계에 이르렀다. 1904
년 처음으로 무대에 올라와 "직녀(織女)" 역을 연기하였다. 1910년대에 차츰 그는 상해
에서 명성을 날리기 시작하였으며 머지않아 경극을 대표하는 배우가 되었다.
중국 내의 순회 공연과 몇 차례에 걸친 해외 공연을 통해 그는 중국뿐 아니라 세계적으
로 중국의 전통극을 대표하는 배우로 명성을 얻었다. 1919년과 1925년 일본 공연에서
열광적인 찬사를 받았으며, 1930년에는 미국으로 건너가 경극을 소개하였다. 1935년 소
련으로 가서 콘스탄틴 스타니슬라브스키·베르톨트 브레히트와 교류하였으며, 이탈리
아·프랑스·독일·영국을 방문하였다. 중일 전쟁이 터지자 상해를 떠나 홍콩으로 가서
무대에 오르지 않았다. 1941년 일본이 홍콩을 점령한 뒤 일본군은 그에게 다시 무대에
서기를 강요했으나 끝내 응하지 않았다. 1945년 일본의 패전 이후 열광적인 환영과 함
께 그는 다시 무대에 섰으며, 1947년에는 그가 새로 연출한 경극 ≪고난생사(苦難生死)≫
를 영화화하는 데 출연하기도 하였다.
1949년 중화인민공화국 성립 직전에 제1회 중국인민정치협상회의에 참가하고, 건국 후
에는 전국인민대표대회 대표, 정치협상회의 전국위원회 상무위원, 중국문학예술계연합회
부주석, 중국희극가협회 부주석을 지내고, 중국희곡연구회·중국희곡학원·중국경극원
의 원장을 지냈다. 1953년에는 한국전쟁에 참전한 중공군과 북한 인민을 위한 위문공연
을 가졌으며, 1956년 일본 순회공연에서는 동경(東京)과 경도(京都) 등지에서 23회의 공
연으로 7만여 명의 관객에게 경극을 선보였다. 1959년 중국공산당에 가입하였으며, 그
해 건국 10주년을 기념하여 새 작품 ≪목계영 괘수(穆桂英挂帥)≫를 연출하였다. 1961
년 8월 8일 북경에서 병으로 세상을 떠났다.
20) 임중민(任中敏, 1897~1991), 희곡사 학자, 돈황학자. 원명은 눌(訥), 필명은 이북(二北),
　　반당(半塘). 강소(江蘇) 양주(揚州) 사람. 1920년에 북경대학을 졸업하고 5·4 운동에 참
　　가하였다. 사천대학(四川大學)과 강소양주사범대학(江蘇揚州師範大學) 교수를 역임하였
　　다. 평생 희곡사·희곡 이론·당대(唐代) 음악 문예 연구에 종사하였다. 주요 저작으로

사(王季思)[21]·전남양(錢南揚)[22) 등이 뛰어난 이들이었습니다. 오매의 이론 체계도 명확한 한계가 있으니 이는 바로 전통 곡학의 영향을 매우 깊이 받아 곤곡(崑曲)을 편애하고 화부의 지방희 희곡을 경시하였으며, 곤곡의 곡사·성률을 지나치게 강조하였습니다. 통계에 따르면 "곡"의 작법과 우세를 논한 편폭이 전체 희곡 논저의 반 이상이라고 합니다. 그는 말하였습니다. "건륭(乾隆) 이전에는 희가 있고 곡이 있었다. 가경(嘉慶)·도광(道光) 무렵에는 곡은 있고 희는 없었다. 함풍(咸豐)·동치(同治) 이후에는 실로 곡도 희도 없어졌다." 이른 바로 곤강(崑腔) 전기의 연출 상황으로부터 말한 것입니다. 그는 당시 민중의 환영을 가장 많이 받던 피황(皮黃)을 "속구(俗謳)"·"속극(俗劇)"이라고

≪당희롱(唐戲弄)≫·≪교방기(敎坊記箋訂)≫·≪돈황곡초탐(敦煌曲初探)≫·≪돈황가사총편(敦煌歌辭總編)≫·≪당성시(唐聲詩)≫ 등이 있다.

21) 왕계사(王季思, 1906~2000), 희곡사 학자, 희곡 평론가. 이름은 기(起). 절강(浙江) 영가(永嘉) 사람. 1925년부터 남경대학(南京大學) 중문과에서 오매(吳梅)의 지도 아래 고대 희곡 극본과 송·원의 필기소설(筆記小說)을 읽었으며, 졸업 후 희곡 연구에 종사하였다. 원잡극에 특히 조예가 깊어 초기 저작 ≪서상오극주(西廂五劇注)≫(1944)가 출판되자 국내외 학계의 주목을 받았다. 1949년 이후 고대 희곡 정리에 탁월한 업적을 남겼으며, 중산대학(中山大學)에서 후학을 양성하였다. 희곡 방면의 주요 저작은 위의 ≪서상오극주≫·≪원잡극선주(元雜劇選注)≫(공저, 1980)·≪원대산곡선(元代散曲選)≫(공저, 1981)·≪집평교주서상기(集評校注西廂記)≫(1949)·≪서상기교주(西廂記校注)≫·≪도화선교주(桃花扇校注)≫(공저, 1958)·≪옥륜헌곡론(玉輪軒曲論)≫(1980) 등이 있다.

22) 전남양(錢南揚, 1899~1987). 희곡사 학자. 이름은 소기(紹箕), 자는 남양. 절강 평호(平湖) 사람. 1919년 북경대학 중문과에 입학하여 오매(吳梅)로부터 희곡을 배웠다. 1925년 졸업 후 절강에서 중학 교사로 지내다 1930년부터 무한대학(武漢大學) 중문과 강사를 거쳐 1956년에는 항주대학(杭州大學)으로 옮겼으며, 1959년부터 남경대학 중문과에서 교수를 지냈다. 송·원의 남희에 조예가 깊어 1934년 ≪연경학보(燕京學報)≫에 ≪송원남희백일록(宋元南戲百一錄)≫을 발표하였다. 여기에 송·원 남희 54종의 잔곡(殘曲)을 집록하여 학계의 주목을 끌었다. 1949년 이후 이전의 연구 성과를 모아 ≪송원희문집일(宋元戲文輯佚)≫을 펴냈다. 이밖에 그의 저작으로는 ≪희문개론(戲文槪論)≫(1981)·≪원본비파기교주(元本琵琶記校注)≫(1956)·≪영락대전희문삼종교주(永樂大典戲文三種校注)≫·≪탕현조집·희곡집(湯顯祖集·戲曲集)≫(1962) 등이 있다.

불렀습니다. 분명히 곤곡에 대한 편애와 지방희에 대한 편견은 이 대곡학자가 연극 이론에 진일보한 공헌을 하는 데 방해가 되었을 것입니다.

강보성 오매의 연극 이론은 이미 매우 강한 실천적 색채를 띠고 있었지만 음률에 치우쳤다는 혐의를 받고 있습니다. 제여산(齊如山)이[23] 또 심후한 이론적 수양과 연출 경험을 갖춘 연극가로서 그는 왕국유와 오매가 무시한 경극(京劇) 예술에 충실한 열정을 가지고 거대한 공헌을 하였습니다. 정수녕(鄭綬寧)은 말하였습니다. "왕정안과 오구안(吳瞿安) 두 분 선생은 희곡학으로 세상에 유명하지만 사료의 정리에 국한되든가 음률의 교정에 치우치든가 하여 희곡의 전면적 발전에는 주의하지 않았다." 오직 제여산만이 이어(李漁) 이후 "연극의 전체적 재능을 갖춘" 첫 이론가인 것입니다(<제여산 선생과 중국의 연극(齊如山先生與我國戲劇)>). 그의 논저는 ≪설희(說戲)≫[24] · <연극각 명사고(戲劇角色名詞考)>[25] ·

---

23) 1877~1962. 희곡 이론가, 작가. 이름은 종강(宗康)이라고도 하며, 하북 고양(高陽) 사람이다. 17세에 청조(淸朝)의 총리각국사무아문(總理各國事務衙門) 소속 동문관(同文館)에서 외국어를 익혀 독어·불어·영어에 능통하였다. 광서(光緖) 26년(1900) 이후 외국을 여행하며 구미 각국의 연극과 극장을 관찰하고, 신해혁명(辛亥革命) 이후 귀국하여 중국 희곡 개혁을 주장하였다. 희곡사업에 투신하여 매란방(梅蘭芳)에게 극본과 몸짓을 고쳐 주기도 하였다. 1916년 이후 매란방에게 ≪천녀산화(天女散花)≫ 등 40여 편의 극본을 지어 주었으며, 1929년에는 매란방의 도미 연출을 도와 통역과 번역을 맡았다. 1931년에는 매란방·여숙암(余叔巖) 등과 구극 개혁을 목표로 북평국극학회(北平國劇學會)를 설립하고, ≪희극총간(戲劇叢刊)≫·≪국극화보(國劇畫報)≫를 출판하면서 희곡 자료를 많이 수집하였다. 그는 해박한 학식과 근엄한 태도로 ≪중국극의 조직≫(中國劇之組織)·≪경극의 변천≫(京劇之變遷)·≪국극신단보(國劇身段譜)≫·≪검보(臉譜)≫·≪희반(戲班)≫ 등을 저술하여 경극을 체계적으로 연구하고 소개하였다. 1962년 대만에서 병사하였다.
24) 제여산, ≪설희(說戲)≫(민국, 경사경화인서국(京師京華印書局)).
25) 제여산, ≪연극각색 명사고(戲劇角色名詞考)≫(≪제여산극학총서(齊如山劇學叢書)≫ 제3권, 1927.

≪희반(戲班)≫26) · ≪상하장(上下場)≫27) · ≪무보(舞譜)≫ · ≪경극의 변천(京劇之變遷)≫ · ≪검보설명(臉譜說明)≫28) · ≪연극 음악 도안 설명(戲劇音樂圖案說明)≫ · ≪청궁 극본의 연구(淸宮劇本之硏究)≫ · ≪가장 남북곡 판본고(家藏南北曲板本考)≫ 등이 있습니다. 얼마나 넓게 섭렵했는지 알 수 있지요. 그는 전체적으로, 입체적으로, 문학에서 예술로, 책상머리("案頭")에서 연출에 이르기까지, 역사에서 현실 상황에 이르기까지 중국의 희곡을 전면적으로 이해하고 연구한 것입니다.

제여산 연극 이론의 특징은 첫째 현대성, 둘째 실천성입니다. 그는 먼저 서양 드라마의 이론을 이용하여 극본을 요구하고 연출을 지도하였습니다. 그는 만년에 회고하였습니다. "처음에는 자연히 국극(國劇)을 좋아하였으나 유럽 각국에서 본 연극이 제법 많고 드라마도 연구하여 머리가 다소 서양화되어 돌아와 다시 국극을 보니 매우 불만스럽고 여러 군데가 불합리하다고 여기게 되었다." 그는 지적하였습니다. "드라마를 배운 적이 있는 사람이 구극을 정리하는 것이 가장 알맞으며, 드라마를 배운 적이 없는 사람이 구극을 정리하는 것은 불가하다." 민국 원년, 제여산은 매란방이 주연한 ≪분하만(汾河灣)≫을 본 후 매란방에게 장문의 편지를 써서 여주인공 유영춘(柳迎春)이 남편과 헤어진 지 18년이 된 현재 그녀의 남편이라고 자칭하는 사람이 신세를 하소연하면 유영춘의 감정은 반드시 변화가 있어야

---

26) 제여산, ≪희반(戲班)≫(북평국극학회(北平國劇學會), 1935. 4).
27) 제여산, ≪상하장(上下場)≫(≪제여산극학총서(齊如山劇學叢書)≫ 제5권)(북평국극학회, 1935. 2).
28) 제여산, <검보(臉譜)>(≪제여산극학총서(齊如山劇學叢書)≫ 제2권), (북평국극학회, 1935. 5. 제2판).

지 아무런 느낌이 없어서는 안 된다고 지적하였습니다. 여기서 언급한 것은 결코 연기뿐만이 아니라 이와 상응하는 극본입니다. 옛 극본은 정리하지 않으면 연출할 수 없다고 그는 생각한 것입니다.

다른 한편, 그는 희곡과 화극의 구별을 잘 알고 있었습니다. 그는 여덟 자로 "국극원리(國劇原理)"를 요약하였습니다. 즉 "무성불가, 무동불무(無聲不歌, 無動不舞)"(노래하지 않는 대사가 없고, 춤이 아닌 동작이 없다)라는 것입니다. 그가 후에 매란방을 위해 개편한 극본에 ≪항아분월(嫦娥奔月)≫·≪대옥장화(黛玉葬花)≫·≪태진외전(太眞外傳)≫·≪천녀산화(天女散花)≫ 등이 있으며, 연출에 민족 희곡의 가무와 사의(寫意)의 장점과 특징을 두드러지게 운용하여 유럽 사람들을 감탄시켰지요. 매란방이 1919년에 일본, 1929년에는 미국을 방문하여 커다란 성공을 거둔 데는 제여산의 심혈이 응결되어 있습니다.

그러나 희곡에 대한 제여산의 인식도 역시 편견이 있었으니 피황 이외의 지방희는 무시한 점입니다. 사실, 2~30년대 이후의 희곡사는 어느 정도는 지방희의 발전사라고 할 수 있습니다. 각종 희곡 활동을 희곡사의 구성 부분으로 동등하게 취급하고 연구하는 것은 현재의 문화 연구자들에게서 실현되었습니다.

세 대가 외에 유사배(劉師培)의 <원희(原戲)>,[29] 허지산(許地山)의

---

29) 민국 배인본. 유사배(劉師培)의 <원희(原戲)>는 ≪원희≫라는 희곡 논문집에 다른 문장과 함께 실려 있다. 그의 <무법기어사신고(舞法起於祀神考)>, 왕국유의 ≪희곡고원(戲曲考原)≫, 마존포(馬尊鮑)의 <희원(戲源)>·<증모군희변(證某君戲辨)>, 요화(姚華)의 <설희극(說戲劇)> 등 6편이 실린 이 책은 출판 연대를 알 수 없으며, 책을 산 사람이 "중화민국 15년 7월 서울에서 사다(中華民國十五年七月購于都門)"라고 적어 놓아 1926년 이전에 출판되었음은 알 수 있다.

　　　범극(梵劇)과 희곡의 관계에 대한 연구, 정진탁(鄭振鐸)의 희곡 문
　　　헌 수집과 제궁조(諸宮調)에 대한 연구, 문일다(聞一多)의 ＜구가(九
　　　歌)＞와 희곡의 관계에 대한 연구, 전남양·조경심(趙景深)의30)
　　　남희(南戲)에 대한 집일(輯佚)과 연구 등도 심원한 영향을 끼쳤으
　　　며, 지금도 참고할 만한 가치가 있는 것도 있습니다.

동상덕　사실 집일 작업과 문헌의 발견은 서로 연계되어 있습니다. 그
　　　러나 학자들이 이 방면에서 작업할 때 그 내재적 동력은 문학
　　　사관의 중대한 변화에 있습니다. 정진탁(鄭振鐸)31) 선생은 1932
　　　년 ≪삽도본중국문학사(揷圖本中國文學史)≫ 서문에서 격려하는 어

---

30) 1902~1985. 자는 욱초(旭初)이며, 절강 여수(麗水) 사람이다. 1919년 남개중학(南開中學)
　　에서 공부할 때 주은래(周恩來)가 지도하는 학생 운동에 참가하였다. 1930년에 부단대학
　　(復旦大學) 교수가 되었고, 1933년부터 정진탁(鄭振鐸)의 영향으로 고대 희곡 연구에 전
　　념하였다. 주요 저작으로 ≪송원희문본사(宋元戲文本事)≫(1934)·≪원인잡극집일(元人
　　雜劇輯逸)≫·≪독곡수필(讀曲隨筆)≫(1936)·≪명청곡담(明淸曲談)≫(1957)·≪원명남희
　　고략(元明南戲考略)≫·≪독곡소기(讀曲小記)≫(1959)·≪희곡필담(戲曲筆談)≫(1962)·
　　≪곡론초탐(曲論初探)≫(1980) 등이 있다.
31) 정진탁(鄭振鐸, 1898~1958), 문학사 학자, 희곡사 학자. 작가. 필명은 서체(西諦)·CT·
　　곽원신(郭源新) 등이다. 원적은 복건(福建) 장락(長樂)이나 절강(浙江) 영가(永嘉)에서 태
　　어났다. 5·4 운동에 참여하였고, 1920년에 모순(茅盾) 등과 문학연구회(文學硏究會)를
　　창립하였으며, 구양여천(歐陽予倩) 등과 민중희극사(民衆戲劇社)를 설립하였다. 1927년
　　주은래(周恩來)가 주도한 상해 노동자 봉기 때 상해저작인공회(上海著作人公會)를 조직하
　　여 활동하다가 4·12 사변으로 유럽으로 달아났다. 1929년 귀국하여 1931년부터 연경
　　대학(燕京大學) 교수로 재직하며 중국문학사 연구에 종사하였다. 이후 문필로 혁명과 항
　　일 활동을 왕성하게 전개하였다. 1949년에 정협(政協) 전국위원회 위원에 뽑혔다. 문화
　　부(文化部) 부부장, 문물국(文物局) 국장, 중국과학원(中國科學院) 고고연구소(考古硏究所)
　　소장, 문학연구소(文學硏究所) 소장 등을 역임하며 국제적 문화 교류 활동에도 참가하였
　　다. 1958년 10월 중국문화대표단을 이끌고 아프가니스탄과 아라비아연합공화국을 방문
　　하다가 비행기 사고로 숨졌다. 평생 저술이 풍부하여 ≪삽도본중국문학사(揷圖本中國文
　　學史)≫·≪중국속문학사(中國俗文學史)≫·≪중국문학연구(中國文學硏究)≫ 등 문학 연
　　구서와 ≪근백년 고성 고묘 발굴사(近百年古城古墓發掘史)≫ 등 고고학 관련 연구서 및
　　문학 작품을 남겼다. ≪맥망관고금잡극(脈望館古今雜劇)≫·≪청인잡극초집(淸人雜劇初
　　集)≫·≪청인잡극이집(淸人雜劇二集)≫·≪고본희곡총간(古本戲曲叢刊)≫ 등을 편찬하
　　였다. 그는 또한 저명한 고서 수장가로서 사후 소장한 10만 책의 장서를 국가에 헌납하
　　였다.

조로 물었습니다. "중국 문학사의 정원은 '임금은 성명하고 신하가 죄를 지으면 당연히 벌을 받는다'고 외치는 노예적인 사대부에게 영원히 점령당해 있어야 하는가? 영혼도 없이 마음대로 쓴 시와 산문 몇 편이 문학사의 수 10쪽을 차지하고, 무수한 평민의 마음을 움직여 노래하고 울고 웃게 만든 진실한 명저는 오히려 몇 십줄도 차지하지 못해도 좋단 말인가? 이것이 내가 중국 문학의 진실한 면목과 진전을 충분히 밝히는 역사를 쓰려고 한 까닭이다." 왕국유 선생의 ≪송원희곡고≫가 희곡을 중시하게 만들었다면 정 선생의 외침과 실천은 희곡사 의식을 강화시켰을 뿐만 아니라 문학사관의 변화를 선명하게 제기하였으니 이는 하나의 커다란 진보입니다. 정 선생의 영향을 받아 조경심 선생은 1934년 9월 ≪송원희문본사(宋元戲文本事)≫32)를 출판하였고, 석 달 뒤 전남양 선생도 ≪송원남희백일록(宋元南戲百一錄)≫을33) 출판하였습니다. 1936년 ≪구궁정시(九宮正始)≫가34) 영인 출판되었고, 육간여(陸侃如)·풍원군(馮沅君)이 또 이 책에 수록된 남희를 모아 ≪남희습유(南戲拾遺)≫35) 2권을 완성하였습니다. 몇 분 선생들이 남희 128종을 모았으니 풍성한 성과라고 하겠습니다. 그들은 약속이라도 한 듯이 같은 사업에 종사하여 과거에는 홀시했던 문학 유산을 구제하려는 의식이

---

32) 북신서국(北新書局) 1934년 9월 출판.

33) 전남양(錢南揚), ≪송원남희백일록(宋元南戲百一錄)≫(하버드 연경학사(哈佛燕京學社), 1934 ; 대북 : 고정서옥(古亭書屋), 1959. 영인 초판).

34) 정식 명칭은 ≪휘찬원보남곡구궁정시(彙纂元譜南曲九宮正始)≫이며, 청초의 초본(抄本)을 1936년 희곡문헌유통회(戲曲文獻流通會)에서 영인·출판하였다. 명말 서우실(徐于室)이 집록하고, 청초 유소아(鈕少雅)가 교정하였다.

35) 육간여(陸侃如)·풍원군(馮沅君), ≪남희습유(南戲拾遺)≫(하버드연경학사(哈佛燕京學社) 출판사, 1936. 12).

있었으니 풍원군 등이 돈을 모아 ≪구궁정시≫를 구입한 것은
이 의식의 구체적인 표현입니다. 잡극 방면에서는 조경심이
1935년 ≪원인잡극집일(元人雜劇輯逸)≫36)(후에 ≪원인잡극구침(元人
雜劇鉤沈)≫37)으로 개명)을 출판하였고, 그 뒤 고수(顧隨)가 ≪원명
잔극팔종(元明殘劇八種) 집일교감(輯佚校勘) 부록 일종(附錄一種)≫을
발표하여 조경심 선생의 저서를 보충하였습니다. 남희와 잡극
의 집일 작업은 학자들이 중시하였으니 어느 면에서는 문학사
관의 절실한 전변을 반영하였음을 알 수 있습니다.

이밖에 ≪영락대전 희문삼종(永樂大典戲文三種)≫38)(1920년 섭공작
(葉恭綽)이 런던에서 사 가지고 옴)이 1931년 고금소품서적인행회(古
今小品書籍印行會)에서 간행되었으며, 천일각(天一閣) 초본 ≪녹귀부
(錄鬼簿)≫(≪녹귀부 속편(錄鬼簿續編)≫ 첨부)가 1937년에 간행되었고,
≪맥망관 초교본 고금잡극(脈望館抄校本古今雜劇)≫은 1939년 상무
인서관(商務印書館)에서 144종을 골라 활자로 출판하였으니(제목
은 ≪고본원명잡극(孤本元明雜劇)≫) 이들 중요한 희곡문헌의 발견과
출판은 희곡 연구 열정을 대대적으로 자극하여 상응한 성과가
나타나 고대 희곡 연구를 부추겼습니다. 그 가운데 손해제(孫楷
第)의 ≪야시원 고금잡극을 서술함(述也是園古今雜劇)≫39)(뒤에 ≪야

---

36) 조경심(趙景深), ≪원인잡극집일(元人雜劇輯逸)≫(북신서국(北新書局), 1935. 12).
37) 조경심(趙景深), ≪원인잡극구침(元人雜劇鉤沈)≫(상해고적출판사(上海古籍出版社), 1956.
　　12).
38) ≪영락대전(永樂大典)≫은 명 성조(成祖) 주체(朱棣)의 칙명으로 편찬한 유서(類書)로서
　　전 28,800여 권이나 상당 부분이 산실되었다. 1920년 섭공작(葉公綽)이 런던의 골동품상
　　에서 발견한 제13991권에 희문(戲文) 삼종(三種)이 실려 있어 이를 ≪영락대전희문삼종≫
　　이라고 부른다. 세 작품은 ≪장협장원(張協狀元)≫·≪소손도(小孫屠)≫·≪착립신(錯立
　　身)≫이다. 1930년대 북경고금소품서적인행회(北京古今小品書籍印行會)에서 배인(排印)
　　하였으며, 전남양(錢南揚)이 ≪영락대전희문삼종교주(永樂大典戲文三種校注)≫를 중화서
　　국(中華書局)에서 간행하였다.

시원고금잡극고(也是園古今雜劇考)≫[40]로 이름을 바꿈)이 가장 주목을 받았습니다. 그는 판본 목록학의 방법으로 희곡 텍스트의 유전과 변천을 전면적으로 정리하여 세상 사람들에게 맥망관 소장 잡극을 깊이 이해시켰으며, 이후 연구에 기초를 다졌습니다. 동시에 왕국유의 ≪송원희곡고≫의 영향을 받아 일본의 한학자도 중국의 희곡사를 매우 중시하여 약간의 저작을 저술하였습니다. 중국 학술계는 이에 대하여 많은 관심을 두고 수시로 번역하여 소개하였습니다. 청목정아(青木正兒)의 ≪지나근세희곡사(支那近世戲曲史)≫는 출판되자마자 진자전(陳子展) 선생이 1930년 9월 서평 <청목정아의 ≪지나근세희곡사≫(青木正兒的≪支那近世戲曲史≫)>를 ≪현대문학잡지(現代文學雜志)≫에 발표하였습니다. 그는 이렇게 말하였습니다. "그의 이 책은 결점이 있지만 지금으로서는 중국 근대 희곡사의 변천을 서술한 가장 좋은 책이라고 하지 않을 수 없다." 이 말 속에는 중국학자로서 일종의 곤혹감이 드러납니다. 1933년 정진탁의 부분 번역본 ≪중국근세희곡사≫가 북신서국(北新書局)에서 출판되었습니다.[41] 이 번역본은 어느 정도 영향력이 있어 동매감(董每戡) 선생은 1944년 <"각저(角抵)"와 "기이한 놀이"를 말함(說角抵奇戲)>을 저술할 때 정진탁의 번역본을 인용하였습니다. 1936년 왕고로(王古魯) 선생의 완역본이[42] 나와 그 영향력은 더욱 커졌습니다.

---

39) 1940년 12월 ≪북평도서관(北平圖書館)≫ 계간(季刊)에 발표.

40) 손해제(孫楷第), ≪야시원고금잡극고(也是園古今雜劇考)≫(상해잡지공사(上海雜志公司), 1953. 11).

41) 정진탁(鄭振鐸)은 청목정아(青木正兒)의 저서를 부분 번역하고 자신의 견해를 섞어 이 책을 출간하였다.

42) 청목정아(青木正兒) 저, 왕고로(王古魯) 역, ≪중국근세희곡사(中國近世戲曲史)≫(상무인서관 1936. 2 ; 상해문예연합출한사(上海文藝聯合出版社), 1956. 1 ; 작가출판사(作家出版

강보성 오매의 제자 노기야(盧冀野)는 1933년 ≪중국연극개론(中國戲劇槪
論)≫43)을 완성하였습니다. 이 책은 연극의 기원에서부터 “난탄
(亂彈)”과 화극까지 서술하여 당시 가장 완전한 연극사 저작으
로 불렸습니다. 그는 서문에서 말하였습니다. “중국 연극사는
한 알의 감람과 같아서 두 끝이 뾰족하다. 송 이전은 놀이이며,
피황 이후도 놀이이며, 가운데 볼록한 부분은 ‘곡의 역정(曲的歷
程)’이다.” 이 말은 중국 연극사를 거시적으로 파악한 다음에
나온 것으로서 고도로 개괄적입니다. 이 말은 희곡의 문학(곡)
과 상연(희) 양자가 구성하는 역설에 대한 일종의 변증법적 파
악이기 때문이죠. 역사적 원인 때문에 곡과 희 두 요소는 각각
다른 역사시기에 연극 활동과 희곡 형태 방면에서 주도적 지위
를 차지하는 것입니다. 이런 방식으로 생각해 보면 중국 연극
발전의 역사를 이렇게 간단하게 서술할 수 있을 것입니다. “극
본”이 없는 “희”는 일찍 탄생하였으나 “극본(곡)”이 나온 다음
에야 성숙하였고, 피황 이후로 “희”를 중시하고 “극본”을 경시
하여 상연은 갈수록 정밀해졌으나 문학성은 갈수록 약해졌습
니다. 바꾸어 말하면 송ㆍ원 이전과 피황 이후는 희곡은 배우
의 무대 상연이 중심이었고, 송ㆍ원부터 청 중엽까지는 작가ㆍ
작품이 중심이었습니다. 왜 이런 상황이 조성되었을까요? 이것
은 연극사 연구자들이 진지하게 대해야 할 과제입니다. 이 문
제 역시 최근에야 학자들의 관심을 끌기 시작했습니다.

社), 1958. 1). 역자는 번역에 “참고(參考)” 29건, “부록(附錄)” 2가지를 더하였다. “참고”
는 희곡 사료를 수록하여 원저의 자료 인용을 보충하고 원저의 잘못을 바로잡았다. “부
록”은 장효(蔣孝)의 ≪구남구궁보(舊南九宮譜)≫와 심경(沈璟)의 ≪남구궁십삼조곡보(南
九宮十三調曲譜)≫이다.
43) 노기야(盧冀野), ≪중국연극개론(中國戲劇槪論)≫(세계서국, 1934. 3 ; 1944. 4. 신1판).

3.

동상덕   항전 개시부터 1949년까지 풍원군·손해제·동매감·왕계사
         등의 학자들이 전쟁의 와중에서도 학문에 몰두하여 탄복할 만
         한 성과를 거두었습니다.
         풍원군은 ≪고극설휘(古劇說彙)≫[44] 서문에서 말하였습니다. 그
         녀가 이 글을 쓴 것은 ≪송원희곡고≫에 "소증(疏證)을 달기 위
         해서이다"라고. 바꾸어 말하면 ≪송원희곡고≫는 새로운 "경
         전"이 된 것이지요.
강보성   동 선생도 말했듯이 풍 선생은 경학적 의식을 가졌던 것입니
         다. 그녀의 연구 방법은 경전에 주석을 다는 틀을 벗어나지 못
         하였습니다.
동상덕   처음에는 그녀는 정확히는 이러하였습니다. ≪남희습유(南戲拾遺)≫
         도언(導言)에서 이렇게 말하였지요. "최근 곡의 연구는 더욱 엄
         숙해졌다. 적지 않은 학자들이 청대의 대학자들이 경전과 제자
         서를 연구하는 태도로 곡을 연구한다." 그녀는 희곡사를 연구
         하면서 처음에는 경학의 길을 길었던 것입니다. 왕국유의 저작
         에 "소증"을 달 목적으로 "구란(勾欄)"·"노기(路歧)"·"재인(才
         人)"·"작장(作場)"에 관한 자료를 적잖이 수집하고, 금·원 희곡
         의 연출 형태에 대하여 체계적이고 전문적으로 연구하였습니
         다. 이들 주제는 희곡사의 관건입니다. 그녀는 연출 형태의 연
         구에 치중하였기 때문에 이리하여 연구가 심화면서 그의 사고
         의 방향도 문화사학과 "접목"되어 문화사학의 맥락을 이용하

---

44) 풍원군(馮沅君), ≪고극설휘(古劇說彙)≫(상무인서관, 1947. 1 ; 작가출판사(作家出版社),
    1956. 12).

여 중국 고대의 "연기자" 즉 "고우(古優)"를 연구하고, 중세 유럽의 Fou와 중국 고우의 유사점을 비교하였으며, Fou의 탄생 연대로부터 중국 "고우"가 언제 생겼는지를 추단하였습니다. 그 결론이 정확한지는 토론의 여지가 있지만, 이런 사고 방식이 "경학"의 길에서 벗어났다는 것은 쉽게 알 수 있습니다. 손해제 선생의 괴뢰희(傀儡戲) 연구도 처음에는 ≪송원희곡고≫에 소중을 달 생각이었습니다. 풍 선생이 점차 경학에서 벗어난 것처럼 손 선생도 연구 과정에서 연구대상이 결국은 경서가 아니었으므로 연구의 사고 방식에도 변화가 생겼습니다. 그 변화 가운데 가장 큰 것은 고증을 위한 고증의 길에서 벗어나 연극 발생학·연극 형태학의 각도에서 문제를 발견하고 새로운 학설을 수립한 점입니다. 우리는 손 선생의 다음의 말에서 그 사이의 미묘한 변화를 이해할 수 있습니다. "괴뢰희와 영희(影戲)에 대해 정안 선생은 희곡과 가까우며 희곡의 진보에 도움을 주었으므로 관심을 두지 않을 수 없다고 생각했다. 정안 선생은 당시에 이미 이것에 관심을 두었으니 식견이 있다고 할 만하다. 안타깝게도 자세히 거론하지는 않았다. 내가 이 글에서 논하는 것은 송나라의 괴뢰희와 영희가 중심이며, 송원 이래 희문과 잡극이 여기에서 나왔다고 생각한다. 후세의 모든 대희(大戲)도 여기에서 나왔다." "내가 이 글에서 논하는 것은 감히 일부러 정안 선생과 달리한 것이 아니다. 선생의 책을 읽으면서 오래 곱씹어 보니 우연히 발견하는 바도 있어 선생이 끝내지 못한 논의를 펼쳐보고자 한다."(≪괴뢰희 고원(傀儡戲考原)≫, 122쪽, 상잡출판사(上雜出版社), 1952) 손 선생의 ≪괴뢰희 고원≫은 오성(悟性)과 고거가 결합된 논저로서 희곡 연출의 정식(程式)의 특수성에 착안하여 그 연원을 추적하여 희곡 연출 정식과 송대 "육괴뢰(肉傀儡)"의 관계를 밝혔습니다. 또한 "육괴뢰"에서 한대(漢代)의 "괴뢰(魁儡)" 상연까지 소급하여 한대 괴뢰의 핵심 각색은 "방상(方相)"이며, "방상"은 가면을 쓴 "무도" 상연자임을 밝혔습니다. 손해제 선생의 고증을 통해 우리는 희곡 상연의 정식화(程式化)와 희곡 연기자의 검보화(臉譜化)는 연원이 있으며, 그 계통이 뚜렷하다는 것을 알게 되었습니다. 손 선생은 고증에 뛰어나 "현재"로써 "옛날"을 알아 근세 희곡 연출 형태에 착안하고 다시 옛날로 소급하여 매우 기민한 결론을 얻었습니다. 예를 들어 "자기 소개"45) · "도면(塗面)" · "걸음걸이(步法)" 등의 방면의 논술은 이치가 맞으며 사람들의 심지를 열어 줍니다. 손 선생은 중국 희곡이 왜 "가극(歌劇)"이 되지 않고 "가무극(歌舞劇)"이 되었는가 라는 문제를 해결하였습니다. 단 희곡 텍스트의 문학적 구성에는 착안하지 않아 서사적 특질을 갖춘 희곡의 발생학적 연구는 매우 편면적입니다.

풍 선생과 손 선생의 연구 경로를 종합해 보면, 대체로 경학의 전통에서 계발되어 희곡 연구의 출발점(즉 "소증"의 방법)을 찾았으며, 연구가 심화되면서 또한 연구대상의 특수성이라는 제약을 받아 경학의 조작 모식을 벗어나긴 했지만 그들의 연구는 고증을 중시한 일종의 새로운 "박학(樸學)"으로서 그 연구의 특색은 경학과 연관되어 있으면서도 경학과 구별되므로 잠시 "의경학(擬經學)"이라는 용어로 지칭할 수 있을 것입니다.

강보성　고거를 중심으로 삼는 이러한 이른 바 "의경학" 방법은 오늘날

---

45) 등장인물이 관객에게 직접 자신을 소개하는 대사.

희곡 문화사의 고찰에서 매우 강력한 참고가 됩니다. 그러나 우리들 후대의 희곡사 연구는 거시적 연구 방법이 미시적 연구보다 더욱 절실합니다.

동상덕　동매감 선생의 연구 작업을 중시해야 한다고 생각합니다. 동 선생은 경학적 의식 없이 자신의 연구 작업에 자리를 매기는 데 매우 주의하여 ≪중국연극간사(中國戲劇簡史)≫(1948년 봄 원고 완성, 1949년 7월 상무인서관 출판)의 <전언(前言)>에서 자신은 "연극사학자"의 역할을 맡아 "사곡가(詞曲家)"와는 다른 입장을 취한다고 여겼습니다. 그는 왕국유의 ≪송원희곡고≫와 청목정아의 ≪중국근세희곡사≫를 언급하여 이 두 저작의 공헌을 인정하고 동시에 이렇게 지적하였습니다. "왕국유와 청목정아 뒤에 중국인들도 적지 않은 연극사 저작을 내놓았지만 모두 베끼고 같은 말을 되풀이한 것이 사실이다." 이 말은 과격하다고 할 수 있지만 "의경학"의 방법에 매우 불만스러워 한 것입니다. 그는 "남이 자세하게 다룬 것은 대략 다루고, 남이 대략 다룬 것은 자세하게 다룬다"는 연구 책략을 취했다고 밝혔습니다. 그의 ≪중국연극간사≫는 짜임새를 보면 체계가 있고 고금을 관통하여 ≪송원희곡고≫와 ≪중국근세희곡사≫와는 분명히 다릅니다. 모두 7장으로 구성되어 있습니다. 고원(考原 : 선사 시대) · 무무(巫舞 : 선진 시대) · 백희(百戲 : 한위 육조 시대) · 잡극(雜劇 : 당송 시대) · 극곡(劇曲 : 원명 시대) · 화부(花部 : 청대) · 화극(話劇 : 민국 시기)입니다. 그는 "문학성"과 "연극성"을 통일하여 "연극"을 정의하였으며, "연극"을 착안점으로 중국 연극이 "무무"에서 "희곡"으로, 다시 "화극"으로 변천하는 역정을 고찰하였습니다. 그 시야는 왕국유 등의 사람들과는 판연히 다릅니다. 사실상 동 선생은 ≪중국 연극 간사≫를 쓰기 전에 희곡사에 대해 일련의 전문 연구를 하였으며, 그의 이런 연구와 1949년 이후에 저술한 논문을 연계시켜 보면(그의 전문 연구 성과는 ≪설극(說劇)≫으로 묶어 인민문학출판사(人民文學出版社)에서 1983년 출판하였다) 그는 민속학·어원학(語源學)·문화 인류학·예술 발생학·세계 연극사(동 선생은 ≪서양연극간사(西洋戲劇簡史)≫를 저술하였다) 등 다양한 시각으로 중국 연극 형태의 발생과 변천을 살펴보았음을 알 수 있습니다.

희곡 작품은 줄곧 대아지당에 오래지 못했으므로 희곡 명저를 교주(校注)하는 일도 드물었습니다.

황사충   명대의 왕기덕(王驥德)이[46] ≪비파기(琵琶記)≫·≪서상기(西廂記)≫에 교주한 적이 있습니다.

동상덕   그것은 매우 개별적인 예입니다. "곡에는 정본(定本)이 없으므로" 교주의 어려움과 작업량은 매우 많습니다. 1944년 왕계사 선생의 ≪서상오극주(西廂五劇注)≫가 출판되었는데 이는 희곡 연구가 근현대의 각광 받는 학문이 된 이래 최초의 희곡 작품 교주본으로서 희곡사 연구 분야에서 개별 텍스트 연구가 갈라져 나왔음을 나타냅니다. 왕 선생은 많은 책을 박람하였으며, 특히 고대의 필기(筆記)·원대의 민속과 어사(語詞) 등을 매우 많이 공부하였습니다. 그는 경전 연구 방법으로 ≪서상기≫를 연구하여 판본의 고정(考訂)에서 어사의 해석에 이르기까지 동향

---

46) 왕기덕(王驥德, ?~1623), 명대의 희곡 이론가, 극작가. 자는 백량(伯良), 호는 방제생(方諸生)·옥양생(玉陽生)이며, 또 방제선사(方諸仙史)·진루외사(秦樓外史)라고도 하였다. 회계(會稽) 사람이다. 청소년 시절부터 사곡을 연구하였으며 서위(徐渭)를 사사하였다. 희곡 이론서 ≪곡률(曲律)≫을 지었고, 전기(傳奇) ≪제홍기(題紅記)≫와 잡극 ≪남왕후(男王后)≫가 남아 있다.

의 선배 손이양(孫詒讓)이 ≪주례(周禮)≫47)·≪묵자(墨子)≫48)를 연구한 정신으로 자신을 격려하였습니다. 동시에 그가 ≪서상기≫를 교주하기로 발원한 것은 "5·4" 시기 평민 문학 사조의 영향을 받은 것이 분명합니다. 왕 선생은 ≪서상기≫에 주를 달면서 경·사·자·집과 불경·소설·유서(類書)·필기 등을 광범하게 참고한 것 외에도 ≪원곡선(元曲選)≫을49) 통독하고 원잡극의 속어와 방언을 대량 채집하여 사전에 미리 준비하였으니 그는 우리들에게 "총명한 사람이 어리석게 공부한다(聰明人下笨功夫)"는 모범을 세워 주었습니다. 그는 말하였습니다. "나는 그때 전체 원곡에서 이해하기 힘든 어구를 모아 카드를 만들었다. 이 작업은 매우 우둔하고도 힘든 것으로 지금 학문하는 사람들 가운데 이렇게 하는 사람은 많지 않다."(<나는 어떻게 ≪서상기≫를 연구하였는가?(我怎樣硏究≪西廂記≫)>) 그는 이렇게 힘겨운 공부를 통하여 효과 풍성한 교주 작업을 완성한 것입니다. 그의 ≪서상기≫ 어사에 대한 주석은 영향력이 매우 커 일본인 학자는 ≪서상기 왕계사 주석 색인(西廂記王季思注釋索引)≫(도산신남(陶山信男) 편, 채화서림(采華書林), 1971)을 펴내기까지 하였습니다. 교감(校勘) 방면에서 왕 선생은 능몽초(凌濛初) 본을 바탕으로 왕백량(王伯良)·모서하(毛西河)·급고각육십종전기본(汲古閣六十種傳奇本)의 장점을 흡수하고, ≪옹희악부(雍熙樂府)≫50)에 실린

---

47) 손이양(孫詒讓)이 ≪주례정의(周禮正義)≫를 지은 것을 가리킨다.
48) 손이양(孫詒讓)이 ≪묵자간고(墨子間詁)≫를 지은 것을 가리킨다.
49) 명대 장무순(臧懋循, 1550~1620)이 편집한 원잡극 작품집, ≪원인백종곡(元人百種曲)≫이라고도 한다. 장무순은 유승희(劉承禧)가 소장한 내부(內府)의 원잡극 이삼백 종과 당시 유행본 가운데 100종을 골라 만력(萬曆) 43년(1615)과 44년 두 차례에 나누어 출간하였다. 작품에 대한 수정이 많아 원모를 잃었다는 비판이 있지만 대사와 지문을 완전하게 갖추어 열독용 대본으로도 적합하다. 후세에 끼친 영향이 크다.

≪서상기≫ 곡문을 참조하여 교정한 것이 있습니다. 이 교주본
이 출판된 후 긴 시간에 걸쳐 서서히 과거에 유행하던 김성탄
(金聖歎) 본 ≪서상기≫를 교체하였습니다.

4.

황사충 신중국 건립 후 희곡과 소설 등 통속 문예의 지위는 매우 향상
되어 시문과 나란해졌을 뿐만 아니라 전통 경전보다도 더 많은
인민성(人民性)을 지녔다고 생각되었습니다. 고등 교육 기관과
사회 과학 연구 단위에서 소설과 희곡은 인기 있는 연구 과제
가 되었습니다. 지난 날 차별 받던 예인들은 연기자와 예술가
로서 우대 받고 수많은 문화 연구 기구와 예술 학교가 설립되
어 희곡의 상연·연출·성강(聲腔)[51]·극종(劇種) 등에 대하여 계
통적으로 연구하였으며, 따라서 희곡의 상연이든 연구든 가릴
것 없이 모두 전성기를 맞았습니다. 희곡 연구는 당대의 유력
한 학문이 된 것이지요.

이전과 비교하여 가장 크게 다른 점은 연구자들은 마르크스주
의의 관점으로 희곡을 연구하는 데 노력하여 희곡 작품의 사상
성·인민성이 가장 주목을 받는 문제가 되었으며, 전통 희곡의
정화와 찌꺼기를 판별하고 옛것을 오늘날에 활용하는 것이 희
곡 연구의 주요 임무가 되었습니다. 계급 대립과 투쟁의 학설

---

50) 해서광씨(海西廣氏)가 편찬했다고 한다. 현재의 전본은 20권이며 누가 편찬했는지는 알
　　수 없다. 1565년에 간행되었다.
51) 한 극종이 지닌 공통의 음악적 특징을 가지는 곡조로서 창법과 연창형식, 악기와 반주의
　　수법 등을 포괄한다.

이 문예 연구의 영역으로 들어온 후 사상성·인민성을 판별하는 시금석이 되었습니다. 더욱이 50년대 후기에 이르러 "좌"의 영향이 날로 뚜렷해져 계급 투쟁 학설은 지나치게 과대해졌습니다. 이밖에 소련과 서방에서 온 연극 연구 관념, 특히 사회 반영론·연극 충돌론은 광범하게 응용되어 새로운 사고와 방법을 제공하는 동시에 무의식중에 계급대립 이론을 도해하는 유효한 공구가 되었습니다. 희곡의 "극"적 특성이 주목을 받아 전통적인 "곡"에서 나온 요소는 무시되었습니다. 노전이 말한 "곡"의 역정은 50년대 이후에는 대체로 "극"의 역정으로 바뀌었습니다. 희곡에 포함된 문학과 예술의 두 층차는 갈라져 문학과 예술이 분기하는 현상이 뚜렷이 나타났습니다. 연구 체제에도 매우 큰 변화가 일어나 연구 기구는 날로 기관화되었으며, 개인 연구의 자유는 갈수록 큰 제한을 받았습니다. 이는 희곡의 체재적 특징과 중국 연구 기구의 행정적 구역 구분과도 관계가 있습니다. 대학과 사회 과학 기구는 문학성에만 관심을 기울여 연구의 중점을 안두극본(案頭劇本)에 두고 주로 평면적이고 안두적이며 죽은 희곡사를 연구하였으며, 이런 문학성은 또 특정한 배경 아래서는 실제로 모종의 정치성·사회성으로 바뀌었습니다. 이는 그들로 하여금 희곡의 무대 상연에는 관심을 두지 않게 만들어 결과적으로 희곡 예술 자체에 대하여 장막을 조성하였습니다. 예술대학과 부문은 예술로서의 희곡의 특징에 주목하였지만 다소 고립적으로 다루거나 기술적으로 이해하고 연구하였으니 이는 학술연구와 폭과 깊이에 대대적으로 영향을 끼쳤습니다. 이밖에 문학 계통의 연구자들, 특히 "희곡 개혁(戲改)" 작업자들과 지방희 연구자들은 고대의 작가와 작품 및 역사 배경에 대한 이해와 독서가 부족하고, 심지어는 고대 희곡 문헌 열독 능력이 없어 그들의 연구와 창작의 성과를 제한한 원인이 되었습니다.

동상덕   구체적으로 말하면 시대와 사회의 수요에 따라 작가와 작품의 사상에 대한 품평과 구분은 당시 희곡 연구의 기본 과제였습니다. 문학성·예술성의 연구는 점점 부차적인 지위로 떨어져 실제로는 무시되었습니다. 결과적으로 문학적 연구와 사상성의 판별이 주류의 지위를 차지하고, 희곡 예술 자체의 특성과 규율은 얼마간 홀시되었으며, 희곡 연구는 기타 문예 연구와 마찬가지로 정치 관념의 각주가 되고 말았습니다. 예를 들어 ≪서상기≫는 봉건 혼인을 반대하고 자유 애정을 쟁취하는 점이 높은 평가를 받아 노부인은 봉건 가장의 대표가 되어 대립면으로 인식되었습니다. 관한경(關漢卿)은 투사의 모습으로 원대 희곡 작가 가운데 걸출한 대표가 되어 1958년 세계 문화 명인의 반열에 올랐으며, 셰익스피어 등 서방의 걸출한 극작가들과 같은 영예를 누립니다. 왕국유가 말한 ≪두아원(竇娥冤)≫의 비극적 특징은 후에 학자들에게 압박과 암흑 통치에 반항한다는 의의에서 비극에 대한 새로운 해석으로 인식되었고, 이 때문에 고대 희곡의 모범이 되었습니다. ≪망강정(望江亭)≫·≪구풍진(救風塵)≫과 ≪노재랑(魯齋郎)≫ 등 약자를 찬양하는 작품은 당연히 높은 평가를 받았습니다. 지난 날 문인 사대부들의 환영을 받았던 작품들은 내용상 이러한 투쟁성과 평민성이 결핍되어 이류 작품으로 떨어졌습니다. 새로운 표준 아래 구시대에는 윤리적으로 찬동했던 작품들도 비판의 대상이 되었습니다.

황사충   가장 대표적인 사례는 ≪비파기(琵琶記)≫에 대한 평론으로서 이는 당시의 사상과 관념을 증명합니다. 1956년 ≪극본(劇本)≫ 월간은 대규모의 토론회를 조직하였고, 여기에 참가한 전문가들은 각자의 인식에 따라 격렬한 논쟁을 벌었습니다. 부정적 의견을 지닌 사람은 "생활의 논리"에 따라 채백개(蔡伯喈)가 아내를 배신한 것은 필연적이며, 재상의 딸이 빈천한 조오낭(趙五娘)과 함께 사는 것은 불가능하다고 생각하여 ≪조정녀채이랑(趙貞女蔡二郎)≫에서 조정녀가 말발굽에 짓밟히고 채백개가 벼락 맞아 죽는 대목은 모두 합리적인 처리라고 여겼습니다. 고명(高明)이 한 남편과 두 부인이 단원(團圓)을 이루게 줄거리를 바꾼 목적은 봉건 예교를 선양하는 것이었지만, 동시에 억지로 단원을 이루어 극본 구성상 구멍을 만들고 말았습니다. 작품 자체는 비교적 높은 예술성이 있지만 경향이 잘못된 작품은 예술성이 강할수록 해독도 커집니다. 그러나 더욱 많은 학자들이 긍정적인 태도를 취했습니다. 긍정의 이유는 봉건 시대에도 마음이 성실한 서생이 있을 수 있으며, 채백개의 성격과 심리는 지식인의 연약한 성격을 체현하였으며, 따라서 대표성을 가진다는 것이지요. 혹자는 조오낭의 형상은 노동 부녀의 우수한 품덕을 대표하며 극본의 주선(主線)으로서 인민들은 그녀가 아름다운 결말을 맞이하기를 바라므로 단원은 받아들일 수 있다고 말하였습니다. 혹자는 채백개에 대한 묘사로부터 현실 사회와 과거를 통한 공명(功名) 추구에 대한 비판적 경향을 볼 수 있으므로 그 주지는 과거 제도에 대한 비판이라고 말하였습니다. 이런 등등의 의견들이 있었지요. 긍정자들은 제한된 공간 안에서만 변명할 수 있었으므로 논리 정연하고 기세 당당한 부정적인 의견에 훨씬 미치지 못하였습니다. 그러나 토론회는 의견이 첨예하게 대립하고 상대방에게 날카롭게 대처하였지만 전적으로 학술의 범위 안에서 이루어졌으니 이루기 힘든 고귀한 일이었습니다. 토론회는 ≪비파기≫의 성취를 기본적으로 긍정하는 것으로 끝났지만 뒤이어 반우파(反右派) 투쟁과 "좌"적 사조가 날로 치열해져 교조화된 거친 비평이 풍기를 이루어 희곡 작품의 사상에 대한 연구도 점점 막다른 골목으로 들어서고 말았습니다.

강보성 ≪비파기≫만 일류 작품의 대열에서 물러난 것이 아니라 모든 전통 희곡이 봉건주의·자본주의·수정주의의 잔당으로 몰려 쓸려 나갔습니다. 강렬한 이데올로기의 제약 아래 학술 연구의 개성과 과학성은 방기되어 결국은 문화대혁명의 철저한 허무를 초래하고 말았습니다. 문예 연구는 하루아침에 학술의 규범을 벗어나 정치 개념의 도해와 각주가 되었으며, 일시에 극성하기는 하였으나 실제로는 학술적 방법이 아니면 진정한 학술의 진전은 불가능한 것이었습니다.

황사충 이 시기의 연구 수준은 진정으로 대표할 수 있는 것은 오히려 당시 주류에 들지 못한 "번쇄"한 고증과 희곡 자료 정리 작업입니다. 전자는 매우 두드러진 것으로 임반당(任半塘)의 ≪당희롱(唐戲弄)≫,[52] 호기(胡忌)의 ≪송금잡극고(宋金雜劇考)≫,[53] 주이백(周貽白)의 희곡사 저작,[54] 엄돈이(嚴敦易)의 ≪원극짐의(元劇斟疑)≫[55]

---

52) 임반당(任半塘), ≪당희롱(唐戲弄)≫(상·하)(상해고적출판사, 1984).
53) 호기(胡忌), ≪송금잡극고(宋金雜劇考)≫(고전문학출판사(古典文學出版社), 1957. 4).
54) 주이백(周貽伯, 1900~1977), 희곡학자, 연극이론가. 이백(夷白)이라고도 하며 원명은 병원(炳垣)이다. 호남(湖南) 장사(長沙) 사람이다. 소년 시절 극단에 들어가 연기를 배우면서 독학으로 문사(文史)를 공부하였다. 1927년 전한(田漢)의 남국사(南國社)에 참가하였고, 1935년부터 희곡사와 희곡이론 연구에 전념하였다. 1950년에 홍콩에서 북경으로 돌아와, 중앙희극학원(中央戲劇學院)에서 후학을 양성하였다. 주요 저술로 ≪중국연극사략(中國

등이 있습니다. 그들의 성과는 대부분 이전 시기의 연구를 기초로 진일보 개척한 것입니다. 그들은 정치의 개념과 요구가 아니라 전통적인 학술 규범을 지켰으므로 순식간에 사라지지 않고 학술사의 한 부분을 구성하는 것입니다. 그 가운데 ≪당희롱≫의 시야가 가장 넓고 자료 인용이 가장 상세하여 단대(斷代) 연극 문화사 저작이라고 할 수 있습니다. 저자는 문학과 예술에 국한되지 않고 문화의 국면으로 들어갔으나 80년대 중반의 들뜬 "문화열"과는 전혀 다릅니다. 임 선생은 왕국유 이래의 여러 가지 정설에 대해 회의적 의견을 내놓고 동시에 많은 것을 발굴하여 의의가 심원합니다. 그 사이에 언급한 연극 형태와 연극 관념 자체에 대해 반성은 80년대 이후에야 주목을 받았습니다. 임반당 선생의 연구 성과도 말해 주듯이 자세한 자료와 새로운 연구 각도는 희곡 연구가 새로운 성과를 얻는 유일한 법문입니다.

강보성 이 시기 희곡 정리와 출판 방면의 성과가 두드러집니다. 그 가운데 대표적인 성과는 정진탁이 주관한 ≪고본희곡총간(古本戲曲叢刊)≫의56) 간행입니다. 이것은 "쌍백(雙百)" 방침과 희곡의 지

戲劇史略)≫(1936) · ≪중국극장사(中國劇場史)≫(1936) · ≪중국연극소사(中國戲劇小史)≫ · ≪중국연극사(中國戲劇史)≫(전3책, 1939년 완성, 1956년 출판) · ≪중국연극사 장편(中國戲劇史長編)≫(1960) · ≪중국연극사 강좌(中國戲劇史講座)≫(1958) · ≪중국희곡발전사 강요(中國戲曲發展史綱要)≫(1979)가 있다.

55) 엄돈이(嚴敦易), ≪원극짐의(元劇斟疑)≫(북경 : 중화서국(中華書局), 1960. 5).

56) 희곡 작품 총집. ≪고본희곡총간≫ 편집위원회 편. 편집위원회는 원래 북경대학 문학연구소(현 중국사회과학원 문학연구소) 소장 정진탁(鄭振鐸)이 주도하였다. 그가 ≪초집(初集)≫의 서문에 밝힌 당초의 계획은 원·명·청의 모든 희곡 작품과 곡보(曲譜)·곡목(曲目)·곡화(曲話) 등과 지방의 고극(古劇)까지 1,000종 이상을 수록하려는 것이었다. 1958년 그가 불의의 비행기 사고고 타계하여 일시 중단되었다. 1982년부터 다시 수집 간행 작업을 시작하였다. ≪초집≫은 1954년에 출판되어 ≪서상기≫와 원·명의 희문·전기 100종을 수록하였다. ≪이집(二集)≫은 1955년에 출판되어 명대 전기 100종을

위가 높아진 다음에 정치적 지위와 문화적 영향력을 지닌 학자의 주관 아래 각 방면의 역량을 통합한 결과입니다. 이 책은 당시와 금후의 희곡 연구에 초석을 놓았습니다. 유감스럽게도 정진탁 선생이 뜻밖에도 타계하여 이 작업도 중단되어 지금까지 당초의 구상을 완성하지 못하고 있으며, 이를 기초로 한 더 이상의 진척은 더욱 말할 것도 없습니다. 이밖에 ≪경극총간(京劇叢刊)≫[57)·≪경극회편(京劇匯編)≫도 이 시기의 규모 큰 문헌 정리 작업이었으며, 각 성(省)과 자치구에서 그 지역의 전통 극목을 정리 출판하였습니다. 또 부석화(傅惜華)의 원·명·청 삼대의 희곡 총목 편찬과 전남양의 ≪송원 희문 집일(宋元戲文輯佚)≫, 조경심의 ≪원잡극 구침(元雜劇鉤沉)≫, 중국희곡연구소의 ≪중국 고전희곡논저집성(中國古典戲曲論著集成)≫,[58) 장상(張相)의 ≪시사곡어사 회석(詩詞曲語辭匯釋)≫[59) 및 왕계사·서삭방(徐朔方) 등의 ≪서상기≫[60)·≪도화선(桃花扇)≫[61)·≪모란정(牡丹亭)≫[62)·≪장생전(長生殿)≫[63) 등 고전 명극 교주본은 이 시기 희곡문헌 정리

수록하였으며, ≪삼집(三集)≫은 1957년에 출판되어 명·청 교체기의 작품 100종을 수록하였다. ≪사집(四集)≫은 1958년에 출판되어 원·명의 잡극을 수록하였다.

57) 총 50집으로 160종을 수록한 경극 극본 선집. 32집까지는 중국희곡연구원(中國戲曲硏究院)이 편집하여 1953년부터 1955년 사이에 출판되었으며, 33집부터는 경극총간 편집위원회가 편집하여 1958년부터 1959년 사이에 출판되었다.

58) 중국희극출판사(中國戲劇出版社) 1959년 7월~1960년 1월 출판.

59) 장상(張相), ≪시사곡어사회석(詩詞曲語詞匯釋)≫(북경 : 중화서국, 1953 ; 1991. 제17차 ; 대북 : 대만중화서국, 1978. 대2판).

60) 왕실보(王實甫) 저, 왕계사(王季思) 교주, ≪서상기(西廂記)≫(상해고적출판사, 1978 신1판; 1996).

61) 공상임(孔尙任) 저, 왕계사(王季思)·소환중(蘇寰中)·양덕평(楊德平)·합주(合注), ≪도화선(桃花扇)≫(인민문학출판사, 1959 ; 1997 제3차).

62) 탕현조(湯顯祖) 저, 서삭방(徐朔方)·양소매(楊笑梅) 교주, ≪모란정(牡丹亭)≫(북경 : 인민문학출판사, 1963 ; 1993. 요녕(遼寧) 제1차).

63) 홍승(洪昇) 저, 서삭방(徐朔方) 교주, ≪장생전(長生殿)≫(북경 : 인민문학출판사, 1958 ;

　　　　작업의 중요한 성과입니다.

동상덕　"사인방"을 분쇄한 후 70년대 말에서 80년대 초에 고전 희곡 연구는 번성의 시기로 들어섰습니다. 전통 희곡의 광범한 연출 과 희곡 논저의 무더기 출판은 이 점을 증명합니다. 이러한 학 술의 번영은 첫째, 5~60년대의 일부 연구 성과가 수정 정리 후에 이 시기에 집중 출판되거나 발표된 것입니다. 장경(張庚)·곽한성(郭漢城)의 ≪중국희곡통사(中國戱曲通史)≫,[64] 동매감의 ≪극 설(劇說)≫, 주이백의 ≪중국 연극사 강요(中國戱劇史綱要)≫, 전남 양의 ≪희문개론(戱文槪論)≫,[65] 임반당의 ≪당희롱≫ 수정본, 왕 계사의 ≪옥륜헌곡론(玉輪軒曲論)≫[66] 등이 그 예입니다. 둘째, 정상 회복에 중점을 두어 사나운 대접을 받은 작가와 작품을 다시 평가한 것입니다. 다만 바로 이 때문에 객관적으로 말해 서 이 작업은 주로 희곡 비평이 정상적인 학술의 길로 회귀하 도록 만들었으나 실제 진전은 그리 많지 않습니다. 따라서 80 년대 중반 정상을 회복한 다음 이전의 관념과 방법을 진일보 반성하여 새로운 돌파구를 찾는 것이 연구자들이 관심을 기울 인 문제였습니다.

강보성　극문학 연구의 개척 방면에서 원로 학자들 가운데 왕계사 선생 의 작업이 특별히 주목을 끌었습니다. 논문 <≪봉구황(鳳求凰)≫ 에서 ≪서상기(西廂記)≫까지(從≪鳳求凰≫到≪西廂記≫)>와 <≪소군

　　1983 북경 제2판).

64) 장경(張庚)·곽한성(郭漢城) 주편, ≪중국희곡통사(中國戱曲通史)≫(북경 : 중국희극출판 사, (상) : 1980 ; (중)(하) : 1981).

65) 전남양(錢南揚), ≪희문개론(戱文槪論)≫(상해고적출판사, 1981).

66) 중화서국 1980년 1월 출판. 왕계사(王季思), ≪옥륜헌곡론신편(玉輪軒曲論新編)≫(북경 : 중국희극출판사, 1983).

원(昭君怨)≫에서 ≪한궁추(漢宮秋)≫까지(從≪昭君怨≫到≪漢宮秋≫)〉
는 하나의 제재의 변화에서 출발하여 각 시대의 사회적 정치적
배경과 심미적 숭상의 변천을 깊이 파고들어 일종의 주제학(主
題學)적이자 일종의 문화사적 사고입니다. 왕 선생의 중국 고전
비극·희극의 편집과 그 "전언(前言)"은 서양의 심미 관념을 운
용하여 중국 희곡을 해독한 실험이자 왕국유 비극학설의 발전
입니다. 이 작업이 일으킨 반향은 작업 자체의 구체적 성과보
다 더욱 주의할 가치가 있습니다. 전자와 후대의 문화열·방법
열(方法熱)은 서로 관련이 있으며, 후자는 중국 비극의 유무 문
제의 개념적 논쟁에 일단락을 고하면서 연구의 시각을 중국인
의 비극 의식과 중국 비극의 문화적 요소·심미 특징 등의 방
면으로 돌리게 만들었습니다. 당시 연구계의 총체적 경향은 이
전의 단순한 사상성 비판에서 텍스트 자체의 심미적 연구로,
가치의 판별에서 문화 현상과 역사적 사실의 서술 또는 해석으
로 전환하기에 노력하였으며, 연구의 시야를 개척하여 문학과
문학연구가 정치의 부속물로부터 벗어나도록 만드는 데 노력
하였습니다.

황사충 예술적인 희곡 연구의 측면에서 보면 사람들은 이전의 체제와
연구자의 구성에서 조성된 한계를 반성하기 시작하여 문학과
무대를 결합하여 고려하기에 노력하였으며, 무대 상연을 더욱
본질적인 의미로 간주하고 문학은 그 가운데 하나의 부차적인
요소로 간주하여 "연극학"의 관념을 내놓았습니다. 이는 80년
대 중반 이후 희곡 문학 연구의 총체적인 쇠락을 결정지었습니
다. 왜냐하면 여전히 5~60년대의 희곡 문학 연구 방식을 따랐
다면 평가의 기준이 혹 더욱 공정하고 실질적으로 바뀌었다

하더라도 새로운 성과를 거두기는 힘들었을 것이기 때문입니다. 새로운 성과를 얻어야 한다고 말한다면 먼저 반드시 옛날 방식을 돌파하고 더욱 광활한 역사적 배경과 문화적 배경 아래 인식을 새로이 하여야 하는데 이는 반드시 먼저 무대 예술로서의, 그리고 상업활동과 사회활동으로서의 희곡의 기본적 특징을 고려해야 함을 의미합니다. 그러므로 문학 연구로써 희곡 연구의 대열에 진입한 수많은 학자들이 분분히 연극학 연구로 전향하여 순문학 연구는 상대적으로 감소하였습니다. 따라서 연극학 연구는 공전의 발전을 거두었습니다. 첫째, 연극 기원의 형성 문제에서 출발하여 나아가 연극 개념의 토론 및 연극 본질의 의미에 대한 관심을 불러일으켰으며, 따라서 연극계의 연극 관념에 대한 논쟁과 박자를 맞추어 연극·희곡에 대한 인식을 더욱 심화시켰습니다. 둘째, 연극의 기원에서부터 연극과 종교의 관계에 주의하여 나아가 "문화열" 발생 이후 문화 인류학의 방법과 관념의 계도 아래 80년대 말 나희(儺戱) 연구의 열풍을 몰고 왔습니다. 이 자체도 일종의 문화 연구이며, 혹자는 문화의 눈으로 희곡 활동을 본 것이라고 말하였습니다. 그러므로 셋째, 희곡을 일종의 문화활동·상업활동으로, 사회활동의 일부로 간주한다고 말할 수 있으며, 따라서 희곡 발전사가 새로운 면목을 드러내게 만들어 더 이상 순수 문학사 또는 걸출한 작가와 작품에 대한 평론의 연철이 아니라, 일종의 통속 문예의 발전사로서 전통적 문인 사대부의 시야 외에 기타 시야를 갖추었습니다. 또한 문화 연구의 대상으로서 그 자체는 고하의 구분이 없어졌습니다. 왕국유의 원곡 중심, 오매의 곤곡 중심, 제여산의 피황 중심 등의 관념과 비교하면 이 자체로서 큰 진보이며, 또한 민간의 것은 모두 좋은 것이라는 계급 관념과 비교해도 역시 거대한 진보입니다. 넷째, 연극 문물의 발굴과 연구 방면에서 큰 진전을 이루었습니다. 북방 지구의 송·금·원 시대 묘장(墓葬) 연극 문물과 ≪예절전부(禮節傳簿)≫[67] 등의 발견은 연구의 시야를 대대적으로 넓혔습니다.

강보성 80년대 후 희곡 연구 진영에는 석사·박사 연구생이 증가하였습니다. 이들 신진 연구자는 주로 예술 학교와 대학의 중문과 출신으로서 각자 스승의 학맥을 이어 날카로운 눈빛으로 중서(中西) 사상의 성과를 흡수하여 창조 정신이 왕성합니다. 상술한 개척은 주로 이들 중청년 학자들이 완성한 것입니다.

황사충 그러나 다른 한편, 이 세대의 학자들은 뚜렷한 결함을 가지고 있으며, 사상과 학술의 진전에서 생각지 못한 결과를 가져 왔습니다. 새로운 배경 아래 우리는 자유로운 학풍을 제창하고 학술 개성을 존중하고 과학성을 중시해야 하지만, 사실성과는 매우 부족합니다. 예를 들어 새로운 방법 탐색과 맹목적 도입이 병존하고, 개척 정신과 들뜬 마음을 동시에 가졌으며, 꾸준한 공부를 하는 자는 적고 성과를 구하기에 급급한 자가 많아 커다란 틀과 체계로 쉽게 떠들썩한 효과를 구하여 일거에 명성

---

67) 원명은 ≪영신새사 예절전부 사십궁조(迎神賽社禮節傳簿四十宮調)≫로서 수초본(手抄本)이며, 산서성(山西省) 노성현(潞城縣)에서 발견되었다. 영신새사 활동의 총강으로서 노성현 남사촌(南舍村) 감여가(堪輿家)의 조국재(曹國宰)가 남가촌(南賈村)의 전본(傳本)을 명 만력(萬曆) 2년(1574)에 등록(謄錄)한 것이다. 만력 2년 정월 13일에 거행한 영신새사의 절차와 연출한 극목을 수록하여 연극사 연구의 귀중한 자료이다. 송·금·원대 극목 198 종을 수록하였으며, 구체적으로는 대희(隊戱) 24, 원본(院本) 8, 잡극 26, 기타(배전에서 잔을 올리며 헌연(獻演)한 극목으로서 주로 잡극이며, 무극(舞劇), 원본 전기 절자희(折子戱), 민간 곤극 등이다) 115, 대무각단(隊舞角單) 25종이다. 연출의 형식과 내용으로 보아 원본은 송·금 시기를 넘지 않을 것으로 보이며, 연출의 절차도 북송과 남송 궁전의 수연(壽宴) "진배(進杯)" 연출과 매우 비슷하다.

을 이루려는 공리 지향이 뚜렷해졌습니다. 사상 해방의 조류 위에 문학예술은 정치의 속박에서 벗어나 부속적 지위를 떨쳐버리고 자립하고자 노력하였으나 80년대 말에 이르러 문학 예술이 그 본체로 회귀했을 때는 문학이 커다란 효용을 잃어버린 때입니다. 이전의 학술의 신성한 광채는 지식과 자유 정신을 추구한 결과가 아니기 때문에 자유로운 학술이 가능해진 다음에는 수많은 사람들에게 실망과 적막을 가져왔습니다. 정치적 지위의 실락과 소멸은 마침 일어나는 경제의 물결과 합치하였습니다. 한편으로는 학술의 신성성이 사라지기 시작하고 경제적 곤궁과 경제적 지위의 하락에 직면하여 학술의 영예를 받쳐 줄 수 없게 되었고, 다른 한편 학술 자체의 성숙과 형태 변화는 더욱 실질적인 태도와 연구자들의 더욱 많은 노력을 요구하였으며, 요행을 얻을 수 있는 공간이 매우 작아져 연구자들이 겪는 안팎의 어려움은 감당하기 힘들게 되었습니다. 그 결과 인재는 격심하게 유실되었고, 신인의 증가는 감소되었습니다. 희곡 연구는 다른 체재의 연구보다 더욱 복잡하고 곤란하여 이 방면의 문제는 더욱 엄중합니다. 이것이 80년대가 끝날 무렵 90년대에 남겨 준 문제입니다.

강보성 90년대 이래 고대 희곡 연구영역은 날로 적막해졌습니다. 물론 "쓸쓸하다"·"영락" 등은 상대적인 관점입니다. 노년·중년·청년 학자들은 여전히 연구하고 있고 성과도 여전합니다만, 질과 양이 모두 만족스럽지 않으며 기타 학문과 비교하여 뒷심 부족이 뚜렷합니다.

많은 사람들이 개탄합니다. 최근 몇 년 희곡 문학사 방면의 연구생들은 논문제목조차 매우 좋지 않다고. 정확히 말해서 "찾지 못하는 것”이 아니라 “찾기를 원하지 않는” 것입니다. 전체 문학 연구계는 이미 사회학의 비평 방법을 참을 수 없으며, 결정론·반영론으로 문학을 간단히 해석하는 것을 참지 못합니다. 희곡 문학 연구계도 이미 충돌론·전형론으로 극본의 구성이나 인물 형상을 직접 또는 변형하여 분석 평가하여 끝내버리는 옛날 연구 방식에 싫증이 났습니다.

문제를 “찾지 못하는” 경우도 당연히 있습니다. 전통적인 안목에 따른다면 일류와 이류 작가와 작품은 거의 연구되었으니, 남은 것은 연구 가치가 얼마나 있겠습니까?

이것은 시야와 방법의 문제이며, 자신을 문학의 경계 안에 묶어 놓은 문제입니다. 희곡 문학 연구의 쓸쓸함과 대조를 이루는 것은 “나희(儺戲)”·“목련희(目連戲)” 연구의 뜨거운 열기입니다. “나희열”은 최소한 연극의 기원 문제에 관하여 사람들의 인식을 넓혔습니다. 우리는 연극 형식과 종교 의식의 혈연 관계를 부인할 수 없으며, 연극의 노동기원설을 꼭 끌어 안고 놓지 않을 수는 없습니다. 연극과 종교의 밀접한 관계는 왕국유·허지산·문일다에서 주이백·손해제·동매감에 이르기까지 누구도 부인하지 않았으며 심지어 강조하였습니다. 그러나 여러 해 동안 모두 잘 아는 원인 때문에 이 분명한 진실이 홀시되고 잊혀졌습니다. 오늘날 우리의 유일한 방법은 선배들이 개척한 길을 따라 연구를 심화하는 것입니다.

여기서 민속·종교와 고대 희곡 문학의 관계의 구체적 사례를 들겠습니다.

고대 희곡 극본을 해석하면 대개 문학에 속하지 않는다고 말하는 사람은 없습니다. 그러나 원잡극 ≪도화녀 파법 투주공(桃花

女破法鬪周公)≫은 민속학을 빌리지 않으면 이해할 길이 없습니다. 또한 이 극본의 의미는 결코 고대 혼인 풍속의 반영에만 그치지 않습니다.

민속·종교는 왕왕 난해한 어구를 해석하는 열쇠가 됩니다. 왕계사·전남양·서삭방 등의 선생이 주석한 고대 희곡 극본은 판을 거듭하여 국내외에 유행하여 공인된 권위적인 저작입니다. 이밖에 장상의 ≪시사곡어사회석≫, 고학힐(顧學頡)·왕학기(王學奇)의 ≪원곡석사(元曲釋詞)≫,68) 방령귀(芳齡貴)의 ≪원명희곡 중의 몽고어(元明戲曲中的蒙古語)≫69) 등의 공구서는 모두 중요한 참고 가치가 있습니다. 일본학자 파다야태랑(波多野太郎)은 이 방면에서도 열심히 연구하여 큰 공헌을 남겼습니다. 다만 고대 희곡의 난해한 곳에 대해서는 종교와 민속의 힘을 빌어 근원을 찾을 필요가 있습니다. 예를 들어 원잡극에는 수많은 이상한 호칭이 있습니다. 자신의 아내를 "아주머니(大嫂)"라고 부르는 것이 가장 이해하기 힘듭니다. 이는 아마 상고 시대에 형제가 아내를 공유한 혼인 습속과 관련이 있으며, 몽고 귀족의 중원 통치와도 관련이 있습니다.

탕현조(湯顯祖)의 ≪모란정≫은 중요한 희곡 문학작품으로서 전아(典雅)함으로써 유명합니다만 "촌스럽기 짝이 없는" 속어를 많이 사용하였으나 알지 못하고 지나가기 쉽습니다. 예를 들어 제4척(齣) 축(丑)이 부학(府學)의 문지기로 분장, 등장하여 "천하의 수재는 찢어지게 가난하고 학교의 문지기는 노회하다네(天下

---

68) 고학힐(顧學頡)·왕학기(王學奇), ≪원곡석사(元曲釋詞)≫(전4책)(북경 : 중국사회과학출판사, 1983~1990).

69) 방령귀(芳齡貴), ≪원명희곡 중의 몽고어(元明戲曲中的蒙古語)≫(한어대사전출판사(漢語大詞典出版社), 1991년 10월 제1판).

秀才窮到底, 學中門子老成精"라고 말합니다. 앞 구절은 잘 이해되지만 뒷 구는 일역본에 글자 그대로 "精을 成す"라고 옮겼습니다. 사실 이 말은 민간의 속어로 처음에는 불경에서 왔습니다. 청나라 복신(福申)의 ≪이속집(俚俗集)≫[70] 권48에 "연로성정(年老成精은 ≪수능엄경(首楞嚴經)≫에 보인다"라고 하였습니다. 이리하여 우리는 이 문지기가 어느 정도 늙었는지 알 수 있으며, 무대에서의 그의 늙수그레한 모습을 상상할 수 있습니다.

요컨대 자신을 텍스트만의 연구에 옭아맨다면 길은 갈수록 좁아져 대가들이 모두 연구하여 평범한 연구자들은 자료도 없으며 연구할 가치도 없다고 생각할 것입니다. 닫혀 있는 국면은 반드시 타파해야 하며 시야도 반드시 넓히고 관념도 새로이 바꾸어야 합니다. 이 점은 이미 학자들이 공통으로 인식하고 있습니다.

5.

황사충 전통적인 문헌 정리와 연구는 여전히 개척할 데가 있습니다. 생각을 바꾸면 앞길이 훤히 열릴 지도 모릅니다. 박학의 방법은 여전히 희곡 연구에서 유효한 방법의 하나이며, 동시에 우리는 희곡 연구 자체의 특수성에 주의해야 합니다. 특히 희곡 문헌의 정리는 전통 유가 경전 및 시문의 교감 정리와는 뚜렷한 차이가 있습니다. "희곡에는 정본이 없다(曲無定本)"는 말은 희곡은 연기자를 거쳐 관중과 소통하기 때문에 시대마다 연기

---

70) 청 복신(福申) 집(輯), ≪이속집(俚俗集)≫(서목문헌출판사(書目文獻出版社), 1993, 제1판).

자마다 극본·인물에 대하여 이해를 달리하여 각각 다르게 처리함을 뜻합니다. 동시에 송·원 및 명초부터 유전되어 오는 극본·선본(選本)은 대부분 연출에 쓰이는 저본(底本)이거나 문인의 정리를 거친 것으로서 텍스트 사이에 매우 큰 차이가 존재합니다. 그러므로 우리는 텍스트를 연구하고 선택할 때 반드시 희곡 텍스트의 유행 전파 과정에서 나타나는 이 특징을 충분히 고려해야 합니다. 다른 방면으로 하나의 텍스트가 시기마다 개편·수정될 때에는 반드시 당시의 심미관념과 가치표준·사회관념이 스며들기 때문에 거꾸로 우리는 한 작품과 하나의 제재를 다룬 다른 텍스트·선본의 비교 분석을 통해서 시기별 사회관념·심미 관념의 변화를 추적하고, 이런 변화를 조성한 원인을 탐구하여 희곡 연구 자료의 부족을 메울 수 있습니다. 이 방면의 작업은 이제 막 시작되었습니다.

우리는 살아 있는 희곡사 연구를 강조하지만 옛날에는 녹음·녹화 설비가 없어 연구에 쓸 수 있는 제1차 자료가 남아 있지 않습니다. 다만 남아 있는 대량의 희곡문헌이 이 방면의 수요를 간접적으로 채워 줄 수 있음은 의문의 여지가 없습니다. 그것은 연구자가 시야를 넓히고 연구영역을 개척하는 데 중요한 작용을 합니다. 구체적으로 말해서 ≪원간잡극삼십종(元刊雜劇三十種)≫과 ≪원곡선(元曲選)≫의 비교로부터 원대의 극본 체제와 연출 체제의 진상을 알 수 있을 뿐만 아니라 원·명 시기 희곡 관념 방면의 변화와 희곡 상연 방면의 변천을 발견할 수 있으며, 따라서 살아 움직이는 모식을 구성할 수 있습니다. 동시에 잡극의 연출 상황을 이해해야만 극본을 더욱 정확하게 이해할 수 있습니다. 남희 방면에서 ≪영락대전 희문삼종≫과 성화본

(成化本) ≪백토기(白兎記)≫의 발견은 초기 남희의 연출 체제를 이해하는 데 매우 중요합니다.

여기서 전남양 선생이 교주한 ≪장협장원(張協狀元)≫과 ≪비파기≫71)를 예로 들어 말하겠습니다. 초기 남희 연출 특징의 하나는 연기자와 각색의 미분화인데 교주를 보지 않으면 일반 독자들은 알쏭달쏭하지만 전 선생이 이 특징을 지적하여 우리는 분명하게 알게 되었습니다. 단 그는 이런 점들을 빠뜨렸습니다. 한 사람이 노래하면 여럿이 화답하고 극외의 사람들이 방강(幇腔)하는 특징을 알지 못하여 그는 무대로 돌아가 합창함을 표시하는 "合"을 "연자(衍字)"로 판단하였습니다. 또 예를 들어 전 선생은 원형에 가장 가까운 청나라 때 필사한 "원본(元本)" ≪비파기≫를 저본으로 삼은 것은 탁견이지만 판본의 오래됨을 강조하기 위하여 이 "원본"이 바로 원대의 간행본이라고 쉽게 믿어버려 명간본은 원래의 면모가 완전히 바뀌어버린 "명개본"으로 간주하고 조금도 참고하지 않은 것은 전통 시문 교감 관념의 제한을 받았기 때문입니다.

강보성　여기서 또 하나의 개별 연구, 즉 양공기(楊公驥)의72) 서한(西漢) 가무극 ≪공막무(公莫舞)≫73) 발견과 정리 작업을 애기하겠습니

---

71) [원]고명(高明) 저, 전남양(錢南揚) 교주, ≪원본비파기교주(元本琵琶記校注)≫(상해고적출판사).

72) 1921~1989. 어문 교육자. 하북성 정정현(正定縣)에서 출생하였다. 1938년 중국공산당에 가입하였으며, 1949년 이후에 東北大學 교수, 국무원 學位委員會 學科評議組 위원이 되었다. ≪양공기문집(楊公驥文集)≫(장춘(長春) : 동북사범대학출판사(東北師範大學出版社), 2001)이 나와 있다. 문집에 <서한 가무극 건무 ≪공막무≫의 구두와 연구>(西漢歌舞劇 巾舞≪公莫舞≫的句讀和研究)가 실려 있다.

73) <공막무(公莫舞)>는 홍문회(鴻門會)에서 항장(項莊)이 검무를 추며 유방(劉邦)을 찔러 죽이려 하자 항백(項伯)이 맞서 칼춤을 추며 저지한 고사에서 유래한 춤이라고 한다. 수건이나 소매를 도구로 쓰는 춤으로 후대에는 건무(巾舞)라고도 불렀다. 유래에 대해서는

다. ≪악부시집(樂府詩集)≫ 권54에 ≪건무가(巾舞歌)≫를 실어 "고사(古辭)"라 하였고, 또 ≪당서(唐書)·악지(樂志)≫를 인용하여 그 이름을 ≪공막무≫라고 하였습니다. 진(陳) 나라의 승려 지장(智匠)의 ≪고금악록(古今樂錄)≫에 "잘못되어 알 수 없다"고 하여 천여 년 동안이나 해독할 수 없었습니다. 양 선생은 1950년 ≪광명일보(光明日報)≫에 글을 실어 이것은 줄거리를 연출하는 소규모 가무극의 극본이라고 간파하였고, 80년대에 이르러 그의 정리와 연구 성과를 다시 공포하였습니다. 오늘날 보면 ≪공막무≫가 난해한 것은 사람들이 시가로만 이해하려 하고, 그 중의 인물·지문·천음천자(襯音襯字) 등에 대해서는 인식하지 않았기 때문입니다. 잘 알려진 "동해황공(東海黃公)"과 이야기를 연출하고 있음을 보여 주는 대량의 한대 화상전(畵像磚)·화상석(畵像石)과 연계하여 보건대 한대에 이미 왕국유가 말한 "가무로 이야기를 연출하는" 가무 소희(小戱)가 존재했던 것입니다. ≪공막무≫의 해독은 우리가 한대의 악부 민가와 민간 소희의 관계에 대해 진일보한 사고를 하도록 인도하였으니 그 의의는 의심할 수 없으며, 그 해독의 관건은 한 편의 극본으로 간주한 것이었습니다.

황사충 그러나 텍스트 자체의 연구도 여전히 다시 해야 할 작업이 수두룩합니다.

동상덕 두 선생께서는 희곡 연구에서 각자의 중점이 있으며, 연구 방법도 다르군요.

황사충 그렇습니다. 80년대 이래의 텍스트 연구는 전체적으로 5~60

의심하는 학자도 있다. 소매가 긴 옷을 입고 춤을 추는 인형이 서안(西安)과 광주(廣州)에서 출토되었다. 전자는 서한의 유물이며, 후자는 동한의 유물이다.

년대 및 "문혁" 관념의 영향을 받았다고 저는 생각합니다. 이 영향은 분명히 말해서 이전의 영향을 없애거나 바로잡으려는 데서 온 것입니다. 문학 비평 자체도 비평 대상 조건의 제한을 받습니다. 학술이 학술 본연으로 돌아오고 정치적 표준이 가치 평가의 유일한 표준이 되던 상황을 벗어난 후 심미적 안목 또는 문화적 시각으로 작가와 작품을 다시 돌아보면 반드시 다른 느낌을 받을 것입니다. 예를 들어 ≪두아원≫은 그 유일한 주제가 정말 암흑에 반항하고 암흑 통치를 폭로하는 것일까요? 극본의 마지막에 조정의 명으로 명예를 회복하고 끝나기 때문에 일찍이 작가의 사상적 한계라고 인식되었습니다. 사실은 아마도 작가의 원래 의도를 지금 사람들이 이해할 방도가 없기 때문에 그럴 것입니다. 억울한 옥살이와 탐관오리는 각 시대마다 다 있으며, 억울한 옥살이가 모두 비극의 제재가 되어 사람들에게서 비극적 느낌을 일으키는 것도 아닙니다. 왜 두아(竇娥)의 억울함이 하늘과 땅을 감동시킬까요? 분명히 두아가 가진 도덕적 요소와 관계 있으며, 사람들의 도덕적 가치 판단과 관계 있습니다. 이전에 우리는 봉건적 윤리도덕을 인정할 수 없었으므로 이 방면에서 긍정적으로 해석하지 못하고 곡해할 수밖에 없었습니다. 또 ≪비파기≫는 사람들이 무엇을 긍정하고 무엇을 부정하느냐에만 착안하여 인물의 행위와 작품의 결말을 평가하였습니다. 단 문학도 항상 문제만 내놓고 회답은 주지 않습니다. 극중 조오낭의 고난은 매우 중요한 한 가지로서 봉건적 고부(姑婦) 관계와 관련이 있습니다. 부자, 고부, 새 사람과 원래의 아내, 공명과 효심, 이지와 정감은 사람들이 살아가면서 항상 부딪치는 문제로서 고명(高明)은 중국 사회에 가장 적절한 방식으로 문제를 제기한 것입니다. 사실 이 점에서 말한다면 사람들이 작품의 처리에 찬동하든 말든 명·청 이래의 독자와 관중을 모두 그 안에 말아 넣기만 하면 작자의 처리는 성공한 것이었습니다.

희곡의 기초 연구 방면의 개척은 비교하면 상대적으로 취약한 고리입니다. 90년대의 가치 있는 희곡의 기초 연구는 서삭방 선생이 30여 년 간의 심혈을 쏟아 쓴 ≪만명곡가연보(晚明曲家年譜)≫[74]입니다. 이 책은 30여 명의 만명 곡가들의 생애를 고증하여 여러 사이비 문제를 해결하고 대량의 자료를 제공하여 명대 희곡사와 문학사의 발전 상황에 대한 인식을 대대적으로 증가시켰습니다. 90년대 이래 희곡 연구의 쇠퇴의 중요한 원인 가운데 하나는 근거 없는 공론이 너무 많고 견실한 기초 연구가 적어 이론가들의 과도한 채굴을 만족시키기 어려웠고 연구의 심화를 지탱할 수 없었던 데 있습니다. 사실 희곡 연구계가 80년대 말의 열기에서 냉정해졌을 때 희곡사와 희곡 체제가 상관된 허다한 기본적인 문제에서 더 이상 선배 학자들의 기존 학설을 답습하는 데 만족할 수 없으며 인식과 연구를 새로이 하여야 함을 깨달았습니다. 이렇게 해야만 희곡사를 새로이 인식할 수 있기 때문입니다.

강보성　고대 희곡 연구의 희망은 내일, 그리고 다음 세대에 있다고 말할 수 있습니다. 우리는 불교·현신(祆神)[75]·서역과 희곡의 관계에 주의할 수 있지만 외국어 수준이 낮고 선천적인 능력이 부족하여 발견한 문제를 여전히 해결하지 못하고 있습니다. 대

---

74) 서삭방(徐朔方), ≪만명곡가연보(晚明曲家年譜)≫(전3책)(항주 : 절강고적출판사, 1993).
75) 배화교(拜火敎 : 조로아스터교)에서 숭배하는 신.

학자는 동서양을 관통하고 박대와 정심을 겸해야 합니다.

천시(天時)·지리(地利)·인화(人和) 세 방면에서 보면 희망은 미래에 있다고 말할 수 있습니다. 먼저 "순학문"·"순학술" 연구는 오늘날 이미 가능하여 커다란 전란만 일어나지 않는다면 앞으로 "차가운 나무 의자에 앉아(坐冷板凳)" 공부만 하는 것은 여전히 지적과 책망을 받지 않을 것입니다. 둘째, 한 때 유행하는 방법은 지나가는 나그네일 뿐이므로 사람들은 갈수록 과학 연구의 기초는 다독, 그리고 지식의 축적과 고거 방법의 응용에 있음을 인식하고 있습니다. 셋째, 우리는 자신이 걸어 온 꼬불꼬불한 길을 다음 세대에게 일러 주어 그들이 첫 걸음부터 곧은길을 가게 할 수 있습니다. 넷째, 신세대들은 지식이 넓고 외국어 기초도 훌륭하여 자신을 좁은 범위 안에 국한시키지는 않을 것입니다. 구체적으로 말해서 그들은 당연히 그리고 충분히 희곡 가운데 문학과 예술의 요소를 유기적으로 결합하여 연구할 수 있을 것입니다.

80년대 이래 고전 문학 연구는 방법론상 이미 사회학적인 간단한 분석법으로부터 문화학의 계통적인 분석법으로 전향하였습니다. 문학·사학·철학이 소통해야 할 뿐만 아니라 사회학·민속학·종교학·문화 인류학의 성과와 자료를 이용하여 문학을 연구하는 것이 필연적 추세입니다. 희곡 연구는 이 방면에서 출발은 늦었으나 그 체재의 특징이 이미 결정되어 연극 문화의 연구는 시·문장·소설에 비하여 더욱 찬란한 전경을 가집니다. 몇몇 새로운 저서와 논문이 벌써 이런 소식을 전해 줍니다.

그러므로 미래를 전망하건대 우리는 믿음을 가져야 합니다.

제7장

관심과 주목을 기대하는 학술 영역
명(明)·청(淸) 시문(詩文) 연구

| 오승학(吳承學)·조홍(曹虹)·장인(蔣寅) |

장 인(중국사회과학원(中國社會科學院) 문학연구소(文學硏究所)) 두 분 선생님 안녕하십니까? 정보 시대의 고도로 발달한 과학 기술의 혜택을 받아서 우리들은 천 리를 지척으로 여기면서 인터넷으로 의견을 나누고 있습니다. 두 분은 일찍부터 명(明)·청(淸) 시문(詩文) 연구에 힘을 기울여 많은 논저를 발표하셨지만 저는 근년에야 비로소 청대(淸代) 시학(詩學)을 섭렵하기 시작했습니다. ≪문학유산(文學遺産)≫ 주편(主編)의 청탁을 받고 두 분에게 명·청 시문 연구에 대하여 약간의 관점을 말해 주시기를 청하고자 합니다.

저의 생각으로는, 명·청 시문 연구는 금세기에 정식으로 발전되기 시작했다고 봅니다. 민국 초기는 동광(同光)의 유로(遺老)들의 주장에 가까웠기 때문에 청대 시문을 연구하는 사람들은 오히려 적지 않았습니다. 예컨대, 왕벽강(汪辟疆)의 저작과 증극단(曾克耑)의 ≪논동광체(論同光體)≫ 등이 있고, 전종서(錢鍾書)의 ≪담예록(談藝錄)≫[1]이 청시(淸詩)에 대하여 감정적으로 홀로 좋아한 것은 또한 가학(家學)의 연원과도 관련이 있습니다. 그러나 노신(魯迅)이 "좋은 시는 당인(唐人)에 의해 모두 지어졌다"(好詩被唐人做盡)라고 제창하고, 문일다(聞一多)가 "시의 발전은 북송에 이르러 실제로는 끝나버렸다(詩的發展到北宋實際上也就完了)"라고 한 것에 따라서 학술계는 명·청 시문에 대하여 날이 갈수록 점점 냉담해 갔습니다. 육간여(陸侃如)·풍원군(馮沅君)이 공저한 ≪중국시사(中國詩史)≫[2]는 좁은 의미에서 시가의 역사를 당말(唐末)에서 자르고, "사(詞)가 성행한 이후의 시와 산곡(散曲)이 성행한 이후의 사는 한결같이 뒤떨어지는 작품이기에 삭제해 버렸다(詞盛行以後的詩及散曲盛行以後的詞則槪在劣作之列而刪去)"라고 단언하였습니다. 두 분의 선배 학자는 당시에 나이가 30여 세에 불과하였으니, 책 읽기가 아직 연박(淵博)하지 못하여 위에서 말한 결론은 다분히 주관적인 듯합니다. 따라서 왕벽강(汪辟疆)은 <중국시가사 편술의 중요문제(編述中國詩歌史的重要問題)>에서 이러한 시사관(詩史觀)에 대하여 비판적인 견해를 제기하였습니다. 비판은 비판일 뿐 사정은 결코 바뀌지 않았습니다. 건국 이래 명·청 시문에 대한 연구는 희곡 및 소설에 비하여 상당히 침체되었는데, 80년대에 와서야 사정이 조금씩 호전되었습니다. 두 분 선

---

1) 전종서(錢鍾書), ≪담예록(談藝錄)≫(보정본(補訂本))(북경 : 중화서국, 1984).
2) 육간여(陸侃如)·풍원군(馮沅君), ≪중국시사(中國詩史)≫(전3책)(북경 : 인민문학출판사, 1956 ; 1983)(대북 : 명륜출판사(明倫出版社), 1969 : 제남(濟南) : 산동대학출판사(山東大學出版社), 1996년 판은 합본이다). 이 책(상·중·하)의 초판은 각각 1931년 1월·7월·12월에 상해 대강서포(大江書舖)에서 출판되었다.

생님의 생각은 어떠한지요?

오승학(중산대학(中山大學) 중문계(中文系))　이 문제는 '5·4' 신문학 운동까지 거슬러 올라갈 수 있습니다 당시 몇몇 작가들은 단지 '5·4' 신문학과 만명(晚明) 문학 사이에는 혈연 관계가 있음을 인정하였지만 청대 시문에 대해서는 비판적이었습니다. 예를 들면, 동성파(桐城派)에 대하여 '동성파의 나쁜 씨앗(桐城謬種)'이라고 배척한 것이 그렇습니다. 이는 백화문(白話文)을 주창하였기 때문에 동성파를 고문(古文)의 대표로 여겨 공격한 것으로, 결코 학술적인 측면의 결론은 아닙니다. 그러나 이것은 뜻밖에 이후의 학술 연구에 대하여 상상할 수 없는 역할을 하였습니다. 근 20년 간 명·청 시문 연구가 발전하게 된 원인 가운데 하나는 바로 의식적으로 '5·4'를 벗어나고자 하였기 때문입니다. 예를 들면 일찍이 1985년의 동성파 학술토론회(桐城派學術研討會)에서 왕기중(王氣中)은 '5·4' 신문학이 동성파에 가한 평가는 대부분 정확하지 않은 것이라고 여겼습니다. 전중련(錢仲聯)은 이에 대하여 마땅히 "대담하게 부정에 대한 부정을 해야 할"(大膽地來個否定之否定) 것을 제시하였습니다.

조　홍(남경대학(南京大學) 중문계(中文系))　'5·4' 이래로 문학 관념에는 중대한 변화가 생겼습니다. 곧 전통적 문학 관념은 시문을 정종(正宗)으로 여기는데 반해 '5·4' 시기에 유입된 서구 관념은 희곡·소설을 정종으로 삼았습니다. 마땅히 신문학의 추진자들은 그들의 "시내암(施耐庵)과 조설근(曹雪芹)을 신성시하고 귀유광(歸有光)과 방포(方苞)를 하찮게 여길(神聖施[耐庵]·曹[雪芹], 土芥歸[有光]·方[苞])" 권리를 가지고 있다고 마땅히 말해야 할 것입니다. 문학 관념의 갱신은 또한 속문학 연구를 위하여 신천지를 열었습니다. 문제는 명·청 시문 연구가 받은 손실이 상당히 큽니다. 특히 과거 사대부들이 누린 고문·변문(騈文) 등의 아문학(雅文學)의 중요한 형식이 학술의 시야의 가장자리로 물러난 점입니다.

장 인 '5·4' 시기의 신·구문학의 논쟁은 일찍이 문학 전통을 청산하고 정리하는 열정을 자극하였습니다. 바로 유대백(劉大白)이 ≪중시외형성률설(中詩外形聲律說)≫ 자서(自序)에서 말한 "자기가 가지고 있는 골동품을 다른 사람에게 자랑하든, 다른 사람의 골동품이 다 부서진 쇠 덩어리여서 한 푼의 가치도 없다고 지적하든, 서양의 골동품을 매입하여 국산품을 배척하든 간에 모두 먼저 이러한 골동품을 한 번 자세하게 살펴서 분명히 해야 할 것 같다(不論是想把自己所有的古董向人家夸耀的, 不論是想指摘人家底古董盡是些碎銅爛鐵, 一錢不值的, 不論是想採運了洋古董來抵制國貨的, 似乎都得先把這些古董査明一下)"라고 하고, 그렇지 않으면 "새로운 것과 낡은 것이 서로 다투어 무턱대고 떠드는 점이 있게 될(新舊交哄, 未免有點近乎瞎鬧)" 것입니다. 문일다는 국고(國故) 정리의 동기를 자술하면서 역시 똑같은 생각을 발표한 적이 있습니다.

조 홍 30년대 전후 출판의 성과 가운데 소중히 여길 만한 점은 독자적인 추구가 있었다는 사실입니다. 따라서 수십 년이 지나가서도 그들의 작업은 여전히 참고할 가치가 있습니다. 황산서사(黃山書社)의 ≪안휘고적총서(安徽古籍叢書)≫ 중에 유성목(劉聲木)이 1929년 간행한 ≪동성문학 연원고(桐城文學淵源考)≫·≪동성문학 찬술고(桐城文學撰述考)≫3)가 있습니다. 이것은 전승(傳承)과 유별

---

3) 유성목(劉聲木) 찬(撰), 서천상(徐天祥) 점교(點校), ≪동성문학 연원 찬술고(桐城文學淵源撰述考≫(안휘고적총서(安徽古籍叢書))(합비(合肥) : 황산사서(黃山書社), 1989).

(流別)을 상세하게 보여 주고 있을 뿐 아니라 천 여 명의 작가에 대해서 모두 동시대 및 후세의 중요한 평론을 최대한 인용하고 그 출처를 밝혔으니, '학안(學案)'·'목록'·'색인'의 작용을 겸하고 있습니다. 비록 동성파의 영향을 지나치게 광범화한 잘못이 있기는 하나 자료 수집 및 운용의 풍부하고 엄밀함 때문에 여전히 동성파 내지 명·청 고문을 연구하는 데 중요한 참고가 됩니다.

오승학   1934년 상무인서관(商務印書館)에서는 송패위(宋佩韋)의 ≪명 문학사(明文學史)≫[4]와 전기박(錢基博)의 ≪명대 문학(明代文學)≫[5]을 동시에 출판하였는데, 자못 영향이 컸습니다. 전기박은 명대 시문에 대하여 상당히 높이 평가하여, 그것을 유럽의 문예 부흥에 견주어 한위(漢魏)·성당(盛唐) 문학의 진흥이라고 여겼습니다. 게다가 명대 하경명(何景明)·이몽양(李夢陽)의 복고에 대해서도 또한 비교적 높이 평가하였습니다. 그밖에 주작인(周作人)의 ≪중국 신문학의 원류(中國新文學的源流)≫[6]는 실제로는 명·청 시문에 대한 연구입니다. 청대 문학은 모두 2강이 있는데, 각각 팔고문(八股文)과 동성파를 토론하고 있습니다.

장 인   신문학 작가로써 팔고문을 말한 것은 매우 음미해 볼 가치가 있습니다.

오승학   금세기 30년대와 90년대에 두 차례에 걸쳐 팔고문을 연구하는

---

4) 송패위(宋佩韋) 찬(撰), ≪명문학사(明文學史)≫(상해 : 상무인서관, 1934 ; 상해 : 상해서점 (上海書店), 1991 영인본(影印本)).

5) 전기박(錢基博), ≪명대문학(明代文學)≫(대북 : 상무인서관, 1973).

6) 주작인(周作人), ≪중국 신문학의 원류(中國新文學的源流)≫(북경 : 인문서점(人文書店), 1932). 이 책은 우리 말로 번역되어 있다. 김철수(金喆洙) 역, ≪중국신문학사화(中國新文學史話)≫(서울 : 동화출판공사(同和出版公司), 1983).

붐이 형성되었습니다. 노전(盧前)은 1937년에 일찍이 ≪팔고문 소사(八股文小史)≫7)을 출판하였고, 송패위의 ≪명 문학사≫와 전기박의 ≪명대 문학≫은 모두 팔고문을 중시하여 별도의 장을 마련하여 연구하고 있습니다. 송패위는 팔고문이 명대 문인의 사상과 창작에 끼친 좋지 않은 영향을 매우 강조하였으나, 전기박은 팔고에 대한 태도는 비교적 부드러워 팔고문의 예술성에 대해서도 비교적 관심을 두었고, 또한 팔고는 성현을 대신하여 입언하였을 뿐 아니라 어떤 팔고문 중에는 강렬한 반민족 압박을 반대하는 정신이 반영되어 있는 것까지 주의하였습니다. 그밖에 주작인 등과 같은 문화인도 또한 팔고문 연구와 관련된 약간의 글을 쓰기도 하였습니다. 주작인은 한어(漢語)의 언어적 특징으로부터 팔고문을 연구할 것을 매우 강조하였고, 또한 팔고문의 예술성을 비교적 중시하였습니다.

조 홍 구학(舊學)의 배양과 신지식의 격동이 비교적 충분한 시기에는 학문의 풍격 또한 매우 다양화되어, 학자들은 스스로 수완을 발휘할 수 있는 조건을 갖추게 되었습니다. 방효악(方孝岳)의 ≪중국문학비평(中國文學批評)≫8)은 1934년에 출판되었는데, 그것이 귀유광(歸有光)의 ≪사기 평점(史記評點)≫에 대하여 "평점학에서 가장 뛰어나다(評點學最上乘)"라고 분석한 것은 사람들로 하여금 어떤 것이 전문가의 견해인가를 느끼게 합니다. 서무(舒蕪)는 이 책이 중인(重印)될 때 전언(前言)에서 자기와 같은 세대가 만약 성취를 보이려면 선배들의 몇 배 몇 십 배의 노력을 기울

---

7) 노전(盧前) 찬(撰), ≪팔고문 소사(八股文小史)≫(상해 : 상무인서관, 1933).

8) 방효악(方孝岳), ≪중국문학비평(中國文學批評)≫(≪중국문학팔론(中國文學八論)≫ : 7)(대북 : 청류출판사(淸流出版社), 1976 ; 상해 : 세계서국, 1934년 초판).

이지 않으면 안 되는데, 왜냐하면 "객관적 조건의 제약 또한 인정하지 않을 수 없는 것(客觀條件的限制也是不能不承認的)"이기 때문이라고 말하고 있습니다. 우리들이 5·60년대의 어떤 출판물들을 접하게 되면 이미 이러한 '제약'의 의미를 절실하게 느낄 수 있습니다.

장 인 건국 이래 당시 주류 관념의 영향을 받아 많은 문제들이 이야기되지 못하였습니다. 60년대에 출판된 등지성(鄧之誠)의 유저(遺著) 《청시기사초편(淸詩紀事初編)》9)은 이 시기 가장 가치가 있는 성과인 것 같습니다. 그것은 전중련(錢仲聯)이 주편한 《청시기사(淸詩紀事)》10)를 계발하였습니다. 또한 장순휘(張舜徽)의 《청인문집 별록(淸人文集別錄)》11) 역시 60년대에 편찬된 것이지만 등지성의 책과 마찬가지로 모두 다년간 누적된 성과입니다. 그것은 나중에 원행운(袁行雲)의 《청인시집 서록(淸人詩集叙錄)》12)을 계발하였습니다. 비록 하나는 학술을 주로 하고 하나는 창작을 주로 하여 착안점은 다르기는 합니다. 이러한 작업을 하려면 학술상에서 어느 정도의 희생 정신이 있어야 합니다. 비단 힘들게 읽고 널리 보아야 할 뿐만 아니라 "차가운 나무 걸상에 10년을 앉아야 하는(板凳要坐十年冷)" 적막감을 반드시 견뎌 내야 합니다. 이러한 학자들에 대하여 저는 충심으로 경의를 표합니다.

조 홍 이러한 한 시기에 몇몇 이용하기 편리한 자료 선편(選編) 및 구

---

9) 등지성(鄧之誠) 편찬(編撰), 《청시기사초편(淸詩紀事初編)》(전2책)(상해 : 상해고적출판사, 1984).

10) 전중련(錢仲聯) 주편, 《청시기사(淸詩紀事)》(전22책)(남경 : 강소고적출판사, 1987~1989년).

11) 장순휘(張舜徽), 《청인문집별록(淸人文集別錄)》(상·하)(북경 : 중화서국, 1963 ; 1980).

12) 원행운(袁行雲), 《청인시집서록(淸人詩集叙錄)》(전3책)(북경 : 문화예술출판사, 1994).

적(舊籍) 점교(點校)가 나왔습니다. 예컨대 1959년 인민문학출판사의 ≪중국근대문론선(中國近代文論選)≫13)은 시대와 유파에 따라 가경(嘉慶)·도광(道光) 이후의 작가들이 문학을 논한 시문을 선록하고 있는데, 만약 동성파의 연변(演變)·문필론(文筆論)의 유래 등의 문제를 고찰하려면 기본적인 실마리를 얻을 수 있습니다. 유대괴(劉大櫆)의 <논문우기(論文偶記)>·오덕선(吳德旋)의 <초월루 고문서론(初月樓古文緖論)>·임서(林紓)의 <춘각재 논문(春覺齋論文)>은 한 책으로 합쳐져 점교·출판되었습니다. 물론 글을 가려내고 점교한 사람의 전언(前言) 및 후기(後記) 중에 설명된 글, 예컨대 증국번(曾國藩)에 대한 성격 규정은 여전히 시대적인 제약을 엿볼 수 있습니다.

오승학   청대 시문 연구는 80년대 초가 되어서야 비로소 회복되기 시작하였습니다. 그것은 또한 근 20년 고대 문학 연구의 가장 개척성을 띤 영역 중의 하나라고 말할 수 있습니다. 1980년 ≪문학유산(文學遺産)≫이 막 복간될 때 곽소우(郭紹虞)는 "빠른 시일 안에 역량을 조직하여 전청시(全淸詩)·전청문(全淸文)·전청사(全淸詞)·전청곡(全淸曲) 등을 편집함으로써 일대의 문헌을 보존해야 한다(趕快組織力量編輯全淸詩·全淸文·全淸詞·全淸曲等等以保存一代的文獻)"라고 건의하였습니다. 소주대학(蘇州大學) 중문계(中文系)는 명청 시문 연구실을 만들고 '명청시문연구총간'을 편집·출판하였습니다. 1983년 말 ≪문학유산≫ 편집부와 소주대학이 연합하여 제1차 '전국 청시 토론회(全國淸詩討論會)'를 소주에서 거행하였습니다. 당시 가장 집중된 화제는 청시의 문학사상에서

---

13) 곽소우(郭紹虞)·나근택(羅根澤), ≪중국근대문론선(中國近代文論選)≫(북경 : 인민문학출판사, 1959).

의 지위였습니다. 하나의 의견은 청대는 시의 시대가 아니니 그것은 당·송과 다툴 수 없고 또한 동시대의 소설·희곡과도 함께 거론할 수 없다는 것이었습니다. 그러나 대다수의 의견은 수적으로 말하더라도 수많은 청시 작가와 작품의 풍부함은 당·송을 뛰어넘고 또한 전대를 뛰어넘는 새로운 성취가 적지 않다는 것이었습니다. 청대라는 특정한 역사환경은 청시에 전대미문의 사상 내용을 주입하였습니다. 예술 형식상 청대 시가는 유파가 많고 시학 연구가 깊어서 모두 전대와 견줄 바가 아닙니다. 많은 명가·대가의 우수한 작품은 전인에 비해 조금도 손색이 없을 뿐 아니라 일정한 정도의 발전과 초월이 있었다는 것입니다. 결론은 마땅히 청시는 중국 고전 시가의 종결단계의 비교적 높은 역사 지위를 지니고 있어야 한다는 것이었습니다. 80년대 이래의 청시 연구는 바로 이러한 인식의 기초에서 전개되어 나온 것입니다. 이후 ≪문학유산≫은 1984년 제2기에서 '청시토론전집(淸詩討論專輯)'을 열어 간행한 논문은 바로 소주 회의의 성과로서, 이러한 전집(專輯)의 영향은 상당히 커서 회의와 더불어 모두 신시기 청시 연구의 표지성(標識性)의 성과라고 말할 수 있습니다.

장 인 전중련과 그가 주관하고 있는 명청시문연구실은 일군(一群)의 청시 연구자들을 배양하여 또한 신시기 제1기 청시와 시학 연구의 성과에 공헌하였습니다. 여기에는 왕영지(王英志)의 ≪청인 시론 연구(淸人詩論硏究)≫[14]·배세준(裵世俊)의 ≪전겸익 시가 연구(錢謙益詩歌硏究)≫[15] 등이 포함되어 있습니다. 그 자신의 ≪몽

---

14) 왕영지(王英志), ≪청인 시론 연구(淸人詩論硏究)≫(남경 : 강소고적출판사, 1986).
15) 배세준(裵世俊), ≪전겸익 시가 연구(錢謙益詩歌硏究)≫(은천(銀川) : 영하인민출판사(寧夏

초암 시화(夢苕庵詩話)≫16)·≪몽초암 청대문학 논문집(夢苕庵淸代
文學論文集)≫17)·≪몽초암 전저 이종(夢苕庵專著二種)≫18)은 더욱
이 청대 시문을 연구하는 데 반드시 읽어야 할 참고서입니다.

조 홍   그가 주편한 ≪청시기사(淸詩紀事)≫는 5천여 명의 시인을 채록
하여 이 연구 영역의 문헌적 기초를 세웠고 공덕(功德)이 무량
(無量)한 작업입니다. 비단 자료가 풍부하고 상세하여 당·송 이
후 역대 시기사(詩紀事)의 배합(配合) 공정(工程)을 완성하였을 뿐
만 아니라 편집상 후대로 올수록 점점 정미합니다. 이러한 표
지성(標識性)의 성과가 세상에 알려지면서 전중련 선생을 중심으
로 한 청시 연구 대오 또한 점차 사람들의 주목을 끌기 시작하
였습니다. 이 방면에서 소주대학과 겨룰 수 있는 곳은 복단대
학 장배항(章培恒)이 이끄는 고적연구소(古籍硏究所)입니다. 그곳
또한 마찬가지로 일군의 젊은 학자들을 배출하였으니, 명대 시
문 연구에 중요한 공헌을 하였습니다. 특히 ≪전명시(全明詩)≫19)
와 ≪전명문(全明文)≫20)의 양대 작업은 그 의의가 중대합니다.
장배항 선생의 ≪홍승 연보(洪昇年譜)≫21)는 신시기 첫 번째의
고대 작가 연보의 역작이며, 이후 그는 또한 ≪신편 명인 연보
총간(新編明人年譜叢刊)≫22)을 주편하여 이미 여러 종을 출판하였

人民出版社), 1991).
16) 전중련(錢仲聯), ≪몽초암 시화(夢苕庵詩話)≫(제남(濟南) : 제로서사(齊魯書社), 1986).
17) 전중련(錢仲聯), ≪몽초암 청대문학 논집(夢苕庵淸代文學論集)≫(제남 : 제로서사, 1983).
18) 전중련(錢仲聯), ≪몽초암 전저 이종(夢苕庵專著二種)≫(북경 : 중국사회과학출판사, 1984).
19) 전명시편찬위원회(全明詩編纂委員會) 편, ≪전명시(全明詩)≫(상해 : 상해고적출판사, 1994).
20) 전백성(錢伯城)·위동현(魏同賢)·마장근(馬樟根) 주편(主編), ≪전명문(全明文)≫(상해 :
    상해고적출판사, 1992).
21) 장배항(章培恒), ≪홍승 연보(洪昇年譜)≫(상해 : 상해고적출판사, 1979).
22) ≪신편 명인 연보 총간(新編明人年譜叢刊)≫은 장배항(章培恒)의 주편하에 모두 4권이 상
    해 복단대학에서 출판되었는데, 그 내용은 다음과 같다. 제1권 정이혁(鄭利革) 저, ≪왕

는데 상당히 볼 만합니다.

오승학　오늘날 적지 않은 명대 시문과 관련된 연구 성과는 곧 장배항 선생의 수제자들의 손에서 나왔습니다. 장 선생이 주편한 ≪전명시≫는 현재 겨우 3책이 출판되었지만, 모두 출판되면 200책 정도가 된다고 합니다. 작업이 상당히 어렵고도 방대하지만 학계에 끼칠 공은 매우 클 것입니다. 장 선생님과 과제를 맡은 구성원의 작업은 절대로 "나무 걸상에 10년이 추운(板凳十年冷)" 정도가 아닐 뿐 아니라 수십 년 동안 몇 대의 학인들의 노력이 필요합니다. 학술계에 눈앞의 이익에만 급급한 풍조가 만연한 때에 그들의 집념과 희생 정신은 자못 비장감마저 깃들어 있으니 존경할 만합니다.

장　인　명·청 시문을 선택하여 연구 과제로 삼는 것은 곧 지구전을 할 준비를 해야 한다는 것을 의미합니다. 우리는 현재 이러한 학술 영역에 몸을 던진 젊은 학자들이 갈수록 점점 많아져서 앞 세대의 학자들에 비하더라도 젊은 학자들은 확실히 명·청 시문 연구를 중시하고 있음을 기쁘게 보게 되었습니다.

오승학　신시기 이래 학위 논문의 제목을 고찰해 보면 학술사 연구에 대하여 아마도 하나의 남다른 각도일 것입니다. 이러한 제목들은 앞 세대 학자들의 지도도 있고 또한 새로운 세대 학자들의 학술 추구도 있으니 학술의 새로운 동향과 학과 최전방의 문제를 비교적 반영할 수 있습니다. 우리나라의 제1기의 문과 박사의 수는 극히 적습니다. 그 가운데 명·청 시문을 연구하는 이

세정 연보(王世貞年譜)≫(1993), 제2권 전진민(錢振民) 저, ≪이동양 연보(李東陽年譜)≫(1995), 제3권 진정굉(陳正宏) 저, ≪심주 연보(沈周年譜)≫(1993), 제4권 진맥청(陳麥靑) 저, ≪축윤명 연보(祝允明年譜)≫(1996).

로는 마미신(馬美信)의 ≪만명 문학 신탐(晚明文學新探)≫[23]·배세
준의 ≪전겸익 시가의 예술특색(錢謙益詩歌的藝術特色)≫·조영기
(趙永紀)의 ≪청초 시가 연구(淸初詩歌硏究)≫[24]가 있습니다. 근년
에 명·청 시문 연구의 많은 중요한 성과는 모두 80년대 이후
배양된 박사 및 석사의 손에서 나온 것입니다. 예를 들면, 명·
청 시문의 통사(通史) 방면에서 몇 명의 박사의 저작으로 주칙
걸(朱則杰)의 ≪청시사(淸詩史)≫[25]·곽유명(霍有明)의 ≪청대 시가
발전사(淸代詩歌發展史)≫[26]·진서록(陳書錄)의 ≪명대 시문의 연변
(明代詩文的演變)≫[27]은 모두 각각 개척적인 성질을 띠고 있고, 공
동의 장점은 이론을 중시하는 깊이·계통성과 결구의 완정성
으로, 우리들로 하여금 명·청 시문의 주요 작가 및 유파에 대
하여 총체적으로 초보적인 이해를 갖게 합니다. 유파 연구의 방
면에서는 요가빈(廖可斌)의 ≪명대 문학 복고운동 연구(明代文學復古
運動硏究)≫[28]·조홍(曹虹)의 ≪양호문파 연구(陽湖文派硏究)≫[29]·오
조로(吳兆路)의 ≪중국 성령문학 사상 연구(中國性靈文學思想硏究)≫[30]
가 이미 출판되었고, 단계사(段階史)와 지구(地區) 문학사는 진건

<hr>

23) 마미신(馬美信), ≪만명 문학 신탐(晚明文學新探)≫(대북 : 성환도서발행(聖環圖書發行),
    1994).
24) 조영기(趙永紀)의 ≪청초 시가 연구(淸初詩歌硏究)≫는 그가 1993년 북경 광명일보(光明
    日報)에 발표한 <청초 시가(淸初詩歌)>라는 제목의 논문이 그 저본인 듯 함.
25) 주칙걸(朱則杰), ≪청시사(淸詩史)≫(남경 : 강소고적출판사, 1992).
26) 곽유명(霍有明), ≪청대 시가 발전사(淸代詩歌發展史)≫(대륙지구박사논문총간(大陸地區博
    士論文叢刊) : 80)(대북 : 문진출판사(文津出版社), 1994).
27) 진서록(陳書錄), ≪명대 시문의 연변(明代詩文的演變)≫(강소교육출판사, 1996).
28) 요가빈(廖可斌), ≪명대 문학 복고운동 연구(明代文學復古運動硏究)≫(상해 : 상해고적출
    판사, 1994).
29) 조홍(曹虹), ≪양호문파 연구(陽湖文派硏究)≫(북경 : 중화서국, 1996).
30) 오조로(吳兆路), ≪중국 성령문학 사상 연구(中國性靈文學思想硏究)≫(대륙지구박사논문
    총간 : 85)(대북 : 문진출판사, 1994).

화(陳建華)의 ≪14~17세기 중국 강절 지구 문학과 사회생활(十四至十七世紀中國江浙地區文學與社會生活)≫31)·요용준(饒龍隼)의 ≪명대 융경·만력간 문학사상 변화 연구(明代隆慶·萬曆間文學思想轉變研究)≫32)·정이화(鄭利華)의 ≪명대 중기 문학 발전과 도시 형태(明代中期文學演進與城市形態)≫33)가 있습니다. 동방출판사(東方出版社)에서 최근에 낸 일구문고(日晷文庫) '중국문학사연구계열(中國文學史研究系列)'은 근년의 고대 문학 박사논문 총서로서 모두 12권이며, 그 가운데 주명초(周明初)의 ≪만명 문사의 심태와 문학 공안(晚明士人心態及文學個案)≫34)·황탁월(黃卓越)의 ≪불교와 만명 문학 사조(佛教與晚明文學思潮)≫35)·장중모(張仲謀)의 ≪청대 문화와 절파시(淸代文化與浙派詩)≫36)의 명·청 시문을 연구한 3종류가 있습니다. 이러한 현상은 문제를 매우 잘 설명하고 있습니다.

조　홍　80년대 이후의 명·청 시문 연구를 회고해 본다면, 비록 총체적으로는 육조 및 당·송만큼 왕성하지는 않았지만 여전히 사람들의 주목을 끄는 자신만의 문제를 지니고 있습니다. 제가 보간(報刊)의 목록 색인을 한번 조사해 보니 총체적 인상은 명

---

31) 이 책은 진건화(陳建華)의 ≪중국 강절 지구의 14~17세기 사회의식과 문학(中國江浙地區十四至十七世紀社會意識與文學)≫(상해 : 학림출판사(學林出版社), 1992)이 잘못 표기된 듯함.

32) 요용준(饒龍隼), ≪명대 융경·만력간 문학사상 변화 연구(明代隆慶·萬曆間文學思想轉變研究)≫(중경(重慶) : 서남사범대학출판사(西南師範大學出版社), 1995).

33) 정이화(鄭利華), ≪명대 중기 문학 발전과 도시 형태(明代中期文學演進與城市形態)≫(부단대학박사총서)(상해 : 복단대학출판사, 1995).

34) 주명초(周明初), ≪만명 문사의 심태와 문학 공안(晚明士人心態及文學個案)≫(중국문학사연구계열 : 일구문고(日晷文庫))(북경 : 동방출판사, 1997).

35) 황탁월(黃卓越), ≪불교와 만명 문학 사조(佛教與晚明文學思潮)≫(중국문학사연구계열 : 일구문고(日晷文庫))(북경 : 동방출판사, 1997).

36) 장중모(張仲謀), ≪청대 문화와 절파시(淸代文化與浙派詩)≫(중국문학사연구계열 : 일구문고(日晷文庫))(북경 : 동방출판사, 1997).

대의 시문에서 사람들의 주목을 끄는 것은 만명(晚明)으로 주로 공안파(公安派) 및 만명(晚明) 소품(小品)에 집중되어 있고, 청시 방면에서 주목을 끄는 것은 전겸익(錢謙益)·오위업(吳偉業)·왕사진(王士禛)과 신운파(神韻派) 그리고 원매(袁枚)·조익(趙翼) 및 성령파(性靈派)에 집중되어 있으며, 청문(淸文) 방면에서는 동성파에 대해서 학자들의 관심이 비교적 많았습니다.

장 인 이는 확실히 명·청 시문 가운데 그 성취가 비교적 높은 부분입니다. 만명 문학 연구는 근대 이래로 하나의 전통이 있습니다. 만명은 사회적으로 거대한 변화가 일어난 시대로서, 명조(明朝)와 청조(淸朝)의 모순·농민 봉기와 상술한 두 방면의 모순·열사와 환관·간신들의 이른바 청류(淸流)·탁류(濁流)의 모순·유민(遺民)과 이신(貳臣)의 모순 등…… 거대한 변화와 복잡한 인간 관계는 그 시대로 하여금 중국 고대 사회 의식과 심리 상태가 가장 복잡한 시기가 되도록 하였으며, 독서인의 운명과 선택 또한 그 시기에 가장 어렵고 무겁게 표현되었습니다. 그렇기 때문에 문화인들이 왕조가 바뀌고 이민족이 침입하는 상황을 맞닥뜨리면서 매우 자연스럽게 만명의 역사와 문학에 대하여 공감할 수 있었고, 만명의 역사 어경(語境) 중에서 찾고 기탁하였던 것입니다. 유아자(柳亞子)에서 사국정(謝國楨)에 이르는 만명 연구는 의식의 깊은 곳에 모두 이러한 콤플렉스를 가지고 있는 것은 아닐까? 저는 제멋대로 생각해 보았습니다. 고염무(顧炎武)·황종희(黃宗羲)를 대표로 하는 고전 지식인들의 문화적 품격(品格)에 이르러서는 더욱 오늘날 근·현대 지식인들의 문제를 연구하는 데 마땅히 출발점으로 삼아야 합니다. 어떠한 방면으로 보더라도 명·청 교체기는 모두 역사적으로 극히 매

력적인 시기로서, 당시의 시문 창작은 아마 명·청 양대의 성
취가 가장 높은 시기일 것입니다. 저의 마음 속의 청대 10대
시인 중의 다섯 사람, 진내건(陳乃乾)의 ≪청명 가사(淸名家詞)≫[37]
100인 중의 33인, 4대 고전 명극(名劇) 중의 2편, 저명한 문언소
설집인 ≪요재지이(聊齋志異)≫와 ≪우초신지(虞初新志)≫[38] 그리
고 가장 걸출한 소설 비평가 김성탄(金聖嘆)·장죽파(張竹坡), 가
장 걸출한 시론가 왕사진(王士禛)·섭섭(葉燮) 등이 모두 이 시기
에 속합니다. 또한 소품문과 민가·산곡도 있습니다.

오승학　제가 주목한 하나의 흥미있는 현상은, 최근 현대 문학 연구자
들이 비교적 명·청 문학에 관심을 가지기 시작하였다는 것입
니다. 예컨대 조원(趙園)은 ≪명·청 교체기 사대부 연구(明·淸之
際士大夫硏究)≫[39]를 출판하였습니다. 진평원(陳平原) 또한 팔고
문·소품문에 관한 연구 논문을 쓴 적이 있습니다. 주작인은
일찍이 만명 문학 운동과 '5·4' 이후의 신문학운동을 비교하
여 "두 차례의 주장과 추세는 거의 다 서로 같다(兩次的主張和趨
勢, 幾乎都很相同)"라고 하였습니다. 근년에 장복귀(張福貴)와 유중
수(劉中樹)의 <만명 문학과 '5·4' 문학의 시차와 이질(晩明文學與
"五四"文學的時差與異質)>은 한 걸음 더 나아가 두 차례 운동의 연
계와 차이를 밝히고 있습니다. 주덕발(周德發)의 <중국문학 : 고
전에서 현대로(中國文學 : 從古典走向現代)>는 만명을 고전 문학이
현대문학으로 전변되어 가는 발단으로 보고 있습니다. 이러한
연구들은 단순히 고대 문학사 범위 내에서 명·청 문학을 연구

---

37) 진내건(陳乃乾), ≪청명 가사(淸名家詞)≫(상해 : 상해서점, 1982).
38) 청(淸) 장산래(張山來) 찬(撰).
39) 조원(趙園), ≪명·청 교체기 사대부 연구(明·淸之際士大夫硏究)≫(학술사총서(學術史叢
　　書))(북경 : 북경대학출판사, 1999).

하는 것에 대하여 하나의 초월입니다. 그것은 명·청 문학을 지금가지의 문학사 중의 한 고리이며 또한 아직도 작용을 발생하고 있는 문학사의 현상이라고 보고 있습니다. 이것은 곧 명·청 문학 연구를 위하여 새로운 동력을 불어넣어 주고 새로운 시각을 제공한 것입니다. 현대 문학 연구자의 참여는 명·청 시문 연구에 대하여 하나의 큰 촉진제인 것입니다.

장 인 문학 전통은 끊임없이 대대로 계승·발전되는 것입니다. 지금 사람의 혈관 안에는 옛 사람의 피가 흐르고 있고, 현대 문학중에도 또한 고대 문학의 원인을 지니고 있습니다. 임어당(林語堂)·주작인의 창작과 만명 문학의 혈연 관계는 곧 매우 분명합니다.

오승학 적지 않은 현대 작가들은 '5·4'의 산문 창작과 만명 소품문 사이에는 혈연 관계가 있다고 생각합니다. 예컨대 주작인은 현대의 산문 소품은 명대의 공안(公安)·경릉(竟陵) 두 유파에서 비롯되었다고 인정하였습니다. 30년대 중국 문단은 일찍이 한 차례 만명 소품의 열기가 있었습니다. 임어당 등은 ≪논어(論語)≫·≪인간세(人間世)≫에서 적극적으로 원중랑(袁中郎 : 宏道) 등의 소품문을 추숭하였으며, 욱달부(郁達夫)·아영(阿英)·시칩존(施蟄存)·유대걸(劉大杰) 등의 작가들이 무리를 지어 호응하였고 또 적지 않은 만명 소품문집을 출판함으로써 한바탕 노신(魯迅)의 참여를 포함한 만명 소품 및 소품문에 관한 논쟁을 불러 일으켰습니다. 다만 당시의 문화적 환경에서는 이러한 논쟁들은 심기가 온화한 순수한 학술 토론은 아니었습니다.

조 홍 20세기의 중국에서 소품이 "열기를 발한" 것은 한 번에 그치지 않았고, 매번 모두 특정한 시대의 문화적 흐름과 관계가 없지 않았습니다. 오승학은 <만명 문학 연구(晚明文學硏究)>에서 90년대의 새로운 '소품열(小品熱)'의 원인은 원래 사람들의 사상과 심미 관념을 속박하는 이데올로기의 형태가 점점 옅어지고 맹목적으로 문학상의 숭고함을 추구하는 시대의 유행도 또한 이에 따라 변화되고 사상의 해방과 물질 생활의 개선에 따라서 세속화와 한적화(閑適化)의 문학이 또 사람들의 사랑을 받게 되는 데 있다고 지적하였습니다. 이것은 우리들이 고대 문학의 현대적인 운명을 고찰하는 데 계발하는 바가 있습니다.

오승학　동성파는 명·청 산문 연구 중의 또 하나의 초점임은 의심할 여지가 없습니다. 동성파는 청대 산문의 대표로서, 100년 이래 평가는 차이가 매우 크고, 또한 아마도 청 시문 연구 중에서 논쟁이 가장 분분한 분야일 것입니다. ≪문학평론(文學評論)≫ 1997년 제4기에 주중명(周中明)의 <동성파 및 근 100년 이래 그에 대한 평론에 관하여(關於桐城派及近百年來對它的評論)>에서 이에 대하여 비교적 전면적인 개술을 하고 있습니다. 그는 금세기 동성파에 대한 평가를 자산계급 개량주의와 신해혁명(辛亥革命) 시기·'5·4' 운동 및 3~40년대·5~60년대·80년대 이후의 네 시기로 나누었습니다. 동성파 연구의 학술사는 매우 전형적으로 100년 이래의 학술 연구의 기구한 역정을 반영하고 있습니다.

조　홍　동성파 고문과 시문의 관계에 관하여는 60년대 초의 전중련(錢仲聯)·단희중(段熙仲) 등의 학자들의 변론에서 이미 이 문제의 토론을 선도하여 깊이 들어간 경향이 있었습니다. 다만 동성파가 시문(時文)을 가지고 고문을 지었다고 단정하거나 아니면 시문(時文)의 영향을 단지 그 숨결에 약간 물들었을 뿐이라고 한

정시키고 고문은 스스로 고문이라고 주장하든지 간에 그 당시의 학술계는 거의 모두 절대적인 가치의 예설(預設) 곧 시문(時文)은 결국 좋은 글이 아니라는 것을 묵인하고 있었던 것 같습니다. 만약 평가 척도의 파악에서 좀 더 관용할 수 있다면 과거와 문학의 연관에서 더욱 실질적으로 문제를 파고드는 데 유리할 수 있을 것입니다. 80년대 이래 이러한 시기(時機)는 갈수록 성숙되었다고 말할 수 있습니다. 제가 주목하는 것은 팔고문은 90년대 이래로 또 한 차례 명·청 시문 연구의 열띤 주제가 되었다는 것입니다. 그러나 대다수는 과거 제도와 그것의 중국 문화에 대한 영향이라는 측면에 착안하였고 팔고문 자체에 대해서는 간략하게 언급한 것에 불과하고, 노전(盧前)의 ≪팔고문 소사(八股文小史)≫40)와 같은 체계적인 연구는 여전히 매우 적었습니다.

오승학 근년의 팔고문 연구는 진정으로 수준에 으른 것은 많지 않습니다. 비교적 영향이 있는 전저(專著)로는 계공(啓功)·장중행(張中行)·김극목(金克木)이 공저한 ≪팔고를 논함(說八股)≫41)이 있는데, 세 분 선생의 학술 수필의 합집(合集)입니다. 그들은 팔고에 대하여 이해가 비교적 깊으니 손가는 대로 집어내고 붓가는 대로 흥취를 이루고 있지만, 어떤 점들은 이것을 구실로 삼아 자신의 생각을 발표한 것입니다. 등운향(鄧雲鄕) 선생의 ≪청대 팔고문(淸代八股文)≫42)은 좀 더 근엄하고 전면적입니다. 근년에 또 해남출판사(海南出版社)에서는 전계림(田啓霖)이 편주(編注)한 팔고

---

40) 노전(盧前), ≪팔고문 소사(八股文小史)≫(상해 : 상무인서관, 1933).

41) 계공(啓功)·장중행(張中行)·김극목(金克木), ≪팔고를 논함(說八股)≫(북경 : 중화서국, 1994).

42) 등운향(鄧雲鄕), ≪청대 팔고문(淸代八股文)≫(북경 : 인민대학출판사, 1994).

문 선집 ≪팔고문관지(八股文觀止)≫43)가 출판되었는데 애석하게도 단구(斷句)와 주해(注解)의 잘못이 적지 않습니다. 주목할 만한 가치가 있는 것은 오히려 문체학(文體學) 각도에서 팔고와 기타 문체의 관계를 연구한 것입니다. 전종서(錢鍾書)의 ≪담예록(談藝綠)≫에서는 일찍이 팔고문과 희곡의 관계를 언급한 바 있고, 근년의 ≪문학유산≫에서도 역시 팔고문과 명·청 희곡에 관한 황강(黃强)의 글과 팔고문법(八股文法)과 시학 관계에 관한 장인(蔣寅)의 논문이 발표된 적이 있는데 모두 흥미 있는 탐색입니다. 그러나 이러한 연구는 여전히 너무 적습니다. 문제는 난이도가 상당히 높다는 것입니다. 예컨대 팔고와 고문의 관계에서 어떤 사람은 고문으로써 팔고의 품격을 높였지만, 어떤 사람은 고문을 짓는 데 도리어 팔고의 영향을 받았습니다. 이러한 것들은 반드시 대량의 실증적인 예로 설명해야 할 것입니다. 만약 고문과 팔고문법에 대하여 깊이 있는 이해가 있지 않는다면 단지 이론에서 이론에 이르는 공담(空談)일 수밖에 없을 것입니다.

조　홍　팔고가 기타 문체의 창작에 스며든 정황은 아마 이야기할 만한 것은 모두 표면적인 것이 아닐 것입니다. 적지 않은 작가의 문장 학습의 경력은 먼저 10여 년 동안 시문(時文)을 배우고 난 후에 고문을 배우고, 고문가가 된 후에도 시문(時文)에 대한 수양은 던져두기는 하되 버리지는 않은 것 같습니다. 성취가 있는 작가들은 버리고 취하 할 때도 또한 진부한 것을 신기(神奇)하게 변화시킬 수 있었기 때문에 풍격상의 변석(辨析)을 하기가

---

43) 전계림(田啓霖), ≪팔고문관지(八股文觀止)≫(길림(吉林) : 해남출판사(海南出版社), 1994).

쉽지 않습니다.

오승학 팔고문 연구의 어려움은 확실히 상당히 큽니다. 그것은 일정한 형식상의 규범이 있지만, 또 시·사·곡의 형식처럼 이해하기 쉽지 않고, 형식 자체가 비교적 복잡하면서도 또한 역사적인 연변 과정도 있습니다. 현재 팔고문에 대한 연구는 비교적 공허하여, 대다수는 단지 문화의 각도에서 외부적 연구를 진행하여 팔고문의 문체 체제에 깊이 들어가지 못하고 있습니다. 팔고문의 형태·결구와 기법에 대해서는 그렇게 잘 알지는 못한 채 단지 전인들의 약간의 설에 근거하여 연역할 뿐입니다. 근년에 제가 고대 문체사(文體史)의 연구에 종사하면서 또한 시간을 좀 들여 팔고문을 읽고 있습니다만, 지금가지도 여전히 안개 속에서 꽃을 보는 것과 같은 느낌입니다. 기존의 연구 성과를 참고해 보면 왕왕 이해하지 못한 곳에 대해서는 그들도 여전히 빠뜨린 채로 남겨 두고 있습니다.

조 홍 연구의 초급 단계에서는 어떠한 연구라도 모두 의의가 있을 것이며 성과를 쌓아 나갈 수밖에 없을 것이라고 저는 생각합니다. 외부 연구를 말한다면, 우선 팔고와 전통 문학 각 부문의 관계를 정리하는 것도 또한 필요하지 않을까 생각합니다. 예를 들면 팔고 평점과 명·청 문학 비평의 관계는 하나의 중요한 문제입니다.

장 인 평점은 원래 고대 문학 비평의 중요한 방식으로, 현재 여러 사람들이 문장을 쓸 때 옛 사람들의 평어(評語)는 인용하기 좋아하지만, 그들의 평점을 연구하려고 생각하는 사람은 것의 없습니다. 일본 학자 고진효(高津孝)는 일찍이 <평점고(評點考)>를 발표하여, 문헌학에서 착수하여 평점의 기원을 연구하였는데 매우 의의가 있습니다. 저는 오(吳) 선생님 또한 평점 방식의 기원과 남송(南宋)의 문학 평점에 관한 논문을 쓴 적이 있다고 기억하는데 참으로 반가웠습니다. 팔고문에 대한 해외의 연구 상황은 어떠한지 모르겠습니다.

오승학　팔고문에 대한 해외의 연구 또한 상당한 성과가 있습니다. 대만에서는 증백화(曾伯華)가 지은 ≪팔고문 연구(八股文研究)≫[44]가 있고, 증영의(曾永義) 선생이 지도한 박사 정방진(鄭邦鎭)은 ≪명대 전기 팔고문 구조 연구(明代前期八股文形構研究)≫[45]를 박사 논문으로 하였는데, 매우 세밀하여 팔고문의 구식(句式)·결구(結構)의 연원 및 유변에 대하여 상당히 착실한 연구를 하였습니다. 그의 동학 매가령(梅家玲)의 <팔고문의 연원을 논함(論八股文的淵源)>이란 글은 팔고문이 당·송 고문에서 기원했다고 하였는데, 관점이 매우 참신하여 주목할 만한 가치가 있습니다. 홍콩에서는 광건행(鄺健行)이 팔고문 연구에 관련된 약간의 논문을 발표한 적이 있습니다. 몇몇 자료 소개에 따르면 일본 학자들도 이 방면에서 또한 약간의 성과가 있다고 합니다.

장　인　시가 창작은 상대적으로 말한다면 명·청 시문 연구 중의 중심이 있는 것입니다. 청시사(淸詩史)는 지금까지 이미 네 부(部)가 출판되었으며 나중에 나온 것이 점점 정밀한 것 같습니다. 다만 왕영지(王英志)가 명·청 절구(絶句)·성령파(性靈派)·수원(隨園) 여제자(女弟子)·산수시(山水詩)의 전제(專題) 연구를 수행한 것과 같은 성과는[46] 아직도 비교적 적습니다. 만약 일군의 학자들이

---

44) 증백화(曾伯華), ≪팔고문 연구(八股文研究)≫(중화문화총서(中華文化叢書))(대북 : 문정출판사(文政出版社), 1970).
45) 정방진(鄭邦鎭), ≪명대 전기 팔고문 구조 연구(明代前期八股文形構研究)≫(대북 : 1987).
46) 왕영지(王英志)의 저서에는 다음과 같은 것들이 있다. ≪청인 시론 연구(淸人詩論研究)≫

　　　　서로 다른 전제(專題)의 계열 연구를 꾸준히 해 나갈 수 있다면
　　　　명·청 시문 연구는 매우 빠르게 현저한 진보를 이룰 수 있을
　　　　것입니다.

조　홍　명·청 시문의 범위 내에서 수행한 단대(斷代) 분체(分體) 연구는
　　　　확실히 청시사(淸詩史)의 성과가 상대적으로 집중되어 있습니다.
　　　　최근 출판된 엄적창(嚴迪昌)의 ≪청시사(淸詩史)≫47)는 사적(史的)
　　　　서술의 틀에서 더욱 포용성을 띠고 있어서 이미 주선(主線) 맥
　　　　락의 발현에 만족하지 않고 있습니다. 청시의 역사적 지위는
　　　　이미 갈수록 긍정적인 논증을 얻고 있습니다. 이것은 이미 오
　　　　랫동안 답습하여 왔다는 인상을 바꿀 수 있음을 설명해 줍니
　　　　다. 다시 사부(辭賦)를 예를 든다면, 어떤 사람은 부(賦)는 한대(漢
　　　　代)에 성행하였다고 하고 어떤 사람은 당대에 성행했다고 하지
　　　　만, 결국 명·청에 이르러서는 거의 쇠퇴하여 종전에는 모두
　　　　좀 등한시하는 것 같습니다. 그러나 근년에 간행된 곽유삼(郭維
　　　　森)·허결(許結)이 공저한 ≪중국 사부 발전사(中國辭賦發展史)≫48)
　　　　는 힘든 정리를 통하여 명·청 사부의 독창성에 대하여 많은
　　　　것을 밝혀내었고, 이것은 연구 상황이 크게 바뀌게 하였습니다.

장　인　명·청 양대는 문학 비평이 장족의 진보를 한 시기이고, 학계
　　　　에서도 명·청 시문 비평에 대하여는 역시 중시하고 있습니다.

(남경 : 강소고적출판사, 1986). ≪청인 절구 오십가 철영(淸人絶句五十家綴英)≫(태원(太
原) : 산서인민출판사, 1986). ≪명인 절구 삼십가 상평(明人絶句三十家賞評)≫(합비(合
肥) : 황산서사(黃山書社), 1991). ≪원매와 수원시화≫(袁枚與隨園詩話)(상해 : 상해고적
출판사, 1990). ≪원매 시선(袁枚詩選)≫(정주(鄭州) : 중주고적출판사(中州古籍出版社),
1993). ≪성령파 연구(性靈派硏究)≫(중국고대문학유파연구총서(中國古代文學流派硏究叢
書)), (심양(瀋陽) : 요녕대학출판사(遼寧大學出版社), 1998).
47) 엄적창(嚴迪昌), ≪청시사(淸詩史)≫(장춘(長春) : 길림문사출판사(吉林文史出版社), 1994).
48) 곽유삼(郭維森)·허결(許結), ≪중국 사부 발전사(中國辭賦發展史)≫(남경 : 강소교육출판
　　사, 1996).

그러나 (시간과 인력의) 투입은 매우 평형을 이루지 못하고 있습니다. 시화(詩話) 연구자는 비교적 많지만 문화(文話)는 다른 사람이 거의 없습니다. 청대의 시문평(詩文評) 저작은 특히 많은데, 장인팽(張寅彭)과 제가 조사한 바에 의하면 세상에 전해지고 있는 청시화(淸詩話)는 800여 종이 됩니다. 문집 가운데도 또한 대량의 단편 논문이 들어있는데 그 중의 대부분은 언급한 사람이 없습니다. 이것은 비평사 연구가 비교적 높은 수준에 도달했음을 보증하기 매우 어려운 점입니다. 이 계제에 한 마디 더 한다면, 저는 비평사 연구는 이미 매우 충분하므로 고대 문론 연구는 마땅히 주의력을 이론의 천석(闡釋)에 집중해야 한다는 주장에 대하여 그렇게 동의하지 않습니다. 명·청 양대의 문론과 비평의 연구는 제가 보기에 아직도 막 걸음을 시작하여 대량의 문제들은 아직 연구·검토를 기다리고 있습니다. 가장 뚜렷한 것은 시격(詩格)·시법(詩法)과 같은 저작입니다. 우리들은 항상 사람들이 중국 시문평은 모두 자질구레한 인상식의 비평이라고 말하는 것을 듣게 됩니다. 그러나 도리어 그렇게 많은 시격·시법들이 모두 내용이 완정하고 조리가 정연한 계통적인 저작이라는 것에는 주의하지 않습니다. 예로부터 이러한 저작은 어린이의 읽을거리로 여겨져 중시받지 못했으며, 조금이라도 식견을 갖춘 시론가들은 모두 그러한 것을 하는 것을 대수롭게 여기지 않았습니다. 그러나 바로 이러한 궁벽한 시골의 지식인들의 손에서 나온 계몽적인 읽을거리가 점차 고전 시학 체계의 정리와 수립을 완성시킨 것입니다. 이 점은 아직도 당연히 받아야 할 중시를 받지 못하고 있습니다. 최근 ≪이십사시품(二十四詩品)≫의 진위(眞僞)가 토론에서 불러일으킨 원(元)·명

(明) 시법(詩法)·시격서(詩格書)에 대한 조사는 이미 적잖은 수확을 가져 왔으며, 시학사(詩學史)의 많은 문제가 새로이 인식될 것입니다.

조 홍　　문화(文話)는 수적으로는 시화(詩話) 만큼 많지는 않지만 문장(文章) 선본(選本)과 문화(文話)의 유행은 항상 어떤 시기 혹은 어떤 지역과 집단의 문학적 기풍을 선명하게 반영할 수 있으니, 선본(選本)과 문화(文話)의 연구 가치는 의심할 여지가 없습니다. 명·청 시화는 이미 비교적 훌륭한 전편(全編) 혹은 선편본(選編本)이 출판되었고, 장인(蔣寅)의 ≪청시화 일서고(淸詩話佚書考)≫ 또한 매우 의의가 있습니다. 문화(文話)에 관련된 조사와 정리는 학계는 충분하게 중시하지 않은 것 같습니다. 이것은 산문사(散文史)의 연구에 대하여 큰 유감입니다. 현재 단지 왕수조(王水照)만은 비교적 많은 자료를 수집한 것 같습니다만 그것들이 조속히 출판될 수 있기를 바랍니다. 부화(賦話)의 정리도 역시 시작이 비교적 늦어서 하패웅(何沛雄)이 편저한 ≪부화6종(賦話六種)≫49)은 청인의 부화(賦話) 4종을 뽑아 수록하고 있습니다. 주석(注釋)이 있는 것도 또한 겨우 ≪우촌부화(雨村賦話)≫50)·≪부개(賦槪)≫ 등 몇 종만 있을 뿐입니다. 듣건대 부화(賦話) 전편(全編)의 작업은 이미 진행 중에 있다고 합니다. 만약 이러한 문헌들이 빨리 출판될 수 있다면 명·청 산문 및 사부에 대한 연구도 매우 크게 촉진될 것이라고 믿고 있습니다.

오승학　　근년에 학자들은 명·청 시문과 사상·학술을 결합하여 연구

---

49) 하패웅(何沛雄) 편저, ≪부화6종(賦話六種)≫(홍콩 : 생활독서신지(生活讀書新知), 1982).
50) 이우촌(李雨村) 저·첨항륜(詹杭倫)·심시용(沈時蓉) 교증(校證), ≪우촌부화교증(雨村賦話校證)≫(대북 : 신문출판사(新文出版社), 1993).

하는 데 주의하기 시작하였습니다. 마적고(馬積高)는 이 방면에서 비교적 대표성을 띠고 있습니다. 그의 ≪송명 이학과 문학(宋明理學與文學)≫[51]·≪청대 학술 사상의 변천과 문학(淸代學術思想的變遷與文學)≫[52]은 모두 비교적 계통적인 연구입니다. 그밖에 손지매(孫之梅)의 ≪전겸익과 명말 청초 문학(錢謙益與明末淸初文學)≫[53] 같은 것도 또한 문화 연구의 각도에서 전겸익의 정치·종교·학술과 문학 등 각 방면의 문제를 탐구 토론하고 있습니다. 관련 저작으로는 또한 요가빈(廖可斌)의 <당송파와 양명 심학(唐宋派與陽明心學)>[54]·좌동령(左東嶺)의 ≪이지와 만명 문학사상(李贄與晩明文學思想)≫[55] 등이 있습니다. 그밖에도 문인들의 심태(心態)와 창작의 관계도 또한 연구되기 시작하였습니다. 예를 들면 주명초(周明初)의 ≪만명 문사의 심태와 문학 공안(晩明士人心態及文學個案)≫ 등이며, 논문으로는 하함순(夏咸淳)의 <만명 문사와 시민 계층(晩明文士與市民階層)>[56] 등이 있습니다.

조　홍　청대 사상 의식의 특징에 관해서는 근래 수십 년 이래 사학계(史學界)에서 탁월한 연구 성과가 있었습니다. 예를 들면 여영시(余英時)의 ≪선비와 중국문화(士與中國文化)≫[57]는 유교(儒敎)와 근

---

51) 마적고(馬積高), ≪송명 이학과 문학(宋明理學與文學)≫(장사(長沙) : 호남사범대학출판사(湖南師範大學出版社), 1989).

52) 마적고(馬積高), ≪청대 학술 사상의 변천과 문학(淸代學術思想的變遷與文學)≫(장사 : 호남출판사(湖南出版社), 1996).

53) 손지매(孫之梅), ≪전겸익과 명말 청초 문학(錢謙益與明末淸初文學)≫(제남 : 제로서사, 1996).

54) 요가빈(廖可斌), <당송파와 양명 심학(唐宋派與陽明心學)>(≪문학유산(文學遺産)≫ 1996년 제3기).

55) 좌동령(左東嶺), ≪이지와 만명 문학사상(李贄與晩明文學思想)≫(천진 : 천진인민출판사, 1997).

56) 하함순(夏咸淳), <만명 문사와 시민 계층(晩明文士與市民階層)>(≪문학유산(文學遺産)≫ 1994년 제2기).

세 상인 윤리의 문제를 토론할 때 청인이 편찬한 묘지명(墓誌銘) 등의 재료를 이용하여 청인의 사상 의식 중에서 유학 전통에 새로운 동향이 있었다는 것을 설명하였습니다. 만약 우리들이 고문가들의 창작 곧 묘지명과 같은 체류(體類)에 명·청인들의 수중에서 어떤 새로운 내용이 나타나는가를 고찰하려면, 사상 사의 연구에서 계발을 얻을 수 있을 것입니다. 사상사 혹은 학 술사상의 학파에 대한 연구는 왕왕 문학 유파의 연구를 촉진할 수 있습니다. 60년대 초 장순휘(張舜徽)의 ≪청대 양주학기(淸代揚 州學記)≫58) 및 근년에 중국에 소개된 미국 학자 엘만(Elman, Benjamin A., 1946~)의 ≪경학·정치와 종족—중화 제국 말기의 상주 금문학파 연구(經學·政治和宗族—中華帝國晚期常州今文學派研究)≫59) 는 대표로 삼을 만합니다. 예를 들어 말한다면, 고문가 운경(惲 敬)의 <삼대인혁론(三代因革論)>을 왕선겸(王先謙)은 ≪속고문사류 찬(續古文辭類纂)≫60)에 뽑아 넣고 찬(贊)에서 "고금을 융회관통하 고 치체(治體)에 통달해야 비로소 이러한 위대한 글을 쓸 수 있 다.(融通古今, 通達治體, 方能爲此大文)"라고 하였습니다. 평가가 비록 높기는 하지만 도리어 사람들로 하여금 공허함을 느끼게 합니 다. 그러나 애이만(艾爾曼)은 한 걸음 더 나아가 작가는 고문가 의 도덕적 열정을 가지고 있기도 하고 금문(今文) 경학(經學)의

---

57) 여영시(余英時), ≪선비와 중국문화(士與中國文化)≫(중국문화사총서(中國文化史叢書))(상 해 : 상해고적출판사, 1987).

58) 장순휘(張舜徽), ≪청대 양주학기(淸代揚州學記)≫(상해 : 상해인민출판사, 1962).

59) 엘만(Elman, Benjamin A.)·조강(趙剛) 역(譯), ≪경학·정치와 종족—중화 제국 말기의 상주 금문학파 연구(經學·政治和宗族—中華帝國晚期常州今文學派研究)≫(남경 : 강소인 민출판사(江蘇人民出版社), 1998). 원저의 제목은 ≪Classicism, politics, and kinship the Chang-chou school of new text Confucianism in late imperial China≫이다.

60) 왕선겸(王先謙) 집찬(輯纂), ≪속고문사류찬(續古文辭類纂)≫(대북 : 광문서국(廣文書局), 1961).

통경치용(通經致用)의 학술 정신도 지니고 있다고 지적하였으니, 이러한 분석은 원작의 장점을 확실시킨 것입니다.

오승학　다만 명·청 시문과 사상사·문화사의 관계를 연구하는 데는 다른 하나의 함정에 빠져드는 것을 방지해야 합니다. 최근에 적지 않은 학자들이 대문화(大文化)의 배경에서 관조하는 데 중점을 두어, 사상·과거 등 다양한 문화 현상에서 연구하여 명·청 사인(士人)들의 심리 상태를 보여주고 있습니다. 이것은 물론 하나의 연구 방법임에는 틀림없지만, 동시에 또한 문건 연구를 강화하고 문학 내부의 연구를 강화해야 할 것입니다. 이전에 단지 정치·경제의 각도에서 문학을 연구한 것은 본래 외부 연구였고, 현재의 이러한 문화 연구는 문학에 대하여 말한다면 또한 똑같이 일종의 외부 연구입니다. 문학 연구는 결국 문학 자체로 돌아가야 합니다. 문화 연구의 기풍이 새로운 수법이 되어 '문화를 읊는(賦得文化)' 식의 연구가 되는 것은 마땅히 피해야 할 것입니다.

장　인　이상으로 우리들은 대체적으로 국내의 상황을 회고해 보았습니다. 그렇다면 해외의 명·청 시문의 연구 상황은 어떻습니까? 저는 명·청 시문 방면에서, 국외의 성과에 대한 학계의 소개는 육조 및 당·송만 훨씬 못하다고 생각합니다. 아서·웨일리(Arthur Waley, 1890~966)의 ≪원매 : 18세기의 중국 시인(Yuan Mei : Eighteenth Century Chinese Poet)≫은 일본에서 1992년 회문당서점(滙文堂書店)에서 송본행남(松本幸男)의 일역본(日譯本)이 출판되었는데, 중역본(中譯本)은 없으며 심지어 이 책을 아는 사람도 매우 적습니다.

오승학　우리들은 대만·홍콩 지역과 국외의 명·청 시문의 연구에 대하여 확실히 이해가 부족합니다. 대만의 중산대학(中山大學)에서는 매년 '청대 학술 연토회(淸代學術硏討會)'를 개최하고 아울러 연토회 논문집을 출판하는데, 그 가운데는 적지 않은 것이 청대의 시문 연구의 성과입니다. 그들은 또한 ≪청대 학술 연구 통신(淸代學術硏究通訊)≫을 편집하여 대만 지역의 청대 학술 연구를 이해하는 데 많은 도움이 됩니다. 특히 이 학술지의 <대만 지구 청대 문학 연구 박석사 논문 제요(臺灣地區淸代文學硏究博碩士論文提要)> 부분은 더욱 참고할 가치가 있습니다. 해외의 이 방면에 대한 성과 중에서 저에게 가장 깊은 인상을 심어준 것은 공구서의 편찬입니다. 예를 들면, 명대 연구 방면에는 일본 학자 산근행부(山根幸夫)의 ≪명대사 연구 문헌 목록(明代史硏究文獻目錄)≫·≪증정 일본 현존 명인 문집 목록(增訂日本現存明人文集目錄)≫과 일본 경도대학(京都大學) 인문과학연구소(人文科學硏究所)에서 편찬한 ≪황명문해 색인고(皇明文海索引稿)≫·≪황명문해 찬문자명 색인(皇明文海撰文者名索引)≫·대만 국립중앙도서관에서 편찬한 ≪명인전기자료색인(明人傳記資料索引)≫ 등의 공구서는 모두 명대 시문을 연구하는 데 매우 큰 도움을 제공합니다.

조 홍 하나의 학과(學科)를 세우는 데는 결국 많은 힘을 들여 기본적인 문헌 정리 작업을 해야 합니다. 당대 문학 연구가 20년 내에 신속하게 현저한 성과를 거둘 수 있게 된 데는 문헌 정리의 풍부한 성과와 떼어놓을 수 없습니다. 일본 학자들의 연구는 모두 전제 문헌 목록·색인에서 시작하여 많은 대학자들이 모두 색인을 편찬한 적이 있으니, 평강무부(平岡武夫)가 편찬한 당대 문헌 색인은 곧 우리들이 항상 사용하고 있습니다. 청대는 서촌원조(西村元照)가 편찬한 ≪일본 현존 청인 문집 목록(日本現

存淸人文集目錄)≫·송촌앙(松村昂)이 편찬한 ≪청시 총집 131종 해제(淸詩總集一三一種解題)≫는 모두 매우 유용한 것입니다. 소주대학 명청 시문 연구소에서 편찬한 ≪청인 시문집 미간 고본·초본 지견목(淸人詩文集未刊稿本·抄本知見目)≫ 또한 중시할 만한 목록입니다. ≪속수사고전서제요(續修四庫全書提要)≫는 주로 건륭 이후의 저술을 저록하였는데, 그 가운데 집부(集部)의 책은 1,100여 부에 달하고 대부분이 청대 문학 방면의 기본 상황을 반영하고 있어서 참고할 가치가 있습니다. 명·청 시기의 강남은 문학 인재들이 가장 밀집된 지역으로, 장혜검(張慧劍)의 ≪명청 강소 문인 연표(明淸江蘇文人年表)≫에는 수록된 작가가 매우 많고 검색·열람하기에 상당히 편리합니다. 미국의 허맬(A·W·Hummel)이 주편한 ≪청대 명인 전기(淸代名人傳記)≫와 구드리치(L·C·Goodrich) 등이 편찬한 ≪명대 전기 사전(明代傳記辭典)≫ 중에는 모두 적지 않은 작가의 소전(小傳)이 수록되어 있는데 참고할 만한 전기(傳記) 사서(辭書)입니다.

장　인　제가 아는 바르는 일본의 원로 학자로서 영목호웅(鈴木虎雄)·청목정아(靑木正兒)·길천행차랑(吉川幸次郎) 등은 모두 청대 문학에 많은 힘을 기울인 적이 있지만 근래에는 연구자가 비교적 적습니다. 저는 단지 청수무(淸水茂)·죽촌칙행(竹村則行)·송촌앙(松村昂)·대평계일(大平桂一) 등의 논문을 본 적이 있는데, 그들은 모두 중국학자들이 소홀히 여기는 몇몇 문제에 주목하고 있습니다. 예를 들면, 명이 망한 후 한동안 불문(佛門)에 귀의한 방이지(方以智)·김보(金堡)·전징지(錢澄之) 등의 창작이나 강희 18년 박학홍사시(博學鴻詞試)가 문단에 끼친 영향 등은 매우 흥미가 있습니다. 대만의 역대의 학위 논문 가운데 상당 부분은 명·

청 작가를 연구한 것입니다. 예를 들면 고병(高棅)·이몽양(李夢陽)·하경명(何景明)·왕세정(王世貞)·이반룡(李攀龍)·전겸익(錢謙益)·풍반(馮班)·왕사진(王士禛)·섭섭(葉燮)·심덕잠(沈德潛)·원매(袁枚)·조익(趙翼)·옹방강(翁方綱) 등의 시학은 모두 연구자가 있습니다. 제가 생각건대, 국외에서는 명·청 시문 연구 방면에서 이론과 비평을 연구한 것이 창작을 연구한 것보다 많고 성과도 또한 비교적 두드러집니다. 인상이 비교적 깊은 저작 중 통론(通論)으로는 오굉일(吳宏一)의 ≪청대 시학 초탐(淸代詩學初探)≫61)·호유봉(胡幼峰)의 ≪청초 우산파 시론(淸初虞山派詩論)≫62)·오숙전(吳淑鈿)의 ≪근대 송시파 시론 연구(近代宋詩派詩論研究)≫63)가 있고, 전론(專論)으로는 진국구(陳國球)의 ≪호응린 시론 연구(胡應麟詩論研究)≫64)·황경진(黃景進)의 ≪왕어양 시론 연구(王漁洋詩論之研究)≫65) 및 양송년(楊松年)의 두 권의 논문집66)이 있습니다. 그러나 대만에서 출판된 논저들을 좀 살펴보면 약간 이상한 점을 느끼게 됩니다. 대만의 서구 문학 이론에 대한 수용은 대륙보다 훨씬 이르고 또한 깊지만, 그들의 작가론의 서술 방법은 오

---

61) 오굉일(吳宏一), ≪청대 시학 초탐(淸代詩學初探)≫(목동문사총서(牧童文史叢書):18)(대북 : 목동출판사, 1977).
62) 호유봉(胡幼峰), ≪청초 우산파 시론(淸初虞山派詩論)≫(대북 : 국립편역관(國立編譯館), 1994).
63) 오숙전(吳淑鈿), ≪근대 송시파 시론 연구(近代宋詩派詩論研究)≫(대북 : 문진출판사(文津出版社), 1996).
64) 진국구(陳國球), ≪호응린 시론 연구(胡應麟詩論研究)≫(홍콩 : 화풍출판사(華風出版社), 1986).
65) 황경진(黃景進), ≪왕어양 시론 연구(王漁洋詩論之研究)≫(문사철학집성(文史哲學集成))(대북 : 문사철출판사, 1980).
66) 양송년(楊松年)이 지은 ≪중국 문학 평론사 편사 문제 논석－만명에서 성청에 이르는 시기의 시론 고찰(中國文學評論史編寫問題論析－晩明至盛淸詩論之考察)≫과 다른 한 권을 가리키는 듯하다. 앞의 책은 대북의 문사철출판사에서 1988년 출간되었다.

히려 대륙보다 더욱 전통적입니다. 대부분 생평·사상·문학 주장에서 창작 특징에 이르기까지 가나다순으로 나열하고 자료를 좀 인용하고 한두 마디 설명하여 마치 대학의 강의 노트와 같습니다. 또한 총체적으로 본다면, 역사감(歷史感)이 부족하여 다룬 문헌은 비교적 적고 (이 점은 아마도 도서 조건과 관계가 있을 것입니다) 또한 전면적인 분석이 부족하여 대부분 폐쇄적인 작가론인 것처럼 보입니다. 이는 어쩌면 저의 편견일 것입니다.

조 홍 명·청 시문에 대한 영어권의 번역 소개와 연구는 명·청 소설만큼 활발하지 않습니다. 이것은 아마도 서사문학(敍事文學)이 발달된 그들의 전통과 관계가 있는 듯합니다. 비록 그렇다고 하더라도 시문 문헌을 다룬 약간의 논저들은 사상사적 사고에서 뛰어나 인상이 매우 깊습니다. 예를 들면, 구드리치(L. C. Goodrich)의 ≪건륭의 문학에 대한 연구(乾隆對文學的査究)≫(1935)·니비슨(D. S. Nivison)의 ≪장학성의 생평과 사상(章學誠的生平與思想)≫(1966)·지토(A. R. Zito)의 ≪문본과 실천으로서의 헌제 : 18세기 중국의 의식과 창작(作爲文本和實踐的獻祭 : 十八世紀中國的儀式與寫作)≫(1989)은 시각과 방법에서 상당히 특색을 지니고 있습니다. 명·청 시문의 명가로서, 예를 들면 서하객(徐霞客)·마환(馬歡)·왕리(王履) 등의 유기문(游記文), 동성파의 고문, 의징파(儀徵派)의 변문(駢文), 공안(公安) 삼원(三袁)의 문론(文論) 그리고 고계(高啓)·진백사(陳白沙)·진자룡(陳子龍)·원매(袁枚)·정판교(鄭板橋)·공자진(龔自珍) 등의 시는 모두 학인(學人)들이 이미 다루었는데, 황명분(黃鳴奮)의 ≪영어권의 중국 고전 문학의 전파(英語世界中國古典文學之傳播)≫67)가 참조할 만합니다.

장 인　총체적으로 보면, 명·청 시문 연구는 기타 영역에 비하여 결국 여전히 한산한 것으로 보입니다. 손꼽을 만한 몇몇 대작가는 끊임없이 연구자가 있는 것을 제외하면, 대다수의 작가와 작품 그리고 문학사의 문제는 묻는 사람이 없습니다. 간혹 한두 편의 새로운 제목이 눈에 띄지만 또 우연히 다룬 것입니다. 예를 들면 하나의 진귀한 문헌을 발견하여 손이 가는 대로 소개하고 평술하는 문장을 쓰는 것은 배경 지식도 결여되고 학술의 흐름과도 멀리 동떨어져 있습니다. 이러한 산발적인 성과는 아무리 많더라도 문학사의 지식의 덩어리가 되고 아울러 점차 문학사의 완정한 경관을 이루기가 어렵습니다.

오승학　명·청 시문 연구의 총제적인 수준 또한 상대적으로 낙후되어 있습니다. 가령 당시(唐詩) 연구 등의 영역과 비교에 보면 단지 '제3세계(第三世界)'라고 말할 수밖에 없습니다. 명·청 문학사 중에서도 시문 연구는 또한 가장 취약한 부분으로서, 극단적인 예를 들면 시문을 연구한 논저의 총수는 ≪홍루몽(紅樓夢)≫ 연구의 3분의 1에도 미치지 못합니다. 명·청 시문은 명·청 경제사·정치사·사상사 연구보다도 뒤떨어지진 것 같습니다. 만명을 예로 들면, 사국정(謝國楨)의 ≪만명 사적고(晚明史籍考)≫68) 와 ≪명청 교체기 당사 운동고(明淸之際黨社運動考)≫69)·≪명말 청초의 학풍(明末淸初的學風)≫70)과 같은 걸출한 저작을 시문 연구에서는 여전히 볼 수 없습니다.

---

67) 황명분(黃鳴奮), ≪영어권의 중국 고전 문학의 전파(英語世界中國古典文學之傳播)≫(학림 출판사(學林出版社)).
68) 사국정(謝國楨), ≪만명 사적고(晚明史籍考)≫(대북 : 예문인서관(藝文印書館), 1968).
69) 사국정, ≪명청 교체기 당사 운동고(明淸之際黨社運動考)≫(대북 : 상무인서관, 1967).
70) 사국정, ≪명말 청초의 학풍(明末淸初的學風)≫(북경 : 인민출판사, 1982).

조　홍　오 선생이 든 '극단'적인 상황은 아마도 하루아침에 형성된 것
이 아닌 것 같습니다. 주동윤(朱東潤) 선생은 40년대에 쓴 ≪중
국문학비평사대강(中國文學批評史大綱)≫71)에서 이미 대학에서 문
학사 과정은 단지 당송을 언급하는 것만을 흔히 볼 수 있고,
전서(專書) 토론은 송대 이후의 작품을 볼 수 없기 때문에 그는
책을 쓸 때 의도적으로 "(시대가) 먼 것은 간략하게 하고 가까
운 것은 상세하게 한다(遠略近詳)"는 방침을 채용하여 명·청 제
가에 대한 연구·검토를 보태었다고 말씀하신 바 있습니다.

장　인　주동윤 선생은 "산에 호랑이가 있다는 것을 분명히 알고도, 일
부러 호랑이 있는 산으로 간다(明知山有虎, 偏向虎山行)."라고 하였
습니다. 지금 사람들이 통사(通史)·통론류(通論類)의 책을 쓰는
것은 공교롭게도 정반대입니다. 곧 문헌이 유한한 선진(先秦)·
양한(兩漢)을 가장 많이 쓰고, 육조와 당송은 가까스로 보조를
맞추며 원·명·청 이후는 잠자리가 물에 점을 찍듯이 한 번
붓을 대고 지나가 버립니다. 또 허울좋은 이유를 들어 답습이
많고 창신(創新)은 적어 어떠한 가치도 없으므로 잠깐 버려두고
논하지 않는다고 말합니다. 강기(姜夔)는 일찍이 "다른 사람이
쉽게 말하는 것을 나는 적게 말하고, 다른 사람이 말하기 어려
워 하는 것을 나는 쉽게 말한다(人所易言, 我寡言之 ; 人所難言, 我易言
之)"라고 하였습니다. 지금 사람들의 저작은 바로 "다른 사람
이 쉽게 말하는 것을 나는 상세하게 말하고, 다른 사람이 말하
기 어려워 하는 것을 나는 소홀히 한다"는 격입니다. 그렇기
때문에 공백은 늘 채울 수 없는 것입니다.

---

71) 주동윤(朱東潤), ≪중국문학비평사대강(中國文學批評史大綱)≫(상해 : 개명서국(開明書局),
　　1947).

오승학　말은 비록 이렇게 하지만 결코 한산함은 황무지와 다르고 낙후
또한 공백과는 다릅니다. 근 20년 이래 명·청 시문 연구는 비
록 다 마음과 같지는 않지만, 총체적으로는 금세기의 어떤 시
기보다도 높습니다. 한산함도 또한 완전히 나쁜 것은 아닙니다.
그것은 어느 정도 유행을 쫓아 센세이션 효과를 추구하는 병폐
를 감소시킬 수 있습니다. 제가 생각건대, 80년대 이후의 명·
청 시문 연구의 기점은 비교적 높습니다. 비록 성과는 양적으
로는 비교적 적었지만 질적으로는 비교적 정제되어 있어서, 조
급하고 유행을 쫓은 성과가 상대적으로 좀 더 적고 옥상가옥의
중복 노동도 또한 상대적으로 좀 더 적습니다. 만약 단지 이
영역의 논저의 질적인 비율만 가지고 학술적인 금의 함량을 본
다면 명·청 시문 연구의 상황은 그래도 비교적 좋을 것입니
다. 원래 기점이 낮았기 때문에 성과의 창조성과 개척성도 또
한 비교적 두드러진 것입니다. 이것은 아마 한산함의 장점일
것입니다.

장　인　그러나 여기에는 마땅히 주의를 요하는 학술 기풍의 문제가 있
습니다. 마음에 편견을 두어 학계가 명·청 시문의 연구에 대
하여 결국 그렇게 관심을 두지 않고 관련된 성과도 또한 당송
이전의 연구만큼 사람들의 주목을 끌지 못한다는 점입니다. 사
실 문학사 연구에 대하여 말하자면, 연구 대상은 결코 그렇게
중요하지 않고 중요한 것은 연구 그 자체입니다. 여러 사람들
이 소홀히 여기는 내용을 우리는 자신의 연구를 통하여 그것으
로 하여금 보통과는 다른 의의와 가치를 드러내게 할 수 있습
니다. 양겸(楊鎌)이 새로 출판한 ≪원대 서역 시인 군체 연구(元
代西域詩人群體硏究)≫[72)는 이러한 점을 나타내고 있습니다. 명·

청 시문도 마찬가지로 또한 연구를 통하여 광채를 발할 수 있을 것입니다.

오승학   명·청 문학을 연구하는 데는 확실히 또한 하나의 의의를 명확히 해야 할 문제가 존재하고 있습니다. 명·청 시문을 연구하는 의의를 말한다면, 많은 학자들은 먼저 언급하는 것은 그 가치와 문학사에 있어서의 지위 문제입니다. 저의 견해로는, 먼저 명·청 시문은 아직도 전면적인 연구가 결여되어 매우 많은 공백점이 있습니다. 현재의 평가는 대부분 단지 일종의 인상일 뿐이고, 이러한 인상은 또 대부분 전인의 논단에서 온 것이기 때문에 현재 그 가치와 지위의 고하를 단언하기란 너무 이른 감이 없지 않습니다. 다음으로 학술 연구의 가치와 연구 대상의 가치는 서로 다른 것입니다. 한 걸음 물러나 말하자면, 가령 명·청 시문 자체의 가치가 높지 않다고 해서 연구의 가치도 또한 높지 않겠습니까? 그렇지 않습니다. 명·청 시문은 중국 고대 문학사의 종결로서 어쨌든 모두 문학사 혹은 학술 연구 방면에서 모두 대체할 수 없는 의의를 지니고 있습니다.

조 홍   가장 중요한 것은 이 부분의 내용을 분명하게 하지 못한다면 문학사는 곧 일단의 모호한 시기가 있게 되어 우리의 역사인식은 시종 온전하지 못하게 된다는 사실입니다. 고전 문학 연구는 마땅히 전체적인 관점을 지니고 있어야 하니, 반드시 중국 문학통사(中國文學通史, 현대 문학사도 포함)라는 배경 가운데서 명·청 시문을 연구해야 합니다. 문학사 연구는 고리를 물고 있어서 어떠한 부분이라도 그 연구가 박약하게 되면 나머지 부

---

72) 양겸(楊鎌), ≪원대 서역 시인 군체 연구(元代西域詩人群體研究)≫(오노목제(烏魯木齊) : 신강인민출판사(新疆人民出版社), 1998).

분을 연구하는 데 영향을 끼칠 수 있습니다. 명·청 시문 연구를 경시하게 되면 영향을 받게 되는 것은 비단 그 자체뿐 아니라 온전한 중국문학사에 대한 인식에까지 파급됩니다. 만약 명·청 시문을 깊이 있게 연구하지 않으면 근대문학 내지 '5·4' 이후의 신문학에 대해서도 올바르게 도달한 연구를 할 수 없게 되고, 명·청 시문에 대하여 이해하지 못한다면 또 당시의 후대에 끼친 영향과 전파 그리고 수용을 어떻게 알겠습니까? 이 또한 당시학(唐詩學)의 중요한 부분입니다. 과장하지 않고 말한다면, 명·청 시문 연구의 낙후 상황은 실제로 이미 기타 영역에 대한 진일보한 연구를 제약하고 있는 실정입니다. 만약 명·청 시문 연구가 전면적이고 철저하게 된다면 그것은 곧 기타 영역에 대한 연구의 새로운 생장점이 됩니다.

오승학 장배항(章培恒)은 금년 2월 6일 ≪문회보(文滙報)≫에서 고대 문학과 현·당대 문학 사이의 큰 틈을 평평하게 메워야 한다고 큰 소리로 역설하였습니다. 이러한 큰 틈은 우리들이 현·당대 문학을 인식하는 데 장애가 될 뿐 아니라 고대 문학을 인식하는 데도 아무런 도움이 되지 않습니다. 그는 사적(史的) 연구는 조대(朝代)를 나눌 수는 있으나 학과(學科)를 나눌 필요는 없다고 생각하고 있습니다. 이는 학계에서 생각해 볼 가치가 있는 견해입니다.

장 인 문학사의 정체관(整體觀)은 오늘에 있어서 이미 고전 문학 연구자들의 기본적인 학술 이념이자 이론상으로 모든 사람들이 알고 있는 내용입니다. 그러나 실제적인 연구로 들어가게 되면 흔히 '후고박근(厚古薄近)'의 구분이 지워지게 됩니다. 대체로 당송 이후의 시문을 본다면 그 상황은 갈수록 나빠지고 있습니다. 실제로 얼마나 많은 사람들이 진지하게 명·청 시를 읽었겠습니까? 당시는 몇 100년의 도태를 거쳤지만 청시는 아직도 선별을 거치지 않았습니다. 만약 청시를 추려서 5만 수를 남겨 둔다면 어떤 느낌이 들겠습니까? 한 걸음 물러나서 말하자면 설령 절대적인 기준으로 헤아려서 청대 시인 중에서 50명을 뽑는다고 하더라도 또한 당인에 뒤지지 않을 것입니다. 만약 10인을 가려낸다면 전목재(錢牧齋 : 謙益)·오매촌(吳梅村 : 偉業)·시우산(施愚山 : 閏章)·굴옹산(屈翁山 : 大均)·왕어양(王漁洋 : 士禎)·원간재(袁簡齋 : 枚)·조구북(趙甌北 : 翼)·황중칙(黃仲則 : 景仁)·여이초(黎二樵 : 簡)·공정암(龔定庵 : 自珍) 등은 당인과 대등한 위치에 있을 뿐 아니라 오히려 당인이 이르지 못한 경지도 지니고 있습니다.

오승학 이전의 문학과 상대적으로 말한다면, 명·청 시문의 두드러진 가치는 우리들에게 풍부하고 다양한 문학 내용과 형태를 제공하는 데 있다고 생각합니다. 봉건전제와 개성의 자유·복고와 성령·당쟁과 문인 단체·유불도 문화와 서양 문화·민간과 묘당·국가와 민족·봉건주의와 자본주의가 한곳에서 교차되어 있는 것이 마치 만화경(萬華鏡)과 같습니다. 이 모든 것이 시문 안에서는 소설·희곡보다 더욱 광범하고 진실하게 반영되어 있습니다. 명·청 사회와 문인들의 심리 상태를 이해하는 측면에서 명·청 시문은 가장 귀중한 제1차 자료입니다. 문학사의 각도에서 본다면, 중국문학은 고전에서 현대로 접어들면서 어렵고도 복잡한 모순의 역정을 거쳤습니다. 명·청 문학은 급격하고도 복잡하게 변하여 중국고대문학이 현대문학으로 전변되는 역정의 시작임을 보이고 있습니다.

조 홍   명·청 시문이 장기적으로 침체되어 회복되기 어려운 원인은
주동윤 선생이 일찍이 제기한 지식계의 '호고(好古)'의 원인 이
외에도 아마 중국 문학의 원류와 계승에 대한 일반인들의 관점
과 관련이 있는 듯합니다. 시를 가지고 말한다면, 섭섭(葉燮)은
일찍이 형상적인 비유를 한 바 있습니다. ≪시경(詩經)≫은 뿌리
이고 육조는 지엽(枝葉)을 보태었고 당대에 지엽이 그늘을 드리
웠으며 송대에 꽃을 피워 '나무의 기능(木之能事)'을 완성할 수
있었다고 하였습니다. 이는 사람들로 하여금 창조성을 띠고 있
는 것이 생겨나게 되면 뒤의 일이 재삼 중요하나 모두 단지 인
신(引伸)에 지나지 않는다는 사실을 생각하게 합니다. 문학통사
를 처리하는 데 있어서 가장 창조성을 지니고 있는 곳을 연구
하는 것은 자연히 의의가 있는 일입니다. 명·청 시문에 대하
여 그 관건은 바로 이러한 인신을 어떻게 보느냐 하는 것입니
다. 명·청 시문의 실태와 특징을 이해하면 할수록 이러한 일
단의 연구의 중요성에 대해서도 더욱 충분하게 인식하게 됩니
다. 실제로 근 20년의 연구 국면의 타개를 통하여 명·청 시문
을 홀시할 수 없다는 공감대가 날로 확산되고 있으며, 약간의
증정(增訂)되거나 새로 편찬된 문학사 저작들은 이러한 내용에
대하여 편폭을 늘이게 되었습니다.

장 인   명·청 시문 연구의 침체는 제가 보기에 여전히 읽어야 할 문
헌의 어려움과 관련이 있다고 봅니다. 명·청 문헌은 많음과
적음이라는 서로 상반된 요소를 지니고 있습니다. 세상에 전하
는 문헌은 많지만 읽기 쉬운 것은 매우 적습니다. 몇몇 명가의
문집이 보급된 것을 제외하고는 대부분의 별집(別集)은 모두 규
모가 비교적 큰 도서관에 집중되어 있어서 빌려 읽기가 여간

어려운 게 아닙니다. 따라서 명·청 시문 연구의 수준을 높이려면 문헌 정리와 보급 작업이 당장의 시급한 일입니다. 현재 '전세장서(傳世藏書)'·'속사고전서(續四庫全書)'와 같은 종류의 책은 줄기차게 만들어지나 실제로 거추장스럽기만 할 뿐 알차지 못하다고 생각합니다. 당·송 이전의 문헌 판본은 매우 많습니다. 그렇게 많은 자금을 투자하여 중복 인쇄하는 것보다는 차라리 드물게 전해지는 명·청 의 문헌들을 인쇄하는 것이 문헌을 보존하는 데도 유리할 뿐 아니라 문사(文史) 연구에도 유리할 것 같습니다.

오승학 명·청 시문 연구의 문헌 기초는 가장 부족합니다. '5·4' 이후로 약간의 명대 문헌들이 지속적으로 출판되었는데, 어떤 것은 영인본이고 또 어떤 것은 표점본입니다. 30년대에도 일찍이 한 바탕 붐이 일어났지만 비교적 만명(晚明)에 집중되었습니다. 그러나 총체적으로 문헌 정리의 수준은 결코 높지 않았습니다. 노신(魯迅)이 만명 문집을 잘못 단구(斷句)한 유대걸(劉大杰)을 풍자한 것이 기억납니다. 5·60년대에는 명대 역사·철학에 대한 문헌 정리 형태의 출판이 비교적 빈번하였고, 문학에 대한 문헌 정리는 주로 80년대 이후 고계(高啓)[73]·이동양(李東陽)[74]에서부터 진자룡(陳子龍)[75]·장대(張岱)[76] 등의 저명한 작가들에 대

---

73) [청] 김단(金檀) 집주(輯注), 서징우(徐澄宇)·심북종(沈北宗) 교점(校點), ≪고청구집(高靑邱集)≫(상·하)(중국고전문학총서(中國古典文學叢書))(상해 : 상해고적출판사, 1985).
74) [명] 이동양(李東陽) 찬, ≪회록당집(懷麓堂集)≫(100권)(대북 : 세계서국, 1988).
75) [명] 진자룡(陳子龍) 저·시칩존(施蟄存)·마조희(馬祖熙) 표교(標校), ≪진자룡시집(陳子龍詩集)≫(상해 : 상해고적출판사, 1983). 진자룡(陳子龍) 저·상해문헌총서편위회편(上海文獻叢書編委會編), ≪진자룡문집(陳子龍文集)≫(상해 : 화동사범대학(華東師範大學), 1988).
76) 하함순(夏咸淳) 교점(校點), ≪장대시문집(張岱詩文集)≫(상해 : 상해고적출판사, 1991).

한 문집의 정리 출판으로 행해졌습니다. 오문치(吳文治)가 주편한 ≪명시화전편(明詩話全編)≫77) 또한 이미 세상에 나왔고, ≪전명시(全明詩)≫·≪전명문(全明文)≫은 계속적으로 출판 중에 있습니다. 동시에 한 차례 고적의 영인, 예컨대 ≪명문해(明文海)≫ 및 ≪사고전서(四庫全書)≫·≪사부총간(四部叢刊)≫ 등의 대형 총서 중의 명대 부분은 더욱 문헌 정리의 기초를 제공하였습니다. 이는 오늘날 명대 시문을 연구하는 데 비교적 완전한 자료들입니다. 그러나 별집(別集) 방면에서는 아직도 정밀하게 교감하고 상세하게 전주한 정리본이 부족한 실정입니다. 이미 출판된 명·청 별집도 대부분 교감이 정밀하지 않고 집일(輯佚) 또한 완전하지 않으며 주석이 광범하지 못한 흠을 지니고 있습니다. 견실한 교감·집일·주석 작업과 자료회편(資料滙編) 및 목록·색인 작업은 모두 시급하게 진행되어야 할 것입니다.

장　인　　명·청에는 별집의 판본이 많으며, 필사본이 세상에 전해지는 것도 많으니 교감과 집일은 중요한 작업입니다. 이는 아마도 명·청 시문의 재료가 특히 풍부하여 지금 사람들이 정리하면 특별히 별집 외에 산견되는 편장들은 눈에 들어오지 않을 것입니다. 당시를 연구하는 데 있어서는 비록 낱낱의 장구(章句)라 하더라도 또한 두루 망라하여 모으고 더욱 소중하게 여깁니다. 그러나 명·청인의 별집을 정리함에 있어서는 대부분 빠진 부분을 찾아 모으지 않습니다. 물론 유휘(劉輝)가 편집한 ≪홍승집(洪昇集)≫78) 같은 것은 많은 노력을 기울였으며, ≪풍몽룡 전집(馮夢

---

77) 오문치(吳文治) 주편, ≪명시화전편(明詩話全編)≫(전10책)(남경 : 강소고적출판사, 1997).
78) 유휘(劉輝) 교전(校箋), ≪홍승집(洪昇集)≫(양절작가문총(兩浙作家文叢))(항주 : 절강고적출판사, 1992).

龍全集)≫79) · ≪이어 전집(李漁全集)≫80) · ≪원매 전집(袁枚全集)≫81)
의 정리 또한 심혈을 기울인 작업입니다. 그러나 갑작스럽게
편집한 것이 상당히 많고 마음대로 빼어버린 것도 있습니다.
예컨대, 오가기(吳嘉紀) 시집은 "봉건의식이 특히 농후하다(封建意
識特別濃厚)"는 이유 때문에 지조있는 여자가 지아비를 따라 죽
고 효자가 다리 살을 베며 의로운 종이 주인의 원수를 갚은 등
의 내용을 노래한 작품을 빼어버린 것이 그렇습니다. 비록 이
는 70년대 말의 출판물로서 시대적 제약을 면하기는 어려웠지
만, 건국 이래로 당·송 이전의 작품에 대해서는 그러한 예가
없었습니다. 여기에 또한 문헌을 어느 정도로 소중하게 여기는
지에 대한 문제가 들어있음을 볼 수 있습니다.

오승학   청대 당표(唐彪)의 ≪독서작문보(讀書作文譜)≫82)는 악록서사(岳麓書
社) 정리본은 또한 권8의 팔고문의 '제제작법(諸題作法)'을 논한
부분을 빼어버렸는데 그 이유는 "오늘의 광범위한 독자들에게
는 이미 아무런 의미가 없기(對今天的廣大讀者, 已無什麽意義)" 때문
이었습니다. 명·청 문헌은 그 자체로 문제가 적지 않습니다.
저는 일찍이 ≪사고전서(四庫全書)≫ 중의 ≪명문해(明文海)≫와
함분루장본(涵芬樓藏本)의 ≪명문해(明文海)≫를 서로 비교해 보았
는데, 편목에서 내용에 이르기까지 크게 달랐을 뿐 아니라 잘
못된 부분 또한 매우 많았습니다. 이 또한 다시 정리해야 합니
다. ≪사고(四庫)≫본의 명인 저작은 '흠정(欽定)'의 산개(刪改)를

---

79) 위동현(魏同賢) 주편, ≪풍몽룡 전집(馮夢龍全集)≫(전43책)(상해 : 상해고적출판사, 1993).
80) ≪이어 전집(李漁全集)≫(전20책)(항주 : 절강고적출판사, 1992).
81) 왕영지(王英志) 교점(校點), ≪원매 전집(袁枚全集)≫(전8책)(남경 : 강소고적출판사, 1993
    년 초판 ; 1997년 제2차).
82) 당표(唐彪), ≪독서작문보(讀書作文譜)≫(대북 : 위문출판사(偉文出版社), 1977).

거쳤기 때문에 물론 진일보한 정리가 필요합니다.

조　홍　청대로 말한다면 기본 문헌의 건설은 비교적 높은 출발점을 고려해야 합니다. 한편으로 청인들은 본조(本朝)와 관련된 문헌에 대하여 정리하였는데 그 가운데는 여러 조대에 걸쳐 선집한 것이 있습니다. 예컨대 양장거(梁章鉅) 등이 편찬한 ≪영련총화(楹聯叢話)≫83)에는 수록한 청인의 영련(楹聯)이 이전의 조대에 비하여 상세합니다. 그리고 오로지 본조에 국한하여 선집한 것으로는 심덕잠(沈德潛)의 ≪청시 별재집(淸詩別裁集)≫84)·장창응(張昌應)의 ≪청시탁(淸詩鐸)≫ 등이 있습니다. 다른 한편 금세기 이래로 문학의 목적에 국한되지 않고 성서된 자료 작업이 있습니다. 예컨대 진내건(陳乃乾)은 청인의 문집 1,025종을 수집하여 ≪청대 비전문 통검(淸代碑傳文通檢)≫85)을 편찬하였고, 장순휘(張舜徽)는 서록(敍錄)된 600여 명의 청인 문집을 모아서 ≪청인 문집 별록(淸人文集別錄)≫86)을 편찬하였습니다. 모두 이후 기본 문헌의 건설에 기초를 세우고 편찬 경험을 제공하였습니다. 1955년 신강인민출판사(新疆人民出版社)에서 출판된 ≪역대 서역 산문 선주(歷代西域散文選注)≫87)의 청문(淸文) 선목(選目)은 담기양(譚其驤)이 주편한 ≪청인 문집 지리류 회편(淸人文集地理類匯編)≫을 이용하였습니다. 이 책의 편찬에는 일정한 규모의 전제자료(專題資料)

---

83) [청] 양장거(梁章鉅) 등 찬, 백화문(白化文)·이여란(李如蘭) 점교(點校), ≪영련총화(楹聯叢話)≫(부(附) : 신화(新話))(북경 : 중화서국, 1987).
84) [청] 심덕잠(沈德潛) 등찬, ≪청시 별재집(淸詩別裁集)≫(상·하)(상해 : 상해고적출판사, 1984).
85) 진내건(陳乃乾), ≪청대 비전문 통검(淸代碑傳文通檢)≫(북경 : 중화서국(中華書局), 1959).
86) 주 11)과 같음.
87) 종흥기(鍾興麒)·왕유덕(王有德) 선주(選注), ≪역대 서역 산문 선주(歷代西域散文選注)≫(오노목제(烏魯木齊) : 신강인민출판사(新疆人民出版社), 1995).

　　　　　를 모아 엮었으므로, 관련 문헌의 정리와 연구를 높은 수준으로 제고시키는 데 있어서 중요한 일환이 되게 할 것이고, 실행하는 것 또한 비교적 실현 가능성이 있는 일이라 하겠습니다. 중복성을 띤 선본(選本)을 만드느니 차라리 다양한 각도의 전제 자료를 개척하는 것이 나을 것입니다. 에컨대 왕신지(王愼之) 등이 편집한 ≪청대 해외 죽지사(淸代海外竹枝詞)≫88)・왕개부(王凱符) 등이 선주한 ≪동성파 문선(桐城派文選)≫89)과 같은 선제(選題)는 연구와 감상에 편의를 가져다 줄 수 있습니다.

장 인　일찍이 주칙걸(朱則杰)이 ≪전청시(全淸詩)≫를 편찬하고 싶다는 말을 들었는데, 저는 현실적이지 못하다고 생각합니다. 왜냐하면, 첫째 상상하기 어려울 정도로 수량이 방대하기 때문이고, 둘째 결국 그러한 도태를 거치지 않은 것들이 전부 인쇄되어 유포될 필요가 있을까 하는 이유 때문입니다. 실제로 실행 가능성이 있는 것으로는 진내건(陳乃乾)이 편찬한 ≪청명 가사(淸名家詞)≫90)를 모방하여 ≪청 명가집(淸名家集)≫을 엮어서 역대 유명 시인 수백 명을 가려 뽑아 기본 문헌으로 삼는 것이 가장 좋을 것입니다. 그렇게 하면 편리할 뿐 아니라 실용적입니다. 곧 다시 몇몇 좋은 선본을 편찬하는 것입니다.

오승학　청시선(淸詩選)은 몇 종류가 출판되었으나 명시 선본은 도리어 매우 적으며 전반적인 질 또한 청시 선본에 미치지 못합니다.

장 인　청시 선본은 그렇게 만족할 만한 것은 아닙니다. 이는 잘못 가

---

88) 왕신지(王愼之)・왕자금(王子今) 집(輯), ≪청대 해외 죽지사(淸代海外竹枝詞)≫(북경 : 북경대학출판사, 1994).

89) 칠서방(漆緒方)・왕개부(王凱符) 선주, ≪동성파 문선(桐城派文選)≫(합비 : 안휘인민출판사(安徽人民出版社), 1984).

90) 주 37)과 같음.

려 뽑은 것이 아닙니다. 좋고 나쁨은 예술 기호상의 문제로서 논의하지 않아도 될 것입니다. 그 주된 문제는 폭넓게 가려뽑지 않은 데 있습니다. 청대 시집은 넘칠 정도로 많아서 만약 광범하고도 정미하게 가려 뽑으려고 한다면 몇 년 안에 이룰 수 있는 일이 아닐 것입니다. 이것은 경험해 보지 않은 사람은 그러한 어려움을 알지 못할 것입니다. 문학연구소(文學硏究所)의 이미 고인이 된 진우금(陳友琴) 연구원이 청시를 몇 십 년 동안 선집하였으나 결국 완성하지 못했다고 들은 바 있습니다.

오승학　오늘날 명·청 시문 연구의 성과와 인재는 비교적 강남 지역에 집중되어 있으며, 나머지 지역의 연구 역량은 이와 같이 집중된 상황은 비교적 드뭅니다. 물론 이것은 역시 합리성을 지니고 있습니다. 강남 지역은 명·청 시기에 본래부터 문학 인재가 가장 많은 지역입니다. 이러한 전통이 있는 데다가 보존된 문헌 또한 비교적 풍부하여 연구하는 데 편리한 점이 많기 때문입니다.

장　인　청대 260여 년간 112차의 진사(進士) 중에 25명의 장원이 소주부(蘇州府)에서 나왔으며, 상주부(常州府)·강녕부(江寧府)·진강부(鎭江府)·태창부(太倉州)에서 도합 21명 그리고 절강(浙江)의 19명을 더하면 강남 지역이 과반수 이상을 차지합니다. 이는 우리들이 명·청 문학을 연구하는 데 특히 지역성 문제에 주의해야 함을 깨우쳐 줍니다. 저의 견해로는 명·청 문학은 당·송 이전의 문학적 특징과 다른 한 가지가 바로 문학 전통에 대한 명·청 문인들의 인식은 일원적이 아니라 다원적이라는 사실입니다. 당·송 이전의 문학 전통은 ≪시(詩)≫·≪소(騷)≫ 이래 유명 작품의 서열을 의미하지만, 명·청 이후로는 그러한 큰 전통은 조금씩 멀어지기 시작하여 문학인들은 붓을 놀려 창작하기 시작함에 있어 우선적으로 의식한 것은 지방의 유명 인사 곧 그 지방의 선배들의 문학이었습니다. 크게는 부현(府縣)에서 작게는 향진(鄕鎭)까지 의식하였는데, 방지(方志)의 문원전(文苑傳)에 들어 있는 유명 작가들은 모두 그 지방의 색채를 띠고 있습니다. 이는 명·청 시문 연구 중의 반드시 주의해야 할 문제라고 생각합니다.

오승학   이 방면에는 이미 약간의 성과가 있습니다. 예컨대 호북(湖北)은 80년대에 공안파 문학 연구회(公安派文學硏究會)와 경릉파 문학 연구회(竟陵派文學硏究會)를 세우고 별도로 논문집을 편집 출판한 적이 있습니다. 또한 광동(廣東)에서는 명·청 문학 방면에서 황해장(黃海章)이 일찍이 ≪명말 광동 항청 시인 평전(明末廣東抗淸詩人評傳)≫91)을 저술하였고, 진영정(陳永正)은 또한 ≪영남 문학사(嶺南文學史)≫92)를 지었으며, 엄명(嚴明)의 ≪청대 광동 시가 연구(淸代廣東詩歌硏究)≫93) 등이 있습니다. 그리고 영남(嶺南)의 시문 방면의 선본 또한 여러 종류가 있습니다. 현재 중산대학(中山大學) 고문헌연구소(古文獻硏究所)에서는 ≪전월시(全粵詩)≫를 정리하고 있습니다. 장배항(章培恒)이 지도한 박사 중에는 명대 복건(福建)·휘주(徽州)·강서(江西) 등의 지역의 문학 연구를 학위논문의 제목으로 삼은 이들이 있습니다.

장 인   이러한 연구로는 진경원(陳慶元)의 ≪복건 문학사(福建文學史)≫94)

---

91) 황해장(黃海章), ≪명말 광동 항청 시인 평전(明末廣東抗淸詩人評傳)≫(광주(廣州) : 광동 인민출판사(廣東人民出版社), 1987).
92) 진영정(陳永正), ≪영남 문학사(嶺南文學史)≫(광주(廣州) : 광동고등교육출판사, 1993).
93) 엄명(嚴明), ≪청대 광동 시가 연구(淸代廣東詩歌硏究)≫(대북 : 문진출판사(文津出版社), 1991).

와 진백해(陳伯海)가 주편한 ≪상해 근대 문학사(上海近代文學史)≫95)
가 있습니다. 그러나 지방 문학사를 반드시 써야 할 지역은 도
리어 쓰지 않고 있습니다. 상주(常州)를 예로 들겠습니다. 제가
조금 과장해서 말한다면, 청대 시문사(詩文史)에서 총 4·5분의
1이 상주에 있다고 할 수 있습니다. 명·청대는 문헌이 너무
많아서 먼저 지역으로 나누어 연구하는 것이 오히려 하나의 방
편이 될 것입니다. 지방 문헌 장서(藏書)의 편리함을 이용하여
방지(方志)를 합치고 고적을 정리하는 등 지방 문학을 연구하는
것은 제창할 가치가 있습니다. 최근에 지방 문헌의 정리로 비
교적 성과를 거둔 곳은 광동(廣東)·복건(福建)·안휘(安徽)·절강
(浙江)·산서(山西)·산동(山東)이며, 강소(江蘇)는 빈약한 형편입니
다. 각 성에서 간행한 지방 문헌 총서는 매우 유용합니다. 어떤
책들은 만약 지방 조직에 의해 정리되지 않았다면 몇 년이 흘
러가더라도 묻는 사람이 없을 지경입니다. 제가 생각건대 당·
송 이전의 문학 연구는 금세기 말에 이르러, 하나의 상대적인
포화 상태에 접근하였으며, 여러 사람들이 그곳에 모여 재탕하
기보다는 분담하여 힘을 들이는 것이 나을 것입니다.

조 홍　　실제로 명·청 문학은 많은 부분에서 독창성을 지니고 있습니
　　　　다. 예컨대 소수민족 문학은 연구할 가치가 있는 과제입니다.
　　　　소수민족 문학가가 흥기한 역사로부터 보면, 청대에는 어떠한
　　　　새로운 현상이 나타났습니까? 아마도 원대와는 크게 달랐을 것
　　　　입니다. 청대 만족(滿族) 시인의 수는 이전의 어떤 왕조의 소수

---

94) 진경원(陳慶元), ≪복건 문학 발전사(福建文學發展史)≫(복주(福州) : 복건교육출판사, 1996).
95) 진백해(陳伯海)·원진(袁進) 주편, ≪상해 근대 문학사(上海近代文學史)≫(상해 : 상해인민
　　출판사, 1993).

민족 시인의 수보다 훨씬 뛰어넘었고, 종실 내지 황제조차도 시를 흠모하였습니다. 치세의 명성을 지닌 청대 초기의 네 황제로 말한다면, 순치제(順治帝)가 시를 많이 짓지 않아 어집(御集)을 편찬하지 않은 것을 제외하고는 이후의 세 황제에게는 문집이 있습니다. 건륭제(乾隆帝)의 시96)의 수량은 또한 중국 시사(詩史)의 기록을 세웠습니다. 만족(滿族) 시인의 참여로 말미암아 시단 또한 새로운 면모가 생겨났습니다. 경사(京師)의 도시 풍속 경관에 대한 청시의 묘사는 비교적 두드러진 현상입니다. 만족(滿族)이 대대로 머무른 까닭에 청대의 북경은 이미 만족(滿族)과 한족(漢族)의 풍속과 민심이 융합하는 곳이 되었습니다. 경사(京師)의 '서울 맛'[京味]은 만(滿)·한(漢) 민족이 공동으로 만든 것이고, 만(滿)·한(漢) 시인들의 붓 아래에서 이러한 즉경시(卽景詩)가 매우 많고 시가 제재(題材)에 대한 영역을 넓혔습니다. 60년대 북경출판사(北京出版社)에서는 '북경 경물 풍토 총서(北京景物風土叢書)'를 시리즈로 출판한 적이 있습니다. 노공(路工)이 편찬한 ≪청대 북경 죽지사(淸代北京竹枝詞)≫가 수록되어 있는데 이것으로부터 문소(文昭)·득석정(得碩亭) 등의 만족(滿族) 시인의 성취를 볼 수 있습니다. 이 방면의 자료 정리와 깊이 있는 연구는 매우 필요한 것입니다.

오승학 청대 최고 통치자의 문학 기풍에 대한 영향은 상당히 컸습니다. 역사적으로 최고 통치자는 문학 일반에 대하여 정책적인 제정을 통하여 통제하였고, 직접적으로 구체적인 문학 비평에 참여하는 일은 드물었습니다. 그러나 청대의 황제들은 그렇지

---

96) 최근에 ≪청고종(건륭) 어제 시문 전집(淸高宗(乾隆)御製詩文全集)≫(전10책)이 중국인민대학출판사(中國人民大學出版社)에서 출판되었다.

않았습니다. 그들은 높은 열정과 흥미로써 직접적으로 문학 비평 활동에 참여하였습니다. 황제 어선(御選)의 시문으로, 예컨대 강희제(康熙帝)는 ≪어선 고문 연감(御選古文淵鑑)≫·≪어선 당시(御選唐詩)≫가 있고, 건륭제(乾隆帝)는 ≪어선 당송 문순(御選唐宋文醇)≫97)·≪어선 당송 시순(御選唐宋詩醇)≫98)이 있습니다. 게다가 각각 서문(序文)을 짓고 아울러 평점의 방법으로 비평하였습니다. 역대 시문 총집에 대해서도 또한 '어정(御定)'하였습니다. 예컨대 ≪전당시(全唐詩)≫·≪전금시(全金詩)≫·≪사조시(四朝詩)≫·≪패문재 영물시선(佩文齋詠物詩選)≫·≪제화시(題畵詩)≫·≪천수연시(千叟宴詩)≫·≪사서문(四書文)≫ 등의 중요 서적은 모두 황제가 정한 것입니다. 이러한 선본 및 비평은 역대 시문에 대한 총결일 뿐 아니라 당시의 시문 창작에 대하여 매우 중요한 인도 작용을 하였습니다. 그밖에도 ≪사고전서총목(四庫全書總目)≫ 또한 당시의 문화에 대하여 매우 중요한 인도 작용을 하였습니다. 통치자의 문학 사상 및 창작에 대한 그의 영향은 마땅히 청대 문학 중의 중요한 전제로써 연구되어야 할 것입니다.

조　홍　강희 18년의 박학홍사과(博學鴻詞科)는 곧 강희제의 문화 정책의 일대 조치로서, 당시 가장 유명한 문사들은 출사하든 재야에 있든 거의 모두 이 일과 관련이 있습니다. 명·청 교체기에 문인 사대부의 심리 상태와 인간관계는 매우 복잡하여 이신(貳臣)이라든가 유민(遺民)과 같은 개념으로 간단하게 나누기는 어려운 일입니다. 남명(南明)의 소조정(小朝廷)은 강희 전기에 이르러

---

97) [청] 건륭제(乾隆帝) 칙선(敕選), ≪당송 문순(唐宋文醇)≫(상·중·하)(북경 : 중국삼협출판사(中國三峽出版社), 1997).

98) [청] 건륭제(乾隆帝) 칙선(敕選), 애음범(艾蔭範)·진명택(陳明澤) 주(注), ≪당송 시순(唐宋詩醇)≫(상·중·하)(심양 : 춘풍문예출판사(春風文藝出版社), 1995).

서도 여전히 사인(士人)의 구심력을 유지하여 많은 문학가들이 모두 그것과 관련되어 있었습니다.

오승학 남명사(南明史)의 연구는 명사(明史) 연구 가운데 가장 뜨거운 영역 가운데 하나이고 해외에서도 상당히 중시합니다. 그러나 명대 시문 연구자들은 남명 문학을 하나의 전제로 삼고 계통적으로 연구한 사람은 드문 형편이니, 미개척 분야라고 할 수 있습니다. 남명 시기의 잔혹한 현실은 직접적으로 그들의 정치와 군사에 참여한 사람들로 하여금 살아갈 수 없게 하였고, 게다가 그 후의 남명 저작에 대한 민감함은 남명에 관련된 문헌으로 하여금 복잡하게 변화시켰습니다. 이 또한 계통적인 연구가 필요한 전제입니다.

장 인 연구할 수 있는 전제는 매우 많습니다. 횡적으로는 지역문학 이외에도 가족문학과 사단문학(社團文學)이 있습니다. 부녀문학 또한 이 두 가지의 윗자리에 걸쳐 있습니다. 명·청 두 왕조는 여자들의 문학 활동이 매우 활발하였습니다. 전인들이 이미 논의하였지만 그들이 다룬 내용은 매우 적습니다. 명대의 오강(吳江) 섭씨(葉氏)·산음(山陰) 기씨(祁氏) 그리고 청대의 태원(太原) 장씨(張氏)·진강(鎭江) 필씨(畢氏)·귀안(歸安) 섭씨(葉氏)·의징(儀徵) 완씨(阮氏)·보전(莆田) 양씨(梁氏) 같은 이들은 한 집안의 풍아(風雅)로서, 시와 사 그리고 산문과 부에 모두 뛰어났고 대량의 작품을 남긴 대가족들입니다. 현재 부녀문학을 연구하는 이들은 매우 많은데 왜 이것을 제목으로 연구하지 않습니까? 현재 저는 왕영지(王英志)가 수원여제자(隨園女弟子)에 관한 논문을 쓴 것만 보았을 뿐입니다.

조 홍 호문해(胡文楷)는 ≪역대 부녀 저작고(歷代婦女著作考)≫를 지었는데, 그 가운데 청대가 차지하는 수가 가장 많아 3,500명에 달합니다. 단대(斷代)의 부녀 문학사로는 20년대 말 양을진(梁乙眞)의 ≪청대 부녀 문학사(淸代婦女文學史)≫[99]가 출판되었습니다. 그러나 청대 부녀문학의 풍부한 자료는 가일층 이용할 가치가 있습니다. 만약 전근대적 부녀 창작 및 여성자주의식의 맹아에 대하여 더욱 분명하게 이해한다면 근대 이래 여성문학이 어떠한 출발점에서 성장하기 시작했는가를 인식하는 데 크게 도움이 될 것입니다.

오승학 만명 시기는 문인들의 사단(社團)이 가장 활발하였습니다. 사국정(謝國楨)은 ≪명·청 교체기 당사 운동고(明·淸之際黨社運動考)≫를 지었고, 곽소우(郭紹虞)는 <명대 문인 결사 연표(明代文人結社年表)>와 <명인의 문학 집단(明人的文學集團)>이라는 두 편의 긴 글을 지었는데 두 문장 모두 매우 중요합니다. 당시의 문인 집단으로 복사(復社)·응사(應社)·기사(幾社)·예장사(豫章社) 등은 모두 문학 창작과 정치 활동을 겸한 단체로서, 사단문학은 더욱 깊이 있게 연구할 가치가 있는 문제입니다. 청대에 이르러 조정에서는 결사(結社)를 금할 것을 명령하였는데, 이는 아마도 명·청 문학의 차이를 조성한 원인 중의 하나일 것입니다. 그밖에도 사학계(史學界)에서는 동림당쟁(東林黨爭)과 관련된 연구가 매우 많습니다. 그러나 문학계의 동림당쟁과 명대 중·후기 문인 집단 내지 문학 창작과 문학 비평에 대한 관계는 여전히 충분하게 연구되지 않았습니다.

조 홍 청대는 결사의 금지를 명령하였는데, 금지시킨 것은 아마 정치

---

99) 양을진(梁乙眞), ≪청대 부녀 문학사(淸代婦女文學史)≫(대북 : 중화서국, 1927).

적 성향을 띤 사단이고 문학성을 띤 사단은 금하지 않았습니다. 뇌국즙(雷國楫)의 ≪용산시화(龍山詩話)≫에서는 일찍이 광동(廣東)에는 매 달 회(會)가 있었고, 계절마다 사(社)가 있었으며 시방(詩榜)을 열고 시를 평하여 상을 후하게 내린 정황을 적고 있습니다. 청인의 별집과 시화에는 항상 시사(詩社)를 결성하였다는 기록이 있습니다. 간행된 문집 또한 적지 않았으니, ≪소한집(消寒集)≫·≪소하집(消夏集)≫이니 하는 것은 청대 시가의 특수한 내용이라고 말할 수 있습니다.

오승학 명·청 시문을 연구하는 데는 반드시 시야를 넓혀야 하며 세계사라는 큰 배경으로부터 대상을 관조해야 합니다. 명·청 두 왕조는 중국이 외국과 상호 관계를 강화한 시대로서, 명·청 문학사 또한 세계문명사의 일부분이 되어야 합니다. 명·청은 또한 중국이 세계의 선진 지위에서 점차 쇠락으로 향하는 역사입니다. 이 역사적 문학은 또한 기타 국가의 같은 시기의 역사 및 문학과 비교하고 연계하면서 연구되어야 하겠습니다.

장 인 명·청 두 왕조는 중외 문화의 교류가 가장 발달한 시기로서, 서양인들이 그들의 물건을 가지고 들어오자 호기심이 문학 중에서 떠오르기 시작하였습니다. 새로운 물건을 노래하는 것은 청대 시가에서 사람의 주목을 끌었던 하나의 주제였습니다. 안경과 담배만을 노래한 시가 얼마나 많은 지 알 수 없을 지경입니다. 동방의 인접 국가들의 문인 또한 그 어떤 왕조보다도 훨씬 많이 들어왔습니다. 중일(中日)·중조(中朝)·중월(中越) 문인들의 문학 교류는 명·청에 이르러 비로소 전제 연구될 수 있는 재료와 조건을 갖추게 되었습니다.

오승학 이미 몇몇 학자들은 중외문화 교류라는 배경으로부터 명·청 시문을 연구하는 데 주의하였습니다. 일찍이 80년대 초 범존충 (范存忠)은 <중국의 인문주의와 영국의 계몽주의(中國的人文主義與 英國的啓蒙主義)>라는 글을 발표하여 17세기 말에서 18세기 초 중국의 인문 사상이 유럽에 전해지고 아울러 서구의 계몽 운동 에 영향을 끼친 문제에 대하여 언급하였습니다. 그러나 서삭방 (徐朔方)의 <서위 붓 아래의 서방 선교사(徐渭筆下的西方傳敎士)>라 는 글은 서양 문화가 전래되었을 때 "설령 서위(徐渭)와 탕현조 (湯顯祖) 같은 걸출한 인물이라 하더라도 완전히 새로운 사물이 그들의 눈앞에 나타났을 때 그들이 얼마나 신기와 경이의 느낌 을 지녔던 간에 그들은 다만 늙은 대제국의 낡은 안목으로 대 처할 수밖에 없었다.(卽使像徐渭和湯顯祖那樣的傑出人物, 當全新的事物來 到他們眼前時, 不管帶着多大的新奇和驚異之感, 他們却只能以老大帝國的老眼光去 對待)"라고 말하였습니다. 이러한 탐색은 모두 많은 흥미를 띠 고 있으나 애석하게도 너무 부족합니다. 명·청 시기 중외문화 와 문학의 관계는 아직까지 아무런 성과도 없지만, 이 방면에 서 연구할 수 있는 과제는 매우 많습니다. 예컨대 명말 청초 예수회 선교사가 중국에 들어온 일이라든지 명·청 교체기에 중국의 학문이 서양으로 들어간 일 그리고 명·청 시기 중·일 두 나라의 교류와 왕래가 문학에 끼친 영향 등은 모두 연구할 가치가 있는 것입니다. 이러한 연구는 난이도가 비교적 높아서 국제 한학(漢學)의 배경과 문헌 자료를 가지고 기초로 삼아야 할 것입니다.

장 인   현재 진경호(陳慶浩)는 여러 나라의 학자들과 공동으로 세계 범 위 내의 한적(漢籍) 및 역외(域外) 한문학 서적을 조사하기 시작 하였고, 엄소탕(嚴紹璗)·이경(李慶)·채의(蔡毅)·소서봉(蕭瑞峰)·왕

　　효평(王曉平) 등은 일본 한학사(漢學史)・한문학(漢文學)・중일 문학 비교(中日文學比較)를 연구하고 있으며, 문학연구소 비교문학실(比較文學室)의 주발상(周發祥) 등 또한 세계 한학사(世界漢學史)의 문학 전제를 연구하고 있습니다. 그들의 성과는 명・청 시문 연구가 더욱 광활한 문화 공간을 향하여 전개되도록 촉진함은 의심할 여지가 없습니다.

조　홍　두 분께서는 명・청 시기 중외(中外) 문화와 문학의 관계를 말씀하였는데, 이는 우리들의 시야를 넓혀주는 화제입니다. 중한(中韓) 관계로써 말하면, 오함(吳晗)은 ≪조선 이조실록 중의 중국 사료(朝鮮李朝實錄中的中國史料)≫(전12책)[100]를 편찬함으로써 역외(域外) 사적(史籍)을 이용하여 명청사(明淸史)를 연구하는 데 공헌하였습니다. 실제로 조선 문헌 중에는 문학과 관련된 자료가 또한 적지 않습니다. 많은 조선 문인들이 중국에 와서 쓴 '조천록(朝天錄)' 혹은 '연행기(燕行記)' 등의 유기문(遊記文)은 많은 재미있는 내용을 적고 있습니다. 특히 대량의 필담 자료들이 중국에서는 모두 전해지지 않는데도 조선 문인의 저작 중에는 보존되어 있습니다. 일본 또한 황준헌(黃遵憲) 등이 일본 문인들과 한 필담을 보존하고 있습니다. 이러한 것은 비단 비교문학연구의 재료가 될 뿐 아니라 청대 작가의 작품 및 문풍・학풍을 이해하는 데도 하찮은 것들이 아닙니다. 우연히 일본 학자 등총린(藤塚鄰)의 전저(專著) ≪청조 문화 동전의 연구(淸朝文化東傳的硏究)≫를 보았는데, 가경(嘉慶)・도광(道光) 연간의 학단(學壇)과 조선 문사들의 관계를 연구・검토하였는데 실증과 분석력을 상당히

---

100) 오함(吳晗) 집(輯), ≪조선 이조실록 중의 중국 사료(朝鮮李朝實錄中的中國史料)≫(전12책)(북경 : 중화서국, 1980).

갖추고 있었습니다. 그밖에도 조선·일본과 월남에는 적지 않은 한문 시화(詩話)와 문화(文話)가 있습니다. 그 가운데 간혹 명·청 시기의 시문을 말한 것은 또한 독창적인 견해가 적지 않습니다. 현재 이러한 문헌들은 이미 몇몇 학자들의 주의를 끌고 있습니다. 문화(文話)로써 말하자면 왕수조(王水照)가 일찍이 ≪일본 학자 중국 문장학 논저선(日本學者中國文章學論著選)≫101)을 편찬하였는데, 그 가운데 강호(江戶) 시기 두 일본 학자의 문화(文話)를 수록하고 있으니 ≪졸당문화(拙堂文話)≫와 ≪어촌문화(漁村文話)≫가 그것입니다. 이러한 책들은 동치(同治)·광서(光緒) 연간에 일찍이 한 차례 중국에 전해져 문단에도 약간의 영향을 끼쳤습니다. 이러한 문학상의 상호 교류는 검토해 볼 가치가 있는 점입니다.

장 인 이상의 몇 가지 측면으로만 보아도 명·청 시문 연구의 당면한 문제는 당·송 이전의 그것보다 훨씬 복잡합니다. 명·청 문학은 고전 문학의 말기에 놓여 있고 또 개방이라는 문화적 환경 중에 놓여 있었기 때문에 그것에 대한 어떠한 문제도 다양한 요소와 연계되어 있고 다방면의 견제를 받고 있으니 독자적으로 처리할 수는 없습니다. 따라서 명·청 시문을 연구하는 것은 이전의 문학을 연구하는 것보다 더욱 넓은 시야와 실제적인 방법이 필요합니다.

조 홍 명·청 시문에 대한 철저한 연구는 사고의 돌파가 필요하리라고 봅니다. 수십 년 동안 청대 시문에 대하여 비교적 체계적인 연구가 행해졌는데도 문학비평사의 선도를 받은 것 같습니다.

---

101) 왕수조(王水照)·오홍춘(吳鴻春) 편선(編選), ≪일본 학자 중국 문장학 논저선(日本學者中國文章學論著選)≫(상해 : 상해고적출판사, 1994).

명・청 시기에 공적이 있는 문학가들은 거의 모두 문학에 대한 견해를 가지고 있었으니 비평사적 각도에서의 천착은 충분히 일리가 있는 것입니다. 그러나 비평사의 도움을 받아 연역된 몇몇 결론 혹은 틀이라도 그것의 계발을 받아서 사고를 속박하지 않았다면 헤아려 볼 필요가 있습니다. 더욱이 지금까지 쉽게 결론을 내리지 못했거나 어떤 논리 구조로 귀납하기 힘든 문학 현상에 주의하여 더욱 신선하고 활발한 문제를 발견하는 것 또한 필요한 일입니다. 장 선생께서 청대 시문은 아직 시간적으로 충분한 검증을 거치지 못하였다고 하였는데, 이러한 실정 또한 연구자들의 감별력에 대한 도전인 셈입니다. 실제로 비교적 정평이 난 명가들에 대한 반복된 연구는 마땅히 피해야 할 것입니다.

오승학　명・청 두 왕조의 문학 현상은 어떤 시대보다도 복잡하고 또한 이전의 어떤 시대와도 관련성을 맺고 있습니다. 따라서 우리들은 명・청 문학의 내부로부터 그것의 총체적인 특징・발전단계・문학 사조・풍격 유파 등을 연구해야 하고, 또한 그것과 한당(漢唐)・육조(六朝)・송원(宋元) 등 문학 시대와의 전승과 창신 관계를 연구해야 합니다. 청대 시문은 명대 시문과 관련되어 있기도 하지만 그 차이도 큽니다. 이러한 문제를 분명하게 이해해야만 기타 영역에 대한 연구에도 도움이 될 것입니다.

장 인　제 생각에는 연구 조건의 부족과 연구 역량의 박약에 비추어 볼 때, 우리들은 먼저 이루어낸 단계적인 성과를 고려해야 할 것입니다. 예컨대 지역・시기・집단과 유파 연구가 그것입니다. 저는 일찍이 명대 시문을 전공한 요용준(饒龍隼) 박사와 의견을 교환한 적이 있습니다. 한결같이 현재의 명・청 시문 연구의 논저 제목은 너무 크다는 생각을 하였습니다. 문헌은 너무 많고 개인의 역량은 한계가 있으니, 제목이 너무 크면 깊이 들어가기 어렵고 단지 인상이 그리 깊지 않게 됩니다. 최근 장중모(張仲謀)의 ≪청대 문화와 절파시(淸代文化與浙派詩)≫102)는 식견을 갖춘 저작입니다. 그러나 제목이 너무 커서 집중적이고 깊이를 갖추기는 어려우니 오지진(吳之振)이 편찬한 ≪송시초(宋詩鈔)≫103)와 경성(京城) 풍회(風會)의 변화 같은 것은 본래 써낼 수 있는 내용인데도 그는 지나쳐 버렸습니다. 만약 단지 강희조(康熙朝)의 절파(浙派) 만을 연구하였다면 가능했으리라 생각됩니다. 그것도 여전히 큰 제목입니다. 다만 수수(秀水)·여요(餘姚)와 전당(錢塘) 만으로도 얼마간의 작가가 있고 얼마간의 문제가 있습니다. 아마도 단지 그 가운데 하나만을 할 수도 있을 것입니다. 엄적창(嚴迪昌)의 ≪양선사파 연구(陽羨詞派硏究)≫104)와 같은 것은 매우 충실합니다. 명·청 시문 중에는 많은 유사한 제목이 있을 수 있습니다. 문학사에서 이미 유명한 전후칠자(前後七子)·공안(公安)·경릉(竟陵)·동성(桐城)·양호(陽湖)·성령(性靈)·격조(格調) 외에도 오중사걸(吳中四傑)·민중십자(閩中十子)·태화파(泰和派)·우산파(虞山派)·전후남원오선생(前後南園五先生)·하북삼시인(河北三詩人)·강남삼포의(江南三布衣)·관중삼리(關中三李)·남북이조(南北二趙)·전당십자(錢塘十子)·연대십자(燕臺十子)·절서육가(浙西六家)·영남사가(嶺南四家)·오중칠자(吳中七子)·월중칠자(越中七子)·고밀파(高密派)·동광파(同光派) 등이 있습니다. 마치 상보화

---

102) 주 36)과 같음.

103) [청] 오지진(吳之振)·여유량(呂留良)·오자목(吳自牧) 선(選), [청] 관정분(管庭芬)·장광후(蔣光煦) 보(補), ≪송시초(宋詩鈔)≫(전4책)(북경 : 중화서국, 1986).

104) 엄적창(嚴迪昌), ≪양선사파 연구(陽羨詞派硏究)≫(제남 : 제로서사, 1993).

(常寶華)가 요리책을 읽는 것과 같은 재능이 없이는 다 헤아릴 수 없을 것 같습니다. 마음대로 하나를 선택하면 모두 학위 논문의 제목이 됩니다. 만약 10년 혹은 20년 내에 이러한 제목이 모두 연구될 수 있다면 상대적으로 충실한 명·청 시문사(詩文史)에 대한 희망을 가질 수 있을 것입니다.

오승학 유파 문제는 마땅히 명·청 시문 연구의 중요한 문제 중의 하나입니다. 진정으로 첨예하게 대립하는 문학 유파는 명대에 나타나기 시작하였습니다. 그러나 우리들은 각 유파 사이의 관계에 대하여 여전히 충분하게 이해하지 못하고 있으며 지나치게 간단하게 이해하고 있는 실정입니다. 전후칠자(前後七子)는 '복고(復古)'라는 두 글자로 덮어 버리고, 공안파(公安派)는 '성령(性靈)'으로 덮어 버립니다. 그들 이론의 복잡성과 내재적 관련성, 예컨대 복고주의가 지니고 있는 성령설과 이학에 대한 반대 등은 충분하게 주의하지 못하고 있습니다.

장 인 유파뿐만 아니라 모든 시기의 문학 사상 또한 서로 다릅니다. 때로는 첨예하게 대립하고 때로는 융합의 길을 달리기도 합니다. 예컨대, 청대 가경(嘉慶)·도광(道光) 연간의 문학 사조는 융합이 주류를 이루었습니다. 조홍(曹虹)의 <청 가경·도광 이래 '불구변산론'의 문학사적 의의(清嘉道以來'不拘駢散論'的文學史意義)>105) 에서 이미 시대적 맥박까지 파악하였으며, 시학에 있어서도 똑같은 경향이 있었으니, 그것들은 모두 학술 사상의 추세와 서로 관계됩니다. 오랜 기간 동안 고대문학 연구 중에는 보편적으로 창작과 이론이 분리되는 결점을 지니고 있었습니다. 창작

---

105) ≪문학평론(文學評論)≫ 1997년 제3기.

을 연구하는 사람들은 단지 문학 표현에만 주의하고, 이론 및 비평을 연구하는 사람들은 이론 주장에만 관심을 두고 있어서 쌍방 모두 문학 창작 중에 나타나는 문학 사상과 심미 의식에 대한 관심이 결여되어 있습니다. 또한 문학 활동 과정에 대한 깊이 있는 연구가 부족하여 몇몇 표면적인 문제로 미혹되어 피상적인 결론을 도출해내는 잘못을 면할 수 없었습니다. 왕어양(王漁洋)의 문인인 낭정괴(郎廷槐)는 많은 사람들이 평상시에는 한위(漢魏)를 높이 추앙하지만 자신의 작품은 완전히 별개의 것이라고 말한 적이 있습니다. 나종강(羅宗强)은 일찍이 하나의 시대의 더욱 진실한 문학 관념은 왕왕 이론 중에는 나타나지 않고 창작 중에 나타난다고 지적하였습니다. 이는 명·청 시문 연구 중에 특히 주의할 필요가 있는 것입니다.

조 홍 우리들이 명·청인의 논문과 담예(談藝)의 자료를 보면 서로 다른 사람이 동일한 대상을 말하고 각자 긴절한 각도 혹은 도출해낸 결론은 반드시 서로 같지 않은 것을 쉽게 볼 수 있으니, 이러한 곳은 비교할 만합니다. 창작상에서도 또한 항상 서로 다른 사람이 동일한 인사(人事)를 묘사하고 있습니다. 나동승(羅東升) 등의 ≪청문 비교 평석(淸文比較評析)≫106)은 이러한 창작 상황에 착안하여 글을 가려내고 평석하여 명·청 문학 감상의 효과적인 방식이 되게 하였습니다. 명·청 시문 내부의 비교 연구 또한 힘을 기울여야 하지만 더욱 큰 문학 범위 내의 비교 연구 또한 개척할 가치가 있습니다. ≪문학유산≫ 1988년 간(刊)에 실린 오흥화(吳興華)의 유작(遺作) <≪국조 상주 변체문록≫

---

106) 나동승(羅東升)·하천걸(何天杰)·정회(鄭會), ≪청문 비교 평석(淸文比較評析)≫(광주(廣州) : 중산대학출판사(中山大學出版社), 1988).

을 읽고(讀≪國朝常州駢體文錄≫)〉는 이 방면에서 특색을 갖춘 글로서, 그는 중서(中西) 문학원리의 합당한 비교를 결합하여 변문(駢文)의 문체 기능 및 청대 변문의 특징에 대하여 생동적으로 설명하고 있습니다. 진정으로 중외(中外)를 꿰뚫은 비교연구는 마땅히 매력적인 것입니다.

오승학　명·청 시문 창작의 큰 특징은 이론 및 비평과 매우 긴밀하게 결합되어 있다는 것입니다. 거의 모든 문학 유파가 모두 자신들의 이론을 견지하면서 투쟁하였고, 투쟁 또한 격렬하였습니다. 각종 유파를 연구함에는 먼저 그들이 창작에서 출발해야 하지 단지 이론만을 보아서는 안 됩니다. 명·청 두 왕조의 시문 창작은 또한 각각 특색이 있습니다. 명대에는 일체가 거의 모두 극단적인 언어와 형식을 사용하여 나타내고 있어서 안정성이 부족한 것 같습니다. 이것은 청대의 집대성식 총체적인 평온 및 이성과는 다른 점입니다. 명인의 견해는 항상 쉽게 반박을 불러일으킵니다. 그러나 또한 사람들에게 비교적 깊은 인상을 남깁니다. 이 방면에서는 명인들은 아마도 엄우(嚴羽)를 닮았으니, 말을 내뱉음이 늘 단도직입적입니다. 명인(明人)에 대한 이해는 마땅히 의미만 파악하고 언어에는 집착하지 말아야 할 것입니다. 하경명(何景明)이 〈잡언십수(雜言十首)〉에서 "진(秦)에는 경(經)이 없었고, 한(漢)에는 소(騷)가 없었으며, 당(唐)은 부(賦)가 없었고, 송(宋)은 시(詩)가 없었다.(秦無經, 漢無騷, 唐無賦, 宋無詩)"라고 한 것과 같은 이치입니다. 혹은 이몽양(李夢陽)이 당 이후의 책은 읽지 않는다고 말한 것과 같은 것은 다만 그 함의를 이해할 수 있어야만 하는 것입니다.

장　인　또한 평가에서 주의해야 합니다. 걸출한 이론가는 일반적으로 단지 자신의 독창적인 견해만을 나타내지 일반적으로 통용되는 상투적인 말은 장황하게 늘어놓지 않습니다. 그러나 이는 그들이 이러한 것에 대하여 반대함을 나타내는 것은 아닙니다. 과거에 우리들은 비평가들이 창작과 현실의 관계를 말하지 않은 것을 가리켜 곧 형식주의라고 하였습니다. 이는 책을 펴면 곧바로 '시언지(詩言志)'·"감정이 마음에서 움직여 말로 나타남(情動於中而形於言)"을 제창하는 내용은 알지 못하면서 오히려 단지 허울만을 내건 채 딴 짓을 하고 있는 것입니다.

조 홍 명·청 시문을 연구하는 데는 어려움이 매우 많습니다. 문헌의 수량은 많고 복잡하며 집대성식의 특징을 갖추고 있어서 거울로 삼을 만한 성과는 매우 적습니다. 그러나 명·청 시문을 연구하는 데는 단지 명·청 시문만을 이해해서는 너무 부족합니다. 그 이전의 문헌 또한 숙지하지 않으면 안 됩니다. 대체로 송 이전의 문학사를 연구하는 학자들은 해당 책을 통독하였다고 감히 말하지만, 송 이후를 연구하는 학자들은 거의 통독한 사람이 없습니다. 명·청 시문은 더욱 이와 같아서 명·청 시문을 연구함에는 박아(博雅)한 학자가 아니고는 불가능합니다.

장 인 일반적으로 고전 문학을 연구하면 처음은 어렵지만 나중은 쉽다고 여기는데 저의 생각은 반대입니다. 전자는 단지 새로운 견해를 제시하기가 어렵다는 데 불과하고, 후자는 결국에는 무슨 견해를 내어야 할 지 알지 못하는 것입니다. 뒷 부분을 연구하는 사람들은 반드시 앞 부분에 익숙해야 합니다. 그렇지 않으면 원류가 분명하지 않고 비평의 척도를 파악할 방법이 없게 됩니다. 명·청 시문을 연구한 논저들을 보면 항상 당송인(唐宋人)의 진부한 말을 새로운 견해라고 하여 높이 추숭하는 것을 보게 되는데 정말로 문학사의 수양이 부족함을 드러낸 것입니다. 명·청 시문을 연구하려면 확실히 종영(鍾嶸)이 말한 "모래를 헤쳐 황금을 가려내는(披沙揀金)" 안목이 필요합니다.

오승학　관건은 많은 원저(原著)를 읽는 데 있습니다. 명·청 이래의 시문평은 단지 연구하는 데 참고로 삼을 수는 있지만 연구의 출발점이 될 수는 없고, 더욱이 연구의 결론이 될 수는 없습니다. 몇몇 문학사 연구자들은 전통 시문평의 영향을 너무 많이 받았습니다. 특히 명·청 시문에 대해서는 거의 비판 없이 전인들의 시화의 관점을 받아들여 기존의 학설을 표절하고 그럭저럭 부연하는 정도입니다. 왕사진(王士禛)의 시 한 구절에 딱 들어맞습니다. "귀동냥으로 어지럽게 개원·천보를 말하지만, 몇 사람이나 직접 명·청의 시를 보았는가?(耳食紛紛說開寶, 幾人親見明·淸詩?)"107)와 같은 지경입니다.

장　인　명·청 시문이 연구하기 어려운 것과 마찬가지로, 연구에 대한 평론 또한 쉬운 일이 아닙니다. 우리 세 사람의 이야기는 또한 개인적인 식견이 미치는 바와 일상적인 생각에 지나지 않습니다. 미처 생각하지 못하여 빠뜨린 부분도 많을 것입니다. 만약 우리들의 의견이 명·청 시문에 대한 학계의 관심을 조금이나마 높일 수 있다면 만족하겠습니다.

---

107) 왕사진(王士禛), <논시절구 삼십이수(論詩絶句三十二首)> 중 제16수.

제 8 장

중국 고대 백화소설에 있어서
학술연구 패러다임의 변천 궤적

| 곽영덕(郭英德) · 유용강(劉勇强) · 축청(竺靑) |

축　청(竺靑)(《문학유산(文學遺産)》 편집부)　중국 고대 백화소설 연구는 20세기 고대 문학 연구 가운데에서 가장 활발하면서도 주목을 받아 온 영역입니다. 오늘 저는 《문학유산》 편집부의 의뢰를 받아 특별히 두 분의 전문가를 초청했습니다. 이 분들과 함께 금세기 중국 대륙의 연구 상황에 대해 각자의 관점에서 의견을 발표하기로 하겠습니다. 중심 의제는 고대 백화소설 연구 패러다임의 변천 궤적입니다. 편의상 본 대담에서는 고대 백화소설을 간략히 "고대 소설"로 부르도록 합시다. 이밖에 지난 백 년 간의 연구사를 다음과 같은 네 단계로 나누어서 이야기했으면 합니다. 즉 첫째 고대 소설 연구가 전통 학술 패러다임에서 근대적 학술 패러다임으로 전환하던 시기, 둘째 고대

소설 연구에서 근대적 학술 패러다임이 성립되던 시기, 셋째 마르크스주의 사회－역사적 비평 방식이 고대 소설 연구의 주된 패러다임으로 확정된 시기, 넷째 고대 소설 연구의 패러다임이 다시 전환에 직면한 시기가 그것입니다. 두 분 선생님께서는 어떻게 생각하시는지요?

곽영덕(郭英德)(북경사범대학(北京師範大學) 중문계(中文系))   20세기 고대 소설 연구의 역사를 고찰함에 물론 다양한 각도에서 접근할 수 있지만, 학술 연구 패러다임의 변천 궤적을 통한 접근은 확실히 괜찮은 방법이라 할 수 있습니다. 이런 시각을 통해 우리는 고대 소설 연구자의 역사 공헌에 대해 비교적 정확히 평가할 수 있을 뿐 아니라 고대 소설 연구의 발전 경향을 더 깊이 생각할 수 있을 듯합니다. 네 단계의 시기 구분은 기본적으로 백 년 동안의 고대 소설 연구 패러다임 변천의 실제 상황에 부합하며 오늘의 화제를 전개하는 데 편할 것으로 생각됩니다.

유용강(劉勇强)(북경대학(北京大學) 중문계)   그런 방식이 좋을 것 같긴 하군요. 그런데 주의해야할 것은 학술 연구 패러다임의 변천은 학술 분과의 발전과 연관되어 있다는 점입니다. 고대 소설 연구가 진정한 하나의 학술 분과로 성립되기 전, 즉 이 학술 분과가 성숙되어가던 초기에 연구 패러다임이 이미 현재와 같이 그렇게 보편성과 영향력을 지녔었던가에 대해서는 더 깊은 논의가 있어야 한다고 생각합니다. 학술 분과가 성숙한 이후라 할지라도 학술 연구 패러다임은 단지 기본적인 특징에 대해서만 말할 수 있을 것입니다. 시기 구분 문제도 마찬가지입니다. 저는 학자를 몇 세대로 나누고, 감독을 몇 세대로 나누는 따위의 주장에 대해서는 줄곧 유보한 바가 있습니다. 연관되는 면이 없다면 구분할 수도 없습니다. 시기 구분은 물론 역사적 연구에 있어서는 편리하겠지만, 구체적 문제를 논의할 때에는 우리는 아마도 서로 다른 시기간의 있을지 모르는 연관에 대해서 더욱 많은 주의를 해야 할 것입니다. 어떠한 학술연구 패러다임에서도 전대의 맹아와 후대의 계승에 주의해야 할 것입니다.

축　청　두 분이 모두 이번 이야기의 중심 의제에 찬성하신 것으로 알겠습니다. 그럼 먼저 이른바 "패러다임"의 개념이 도대체 무엇을 가리키는지 설명하는 것이 필요할 것 같군요.

곽영덕　학술사에서 말하는 "패러다임(paradigm)"은 법칙·원리·실험 도구·조작 방법 등으로 이루어진 과학 연구의 구체적인 범례를 가리킵니다. 여기서 우리는 토마스·쿤(T. S. Kuhn)의 "패러다임" 변화의 이론을 빌어 지난 1세기 동안 이루어진 고대 백화 소설 연구의 학술사적 위상을 정립할 생각입니다. 우리는 어떤 시대 학술 연구자들이 공유하고 있는 학술적 관심·학술 명제·연구 목적·연구 대상·연구 방법 및 연구 맥락 등은 그 시대 학술 연구의 기본적인 패러다임을 구성한다고 생각합니다. 이런 학술 패러다임을 빌어, 한 시대의 학술 연구의 기본적인 특징을 정확히 파악할 수 있을 뿐만이 아니라, 상이한 시대의 학술 연구의 변화 과정을 또한 명확히 기술할 수 있을 것입니다.

축　청　이제부터 우리는 금세기 고대 소설 연구의 첫 번째 시기, 즉 전통적 연구 패러다임에서 근대적 연구 패러다임으로 전환하던 시기의 특징에 대해서 먼저 논의해 보도록 합시다.

유용강　전통적 소설연구의 기본 패러다임은 소설 평점(評點)[1]의 기초 위에서 세워졌으며, 그렇기 때문에 소설 평점이 기본 방법이었다고 말할 수 있습니다. 소설 평점의 내용은 사회 비평·도덕 평가·예술 감상의 세 가지 측면을 포함하고 있습니다. 사회비평은 소설작품을 현실사회와 대조하여, 당시의 정치상에 대해 풍자하며, 사람들을 깨우치려는 것(感慨人生)을 말합니다. 도덕 평가는 "삼강오상(三綱五常)"의 사상이나 "온유돈후(溫柔敦厚)" 같은 "시교(詩敎)"를 표준으로 삼아 소설 속의 인물과 사건을 평가하는 것입니다. 예술 감상은 팔고문(八股文)의 작법이나 평점자(評點者)의 심미 감각을 척도로 삼아 작품의 예술 기교를 분석하고 작품의 심미적인 특징을 가려내는 것입니다. 이러한 세 측면이 바로 고대 독자들이 관심을 가졌던 중요 문제였습니다.

곽영덕 소설 평점은 전통적인 "시문평(詩文評)"의 파생물로써, 일종의 주관적이고 직관적인 문학 비평 방식입니다. 또한 언급하면 문득 끝나버리는 깨달음식의 문학 비평 양식이며, 스스로 즐기며 그때 그때 떠오르는 생각을 적어내는 문학 비평방식입니다. 이러한 직관식·깨달음식·감정식의 비평 양식은 중국 고대인 특유의 사유 방식과 심미 습관을 집중적으로 구현해 내었습니다.

유용강 소설 평점이 이론 체계를 구성했는지의 여부를 따지기 전에 우리는 이론 자체에 대해 어떻게 인식하고 있는가를 먼저 살펴야 할 것입니다. 만약 서양 철학을 이론의 표준형태로 삼는다면 소설 평점은 확실히 그러한 이론 형태를 구성했다고 보기에는 미흡합니다. 그러나 평점은 이론 탐색의 가치를 지니고 있으므로 문제가 될 것이 없습니다. 소설 평점의 소소한 체험 속에는

---

1) 평점(評點)이란 책에 점을 찍어가면서 읽고, 또 동시에 자신의 견해를 피력하는 것을 일컫는다.

마치 모래 속에 금이 숨어 있는 것처럼 새롭고 날카로운 사상의 빛이 잉태되어 있었습니다. 가장 중요한 것은 소설 평점의 사유 방식이 줄곧 "독법(讀法)"을 중심으로 하였으며, 고대 소설의 수용 과정의 일환으로써 소설 평점은 적어도 내용을 상세히 설명해 놓은 원본을 제공하였습니다. 그리고 이것은 고대 소설을 전면적으로 평가하는데 없어서는 안 될 증거요소입니다. 소설의 세부적인 면에 직접 파고드는 평점의 평론 관점은 인상과 직관에 치중하였으며, 이와 아울러 후대의 소설 연구에 깊은 영향을 남겼습니다.

축 청 고대 소설 연구과정 중, 전통적 패러다임에서 근대적 패러다임으로 전환하던 시기 중에 두 가지 주목할 만한 현상이 나타났습니다. 하나는 양계초(梁啓超)2)가 정치를 해석하는 방식으로 소설을 연구한 것이며, 또 하나는 왕국유(王國維)3)가 서양의 철

---

2) 양계초(梁啓超, 1873~1929) : 근대문학가・사학가. 자는 탁여(卓如)이고 호는 임공(任公)・음빙실주인(飮氷室主人)이며 광동성(廣東省) 신회현(新會縣) 사람이다. 1884년에 수재(秀才)에, 1889년에 거인(擧人)에 합격하였으며 이후에 강유위(康有爲)를 알게 되어 그를 스승으로 삼고 만목초당(萬木草堂)에서 공부하였다. 일본에서 ≪청의보(淸義報)≫(1898)를 간행하여 그의 정견을 발표하였으며 이듬해 겨울에는 하와이로 가는 도중에 <하위이유기(夏威夷游記)>를 지어 '시계혁명'(詩界革命)과 '문계혁명(文界革命)'의 구호를 제창하였다. 1902년에는 日本에서 <소설과 군치의 관계를 논한다(論小說與群治之關係)>를 발표하여 '소설계혁명(小說界革命)'의 구호를 제기하였다. 1918년에는 유럽을 순방하고 ≪구유심영록(歐游心影錄)≫을 지었으며 귀국한 후에는 남개대학(南開大學)과 청화대학(淸華大學)에서 강의하였다.

3) 왕국유(王國維, 1877~1927) : 역사학가・금석문가(金石學家)・문학이론가. 자는 정안(靜安)이고 호는 관당(觀堂)으로 절강성(浙江省) 해녕현(海寧縣) 사람이다. 1898년에 나진옥(羅振玉)이 상해에서 만든 동문학사(東文學社)에서 고학하였고 1901년에는 무창농교(武昌農校)에서 임직하다가 나진옥의 도움으로 일본으로 유학갔다. 1902년에 귀국하여 상해・소주(蘇州) 등지에서 가르쳤으며 1904년에는 ≪홍루몽평론(紅樓夢評論)≫을 발표하였다. 1907년부터는 학부도서국(學部圖書局) 편집을 맡으며 중국희곡사와 사곡의 연구에 종사하였다. 1913년부터는 중국고대사료, 고기물(古器物), 고문자학, 음운학의 고증에 종사하였다.

학·미학 이론으로 소설을 연구한 것입니다. 지금부터 이 문제에 대해 각각 이야기 해 보는 게 어떨까요?

곽영덕 좋습니다. 양계초의 소설연구는 뚜렷한 정치 지향·정치 효능을 가지고 있으며, 공리주의 색채를 짙게 띠고 있었습니다. 예를 들자면 <소설과 군치의 관계(小說與群治之關係)>4)에서 양계초는 소설은 "중국 정치 부패의 모든 근원"으로 여겼으며, 중국인의 "장원(壯元) 재상(宰相)의 사상"·"재자가인(才子佳人)의 사상"·"강호도적(江湖盜賊)의 사상"·"요상한 무당이나 여우귀신의 사상"은 모두가 소설에서 나왔다고 했습니다. 또한 소설은 "직접·간접으로 사람을 해치니, 얼마나 폐해가 심각한가!"라고 하였습니다. ≪역인정치소설서(譯印政治小說序)≫에서 양계초는 심지어 ≪수호전(水滸傳)≫·≪홍루몽(紅樓夢)≫ 등을 "음란함과 도적질을 가르치는(誨淫誨盜)" 작품이라고 하였습니다.

유용강 재미있는 것은 양계초와 동시대의 연구자는 중국 고대 소설을 찬양했는데, 이 역시 똑같은 사유 방식에서 나온 결론이란 점입니다. 예를 들자면 연남상생(燕南尚生)이 ≪신평수호전삼제(新評水滸傳三題)≫를 내면서 ≪수호전≫을 "조국제일의 소설"이라고 하였습니다. 왜냐하면 이것은 "사회 소설"이자 "정치 소설"이며 동시에 "윤리 소설"이기 때문입니다.

곽영덕 이런 소설 연구의 정치 해석 방식은 근원적으로 가치 판단의 공리성을 드러내고 있으며, 전통적인 문학 관념과 문학 방법론은 전통적인 "시교"설과 깊은 관련이 있습니다. 정치 해석 방식이 실제로 적용된 결과는 다음과 같습니다. 즉 소설 연구는

---

4) 양계초(梁啓超), <소설과 군치의 관계(小說與群治之關係)>(임지균(林志鈞) 편찬, ≪음빙실합집(飮氷室合集)≫, 상해 : 중화서국, 1932).

사회를 지향함과 동시에 그것의 초월적인 품격을 상실하게 되며, 정치에 투신함과 동시에 그것의 심미적 방향을 버리게 되며, 현실에 참여함과 동시에 그것의 학술 정신이 왜곡됩니다.

축　청　양계초의 정치 해석 방식에 대해 평가하자면, 특히 그가 어떤 관점에서 그러한 방법을 사용했는가에 주의해야 합니다. 그는 주로 유신파(維新派)의 정치가·사상가로서 전문적으로 고대 소설을 연구한 사람은 아니었습니다. 양계초의 "소설계(小說界) 혁명(革命)" 이론은 그가 주창한 "시계(詩界) 혁명"·"문계(文界) 혁명"과 마찬가지로 그의 정치 유신 이론 체계의 한 부분이었습니다. 그의 관점은 주로 문학 연구 방법의 혁신에 있었던 것이 아니라 정치 주장의 효력있는 전파에 있었습니다. 그렇기 때문에 이런 정치 해석 방식의 갖가지 이론은 편파적이며, 심지어 어떤 부분은 오늘날의 관점에서 보자면 상당히 황당한 결론입니다. 이런 주된 원인은 정치 언어를 전파하려는 전술적 필요에 기인하고 있습니다. 문학 연구 영역에서 이런 연구 방법의 득실을 따질 때 우리는 그것의 특수한 환경을 무시해서는 안될 것입니다.

유용강　양계초의 관점은 기본적으로 작품이란 순수 관념의 산물을 넘어서 있다고 보았습니다. 비교하자면 소설 창작을 통한 영향은 아마도 소설 연구를 통한 것보다 훨씬 클 것입니다. 양계초 같은 경우는 소설 연구와 고대 소설 작품 간의 결합이 결코 충분하지 않았기 때문에, 진정한 의미에서 정치 해석 방식을 구성하진 못했습니다. 실제로 양계초 본인의 문학관도 후기에는 공리(功利)에 급급하던 자세에서 미문(美文)으로 바뀌었습니다. 그러나 그가 시대의 요구에 발맞추어 소설로써 정치투쟁의 도구

로 삼으려던 생각은 사회변혁이 활발하던 시기에 소멸되어가
던 옛 것을 환생시킨 격(借尸還魂)이니, 이것은 "맨 처음 인형을
만든 자는 후손이 없을 것이다.(始作俑者, 其無後乎)"라는 옛말에 해
당합니다.5)

축 청 비교하자면, 20세기 소설 연구에 아마도 왕국유의 <홍루몽 평
론(紅樓夢評論)>6)이 구성한 소설 해석 방식이 더욱 큰 영향을 미
쳤을 것입니다.

곽영덕 왕국유는 비록 청대 건륭(乾隆)7)·가경(嘉慶)8) 시대의 고증학의
영향을 많이 받았지만 그의 문학 연구는 의식적으로 "고증의
한계"를 돌파했습니다. 따라서 그는 독특한 근대적 정신을 구
현했습니다. 1904년에 발표한 <홍루몽 평론>은 철학과 미학
으로써 문학 비평의 이론적 기초로 삼아 상당히 완벽한 이론
체계를 구성했습니다. 그는 이론적 안목·이론 체계, 그리고
잘못된 것을 가려내는 고증 정신을 고대 소설 연구에 적용해서
지성적이고 사변적이며 논리적인 사유 특징을 표현해 내었습
니다. 이것은 근원적으로 전통적인 연구 방법과는 명확히 경계
를 그은 것이 됩니다.

유용강 왕국유와 동시대에 황인(黃人)·서념자(徐念慈) 등도 서양 미학으

---

5) ≪맹자(孟子)·양혜왕(梁惠王)·상(上)≫에 나오는 말이다. 이 말은 맨 처음 인형을 만든
   자는 나쁜 의도를 가진 것이 아니었으나, 공자의 눈에는 그것이 사람의 형상을 본 떠서
   만들었기 때문에 인(仁)하지 못한 행위로 여겨서 미워한 것이다. 그런데 유용강 선생이
   이 ≪맹자≫ 구절을 인용한 것은 양계초가 시대의 요구에 따라서 나쁘지 않은 의도로 소
   설을 끌어다 정치 해석의 도구로 이용하였으니, 그를 그렇게 탓할 것만은 아니라고 말하
   는 것이다.
6) 왕국유(王國維), <홍루몽 평론(紅樓夢評論)>(≪왕국유유서(王國維遺書)≫, 상해 : 상해고적
   서점(上海古籍書店), 1983).
7) 청 고종(高宗)의 연호(1736~1795).
8) 청 인종(仁宗)의 연호(1796~1820).

로 고대 소설을 분석해 보기도 하였습니다. 이런 방법은 확실히 과거의 "원도(原道)"나 "종경(宗經)"과 같은 비평 방법에 비하면 새로운 의미를 지닙니다. 많은 사람들이 "비록 양복을 몸에 걸치고 있지만 내 마음은 여전히 중국의 마음이다.(洋裝雖然穿在身, 我心依然是中國心)"라고 하였지만, 왕국유가 어떻게 "비극(悲劇)"과 "해탈(解脫)"·"욕망(欲)"과 "보옥(玉)"을 한 솥에 넣어서 끓여내는지를 감상하는 것은 재미있는 일입니다. 평점가(評點家)들에 의해 양산박(梁山泊)의 장정들이 좌지우지된 것이 분명 너무 오래되었습니다.

축　청　왕국유의 연구 방향과 고대 소설 평점가들의 것은 확연히 다릅니다. 우선 고대 소설 평점가들은 학술 분과의 성격에 대한 파악이 부족했습니다. 소설 평점가 중에서 이른바 "사장(詞章)꾼"들이 있는데 이들의 평점 맥락은 주로 문장학(文章學)의 패러다임 내에서 전개되었습니다. 그런데 왕국유는 ≪홍루몽≫이 인생의 비극적 본질을 보여주는 작품으로 여겼습니다. 그리고 바로 이것은 "문학적"인 것으로, 이로 인해 미학과 윤리학적인 가치를 갖추게 되었습니다. 이것이 그의 연구로 하여금 문학 연구에 있어서 선명한 학술 분과 성격을 지니도록 해주고 있습니다. 다음으로 고대 소설 평점가들은 또한 인생에 대한 깨달음이 부족하진 않았지만, 이러한 깨달음은 대부분 도덕적 체험에 지나지 않아 철학적 깊이가 부족합니다. 그러나 왕국유는 인생 체험을 쇼펜하우어 사상을 핵심으로 하는 서양 철학 사상 체계에 집어넣어, 윤리학적으로 설명했을 뿐 아니라 인생 철학의 높이까지 끌어올렸으며 여기에 논변을 더했습니다.

곽영덕　그러나 왕국유는 쇼펜하우어의 철학사상을 생경하게 ≪홍루몽≫

에 적용하였습니다. 비록 의미있는 "오독(誤讀)"이라고 해도 선입견에 사로잡혀 기존의 이론으로 작품의 실제 묘사에 대한 분석을 연역적으로 대체했습니다. 왕국유의 경우 이러한 "오독"은 더 넓게는 일종의 연구 전술이라고 할 수 있습니다. 즉 의식적으로 전통 비평의 깨달음식 혹은 고증식의 방법과 거리를 두려고 했으며, 서양 학술에 근원을 둔 "근대"적인 비평 시야와 방법을 사용해 본 것입니다. 따라서 전통적인 문학연구의 한계를 벗어난 것이지요. 그런데 이러한 이른바 "근대성"은 왕국유가 처음에는 예상하지 못했던 선구자적 역할을 하게 되었습니다. 즉 이후의 연구자들은 자주 견강부회식으로 혹은 외국 이론을 딱딱하게 답습하여 중국 고대의 문학 작품을 해석했으며 자신의 특정한 "척도"로 작가와 그 작품의 가치를 평가하였던 것이지요.

유용강　관점을 바꾸어 본다면, 왕국유는 작자의 주체적 비평 방법을 제기하였으며, 작가의 주체적 정신과 작품의 존재 방식 사이의 관계를 밀도있게 살필 것을 주장하였고, 독자는 개인적인 생명 체험으로 작품의 해석에 "개입"할 것을 제창하였습니다. 이런 연구 방향은 전통적인 사회 비판이나 도덕 평가, 그리고 예술 감상을 너끈히 뛰어넘었습니다. 실제로 이것은 문학 해석의 핵심에 적중하기 때문에 현재까지 줄곧 여전히 사람들에게 깊은 영향을 미치고 있습니다. 왕국유의 탁월한 점은 그는 개인적인 생명 체험을 가지고 서양 철학을 파악할 수 있었으며, 개인의 심미적 감수성으로 고대 소설을 해독할 수 있었으며, 더욱이 이 두 가지를 융합시켰다는 점입니다. 후세의 학인들은 왕국유의 비평 방식을 답습하면서도 오히려 개인의 생명 체험과 심미적 감수성은 빠뜨렸습니다. 이 때문에 그의 비평 방식이 변질될 수밖에 없었던 것입니다.

축　청　방금 두 선생님께서 말씀하신 것을 요약하자면 고대 소설 연구의 전통적 패러다임에서 근대적 패러다임으로 전환하던 시기에서 한편으로는 대량의 외국사상이나 학설을 끌어들였으며, 다른 한편으로는 적극적으로 전통적인 연구 패러다임을 폐기하려 하였습니다. 이 두 가지 점이 소설 연구에 있어서 근대적 학술 패러다임을 만들어 내는 출발점이 되었다고 할 수 있겠군요.

곽영덕　진인각(陳寅恪)9)은 ≪왕정암선생유서(王靜庵先生遺書)　서(序)≫10)에서 왕국유를 칭찬하면서 "외래의 관념을 가져다가, 고유의 재료와 더불어 서로 참고와 증거가 되었다."라고 하였습니다. 이것은 소설 연구에 있어 근대적 학술 패러다임의 기본적인 특징이 되었습니다. 왕국유는 <주정경학과대학문학과대학장정서후(奏定經學科大學文學科大學章程書後)>에서 일찍이 예언적으로 "이후에 우리나라의 학술을 크게 떨칠 사람은 반드시 세계 학술도 함께 통달한 사람이지, 공자의 문하에 있는 케케묵은 유학자(儒學者)여서는 곤란하다."라고 하였습니다. 양계초와 왕국유 같은 사람들은 외국의 신개념·신사상·신학설·신방법의 수입에 열

---

9) 진인각(陳寅恪, 1890~1969) : 사학가·고대문학 연구가. 강서 수수(江西 修水) 사람으로 부친 진삼립(陳三立)은 만청(晚清)의 저명한 동광체(同光體) 시인이다. 1909년에는 상해 복단공학(復旦公學)을 졸업하고 동년 가을에 독일 베를린대학과 스위스의 쮜리히대학에서 언어와 문학을 공부하였고 1913년에는 프랑스 파리고등정치학교 사회경제부에 입학하였다. 1918년부터는 전후로 미국 하버드대학과 독일 베를린대학 범문연구소(梵文研究所)에서 동방 고문자학과 비교언어학을 연구하고 1925년에 귀국 후에는 청화대학(清華大學) 역사계(歷史系)·중문계(中文系) 교수 등을 역임하였다.

10) 진인각(陳寅恪), <왕정안선생유서(王靜安先生遺書) 서(序)>(상무인서관(商務印書館), 1934). ≪왕정암선생유서(王靜庵先生遺書)·서(序)≫는 ≪왕정안선생유서(王靜安先生遺書)·서(序)≫의 오기인 것 같다.

중하여, 외국의 학술 전통과 학술 정신을 높이 인정했을 뿐 아니라 적극적으로 끌어들였습니다. 따라서 이들은 중국 고대 소설 연구에 있어서 근대화의 서막을 열었습니다. 이 이후 적극적으로 외국의 사상 관념과 학술 방법을 끌어다가 중국의 고대 소설을 연구하는 것이 금세기 고대 소설 연구의 가장 중요한 방법이 되었습니다.

유용강 전환기의 고대 소설 연구자는 대부분 외국 소설의 잣대로 중국 고대 소설을 가늠하였습니다. ≪소설총화(小說叢話)≫에서 정일(定一)은 "서양의 예로써 우리 소설을 재단한다."라고 하였습니다. 적극적인 면에서 본다면, 이것은 중국 고대 소설을 최초로 세계 문학의 패러다임 내에서 고찰한 것입니다. 이러한 특징은 금세기 고대 소설 연구의 기본적인 문화 환경을 만들었으며, 소설 연구의 패러다임 전환에 있어서 가장 돌출적인 의의를 지닌다고 말할 수 있습니다. 세계 문학의 패러다임 내에서 중국 고대 소설을 고찰하고 평가하는 것만으로도 정치 해석은 전통적인 정치교화론과 같지 않으며, 철학적인 해석도 이학가(理學家)나 종교도가 ≪서유기(西遊記)≫ 같은 소설에 평점을 한 것과 같지 않습니다.

축 청 동서간의 미학, 혹은 문학의 비교 연구는 확실히 소설 연구자의 사유 공간을 엄청나게 확대시켰습니다. 그러나 "서양의 예로써 우리 소설을 재단한다"는 측면에서는 나쁜 영향도 있었습니다. 즉 중국 소설 자체의 특징을 무시했다는 점입니다. 금세기 60년대의 연구자들은 고대 소설의 민족 형식을 검토하여 이러한 편향을 어느 정도 바로 잡아 주었습니다.

유용강 이른바 패러다임과 비교해서 저는 청말(淸末) 민초(民初)라는 특정한 역사 시기 학인들의 기본 태도를 더욱 중시합니다. 후대의 연구자와는 달리 이 시기의 학인들이 대면하고 있던 것은 당대(當代)의 문학, 즉 중국 자체의 문학(本朝文學)이었습니다. 적어도 당시의 평론가와 평론 대상간의 문화 심리적 거리는 오늘날처럼 크지 않았습니다. 많은 사람들이 아마도 등잔불을 끼고서 손에는 선장본(線裝本)의 소설을 들고 일일이 권점(圈点)을 가하던 방법을 벗어나지 못했죠. 이것과 현재 학자들이 단지 역사책을 통해 이해할 수밖에 없는 과거(科擧) 제도·처첩(妻妾) 제도 등의 문화적인 감수는 확연히 다른 것입니다. 그들의 비평적인 관념은 연구의 관념을 넘어서 있습니다. 이것은 반드시 강조해서 지적할 부분입니다.

곽영덕 그밖에 청말·민초시기에 더욱 새로워진 소설의 위상도 중요한 문제였습니다. 문학에서 사회 전체에 이르기까지 많은 사람들이 공통적으로 소설의 지위를 너무 높이 평가하였습니다. 양계초가 <소설과 군치의 관계(小說與群治之關係)>라는 글을 통해, 문학을 구국의 입장에서 평가하자면 "소설은 문학에 있어서 최상승(最上乘)"이라고 높여 말한 것이 그 예입니다. 당시에는 소설이 가장 중요한 대중 오락 형식이었다고 말할 수 있고, 이러한 문화적 분위기에서 발전해 나간 소설 연구는 당연히 현재의 소설 연구와는 상이한 감성적인 기초가 있었지요.

축 청 전환기에 대해서는 이 정도로 이야기를 마치도록 하겠습니다. 이어서 금세기 고대 소설 연구의 제2시기에서 근대적 학술 연구의 패러다임은 어떻게 세워진 것인지, 거기에는 어떤 기본적인 특징이 있는지에 대해 논의해 보도록 하겠습니다.

곽영덕 마땅히 알아야할 것은 양계초와 왕국유는 전심전력으로 시종

일관 소설연구에만 종사한 것은 아닙니다. 그래서 그들은 단지 고대 소설 연구 영역에서 선구자적인 역할만 하였을 뿐이고 학술 연구 패러다임의 진정한 창업자라고 할 수 없습니다. 고대 소설 연구의 근대적 학술 패러다임의 수립은 호적(胡適)[11]·노신(魯迅)[12] 및 그들의 후계자들에 의해 이루어졌습니다.

유용강 노신은 1920년말 북경대(北京大)에서 소설사 강의를 시작했습니다. 그리고 1923년 말부터 1924년 사이에 ≪중국소설사략(中國小說史略)≫을 상하로 나누어서 출판하였습니다.[13] 이로 인해

---

11) 호적(胡適, 1891~1962) : 자는 적지(適之), 원적은 안휘 적계(安徽 績溪)이고 상해(上海)에서 태어났다. 1904년에 상해로 가서 매계학당(梅溪學堂), 징충학당(澄衷學堂), 중국공학(中國公學)에서 공부하면서 민주사상을 받아들이기 시작하였다. 1925년에는 미국의 컬럼비아대학 철학과에 들어가 듀이에게서 학습하여 그의 실험주의 철학의 영향을 받았다. 그는 1916년부터 재미 동학들과 백화문을 토론하고 <문학개량추의(文學改良芻議)>를 써서 1917년 1월에 진독수(陳獨秀)가 주편하던 ≪신청년(新青年)≫에 발표하였다. 1917년에 귀국하여 북경대학(北京大學) 교수를 지내면서 ≪신청년≫의 편집업무에 참가하여 계속 백화시를 창작하여 보수세력과 논쟁을 전개하였다. 1920년부터는 ≪수호전(水滸傳)≫, ≪홍루몽(紅樓夢)≫ 등 고대 백화소설을 연구하기 시작하였는데 판본과 작자의 고증에 중점을 두어 이후 문화유산 정리작업에 기초를 다져 놓았다. 동시에 서구의 문학작품과 이론을 적극적으로 소개하여 중서문화 교류를 촉진시켰다. 1958년에 臺灣에서 中央研究院 원장을 맡았다.

12) 노신(魯迅, 1881~1936) : 원명은 주장수(周樟壽)이고 자는 예산(豫山)·예재(豫才)이며 후에 주수인(周樹人)으로 개명하였다. 절강(浙江) 소흥(紹興) 사람으로 1898년에 양무파(洋務派)가 세운 남경(南京) 강남수사학당(江南水師學堂)에서 공부하면서 신학문을 접촉하기 시작하였다. 1918년 5월에는 노신(魯迅)이란 필명으로 ≪신청년(新青年)≫에 최초의 백화소설 <광인일기(狂人日記)>를 발표하여 봉건예교의 죄악을 공격하였고 이후 3년간 계속 ≪신청년≫에 소설, 신시, 잡문, 역문 등 50여 편을 발표하였고 아울러 ≪신청년≫의 편집업무에 참가하였다. 1927년 초에는 광주(廣州) 중산대학(中山大學)에서 문학계(文學系) 주임 겸 교무주임을 역임하였고, 10월에는 상해로 올라와 이때부터 창작에 전념하였다. 1928년에는 욱달부(郁達夫)와 ≪분류(奔流)≫ 잡지를 창간하고 아울러 마르크스주의 문예이론을 연구하기 시작하였다. 1930년에는 좌익작가연맹(左翼作家聯盟)의 발기인이었고 주요 영도자가 되었으며 전후로 ≪맹아(萌芽)≫, ≪전초(前哨)≫, ≪십자가두(十字街頭)≫, ≪역문(譯文)≫ 등 주요 문학간행물을 주편하였다.

13) 노신(魯迅), ≪중국소설사략(中國小說史略)≫(북경 : 신화서국(新華書局), 1930 재인쇄 : 1923~1924년 초판).

“중국의 소설은 줄곧 역사가 없었다.”는 국면을 깨뜨린 것으로 공인받고 있습니다. 호적은 ≪신청년(新靑年)≫ 4권 5호의 <단편 소설을 논함(論短篇小說)>의 제2절 <중국 단편소설의 약사(略史)>을 발표했는데, 이것은 비교적 이른 시기에 나온 소설사적인 의의를 지니는 논문이라고 할 수 있습니다. 이후에 그의 장회소설(章回小說) 계열의 고증은 고대 소설 연구를 더욱 학술의 최전방으로 끌어 올렸습니다.

축　청　그렇다면 호적은 소설 연구의 근대적 학술 패러다임의 수립에 있어 어떤 공헌을 했습니까?

곽영덕　먼저 역사 고증학이 있습니다. 호적은 <고사(古史) 토론의 독후감>에서 일찍이 고힐강(顧頡剛)[14]이 “역사 진화의 시각으로 전설 하나 하나의 변천 과정을 탐구하였다.”라고 칭찬하였습니다. 호적은 “역사 진화의 방법”의 단계를 다음과 같이 개괄하였습니다. 첫 번째는 하나의 역사적 사실에 근거한 여러 가지 전설을 출현의 선후에 의거해 배열합니다. 두 번째는 이러한 역사적인 사실이 시대마다 어떤 모양의 전설을 가지고 있는지 연구합니다. 셋째는 이러한 역사적인 사실이 점점 진화하는 과정을 연구합니다. 네 번째는 가능하다면 변화하게 된 원인을 해석합니다. 이것은 고대 소설 연구에서 참신한 경계를 개척한 것입니다. 1920년부터 <≪수호전(水滸傳)≫ 고증>[15]에서 시작

---

14) 고힐강(顧頡剛, 1893~1980) : 역사·역사지리학가(歷史地理學家)·민속학자. 강소성(江蘇省) 소주(蘇州) 사람으로 1913년에 북경대학(北京大學)에 입학하였다. 1923년 북경대 연구소(北京大硏究所)에 임직하며 속문학 및 민속학 연구에 종사하였다. 1950년에는 상해학원(上海學院) 교수, 1952년에는 복단대학(復旦大學) 교수, 1954년에는 중국과학원(中國科學院) 역사연구소(歷史硏究所) 연구원으로 부임하였다.

15) 호적(胡適), ≪호적문존(胡適文存)≫ 권3(민국총서(民國叢書) 제1편(編) 93)(상해서점 : 아동도서관(亞東圖書館) 1928년판 영인), 81~184쪽.

　　　　해서 1925년 ≪삼협오의(三俠五義)·서(序)≫에 이르기까지 호적은 이야기의 발전, 그리고 모티프의 생장과 확대로써 중국 장회 소설의 발전을 해석했으며 뚜렷한 성과를 획득했습니다.

유용강　주제학(主題學) 연구의 기본 맥락 이외에 호적은 또한 특별히 고대 소설 작품의 진화와 사회 환경·시대 심리간의 밀접한 관련에 주의했으며, 그는 이러한 방법을 "역사적 시각"이라고 불렀습니다. 배경 사건(本事)에 대한 고증과 판본의 교감을 기본으로 해서 여기에 역사적인 시야와 모티프 연구의 맥락을 더한, 이러한 중국과 서양을 혼용한 학술적인 시야는 호적의 고대 소설 연구의 기본적인 패러다임이자 주요한 성과가 되었습니다.

축　청　호적의 소설 연구는 색은파(索隱派)와는 다른 것이었습니다. 왕몽완(王夢阮)·심병암(沈瓶庵)의 ≪홍루몽색은(紅樓夢索隱)≫16)과 채원배(蔡元培)17)의 ≪석두기색은(石頭記索隱)≫18)은 청말 민초에 나왔습니다. 그들이 찾아낸 작품의 배경 사건(本事)은 서로 다르긴 하지만, 단편적인 말로써 입론(立論)의 근거로 삼고 견강부회한 해석으로써 작품 전체의 요지를 찾는 방법에 있어서는 별 차이가 없었습니다. 색은은 구체적인 방법으로는 실증적이었고, 연구자가 작가와 작품의 의도를 찾고자하는 바람에 있어서는 마찬가지였습니다. 그래서 그것의 생명력은 어떤 방법보다도 질

---

16) 왕몽완(王夢阮)·심병암(沈瓶庵), ≪홍루몽색은(紅樓夢索隱)≫(상해 : 중화서국, 1916).

17) 채원배(蔡元培, 1868~1940) : 문학가·학자·교육가. 호는 학경(鶴卿)이고 자는 혈민(孑民)으로 절강(浙江) 소흥(紹興) 사람이다. 일찍이 소흥 중서학당(中西學堂) 감독(監督)을 역임했으며 1902년에 장병린(章炳麟) 등과 중국교육회(中國敎育會)를 조직하였고 1904년에는 도성장(陶成章) 등과 광복회(光復會)를 조직하였다. 1917년에는 북경대학(北京大學) 교장을 맡았고 이해에 ≪석두기색은(石頭記索隱)≫을 발표하였다. 1919년 5·4운동이 일어나자 해직 당했고 1927년에는 남경정부대학원(南京政府大學院) 원장을 맡았고 후에는 중앙연구원(中央硏究院) 원장을 역임하였다.

18) 채원배(蔡元培), ≪석두기색은(石頭記索隱)≫(상무인서관, 1917).

겨서 이런 방법을 추구하는 사람이 끊이지 않는 것입니다.

곽영덕　문제는 색은의 구체적인 논증에 오류가 있느냐는 것이 아니라, 예술 형상을 떠나서 작품의 사상적인 의의를 밝혀낼 수 있느냐의 여부입니다. 1921년 저명한 ≪홍루몽고증≫에서 호적은 날카롭게 구홍학(舊紅學) "색은파"의 억설을 비판하며, 작가로 돌아오고 작품자제로 돌아올 것을 요구했습니다. 호적의 주된 방법은 실증적인 것이었으니 "≪홍루몽≫을 고증할 수 있는 저자·시대·판본 등등의 자료를 물색하여", 조설근(曹雪芹)의 가세(家世)·생평(生平)과 생활 체험을 세밀히 고증하였으며, 아울러 이 고증을 ≪홍루몽≫에 묘사된 사실과 서로 대조하여, ≪홍루몽≫은 "조설근의 자서전(自敍傳)"이라는 결론을 내렸습니다.

유용강　호적뿐만이 아니라 노신까지도 엄청난 열정으로 고대 소설 작자와 관련있는 자료를 찾고 이 분야에 관심을 가졌습니다. 그들은 새로 발견된 단편적인 자료를 보고 흥분하였습니다. 이러한 학술적인 흥미가 후세에 영향을 미친 것으로는 사람들이 종종 작자의 생평에 대한 인식을 작품 이해의 가장 중요한 요소로 여기게 된 점입니다. 이것은 마침 고대 소설의 지위가 낮았으며 작가들의 생애가 종종 밝혀지지 않은 상황과 부합하여, 작자에 대한 연구는 때로는 작품에 대한 연구를 뛰어넘기도 하였습니다. 이런 연구의 필요성은 의심의 여지가 없습니다. 그러나 만약 여기에 과도하게 구속된다면 특히 이후 일부 연구자들처럼 이런 연구를 기계적 반영론의 토대 위에 세운다면, 이것은 작품의 분석에 도움이 되지 않을 뿐더러 작품 이해에 장애가 되기도 합니다.

축　청　호적의 고대 소설 연구에서, 저는 그 연구 방법의 문화 배경과 고증 방법의 사상적인 근원을 홀시할 수 없으리라고 여깁니다. 호적의 고증 방법은 과학적인 사유 방식을 기본틀로 삼으면서, 동시에 건(乾)·가(嘉) 박학(樸學)[19]의 기술적 자원을 흡수하였습니다. 그는 명·청의 소설 평점가의 안목과 기백을 칭찬하였으며 동시에 방법론에서 그들을 훨씬 뛰어넘었습니다. 예를 들자면 김성탄(金聖嘆)은 느낌은 깊지만 표현이 모호한 전통적인 시가 평점에 불만을 품어, "금침도인(金針度人)"[20]이라든지 "초사회선법(草蛇灰線法)"[21] 등의 개념으로 소설 예술 기법을 담아야 한다고 강조했습니다. 그는 이것으로 독자들에게 소설을 감상하는 감상의 도구를 제공하려고 했습니다. 그런데 호적은 예리하게 김성탄이 "선가(選家)[22]"가 문장을 품평하는 시각으로 ≪수호전≫를 평했다고 지적했습니다. 여기에는 팔고(八股) 선가(選家)의 "폐해(流毒)"가 있을 뿐만이 아니라, 또한 도학(道學) 선생의 기질마저 있다고 하였습니다. 그래서 그는 과학적 고증 방법을 통해 독자에게 과학적 사유 방식 내지는 인생 태도를 전달하려 노력했습니다.

유용강 호적은 소설 연구의 근대적인 패러다임을 확립했습니다. 그런데 소설 연구의 전통적인 패러다임도 이번 세기에 여전히 때로는 사라지기도 하고, 나타나기도 했습니다. 이것은 근대적 연구 패러다임의 전파에 의해 결코 소멸되지 않았습니다. 도리어

---

19) 청대의 고증학을 지칭한다.
20) 어떤 기예의 비법을 타인에게 전수하는 것을 일컫는다.
21) 일명 복필(伏筆)·복안(伏案)·복선(伏線)이라고도 한다. 이 어구의 의미는 사건이 발생하기 전에 그 징조가 앞에서 나타나는데, 이런 앞선 징조를 일컫는 말이다.
22) 민간에서 과거(科擧) 시험 답안의 팔고문(八股文) 등을 수험자에게 참고로 제공하기 위해 선집·간행한 편집인을 일컫는다.

호적이 고증한 ≪홍루몽≫의 "자서전 설"은 또한 "홍학(紅學)"의 신색은파(新索隱派)를 만드는 온상이 되었습니다.

곽영덕 역사 고증법의 진정한 가치는 이것이 일종의 실사구시(實事求是)를 주장하며, "증거가 없으면 믿지 않는다"라고 말하는 연구 풍토에 있습니다. 바로 이런 "과학성"의 포장은 역사 고증법이 고대 소설 연구 영역에서 줄곧 심대한 매력을 지니도록 하고 있습니다.

축 청 호적의 역사 고증법과 마찬가지로, 노신의 소설사 연구의 패러다임도 영향이 대단했습니다. 두 분 선생님께서는 이 문제에 대해 어떻게 생각하시는지요?

유용강 ≪중국소설사략≫에서 노신은 소설사의 이론적인 틀과 편집 체제를 창시했습니다. 이른바 이론의 틀이란 왕조대가 바뀌는 것을 경(經)으로 삼고 유형적인 구분을 위(緯)로 삼은 것입니다. 그리고 대표적인 작품으로 경위가 교차되는 "접합점(節點)"으로 삼았습니다. 이른바 편집 체제는 교과서식의 양식인데 서술 사이에 역사 인식을 기탁하여 소설사의 맥락이 뚜렷하고 완비되는데 힘을 쏟았습니다.

곽영덕 노신의 소설사 연구 논저는 항상 정치·종교·사회 기풍과 연관을 갖고 소설 발전의 사회적 조건을 분석했습니다. 노신의 특징은 서로 다른 시대의 소설 현상을 해석할 때, 줄곧 기계적이고 간단한 천편일률적 사회적인 원인을 답습하지 않고, 소설 현상의 구체성에 근거해서 한 가지 혹은 몇 가지의 특정한 사회적인 원인과의 연관을 강조하였습니다. 그는 특별히 시대의 문화적인 사조에 주의하였는데, 이· 문화적인 사조는 당시의 사상·문화적인 분위기와 문인의 심리 상태를 포괄하고 있습니다. 예를 들자면 육조(六朝) 지괴소설(志怪小說)과 당시의 종교(宗敎) 신선(神仙) 사상의 관계라든지, 육조 지인소설(志人小說)과 사인(士人)들의 청담(淸談) 풍조와의 관계, 당대(唐代) 전기소설(傳奇小說)과 "행권(行卷)"과의 관계, 명청(明淸)의 인정소설(人情小說)과 음란한 기풍과의 관계 등등이 이에 해당합니다.

축 청 총체적으로 보자면, 노신은 소설의 역사적인 변천에 대해 여전히 정치 문화적인 배경에서 원인을 찾는 데 편중되어 있었습니다. 그 가운데는 정말로 볼 만한 부분도 있지만 면밀하지 못한 부분도 있습니다. 종교적인 흥성으로써 명대(明代) 신마소설(神魔小說)의 성행을 해석하는 것은 비현실적인 형상이 예술 방식 자체의 발전 원인을 구성한다는 사실을 무시하는 것이 될 것입니다.

곽영덕 ≪중국소설사략≫은 중국 소설의 실제 정황에 근거해서 원(元)·명(明)·청(淸) 시기의 장회소설을 분류하면서 "신마소설"·"인정소설" 등의 소설 유형을 어느 정도 설정했습니다. 그리고 이런 소설 유형의 탄생·진행·변화·합류의 과정을 서술하였으며, 소설 유형의 구성상의 특징을 분석했습니다. 이러한 소설사의 총체적인 서술은 소설사 연구 패러다임을 새롭게 확립한 것이며 아울러 강한 생명력을 지닌 것이었습니다.

유용강 그러나 노신이 성공한 지점은 바로 그가 개선해야 할 지점입니다. 전통적인 소설 분류와 비교했을 때, 노신의 분류는 분명히 더욱 간단명료할 뿐만이 아니라 역사적인 감각도 있습니다. 그런데 문제점도 이에 따라서 생겨납니다. 예를 들자면 이른바 "세정소설(世情小說)"과 "인정소설"은 파악하기 어려운 개념입니다. 이것은 노신이 ≪금병매(金甁梅)≫를 가지고 "세정(世情)"과 "인정(人情)" 사이에서 주저하며 고심한 것에서도 볼 수 있습니다. 역사적인 견지에서 보자면 단지 소설 분류에서 착안한 것은 소설 작품의 복잡성을 나타낼 수 없을 뿐만이 아니라, 소설 발전의 복잡성을 나타낼 수 없으며, 심지어는 허상을 만들어 낼 수도 있습니다. 예를 들자면 후세의 어떤 사람이 노신의 학설을 임의로 해석해서 세상 사람들이 다시는 영웅(英雄)·신괴(神怪)에 관심을 갖지 않은 후에 비로소 세정소설의 탄생이 있게 되었다고 여길 수 있습니다. 그런데 사실상 명대의 세정소설 출현 이전에 벌써 같은 소재의 우수한 소설이 존재하고 있었습니다.

축　청　"학술을 밝히고 원류를 고증하는(辨章學術, 考鏡源流)" 소설사 연구 방법론 이외에 노신의 소설사 저작 중에는 정밀하고 독창적인 부분과 읽는 이를 심사숙고하도록 하는 예술적인 품평도 도처에서 볼 수 있습니다.

유용강　정확히 그렇습니다. 노신이 구체적인 작품에 대한 평론 가운데에는 종종 상당히 정채로운 부분이 있습니다. 현재 일부 소설사 논저를 지은 사람들이 아무렇게나 내린 결론과는 달리 노신이 써내는 한 마디 말은 분명히 심사숙고의 퇴고를 거친 것입니다. 설령 그렇다 해도 검토할 부분도 또한 있습니다. 예를 들자면 ≪수당연의(隋唐演義)≫를 평할 때 "그 문장은 다만 순전히 명말(明末) 시기의 기풍이어서, 화려하고 부박한 면과 더불어 중후함이 부족하여, 나관중(羅貫中)이 갖고 있는 본래의 면목은 거의 사라졌다. 또 시간 죽이는 이야기를 즐겨하고 있으며 정신은 도리어 삭막하다."라고 하였습니다. 또 ≪홍루몽≫에 대해서는 "대개 서술하고 있는 것은 모두가 사실에 바탕한 것이고, 보고 들은 바는 모두가 스스로 경험한 것으로 사실을 묘사한

것이기 때문에 오히려 신선하다.”라고 하였습니다. 이것들은
여전히 전부 평점(評點)의 필법(筆法)입니다. 요약해서 말하자면
대체적으로 나쁘지는 않으나, 구체적인 분석에서는 다 좋은 것
은 아니며 불명확한 곳도 있습니다. 후인이 잘 살피지 않고,
“경전(經典)에 주석을 가하는” 태도로 노신의 관점을 대한다면 전
족(纏足)을 한 채 걷는 것처럼 아무런 진보도 없게 될 것입니다.

축 청 또 하나의 현상을 소홀히 할 수 없을 것입니다. 호적과 노신이
물꼬를 튼 이후의 시기 즉 금세기 30·40년대에 일단의 학자들,
예를 들자면 손해제(孫楷第)23) · 정진탁(鄭振鐸)24) · 아영(阿英)25) ·

---

23) 손해제(孫楷第, 1898~1986) : 고대문학 연구가. 자는 자서(子書)이고 하북(河北) 창현(滄
　　縣) 사람이다. 1922년에 북평고등사범(北平高等師範) 국문계(國文系)에 입학하였다. 1931
　　년에는 국립북평도서관(國立北平圖書館)으로 부임하면서 중국 고전소설 · 희곡 연구에
　　종사하기 시작하였다. 1953년에는 북경대학(北京大學) 문학연구소(文學研究所)의 연구원
　　을 역임하며 중국 고대전적 문헌의 교감 정리와 연구에 종사하였다.
24) 정진탁(鄭振鐸, 1898~1958) : 작가 · 학자 · 민간문예이론가. 원적은 복건(福建) 장락(長
　　樂)이며 절강(浙江) 영가(永嘉)에서 태어났다. 1919년에 5 · 4운동에 참가하여 구추백(瞿
　　秋白) · 경제지(耿濟之) 등과 ≪신사회(新社會)≫를 공편하였고 사회개조를 제창하였다.
　　1923년부터 모순(茅盾)이 주편하던 ≪소설월보(小說月報)≫를 주편하였으며 동시에 상
　　해대학(上海大學)에서 가르쳤다. 1931년에는 북경으로 돌아와 연경대학(燕京大學) 교수
　　를 지냈으며 ≪문학(文學)≫과 ≪문학계간(文學季刊)≫을 주편하였다. 1936년에는 주양
　　(周揚) · 모순(茅盾) 등과 중국문예가협회(中國文藝家協會)를 발기하였다. 건국 후에는 중
　　국과학원(中國科學院) 문학연구소(文學研究所) 소장을 역임하였다.
25) 전행촌(錢杏邨, 1900~1977) : 산문가 · 극작가 · 문학이론 비평가. 원명은 전덕부(錢德富)
　　이고 아영(阿英)은 그의 필명이다. 안휘(安徽) 무호(蕪湖) 사람으로 1926년에 중국공산당
　　에 참가하였고 1927년에는 상해로 와서 장광자(蔣光慈) 등과 태양사(太陽社)를 조직하고
　　≪태양월간(太陽月刊)≫, ≪시대문예(時代文藝)≫ 등의 간행물을 편집하였으며 혁명문학
　　을 제창하였다. 일찍기 문예평론에 종사하여 ≪중국현대작가론(中國現代作家論)≫을 지
　　었는데 그중에 <시인곽말약(詩人郭沫若)>, <달부대표작후서(達夫代表作後序)>는 작자
　　의 창작활동을 사회정치, 경제, 역사요소를 결합하여 종합적으로 고찰하였는데 당시에는
　　보기 드문 것이다. 그의 산문, 수필은 제재가 광범하고 지식이 풍부하여 역사고사, 사회
　　풍습, 도서전적에서 소설희곡, 민간문예에 이르기까지 언급하지 않은 것이 없다. 그의
　　희극창작 성취는 가장 현저하여 역사극 ≪벽혈화(碧血花)≫, ≪해국영웅(海國英雄)≫ 등
　　은 민족정기를 높이고 일본침략자를 반대하는 투지를 고무하는데 적극적인 영향을 주었
　　다. 이밖에도 중국 고대 문사(文史)자료, 특히 만청(晚淸)문학 자료의 수집 · 정리 · 연구

조경심(趙景深)26) · 담정벽(譚正璧)27) 등이 고대 소설 문헌 연구 부분에서 광활한 대지를 개척하여 풍부하고 훌륭한 성과를 냈습니다. 우리는 그들의 성과를 어떻게 평가해야 할까요?

곽영덕   손해제의 고대 소설 연구는 전통적인 판본목록학(版本目錄學)의 기초 위에서 견고하게 세워졌습니다. 1932년 출판된 ≪일본동경소견소설서목(日本東京所見小說書目)≫28)은 중국 문학 연구사상 첫 번째의 통속소설 판본목록학 전문서입니다. 이어서 출판된 ≪중국통속소설서목(中國通俗小說書目)≫29)은 정진탁에 의해 "가장 좋은 소설 문헌"이라는 칭찬을 들었습니다. 고대 소설 연구에서 손해제는 시종일관 건(乾) · 가(嘉) 학파의 고증 방법을 견지하여 자료를 중시하고 고증에 능했습니다. 현재 있는 자료를 넘어서 입론(立論)하지 않았으며, 무척 신중한 학술 태도를 나타냈습니다.

유용강   손해제는 고대 소설 사료를 전부 손에 넣는 것에 열중했기 때

에 있어서 학술계에서 비교적 큰 영향을 일으켰다.

26) 조경심(趙景深, 1902~1985) : 문학가 · 편집가. 자는 욱초(旭初). 원적은 사천(四川) 의빈(宜賓)이고 절강(浙江) 여수(麗水)에서 태어났다. 1922년에 천진면업전문학교(天津棉業專門學校)를 졸업하고 천진 ≪신의지보(新意志報)≫ 문학부간의 편집을 맡았고 동시에 녹파사(綠波社)를 조직하고 ≪녹파(綠波)≫, ≪미파(微波)≫ 등의 간행물을 편집하였다. 1930년부터는 복단대학(復旦大學) 중문계(中文系) 교수를 맡았으며 동시에 북신서국(北新書局) 총편집를 맡아 노신(魯迅) · 욱달부(郁達夫) · 노사(老舍) 등 저명작가의 작품을 편집 · 출판하였다.

27) 담정벽(譚正璧, 1901~1991) : 작가 · 고전문학 연구가. 상해 가정현(嘉定縣) 사람이다. 1919년에 강소성립제2사범학교(江蘇省立第2師範學校)에 입학하면서 신문학에 대하여 흥미를 가지고 ≪신청년(新青年)≫, ≪신조(新潮)≫ 등 진보적인 잡지를 열독하였으며 여러 편의 잡문을 발표하기도 하였다. 중국 성립후에는 산동(山東) 제로대학(齊魯大學) 교수, 중화서국(中華書局) 상해편집소(上海編輯所) 특약편집 등을 역임였다.

28) 손해제(孫楷第), ≪일본동경소견소설서목(日本東京所見小說書目)≫(북경 : 인민문학출판사, 1985 재인쇄 ; 1932년 초판).

29) 손해제(孫楷第), ≪중국통속소설서목(中國通俗小說書目)≫(북경 : 인민문학출판사, 1982년 재인쇄 ; 1933년 초판).

문에 그의 소설사에 대한 개괄도 내실이 있어 믿을 만합니다. 예를 들면 ≪중국 단편 백화 소설을 논함(論中國短篇白話小說)≫이라는 책 속의 몇 편의 논문은 모두가 고증과 분석을 겸한 역작입니다.

축　청　정진탁의 고대 소설 연구는 비교적 총체적이었습니다. 그는 서목해제식(書目解題式)의 고증적인 글뿐만이 아니라 수필식의 단편문도 있었으며, 그뿐만이 아니라 그가 쓴 몇 편의 장편 장회 소설의 변화에 대한 세밀한 고찰과 정리는 현재까지도 여전히 연구자들에게 큰 깨달음을 주고 있습니다. 소설 판본 연구에 있어 그는 특별히 판본 종이의 질·판식(版式)·삽도 등등에 주목하였으며 이것도 또한 그의 뛰어난 점이었습니다.

곽영덕　동시대의 학자인 아영·조경심·담정벽 등도 소설 문헌의 연구 분야에서 귀중한 공헌을 하였습니다. 지금의 학자들도 관련된 문제에 있어서는 이들을 "피해 갈 수" 없습니다.

유용강　그러나 소설의 문헌 연구와 소설의 문학적인 연구는 여전히 구별할 바가 있습니다. 주의할 만한 것은 20~30년대 이래 중국의 문예 이론계는 비교적 활발했지만, 그런 풍부하고 다채로운 이론적인 탐색과 비평적인 실천이 고대 소설 연구에서는 어떠한 반향도 만들어 내지 못했다는 사실입니다. 고대 소설 연구는 기본적으로 자료 정리라는 한쪽 길로 편향되어 있었습니다. 이것은 비록 고대 소설 연구가 하나의 학문 분야로 설립되는 과정 중의 필연적인 것이기는 하지만, 이론에 대한 소홀함은 아마도 이후 사회－역사 비평이 신속하게 들어와 독존(獨尊)의 세력을 형성하게 되는 내재적인 원인이 되었을 것입니다.

축　청　여기에서 두 분께서는 개괄적인 설명을 한번 해 주시죠. 고대 소설 연구의 근대적인 패러다임과 전통적인 패러다임을 비교한다면, 이론적 층위의 변화와 재구성은 주로 어떤 방면으로 표현되었습니까?

곽영덕 먼저 수의성(隨意性)에서 계통성(系統性)으로 변했습니다. 표현 방식에서 평점(評點)을 주요 방식으로 한 소설 연구의 전통적인 패러다임은 종종 깨달음과 감수성을 중시하여, 비교적 많은 직관성·경험성·수의성과 분산성(紊散性)을 지니고 있었습니다. 그런데 이 시기의 고대 소설 연구는 명확히 체험식·인상식·점오식(點悟式)에서부터 이론화·명료화·계통화의 변화를 보여주고 있습니다. 연구자는 비교적 체계적인 문학 비평 이론과 과학적인 문학 비평 방법으로써 전통적인 평점식의 소설 비평 형식을 대신했습니다. 이러한 변화의 장점은 소설 연구로 하여금 농후한 이론 색채와 명확한 사변적 특징을 갖추게 한 것이며, 단점으로는 선험적인 이론 유형과 경직된 사유 방법이 쉽사리 나돌게 되었다는 점입니다.

유용강 또 하나로는 주관성이 실증성으로 변했다는 점입니다. 전통적 고대 소설 연구는 연구자가 작품에 대해 연구자 자신의 생명에 대한 체험을 진행하며, 작가와 더불어 심령 교류를 할 것을 강조했습니다. 그래서 소설 연구는 더욱이 선명한 주관적 색채를 가지고 있었습니다. 이러한 특징은 왕국유에게서도 상당히 분명하게 표현되고 있습니다. 그런데 근대의 고대 소설 연구는 극단적으로 "과학적인 방법"을 중시하여 효과적으로 활용할 수 있는 일련의 근대적 논증 방법의 원칙을 만들었습니다. 이리하여 학자들은 반드시 유용한 재료를 상세히 장악하고 충분히 이용해야 했습니다. 믿을 만하면서도 증거가 있고, 증거가 있으면서 판단 가능해야 하며, 자신의 증거와 증명 방법에 대해 끊임없이 질문하고 비평할 것을 학자들에게 요구했습니다. 정리하자면 계통성과 실증성이 소설 연구의 근대적 학술 패러다임의 명백한 특징을 이루고 있습니다.

축 청 금세기 20년대 말과 30년대 초반에 마르크스주의 문예 사상 관념이 중국에 수입된 이후, 구추백(瞿秋白)과 주양(周揚) 등의 확장된 논의를 통해 거기다 모택동(毛澤東)의 ≪연안문예좌담회(延安文藝座談會)에서의 강화(講話)≫의 명백한 설명을 거치면서, 마르크스주의 문예 사상은 점차로 중국화되었고 문학 창작과 문학 연구의 지도 사상이 되었습니다. 1954년 이후 마르크스주의의 사회−역사 비평 방법은 더욱 논의의 여지없이 고대 소설 연구의 주류 패러다임이 되었으며, 고대 소설 연구는 제3의 시기에 들어섰습니다. 그렇다면 마르크스주의 사회−역사 비평 방법의 기본 특징을 어떻게 이해해야 할까요?

곽영덕 간단히 말하자면, 마르크스주의의 사회−역사 비평 방법이 고대 소설 연구에 응용될 때 네 개의 기본 특징을 지닙니다. 첫째 "존재가 의식을 결정한다"는 철학 원리에 의거해서 상이한 시대의 경제·정치가 소설 창작에 어떤 영향을 주고받는지에 대해 극히 관심을 가집니다. 둘째는 "정치 표준이 첫 번째이며, 예술 표준은 두 번째"라는 비평 원칙을 엄격히 지키며, 이것으로써 고대 소설 작품을 저울질하고 평가합니다. 셋째는 고대 소설 작가의 계급 속성과 세계관을 분석하는 데 치중하였고 아울러 이것을 잣대로 삼아 작품의 사상적인 가치를 평가하였습니다. 넷째는 고대 소설 연구를 현실적인 정치 요구에 적용시키는 데 치중하여 고대 소설 작품의 현실적인 의의를 찾아내는

데 노력했습니다.

유용강　충분히 긍정해야 할 것은 사회－역사 비평 방법을 광범위하고 심도있게 운용하면서, 고대 소설의 사회－역사적인 내용에 대해 이전에는 없었던 인식을 명확히 가지게 되었다는 점입니다. 사회－역사 비평 방법은 고대 소설의 사상 내용적 분석·사상 가치의 판단 등의 부분에서 독특한 해석을 보여주어, 한 측면에서 고대 소설의 내용과 사상에 대한 연구를 크게 심화시켰습니다. ≪홍루몽≫에 대해 "좌대우차(左黛右釵)"라든지 "몇 번 노련한 솜씨를 부렸다"라는 말은 결국 애정 비극설·봉건말세감(封建末世感)·"백과전서(百科全書)" 설의 논의의 깊이에 비할 수 없는 것이지요.

곽영덕　고대 소설 연구에서 보편적으로 사용되는 전형(典型) 이론은 또한 확실히 하나의 관점에서 성공적으로 고대 소설 인물의 형상의 문화적인 내포와 심미 특징을 해석해 주고 있으며, 이전의 감상적인 품평에 국한되었던 소설 인물 형상 연구의 중대한 미비점을 보완해주고 있습니다. 소설 중의 인물 형상을 어떤 시기 역사 문화의 좌표에 두거나 혹은 중국 고대 문화의 광활한 배경에 두고서 미시적 고찰과 거시적 평가를 진행하는 것은 지금까지도 여전히 유효하게 사용되고 있는 연구 방법입니다.

유용강　특히 깊은 역사 지식과 풍부한 생활 체험 및 예민한 예술적 감수성을 지닌 일부 연구자들이 연구를 진행하면서 기계적 유물론의 나쁜 영향을 감소시켰습니다. 하기방(何其芳)[30]이나 오조상

---

30) 하기방(何其芳, 1912~1977) : 시인·산문가·문학평론가. 원명은 하영방(何永芳), 사천(四川) 만현(萬縣) 사람이다. 1929년에 상해 중국공학(中國公學) 예과에 입학하여 일찌기 신시를 발표하였고 1931년에는 북경대학(北京大學) 철학계(哲學系)에 입학하였는데 이때부터 ≪현대(現代)≫·≪문학계간(文學季刊)≫ 등 간행물에 작품을 발표하였다. 건국 후

(吳組緗)31) 같은 이들은 ≪홍루몽≫ 등의 고대 소설 명저를 연구하면서 사회 생활과 문예 창작의 관계를 아주 적절하게 처리했습니다. 그들은 고대 소설의 예술 세계로부터 착수하여 작품의 시대적인 특징과 정신적인 내포를 타당하게 파악하여 우리 연구자들을 감탄시켰습니다. 아마 이야말로 사회-역사 비평의 정통이라고 말할 수 있을 것입니다.

축　청　마르크스주의의 사회-역사 비평 방법이 중국에 보급될 때는 현실적인 정치적 기초와 함께 전통적인 문화 기반도 있었습니다. 정치적인 원인은 주지하는 바이므로 더 이상 논의가 필요하지 않을 듯합니다. 전통에 대해 말하자면, 중국 고대의 "문이재도(文以載道)"의 완고한 관념과 "지인논세(知人論世)32)"의 역사가의 시야라는 비슷한 전통이 있었기 때문에, 연구자들이 사회-역사 비평 방법을 익숙하게 운용할 수 있는 기초가 되었습니다. 그러나 사회-역사 비평 방법이 절대화·경색화된 연구 모델이 된 이후에는 심각한 폐해가 나타났습니다. 두 분 선생님께서는 이 문제를 어떻게 생각하십니까?

곽영덕　경색화된 사회-역사 비평 유형에서 출발하여 사람들은 종종

에는 중국작가협회 서기처 서기, 중국과학원 철학사회과학부 위원, 중국사회과학원 문학연구소 소장 및 ≪문학연구≫·≪문학평론≫ 주편 등을 역임하였다. 그는 주로 문학평론과 문학이론 연구에 종사하여 현실주의 창작방법, 전형 및 시가의 창작 등의 문제를 연구하는데 중점을 두었다.

31) 오조상(吳組緗, 1908~1994) : 작가·학자. 원명은 조양(祖襄)이고 안휘(安徽) 경현(涇縣) 사람이다. 1929년 9월에는 청화대학(淸華大學)에서 공부하였다. 1949년 9월에는 청화대학 교수, 중문계 주임을 맡았으며 건국 후에는 중국작가협회 이사로 당선되었으며 1952년부터 사망하기 전까지 북경대학 중문계 교수를 역임하였으며 중국홍루몽학회(中國紅樓夢學會) 회장, 전국산문학회(全國散文學會) 회장 등을 역임하였다.

32) 지인논세(知人論世)란 역사상의 인물을 이해하기 위해 그 시대배경을 연구하는 것을 일컫는다.

소설을 역사와 혼동하고, 반영론의 원리를 기계적으로 운용하여 고대 소설의 사상적인 내용을 해석합니다. 현실성과 진실성은 같은 것이 되고 다시 사상성과도 같은 것이 되어버립니다. 이러한 사유 논리는 단선적인 인과 관계에서 소설의 사상 내용과 역사적 사회 현실을 간단히 대응시키거나, 심지어 한데 뒤섞어 이야기하는데, 이것은 허구적 문학이라는 소설의 본질적 특징을 무시한 것입니다.

유용강　또한 이러한 유형에 근거해서 묘사한 고대 소설의 사상 구성 도식은 종종 원작의 실제 내용을 전체 틀에서 변형시키며, 비중 면에서도 변화를 불러 일으켰습니다. 예를 들자면 ≪홍루몽≫에서 전형적인 환경으로써 부차적 지위를 차지하는 봉건 말기의 사회 모순의 묘사는 사람들에 의해서 크게 강조되어 ≪홍루몽≫이 위대한 작품이 된 주요 특징이 되었습니다. 그리고 원작에서는 힘을 써서 표현한 봉건말기의 문화적인 회한·인생에 대한 느낌과 인성(人性)에 대한 탐색은 끌어내려져 부차적인 요소가 되었으며, 심지어는 작품의 질을 저하시키는 원인으로 생각되었습니다.

곽영덕　이러한 유형에 기반해 고전 소설을 분석하면서 종종 작가의 주관적인 창작 의도와 작가의 실제적인 문화 심리를 홀시 하거나 심지어는 억압하기도 하였습니다. 따라서 소설 작품에 대해서 임의적인 곡해를 낳게 되었습니다. ≪수호전≫을 두고서 농민 봉기를 고취시키는 교과서라고 한다든지, 혹은 투항파를 응원하였다고 말하는 것은 의심할 여지없이 작가의 창작 의도나 문화 심리와는 동떨어진 해석입니다.

유용강　이러한 유형의 운용은 사상 분석과 예술 분석이라는 서로 분리된 이원관(二元觀)으로 파생되어, 고대 소설의 사상과 예술, 내용과 형식이 어떻게 하나로 융합해서 서로를 더욱 부각시켜주고 있는지를 정확히 설명할 수 없었습니다. 고대 소설 명저를 전부 현실주의와 낭만주의가 결합한 걸작이라고 판단하는 것이 바로 두드러지는 증거입니다.

축　청　60년대 초에 문예 민족화 문제가 중앙의 문예 정책으로 확정되면서, 어떻게 비판적으로 중국 고대 소설의 유산을 계승하여, 민족화된 마르크스주의 문예이론의 건설을 촉진하며, 사회주의 문예 창작의 번영을 촉진할 것인지가 중요한 연구 과제가 되었습니다. 이로 인해 주류 패러다임이 된 사회—역사 비평 방법 이외에 고대 소설의 민족 형식 문제도 이 시기의 중요한 연구 과제가 되었습니다. 두 분께서는 이 현상을 어떻게 생각하십니까?

곽영덕　고대 소설의 민족 형식을 검토함에 있어, 이 시기에는 두 개의 서로 다른 연구 맥락이 형성되었습니다. 하나는 근대적인 시야로 고대 소설의 예술 형식에 대해 새로운 해석을 하는 것이니, 이것으로 중국과 외국의 소설 예술을 "마음에 영묘함이 있으니 하나로 통한다(心有靈犀一點通)"라고 설명했습니다. 다른 하나로는 민족화의 입장에서 중국과 외국 소설을 비교해서 고대 소설의 민족 특징에 대해 깊은 탐구를 했으며, 이것으로 중국 소설 예술을 "산 너머 산이 있고 하늘 너머 하늘이 있다(山外有山天外天)"라고 설명했습니다. 이 두 가지 연구 방향은 지금까지도 여전히 사람을 끌어들이는 매력이 있습니다.

유용강　고대 소설의 민족 형식에 대한 관심은 확실히 소설 연구에서 하나의 참신하고 드넓은 사유 공간을 개척한 것이라고 할 수 있습니다. 일부 작가형의 연구자들은 자신의 창작 경험을 가지고 중국 고대 소설의 민족 형식에 대해 유익한 탐구를 진행했습니다. 예를 들자면 "백묘(白描)"·"전신(傳神)"·"허실(虛實)"·"춘추필법(春秋筆法)"을 사용한 분석은 "반영"·"전형"·"본질" 등 철학 개념의 예술에 대한 월권 행위에 비해 고대 소설의 실제에 더욱 부합하는 것이었습니다.

곽영덕 그렇지만 구체적인 연구에서는 종종 불만족스런 상황이 있었으며, 사람들의 가려운 곳을 긁어주지 못했습니다. 예를 들자면 어떤 연구자는 겨우 고대 소설 민족 형식을 갑을병정식으로 나열하는데 만족하며, 각각의 논점을 기본적으로 하나의 평면 위에 두었습니다. 이것은 논리적 의미의 연결이 결핍된 것이며, 더욱이 이론적인 승화와 문화적인 이해(整合)가 부족한 것입니다. 이것으로는 고대 소설의 민족 특징에 대해 총체적이고 이론적인 파악이 어렵습니다. 어떤 연구자는 민중이 기뻐하고 즐긴다는 전제에 국한해서 중국 고대 소설의 민족 형식을 평가하며, 한편으로는 소설 민족 형식의 문화적인 근원과 문화적인 의미를 깊이 있게 탐구하지 못했으며, 다른 한편으로는 소설 민족 형식의 현대적인 의의와 현대적인 가치를 깊이있게 생각할 수 없었습니다.

유용강 이 시기는 또한 가치있는 교훈을 남겼습니다. 예를 들자면 정치 운동이 학술 자체의 발전 규율을 동강내 버렸습니다. 원래 30~40년대 소설 문헌의 정리·연구를 통해 소설사는 이미 돌파의 동력과 가능성을 축적했습니다. 예를 들자면 유평백(俞平伯)[33]은 "자서전 설"이 자가당착에 빠져있다고 여겨, ≪홍루몽≫ 고증의 지나친 함몰을 반성했습니다. 그리고 호적의 역사 고증

과는 다른 문학 고증을 시도하기 시작했습니다. 그의 ≪수이홍
군방개야연도설(壽怡紅群芳開夜宴圖說)≫ 등의 글은 원래 굉장한 매
력과 잠재력 있는 생각을 표현한 것이지만, 애석하게도 후에
무정하게 중단되었습니다. 저는 때때로 이런 중단된 학술 구상
이 계속 이어진다면 날로 궁핍하고 협소해져 가는 소설 연구계
의 한 가닥 생기가 되지 않을까 생각해 봅니다.

곽영덕   또 하나 해외 학술계와의 연결 또한 인위적으로 단절되어 버렸
습니다. 홍콩 지역과 국제한학연구(國際漢學硏究)의 유익한 성과
는 거의 십 몇 년, 혹은 20여 년 만에 대륙에 소개되었습니다.
비록 어떤 해외학자의 연구는 혹자의 과찬대로 그렇게 심오하
지 않았고, 심지어 대부분이 얕은 학식으로 인한 견강부회 혹
은 독선적이거나 상식적인 누락이 있었습니다. 그러나 설사 여
러 가지 "오독(誤讀)"일지라도 폐쇄된 조건에서 점차 경색화되
는 사유 형태에는 자극이 되지 않겠습니까?

축 청   80년대 이래 사회의 변혁과 사상의 해방에 수반해서 고대 소
설 연구는 네 번째 시기에 진입합니다. 다원적인 연구 방법의
탐색과 실험이 다양하게 진행되어 학술 연구의 패러다임은 재
차 전환기를 맞게 됩니다. 지금 이 전환기를 평가하는 것이 시
기상조일 수도 있을 듯합니다. 아직 전환이 완성되지 않았기
때문이지요. 하지만 우리는 이런 전환 과정에 대해 관찰과 토

---

33) 유평백(兪平伯, 1900~1990) : 시인·작가·홍학가(紅學家). 원명은 유명형(兪銘衡)이고
　　자는 평백(平伯), 원적은 절강(浙江) 덕청(德淸)이고 상해에서 태어났다. 1919년 11월에
　　북경대학 문과를 졸업하고 전후로 항주제일사범(杭州第一師範), 상해대학(上海大學) 등지
　　에서 가르쳤다. 1931년에는 청화대학(淸華大學) 교수를 지냈고 항전기간에는 사립중국
　　학원(私立中國學院)에서 가르쳤는데 1943년부터 중문계(文學系) 주임을 역임하였다.
　　1952년에는 중국과학원(中國科學院) 철학사회과학부(哲學社會科學部) 문학연구소로 발령
　　받아 연구원을 역임하였다.

론은 무방하리라 생각됩니다. 두 분 선생님께서는 어떠십니까?

곽영덕 하나의 현상이 상당히 두드러집니다. 80년대 이래 많은 연구자들이 외부로부터 고대 소설 연구 방법을 개척하는 데 힘을 쏟았습니다. 그들은 많은 양의 서방 현대 사회학·문화학·인류학·심리학·역사학·민족학 등의 이론과 방법을 끌어와서 마르크스주의 사회―역사 비평의 단일한 형태를 돌파했으며, 광의의 문화 비평을 해냈습니다. 최근 20년 이래 광의의 문화 비평 연구 성과는 무척 풍부합니다. 이것은 대체로 현대 학인들의 지식 구조나 사유 관습과 밀접한 상관 관계를 갖습니다.

유용강 이와 동시에 많은 연구자들이 소설의 내부 연구로 방향을 바꾸어, 심미적이고 예술적인 비평을 이끌었습니다. 이들은 소설학·서사학·언어학 혹은 심미 감상의 측면에서 고대 소설을 연구했습니다. 예를 들자면 어떤 연구자들은 소설 문체의 특징·서사 형식과 그 원류의 변천 등을 연구하여 자못 눈길을 끌었습니다. 비록 이러한 연구는 이론 방법의 운용과 실증성에서 여전히 부족함이 있지만, 이전의 사회―역사 비평과 공허한 문화 연구에 비하면 분명히 소설의 본체에 더욱 접근했습니다. 이것은 소설의 내부로부터 연구이지 외부에서 만들어 낸 소설 연구 패러다임의 전환이 아니었습니다.

곽영덕 귀중한 것은 외부와 내부 두 방향의 개척이 각기 제 갈 길을 가거나 서로 대립해 있는 것이 아니라는 점입니다. 이들은 서로 침투하였고 서로 전환하였습니다. 말하자면 문화 비평은 내부를 향해서 나아가 소설의 예술 특징과 심미 특징에 이르렀으며, 심미적이며 예술적인 비평은 바깥쪽으로 나아가 소설의 역사적인 함의와 문화적 의의에 이르렀습니다. 그러나 결론적으로 고대 소설 연구에서 각종 새로운 방법의 운용은 여전히 산만하고, 깊이있게 파고들지 못해 강력한 하나의 세력을 만들지 못했습니다.

축 청 이외에 80년대 이래의 소설 문헌 연구도 하나의 주목받는 영역입니다. 이 방면에서는 어떤 경험과 교훈이 있습니까?

유용강 50년대 이래로 오세창(吳世昌)34) · 호사영(胡士瑩) · 주여창(周汝昌)35) · 풍기용(馮其庸)36) · 서삭방(徐朔方)37) · 정의중(程毅中)38) · 유세덕(劉世德)39) · 장배항(章培恒)40) 등의 학자들은 선배 학자들이 자료와

---

34) 오세창(吳世昌, 1908~1986) : 홍학가(紅學家). 자는 자장(子臧)이고 절강(浙江) 해녕현(海寧縣) 사람이다. 1928년에는 연경대학(燕京大學) 영문계에 입학하여 ≪연경학보(燕京學報)≫, ≪신월(新月)≫ 등지에 논문을 발표하기 시작하였다. 1962년에 중국과학원(中國科學院) 문학연구소(文學研究所)에서 근무하였다. 그는 주로 사학(詞學) · 홍학(紅學) 및 기타 문사(文史) 방면의 연구에 종사하였다.

35) 주여창(周汝昌, 1918~) : 홍학가(紅學家). 자는 옥언(玉言)이고 천진시(天津市) 함수고진(咸水沽鎭) 사람이다. 1939년에 연경대학(燕京大學) 서어계(西語系)에 입학하여 본과를 졸업한 후에 연경대학(燕京大學) 중문계(中文系)에 입학하였으며 1950년에 졸업하였다. 현재는 중국예술연구원(中國藝術研究院) 고문, 중국홍학회(中國紅學會) 고문 등을 맡고 있다.

36) 풍기용(馮其庸, 1924~) : 홍학가(紅學家) · 문학평론가. 이름은 풍지(馮遲), 자는 기용(其庸), 호는 관당(寬堂), 강소(江蘇) 무석현(無錫縣) 사람이다. 1948년에 무석국학전수학교(無錫國學專修學校) 본과를 졸업한 후 1949년 5월에 중국인민해방군에 참가하였다. 현재는 중국인민대학(中國人民大學) 어언문학계(語言文學系) 교수, ≪홍루몽학간(紅樓夢學刊)≫ 주편 등을 겸임하고 있다. 그는 오랜 기간 중국고전문학, 중국문학사, 고전소설, 희곡, 중국문화사, 중국회화, 서법예술 연구에 종사하였다.

37) 서삭방(徐朔方, 1923~) : 고전희곡사 연구가. 원명은 서보규(徐步奎)이고 절강(浙江) 동양현(東陽縣) 사람이다. 1947년에는 절강대학(浙江大學) 영국어언문학계(英國語言文學系)를 졸업하였다. 1954년부터 지금까지 절강사범학원(浙江師範學院)(지금의 杭州大學) 중문계에서 가르치고 있다. 그의 연구전문분야는 명대 문학이다.

38) 정의중(程毅中, 1930~) : 고전문학 연구가. 강소(江蘇) 소주(蘇州) 사람이다. 1955년에 북경대학(北京大學) 중문계를 졸업하였으며, 宋元明淸문학을 공부하였다. 현재는 ≪문학유산(文學遺産)≫ 편집위원, ≪연경학보(燕京學報)≫ 편집위원, ≪세기(世紀)≫ 편집위원 등을 겸임하고 있다.

39) 유세덕(劉世德, 1932~) : 고전문학 연구가. 원적은 산서(山西) 임분(臨汾)이고 북경에서 태어나 상해에서 성장하였다. 1951년에는 청화대학(淸華大學) 중문계에 입학하였다. 그는 1955년부터 지금까지 중국사회과학원(中國社會科學院) 문학연구소(文學研究所)에서

실증을 중시하는 학문의 태도를 계승하였으며, 소설사의 고증 연구를 힘써 추진하였습니다. 최근 십 수 년 이래 고대 소설 문헌학은 더욱 흥성하였습니다. 소설의 목록(目錄)·판본(版本)·교감(校勘)·집일(輯佚)·고증(考證)·사료 수집 등의 부분은 놀랄 만한 업적을 쌓았습니다. 예를 들자면 ≪중국통속소설총목제요 (中國通俗小說總目提要)≫41)·≪중국고대소설백과전서(中國古代小說百科全書)≫42)의 편찬, ≪명말청초소설선간(明末淸初小說選刊)≫43)·≪고본소설총간(古本小說叢刊)≫44)·≪고본소설집성(古本小說集成)≫45) 등 소설 총서의 간행, 각종 소설의 회교회평본(會校會評本)과 교점본(校點本)의 출판, 각종 소설 명저 자료의 모음집 등등이 있는데, 이 모든 것들은 고대 소설 연구의 진일보한 전개를 위한 두터운 기초를 다져 주었습니다.

곽영덕 그러나 호적·노신·손해제·정진탁 등 학자의 학술 성취에

명청소설과 희곡 연구에 종사하고 있다.

40) 장배항(章培恒, 1934~) : 고전문학 연구가. 절강(浙江) 소흥(紹興) 사람으로 1954년 2월에 복단대학(復旦大學) 중문계를 졸업하였다. 그는 장천추(蔣天樞) 교수의 조교를 맡으면서 고전문학 연구에 종사하였다. 현재는 복단대학 중문계 교수·고적정리연구소(古籍整理研究所) 소장·중국고대문학연구중심(中國古代文學研究中心) 주임 등을 역임하였다.

41) 강소성사회과학원(江蘇省社會科學院) 명청소설연구중심(明淸小說研究中心), ≪중국통속소설총목제요(中國通俗小說總目提要)≫(중국문련출판공사(中國文聯出版公司), 1991).

42) ≪중국고대소설백과전서(中國古代小說百科全書)≫(북경(北京) : 중국대백과전서출판사(中國大百科全書出版社), 1993).

43) ≪명말청초소설선간(明末淸初小說選刊)≫(심양(瀋陽) : 춘풍문예출판사(春風文藝出版社), 1981).

44) 고본소설총간 편집위원회(古本小說叢刊編輯委員會), ≪고본소설총간(古本小說叢刊)≫(중화서국, 1987~1991). ≪고본소설총간≫은 제2집부터 유세덕(劉世德)·진경호(陳慶浩)·석창투(石昌渝) 주편으로 표기되어 있다.

45) ≪고본소설집성(古本小說集成)≫ 편위회(編委會) 편, ≪고본소설집성(古本小說集成)≫(상해고적출판사, 1990~현재). ≪고본소설집성≫은 현재까지 700여 권이 발간되었다. 이 집성의 고문(顧問)은 주림(周林)·포정곡(鮑正鵠)·고정룡(顧廷龍)이고, 편집위원으로는 안평추(安平秋)·이치충(李致忠)·유존인(柳存仁)·후충의(侯忠義)·마유원(馬幼垣)·원세석(袁世碩)·서삭방(徐朔方)·장배항(章培恒)·양목지(楊牧之)·위동현(魏同賢) 등이다.

비교하자면, 우리가 고대 소설 문헌 자료의 수집과 고증에서 결핍된 것은 결코 양의 축적이 아니고 질의 추구입니다. 학술적 안목의 협소함과 사상과 관념의 진부함으로 말미암아 우리가 섭렵하는 문헌학 전문 주제들은 큰 한계를 가지고 있습니다. 시급히 개척을 기다리는 많은 영역에 사람들은 거의 돌볼 틈이 없으며, 소설 연구의 영역이 아닌 곳에 사람들이 떼를 지어 몰려가고 있습니다.

유용강　그 뿐만이 아니라 우리가 어떠한 연구 전문 주제로 모아둔 고대 소설 문헌 자료를 대할 때, 종종 모든 것을 망라할 수는 없기 때문에 실로 유감스럽습니다. 그래서 문헌학 연구에서 가장 조심해야할 것은 공을 빨리 이루고 이득을 취하려는 자세라는 것을 다소 보여주고 있다고 할 수 있습니다.

곽영덕　더욱 중요한 것은 목록의 편찬·자료의 집록·작가 생평의 고증이든, 또한 소설 역사 현상의 고찰이든, 80년대 이래의 고대 소설 연구자들은 종종 국학의 기본이 부족하여 상당수 학술적 규범에 부합하지 않은 연구를 행하고 있습니다. 예를 들자면 목록의 편찬은 손수 그 책을 봐야 하고, 자료의 집록은 저록 판본(著錄版本)과 아울러 이문(異文)을 판별할 것을 요구합니다. 고증은 널리 증거를 가져와야 하지 필요한 것만을 취할 수는 없으며, 자료로써 자료를 검증하고 자료로써 자료를 해석할 것을 요구하며, 선인들의 연구 성과를 존중할 것을 요구합니다. 이러한 기본적 학술 규범이 많은 연구자들에 의해 무시되는데, 이래서 주관성·임의성의 연구에 이르는 것을 도처에서 볼 수 있습니다.

축　청　이 시기의 소설사 편찬도 살펴볼 가치가 있죠. 즉 통사·단대사·유형사·체재사 등등을 포괄하는 각종의 소설사 저서가 차례로 출판되어, 각기 독특함을 뽐내며 고대 소설 연구 영역에서 하나의 찬란한 "풍경"을 만들었습니다. 어떤 학자는 개체를 보편화시키거나, 사론(史論) 결합의 방식으로 소설사 편찬의 새로운 길에 대한 탐색을 시도하였습니다.

유용강　제가 생각하기에 이 시기의 고대 소설 연구가 줄곧 사람들에게 준 인상은 평면상의 확장입니다. 소설사는 "책"의 규모에 있어서는 끊임없이 확대되었지만 양적인 증가가 질적 변화를 불러일으키는 현실과 기대를 가져다주지 못하고 있습니다. 심지어는 이른바 "공백을 메워주는" 연구도 결코 새로운 학술 생장점이 되지 못하고 있으며, 양의 확장은 단지 "말을 타고 달리며 땅을 먹는(跑馬占地)" 형국을 만들뿐입니다. 학술 연구의 다원화된 방식은 학술과 비학술의 위치가 뒤섞인 혼란 국면 중에서 튀어나올 것으로 여겨집니다. 어떻게 연구 규모의 무한 팽창 중에 새로운 돌파구를 찾을 것인지에 대해 우리는 진지하게 생각해 볼 필요가 있습니다.

곽영덕　사실상 어떤 연구자들은 이미 이런 점에 주목하고 있습니다. 근래의 소설사 연구 자체도 연구의 대상이 되었으며, 이러한 노력을 보여주고 있습니다. 오랜 기간 형성되어 온 많은 관념은 이제 의미있는 청산과 심도있는 반성에 들어서게 되었습니다.

유용강　진화론 사상도 그 중 하나입니다. 이것은 지난 백년 간 소설 연구에 있어 완강하게 고수되던 관념이며, 일찍이 정진탁은 소설 연구에 이 이론을 이용한다고 명백히 선언했습니다. 진화론의 합리성이 무조건적으로 과대 포장된 이후 필연적으로 문체·원문과 작가 독창성에 대한 홀시에 이르게 되었습니다. 어

떤 문학사 저술은 억지로 소설을 단선적인 발전 노선에서 설명
하였기에 그럴듯하지만 실상 잘못된 인식을 만들었습니다. 예
를 들자면 화본소설(話本小說)과 화본소설이 개편의 근거로 삼았
던 문언소설(文言小說)을 비교할 때, 간단히 이것은 높이고 저것
을 낮춘다든지, 단편적으로 ≪홍루몽≫이 전통적 사상과 창작
방법(寫法)을 타파했다고 강조하는 것 등등입니다.

축　청　이러한 이론의 그릇된 점은 적지 않습니다. 학술 연구의 돌파
구를 찾으려면 이미 "상식"이 된 이러한 관념을 하나씩 청산해
야 할 것입니다. 관념의 갱신이 없다면 연구 패러다임의 개혁
도 있을 수 없습니다.

곽영덕　넓게 보자면, 동서고금의 문화적 전환은 일반적으로 두 개의
다른 과정을 거쳤습니다. 하나는 새로운 패러다임이 오래된 패
러다임을 대신하는 것이며, 다른 하나는 옛 패러다임의 내부로
부터 확대 돌파하여 새로운 패러다임이 형성되는 것입니다. 금
세기 초의 왕국유·호적·노신 등이 하려고 노력하고 추구했
던 것은 앞의 것입니다. 그들은 고대 소설 연구의 근대화를 위
해 생명력이 풍만한 학술 패러다임을 세웠습니다. 80년대 이후
이미 생겨났거나 이후의 시기에 여전히 계속 생겨날 상황은 바
로 후자입니다. 고대 소설 연구의 근대 학술 패러다임은 이미
점점 다원화된 연구 방법의 탐색을 포용할 수 없게 되었습니
다. 그렇기 때문에 우리는 소설 연구 패러다임의 새로운 전환
이 멀지 않은 장래에 현실로 나타날 것이라고 기대할 충분한
이유가 있습니다.

축　청　여기에서 우리는 고대 소설 연구의 근대적 패러다임이 전통적
인 패러다임을 뛰어넘음으로써 얻게 된 성취에 대해 총체적인

평가를 해야 할 것 같군요.

유용강　근 백 년 간의 소설 연구에서 가장 큰 성취는 소설사가 하나의 학술 분과의 지위를 확립했다는 점입니다. "군자는 하지 않던 (君子不爲)" 고대 소설 연구가 학술의 전당에 올랐을 뿐만이 아니라 그 중에서 "홍학"은 한동안 모범적인 인기 학문이 되기도 했습니다. 근 20년 동안 ≪홍루몽학간(紅樓夢學刊)≫46)·≪명청소설연구(明淸小說硏究)≫47) 등의 전문적인 간행물이 연속적으로 출판되어, 더욱 이 학술 분과가 훌륭한 발전 단계에 진입했음을 상징하고 있습니다. 비록 고대 소설 연구가 여전히 이런저런 문제를 가지고 있지만 금세기 이래로 고대 소설 연구에 대한 인식이 이미 극히 높아졌다는 점을 부인할 사람은 없습니다.

곽영덕　하나의 구체적인 학문 분야의 탄생·발전·변화는 항상 전체 사회 문화 사조와 관계가 있습니다. 고대 소설 연구에서 전통적인 패러다임에서 근대적 패러다임으로의 변화는 금세기 중국 문화의 근대화 변혁의 한 부분입니다. 전통적인 소설 평점과 달리 고대 소설 연구의 근대적 학술 패러다임에서는 더욱 소설 발전사의 관점에서 소설의 위상에 주목했으며, 아울러 이런 기초에서 고대 소설의 창작·변화 과정을 고증했고, 고대 소설의 역사적인 의의와 문화적인 의의, 예술적 특징과 심미적 특징을 발굴했으며, 체계적인 이론 정리를 진행했습니다. 이리

---

46) 문화부(文化部) 문학예술연구원(文學藝術硏究院) 홍루몽학간(紅樓夢學刊) 편집위원회 편, ≪홍루몽학간(紅樓夢學刊)≫(계간)(북경 : 홍루몽학간잡지사, 1979~현재). 최초(1979)에는 천진(天津)의 백화문예출판사(百花文藝出版社)에서 출판되었으며, 2000년까지 총 87집이 출간되었다.

47) 강소성(江蘇省) 사회과학원(社會科學院) 문학연구소(文學硏究所) 편, ≪명청소설연구(明淸小說硏究)≫(북경 : 중국문련출판공사(中國文聯出版公司)).

하여 고대 소설 연구의 근대적인 풍모를 만들어 냈습니다.

유용강 문학 연구란 결국에는 수용에 대한 연구입니다. 이런 관점에서 옛날의 "독법" 혹은 오늘날의 "해석"은 모두가 똑같은 의의를 지닙니다. 근대적 학술 패러다임과 전통적인 소설 평점 간에 확연한 경계를 구분하는 것은 융통성이 없는 행동입니다. 가장 일반적인 의미로 말하자면 현재 이론적 틀을 갖춘 것처럼 보이는 몇몇 논문을 포함한 대량의 감상류의 문장은 결코 완전히 소설 평점의 형태에서 벗어난 것은 아닙니다. 적극적인 관점에서 보자면 소설 평점은 고귀한 학술 자원입니다. 평점과 현대 학술 연구가 어떻게 소통하느냐에 대해서 우리는 아직 충분히 연구하지 못했습니다.

축 청 물론, 역사를 관찰하고 총결하는 목적은 역사에 대한 평가라는 면도 있지만 더욱 중요한 것은 장래의 발전 방향에 대한 전망에 있습니다. 그렇기 때문에 역사에서 촉발되는 사색은 역사에 대한 평가에 비해서 더욱 중요합니다. 이어서 이후 고대 소설 연구는 어떻게 기존의 성과를 뛰어넘을 것인가? 어떻게 새로운 돌파, 더욱이 실질적인 돌파를 할 것인가에 대해 이야기해 봅시다.

곽영덕 고대 소설 연구는 일종의 학술 활동으로써 연구 주체의 활동으로 결국 귀결됩니다. 연구의 도구는 연구 주체에 의해 장악되며, 연구 대상도 주체에 의해 설정되고, 연구 재료도 주체에 의해 발굴되며, 연구 방법도 주체에 의해 탐색됩니다. 그렇기 때문에 연구 주체의 전반적인 소질의 고양이 있어야 비로소 고대 소설 연구의 새로운 국면의 개척에 탁월한 성과를 거둘 수 있으며, 고대 소설 연구의 새로운 패러다임이 세워질 것입니다.

눈앞의 연구 상황을 보건대 우리는 연구 주체 측면에서 개성화·현대화 그리고 이론화를 강조해야만 합니다.

축　청　어째서 고대 소설 연구 주체의 개성화를 강조해야 하는지요?

유용강　이것은 고대 소설 연구가 대가(大家)의 학문에서 전문가의 학문으로 변화하였고, 이것은 이미 학술 발전의 역사적인 필연이 되었기 때문입니다. 국학대사(國學大師) 급(級)의 인물이 창립한 고대 소설 연구는 끊임없이 그들을 뒤쫓는 학자들의 노력으로 범위가 명확해지고, 규범이 규정되어가는 학문이 되었습니다. 특히 20세기의 분업의 세밀화와 대학 전공의 구분에 따라서 고대 소설 연구도 실로 전문가의 학문이 되었습니다. 그런데 문학 자체의 주변화로 인해 고대 소설 연구의 지위는 그 휘황찬란함을 다시 얻어내지 못하고 있습니다. 이러한 변화를 반성하며 자신의 위치를 찾고 나아가 자기의 직책을 잘 해내는 것, 이것은 회피할 수 없는 문제입니다.

곽영덕　금세기 상반기 고대 소설 연구가 대가의 학문이 된 심층 원인은 주로 고금의 전통·동서의 문화의 충돌과 화합으로 인해 일단의 문화대가(文化大家)를 배양한 점에 있습니다. 그들은 학자일 뿐만이 아니라 사상가이기도 했습니다. 그뿐만이 아니라 이시기의 고대 소설 연구는 전통적인 패러다임에서 근대적 패러다임으로 나아가는 전환기였으며 형태를 갖추어 가던 시기였습니다. 학문 분야의 근대적인 품격은 아직 완전히 세워지지 않았으며 공백 부분이 무척 많았습니다. 개척자는 실로 그들의 재주와 학문을 펼칠 수 있었습니다.

축　청　대가들의 학문의 특징은 새로운 기풍을 여는 선구자이면서 동시에 전체를 포섭하고 있다는 점입니다. 유평백은 왕국유·채원배·호적이 "사유(師儒)의 신분으로 큰소리로 ≪홍루몽≫을 말하여 소설을 대아(大雅)의 전당에 오르게 하였다"고 여겼습니다. 그리고 진인각(陳寅恪)은 한 걸음 더 나아가 왕국유의 <홍루몽 평론>이 "당시의 풍토를 변화시킬 만하고 후학들에게 모범을 보여준" 점에 대해 긍정적 평가를 하였습니다. 이런 대가들은 모두가 역사적인 지식과 고증에 통달한 학자였기에 유리한 지대에서 넘쳐나는 기세로 연구하였으니 범상치 않은 부분이 있었습니다.

유용강   애석하게도 대가는 천재와 같아서 "5백 년에 한 명 정도 나올까 말까합니다." 그런데 전문가는 학위 수여를 통해 전국적으로 양성할 수 있습니다. 그래서 대가들이 스스로 일가를 이룬 것과는 달리 전문가는 대부분 사승(師承) 관계입니다. 스승이 있어서 이어받는 방법은 물론 우회로를 적게 걷습니다. 그러나 그 길이 대단한 발견으로 이어지며, 전혀 다른 별세계를 발견하는 기회도 또한 적으며 개성화의 측면을 빠뜨리기 쉽습니다. 양계초는 ≪청대학술개론(淸代學術槪論)≫[48]에서 건가(乾嘉) 박학(樸學)을 말할 때 "또한 이 학문의 뚜렷한 모든 줄거리는 전인들에 의해서 대략 모두 발표되었다. 뒤의 사람들은 모두 모방하거나 보충하는 것이니, 더 이상의 창작 정신은 없다. 발명했다고 하나 모두가 지엽적인 것이니, 한(漢) 나라 사람들이 말한 쇄

---

48) 양계초(梁啓超)의 ≪청대학술개론(淸代學術槪論)≫은 1920년에 저술하였으며, 30장으로 구성되어 있다. 처음에는 장방진(蔣方震)의 ≪구주문예부흥사(歐洲文藝復興史)≫에 서언(序言)을 쓰는 것으로 시작하여, 1920년 11월과 12월에 출판한 ≪개조(改造)≫ 3권 3·4·5기(期)에 <전청 일대 사상계의 태변(前淸一代思想界之蛻變)>이라는 제목으로 연재하였다. 1921년 ≪청대학술개론≫이라는 제목으로 고쳐 장방진의 논문과 함께 상무인서관(商務印書官)에서 출판한 ≪공학사 사학총서(共學社史學叢書)≫에 들어 있다.

의도난(碎義逃難)이다.”라고 하였습니다. 이것은 우리가 마땅히 받아들여야 할 교훈입니다.

곽영덕 전문가는 각기 한 방면에만 정통하여 연구 영역이 협소하게 되며, 지금의 연구 성과들은 폭넓은 문화적인 의의가 결핍하게 되었습니다. 전문가의 학문은 한 사람의 연구에 의해 모든 학계에 영향을 받을 수 없도록 되었으며, 심지어 본래의 학술 분과에 전방위적(全方位的)인 영향을 줄 수도 없습니다. 단지 전반적인 학술 분과의 수준을 높이는 것, 이것 하나 정도만 할 수 있을 뿐입니다.

축 청 사실 대가는 기약할 수 없으며, 전문가도 “비루한 선비(拘儒)”로 퇴화하는 것을 경계해야할 것입니다. 연구 영역은 한결같아야 하지만, 지식 구조와 학술 시야는 협소해서는 안 될 것입니다. 더욱이 고대 소설은 문장 안에 여러 가지 문체를 갖추고 있으며 묘사도 상당히 광범위합니다. 만약 한 부분에 국한된다면 자승자박이 될 것입니다.

유용강 노신은 <명인(名人)과 명언(名言)>에서 “전문가는 그의 전문 분야 이외에는 대부분의 견식이 종종 박학가 혹은 상식가에 미치지 못한다.”라고 하였습니다. 지식은 견식이 아니며, 지식은 또한 전문가들이 세상에서 얼굴을 세울 수 있는 근거입니다. 그런데 바로 전문가는 자신의 장기로써 사회에 이름을 알릴 수 있는 것이기에 더욱 개성화를 통해 자신의 연구 위치를 확립해야 합니다. 전문가는 지식으로써 빛을 발하는 것이지 결코 전문가가 식견이 필요하지 않다는 말은 아닙니다. 깊고 두터운 전문 지식의 기초 위에서, 일가를 이룬 전문가의 말은 비록 한마디의 말이 천금의 무게를 지녔듯이 통렬하지는 못할지라도 함부로 바꿀 수 없는 위치에 있게 됩니다. 무엇이 일가를 이룬 전문가의 말이겠습니까? 그것은 바로 문제를 선택할 때 세류에 휩쓸리지 않는 것, 자료에 대한 독특한 혜안을 지니는 것, 연구 방법에 있어 독창적인 형식을 창조하는 것, 결론에서 새로운 독창적인 것에 이르는 것을 말합니다.

곽영덕 현대 과학 기술의 발전에서 보자면, 학술 분과의 분화 과정의 가속은 학술 분과들로 하여금 갈수록 전문화를 재촉합니다. 동시에 학술 분과간의 고도의 종합화는 각종 학제간(學際間) 협동 학과(邊緣學科)·종합 학과·횡단 학과를 만들어 냈습니다. 이러한 두 가지는 상호보완적입니다. 이것은 학술 연구의 전문화와 종합화간의 융합을 요구합니다. 종합화를 근본으로 하여 전문화에 힘쓰며, 넓고 깊은 학식과 안목으로 전문적인 문제를 발견하고 해결함으로써 일가를 이룬 전문가가 되는 것입니다.

축 청 부인할 수 없는 것은 고대 소설은 현재까지도 여전히 현대 사람들의 정신 생활의 한 부분이라는 점입니다. 고대 소설 연구는 의심할 여지없이 일종의 역사 연구입니다. 그런데 어떤 의미에서 말하자면 "모든 역사는 모두가 현대사"라고 하는데, 이것은 현대인들이 느끼고 서술하고 해석하는 바의 역사라는 것이며 선명한 시대의 각인이 남아 있습니다. 고대 소설은 현대 사회의 대량 출판과 끊임없는 개편으로 인해 그들이 출판된 시대에 비해 더욱 많은 독자를 가지고 있습니다. 그렇다면 고대 소설 연구의 현대성 문제는 어떻게 이해해야 할까요?

유용강 우리는 먼저 고대 소설이 역사성과 현대성의 모순을 확실히 파악해야 합니다. 한편으로 고대 소설은 현재라는 시점에서 보자면 갈수록 멀어져 가는 문화현상입니다. 오랜 세월 누적된 고대 소설 수용이 사실에 직면하여, 왕희봉(王熙鳳)이 "개혁형" 인물로 일부 청년들의 찬양을 받는다든가, 보옥(寶玉)·대옥(黛玉)이 어떻게 키스조차 하지 못했는가가 문제가 됨에 직면해서 작품의 체득이 분명 작가 본의(本意)의 탐구에 국한될 수는 없는 것입니다. 다른 한편으로 고대 소설은 또한 시공을 초월해서 의연히 당대인의 정신 심리에 영양을 공급하고 있습니다. 고대 소설은 단지 구시대의 "낡은 사진"이 아니며, 현재 사람들과 혈맥이 이어져 있습니다. "옛 사람은 지금의 달을 보지 못하지만, 지금 달은 일찍이 옛 사람을 비추었지(古人不見今時月, 今月曾經照古人)."라는 시구도 있습니다. 우리가 오늘날 직면하는 기본적인 생존 문제는 사실 본질에서는 옛 사람과 같습니다. 이른바 "먼저 내 마음을 표현했다(先得我心)"라든지, 이른바 "천고에 마찬가지 마음(千古同慨)"이라는 말은 모두가 문학적인 공명이 시공의 한계를 타파할 수 있음을 표현한 것들입니다. 그렇기 때문에 고대 소설은 단지 옛 사람의 정신 세계만을 나타낸 것이 아니라 또한 우리 자신의 희로애락을 융합시킬 수 있는 것입니다.

곽영덕　바로 그런 이유 때문에 고대 소설 연구자는 자신이 느낀 시대적 문화 수요를 출발점으로 삼아 고대 소설 작품을 해석하고, 고대 소설 작품에 함축되어 있는 인류의 관심·역사적인 진실·문화 정신과 인생의 지혜를 보여주어야 합니다. 고대 소설 연구는 하나의 기본 목적이 있어야 합니다. 그것은 현대인의 생존 상황을 인식하고, 현대인의 정신 수요를 만족시켜 주며, 현대인의 심미 생활을 풍부히 해야 한다는 점입니다.

유용강　이전에 하나의 구호가 있었습니다. 그것은 "옛 것을 오늘을 위해 쓰자(古爲今用)"는 것이었습니다. 이것은 옛날과 오늘날을 확연히 구분하고 나아가 옛날을 오늘날의 도구로 쓰자는 것이니, 간단하고 표면적인 것으로 쉽사리 변질된 것입니다. 더욱 깊은 현대적인 의미는 옛날이 없으면 오늘날이 이루어질 수 없으며, 고금은 일체라는 문화 사실과 문화적 감수성에 입각해야 한다는 것입니다. 이러한 사실을 연구 영역에 집어넣는다면 시야를 개척할 수 있으며, 이러한 감수성을 연구과정에 끌어들인다면 사고의 방향이 확실히 열릴 것입니다. 어찌 즐겁게 진행하지 못할 것입니까?

축　청　고대 소설이 민족 문화 전통이나 인간의 정신 생활 속에서 차지하는 지위나 영향에 대한 재평가는 전방위적인 문화 연구의 하나의 유기적인 부분이 될 것이며, 고대 소설 연구 패러다임이 재전환하는 계기가 될 것입니다. 물론 현대성의 요구는 연구자의 가치 지향을 체현하는 것뿐만이 아니라, 또한 연구자의 사유 방식의 갱신을 체현하는 데 있습니다. 그러므로 어떻게 고대 소설 연구의 이론성을 강화할 것인가에 대한 문제가 남게 됩니다.

곽영덕　역사적인 경험은 흡수할 가치가 있습니다. 금세기 상반기 고대 소설 연구가 전통적인 패러다임으로부터 근대적인 패러다임으로의 전환된 형태·완성된 형태를 만들 수 있었던 근본 원인은 일단의 소설 연구 대가들이 학술 연구의 전통적인 사유 방식을 변화시키고, 일련의 새로운 학술 명제를 제기하며, 이것과 맞아떨어지는 연구 방법을 사용했기 때문입니다. 고대 소설 연구의 근대적인 패러다임은 세 가지 이론적인 기초 위에 세워졌습니다. 이것은 나래주의(拿來主義)49)의 이론적인 사유·진화론적인 역사 관념과 실증적인 과학 방법입니다. 이 세 가지는 중국의 전통적인 사유 방식과 구별되는 근대적인 사유 방식입니다. 20세기 전반에는 소설 연구의 근대적인 학술 패러다임을 건립하기 위해 참신한 학술적인 명제를 내놓았습니다. 예를 들자면 왕국유의 비극 설·호적의 역사 진화법과 자서전 설·노신의 소설 유형 이론과 소설사 모델과 마르크스의 사회−역사 비평 방법에 이르기까지 각각이 삼대 이론의 기초를 촉매로 삼았습니다. 오늘날의 우리는 마땅히 선구자들이 만들어낸 길을 넓혀 가야하며 이론적인 사유 방법을 갱신하는 데 노력해야 할 것입니다.

유용강　이론의 성격에는 두 가지 의미가 있다고 생각합니다. 하나는 고대 소설에 대해 이론적인 사유를 적용할 때 과학적인 해석을 더하는 것입니다. 우리의 연구에 대한 사변 정도가 아직 높지 않고, 표현 방법은 대개 경험적인 것은 인정해야할 것입니다. 예를 들자면 소설 구조를 말할 때 항상 이른바 "그물형(網狀) 구조"·"깃털형(羽毛狀) 구조"·"빙당호로형(氷糖葫蘆狀)50) 구조"·"원형 구조" 등등은 김성탄(金聖嘆) 같은 이들이 말한 "횡운단령(橫雲斷嶺)"·"초사회선(草蛇灰線)" 등과 결국 똑같은 표현 방식입니다. 단지 현상의 단순 비유와 묘사이기 때문에 두터운 이론적인 깊이가 결핍되어 있을 뿐입니다. 그러나 서방이론의 운용도 또한 적절하지 못한 부분이 많습니다. 사실 이것은 단지 조작의 문제도 아니며, 단지 능력의 문제만도 아닙니다. 주의할

---

49) 나래주의(拿來主義)는 노신(魯迅)이 만들어낸 말이다. 이 말의 의미는 전통 시대의 문화 유산을 선택적으로 수용·계승하려는 사고 방식을 말한다.

50) 빙당호로(氷糖葫蘆)는 간단히 당호로(糖葫蘆)라고 하는데, 산사(山査)나 해당(海棠)열매(자두 정도의 크기)를 꼬챙이에 여러 개 꿰고 설탕을 발라서 만든 것이다. 즉 빙당호로형은 동그라미가 일직선으로 꿰어 연결된 형태이다.

부분은 서양의 문예 활동에 근거하여 만들어진 현대 문예이론이 중국 소설 연구와 서로 결합할 수 있는지, 혹은 어떻게 결합할 것인지가 문제입니다. 긍정적인 것은 그것이 유일한 이론 방법이 아니라는 것입니다. 다른 층위의 이론적인 의의는 고대소설 연구에서 추출되어 나온 풍부한 이론적 의미가 있는 성과를 어떻게 운용할까의 부분입니다. 이것은 물론 일종의 이론적인 가설이지만 결코 허무맹랑한 것이 아닙니다. 사실상 어떤 연구자는 이미 이런 방면에서 귀중한 노력을 해내고 있습니다. 예를 들자면 미국학자인 플랙스(Andrew Plaks, 浦安迪)의 ≪명대소설사대기서(明代小說四大奇書)≫51)에서 제기한 "형상 밀도" 등의 문제는 가일층 탐구할 만한 이론적인 가치를 지닌 것입니다.

곽영덕 이로 보건대 사유 방식의 갱신이 있어야 연구 패러다임의 근본적인 변화가 촉진됩니다. 고대 소설 연구의 이후의 발전은 새로운 사유 방식으로써 안내와 기초를 삼아야 비로소 새로운 문학 관념을 만들어 낼 수 있으며, 새로운 학술 명제를 제기할 수 있고, 새로운 연구 방향을 개척해 내고, 새로운 연구 방법을 탐색할 수 있습니다. 이것이 고대 소설 연구의 이론성을 강화시키는 공정입니다. 학술 이론의 층차에서 우리는 중국과 서양의 전통적인 문화의 이론적 사유를 소통시키는 것을 제창해야 하며, 진정한 현대성을 지닌 역사 관념을 흡수하고 건설하는 것을 제창해야 하며, 주체성과 객체성·주관성과 객관성·사변성과 실증성·가치 판단과 작용 분석·인도주의와 과학주의의

---

51) 앤드루·플랙스(Andrew H. Plaks)의 중국 이름은 포안적(浦安迪)이며, ≪명대소설 사대기서≫(심형수(沈亨壽) 역, 북경(北京) : 중국화평출판사(中國和平出版社), 1993)는 그의 ≪The Four Masterworks of the Ming Novel≫(프린스턴 대학 출판부(Princeton University Press), 1987)의 중국어 번역본 이름이다.

연구 맥락을 융합하는 것을 제창해야 합니다. 방법의 층위에서 우리는 한편으로는 고대 소설 작품의 원래의 특징을 존중해야 하며, 소설사 현상으로 돌아갈 것을 분명히 제창합니다. 이것은 진인각 선생이 말한 "역사적인 사실로부터 역사적인 인식이 나온다(從史實出史識)"라는 것입니다. 다른 한편으로 이론적인 사변을 제창해야 합니다. 소설사의 오랜 의문·난제에 대해 높은 안목에서 이론적인 사유를 진행해야 합니다. 소설사 현상 자체로 돌아가서 이론적인 사유를 전재하는 것이 효과적인 연구 방법이 되지 않겠습니까?

유용강　그러나 사실 저는 이론 품격을 강화하는 것에 대해서는 그다지 자신이 없습니다. 우리 동료 학인들 가운데 얼마만한 사람들이 이전의 왕국유처럼 그렇게 직접적으로 서양 철학과 대화를 할 수 있으며, 몇 사람이 격물치지(格物致知)의 능력을 지녔는지 알 수 없습니다. 무분별한 외국 이론에의 의지로는 그럴싸한 말로 사기를 치는 감을 면하기 어렵습니다. 예를 들자면 서방의 서사학 이론으로 고대 소설의 시점을 이야기할 때 만약 간단히 답습하기만 한다면, 심지어는 김성탄의 "완전히 이소이(李小二)의 눈 속에서 써내었다(全從李小二眼中寫出)"라는 주장보다 명확하지도 않습니다. 특히 어떤 사람들은 깊이 있는 연구도 없이 멋대로 날조하여 사람들의 눈을 어지럽히는 새로운 명사를 사용하고 있습니다. 이것은 고대 소설을 생경하게 이것도 저것도 아닌 이론 체계에 집어넣고 있는 것입니다. 제가 보기에 이것은 실로 조설근 등 중국 고대의 작가들을 제멋대로 이용하는 것과 다름이 없습니다. 연구라 불리는 이런 것들이 비록 학계의 중시를 받지 못하고 있지만, 이제 막 학술 연구에 들어선 많은 학인들에게 큰 영향을 끼치고 있습니다. 이를 보건대 우리는 더욱 많은 책을 진지하게 읽어야 하며, 소설사의 실천 가운데에서 이론적인 문제를 발견해야 할 것입니다. 이론의 건립은 단지 논리의 유추 가운데에서 획득될 수 있는 것이 아니라 현상의 귀납·개괄을 통해 이론적인 성과를 만들어 냅니다.

곽영덕 개성화·현대성과 이론성은 사실 서로 연관되어 있는 명제입니다. 개성의 몰락은 이론 의식의 약화에서 가장 명료하게 표현됩니다. 반대로 개성화 된 사유는 또한 이론이 거기에 기대어 형성되는 전제입니다. 그리고 현대성은 대체로 개성화와 이론성을 소통시켜주는 가교입니다. 개성화와 이론성의 추구는 현대 문화 건설에 귀납시켜야 비로소 의의를 갖습니다. 이런 시각으로 백 년 간의 고대 소설 연구를 살펴보아야 대가들의 성공 경험을 진지하게 흡수할 수 있으며, 역사상의 지난 과실을 더욱 분명히 분석할 수 있으며 따라서 더욱 진지하게 자신이 짊어지고 있는 역사상의 책임을 알 수 있게 됩니다.

축 청 오늘 우리는 금세기 고대 소설 연구를 네 개의 시기로 나누어서, 나타나는 문제들에 대해 각각 관찰하고 생각해 보았습니다. 이것은 관찰자의 시각에서 스냅 사진을 훑어보듯 살펴본 것입니다. 이야기 가운데, 우리는 학술 연구 패러다임의 변천의 궤적을 그려내는 데 중점을 두었기 때문에 제시한 관점은 모두가 언급에 그칠 뿐 상세한 논증을 하지는 못했습니다. 이후의 고대 소설 연구의 전망에 대해서는 단지 개인의 학술예견일 뿐이지 결코 정론은 아닙니다. 논의 도중에 참고한 많은 선철(先哲)이나 시현(時賢)의 견해는 좌담회이기 때문에 일일이 출처를 설명할 수 없었습니다. 고대 소설 연구의 100년 간의 회고는 학술사 연구의 중요한 과제입니다. 역사 시기의 관점에서 본다면 우리의 이번 이야기는 여전히 일종의 "근거리" 관찰입니다. 또한 관찰은 "시점에 따라 양상을 달리하는(橫看成嶺側成峰)"52) 것을 피하기 어렵습니다. 그렇기 때문에 이번 논의의 관점을 한 마디로 "더욱 수준 높은 논의를 이끌어 내기 위한 초석(引玉之磚而已)"이라고 해도 무방할 듯합니다. 두 분 선생님께서도 동의하시겠지요?

---

52) 이 구절은 소식(蘇軾)의 <제서림사벽(題西林壁)> 시에서 나온 것이다. 시의 전문은 다음과 같다.

橫看成嶺側成峰,　　비껴서서 보면 고개마루이고 옆에서 보면 봉우리가 되어,
遠近高低各不同.　　가깝고 높고 낮은데서 볼 때마다 여산(廬山)이 다르게 보이네.
不識廬山眞面目,　　이와 같이 여산의 참모습을 알 수 없으니,
只緣身在此山中.　　그 이유는 내 자신이 이 산중에 있기 때문이라네.

제 9 장

고대에서 현대로 나아가는
중국 문학의 변화 과정에 대한 탐색

| 왕표(王颿)·관애화(關愛和)·원진(袁進) |

1. 회고와 반성

왕　표(王颿, 중국사회과학원 문학연구소)　말을 시작하고 보니 공교롭게도 10년 전의 일이 생각납니다. 1989년에도 저는 ≪문학유산(文學遺産)≫의 원고 청탁에 응하여 <근대 문학은 자기 고유의 면모를 가져야 한다(近代文學應當有自己的面貌)>라는 글을 한 편 쓴 적이 있습니다(≪문학유산≫ 1989년 제2기). 당시의 글도 신시기 이후 10년 동안 진행된 근대 문학 연구 상황을 회고하면서, 어떻게 하면 한 걸음 더 나아가 더욱 심화된 연구를 할 수 있을까 하는 탐색의 의미를 지니고 있었습니다. 이제 다시 10년이 흘렀고, 또 바야흐로 세기의 교체기를 맞이하게 되었습니다. 이전 100년을 회고하며 감개(感慨)에 젖어들고, 다가올 미래를 바라보면서 동경심에 가득 차는 것은 아마도 세기의 교체기를 살아가는 대다수 사람들의 심정일 것입니다. 그러나 저는 최소한 근대 문학 연구를 가지고 말하자면, 이 학문 분야의 역사 과정 및 그 득실(得失)을 성실하게 결산하고, 또 그 학문 성과와 도달한 연구 수준 그리고 이 분야가 처한 학술 환경을 냉정하게 분석하면서, 이 학문 분야의 학술적 가치와 그것을 위한 자리매김, 아울러 이전의 한계를 돌파하고 새로운 시야를 개척하는 그 총체적인 방향에 대해서 깊이 사고해보는 것이 더욱 중요하리라고 생각합니다. 이러한 작업은 다음 한 세기의 이 학문 분야의 발전에 아마도 많은 도움이 되리라고 생각합니다.

원 진(袁進, 상해사회과학원 문학연구소)　　그렇습니다. 한 번 결산해볼 필요가 있습니다. 이것은 근대 문학을 연구하는 사람들에게 필요한 일일 뿐 아니라, 다른 학문 분야의 연구자들에게도 상당히 가치 있는 일이 될 것입니다. 장배항(章培恒, 1934~) 선생께서 다음과 같이 지적한 바 있습니다. "고대 문학 연구와 현대 문학 연구 분야 사이에는 커다란 강이 한 줄기 가로 놓여 있다. 이것은 기존의 학문 분야가 설치되면서 야기된 일인데, 시급히 보충하고 메우지 않으면 안 된다."(≪문회보(文匯報)≫ 1999년 2월 6일) 저도 이 의견에 매우 찬성하고 있습니다. 학문 분야가 나뉘어지면서 고대문학을 연구하는 학자 가운데 현대 문학의 연구 성과에 주의를 기울이는 사람은 매우 드물며, 그 반대의 경우도 마찬가지입니다. 따라서 이 두 분야의 관련성과 과도적 형태에 관심을 가지는 사람은 더욱 드물게 되었습니다. 이러한 점이 과거 사람들로 하여금 근대 문학 연구에 거의 종사하려 하지 않게 하였고, 그리하여 결과적으로 연구 성과를 박약하게 만든 원인의 하나가 되었습니다. 지금도 이러한 악영향이 여전히 존재하고 있는 것 같습니다. 이것은 아마도 인위적으로 학과를 제한한 결과 때문이라고 생각합니다.

왕 표　근래 현대문학 연구계에서는 무술(戊戌) 변법(變法) 이후의 문학에 대해서 비교적 깊은 관심을 기울이고 있습니다. 왜냐하면 이 시기의 문학이 5·4 문학 혁명 운동과 직접적으로 관련되어 있기 때문입니다. 그러나 고대문학 연구계나 당대(當代) 문학 연구계에서는 여전히 이 분야에 그다지 큰 관심을 갖고 있지 않습니다. 근래 10여 년에서 20년 동안 과거 근대문학 연구계가 내린 몇 몇 결론들이 상당히 크게 바뀌고 수정되었으며, 더러는 연구의 심도가 깊어지면서 적지 않은 새로운 견해들이 제기되고 있습니다. 그러나 저는 학계의 친구들과 접촉하는 과정에서, 근대 문학의 몇 가지 문제에 관한 적지 않은 사람들의 지식과 인식 수준이 아직도 거의 30년에서 40년 전 심지어는 50년에서 60년 전의 단계에 머물러 있다는 것을 발견하게 되었습니다. 이것은 유감스러운 일이지만 그렇다고 이상하게 생각할 일도 아닙니다. 근대문학에 관한 우리들의 지식은 5·4 전후에 저술된 선배 학자들의 논저에서 맨 처음 얻어진 것이며, 다음으로는 건국(1949년) 후에 기술된 근대 문학사 저작으로부터 얻어진 것이기 때문입니다. 만약 그 후 이 분야의 연구에 종사하지 않았다면 인식 수준이 대체로 이와 같은 수준에 머물러 있을 것입니다. 이러한 의미에서 이 학문 분야의 역사를 회고하는 것은 근대문학에 대한 인식 변화의 과정을 돌이켜 보는 일이 될 것입니다.

관애화(關愛和, 하남대학)　정말 그렇습니다. 근래 100년 동안 전개되었던 몇 차례 사회제도의 변화와 정치 문화의 급격한 혁신, 그리고 의식 형태의 다양화는 20세기에 활동한 몇 세대 학자들로 하여금 각각 상이한 역사관·문학관 및 문학사관을 운용하여 1840~1949년 사이의 문학을 관찰·해석·평가하도록 하였고, 동시에 그들 사이에 매우 뚜렷한 인식 차이를 드러내게 하였습니다. 그리고 이러한 인식 차이가 존재함으로써 20세기 중국 근대 문학 연구는 서로 다른 단계별 특징을 노정하고 있습니다. 20세기의 첫 20년 동안은 중국 근대 문학 연구의 첫 번째 시기로 간주할 수 있습니다. 이 시기는 오늘날 연구 대상이 되고 있는 이른바 "근대 문학"이 아직 발전 중에 있었습니다. 아편 전쟁 이래의 작가와 작품 및 사조와 유파에 대해 어느 것이 모자라고 어느 것이 뛰어난가 하는 비평과 그 당시 막 진행되고 있었던 문학혁신 운동에 대해 다양한 사람들이 언급한 상이한 평론이 최초의 근대 문학 연구 경향이었습니다. 예컨대 공자진(龔自珍, 1792~1841)의 사상 계몽 및 그 시가(詩歌)에 대한 양계초(梁啓超, 1873~1929)와 남사(南社) 시인들(柳亞子, 1887~1958 등)의 찬양, 그리고 이들과는 상반된 견해를 표명한 장지동(張之洞, 1837~1909)과 장태염(章太炎, 1869~1936)의 평론 및 동성파(桐城派)와 송시파(宋詩派)에 대한 양계초·유아자·장태염 등의 비평은 후세의 연구자들이 계속해서 즐겨 인용하는 근거가 되었습니다. 동시에 동성파에서도 화려한 전성기의 몰락을 예감하고 자신들의 문학을 바쁘게 스스로 결산하고 있습니다. 진연(陳衍, 1858~1936)은 ≪석유실시화(石遺室詩話)≫1)와 ≪근대시초(近代詩鈔)≫2)

---

1) 진연(陳衍)의 ≪석유실시화(石遺室詩話)≫는 1912년 가을부터 집필되기 시작하였다. 진연은 이 시화를 양계초가 주편으로 있던 ≪용언(庸言)≫에 연재하다가, 1914년에 13권으로

에서 근대 학고시파(學古詩派)의 발전 과정을 품평하고 현시(顯示)해 주었으며, 요영박(姚永樸, 1859~1939)은 ≪문학연구법(文學硏究法)≫3) 에서 또 임서(林紓, 1852~1924)는 ≪춘각재논문(春覺齋論文)≫4)에 서 마치 약속이나 한 것처럼 동성파 선배들의 단편적인 고문 이론을 체계화하고 있습니다. 신문화 운동이 일어나자 이 두 파는 전면적인 공격과 비판을 받았고, 이른바 "동성 악귀, 선 학 요괴(桐城謬種, 選學妖孽)"5)라는 유행어가 일세를 풍미했습니다. 이후에도 오랜 기간 동안 이 두 파는 신문학 탄생의 제물이 되 었으며, 신시와 백화문의 대립물로 간주되었습니다. 이 시기에 는 아직도 온전한 "근대" 개념이 없었고, 객관화된 사적(史的) 인식의 단계로 올라서기도 어려웠습니다. 연구 형식은 전통적 인 방식을 위주로 하고 있었지만 근대문학에 대한 신·구 양파 의 상이한 인식은 이 때 벌써 마치 마주보는 보루처럼 분명한

간행하였다. ≪용언(庸言)≫이 정간된 후에는 1915년부터 계속해서 ≪동방잡지(東方雜誌)≫ 에 발표하였는데, 그 양이 18권으로 증가하였다. 이후에도 증보가 계속되어 1929년에 24 冊 32권 정본이 완성되었다. 1929년에 완성된 정본은 그 해 상무인서관(商務印書館)에서 출판되었다. 주로 동광체(同光體) 시인들의 작품을 품평하면서 동광체의 풍격을 고취하고 있다.

2) 진연(陳衍)의 ≪근대시초(近代詩鈔)≫는 대체로 1900년대 초반에 간행된 것으로 보이는데, 지금 통용되고 있는 판본은 1961년 대만상무인서관(臺灣商務印書館)에서 출판된 것이다.

3) 요영박(姚永樸)의 ≪문학연구법(文學硏究法)≫은 1925년 상무인서관(商務印書館)에서 배인 (排印)되었다.

4) 임서(林紓)의 ≪춘각재논문(春覺齋論文)≫은 본래 ≪춘각생논문(春覺生論文)≫이란 제목으 로 1913년 6월부터 ≪평보(平報)≫에 연재되었던 글이다. 이 글은 1916년 도문인서국(都 門印書局)에서 간행할 때, ≪춘각재논문(春覺齋論文)≫으로 제목이 바뀌었고 순서도 조금 조정되었다. 그러나 내용은 거의 고치지 않았다. 1921년 상무인서관(商務印書館)에서 신 판을 찍을 때는 제목을 ≪외려논문(畏廬論文)≫으로 고쳤다.

5) "동성 악귀, 선학 요괴(桐城謬種, 選學妖孽)"라는 말은 전현동(錢玄同)이 1918년 호적의 ≪상시집(嘗試集)≫에 서문을 쓰면서 제기한 말이다. ≪신청년(新靑年)≫ 편집진의 한 사 람이었던 전현동은 중국 신문학에 대립적인 고문파(古文派)의 대표적인 집단으로 동성파 (桐城派)와 문선파(文選派)를 거명하면서 "동성 악귀, 선학 요괴(桐城謬種, 選學妖孽)"란 말 로 이 두 고문파를 비난하였다.

대치상태를 이루고 있었습니다.

왕 표 근대문학 연구가 과연 20세기 초에 시작되었는지의 여부는 아직도 상의할 여지가 있을 수 있습니다. 문학 창작과 동시에 전개된 이와 같은 문학 비평을 소급해 올라간다면 아마 더 앞선 시기로 나아갈 수도 있을 것입니다. 따라서 저는 이 시기를 이 학문 분야의 사전(史前) 시기로 간주하는 견해를 지지합니다. 그러나 근대문학에 대한 이들 근대문학 당사자들의 인식은 대단히 중시할 만한 가치가 있습니다. 예를 들어 공자진에 대한 양계초의 몇 가지 언급은 후세 연구자들에 의해 항상 인용되어 왔지만, 단지 공자진의 영향이 후세에 막대한 영향을 끼쳤다는 것만 설명하는 데 그치고 있을 뿐, 이러한 영향의 함의(含意)와 실질을 깊이 탐구하는 데는 거의 미치지 못하고 있습니다. 양계초가 강조한 것은 "사상의 자유"와 "사상의 해방"입니다. 이에 양계초는 더욱 많은 부분에서 "인간"의 의식 각성과 정신 해방이 공자진의 철학·역사·문화 사상과 밀접하게 관련되어 있다는 것을 강조하고 있습니다. 그러나 여러 해 동안 공자진을 연구해온 사람들은 정치·경제적 측면에만 주목하여 그가 견지한 사회 비판과 개혁 사상의 의의를 중시하면서도, 개혁에 관한 그의 주장이 아직도 많은 부분에서 "구태의연한 약방문"에 불과하다고 인식하였습니다. 만약 공자진의 계몽사상이 함유하고 있는 진정한 의미를 파악하지 못하고 또 그 근대적 의의도 충분하게 드러내지 못한다면, 근대문학 개창자로서의 그의 위치도 충분하게 논증되기 어려울 것입니다. 몇 년 전 일부 학자들이 공자진 문학사상과 문학 창작의 근대적 의의를 부정한 것도 이러한 연구 상황과 연관된 것입니다. 따라서 우리는 한 걸음 더 나아가 근대 작가들의 자아 인식에 대해 좀 더 깊이 있는 탐구와 관찰을 할 가치가 있습니다.

관애화　20년대에서 40년대까지는 근대 문학 연구 학술 체계의 건립기로 부를 수 있을 것입니다. 5·4 신문학의 서막이 열림에 따라 근대 문학은 상대적으로 고정적인 연구 대상이 되었습니다. 5·4 이후 학자들은 현대적인 학술 연구 방법을 운용하여 이 일단의 문학사를 평술(評述)하기 시작하였습니다. 1922년 호적(胡適, 1891~1962)이 저술한 ≪50년 이래 중국의 문학(五十年來中國之文學)≫6)은 근대 문학을 연구한 첫 번째 논저였습니다. 그는 50년 동안의 중국 문학을 고문학(古文學)과 백화문(白話文)이라는 두 부분으로 크게 나누었습니다. 고문학에서는 동성파·송시파·상주사파(常州詞派) 그리고 엄복(嚴復, 1854~1921)과 임서의 번역, 양계초의 산문과 장사조(章士釗, 1881~1973)의 정론문을 언급하였으며, 마지막으로 장병린(章炳麟)을 고문학의 대미를 장식한 인물로 다루고 있습니다. 백화문 부분에서는 만청(晚淸) 소설이 포함되어 있으며, 5·4 문학혁명에 이르러 백화문이 고문학을 대신하게 되었다고 주장하고 있습니다. 노신(魯迅, 1881~1936)도 ≪중국소설사략(中國小說史略)≫7)의 마지막 세 장에서 근

---

6) 호적(胡適)의 ≪50년 이래 중국의 문학(五十年來中國之文學)≫은 본래 1922년 3월 ≪신보(申報)≫館 50주년 특간호인 ≪최근 50년(最近之五十年)≫에 처음 실렸다(商務印書館 刊行). 이후 이 글은 1924년 ≪호적문존(胡適文存)≫제2집에 재수록되었다(上海 亞東圖書館, 1924년 11월 출판).

7) 노신(魯迅)의 ≪중국소설사략(中國小說史略)≫은 본래 북경대학의 중국소설사 과목 강의 원고였다. 그것을 보완하여 1923년 12월 북경(北京) 신조사(新潮社)에서 상책(上冊, 제1편에서 제15편까지)을 출판하였다. 그 하책(下冊, 제16편에서 제28편까지)은 1924년 6월에 역시 북경(北京) 신조사(新潮社)에서 출판하였다. 이후 1930년 11월에 앞의 초판본을 수정하고 제기(題記)를 붙여, 1931년 7월 상해(上海) 북신서국(北新書局)에서 개정판을 출판하였다. 이 책은 우리 말로 번역되어 있다(조관희 옮김, ≪중국소설사≫(소명출판, 2004. 6).

대를 다루고 있습니다. 그가 제기한 "협사소설(狹邪小說)"·"견책소설(譴責小說)" 등의 개념과 이에 대한 평가는 지금까지도 연구자들의 중시를 받으며 계속 인용되고 있습니다. 이후에 출판된 주작인(周作人, 1885~1967)의 ≪신문학의 원류(新文學源流)≫[8]에도 근대에 대한 언급이 포함되어 있습니다. 이들은 모두 신문학을 제창한 맹장들이어서 이들의 저서에는 '신문학가로서의 입장'이 대단히 분명하게 드러나 있습니다. 1928년 진자전(陳子展, 1898~1990)은 남국예술학원(南國藝術學院)에서 근대 문예를 강의하면서 호적의 저작이 백화문에 지나치게 편중되어 있다고 인식하고 이를 다소나마 시정하기 위해 ≪중국 근대문학의 변천(中國近代文學之變遷)≫[9]이라는 책을 저술하였습니다. 그가 언급하고 있는 "근대"는 무술변법(戊戌變法)에서 시작되고 있으며, "이 때부터 고로(古老)한 중국이 조금씩 근대적 각성을 하게 되었다"고 인식하고 있습니다. 그의 논술에는 신·구 양파가 모두 언급되고 있으며, 논점도 비교적 부드럽고 공정합니다. 전기박(錢基博, 1887~1957)의 ≪현대중국 문학사(現代中國文學史)≫[10]에서 언급하고 있는 현대도 사실은 신해혁명 전후를 가리키고 있습니다. 전기박의 저서는 앞의 몇 가지 전문적인 문학사와 그 시각이 상당히 다릅니다. 그는 구문학(舊文學)을 비교적 상세히 서술하고 있고, 구문학에 대한 논점도 상당히 우호적이며

---

8) 주작인(周作人), ≪신문학의 원류(新文學源流)≫(인문서점(人文書店), 1932. 9). 이 책은 우리말로 번역되어 있다. 김철수(金喆洙) 역, ≪중국 신문학 강화(中國新文學講話)≫(을유문화사(乙酉文化社), 1970 ; ≪중국 신문학 사화(中國新文學史話)≫, 동화출판공사, 1983.

9) 진자전(陳子展), ≪중국 근대문학의 변천(中國近代文學之變遷)≫(중화서국(中華書局), 1929. 4).

10) 전기박(錢基博), ≪현대중국 문학사(現代中國文學史)≫(세계서국(世界書局), 1933. 9 ; 대북 : 명륜출판사(明倫出版社), 1974. 10).

작가의 전기와 작품에 대한 서술을 하면서 매우 풍부한 문헌을 인용하고 있습니다. 이러한 논저들은 역사에 대한 인식에 있어서 그전보다 강화된 모습을 보여주고 있습니다. 따라서 근대문학 연구의 기초는 바로 이 시기에 자리를 잡았다고 할 수 있습니다.

원　진　근대 소설에 대한 연구도 이 시기에 매우 풍부한 성과물을 내었습니다. 노신의 ≪중국소설사략≫을 제외하더라도 아영(阿英, 1900~1977)의 ≪만청소설사(晚淸小說史)≫[11]가 근대소설 연구의 기초를 놓았습니다. 범연교(范烟橋, 1894~1967)는 ≪중국소설사(中國小說史)≫[12]의 <최근 십오년(最近十五年)>이라는 한 장(章)에서 청말(淸末) 특히 민초(民初) 소설을 평술(評述)하고 있는데, 그 시각이 아주 독창적입니다. 호적이 ≪삼협오의(三俠五義)≫[13] · ≪노잔유기(老殘游記)≫[14] · ≪아녀영웅전(兒女英雄傳)≫[15] · ≪해상

---

11) 아영(阿英), ≪만청소설사(晚淸小說史)≫(상무인서관(商務印書館), 1937). 이 책은 우리말로 번역되어 있다. 전인초(全寅初) 역, ≪중국근대소설사≫(서울 : 정음사, 1987).

12) 범연교(范烟橋)의 ≪중국소설사(中國小說史)≫는 소주추엽사(蘇州秋葉社)에서 1927년 간행되었다.

13) ≪삼협오의(三俠五義)≫는 청말 협의소설의 대표작으로 원명은 ≪충열협의전(忠烈俠義傳)≫이다. 정본은 120회인데 1879년 북경(北京) 취진당(聚珍堂)에서 활자본으로 출판되었다. 이후에도 계속 출판이 이어져 1882년(光緒 8년) 활자본, 1883년 문아재(文雅齋) 복각본, 아동도서관(亞東圖書館) 배인본(排印本) 등이 나왔다. 책머리에는 문죽주인(問竹主人) 서문과 퇴사주인(退思主人) · 입미도인(入迷道人)의 서문이 붙어 있다. 이 책은 본래 석옥곤(石玉昆)의 창본(唱本)인 ≪용도공안(龍圖公案)≫을 무명씨가 필록으로 개편하였다가, 다시 장회소설 ≪용도이록(龍圖耳錄)≫으로 만든 것을, 또 다시 개편하여 문죽주인(問竹主人)이 서문을 쓴 ≪삼협오의≫ 본으로 완성한 것이다.

14) ≪노잔유기(老殘游記)≫는 ≪수상소설(繡像小說)≫ 제9기(1903년 9월 21일)에서 제18기(1904년 1월)까지 연재되다가 사정으로 일시 중단되었다. 그 뒤 천진(天津)의 ≪일일신문(日日新聞)≫에 연재가 계속되어 1907년에야 작품이 완성되었다. 서명은 홍도백련생(洪都百煉生 : 劉鶚)으로 되어 있다.

15) ≪아녀영웅전(兒女英雄傳)≫은 ≪아녀영웅평화(兒女英雄評話)≫ 또는 ≪금옥연(金玉緣)≫으로도 불린다. 대체로 1850년을 전후하여 책이 완성된 것으로 전해진다. 본래 53회본이었던 것을 1878년에 간행할 때 그중 번잡한 부분을 제거하고 41회본으로 만들었다.

화열전(海上花列傳)≫16)의 작가와 창작 과정에 대해서 행한 고증 작업과 이 작품들의 사상·예술에 대해서 행한 분석 작업은 이 시기 소설 연구의 모델이 되었습니다.17)

왕 표 저는 근대 문학 연구 학술 체계의 건립 시기를 마땅히 건국 (1949) 이후로 좀 늦추어 잡아야 한다고 생각합니다. 그러나 5·4 이후의 선배 학자들이 제공한 사고의 실마리와 선도적인 작업은 확실히 근대 문학 연구에 아주 깊은 영향을 끼쳤습니다. 그 영향은 아마도 신(新)·구(舊) 두 가지 입장으로 논의될 수 있을 것 같습니다. 방금 관애화 씨는 "신문학가로서의 입장"을 말씀하셨는데, 이는 아주 재미있는 견해입니다. 신문학가들은 현대적인 안목으로 만청(晚淸) 시기를 깊이 있게 관찰하였기 때문에 정채로운 관점과 논단(論斷)을 많이 보여주고 있습니다. 그러나 때때로 "신문학"의 "신(新)"(새로움)을 지나치게 강조하거나 또는 역사적인 사실을 아직 총체적으로 파악할 수 없

작가는 연북한인(燕北閑人)으로 알려져 있는데, 이 사람은 기실 만주 기인(旗人)인 비막문강(費莫文康)이라고 전해진다. 1878년 판본은 비영당(蜚英堂)에서 인행한 석인본(石印本)이다.

16) ≪해상화열전(海上花列傳)≫은 64회인데 석인본(石印本) 60회로 출판되었다. 또 석인(石印) 수진본(袖珍本) 64회도 있다. 이 소설은 1892년 ≪해상기서(海上奇書)≫라는 반월간 문학잡지에 맨 처음 발표되었다. 저자는 한방경(韓邦慶)으로 알려져 있다. 광서(光緒) 연간에 네 종의 판본이 출판되었다. 그것은 각각 광서 연간 석인 건상본(巾箱本), 일신서국(日新書局) 석인본, 상해서국(上海書局) 석인본, 광서 연간 개통판(開通版) 등이다. 이 책은 상해어(吳語)로 씌어진 최초의 근대소설이다. 역시 상해어로 씌어진 경몽치선(警夢痴仙 : 孫玉聲)의 ≪해상번화몽(海上繁華夢)≫(1903년), 이보가(李寶嘉)의 ≪해천홍설기(海天鴻雪記)≫(1904), 장춘범(張春帆)의 ≪구미구(九尾龜)≫(1906) 등의 작품에 큰 영향을 주었다.

17) 호적은 1925년 3월 15일에 ≪삼협오의≫ 서(序)를, 11월 7일에 ≪노잔유기≫ 서(序)를, 12월에 ≪아녀영웅전≫ 서(序)를, 1926년 6월 30일에 ≪해상화열전≫ 서(序)를, 1927년 11월 12일에 ≪관장현형기(官場現形記)≫ 서(序)를 각각 집필하였다. 이글들은 비록 해당 소설의 출판 서문으로 집필된 것이기는 하지만, 작품의 유래와 작가문제, 작품의 사상성 등의 부문에 매우 치밀한 분석력을 발휘하고 있다.

어서 청말 문학에 대한 서술과 평가가 그리 실제적이지도 공정하지도 못합니다. 호적의 ≪50년 이래 중국의 문학≫이 비교적 이러한 특징을 뚜렷하게 보여 주고 있습니다. 그러나 후세에 미친 영향은 호적의 이 저서가 가장 컸다고 할 수 있습니다. 예를 들어 시계혁명에 관해 그는 두 가지 관점을 들고 있습니다. 하나는 담사동(譚嗣同, 1865~1898)·하증우(夏曾佑, 1865~1924)가 "새로운 명사를 끌어다 쓰며 기이함을 표방했기" 때문에 시계 혁명은 실패하였다는 관점이고, 또 하나는 황준헌(黃遵憲, 1848~1905)이 제기한 "내 손이 내 입을 따라 쓴다(我手寫我口)"는 구호를 "시계 혁명의 선언으로 간주할 수 있다"는 관점입니다. 그 뒤 50년대 초의 신문학사나 심지어 80·90년대의 몇몇 근·현대 문학사도 대부분 이 두 가지 관점을 답습하고 있으며, 다만 담사동이나 양계초의 혁신 정신을 좀 더 긍정적으로 평가하고 있을 뿐입니다. 나는 앞에서 근대 문학 몇 가지 문제에 관한 사람들의 인식이 아직도 몇 십 년 전에 머물러 있다고 언급하였는데, 이것이 바로 한 가지 실례입니다. 그러나 기실 "시계 혁명"이란 말은 양계초가 처음 제기하였는데, 그는 처음부터 "새로운 명사를 생경하게 끌어다 쓰는" 창작 방법으로는 "시인의 자격을 갖출 수 없다"고 확언하였습니다. 그리고 그는 그러한 시험 창작을 시계 혁명의 모범으로 간주한 적도 전혀 없습니다. 또한 그가 황준헌을 추앙하기는 하였지만 황준헌의 시에는 "새로운 어구가 아직 부족하다(新語句尙少)"고 지적하였습니다. 그는 황준헌과 담사동 등의 경험과 그 불충분한 점을 총결하고 나서 시계혁명의 구체적인 주장을 제기하고 있는 것입니다. 따라서 황준헌과 담사동 등의 탐색은 시계 혁명을 위해 실천적인 준비 작업을 한 것이라고 말할 수는 있지만, 그들이 시계 혁명을 대표한다고 말할 수는 없으며, 더욱이 이에 근거하여 그들의 작업이 "실패"하였다고 말할 수는 없습니다. 도대체 무엇이 시계 혁명인지는 더욱 더 착실한 연구가 필요합니다. 당연한 이야기겠지만 호적 선생의 저작은 20년대에 지어진 것이므로 지나치게 가혹한 평가를 내릴 수 없습니다. 그러나 70년이 지나서도 아직 그의 잘못을 완전하게 바로잡지 못한다면 좀 부끄러운 일일 것입니다. 최근에는 이에 대해 이미 몇몇 새로운 논술이 이루어지고 있습니다.

원　진　그리고 민초(民初) 소설에 관한 평가 문제가 있습니다. 신문학은 출범 당시부터 과거를 답습한 구문학과는 상이한 지향을 가진다고 선언했을 뿐만 아니라, 구문학에서 상당히 해방된 청말 이래의 개량 문학과도 경계를 명확히 하려고 하였습니다. 따라서 언정소설(言情小說)에 대해서도 대대적인 비판을 가하면서 "원앙호접파(鴛鴦蝴蝶派)"란 명칭을 부여하였습니다. 그러나 당시 신문학가들이 이 명칭에 내린 정의는 "유희적이며 심심파적인 취미주의(遊戲的消閑的趣味主義)"입니다. 이것은 기실 하나의 문학 유파에 관한 정의가 아니라, 상업화된 사회에서 통행되는 통속·대중 문학의 전반적인 특징을 가리키는 것입니다. 민초(民初) 소설에 대한 부정과 통속소설에 대한 배척은 근대 문학 내지 현대 문학 연구 방향에 지대한 영향을 끼쳤습니다. 1949년 이후 작성된 "원앙호접파" 작품 목록에는 민국 시기의 신문학가 소설을 제외한 통속소설이 거의 모두 포함되어 있습니다. 기실 5·4 신문학이 탄생하기 전에는 민초 소설도 일종의 "신(新)" 문학이었습니다. 민초 소설을 떠나서는 중국 소설이 어떻게 ≪관장현형기(官場現形記)≫18)에서 단번에 <광인일기(狂人日記)>19)로 도약할 수 있었는지 이해하기 어려우며 또 분명하게 설명하기도 힘듭니다.

왕 표 그러나 이 시기에는 "근대 문학" 개념과 인식에도 변화가 생겨 나기 시작했습니다. 뿐만 아니라 오늘날 우리가 근대 문학에 대해 갖고 있는 상이한 인식의 연원도 상당 부분 이 때부터 나 타나고 있습니다. 호적은 그가 창도한 신문학이 만청 문학과 명확하게 구별된다는 점을 극력 강조하면서, 양계초에서 장태 염에 이르는 몇몇 인사들에 대해 단지 고문학을 "20·30년대 까지 억지로 지탱해준" 사람에 불과하다고 인식하였습니다. 지 금까지도 이와 같은 인상에 근거하여 근대 문학을 바라보는 사 람이 결코 소수가 아니며 상당히 많은 대학교 과정에서도 여전 히 근대문학을 고대 문학의 꼬리 정도로 다루고 있습니다. 여 기에서 깊이 음미해야 할 것은 "구문학에 대해 옹호적인 태도 를 갖고 있던 전기박이 오히려 신문학과 구문학의 경계를 인정 하지 않고 강유위(康有爲, 1858~1927)·양계초 그리고 호적·진 독수(陳獨秀, 1880~1942)를 모두 "신문학" 속에 열거하고 있다는 사실입니다. 진자전의 경우에는 구체적인 논평과 서술에서 호

---

18) ≪관장현형기(官場現形記)≫는 1903년 4월에서 1905년 6월까지 상해(上海)의 ≪번화보 (繁華報)≫란 잡지에 연재되었다. 당시 작가 서명은 남정정장(南亭亭長 : 李伯元)으로 되 어 있었다. 이 책은 모두 5편 60회로 구성되어 있는데, 1903년부터 편(編)을 나누어 상 해의 세계번화보관(世界繁華報館)에서 계속 출판되었다. 1904년에는 월동서국(粵東書局) 에서 ≪증주회도 관장현형기(增注繪圖官場現形記)≫란 판본이 출판되기도 하였다. 이 책 은 미완성본이었지만, 작가가 세상을 떠난 후 그의 친구 무원석추생(茂苑惜秋生 : 歐陽巨 源)이 속서(續書)하여 제5편(총60회)을 완성하였다. 1909년에 숭선당(崇善堂)에서 석인(石 印)한 판본이 비교적 완전한 판본에 속한다.
19) <광인일기(狂人日記)>는 노신(魯迅)이 쓴 중국 최초의 현대소설이다. 1918년 ≪신청년 (新青年)≫ 잡지에 발표되었다.

적의 견해를 적지 않게 답습하고 있지만 총체적인 관점에서는
상당한 차이점을 드러내고 있습니다. 그는 청말 문학 혁명과
5·4 문학 혁명을 신문학 발생 과정에서 앞뒤로 이어져 나타
난 연속적 단계로 간주하고 있습니다. 뒷날 출판된 주자청(朱自
淸, 1898~1948)의 ≪중국 신문학 연구(中國新文學硏究)≫,20) 오문기
(吳文祺, 1901~)의 ≪신문학 개요(新文學槪要)≫,21) 여모도(余慕陶)의
≪70년 동안의 중국 사회와 중국 문학(七十年來的中國社會與中國文
學)≫과 같은 저서에서도 모두 "신문학의 시초는 벌써 무술변
법(戊戌變法) 이후에 배태되어 점진적으로 발전·성장하다가 5·
4 시기에 이르러 고고의 일성을 울렸다."고 인식하고 있습니
다. 기실 이들의 관점은 신문학가들의 공통된 인식을 반영한
것입니다. 전현동(錢玄同, 1887~1939)은 양계초와 소만수(蘇曼殊,
1884~1918)를 가리켜 신문학의 창조자와 기초자라고 부르고 있
습니다. 애석하게도 연속성에 관한 이러한 견해는 훗날 근대
문학과 현대 문학의 학과 분할로 모호하게 변했다가 심지어 단
절되고 말았는데, 80년대에 "20세기 중국 문학론"이 제기되어
5·4라는 경계선이 허물어지자 아주 큰 반향을 불러일으켰습

---

20) 주자청(朱自淸)의 ≪중국 신문학 연구(中國新文學硏究)≫는 원제(原題)가 ≪중국 신문학
연구강요(中國新文學硏究綱要)≫이다. 대체로 1920년대 후반 청화대학(淸華大學)에 개설
된 '중국 신문학 연구'라는 과목의 강의 원고로 알려져 있다. 주자청은 이 과목을 강의
하기 위해 1929년 봄부터 ≪중국 신문학 연구강요(中國新文學硏究綱要)≫를 집필하기
시작하였으며, 이 강의안을 북경사범대학(北京師範大學)과 연경대학(燕京大學)에서도 사
용했다고 한다. 그러나 당시 정치적인 상황 때문에 1933년 이후로는 이 과목을 강의할
수 없었고, 또한 그 강의안도 공개적으로 출판하지 못했다. 이후 1980년에 조원(趙園)이
지금까지 남아 있는 수고본(手稿本)을 비롯한 몇 가지 유인본(油印本)와 연인본(鉛印本)
을 종합하여 정리한 후 1982년 ≪문예논총(文藝論叢)≫ 제14집에 발표하였다(上海文藝
出版社).
21) 오문기(吳文祺)의 ≪신문학 개요(新文學槪要)≫는 1936년 4월 아세아서국(亞細亞書局)에
서 출판되었다가, 1989년 10월 상해서점(上海書店)에서 영인본이 다시 출판되었다.

니다. 근년에는 근대 문학이 명말(明末)에 벌써 시작되었다고 주장하는 사람도 생겨나고 있습니다. 이러한 관점도 정진탁(鄭振鐸, 1898~1958)의 ≪삽도본 중국 문학사(揷圖本中國文學史)≫22)에까지 거슬러 올라갈 수 있습니다. 그는 "근대 문학"이 명세종(明世宗) 가정(嘉靖) 연간에 시작되었다고 하였습니다. 이것은 주작인이 신문학의 역사를 공안파(公安派)에까지 소급시킨 것과 관련이 있습니다. 그러나 30년대 말에 출판된 정진탁 편(編) ≪만청문선(晚淸文選)≫23)과 아영 편(編) ≪근백년 국난 문학대계(近百年國難文學大系)≫,24) 그리고 1940년에 출판된 오문기의 ≪근 백년 동안의 중국 문예사조(近百年來的中國文藝思潮)≫25)에서는 모두 근대 문학이 아편전쟁 시기에 시작되어 대체로 5·4 이전에 끝난 것으로 인식하였습니다. 이에 점차 현재의 시기 구분과 가까워지고 있다는 것을 알 수 있습니다.

관애화   ≪근 백년 동안의 중국 문예사조≫는 정치·경제적 각도에서 문예 사조의 변천 원인을 찾는데 비교적 주의를 기울이고 있습니다. 이러한 견해에는 이미 유물사관의 흔적이 묻어있습니다. 신·구 양파 문학에 대한 평론도 더 이상 "죽은 문학[死文學]"·"산 문학[活文學]"이라는 논쟁의 소굴에 빠져들지 않고 있습니다. 그 중에서 동성파와 문선파의 변산(駢散) 논쟁, 왕국유(王國維,

---

22) 정진탁(鄭振鐸)의 ≪삽도본중국문학사(揷圖本中國文學史)≫(전4권)은 인민출판사(人民出版社)에서 1957년 출판되었다.
23) 정진탁(鄭振鐸)이 펴낸 ≪만청문선(晚淸文選)≫은 생활서점(生活書店)에서 1937년 출판되었다.
24) 아영 편(編) ≪근백년 동안의 국난문학대계(近百年來國難文學大系)≫는 북신서국(北新書局)에서 1948년 출판되었다.
25) 오문기(吳文祺)의 ≪근 백년 동안의 중국 문예사조(近百年來的中國文藝思潮)≫는 1940년 11월부터 1941년 1월까지 ≪학림(學林)≫ 잡지(第1輯~第3輯)에 연재되었다.

1877~1927) 문학 비평의 성과, 5·4 문학에 사상적으로 영향을 끼친 장태염에 대한 논술은 시류를 뛰어 넘는 매우 독창적인 견해입니다.

왕　표　엄격하게 말해서 근대 문학 연구가 하나의 학과로서의 기본 조건을 갖추고, 상대적으로 독립된 연구 대상을 확정하게 된 것은 대체로 50년대 말의 일이었습니다. 사학계에서 신민주주의 혁명사를 "현대 혁명사"로 부르면서 "구민주주의 혁명사"를 "근대"로 부르기 시작했던 것입니다. 거기에 상응하여 신문학사도 "현대문학사"로 개칭하여 부르게 되었으며, 이에 따라 1840~1919년의 문학은 "근대문학"으로 시기 구분이 되었습니다. 이러한 시기 구분은 애초부터 문학의 자체적인 발전 단계에 근거한 것이 아니라 주로 사회사와 혁명사의 분기법에 근거해서 이루어진 것입니다. 그리하여 이제 근대 문학이라는 학문 분야의 형성이 촉진되기는 하였지만, 그로 인하여 또 근대 문학 연구는 태어날 때부터 선천적인 결함을 갖게 되었습니다. 이러한 선천적인 결함은 뒷날 이 학문 분야의 건강한 발전에 아주 큰 악영향을 끼쳤습니다. 그 중에서 가장 중요한 한 가지를 든다면, 근대 문학이 "문학" 자체의 발전 과정 속에서 갖는 가치가 충분하게 드러나지 않았고, 심지어 이와 같은 시기 구분이 "문학의 자체적인 관점"에서 볼 때 그 근거가 있는지 없는지도 충분하게 논증되지 않았다는 것입니다. 위의 시기구분을 전제로 한 연구는 결국 연구 방향과 연구 사유에 있어서 일정한 편향을 초래하였습니다. 따라서 이 관점에 입각한 사람들은 주로 "구민주주의적 성격"을 갖는 문학의 발생과 발전이 어떻게 반제·반봉건 투쟁을 위하여 복무했으며, 또 어떻게 보수적이고 부패한 봉건 문학과 투쟁했는지를 고찰·논술하였고, 아울러 이 몇 가지 점을 기준으로 작가와 작품을 평가하였습니다. 이러한 방향에서 연구가 진행됨에 따라 과거에는 주목을 받지 못한 작가와 작품들 예를 들면 아편전쟁 시기의 애국시인, 태평천국의 시문, 신해 혁명 시기의 혁명적 문학가 등이 새로 발굴되거나 중시받기 시작했습니다. 이 시기의 학술성과는 주로 두 방향에서 이루어졌습니다. 그 하나는 근대문학을 비교적 체계적으로 정리하여 초보적으로나마 근대문학사의 틀을 잡게 되었다는 것입니다. 최초의 것은 북경대학 중문과(中文系) 55학번 동학들이 펴낸 4권본 ≪중국 문학사≫26)의 <근대편> 과 복단대학(復旦大學) 중문과 56학번 동학들이 펴낸 ≪중국근대문학사고(中國近代文學史稿)≫27)입니다. 이 두 권의 저작은 대약진 시기와 "백기(白旗)를 뽑아버리고, 홍기(紅旗)를 세우자"는 시대에 탄생한 것이기 때문에 논자들이 대부분 사상적인 편향성을 보이고 있습니다. 그러나 근대문학사의 편찬과 저술이라는 측면에서 본다면 그 처음을 개척한 공을 갖고 있습니다. 특히 북경대학 본이 그러합니다. 뿐만 아니라 이 두 권의 문학사는 실제로 계진회(季鎭淮, 1913~)·포정곡(鮑正鵠, 1917~) 등 교수의 지도 아래 학생들이 대량의 자료를 검열한 후 편찬한 것이기 때문에, 일련의 새로운 연구자들을 양성해 낸 의미도 갖고 있습

---

26) 북경대학 중문과 문학전문화 1955 학번 학생들(北京大學中文系文學專門化1955級)이 집체 창작한 ≪중국문학사(中國文學史)≫(전4권)는 인민문학출판사(人民文學出版社)에서 1959년 출판되었다.

27) 복단대학 중문과 1956 학번 중국근대문학사 편사소조(復旦大學中文系1956級中國近代文學史編寫小組)가 펴낸 ≪중국근대문학사고(中國近代文學史稿)≫는 중화서국(中華書局)에서 1960년 출판되었다. 현재 통용되고 있는 판본은 홍콩의 달문사(達文社)에서 1978년에 출판한 것이다.

니다. 60년대에 유국은(游國恩, 1899~1978) 등이 저술한 ≪중국문학사≫28)의 <근대문학> 부분(계진회 찬)은 학술적인 품격을 엄격하게 갖춘 저작입니다. 비록 당시 좌익 사조의 흔적은 남아 있지만, 앞의 두 가지 책이 뚜렷하게 드러내고 있던 단편성과 조잡성을 바로잡아 그것을 정밀하게 정리하고 있습니다. 이 책은 그 당시 근대문학에 대한 기본적인 인식과 학술적인 수준을 대표하고 있으며, 이 책의 기본적인 틀은 80년대나 90년대에 출판된 몇 몇 근대문학사에까지 영향을 미치고 있습니다. 또 다른 하나의 성과는 사료 정리입니다. 서무(舒蕪, 1922~)는 ≪중국근대문론선(中國近代文論選)≫29)을 출판하였고, 북경대학 55학번 동학들은 ≪근대시선(近代詩選)≫30)을, 아영은 ≪중국 근대 반침략 문학집(中國近代反侵略文學集)≫31)과 ≪만청문학총초(晚淸文學叢鈔)≫32)를, 위소창(魏紹昌, 1922~)은 견책 소설 연구 자료33)를 각각 출판하였는데, 이 책들의 학술적 가치는 같은 시기 발표된 잡다한 논문들보다 훨씬 뛰어납니다.

관애화 유물사관은 일종의 선진적인 역사관과 사유 방법으로서, 이 시기 연구자들이 근대문학의 몇 가지 중요한 문제를 인식하는 데

---

28) 유국은(游國恩)이 펴낸 ≪중국문학사(中國文學史)≫(전4권)는 인민문학출판사(人民文學出版社)에서 1963년 출판되었다.

29) 서무(舒蕪)가 펴낸 ≪중국근대문론선(中國近代文論選)≫(전2권)은 인민문학출판사(人民文學出版社)에서 1959년 출판되었다.

30) 북경대학 중문과 문학 전문화 1955 학번 학생들(北京大學中文系文學專門化1955級)이 집단으로 편집한 ≪근대시선(近代詩選)≫은 인민문학출판사(人民文學出版社)에서 1963년 출판되었다.

31) 아영(阿英)이 펴낸 ≪중국근대반침략문학집(中國近代反侵略文學集)≫은 북경(北京)의 중화서국(中華書局)에서 1959년 출판되었다.

32) 아영(阿英)이 펴낸 ≪만청문학총초(晚淸文學叢鈔)≫는 북경(北京)의 중화서국(中華書局)에서 1960년 출판되었다.

33) 위소창(魏紹昌) 편, ≪이백원연구자료(李伯元硏究資料)≫(상해고적출판사, 1980. 12).

에 대단히 편리한 분석 틀을 제공하였습니다. 수많은 구문학사가들이 분명하게 보지 못하고 명료하게 설명해 내지 못한 부분, 또한 당연히 그러함을 알면서도 왜 그런지 그 까닭을 몰랐던 문제들에 대해 논리적인 해석을 가할 수 있도록 해주었습니다. 그러나 유물사관에 대한 이해가 오히려 편향되어 있어서 그 운용이 지나치게 기계적이었으며, 이에 따라 근대 문학 연구계에도 적지 않은 잘못이 출현하기도 하였습니다. 예를 들어 작가나 작품 연구가 항상 정치나 계급적 입장을 표방하고 있다는 점이 바로 그것입니다. 그리하여 본래부터 존재하고 있었던 문학의 대립면, 다시 말해 5 · 4 문학을 경계로 하는 "신" · "구" 문학의 대립면이 지나치게 확대되었으며, 5 · 4 문학 혁명과 유신 시기 문학 혁명의 관련성도 거칠게 양단되었습니다.

원　진　연구 범위도 매우 협소했습니다. 소설 연구는 네 가지의 "견책 소설"에만 집중되어 그 외의 부분에는 커다란 공백 상태가 나타나게 되었습니다. 몇몇 부분이 당시 "연구 금지 구역"에 속해 있었기 때문입니다. 예를 들어 근대 문학의 가장 뚜렷한 한 가지 특징은 서구 문화와 서구 문학의 영향을 받기 시작했다는 점인데, 그러나 당시 학자들은 선교사들이 가지고 온 이른바 서학(西學)이 "문화 침략"의 한 산물이라고 인식하였으며, 또한 서구 자본주의 문화도 이미 "서산으로 떨어지는 태양처럼 숨이 끊어져 곧 박물관으로 들어갈 것"이라고 인식하였습니다. 이 때문에 이와 관련된 중요한 문제들이 거의 언급되지 못하였습니다. 그 근본적인 원인은 물론 "좌경화"된 정치 사조에서 비롯된 것입니다.

왕　표　이러한 문제에는 실제로 관애화 씨가 말한 바와 같이 "상이한 역사관·문학관·문학사관"이 반영되어 있습니다. 이 시기의 결함들에 대해서는 근래 이미 적지 않은 지적들이 나오고 있습니다. 제가 볼 때 역시 가장 중요한 문제는 바로 "모든 문학은 정치에 종속된다"고 하는 절대화된 문학관과 "문학의 발전은 정치·경제적 토대에 의해 결정된다"고 하는 단순화된 문학사관, 그리고 "학술은 정치를 위해 봉사해야 한다"는 일방적인 학술관으로부터 비롯된 것 같습니다. 근대시기에 문학과 정치의 관련성은 확실히 매우 긴밀하였고 또 매우 뚜렷하였습니다. 그러나 문제는 상술한 관념이 극좌시기에 대단히 제한적이고 배타적인 이론이었다는 데에 놓여 있습니다. 비록 그 제한적이고 배타적인 한계를 좀 뛰어넘을 수 있었다 하더라도, 근대의 복잡한 문학 현상이나 문학의 자체적인 발전 궤적과 예술 특성에 대해 실사구시적으로 토론·분석하는 것은 대단히 어려웠으며 또한 수시로 비판당할 위험을 감수해야 했습니다. 그리고 "좌경화"된 정치적 비평 기준은 이 학문 분야의 발전에 더욱 치명적이었습니다. 왜냐하면 근대 작가들은 대부분 다음과 같은 두 가지 부류를 벗어나지 못했기 때문입니다. 즉 그 하나의 부류는 전통 시문 유파에 속하는 사람들로 당시에 "부패하고 몰락한 문학 유파"로 간주되어 거의 전부 부정되고 말았습니다. 또 하나의 부류는 "계급 성분"이 다소 자산계급적(부르주아적) 색채를 띠고 있었기 때문에, 이른바 "무산계급을 흥성하게 하고 자산계급을 멸종시킨다(興無滅資)"는 그 시기에 종종 "멸종시켜야 할" 대상으로 낙인찍히곤 했습니다. 근대 시기 문학 변혁에 중요한 역할을 했던 개량파나 견책 소설의 경우에도 "반수정주의(反修)" 시기에는 몇 번씩이나 치명적인 재난을 당해야 했고, 심지어 남사(南社) 시인이었던 고욱(高旭, 1877~1925)도 그 재난에서 벗어날 수 없었습니다. 앞에서 이 학문 분야의 선천적인 결함을 언급하였는데, 그렇다면 이러한 재난들은 후천적인 상해(傷害)라고 할 수 있을 것입니다. 근대문학 연구가 천박하고 낙후된 까닭은 학술계의 자체적인 원인 이외에도 당시의 열악한 학술 환경이 더욱 중요한 원인으로 작용하였습니다.

관애화 이렇게 대비해 보면 최근 20년 동안 이루어진 근대 문학 연구는 그 진전의 폭이 매우 크고 또 매우 뚜렷합니다. 사상 해방 운동의 심도가 깊어짐에 따라 점차 실사구시적인 학풍이 회복되었으며, 근대 문학의 발전 역사를 정확하게 인식하는 데 걸림돌로 작용하던 금기들이 끊임없이 타파되어 학술 연구의 시야가 대단히 광활해졌습니다. 의식적으로 근대문학을 독립된 학과 간주하면서 그 전면적인 건설에 박차를 가해야 한다는 것이 80년대 이후 연구자들의 공통된 인식이었습니다. 따라서 연구의 체계성·조직성·과학성이 대대적으로 강화되었습니다. 연구자들의 가치관·문학사관·사유 방법 그리고 연구 방법도 더욱 새로워졌으며, 질적이고 양적인 면에서 매우 수준 높은 학술 저작들이 분분히 출판되고 있습니다. 이제 근대문학 연구는 전대미문의 번영기를 맞이하고 있습니다.

왕 표 최근 20년 동안의 발전을 언급하려고 하니 약간 감상적인 느낌에 젖어들게 됩니다. 다른 학과에서는 문제조차 되지 않는 몇 가지 사정이 근대문학 부문에서는 예사롭지 않은 의미를 지니고 있는 것 같습니다. 예를 들어 우선 연구 대오의 형성과 같은 것이 그러하다고 생각됩니다. 이것은 매우 평범한 사실처럼 보입니다. 그러나 우리가 알아야 할 것은 1978년 이전에는

전국에서 근대문학 연구에 전문적으로 종사하는 기구가 하나
도 없었으며, 심지어 근대 문학을 가르치고 연구하는 팀조차
없었다는 사실입니다. 따라서 계진회·전중련(錢仲聯, 1908~)·
임방추(任訪秋) 등과 같은 노선배 학자들이 그때부터 젊은 연구
인력을 양성하기 시작하였습니다. 1978년 중국사회과학원 문
학연구소에 근대실(近代室)이 설치된 후 관련 연구자들의 전국적인
연락망이 구축되고 또 그것을 조직화하는 일이 열성적으로 추진
되었습니다. 당시 문학연구소를 이끌던 등소기(鄧紹基, 1933~) 선
생은 시종 일관 전심전력으로 이 학과의 발전을 지지해 주었습
니다. 60·70년대에 처음으로 근대 문학 연구계에 발을 들여
놓은 중견 학자들은 80년대에 이 학과의 주력이 되었습니다.
현재 손정(孫靜, 1932~)·곽연례(郭延禮, 1937~)·황림(黃霖, 1942~)
등의 학자는 이미 앞서거니 뒷서거니 근대 문학 전공 박사생을
배출하고 있습니다. 최근 20년 동안 중국사회과학원의 대학원
과정과, 북경대학(北京大學)·소주대학(蘇州大學)·하남대학(河南大學)·
화남사범대학(華南師範大學)·산동대학(山東大學)·복단대학(復旦大
學)·중산대학(中山大學) 대학원 과정에서 근대 문학을 전공으로
공부했거나 부전공으로 공부한 석사와 박사들이 졸업하였습니
다. 또한 1982년부터 2년에 한 차례씩 전국 근대 문학 토론회
가 개최됨에 따라 이 분야의 연구 대오가 점차 결집·확대되었
고 1988년 마침내 중국근대문학학회가 성립되었습니다. 조금
뒤 중국 남사(南社)와 유아자 연구회도 성립되었습니다. 국가 일
급 학회인 이 두 가지 단체를 제외하고도 광동(廣東)과 산동(山
東)에는 성급(省級) 근대문학학회가 조직되어 있으며, 강소(江蘇)
와 운남(雲南) 등지에는 성급(省級) 남사학회(南社學會)가 조직되어

있습니다. 또 해외에서도 국제남사학회(國際南社學會)가 성립되었으며, 마카오(澳門)에서도 근대문학학회가 성립되었습니다. 정말 쉽지 않은 과정이었습니다! 이 기간 동안 많은 사람들이 독립된 학문 분야를 건설하기 위해 심혈을 기울였습니다. 중산대학의 장정오(張正吾, 1926~) 선생 같은 분은 처음으로 근대문학 연구 총간을 창간하였고 뒷날 또 진명(陳銘, 1939~) 선생과 함께 첫 번째로 근대문학 연구 총서를 편집하기도 하였습니다. 이러한 것들은 오늘날 수많은 간행물과 출판물의 홍수 속에서 보잘 것 없는 것으로 전락하고 말았지만, 근대 문학 학과의 발전사에서는 결코 빠뜨릴 수 없는 중요성을 가지고 있습니다.

관애화 자료 정리도 조직적이고 체계적인 단계로 들어서고 있습니다. 중국사회과학원 문학연구소 근대문학연구실과 이 연구실의 왕준년(王俊年, 1933~)·양숙안(梁淑安, 1938~)·우앙산(牛仰山, 1929~)이 함께 편집한 ≪중국 근대문학 논문집(中國近代文學論文集)≫(1919~1979)[34] 전7권, 상해서점에서 출판한 ≪중국 근대문학 대계(中國近代文學大系)≫,[35] 장배항(章培恒, 1934~)·왕계권(王繼權, 1932~) 등이 편집한 ≪중국 근대소설 대계(中國近代小說大系)≫,[36]

---

34) ≪중국근대문학논문집(中國近代文學論文集)≫은 중국사회과학원(中國社會科學院) 문학연구소(文學研究所)가 기획한 중국근대문학연구 총서 시리즈이다. 1919~ 1949년까지가 총 3권인데, 각각 ≪개론·시문권(槪論·詩文卷)≫, ≪소설권(小說卷)≫, ≪희극권(戲劇卷)≫으로 구성되어 있다. 그리고 1949~1979년까지는 4권으로 구성되어 있는데, 각각 ≪개론권(槪論卷)≫, ≪시문권(詩文卷)≫, ≪소설권(小說卷)≫, ≪희극·민간문학권(戲劇·民間文學卷)≫으로 나뉘어져 있다. 중국사회과학출판사(中國社會科學出版社)에서 1981년부터 출판을 시작하여 1988년에 출판을 완료하였다.

35) ≪중국근대문학대계(中國近代文學大系)≫(전30권)는 상해서점(上海書店)에서 1991년부터 출판을 시작하여 1996년에 출판이 완료되었다.

36) ≪중국근대소설대계(中國近代小說大系)≫는 두 가지 종류가 있다. 그 하나는 강서인민출판사(江西人民出版社)에서 1988년에 출판한 것이며, 다른 하나는 백화주문예출판사(百花洲文藝出版社)에서 1996년에 출판한 것이다.

전중련이 새로 펴낸 ≪근대시초(近代詩鈔)≫,37) 엄적창(嚴迪昌,
1936~)이 펴낸 ≪근대사초(近代詞鈔)≫38) 등은 모두 근년에 출판
된 중요한 성과물들입니다. 근대문학 관련 사전도 많이 출판되
었는데, ≪대백과전서·중국　문학권(大百科全書·中國文學卷)≫39)
근대부분(계진회　주편), 위소창·관림(管林,　1933~)·정방택(鄭方澤,
1932~)　주편(主編)의　≪중국　근대문학　사전(中國近代文學詞典)≫,40)
손문광(孫文光)　주편의　≪중국　문학　대사전(中國文學大辭典)≫41)이
대표적인 것입니다. 양숙안 주편의 ≪중국 문학가 대사전·근
대권(中國文學家大辭典·近代卷)≫42)은 그 표제어가 거의 1,000명에
달하고 있습니다. 기타 이미 출판된 작가연구 자료 휘편·생애
연보·저작 연보·작가 시문 전집·별집·선집·근대 소설 자
료집들이 벌써 수십 명·수십 종에 달하고 있어, 그 성과가 혁
혁하게 드러나고 있습니다.

왕　표　연구 자체의 발전과 학술 수준의 향상이라는 측면에서 말해보
면 다음과 같은 몇 가지 특징이 발견됩니다. 첫째, 연구 영역이
점차 확대되어 이제 전면적인 특성을 보이고 있습니다. 과거에

---

37) 전중련(錢仲聯) 편저, ≪근대시초(近代詩鈔)≫(전3 책)(남경 : 강소고적출판사, 1993).

38) 엄적창(嚴迪昌)이 펴낸 ≪근대사초(近代詞鈔)≫(전3권)는 강소고적출판사(江蘇古籍出版社)
　　에서 1996년 출판되었다.

39) ≪중국대백과전서(中國大百科全書)≫(中國文學卷·전2권)는 중국대백과전서총편집위원회
　　＜중국문학＞ 편집위원회(中國大百科全書總編輯委員會 ＜中國文學＞ 編輯委員會)에서 편
　　찬한 것인데, Ⅰ권은 1988년 9월, Ⅱ권은 1989년 9월에 중국대백과전서출판사(中國大百
　　科全書出版社)에서 출판되었다.

40) 위소창(魏紹昌)·관림(管林)·정방택(鄭方澤) 주편(主編)의 ≪중국근대문학사전(中國近代
　　文學詞典)≫은 하남교육출판사(河南敎育出版社)에서 1993년 출판되었다.

41) 손문광(孫文光) 주편의 ≪중국문학대사전(中國文學大辭典)≫은 기실 ≪중국근대문학대사
　　전1840~1919(中國近代文學大辭典1840~1919)≫이다. 이 책은 황산서사(黃山書社)에서
　　1995년 출판되었다.

42) 양숙안(梁淑安) 주편, ≪중국 문학가대사전(근대권)(中國文學家大辭典(近代卷)≫(북경 : 중
　　화서국, 1997).

간단하게 부정되고 언급하기 어려웠던 시문 유파와 소설 작품, 아는 사람이 드물거나 논의가 아주 부족했던 작가들, 그리고 장기적으로 특히 연구가 박약했던 영역, 예를 들자면 근대희곡과 근대사(近代詞) 부문, 또 거의 탐구하는 사람이 없었던 근대 소수민족 문학 등등의 영역이 모두 연구되고 있으며, 몇 몇 분야에서는 이미 상당히 심도 깊은 논의가 이루어지고 있습니다. 둘째, 작가와 작품 연구에 있어서는 오류투성이의 단편적인 평가를 바로잡는 일에서부터 시작하여, 중점적인 작가에 대한 체계적이고 깊이 있는 논술로 진입해 들어가고 있습니다. 많은 작가들을 연구한 논저와 평전이 계속 저술되고 있습니다. 셋째, 몇 몇 주요 유파와 사단, 그리고 문학운동과 문체의 변화 등등에 대해서도 전제(專題) 연구가 진행되고 있습니다. 예를 들자면 동성파(桐城派), 남사(南社), 시계혁명(詩界革命), 희극형식(戲劇形式), 문학관의 변화(文學觀念流變)에 관한 전제 연구가 그것입니다. 넷째, 이러한 몇 가지 기초 위에서 사적 고찰과 정리 그리고 연구가 진행되고 있습니다. 80년대 말과 90년대 초에는 이러한 연구가 풍성한 결실을 맺어서 전문적인 근대문학사 저작이 대단히 많이 나왔습니다. 근대문학 단대사(斷代史)로는 진칙광(陳則光, 1917~)의 ≪중국 근대문학사(中國近代文學史)≫(상책),[43] 임방추 주편의 ≪중국 근대문학사≫,[44] 곽연례의 ≪중국 근대문학 발전사≫,[45] 관림·종현배(鍾賢培, 1933~) 주편의 ≪중국 근대문학

---

43) 진칙광(陳則光)의 ≪중국근대문학사(中國近代文學史)≫는 중산대학출판사(中山大學出版社)에서 1987년 3월 출판되었다.
44) 임방추(任訪秋) 주편의 ≪중국근대문학사(中國近代文學史)≫는 하남대학출판사(河南大學出版社)에서 1988년 11월에 출판되었다.
45) 곽연례(郭延禮), ≪중국근대문학발전사(中國近代文學發展史)≫(1~3)(산동교육출판사(山東

발전사≫46)가 출판되었습니다. 문론(文論) 또는 문체사(文體史)로
는 섭이(葉易, 1931~)의 ≪중국 근대 문예사조사(中國近代文藝思潮
史)≫,47) 섭진빈(聶振斌)의 ≪중국 근대 미학사상사(中國近代美學思想
史)≫,48) 황보진(黃保眞, 1939~)의 ≪중국 문학 이론사(中國文學理論
史)≫49)(제7권 즉 근대편), 황림의 ≪근대문학 비평사(近代文學批評史)≫,50)
유증걸(劉增杰, 1934~) 주편의 ≪중국 근세 문학사조(中國近世文學
思潮)≫,51) 마아중(馬亞中)의 ≪중국 근대 시가사(中國近代詩歌史)≫,52)
구양건(歐陽健, 1941~)의 ≪근대 소설사(近代小說史)≫,53) 사표운(謝
飄雲, 1956~)의 ≪중국 근대 산문사(中國近代散文史)≫,54) 곽연례의
≪중국 근대 번역문학 개론(中國近代飜譯文學槪論)≫55) 등이 있습
니다. 또한 지방문학사로는 진백해(陳伯海, 1935~)·원진(袁進) 주

教育出版社), 1990~1993).

46) 관림(管林)·종현배(鍾賢培) 주편의 ≪중국근대문학발전사(中國近代文學發展史)≫(上·下)
　　는 중국문련출판공사(中國文聯出版公司)에서 1991년 출판되었다.
47) 섭이(葉易)의 ≪중국근대문예사조사(中國近代文藝思潮史)≫는 고등교육출판사(高等敎育出
　　版社)에서 1990년 11월 출판되었다.
48) 섭진빈(聶振斌)의 ≪중국근대미학사상사(中國近代美學思想史)≫는 중국사회과학출판사(中
　　國社會科學出版社)에서 1991년 9월에 출판되었다.
49) 황보진(黃保眞) 등이 펴낸 ≪중국문학이론사(中國文學理論史)≫(전5권)는 북경출판사(北
　　京出版社)에서 1987년 출판되었다.
50) 황림(黃霖)의 ≪근대문학비평사(近代文學批評史)≫는 상해고적출판사(上海古籍出版社)에
　　서 1993년 1월 출판되었다.
51) 유증걸(劉增杰) 주편의 ≪중국근세문학사조(中國近世文學思潮)≫는 대북(臺北)의 문사철
　　출판사(文史哲出版社)에서 1997년 출판되었다.
52) 마아중(馬亞中)의 ≪중국근대시가사(中國近代詩歌史)≫는 대만학생서국(臺灣學生書局)에
　　서 1992년 출판되었다.
53) 구양건(歐陽健)의 ≪근대소설사(近代小說史)≫는 기실 ≪만청소설사(晚淸小說史)≫를 가
　　리키는 것으로 보인다. 구양건(歐陽健)의 ≪만청소설사(晚淸小說史)≫는 <중국소설사총
　　서>의 하나로 절강고적출판사(浙江古籍出版社)에서 1997년 6월에 출판되었다.
54) 사표운(謝飄雲)의 ≪중국근대산문사(中國近代散文史)≫는 중국문련출판공사(中國文聯出版
　　公司)에서 1997년 출판되었다.
55) 곽연례(郭延禮)의 ≪중국근대번역문학개론(中國近代飜譯文學槪論)≫은 호북교육출판사(湖
　　北敎育出版社)에서 1998년 출판되었다.

편의 ≪상해 근대문학사(上海近代文學史)≫56)와 종현배·왕송도(汪松濤, 1941~) 주편의 ≪광동 근대문학사(廣東近代文學史)≫57)가 나왔습니다. 이것은 근대 문학 연구사에 전대미문의 일입니다.

원 진   근대문학 연구의 진전은 응당 긍정해야 할 일이기는 하지만 고대 문학 연구나 현대 문학 연구와 비교해보면 여전히 부족한 감을 가지게 됩니다. 현대 문학의 기간은 겨우 30년에 불과하지만 연구자의 수는 수천 명이나 된다고 합니다. 근대 문학의 기간은 거의 100년에 가까운데도 연구자의 수가 몇 백 명에 불과합니다(전문적인 연구자가 아니면서 유관 논문을 발표한 적이 있는 사람을 포함한 숫자). 정확한 통계를 내본 적은 없지만 저의 대체적인 계산으로는, 근대 문학에 관한 전체 연구 논문의 수가 고대 문학의 한 분야인 당시(唐詩) 연구의 수에도 미치지 못하며, 또한 현대 문학의 한 분야인 노신(魯迅) 연구의 수에도 미치지 못하는 것 같습니다. 물론 적지 않은 전문 저작들은 확실히 그 내용이 크게 풍부해졌고, 평가도 더욱 정확해졌으며, 논술도 더욱 체계적으로 발전하였습니다. 게다가 구체적인 문제를 다룰 때도 독창적인 견해를 많이 내놓고 있습니다. 그러나 몇 몇 저작들은 여전히 60년대의 관점을 바탕에 깔고 논리를 확장하고 있으며, 또한 이에 근거하여 이전의 편향을 바로잡는다고 공언하고 있고, 더 나아가 이러한 관점에서 출발하여 연구 대상을 상세하면서도 심도 싶게 다루고 아울러 체계화해야 한다고 공표하고 있습니다. 현재의 문제는 60년대 관점의 확장이

---

56) 진백해(陳伯海)·원진(袁進) 주편의 ≪상해근대문학사(上海近代文學史)≫는 상해인민출판사(上海人民出版社)에서 1993년 출판되었다.

57) 종현배(鍾賢培)·왕송도(汪松濤) 주편의 ≪광동근대문학사(廣東近代文學史)≫는 광동인민출판사(廣東人民出版社)에서 1996년 출판되었다.

아니라 몇 몇 중대한 문제와 총체적인 인식상에서 새로운 돌파가 있어야 한다는 것입니다.

관애화 방금 전 문학사 저작을 소개할 때 90년대 후기에 출판된 ≪중화 문학 통사(中華文學通史)≫ 근대권58)을 언급하지 않았습니다. 이 책은 비록 전문적인 근대 문학 단대사는 아니지만, 그 착상과 관점이 심도 깊은 데다 풍격도 평범하지 않습니다. 뿐만 아니라 두 가지 중요한 문제를 다루면서 이전의 책들과는 완전히 다른 견해를 내놓았습니다. 그 하나는 근·현대를 합쳐서 함께 다루고 있다는 것입니다. 근·현대편 <서론>에서 이에 관한 해명을 하고 있는데 그 논리가 매우 설득력 있습니다. 다른 하나는 일반적으로 근대 문학사를 세 시기로 나누던 입장을 바꾸어 전·후 두 시기로 구분하고 있으며, 특히 과거에 "문학 개량 시기"와 "혁명 문학 시기"로 구분하던 관점을 타파하고 그것을 통합하여 "문학계 혁명"으로 귀속시키고 있습니다. 이 두 가지 변화된 관점은 매우 중요하기 때문에 응당 이 자리에서 언급해야 합니다.

왕 표 두 분이 말씀하신 것은 기실 근대 문학 연구의 발전 추세 문제입니다. 만약 근대 문학 연구 학술사를 근대 시기의 문학에 대한 인식의 역사라고 말할 수 있다면, 최근 20년 동안은 연구의 면모가 확대되고, 구체적인 연구가 심화되고, 또 각 체재별 연구가 진행되는 동시에, 각 부분 연구자들은 한 걸음 더 나아가 중국 근대문학의 총체적인 문제를 새롭게 인식하기 시작했습니다. 도대체 무엇이 "근대 문학"인가? 이 "근대"가 포함하고

---

58) 장형(張炯) 등이 주편한 ≪중화문학통사(中華文學通史)≫(전10권)는 화예출판사(華藝出版社)에서 1997년 출판되었다.

있는 의미나 이른바 "근대적 의의"는 어떻게 정의할 것인가? 이제까지의 인식이 과연 우리가 확정한 이 시기 중국 문학의 실제와 부합하기는 하는가? 구체적인 상한선과 하한선을 포함하여 이러한 시기 구분은 합리적인가? 등등이 바로 그것입니다. 이러한 사고에 입각하여 80년대 초부터 근대 문학의 단대(斷代)·성질·특징에 관한 문제들이 토론되기 시작했습니다. 당시의 토론은 뒷날 더 진전되지는 못했습니다. 그러나 몇 몇 연구자들은 이에 관한 사색을 멈추지 않았을 뿐만 아니라, 초보적이긴 하지만 일반적인 관점과는 다른 몇 가지 견해를 성숙시켰습니다. 앞에서 열거한 성과물 중의 일부 저작에는 이러한 견해가 이미 표현되어 있습니다. 황림의 ≪근대문학비평사≫와 같은 것이 그러합니다. 비록 그의 논술이 근대 문학의 이론 비평 한 부문에 그치고 있지만 말입니다. ≪중화 문학 통사≫ 근대권의 총체적인 구성도 이러한 사고와 토론의 기초 위에 세워진 것입니다. 물론 우리들도 각각 자신의 견해를 갖고 있습니다. 예를 들어 근·현대를 하나로 합치자는 견해는 적지 않은 사람들이 이미 제기한 적이 있습니다. 그러나 이를 주장하는 대부분의 사람들은 여전히 근·현대 시기의 사회 성질이 모두 반식민지(半殖民地)·반봉건(半封建) 사회에 속한다는 사실을 주요 논거로 삼고 있습니다. 우리의 인식으로는 사회사적 시기구분을 일률적으로 문학사에 적용할 수 없습니다. 그것은 절대로 과학적이지 못합니다. 따라서 문학 자체의 발전 즉 문학의 체재가 변화해가는 연속성과 통일성으로부터 논의를 출발시켜야 합니다. 근대 문학을 전·후기 두 시기로 나누는 것도 이전에 이미 제기한 사람이 있지만 그는 전기의 문학을 여전히 "전통 문학"이라고 인식하고 있습니다. 그러나 우리의 입장은 전기의 전통 문학이 이미 "원자핵 분열[裂變]"을 일으키기 시작하여, "새로운 변화[新變]"와 "쇠미 단계의 변화[衰變]"라는 두 가지 조류가 나타났으므로, 이것을 간단하게 모두 "전통 문학"에 귀속시킬 수 없다는 것입니다. 중국 문학의 근대화라는 입장에서 전체 저작이 구성되도록 총체적인 고려를 해야 한다는 것은 우리가 제기한 적이 있는 다음과 같은 관점에 근거를 둔 것입니다. "근대 문학의 특수한 위치 및 특수한 연구 가치가 근대 문학으로 하여금 독특한 연구 주제를 갖도록 하였는데, 그 독특한 연구 주제는 바로 전통적인 고대문학이 신문학으로 변화해 가는 구체적인 과정과 특수한 규율 그리고 그 유형별 특징을 정확하게 설명하는 것이다." · "근대 문학 연구의 전체적인 수준 향상은 상당 부분 우리가 연구 중심을 중국 문학 근대화 역정이라는 독특한 주제로 잘 옮겨올 수 있느냐 없느냐에 따라 결정된다." 이러한 관점이 의도하는 바가 앞으로 잘 구현될 수 있을지 없을지는 물론 따로 논해야 할 것입니다. 그러나 저는 이 문제가 원진 씨가 말한 "총체적인 인식상에서 새로운 돌파"라는 견해와 관련되는 것이라고 생각합니다. 앞으로 긍정적인 방향에서 잘 토론해 봐야 할 것입니다.

2. 가치와 자리매김

원　진　왕표씨가 근대 문학의 "연구 가치" 문제를 제기하였는데, 저는 이것이 아주 중요하고 관건적인 문제라고 생각합니다. 오랫동안 학술계와 대학교의 중국 문학 교육계는, 근대시기에 위대한 작가와 작품이 결핍되어서 자체적으로 연구할 만한 가치가 없다는 일종의 편견에 사로잡혀 있었습니다. 이러한 관점은 상의해 볼 만한 가치가 있습니다. 문학 연구의 심화에 따라 사람들은 시간이 갈수록 다음과 같은 분명한 인식에 도달하고 있습니다. "작가와 작품 연구는 문학 연구의 한 부분에 불과하며, 그것은 기실 비교적 표면적인 연구일 뿐이다. 작가와 작품 간에는 매우 드넓은 관계망이 존재하고, 다양하게 교차·발전하는 단서가 존재한다." 근대 문학은 중국 문학이 고대에서 현대로 나아가는 과도적 문학으로서, 또 가장 일찍 서구의 영향을 받아들인 문학으로서, 고대 문학과 현대 문학과는 다른 독특한 특징을 갖고 있습니다(명 나라 말기에 서방 선교사들의 선교 활동이 사상 문화적인 측면에서 영향을 끼치긴 하였지만, 중국 문학에 대한 영향은 아주 미미하였습니다). 이러한 다양한 문학 발전의 단서들은 심도 깊게 탐색해 볼 만한 가치가 있습니다. 그러나 지금까지도 이 부분에 대한 연구가 불충분한 편입니다.

왕 표   아직 "불충분하다"는 말은 그리 타당하지 않은 것 같습니다. 왜냐하면 이미 이러한 문제를 연구하고 성과물을 내놓은 사람이 적지 않기 때문입니다. 근대문학 연구가 박약하게 된 원인을 언급하면서 이전에 나는 두 가지 견해를 제기한 적이 있습니다. 하나는 바로 원진 씨가 말한 학술관의 편향입니다. 이제까지 단편적이고 과학적 안목이 결핍된 편견이 존재함으로써 문학의 연구 가치가 작품의 사상적·예술적 성취와 정비례한다고 생각해왔던 것 같습니다. 이것은 분명히 연구와 감상의 한계를 모호하게 만드는 견해입니다. "따라서 많은 사람들이 근대 문학에는 위대한 작가와 작품이 없고 일정한 경지에 오른 문학 체재도 없으며, 예술의 참신성을 보여준 성공적인 작품도 없기 때문에" 오랫동안 연구의 낙후성을 면치 못했다고 생각해 왔습니다. 다른 하나는 근대 문학 연구자 스스로도 이 학과의 특수한 가치를 충분히 인식하지 못하여, 근대 문학의 특성을 가장 잘 구현할 수 있는 과제를 제기하지도 강조하지도 못하였고, 연구 방법에 있어서도 고대 문학의 상투적인 관점과 방식 그리고 비평 기준을 그대로 답습해 왔습니다. 이러한 상황은 이미 바뀌어 가고 있습니다. 지금은 더욱 심화된 관점에 입각하여 더욱 많은 사람들이 나서서 근대 문학의 연구 가치를 토론해야 할 때입니다. 여기에서는 먼저 근본적인 문제 하나 즉 도대체 무엇이 "근대 문학"인지를 언급해 보고자 합니다.

기왕에 출판된 적지 않은 문학사에서는 "자산 계급 계몽 문학"·"자산 계급 문학 개량"·"자산 계급 혁명 문학"이란 관점에 입각하여 근대 시기의 문학 역사를 서술하고 있습니다. 이렇게 되면 중국 근대 문학은 바로 자산 계급의 문학이 됩니다. 근래에 들어서 이러한 인식에 의문이 제기되자, 몇몇 문학사에서는 더 이상 이 개념을 사용하지 않고 또 근대문학의 성격을 규정하지 않은 채, "근대 문학"의 맹아와 발전, 고조와 쇠락을 언급하고 있습니다. 이 두 가지 기술 방법에는 한 가지 공통점이 있습니다. 즉 실제로 근대 문학의 성격을 자산 계급적이라고 단정하든지 아니면 그것을 암묵적으로 인정하든지 간에, 이 두 가지 입장을 견지하고 있는 사람들은 근대 문학이 안정적인 성격과 독립된 형태를 갖추고 있다는 의견에 동의합니다. 그러므로 이들은 "중국 근대 문학"이 처음 발생으로부터 중간의 발전 과정을 거쳐 마지막 쇠망에 이른 완전한 역사 과정을 가지고 있다고 주장합니다. 그러나 이와 동시에 이들이 저작한 거의 모든 문학사에는 또 근대문학이 일종의 "과도적" 문학이라고 기술되어 있습니다. 우리는 여태까지 이 두 가지 논단이 기실 이율배반적이라는 사실을 깨닫지 못했습니다. 만약 중국 근대문학이 "과도적"인 것이라면 당연히 그 성격은 불안정하고 그 형태도 설익은 것일 것입니다. 아울러 "과도적"인 것은 아직 완성되지 못한 것이고, "성숙 과정" 중에 있다는 것도 아직 완전하지 못하다는 것이기 때문에 더더욱 무슨 근대 문학의 결말을 운위할 수는 없습니다. 뿐만 아니라 상술한 관점에 의지하게 되면 어떻게 개괄하든지 간에 근대 문학의 반쪽 다시 말해 그 새로운(新) 측면만을 다룰 수 있을 뿐입니다. 그러므로 또 다른 반쪽 즉 고전 문학의 마지막을 장식한 전통적인 시(詩)·문(文)·사(詞)·소설(小說)·전기(傳奇)·잡극(雜劇)의 유파는 포용할 수도 없고 포용할 방법도 없게 됩니다. 저는 아마 세상 사람들이 깜짝 놀랄만한 한 마디 말을 과감하게 던지고자 합니다.—중국에는 "근대 문학"이 없었습니다! 근대문학 연구자가 이 말을 했다는 사실을 알면 사람들은 매우 이상하게 생각할 것입니다. 그러나 저는 모두들 이 말에 포함된 의미를 이해할 수 있어야 한다고 생각합니다. 중국에서는 특수한 역사적 조건과 문학사적 배경 때문에 유럽처럼 독립적인 형태를 갖추고 완전한 생존 과정을 거친 근대 문학이 발생할 수도 없었고 발생하지도 않았습니다. 그럼 무엇이 "중국 근대 문학"입니까? 다만 한 가지 정의를 내릴 수 있을 것 같습니다. 그것은 바로 고대 문학 체계로부터 현대 문학 체계로 나아가는 "전형기(轉型期)

문학"이라는 사실입니다. 이 점을 제외하고는 아편전쟁 전야에서 5·4 이전까지 시기의 중국 문학에 무슨 성격을 부여하기는 어렵습니다.

이러한 인식은 말해놓고 보니 아주 평범한 사실 같지만 기실은 이제까지 깊이 있는 탐구가 이루어지지 않았습니다. 만약 깊이 탐구해 나가다보면 기존의 틀을 뛰어넘기가 그렇게 쉽지 않다는 것을 체감할 수 있을 것입니다. 그렇지 않다면 그렇게 오랜 기간 동안 이율배반적인 인식 속에 함몰되어 있으면서도 그것을 자각조차 하지 못했겠습니까? 이제 "고대 문학 체계로부터 현대 문학 체계로 나아가는 전형기(轉型期) 문학"이 바로 "중국 근대 문학"이라고 정의해 놓고 보면, 근대 문학 연구가 갖는 고유의 주제와 이 학과가 추진해야 할 주요 임무와 목표, 그리고 그것이 중국 문학을 연구하는 전체 분야 속에서 가질 수 있는 특수하고도 중요한 가치와 위치가 충분하고도 분명하게 드러날 수 있습니다. 근대 문학 연구의 주요 임무는 이제 방향을 바꾸어 중국 문학이 고전에서 현대로 나아가는 그 형태 변화(轉型)의 모습을 탐색하는 것입니다. 즉 일련의 고대 문학의 사상 규범·형식 규범·언어 규범이 어떻게 점차 회의되고 새로운 도전을 받으며 또 그 한계를 돌파했는가? 각종 새로운 문학의 요소는 어떻게 싹이 트고 어떻게 성장했으며 또 어떻게 융합되었는가? 옛 규범을 답습한 문학은 어떻게 전통적인 규범 속에서 자신을 조정하며 생명을 연장하였는가? 또 결국에는 옛 규범만을 고수하다가 어떻게 쇠미하고 말았는가? 등등의 문제를 구체적으로 발견하고 명확히 드러내어 설득력 있는 서술과 논증을 가해야 합니다. 작가와 작품 연구는 여전히 연구의 기초이지만, 관찰과 평가의 각도를 대폭 조정해야 합니다. 연구의 중심을 더 이상 작품의 사회 의의와 예술 특징을 파악하는 데만 두지 말고, 위에서 서술한 기초 위에서 어떤 변화와 붕괴가 생겨났는지를 탐색해야 합니다. 평가에 있어서도 어떤 고정된 기준에 의지하여 사상적·예술적 수준만을 따지지 말고 역사적인 안목에 의지하여 문학의 변화 과정(그것이 설령 사소하고 성공하지 못한 변화라 하더라도) 및 그 변화 과정 중에서 일어난 작용을 분석하는 데 중점을 두어야 합니다. 근대 문학을 연구하지 않거나 이해하지 못하고서는 고대 문학의 마지막 종점과 신문학 탄생의 출발점을 진정으로 이해할 수 없습니다. 이러한 몰이해는 결국 전체 문학사를 인위적으로 단절시키게 될 것입니다.

관애화　방금 왕표 씨가 근대 문학의 연구 중심을 고전에서 현대로 나아가는 중국 문학의 "과도적 변화 과정"으로 옮겨야 한다고 말씀하셨는데, 저도 그 의견에 찬성합니다. 근대 문학의 가치는 한편으로 중국 고전 문학의 계승과 종결이라는 측면에도 놓여 있지만, 다른 한편으로는 현대 문학의 토대와 발단이라는 측면에도 그 가치가 놓여 있습니다. 바로 이러한 특수 가치에 대한 인식이 부족했기 때문에 이와 관련된 문제에 대한 연구를 부족하게 만들었고, 결국 중국 문학사에 불연속적인 5·4 단층이 존재하는 것처럼 인식하게 하였습니다. 또한 5·4 단층이라는 가상이 존재했기 때문에 고전 문학 연구와 현대 문학 연구 분야 사이에는 독립성만 강조되고 의사소통은 하기 어렵게 되었습니다. 이것은 근대 문학을 어떻게 인식할 것인가에 대한 언급일 뿐만 아니라, 5·4 신문학과 양자의 관계를 어떻게 인식할 것인가에 대한 언급이기도 합니다. 기왕의 연구 과정에서

우리는 의식적이든 무의식적이든 백화 문학이 문언문을 대신
했다는 그 역사적 도약만을 과장하면서 5·4 신문학이 근대
문학의 혁신 정신과 성과를 계승했다는 사실은 소홀하게 취급
해 왔습니다. 주작인이 <한문학의 전도(漢文學的前途)>에서 행한
언급은 우리가 깊이 생각해 볼 만한 가치가 있습니다. "백화문
의 흥기는 전적으로 달의(達意)59)의 수요에서 비롯된 것이지 거
기에 결코 무슨 심오한 이유가 게재되어 있는 것이 아니다.
…… 사실 그것은 일종의 신식 문체일 뿐이므로 금문(今文)이라
고 부를 수도 있다. 그것은 고문과 상대적인 문체이지 상반된
문체는 아니다. 백화문과 당송문(唐宋文)과의 거리는 당송문이
≪상서(尙書)≫에서 떨어진 거리에 미치지 못할 것이다." 그리고
5·4 신문학에 직접 참여한 사람들은 오히려 양계초가 창도한
문학 혁명이 신문학에 미친 영향을 대단히 중시하였습니다. 전
현동은 1917년 진독수에게 보낸 편지에서 다음과 같이 말하고
있습니다. "신문학에 대해서 말하자면 양계초가 실로 신문학을
창조한 첫 번째 인물입니다. …… 현대 문학의 혁신을 논하려
면 반드시 양씨를 먼저 꼽아야 합니다." 신문학가들이 구문학
에 대해서 행한 과격하고도 편파적인 공격은, 그들 스스로도
문언문이나 구문학과 결별하기 위한 일종의 책략으로 인식하
고 있었습니다. 모순(茅盾, 1896~1981)은 <일보 전진 이보 후퇴
(進一步退兩步)>에서 다음과 같이 분명하게 언급하고 있습니다.
"나도 '옛 것을 정리하는 작업'이 신문학 운동 내에서도 반드
시 필요하다는 사실을 알고 있었다. 그러나 백화문이 아직도

---

59) 달의(達意) : 글쓰기란 생각이나 의견 또는 사상이나 사물의 이치를 쉽게 전달하면 그만
이라는 중국 고전 문학 창작론의 한 견해이다.

전체 사회에서 온전한 믿음을 얻지 못하던 시절이었으므로, 우리는 매우 고집스러운 입장을 취하여 옛날 책은 절대로 보지 않겠다고 맹세하기도 하였다.” 여기에서 우리는 노신이 왜 “중국 책은 되도록 적게 보든지 아니면 아예 보지 말아야 한다.”고 주장했는지 그 이유를 알 수 있습니다. 바로 그 노신도 “‘신문학’과 ‘구문학’ 사이에 분명한 경계는 없었지만, 형체의 변화나 비교의 경향은 있었다.”(<“감구(感舊)” 이후(“感舊”以後)>)고 하였고, 또 “신문화에도 여전히 전통을 계승한 부분이 있고, 구문화에도 여전히 앞으로 취사선택할 부분이 있다.”(<“파우스트와 성” 후기(“浮士德與城”後記)>)고 지적하였습니다. 근대 문학 연구 분야가 해결해야 할 일은 바로 이 “형체 변화”와 “전승”의 문제입니다.

원　진　이 문제를 바라보는 우리들의 관점은 비교적 일치하는 것 같습니다. 아울러 여기에서 한 걸음 더 나아가 저는 중국 문학사에서 차지하는 근대 문학의 중요성이 오직 선진(先秦) 문학의 중요성에 비견할 수 있다고 생각합니다. 고대 문학을 연구하는 사람들은 그 연구 분야가 어느 시대이든지 간에 반드시 선진 문학을 이해하고 있어야 합니다. 왜냐하면 선진 문학에는 고대 문학의 원류가 담겨 있기 때문입니다. 발생학적 입장에서 말해 보면 선진 문학은 후대 문학에 어떤 모범을 제공하여 후대 문학의 선택 취향에 결정적인 작용을 하였습니다. 바로 후대 문학이 여러 가지 선택을 할 수 있도록 선진 문학이 다양한 가능성을 제공하였기 때문에, 후대의 사상가와 문학가들은 끊임없이 선진(先秦) 시기로 되돌아가서 영양분을 섭취하고 선인들의 경험과 교훈을 총결하면서, 자기 시대의 문학 개혁에 관한 사고를 거듭 새롭게 할 수 있었던 것입니다. 근대 문학도 이와 같습니다. 중국 문학의 발전은 근대에 이르러 교차로에 서게 되었습니다. 이에 다양한 갈래로 선택의 가능성을 갖게 되었습니다. 따라서 이 시기는 마치 선진처럼 사상 활동이 매우 활발한 시기였습니다. 또한 중국 근대 문학에서 행한 선택은 실제로 이후의 문학 발전에 큰 영향을 끼쳤습니다. 현대문학, 심지어 당대문학(當代文學)에서도 부딪히고 있는 많은 문제들, 예를 들어 문학의 시장화 문제, 문학의 아속(雅俗) 문제, 문학과 정치와의 관계 문제, 각종 흐름에 직면한 작가가 자주적인 의식을 견지할 수 있는가의 문제, 중국 문학이 외래의 영향을 수용하는 문제 등등을 논의할 때 우리는 흔히 근대로 소급해 올라가곤 합니다. 이 때문에 발생학적으로 말해 본다면 근대 문학의 선택이 실제로 지금까지도 줄곧 영향을 미치고 있다고 할 수 있습니다. 중국 문학의 근대화는 전체 문학사상 가장 중요한 변혁의 단계였습니다. 근대 문학의 선택 및 선택 배후의 각종 원인, 선택 이후 형성된 심리적 추세, 또 그 이후 조성된 각종 영향 등등의 문제들은 모두 심도 깊게 탐구해 볼 만한 가치가 있습니다.

왕　표　원진 씨가 "발생학"과 "근대화"를 언급하는 것을 들으면서, 저는 또 20세기 초 김송잠(金松岑, 1874~1947)의 언급 즉 "신구(新舊) 사회의 변화는 마치 배추벌레가 흰나비로 모양을 바꾸는 것과 같다. 나비는 아름답지만 배추벌레의 껍질은 매우 추하다. (〈사정 소설과 신사회의 관계를 논함(論寫情小說與新社會之關係)〉)"라고 한 말을 상기하게 되었습니다. 훗날 양세기(楊世驥)도 똑 같은 비유를 한 적이 있습니다. 저도 일찍이 이 말을 인용하여 근대 문학이 사람들에게 존중받지 못한 까닭을 설명한 적이 있습니다. 왜냐하면 근대 문학은 "애벌레"이지 "나비"가 아니기 때문입니다. 그러나 근대 문학이 존중받아야 할 까닭도 바로 그것이 "애벌레"이기 때문입니다. 이 "애벌레"를 연구하는 것은 바로 고대 문학의 "변태번식학(變態繁殖學)"을 연구하는 것이며 그리고 현대 문학의 "발생형태학"을 연구하는 것입니다. 몇 몇 친구들은 농담 삼아 이 "애벌레론"을 이야기하고 있지만 기실 이 비유는 근대 문학에 대한 매우 적절한 비유입니다. 애벌레는 앞 세대의 나비가 부화한 것이며, 다음 세대에는 다시 나비로 변화하는 필연적인 단계를 밟습니다. 이것이 우리가 말하는 "근대화"인 것입니다.

여기에서 이제 두 번째의 근본적인 문제 즉 "이른바 '중국 문학의 근대화'에 포함된 내용이 무엇인가?"라는 문제를 제기하고자 합니다. 몇 몇 논문에서는 이 문제를 언급할 때 흔히 푸코(Michel Foucault, 1926~1984)나 인켈스(Alex Inkeles, 1920~) 또는 다른 사람들의 "현대화" 이론을 인용하곤 합니다. 혹은 서구 문학의 "현대" 개념과 모델을 습관적으로 사용하여 중국 문학을 해석하고 저울질합니다. 그러나 역사적 사실을 조금만 자세히 살펴보면, 중국 문학이 유럽처럼 먼저 "근대화"를 거친 다음 자족적인 체계를 가진 "근대 문학"이 되고 또 그런 다음 그 "근대 문학"에 변혁이 가해져서 "현대 문학"이 된 것이 아니라는 사실을 알 수 있습니다. 중국 문학의 "근대화" 또는 "현대화"(80년대 이래로 언급되어 온 "현대화"라는 말과는 같은 개념이 아님)는 실제로 동일하고 연속적인 과정으로서 그것은 중국의 "문학 체계"(즉 문학의 사회 속성, 작가 구성, 문학 관념, 창작 내용, 형식 체재로부터 언어 형식과 전파 방식 등등에 이르기까지의 모든 문학의 구성 요소)가 총체적이며 근본적으로 변화해가는 과정을 가리킵니다. 중국의 문학 체계가 고전에서 현대로 전면적인 변화를 겪는 과정은 19세기 중엽에 발생하여 점차 발전해 나가다가 5·4 이후에 이르러 완성기로 접어들게 됩니다. 이것이 바로 ≪중화 문학 통사≫에서 근대와 현대를 하나의 편(編)으로 통합한 원인과 이유입니다.

"문학 체계"에 관한 이러한 설에는 아마 상이한 관점이 있을 수 있으므로 이에 대한 또 다른 설명과 논증이 필요할 것입니다. 그러나 "문학"은 확실히 이러한 요소들로 구성되어 있고, 또 그것은 서로 연관을 가지면서 상호간에 작용을 주고받기도 합니다. 문학의 전파 방식 같은 것은 과거에는 일반적으로 "문학" 연구의 범위에 포함시키는 것을 고려조차 하지 않았습니다. 그러나 실제로는 근대 인쇄술과 정기 간행물의 수입이 작품의 발표 방식을 바꾸고 독자의 범위를 확대하였으며 문학의 전파 속도를 가속화시켰을 뿐만 아니라, 문학의 사회화와 상품화를 실현시켜 주었습니다. 말하자면 작가가 마음속으로 생각하는 독자의 범위를 극도로 확대·변화시켜서, 문학의 체재·제재·형식·언어에 대해 일련의 변혁을 불러일으키게 하고, 아울러 직업 작가의 출현에 유리한 조건을 조성해 주었다는 것입니다. 또 작가 연구를 할 때 과거에는 일반적으로 작가의 계급적 속성과 사상적 경향을 비교적 중시했습니다. 그러나 근대 작가를 연구할 때는 작가의 지식 체계, 문화적 시야, 사회적 지위 등등에 주의하면서 작가가 사대부 문인에서 근대적 지식인의 한 사람으로 변화해 가는 과정을 밝혀 주어야 합니다. 왕도

(王韜, 1828~1897) · 곽숭도(郭嵩燾, 1818~1891) · 황준헌 · 강유위 · 엄복과 같은 사람들은 당시에 이미 서구 · 북미 · 일본 · 남양 등지를 다니면서 근대 세계 속으로 걸어 들어가고 있었습니다. 특히 청말에 이르러서는 중국 지식인 계층의 생성 체계와 작가의 사회적 지위에 역사적인 변화가 일어났습니다. 과거(科擧) 제도의 폐지와 신식 학당(學堂)의 발흥 그리고 대규모의 유학생 출국으로 인하여 사대부 문인들의 생성 메커니즘은 더 이상 존속할 수 없게 되었고, 이에 따라 마지막 세대의 유로(遺老)들이 세상을 떠난 뒤에는 본래적 의미의 고대 문인들이 다시는 등장할 수 없게 되었습니다. 이와 동시에 새로운 지식인 군체가 신속하게 형성되기 시작하였습니다. 그리고 서구 미학의 전입은 문학가들로 하여금 문학의 "독립적인 지위"에 대해 깊이 생각하도록 해주었으며, 또 출판물의 상품화는 최초의 직업 작가들의 출현에 유리한 조건을 제공해 주었습니다. 5 · 4 신문학가들은 바로 이러한 토대 위에서 탄생할 수 있었습니다. 창작 주체의 역사적인 교체가 문학의 근본적인 전환을 결정하게 하였습니다. 이러한 의미에서 본다면 결국 사망에 이를 수밖에 없었던 구문학의 운명은 이미 5 · 4 이전에 정해져 있었던 것입니다. 사실 문학 체계 각 요소의 근대적 변혁은 결코 균형 있게 이루어지지 못했으며, 각 요소들도 정합적이지 못했기 때문에 문학의 전형(轉型)도 완성되지는 못했습니다. 그러나 문학 체계 각 요소들이 이미 전면적인 변혁을 일으키기 시작하였으므로 신문학의 요소들은 대부분 이 때 이미 그 맹아를 보이고 있습니다. 근대 문학 연구는 바로 문학의 주체, 문학의 본체, 문학의 수단, 문학의 독자 등을 포함하는 총체적인 문학 체계의 전

형(轉型) 과정 즉 다시 말해 문학 근대화의 궤적과 노정 그리고 원인과 결과를 구체적으로 탐색하는 것입니다.

원 진 저도 왕표 씨의 뜻을 이해할 수 있습니다. 말하자면 최근 100여 년 동안에 일어난 이와 같은 중국 문학의 변화가 전방위적(全方位的)이었다는 지적이 아니겠습니까? 만약 우리가 문학 활동의 총체적 구성이 작가·텍스트·언어·전파 방식·독자 등으로 이루어져 있다는 사실을 인정할 수 있다면 근대에 이르러서 이러한 요소에 모두 중요한 변화가 일어나기 시작하였습니다. 작가는 고대의 사대부에서 근대 지식인으로 변하였고, 창작 방식과 창작 심리 등도 이전과는 다른 모습을 보여 주고 있습니다. 사(詞)를 제외한 모든 문학 체재가 정도가 조금씩 다르지만 일정한 변화를 보이고 있습니다. 시문(詩文) 중심의 문학은 소설 중심의 문학으로 변화하기 시작하였습니다. 문학에서 표현하는 내용이나 현실과의 관계에도 새로운 특징이 나타났습니다. 문학의 언어도 고대 중국어에서 현대 중국어로 바뀌었으며, 문학의 전파 방식도 자본주의의 대량 생산 체계와 상업화된 판매 노선을 받아들이게 되었습니다. 이에 따라 독자 대상도 바뀌게 되어, 고대 문학의 사대부 독자가 현대 문학의 평민 독자로 바뀌었습니다. 이처럼 거대한 전방위적 문학 변혁은 중국에서는 근대 시기에만 있었던 일이며, 근대 이전의 각 시기에는 이러한 변화를 찾아볼 수 없습니다.

관애화 확실히 이러한 의미에서 보더라도 근대 문학은 중국 문학의 발전에 중대한 전환점이 되었습니다. 특히 20세기 초에 양계초가 창도한 문학 개량 운동은 근대의 중국 문학이 자신의 고유한 입장을 뛰어 넘어 고난에 찬 선택을 할 수밖에 없었던 그 진정한 발단이었다고 할 수 있습니다. 문학 개량 운동가들은 서구의 이질적인 문화 역량을 이용하여 중국의 낡고 폐쇄적인 문학 체계를 타도하고 당시 그들이 이상으로 생각하던 문학의 전당을 건설하기 시작하였습니다. 고전에서 현대로 나아가는 중국 문학의 전환도 이때부터 시작되었습니다. 5·4 문학 혁명은 문학 개량 운동의 기초 위에서 이루어진 더욱 심도 깊고도 전면적인 발전입니다.

한 가지 보충해야 할 것이 있습니다. 두 분께서는 모두 근대에 위대한 작가와 성숙된 작품이 나오지 않았다고 말씀하셨는데, 이 문제도 또 다른 각도에서 바라볼 수 있을 것 같습니다. 민족·정치·문화상의 총체적인 위기가 근대 문학의 역사적 배경입니다. 그 시대는 문학을 위해 조용하고도 발전된 문화적 분위기를 제공해줄 수 없었고 오히려 문학의 참여 의식을 극도로 고양시켜 주었습니다. 민족의 생존 위기가 중심 의제(議題)이던 시대에, 문학이 만약 자신의 심미 풍격의 완성도만을 추구하며 민족적 위기를 무시했다면 그것은 틀림없이 존재 가치와 지위를 잃어버렸을 것입니다. 따라서 당시의 문학은 끊임없이 자신을 조정하며 자신의 시대와 발걸음을 함께 하려고 하였습니다. 이것은 문학이 자각적으로 방향을 선택한 결과이며, 또한 근대시기에 사상적 내용이나 예술적 미감상에서 심도 깊고도 방대한 규모의 문학이 탄생할 수 없었던 원인의 하나입니다. 그러나 근대 문학에는 중화 민족이 겪은 온갖 굴욕과 그 굴욕 속에서 폭발한 유례없는 반제 구국의 열정이 반영되어 있을 뿐만 아니라, 중화 민족이 침중한 역사의 굴레를 벗어나기 위하여 벌였던 계몽과 반봉건 운동의 고난이 잘 반영되어 있습니다. 이러한 의미에서 우리는 중국 근대 문학이 함장하고 있는 문화적·역사적 가치가 문학의 자체적인 가치보다 훨씬 중요하다는 사실을 인정하지 않을 수 없습니다.

동시에 근대 문학의 변혁에는 또 급속성이라는 특징이 드러나고 있습니다. 당시의 문학은 조용한 심정이나 시간을 가지고 자신의 완성도를 높일 수 없었습니다. 새로운 문학 형태의 건립과 심미 풍격에 대한 자각이 모두 급속하고 조숙한 상태에 처해 있었던 것입니다. 급속하고도 동적인 시대적 리듬이 선진 사상을 받아들인 새로운 문학가들을 이끌어 끊임없이 시대의 전선으로 나서게 하였고 그 낙오자들을 떠밀어 시대의 배후로 뒤처지게 하였습니다. "오늘의 내가 어제의 나를 비판하는 것은 애석하지 않다."고 한 양계초의 이 한 마디 말이 당시 수많은 문학가들의 어쩔 수 없는 심정을 잘 개괄해주고 있습니다. 이러한 의미에서도 근대 문학가들이 펼쳤던 부지런한 노력과 적극적인 탐색은 모두 존중받을 만한 가치가 있고 또 우리가 주의해서 연구하고 천명(闡明)해야 할 만한 가치가 있습니다.

원 진 　방금 왕표 씨께서 특히 문학의 전파 방식 문제를 제기하셨는데, 저는 이 점에 대해서 좀 더 말씀드리고자 합니다. 이것은 실제로 사회 운행 메커니즘의 문제입니다. 일종의 사회 문화 변혁의 배후에는 흔히 경제적인 요소와 물질적인 생산 요인이 중요한 변화의 동인으로 작용합니다. 근대 문학도 바로 이와 같습니다. 가장 중요한 것은 바로 자본주의 상업화라는 운행 메커니즘이 문학의 통행을 주재한 것입니다.

고대의 서적도 상업화된 운영방식을 채택한 적이 있지만 그것은 아직도 수공업 위주의 소규모 단계에 불과해서 근대적 상업화와 함께 이야기할 수 없습니다. 자본주의의 산업 생산 방식과 상업화된 영업 방식의 결합은 간행물과 평장(平裝) 서적의 출판과 판매에 집중적으로 구현되었습니다. 간행물 및 평장 서적은 새로운 텍스트의 물질적 존재 방식인데, 외관상 전통적인 텍스트인 선장본(線裝本)과 다를 뿐 아니라, 용량이 방대하고 출판 속도가 신속하고 가격도 저렴한 특징을 갖고 있습니다. 이처럼 우세한 전파 방식으로 인하여 그 전파 범위도 선장본에 비해 훨씬 넓고도 멀리 퍼져나갈 수 있게 되었습니다. 자본주의 문학의 운행 메커니즘이 중국 근대 문학에 준 충격은 만청 소설의 번영에 전형적으로 드러나고 있습니다. 상무인서관(商務印書館)이 새로운 "지형(紙型)" 기술을 채택한 후 평장본 소설의 출판은 정말 우후죽순(雨後竹筍)처럼 많아지게 되었습니다. 기계식 대량 복제 기술도 소설 번영에 물질적인 조건을 제공해주었고, 여기에다 다수의 시민 계층과 "소설계 혁명론"의 영향을 받은 사대부들도 분분히 신소설의 독자가 되어 거대한 소설 시장을 형성하게 되었습니다. 문학 구국(救國) 사조와 소설에 원고료를 지급하는 제도는 다수의 작가들로 하여금 소설 창작의 길로 들어서게 촉진하였고 심지어 당시 사람들은 이러한 분위기를 다음과 같이 개탄하기도 하였습니다. "옛날 소설을 짓던 사람들은 회재불우(懷才不遇)한 심정을 밖으로 풀어낼 길이 없어서 소설을 빌어 스스로 즐기며 심기를 편안하게 유지하고자 하였다. 10년 혹은 수십 년의 공력을 들여가며 몇 차례나 다듬고 몇 차례나 첨삭한 후에도 명산에다 감추어 두고 감히 세상에 내놓으려고 하지 않았다. ≪수호전(水滸傳)≫과 ≪홍루몽(紅樓夢)≫ 같은 책도 이와 같았을 뿐이다. 지금은 그렇지 않다. 아침에 탈

고하여 저녁에 인쇄하므로 그 짧은 순간에 그 누구도 이미 그 내용에 상관할 수 없게 되었다. 대체로 집필을 시작할 때 그 판매 이익을 따져 보고, 책을 완성해서는 서점에 내다 팔아 수십 금이나 되는 돈을 벌 수 있게 되었다. 자신의 소원을 충족시키고 나면 출판된 책에 수많은 하자가 있다는 것을 분명하게 알아도 다시 수정하고 다듬을 기회를 갖기는 어렵다." 당시 출판된 소설의 질은 잠시 논외로 접어두고서라도 이러한 상업화가 당시 소설의 양적 확대에 대대적인 촉진 작용을 일으켰다는 점은 의심할 바 없습니다. 청말이라는 이 짧은 10여 년의 기간 동안 출판된 소설의 총수가 고대 전 왕조가 남겨 놓은 소설의 숫자에 근접해 있다는 사실 하나만 보더라도 자본주의적 문학 운행 메커니즘의 거대한 위력을 잘 알 수 있습니다. 바로 이때부터 소설이 시문(詩文)을 대신하여 점차 문학의 중심적인 지위를 얻어가기 시작하였습니다. 정기 간행물과 평장 서적은 문학 텍스트의 주요 존재 방식이 되어 문학은 이제 반드시 일반 백성들의 요구에 부합해야만 하게 되었습니다. 이에 따라 사대부들이 문학을 농단하던 국면에 변화가 일어나게 되어, 이제 전통 문화의 주요 계승자들인 사대부들이 이러한 변화에 적응하여 살아남거나 혹은 항거하여 쇠망의 길을 걸을 수밖에 없게 되었습니다. 문학 운행 메커니즘의 변화는 실제로 전체 근대 문학의 변혁에 영향을 주었습니다. 그러나 이 부문과 관련된 연구는 아직도 충분하게 이루어지지 못하고 있습니다.

왕 표　이러한 사회 운행 메커니즘의 변화는 실제로 중국 사회 근대화의 한 부문을 이루고 있습니다. 그럼 이번에는 세 번째의 중요한 문제를 언급하고자 합니다. 그것은 중국 근대 사회와 근대 역사를 어떻게 인식할 것인가의 문제입니다. 과거에 우리는 이 점에 대해 독립적인 연구와 탐색을 전혀 하지 않은 채 역사학계에서 내린 결론인 "두 단계 과정론(兩個過程論)"을 직접 수용하였습니다. "두 단계 과정론"이란 바로 당시 사회는 제국주의와 봉건주의가 결탁하여 중국을 반식민(半植民)·반봉건(半封建) 사회로 변화시키는 과정에 있었고, 또한 중국 인민들이 반제(反帝)·반봉건(反封建) 투쟁을 전개해 나가는 과정에 있었다는 것입니다. 이러한 견해는 기본적인 사실(史實)을 개괄한 것이기는 하지만, 주로 계급 투쟁적인 측면에 주안점을 둔 것이어서, 아직 사회 체재의 변화를 중시하지 않은 단점을 갖고 있고, 또 이러한 측면에만 중점을 두면 사회 체재의 변화를 개괄하기도 어렵습니다. 역사적 사실이 밝혀주는 바에 의하면, 자본주의는 중국을 반식민지의 상태로 만들어가는 동시에 문명과 단절된 중국의 쇄국 상태를 타파해주었습니다(마르크스의 말). 중국 인민들은 투쟁을 전개하는 동시에 근대화의 길을 탐색하기 시작하여, 세계 선진국을 모범으로 삼아 끊임없이 각종 사회 개조 방안과 신중국 건설 방안을 제출하였으며, 아울러 이를 성취하기 위해 분투하였습니다. 이 때문에 중국의 근대사는 일종의 쌍방향 운동의 전개 역사였습니다. 그 한 방향은 점차적으로 반식민화(半植民化)·반봉건화(半封建化) 되어 가는 과정이었고, 또 다른 한 방향은 점차적으로 근대화(近代化)를 향해 나아가는 과정이었습니다. 반제(反帝)·반봉건(反封建) 투쟁은 근대화의 동력으로 작용하는 동시에 자체적으로도 점차 근대화의 모습을 띠어 가기 시작하였습니다. 설령 실패한 투쟁들이라 하더라도 모두 상이한 부문에서 상이한 정도로 사회의 진보를 추진하게 해주었고 이에 따라 경제 생활과 사회 생활 그리고 정신 생활 부문에 모두 일련의 근대적 변혁이 발생하게 되었습니다.

중국 근대사의 쌍방향 운동이라는 이 특수성을 정확하게 인식하게 되면 근대에 있었던 고전 문학의 쇠미와 신문학 요인의 성장이라는 이 두 가지 실마리를 더욱 명확하게 인식할 수 있으며, 또 더욱 심도 깊고도 합리적으로 해석할 수 있습니다. 반식민화(半植民化)·반봉건화(半封建化)의 과정에서 청(淸) 나라 왕조는 계속 쇠락해가면서도 여전히 남은 숨을 헐떡이고 있었으며, 또한 한 번의 "중흥기"를 거치고 나서야 멸망의 길로 나아갔습니다. 이것은 여전히 전통 규범을 고수하던 문학이 장기적으로 계속 존속하다가 마침내 쇠미의 길로 나아간 외부 조건인데, 근대 문학에서 우리가 절대로 소홀히 취급할 수 없는 한 가닥의 실마리입니다. 중국을 근대화의 방향으로 발전하게 한 역사 운동도 문학의 근대화를 추동하였습니다. 그것은 사회체재의 근대적 변혁과 밀접한 관련을 맺고 있습니다. 예를 들어 문학의 전파 방식의 변혁은 근대적 인쇄·출판업의 발전 및 신문업의 탄생·발전으로 조성된 결과입니다. 해외시(海外詩)·해외 여행기(域外遊記)는 근대의 외교 제도가 성립된 후 생겨난 문학적 산물입니다. 그리고 교육 체재의 개혁과 과거 제도의 폐지는 직접적으로 청말 작가들의 구성 요건에 역사적인 변동이 있게 하였습니다. 특히 문화의 근대적 전환은 문학에 대해 더욱 깊은 영향을 끼쳤습니다. 세계 근대 문화의 진입으로 인하여 유가 사상을 핵심으로 하는 전통 문화의 가치가 이제 위기의 국면을 맞이하게 되었습니다. 초기에 있었던 과학 기술 문화의 전입이 비록 전통적인 "도(道)"의 지위를 아직 동요시킬 수는 없었지만 이미 작가의 문화적인 시야와 지식 구조 그리고 작품의 문화적인 품격을 부분적으로 변화시켰습니다. 19세기 말과 20세기 초에 있었던 자산계급의 사상 계몽 운동 과정에서 서구의 사회·정치·법률·경제에 관한 학설 및 철학·역사학·미학 이론·문학 저작들이 대량으로 소개되어, 새로운 사상의 물결이 마구 용솟음치는 장대한 경관이 나타나게 되었습니다. 이것이 바로 만청 문학계 혁명의 문화적 배경입니다. 이처럼 근대 문학 연구는 문학과 몇 차례 있었던 반제·반봉건 투쟁의 관계를 논술하는 데 그쳐서는 안 되며, 이제 더욱 드넓은 시각으로 경제·정치·외교·교육·문화 등 각 방면에서 있었던 사회 메커니즘의 유기적 근대화가 문학에 끼친 영향을 탐색해야 하고 아울러 그것이 문학 체계의 전형(轉型)과 어떤 관련을 맺고 있는지를 탐색해야 합니다. 이 부문도 기왕의 연구에서는 그 성과가 비교적 부족한 편입니다.

위에서 세 가지 문제를 언급했습니다만 실제로 이것은 근대 문학 연구관, 근대 문학사관, 근대 역사관과 관련되어 있습니다. 만약 이 세 가지 기본 문제를 바탕으로 토론과 논쟁을 전개하여 더욱 새롭고 확장된 그리고 더욱 심화된 인식을 얻을 수 있다면, 아마도 이른 시기 선배 학자들과 근년의 학자들이 이룩한 성과 위에서 더욱 새로운 경지를 개척할 수 있고, 이에 고전에서 현대로 나아가는 중국 문학의 전형(轉型) 과정 다시 말해 중국 문학 근대화 과정에 대한 탐색을 중심으로 하는 학술 체계를 건립할 수 있을 것입니다.

3. 실제에 대한 탐구와 새로운 분야의 개척

관애화　20세기에 있었던 근대 문학 연구는 이 학문 분야의 발전에 기초를 놓았습니다. 그러나 기존의 연구 성과를 근대 문학 자체의 풍부성 및 근대 문학이 함유하고 있는 역사적 의의와 비교해 보면 아직도 100분의 1의 성과에도 미치지 못하는 것 같습니다. 고전에서 현대로 나아가는 과도적 전형(轉型)에 대한 탐색만 가지고 말해보더라도 근대 문학은 확실히 아직도 우리의 개척을 기다리는 수많은 연구 영역을 갖고 있고 또 정밀화와 심화를 기다리는 수많은 이론 과제를 갖고 있습니다. 앞으로 더욱 많은 사람들이 개성적인 학술 사유에 진력하여, 이제까지의 한계를 돌파하고 또 새로운 분야를 개척하는 문제에 대해 더욱 성실한 사고를 해야 할 것 같습니다.

왕　표　이전의 한계를 돌파하고 새로운 분야를 개척하는 문제에 대해서 말하자면, 몇 년 전까지 새로운 영역과 새로운 시각 그리고 새로운 이론 등등에 대해 비교적 많은 논의가 있었는데, 근래 들어 그 논의의 열기와 회수가 좀 떨어진 것 같습니다. 하지만 저는 아직도 이 부분을 강조해야 된다고 앞에서 이미 언급한 바 있습니다. 기실 그 기점은 바로 실제에 대한 탐구입니다. 실제에 대한 정확한 탐구는 때로 이전의 한계에 대한 돌파로 이어질 수 있습니다. 근대 문학 연구 과정에서 오랫동안 "정론(定論)"으로 인정되어 왔던 많은 내용들이 여러 가지 원인으로 말미암아 기실 역사적인 사실과 부합하지 않는다는 사실이 밝혀졌습니다. 근래 몇 년간 명백한 극좌적 편향들은 이미 많은 사람들의 주목을 받으며 교정되었지만, 심층적인 측면에서의 영향은 아직도 제거되지 않고 있습니다. 그 중에는 몇 가지 중대한 문제도 포함되어 있습니다. 예를 들어 시계(詩界)·문계(文界)·소설계(小說界)의 혁명에 관하여 사람들이 오랫동안 견지하고 있었던 기본적인 인식은 다음과 같습니다. "① 그 성격이 개량적이지 '혁명적'이지 않다. ② 주요 참가자들은 개량파에 한정되어 있어서 혁명파가 흥기한 후에는 그 활동이 종료되었다. 따라서 '문학 개량 운동'과 '혁명 문학'을 두 시기로 나누어야 한다. ③ 비록 이 활동이 중요한 의미를 지니고 있지만 결국 실패하고 말았다."는 것입니다. 그러나 역사적 사실을 탐구해 보면 이 몇 가지 결론이 모두 정확하지 않다는 것을 알 수 있습니다. 시(詩)·문(文)·소설계(小說界)의 혁명(저는 통칭하여 "문학계 혁명"이라고 부릅니다)의 발동은 1899~1902에 있었던 일입니다. 그 때는 이미 무술변법이 실패하여 개량 운동의 고조기가 지나간 시기였습니다. 양계초는 변법 실패의 원인을 총괄한 후 "신민(新民)" 사상을 중심으로 하는 새로운 계몽 운동을 펼치고 있었습니다. 문학계 혁명은 바로 "한 나라의 백성을 새롭게 해야 한다(新一國之民)"는 인식에서 출발한 것이며, 양계초가 전개하고 있었던 사상 계몽 운동의 한 부분으로 제기된 것입니다. 그러므로 그 내용과 성격이 결코 개량주의 노선을 위한 봉사에만 국한되지 않습니다. 이 때문에 당시 수많은 호응자 중에는 이미 신진의 혁명 청년들이 상당수 포함되어 있었습니다. 소설계 혁명도 처음에는 정치 소설을 제창하는 것에서 그 발단을 열었습니다. 그러나 개량파 중에는 양계초가 ≪신중국미래기(新中國未來記)≫[60]를 쓴 것을 제외하고는 더 이상 정치 소설을 쓴 사람이 없습니다. 이와는 반대로 1903년에서 1904

년까지의 정치 소설은 모두 그 작가가 혁명파에 소속되어 있습니다. 정치 소설은 예술적으로는 성공하지 못했지만 소설계 혁명의 서막을 연 공적이 있습니다. 견책 소설도 대체로 같은 시기에 창작을 시작했지만 그러나 그 유파로서의 성립과 고조기는 이 시기 이후에 이루어졌습니다. 그럼에도 불구하고 대다수의 문학사에서는 개량파와 혁명파를 대립시키고, 개량 문학 시기와 혁명 문학 시기를 앞뒤로 분할하기 위하여 "개량주의 문학" 속에 견책 소설을 앞당겨 서술하면서도, 오히려 같은 시기에 지어진 ≪사자후(獅子吼)≫와 같은 작품은 뒷 부분인 "혁명 문학 시기"에 배치하여 서술하고 있습니다. 이에 마치 소설계 혁명이 단지 견책 소설만을 생산한 것처럼 되고 말았습니다. 소설계 혁명의 최초의 성과, 실제의 과정, 발전 논리 및 광범위한 영향은 모두 모호하게 처리되고 말았으며 심지어 그 본말이 전도되어 있기까지 합니다. 기실 문학 사상과 창작 경향에 있어서 개량파와 혁명파는 그 정치적인 노선에서처럼 그렇게 대립하지 않았습니다. 혁명파의 시문 이론은 대체로 양계초가 전개한 문학계 혁명론을 그대로 펼친 것이거나 좀 더 발전시킨 것입니다(어떤 혁명파 인사들은 몇 가지 부문에서 오히려 양계초보다 훨씬 보수적이었습니다). 이 두 입장은 대략 선후의 구별을 할 수는 있지만, 서로 교차되는 부분이 많고 또 앞뒤로 긴밀하게 맞물려 있습니다. 따라서 우리는 ≪중화 문학 통사(中華文學通史)≫의 근대권을 구상하고 저술하는 과정에서 이전과는 다른 세 가지 결론을 전체 저작의 구도를 고려하여 앞뒤로 상응하게 처리하

---

60) 양계초(梁啓超)의 ≪신중국미래기(新中國未來記)≫는 그 자신이 주편으로 있던 ≪신소설(新小說)≫에 1902년 연재되었다.

였습니다. 그것은 다음과 같습니다. ① 만청의 문학계 혁명은 구사상의 파괴(양계초의 말)를 요구하는 자산계급 사상 계몽 운동의 수요를 받아들였고, 아울러 문학계의 전면적인 변혁을 불러 일으켰다. 따라서 혁명성(문학적인 의미에서의 "혁명")을 구유하고 있다. ② 문학계 혁명은 개량파가 발동시켰지만, 개량파와 혁명파 및 기타 애국적인 문학가들이 공동으로 추진하였고, 또 혁명파가 계속해서 발전시킨 문학 변혁 운동이다. 이에 과거의 "개량 문학"과 "혁명 문학"이라는 두 시기의 구분을 취소하고 "19세기 말 20세기 초의 문학계 혁명"이라는 한 시기로 통합한다. ③ 이것이 미완성의 문학 혁명이라는 사실은 인정하지만 실패한 개량이라는 사실은 인정하지 않는다.

물론 이 문제에 대해서 더 많은 토론이 있기를 희망합니다. 몇 가지 예를 들어 설명해 보면 아마도 여전히 우리를 속박하는 부정확한 관념이 있을 것입니다. 예컨대 "개량파의 문학 혁명은 실질적으로 개량만을 할 수 있어서", "5·4에 이르러서야 비로소 진정한 문학 혁명이 있을 수 있었다" 등등과 같은 것이 그것입니다. "실사구시(實事求是), 사상해방(思想解放)"은 결코 정치적인 구호에만 그치는 것이 아니며 또한 20 년 동안 외쳤다고 진부한 언어로 전락되는 것이 아닙니다. 몇몇 단편적인 관념을 계속해서 돌파해야만 비로소 실제에 대한 과학적인 탐구 정신을 발양할 수 있으며, 실제에 대한 과학적인 탐구가 있어야만 학술적인 측면에서의 새로운 돌파가 있을 수 있을 것입니다. 이것은 일종의 변증법적인 관계인 것 같습니다. 그러나 직접 시도해보면 결코 쉽지 않은 일입니다.

원 진　확실히 근대 문학 연구계는 아직도 더 새로운 관념을 제기해야 하고 실제에 대한 과학적인 탐구 태도를 더 강조해야 합니다. 과거의 근대 문학 연구계는 줄곧 "반제(反帝)·반봉건(反封建)"이라는 정치적 표준만을 강조했습니다. 이 때문에 특히 암흑의 폭로를 통해 현실에 간여한 만청 소설이 중시를 받았습니다. 그리하여 만청 소설에 대한 연구는 바로 만청 소설이 어떻게 정치를 위해 봉사했는가를 연구하는 것이었습니다. 현재 이러한 상황은 많이 바뀌었지만 아직도 만청 소설을 지나치게 높게 평가하고 민초(民初) 소설을 지나치게 낮게 평가하는 경향 속에 여전히 그 악영향이 남아 있습니다. 사실 문학의 자체적인 특징에 관심을 가지고 살펴보면, 민초(民初) 소설이 만청 소설보다 훨씬 깊이가 있습니다. 사람들에게 가장 칭송을 받고 있는 만청 소설은 "사회 소설"인데 그것은 바로 노신이 언급한 바 있는 "견책 소설"입니다. 이러한 소설의 출발점은 바로 국민 여론에 근거한 감독 기능입니다. 이에 따라 마치 신문 기사처럼 수많은 악인(惡人)과 악사(惡事)를 나열하고 있습니다. 오견인(吳趼人, 1866~1910)은 포천소(包天笑, 1876~1973)에게 이러한 소설 창작의 경험을 전수하면서 "대량의 재료를 수집하여 그것을 하나로 꿰는 방법을 쓰시오"라고 충고하고 있습니다. 이 때문에 견책 소설에는 사람의 내심 세계를 표현한 작품이 매우 드뭅니다. 그러나 견책 소설의 작가들이 사람의 내면을 묘사할 때 그 능력을 발휘하지 못한 것은 결코 아닙니다. 오견인의 《한해(恨海)》[61]에는 인물의 마음 속 갈등과 고통을 표현한 단락이 있습니다. 그는 《한해》를 출판한 후 "우연히 작품을 읽다가 지

---

61) 오견인(吳趼人)의 《한해(恨海)》는 1906년 10월 광지서국(廣智書局)에서 출판되었다.

극히 슬픈 곳에 이르러 눈물을 흘리면서 당시에 어떻게 이 부분을 썼는지 모르겠다"라고 토로하기도 하였습니다. 그의 견책 소설에서는 이러한 묘사와 감동을 전혀 발견할 수 없습니다. 따라서 견책 소설 작품이 진정한 예술의 경지에 오르기란 사실 대단히 어려운 일이었습니다. 민초(民初) 소설은 견책 소설에서 언정(言情) 소설로 방향을 전환하였는데, 기왕의 연구자들은 이를 문학의 역류(逆流)로 인식하였습니다. 그러나 기실은 그렇지 않습니다. 추악한 사회상을 신문 기사식으로 연재하는 것에서 전환기의 자유 연애의 고통을 표현하는 것으로 방향 전환을 한 것은 일종의 진보이지 결코 퇴보가 아닙니다. 민초(民初) 언정 소설의 발단을 연 소만수의 ≪단홍영안기(斷鴻零雁記)≫[62]와 서침아(徐枕亞, 1889~1937)의 ≪옥리혼(玉梨魂)≫[63]은 각각 스님의 사랑 이야기와 과부의 사랑 이야기를 다룬 작품입니다. 이것은 모두 중국 소설사에서 출현한 적이 없던 제재이며, 또 모두 근대적 의의를 갖추고 있습니다. 더욱 중요한 것은 바로 중국 소설이 사람의 내면 세계를 표현하기 시작했다는 점입니다. 스님과 과부는 전통적인 봉건 도덕을 인정하면서도 애정에 대한 갈망을 억제하지 못하고 시종 진퇴양난의 곤경에 빠져서 어찌할 줄 모릅니다. 그들의 내면적인 갈등은 진정한 비극미로 승화되고 있습니다. 인간의 복잡성을 표현했다는 측면에서 이 민초(民

---

62) 소만수(蘇曼殊)의 ≪단홍영안기(斷鴻零雁記)≫는 1911년 ≪한문신보(漢文新報)≫의 부간에 연재하다가 이 신문이 정간되자 1912년부터는 상해(上海)의 ≪태평양보(太平洋報)≫에 연재를 계속하여 작품을 완료하였다.
63) 서침아(徐枕亞)의 ≪옥리혼(玉梨魂)≫은 본래 ≪민권보(民權報)≫에 연재되고 있었는데, 1914년에 마지천(馬志千)이 민권소출판부(民權素出版部)를 만들면서 이 소설을 단행본으로 출판하였다.

初） 소설들은 만청 소설보다 훨씬 뛰어날 뿐 아니라 몇몇 개념화에 빠진 초기 신문학 작품보다도 훨씬 뛰어납니다. 어떻게 실사구시적으로 민초 소설을 평가할 것인지, 또 사상적 잣대로 예술을 평가하던 단순화 경향을 어떻게 바로잡을 것인지에 대해서는 지금까지도 그 연구 결과가 매우 불충분하다고 하겠습니다.

관애화 연구를 심도 깊게 하기 위해서는 사료를 고증하고 정리하는 일이 매우 중요합니다. 이것도 실제에 대한 정확한 탐구의 한 부문입니다. 근대 문학은 그 역사가 그리 오래되지는 않았지만 새로운 문학 체재(정기 간행물과 출판업)의 발전이 신속하게 전개되어 그 상황이 아주 복잡하였고, 또 직업화된 작가와 비직업화된 작가 대오가 동시에 존재하는 등 여러 가지 혼란스러운 원인으로 인하여, 문학 사료의 수집과 정리가 대단히 어렵습니다. 정진탁은 30년대에 편선한 ≪만청문선(晚淸文選)≫에서 스스로 그 고충을 토로하면서 "아주 많은 노력과 인내심이 필요했다"라고 언급하고 있습니다. 80년대에 중국사회과학원 문학연구소는 상숙(常熟)에서 전국적인 근대 문학 사료 공작 회의를 개최하여 ≪근대 문학 연구자료 총서(近代文學硏究資料叢書)≫를 편찬하기로 확정한 적이 있습니다. 그러나 출판 문제와 같은 여러 가지 원인 때문에 몇 권을 내고는 더 이상 계속할 수 없었습니다. 하나의 학문 분야에 있어서 사료의 선별과 정리·고증 작업은 기본적인 업무에 속합니다. 근대 문학 연구 종사자들은 이 점에 대해 명확한 인식을 가져야 하며 또한 이 부문의 업무를 더욱 더 강화해야 합니다.

왕 표 조직적인 정리 작업 외에 구체적인 연구 과정에서도 다량의 사료를 정확하게 다룰 수 있어야 합니다. 도광(道光) 시기의 문학가인 심요(沈垚, 1798~1840)는 한학(漢學)의 말류를 비평하면서 "고증이 필요하지 않은 부분까지 고증을 한다"라고 한탄한 적이 있습니다. 이와는 상반되게도 지금 우리는 "반드시 고증해야 될 곳에서도 고증을 하지 않고 있습니다." 여기에서 말하는 "고증"은 사료의 사실 검증 작업과 문자의 훈고까지 포함하는 넓은 의미의 고증입니다. 우리가 지금까지 이 부문에서의 얻은 교훈은 다음과 같습니다. 즉 근대 작품의 문자적인 난도(難度)에 대해서 충분한 고려를 해야 한다는 것입니다. 근대로 진입하기 전에 중국에는 이미 엄청난 양의 문화적 축적이 이루어져 있었습니다. 이에 근대 작가들은 의식적이건 무의식적이건 간에 모두 "내력이 없는 글자는 한 글자도 쓰지 않을 수 있게 되었습니다." 게다가 시문(詩文)의 어휘들이 거의 상투적인 남용의 단계에 빠져들게 되어 생소한 벽자(僻字)나 어려운 전고(典故)를 쓰면서 그 한계를 벗어나고자 하는 작가들이 많아지게 되었습니다. 여기에다 서양으로부터 새로운 어휘나 번역어가 대량으로 쏟아져 들어와 아직도 규범화하지 않고 있었습니다. 이 세 가지 원인으로 말미암아 적지 않은 작품들은 그 독해의 어려움이 거의 선진(先秦) 시기와 맞먹을 정도입니다. 그러나 우리는 고대 문학 연구가들처럼 전인들이 이룩한 다량의 훈고와 주석을 참고할 수 없습니다. 따라서 조금만 경솔한 태도를 취하게 되면 알동말동한 상태에서 단지 문맥만을 이해하는 데 그치게 되므로, 이러한 상황 하에서 연구의 심도를 깊게 하기란 매우 어려운 일입니다. 예를 하나 들겠습니다. 공자진의 ＜문체잠(文體箴)＞에는 다음과 같은 구절이 있습니다. "하늘과 땅이 오래 전에 그 자리를 잡았다 해도, 마음속으로 자세히 생각해본 후에야 그러함을 인정한다. 마음속으로 자세히 살펴본 후에도 인정할 수 없다면 내가 어찌 오래 전에 자리 잡았다는 사실을 수긍할 수 있겠는가?(雖天地之久定位, 亦心審而後許其然. 苟心察而弗許, 我安能領彼久定之云)”·“하늘과 땅이 오래 전에 자리를 잡았다(天地之久定位)”가 무슨 뜻인지, 지금까지도 그 진정한 의미를 탐구한 사람이 많지 않습니다. 사실 이 말은 의미의 폭이 대단히 넓습니다. 이 말은 본래 ≪주역(周易)·계사(繫辭)≫편의 다음과 같은 구절에 연원을 두고 있습니다. “하늘은 높아지고 땅은 낮아져서 건곤(乾坤)의 위치가 정해졌다. 그리하여 존비(尊卑)가 펼쳐지고 귀천(貴賤)이 자리를 잡게 되었다(天尊地卑, 乾坤定矣. 卑高以陳, 貴賤位矣)” 후대의 유학자들은 바로 여기에서 “삼강(三綱) 오륜(五倫)”을 연역해 내었던 것입니다. 그러므로 공자진이 봉건 윤리의 “근원”에 대해 “마음속으로 자세히 살펴보고자 한” 것은 전통적인 통치 원리에 대한 도전으로 해석됩니다. 우리는 이제까지 이 구절을 잘 이해했다고 생각했지만, 기실은 글자에만 얽매어 “하늘은 위에 있고 땅은 아래에 있다(天在上地在下)”는 식으로 해석하는데 그치고 말았습니다. 이 때문에 공자진의 “심심론(心審論)”이 내포하고 있는 중대한 의미를 이해할 수 없었습니다. 몇몇 중요한 문제에 있어서는 의미를 명확하게 파악하지 못한 나머지 그 논평이 오류를 빚고 있거나 심지어 본말이 전도되어 있는 경우도 있습니다. ≪중국 문학 이론 비평사(中國文學理論批評史)≫에서는 공자진의 존정설(尊情說)을 설명하면서 “존정(尊情)은 사람을 향상시켜 광명으로 인도하는 것이지, 사람을 끌어내려 암흑으로 빠져들게 하는 것이 아니다.”라고 주장하였습니다.

이것은 완전히 이른바 "광명을 묘사할 것인가 아니면 암흑을 묘사할 것인가?"라고 하는 금인(今人)들의 "원칙"에 기대어 공자진의 존정설을 해석한 것입니다. 기실 이러한 입장은 "이끌어 향상시키면 도(道)이지만 아래로 끌어내리면 도(道)가 아니다(引而上爲道, 引而下非道)"라고 하는 성리학자들의 "이욕론(理欲論)"에 근본을 두고 있습니다. 따라서 공자진은 "나는 이욕론을 알고 있지만 존정설은 그 속박을 받지 않는다"라고 하여 이욕론에 대해 날카롭고도 대립적인 견해를 표명하고 있습니다. 이것이야 말로 진정한 존정(尊情)입니다. 앞에서 인용한 해석은 공자진이 부정한 관점을 오히려 공자진의 사상으로 인정하고 있을 뿐 아니라, 봉건주의적 오류를 포함하고 있는 이론까지 긍정하고 있습니다. 애석하게도 몇몇 논저나 심지어 문학사에서도 아직까지 이러한 잘못을 답습하고 있습니다. 근년 들어 몇몇 학자들이 흩어진 사료를 모으고, 또 그것을 고증·판별하면서 문자의 훈고와 해석까지 시도하는 등 많은 작업을 하고 있습니다. 저는 이에 대해 감사하고 탄복하는 마음을 갖고 있습니다. 그러나 일부 교점본(校點本)에서는 아직도 끊어 읽기조차 잘못 하는 등 수 많은 잘못이 발견되고 있습니다. 실제에 대한 정확한 탐구를 바탕으로 새로운 분야의 개척에 한 걸음 더 매진해야만, 연구의 참신함, 연구의 진정성·연구의 심도를 통일시킬 수 있을 것입니다. 아울러 이를 바탕으로 겉은 새롭고 화려하지만 기실은 진실한 깊이와 독창성이 결여되는 병폐에서 벗어날 수 있을 것입니다.

관애화 근대 문학 연구를 한층 더 심도 깊게 하기 위해서는 계속해서 개인별 연구를 중시해야 합니다. 개인별로 이루어지는 부분적인 연구가 심화됨으로써 전체적인 연구 수준이 향상될 수 있습니다.

또한 개인별 연구와 부분 연구가 심화되면 여기에서 한 걸음 더 나아가 각종 현상간의 연계성도 파악할 수 있을 것입니다. 예를 들어 고대의 잡문학(雜文學) 개념으로부터 소위 "순문학(純文學)" 관념으로의 전환 현상을 언급할 때, 사람들은 흔히 청말 서학(西學)이 전입된 후 왕국유 등이 주장한 이론에 비교적 많은 주의를 기울입니다. 실제로 왕국유는 1909년을 전후하여 다음과 같은 의견을 개진하였습니다. "지식이나 이치를 논리로써 표현할 수 없어서 다만 정감으로만 표현하는 것, 그리고 현실에서는 해법을 구할 수 없어서 상상 속에서 문제의 해법을 찾는 것 등은 문학 분야에서는 흔히 있는 일이다."(≪국학총간·서(國學叢刊序)≫)[64] 이러한 인식은 잡문학 체계에 대한 부정과 초월을 분명하게 보여주는 것이며, 이후 중국에서 문학관의 현대화를 알려주는 뚜렷한 표지가 되었습니다. 그러나 인간의 정감과 상상이라는 특질을 표현하는 데 문학의 중점을 두어야 한다는 근대적 인식은 기실 처음에는 개념적으로 혼란한 상태였지만 점차 가면 갈수록 그 인식이 명료하게 되었습니다. 이러한 변화는 한편으로 서구 문학관의 전입과 그 영향에 연원을 둔 것이지만, 다른 한편으로는 중국의 전통적인 학술 형태가 소리 없는 변화 속에서 재조합을 이룬 필연적인 결과입니다. 그러나 후자의 원인은 항상 연구자들에 의해 소홀하게 취급되었습니다. 전통적인 학술 형태가 조용하게 변화를 일으키면서 재조합

---

64) 이 글은 1911년에 지어졌고 나중에 ≪관당별집(觀堂別集)≫ 권4에 수록되었다.

되는 조짐은 동성파(桐城派)의 변화 과정에서 그 중요한 점을 엿볼 수 있습니다. 방포(方苞, 1668~1749)는 "학문과 행동은 정자(程子)와 주자(朱子)를 본받고, 문장은 한유(韓愈, 768~824)와 구양수(歐陽修, 1007~1072)를 본받는다(學行程朱, 文章韓歐)"는 두 가지 표준을 세워 자신의 행위 지침으로 삼았습니다. 요내(姚鼐, 1731~1815)에 이르러서는 비록 의리(義理)·고증(考證)·문장(文章)을 모두 잘 하기 위하여 많은 노력을 기울였지만, 결국 사장지학(辭章之學)이라는 보루만을 고수할 수 있을 뿐이었습니다. 따라서 요내의 제자들은 학행(學行)과 문장(文章)을 함께 잘 하여야 한다는 방포의 기준이 "이것에 신경 쓰다 저것을 잃어버리는" 곤경을 초래한다고 풍자하였습니다. 증국번(曾國藩, 1811~1872)은 "사장(辭章)을 튼튼한 수레로 삼아 위대한 공적을 거기에 실어 오래 오래 전해지게 해야 한다"고 공언했지만, 만년의 논문을 보면 문장과 의리 중 하나만을 선택할 수 있을 뿐 두 가지를 함께 잘 하기가 어렵다고 생각하고 있습니다. 증국번은 다음과 같이 토로하였습니다. "의리(義理)를 잘 밝히려면 ≪경학리굴(經學理窟)≫ 및 각종 어록체 문장을 본받아야 한다. 문장 짓는 법을 배우려면 낡은 폐습을 쓸어 내고 그 텅 빈 땅에 새롭게 서서 이전까지 자신이 업으로 삼았던 것들을 애초에 없었던 것처럼 깨끗이 털어버려야 한다. 그렇게 하면 비로소 또 다른 문장의 경지가 열릴 것이다(欲發明義理, 則當法≪經學理窟≫及各語錄札記. 欲學爲文, 則當掃蕩一副舊習, 赤地新立, 將前此所業, 蕩然若失其有, 乃始別有一番文境)." 오여륜(吳汝綸, 1840~1903)도 "도(道)와 경(經)을 이야기하면서 문장을 아름답게 짓기가 쉽지 않다(說道說經不易成佳文)"고 탄식하고 있습니다. 고문(古文)을 경학(經學)과 이학(理學)의 소굴로부터 탈출시켜야 한다는 것이 후기 동성파 작가들의 공통된 인식이었습니다. 고문의 독립적인 지위에 대한 동성파의 자각과 문학의 특수성에 대한 왕국유의 인지는 결국 출발점은 달랐지만 귀결점은 같았다고 말할 수 있을 것 같습니다. 전통의 연변(演變)과 서학(西學)의 전파는 근대 문학의 변혁을 함께 추진하였습니다.

이와 동시에 총체적인 연구에도 주목해야 합니다. 중국 문학은 고전에서 현대로 변화해 가는 과정에서 시종 고(古)와 금(今), 중(中)과 서(西), 심미(審美)와 치용(致用), 구속(求俗)과 변아(變雅)라는 이 네 가지 제한적인 요소의 대립에 직면해야 했습니다. 고금(古今)과 중서(中西)의 모순 앞에서 근대 문학가들은 이지와 정감 중에서 어느 것을 선택할 것인가 하는 매우 어려운 곤경에 빠져 있었습니다. 그들은 근대 문학이 민족문화의 우수한 전통을 어떻게 계승하고 발양할 것인지를 연구해야 했고, 동시에 다른 나라에서 새로운 문학적 자양분을 어떻게 얻어올 것인지에 대해서도 고민해야 했습니다. 그리고 광범위하게 이루어지고 있던 사상 교류 속에서 어떻게 낡은 것을 버리고 새 것을 받아들일 것인지? 아울러 시문(詩文)을 정통으로 여기며 문언문을 주요한 표현 방식을 삼던 전통적인 잡문학 체계의 기초 위에서 정감을 위주로 하는 새로운 문학의 틀과 새로운 문학의 범주, 새로운 문학의 표현 방식, 새로운 문학 언어를 어떻게 건설할 것인지도 탐색해야 했습니다. 고(古)와 금(今), 중(中)과 서(西)라는 사상의 실마리를 따라 가면 그 시대의 문학 혁신자와 창조자들이 겪어야 했던 정신적인 역정과 정신적인 풍모를 엿볼 수 있을 것입니다.

원　진　이 네 가지 모순은 서로 다른 시각을 반영하고 있습니다. 역사
라는 종적인 시각에서 바라보면 그것은 고(古)에서 금(今)으로
변화하는 과정이며, 세계라는 횡적인 시각에서 바라보면 서학
(西學)의 영향을 중국이 수용하는 과정입니다. 그리고 사회문화
라는 층차에서 살펴보면 사대부 중심의 아문화(雅文化)와 보통
시민 중심의 속문화(俗文化)가 대립하는 과정입니다. 따라서 이
것은 전체 사회 문화가 전방위적이고 입체적으로 변화하면서
조성된 결과입니다.

적지 않은 문학사가들은 중국 현대문학이 외국으로부터 이식
된 것이라고 인식하고 있습니다. 신문학가들도 자신들의 창작
이 외국 문학을 학습한 결과라고 인식하였고, 중국 문학을 연
구하는 해외의 학자들도 5 · 4 이후 중국 문학에 불연속적인
단층이 출현하였다고 인식하고 있습니다. 그러나 사정은 이와
상당히 다릅니다. 서구 문학이라는 시각에서 바라보면 신문학
작가들의 창작에는 민족적인 색채가 풍부하고, 그것이 중국 문
화 전통과 밀접한 관계를 가지고 있는 것으로 인식됩니다. 그
럼 중국 문학이 언제부터, 어떻게 또 어느 정도로 외국문학의
영향을 받아들였는지? 왜 몇 몇 외국 문학은 선택하면서 또 다
른 외국 문학은 선택하지 않았는지? 서구의 영향은 어떻게 중
국의 문화와 결합할 수 있었는지? 중국의 독자들은 또 어떻게
그 서구화된 작가들을 받아들였는지? 와 같은 문제에 대답하기
위해서는 반드시 근대 문학의 자취를 추적해보아야 합니다. 이러
한 문제들도 근대 문학 연구계가 깊이 연구해야 할 과제입니다.

왕　표　일반적으로 근대 문학이 고(古)와 금(今)의 모순에 직면해 있었
다고 말하곤 하는데, 물론 이것은 틀린 말이 아닙니다. 하지만

모든 조대(朝代)마다 문학가들은 모두 고(古)와 금(今)의 문제를 토론하였습니다. 따라서 근대시기에 문학가들이 직면하였던 고(古)와 금(今)의 모순 및 그 운행 방식이 앞 시대와 어떻게 구별되는지도 연구해야 합니다. 고대 문학의 발전은 기본적으로 통변(通變)의[65] 방식을 취하고 있습니다. 그것은 ≪문심조룡(文心雕龍)≫에서 말한 바와 같이, "옛 것을 참조하여 창작방법을 정하는데(參古定法)", "문학 체재의 명칭과 짓는 이치가 서로 불가분의 관련을 맺고 있어서(名理相因)", "각 문학 체재마다 변하지 않는 일정한 체식(體式)이 있다(有常之體)"는 것입니다. 이러한 전제 하에서 "현재의 상황을 관찰하여 새로운 변화를 추구하고"(望今制奇), 또 "새로운 작품들로부터 새로운 창작 방법을 길어낸다(酌于新聲)"고 하였습니다. 근대에는 두 가지의 변화 형태를 보이는데, 그것은 바로 신변(新變 : 과거에 없던 새로운 변화가 나타나는 것)과 쇠변(衰變 : 전통적인 흐름이 쇠미해진 뒤, 거기에서 일정한 변화가 생겨나는 것)이라는 두 가지 조류(潮流)입니다. 이 두 가지 형태는 각 단계마다 스스로 변화를 거듭하면서, 상이한 특징을 드러내고 있습니다.

"신변(新變)"의 흐름 속에서 문학가들은 "기존의 정해진 체재(有常之體)"에서 벗어나려고 많은 노력을 기울였지만, 동시에 강대한 흡인력을 가진 고대 문학의 견제와 구속을 받아야 했습니다. 고(古)와 금(今)의 모순은 바로 이 부분에 집중적으로 표현되

---

65) 통변(通變)의 통(通)은 대체로 전통의 계승과 문학발전 규율에 대한 인지를 말하며 변(變)은 과거를 혁신하고 새로운 것을 창조하는 것을 말한다. ≪주역·계사전(周易·繫辭傳)≫에서는 '窮則變, 變則通, 通則久.'라고 하였다. 이때의 통(通)은 대체로 막다른 골목이 뚫려 통행할 수 있다는 원뜻을 가진다. 여기에서 그 의미가 확대되어 새로운 상황에 맞게 새로운 변화가 일어나서 그것이 전체 사회에 통용된다는 뜻으로 발전되었다.

어 있습니다. 이렇게 발생한 새로운 변화(新變)는 점차 발전하여 마침내 각 부문별로 정도는 조금씩 다르지만 전통적인 규범을 타파하면서 새로운 문학의 요소를 창조하였습니다. "기존의 정해진 체재(有常之體)"는 시간이 흐를수록 점점 쇠약해지기는 했지만, 근대 문학가들은 5·4 이전까지도 휘황찬란한 고대 문학에 대한 미련에서 벗어나지 못하였고, 또 고전 문학의 형식적 외피를 끝내 돌파하지도 못하였습니다. 이런 모습에서도 근대 문학가들이 고(古)와 금(今)의 모순적인 상황 속에서 얼마나 어렵게 전진하고 있었는지 잘 알 수 있습니다. 이 부문에 있어서는 개인적인 연구가 이미 상당히 많이 축적되어 있습니다. 그러나 아직도 세밀한 분석과 사적(史的) 비교 그리고 발전 흐름에 대한 명료한 서술이 부족합니다.

쇠변(衰變)의 흐름에 대한 연구는 여전히 부족합니다. 근래 들어 과거에 단순하게 부정되었던 유파에 대한 연구 논저가 계속 증가하고 있습니다. 그러나 적지 않은 논문들은 아직도 모방식 번안(飜案) 문장에 불과합니다. 번안식 문장의 근거로는 이러한 작가들도 경세(經世)에 주의하면서 당시의 시사 문제를 언급하였기 때문에 "응당 한 좌석을 주어 대접해야 한다"는 것입니다. 좌석이나 좌석의 차례에 관한 논쟁이 전혀 불필요한 것은 아니지만, 그것이 근대 작가들에게는 그다지 중요한 의미를 가지지 않습니다. 중요한 점은 이들 작가들의 처지와 심경을 느끼고 이해하는 것입니다. 이들 전통에 편중된 작가들도 고(古)와 금(今)의 모순이라는 곤경에 처해 있었지만, 그들은 단지 "도통(道統)"과 "시교(詩敎)"의 범위 내에서만 자아를 조정하여 그 생명을 연장하려 하였고, 또 옛 것에 대한 학습을 통하여 문단과 시단의 쇠락을 만회하려고 하였습니다. 그러나 결과적으로 변화가 주류를 이룬 상황에서 그 쇠락을 돌이킬 수는 없었습니다. 요내의 제자 매증량(梅曾亮, 1786~1856)은 "시대에 따라 변화해야 한다(因時而變)"고 하였지만, 오여륜의 제자 하도(賀濤, 1859~1912)는 "시대의 흐름에 흔들리지 말아야 한다(不爲時所搖)"고 하였습니다. 이어서 "대아가 침몰했다(大雅淪歇)"는 증국번의 심각한 탄식으로부터 "시가 쇠락했다(詩衰)"는 역순정(易順鼎, 1858~1920)의 인식과 "소아(小雅)가 없어졌으니 시가 멸망할 날도 멀지 않았다(小雅廢而詩亡也不遠)"는 진연(陳衍, 1858~1936)의 최후의 비탄에 이르기까지 그들은 몸부림치며 노력했지만 결국 어쩔 수 없이 역사의 뒷편으로 사라지고 말았습니다. 그러나 여기에서 우리는 그들이 몸부림친 궤적을 살펴볼 수 있습니다. 그 사이의 기복(起伏)과 곡절(曲折), 외부 요인과 내부 요인은 모두 대대적으로 탐구할 만한 가치가 있습니다.

이 두 가지 흐름은 처음에는 분화하여 서로 스며들기도 하였지만 시간이 흐를수록 상이한 방향으로 발전하여 마침내 서로 대립하게 되었고 그 지위도 끝내 주종의 위치가 바뀌게 되었습니다. 이것은 중국 문학 근대화 과정의 서로 다른 단계를 나타내 주는 것입니다. 만약 이 두 가지 형태와 두 가지 흐름의 형성과 교차 그리고 충돌과 자리바꿈 및 각 단계별 특징을 정확하게 서술할 수 있다면 그럼 그것은 실제로 중국 문학 근대화의 궤적과 역정을 남김없이 드러내는 것이 될 것입니다. 이것이 금후 근대 문학 연구가 지향해야 할 주된 방향입니다.

원 진　고(古)와 금(今)의 모순은 중외(中外) 문화의 충돌과 밀접하게 관련되어 있습니다. 중국이 근대에 서학(西學)을 받아들인 일을 탐구하려면 선교사의 입국에까지 거슬러 올라가야 합니다. 그들은 과학 지식을 포함한 서학(西學)을 가장 일찍 중국에 소개하였습니다. 문혁(文革) 이후에 서구 선교사에 대한 연구가 끊임없이 심화되기는 하였지만, 근대 문학 연구계에는 아직도 선교사 문제에 대한 주의가 매우 부족합니다. 왜냐하면 그들은 중국인이 아니고 그들의 활동도 중국 문학의 범위에 속하지 않기 때문입니다. 그러나 기실 서구 선교사들이 중국어로 쓴 작품은 중국 근대 문학에 대단히 중요한 영향을 끼쳤습니다. 당시에 선교사들은 문학 관념, 문학 언어, 문학 체재, 문학의 전파 방식 등을 모두 다루었습니다. 이들의 영향은 매우 컸기 때문에, 우리가 중국 문학의 근대 변혁을 설명하려 할 때, 선교사의 활동을 배제한다면 절대로 전면적인 서술을 할 수 없습니다. 예를 들어 보겠습니다. 1815년에서 19세기 말까지 선교사들은 중국에서 다량의 정기 간행물을 창간하여 그들 스스로 문장을 짓거나 중국 문인들과 합작으로 많은 문장을 썼습니다. 이 문장들은 전고를 거의 사용하지 않았고 전통적인 문장 규범에 구속을 받지 않았으며, 신식 표점을 운용하면서 새로운 명사를 다량으로 쓰고 있습니다. 호적(好適)이 지은 <문학개량추의(文學改良芻議)>의 "팔불주의(八不主義)"와 비교해 보면, 선교사들의 문장에서 보이는 문학 개량이 이후 중국 문장의 발전 방향을 대표하고 있다는 것을 어렵지 않게 알아차릴 수 있습니다. 중국 문장의 개혁은 실제로 선교사의 문장 → 신문기사식 문장(報章體) → 양계초의 "신민체(新民體)" → 현대 백화문으로 발전하는 과정을 거쳤습니다. 근대 최초의 중국어 정기 간행물도 서구 선교사가 창간하였습니다. 새로운 전파 매체로서의 이들 정기 간행물은 문학을 대규모 산업과 자본주의 상업의 영업 범위 속으로 편입시켰고 그 대중화를 촉진시켰습니다. 또 우리는 지금까지 양계초가 소설의 변혁을 시작했다고 알고 있습니다. 그러나 기실은 그보다 이른 시기인 1895년 6월 영국 선교사 프라이어(John Fryer, 1839~1928, 중국명 傅蘭雅)가 ≪만국공보(萬國公報)≫에 "시대 상황을 반영한 신소설을 구한다(求著時新小說)"는 광고를 게재하였는데,66) 이것이 바로 신소설 운동의 전주곡이라고 할 수 있습니다. 양계초는 이 광고를 보고 그 영향을 받았습니다. 과거에 우리는 흔히 근대 문학의 "문학 구국론(文學救國論)"을 "문예 재도(文藝載道)"의 전통으로 귀결시키곤 했습니다. 그러나 기실 전적으로 그렇다고 할 수는 없습니다. 중국에서는 역사적으로 여러 차례 왕조가 강남으로 망명하기도 하고 국가가 위기에 처하기도 하였지만, 그 때마다 "문학 구국론"이 발생했던 것은 아닙니다. "문학 구국"의 사상과 소설을 교과서로 간주하던 관념은 실제로 선교사에게서 그 발단을 찾아볼 수 있습니다. 미국 선교사 알렌(Young John Allen, 1836~1907, 중국명 林樂知)은 ≪문학흥국책(文學興國策)≫67)에서 "스페인 같은 큰 나라도 문학이 흥하지 못했기 때문에 쇠락하게 되었고, 프러시아 같은 작은 나라도 문학을 진흥했기 때문에 부강하게 되었다"라고 지적하였습니다. 당시 신교(新敎)의 윤리적 자본주의 정신도 선교의 지도 사상으로 간주되고 있었습니다. "무릇 문학이 대중들에게 유익한 까닭은 사람들로 하여금 자신의 집과 나라의 부

---

66) 이 광고는 제목이 <구저신소설계(求著時新小說啓)>이고 1895년 6월 ≪만국공보(萬國公報)≫에 게재되었다.

67) 임락지(林樂知)의 ≪문학흥국책(文學興國策)≫은 일본인의 원저(原著)를 번역한 것인데, 1896년 4월 광학회(廣學會)에서 출판되었다.

(富)를 부지런히 추구할 수 있게 해주기 때문이다", "문학은 상업 활동에 유익하며", "인간의 지식을 확충시켜줄 수 있고, 인간의 사고를 다듬어 줄 수도 있다". 이러한 언급에서도 알 수 있는 바와 같이, 문학이 상업 통신과 각종 경제 활동의 "교과서"나 "설명서" 역할을 할 수 있다고 인식하였습니다. 만청(晚淸) 시기 소설을 제창한 사상가들은 거의 모두 이 "교과서"론에 입각하여 소설을 바라보고 있었습니다. 심지어 이백원(李伯元, 1867~1906)조차도 ≪관장현형기(官場現形記)≫를 창작할 때, 이 책이 관리들에게 읽힐 수 있는 "교과서"가 되려면 "후반부를 불살라 버려야 한다"고 언급하였습니다. 고대의 교과서인 ≪삼자경(三字經)≫ 등과 같은 어린이용 학습서는 작가가 이 책을 문학 작품으로 쓰지 않았습니다. 또 다른 예로 "시경(詩經)"이나 두보의 시(杜詩) 그리고 한유의 문장(韓文) 등은 후세 사람들이 교과서로 사용하였지만, 작가들은 당초에 이것들을 교과서로 창작하지 않았습니다. 문학을 교과서로 간주하고자 하는 자각 의식은 만청 시기 특유의 현상인데, 그 중에서 우리는 분명히 선교사들의 영향을 찾아볼 수 있습니다.

왕 표 근대 시기 중국과 외국 문화에 대한 인식은 청말 이래로 오랫동안 오해의 영역으로 남아 있었습니다. 즉 동·서양 문화 중에서 어느 것이 우수하고 어느 것이 열등한가라는 논쟁에 오랫동안 함몰되어 있었던 것이 그것입니다. 실제로는 근대 시기 중국과 서구 문화의 모순은 지역이나 민족의 차이에 중점이 놓여 있지 않습니다. 그 모순의 본질은 주로 이미 쇠락을 향해 치닫던 중국 고대의 봉건 문화와 세계를 앞에서 리드하던 서구 근대 자산 계급 문화의 시대적인 충돌에 놓여 있었습니다. 이 때문에 근대의 중외(中外) 관계는 고대의 그것과 확연히 다릅니다. 외국 문화와의 교섭은 일반적으로 전통적인 본위(本位) 문화를 바탕으로 외래 문화를 차감·흡수하여 자신을 더욱 풍부하게 합니다. 그러나 근대 시기에는 세계적인 근대 문화를 선택적으로 수용하여 자신의 전통 문화를 비판적으로 개조하였으며, 아울러 창조적인 전환을 통해 새로운 민족 문화를 건립하였습니다. 서구 문학의 전입은 비교적 늦었지만, 서구 문화의 영향은 절대로 늦은 편이 아니었습니다. 원진 씨가 선교사의 활동에까지 거슬러 올라 간 것은 상당히 독창적인 견해입니다. 과거에 우리는 이 부문을 연구의 공백 상태로 남겨 놓고 있었습니다.

한 가지 보충해야 할 것이 있습니다. 근대의 중국인들은 서학(西學)을 수용할 때 두 가지 통로를 거쳤습니다. 그 한 가지는 선교사를 포함한 외국인들이 중국으로 가지고 들어온 것이고, 다른 한 가지는 중국인들이 직접 출국하여 근대 세계와 접촉한 경우입니다. 이 중 후자의 경우는 우리가 거의 주의를 기울이지 못했습니다. 종숙하(鍾叔河) 선생은 ≪세계를 향하여(走向世界)≫ 총서를 주편(主編)하면서 해외 여행기를 다량으로 발굴하였습니다. 이것은 그야말로 중국 문학사상 여행기 문학(遊記文學)의 신천지라고 할 수 있을 정도입니다. 뿐만 아니라 같은 종류의 수많은 저작들이 아직 정리조차 되지 못하고 있습니다. 예컨대 가장 이른 것으로는 외국인을 수행하여 출국한 "수행자 여행기"가 있고, 그 다음에는 다량의 "외교관 여행기"가 있습니다. 무술변법 후에는 강유위·양계초 등의 "망명자 여행기"가 나왔고, 1905년을 전후해서는 "시찰단 여행기"가 나왔으며, 또

20세기 초에는 다량의 "유학생 여행기" 등등이 쏟아져 나왔습니다. 이러한 해외 여행기에는 그 한 세대 한 세대 중국인들이 근대 세계와 접촉하면서 얻은 지식·이상·관념·정감 변화의 흔적이 남아 있어서, 중국인의 정신적·심리적 근대화의 역정을 잘 살펴볼 수 있습니다. 그러나 지금까지도 이러한 자료를 충분하게 이용하지도 연구하지도 못했습니다. 특히 서구의 문학 이론이나 그것과 관련된 개념·용어들은 거의 모두 유학생들이 가장 먼저 수용하여 번역해낸 것들입니다. 그러나 그 연원이나 전입 경로, 또 어떻게 선택되어 어떻게 오독되고 어떻게 개조되었는지와 같은 문제는 대부분 아직 분명하게 밝혀지지 않았습니다. 예를 들어 서념자(徐念慈, 1874~1908)는 1907년에 쓴 문장에서 이미 헤겔(Georg Wilhelm Friedrich Hegel, 1770~1831)과 키르히만(Julius Heinrich von Kirchmann, 1802~1884)의 미학 이론을 인용하고 있는데, 그가 어떤 책을 통해 독일 미학을 이해했는지? 그가 인용한 부분은 그 본래의 연원 또는 원본과 얼마나 차이가 있는지? 그리고 장태염은 1902년 이전에 이미 ≪영국문학사(英國文學史)≫·≪그리스 로마 문학사(希臘羅馬文學史)≫·≪종교병리학(宗敎病理學)≫ 등의 책을 읽었는데, 이들 책은 어떤 것인지? 또 그가 쓴 <문학설례(文學說例)>에 얼마만큼의 영향을 주었는지? 아울러 주작인은 일찍이 헌트(Hunt)의 문학 이론에 큰 영향을 받았다고 하는데, 이 헌트(Hunt)가 어느 곳 사람인지? 이러한 것들은 모두 일차 자료를 바탕으로 탐색에 착수하고, 개별 연구로부터 분석을 시작해야 좋은 결과를 얻을 수 있습니다. 이것은 장차 근대 문학 연구의 새로운 분야를 개척하는 데 있어서 중요한 부분을 차지할 것입니다.

관애화　문학의 치용과 심미도 근대 문학의 진전 과정에서 우리가 소홀히 취급할 수 없는 모순 관계를 형성했습니다. 이전 어느 시대의 문학도 근대처럼 거대한 열정과 자각심을 가지고 각 부문별로 그 시대의 발전 과정에 참여한 적은 없었습니다. 또한 근대 이전의 어느 시대도 문학의 사회 공리 작용을 그처럼 높고 광활한 영역으로 끌어올리지는 못하였습니다. 결함이 없을 수 없는 이 같은 공리주의적 논리는 그러나 문학의 지위를 향상시키고, 문학 내지 사회문화의 변혁을 촉진하는 측면에서 일정 정도 긍정적인 작용을 하였습니다. 이것은 당시의 시대적 배경 하에서는 그 합리성과 필연성을 가지고 있었습니다. 그러나 공리주의는 흔히 문학의 심미적 품격을 약화시키거나 심지어 희생시키기까지 합니다. 마찬가지로 문학의 지나친 공리주의는 자기 자신의 가치도 상실한 뒤 문학의 심각한 결함이나 심지어 문학의 위기를 초래하기도 합니다. 문학의 치용과 심미라는 이 두 가지 명제의 이율배반성이 근대 문학의 내재적 모순을 구성하고 있으며, 또한 지금까지도 여전히 우리가 깊이 생각해보아야 할 안타까운 측면을 남겨 놓고 있습니다.

다른 한편으로는 국가와 민족의 생존과 진보가 근대 문학가들의 정감의 범위와 심미 체계를 총체적으로 제약하였습니다. 그들의 체험, 그들의 감각, 그들의 상상, 그들의 창조는 어느 것 할 것 없이 모두 정치·사상·문화의 혁신이 가져온 거대한 영향에서 벗어날 수 없었습니다. 구체적인 작가와 한 유파의 풍격에 대한 고찰에서 벗어나 거시적으로 조망해보면, 근대 문학의 주도적인 풍격과 심미적 풍모가 비통하고 우울한 경지로부터 격앙되고 조급한 경지로 나아갔다가 마침내 명랑하고 낙관적인 경지로 발전된 사실을 발견할 수 있습니다. 아편전쟁과 양무운동(洋務運動) 시기에 중국의 대지에는 "미증유의 변화"가 발생하여 그 한 시대 시인들의 감정을 격동시켰습니다. 역사의 성쇠(盛衰)에 수반된 엄청난 변화, 민족적 치욕이 불러일으킨 울분의 정서, 혼란 극복의 방법을 찾을 수 없어서 야기된 초조한 감정 등이 그들의 작품에 비분과 실의가 교차되도록 하였으며, 격앙되고 처절한 색조가 함께 녹아들도록 하였습니다. 그리하여 이들의 작품은 총체적으로 침울하면서도 다소 처량한 아름다움을 드러내고 있습니다. 무술변법과 신해혁명 시기에 유신파와 혁명파 지식인들은 문학을 구국과 계몽의 북과 나팔로 삼아 앞서 나가는 사람들에게는 힘을 주고 깊은 잠에 빠진 사람들에게는 각성제의 역할을 할 수 있게 해 주었습니다. 그들은 전통 문화와 이질 문화의 충돌 앞에서 낡은 것을 버리고 새 것을 추구하는 드넓은 흉금을 보여주고 있습니다. 그들의 창작에는 엄숙한 현실감과 숭고한 영웅심이 충만되어 있고 또 민족 부활에 대한 자신감이 흘러 넘치고 있으며, 고양된 정서와 굳센 풍도가 문자 밖으로 드러나고 있습니다. 이것은 색조는 단색이지만 역량은 풍부한 아름다움입니다. 신해혁명 후에 있었던 봉건 왕조의 전복은 봉건 문화에 대한 회고의 정서와 그 멸망에 대한 슬프고도 괴로운 감정을 촉발시켰습니다. 그들은 비통하게 오열하는 감상적인 기조로써 망국의 심정과 고향 상실의 감개(感慨)를 서술하였습니다. 그러나 이것은 아주 짧은 삽입곡에 불과하였습니다. 5 · 4 시기의 청년들은 새로운 생활의 부름에 응하여 삶의 가치와 생명의 활기참을 표현하였으며, 아울러 개성적인 색채가 농후하고 풍부하고 다채로운 풍격을 갖춘 작품을 창작하였습니다. 그리하여 그들은 유신 시기와 혁명 시기의 작품들이 드러내던 단일한 정치적 주제와 비장하고 숭고한 풍격을 밀어내고 명랑하고 낙관적인 색채의 작품을 창작하였습니다. 이것은 청춘의 숨결이 찬란하게 넘실대는 아름다움입니다. 심미적 풍격이라는 측면에서 근대 문학을 파악하고자 하는 것은 기왕의 연구에서는 소홀하게 취급되었지만 그러나 아주 의미 깊은 시각이라고 할 수 있습니다.

원 진 근대 문학에서의 아속(雅俗) 관계도 고대의 그것과는 다릅니다. 가장 크게 다른 점은 바로 근대 문학의 통속화가 문학 운행 메커니즘의 근대화를 배경으로 하고 있다는 점입니다. 사대부들은 작품을 창작할 때 수많은 법도와 규율을 지킵니다. 그러나 정기 간행물과 소설 시장에 뛰어든 작가들은 이와 다릅니다. 그들은 국민을 독자로 삼고 있기 때문에 더 이상 사대부들의 작문 규범에 집착할 필요가 없습니다. 따라서 비교적 자유롭게 자신의 사상과 감정을 표현할 수 있을 뿐만 아니라 보통 독자들의 문화 수준에도 적절하게 대응해야 했습니다. 이 때문에 그들의 창작이 통속화의 길로 나아간 것은 거의 필연적이라고 할 수 있습니다. 소설이 문학 장르의 핵심을 차지하게 된 것은 바로 문학의 통속화가 중요한 표지 역할을 하고 있습니다.

관애화 근대 문학은 시종 "구속(求俗)"68)과 "변아(變雅)"69)라는 발전 노선을 따라 진행되었습니다. 한 편으로 문학가들은 소설과 희곡을 문학의 최상승의 위치로 밀어올린 후 언문일치를 주장하면서, "나의 손이 나의 입을 따라 쓴다(我手寫我口)"는 구호를 제창

---

68) "구속(求俗)"은 일관되게 통속화를 추구하는 것이다.
69) "변아(變雅)"는 전아한 풍격의 고전문학을 변화시켜 시대적 수요에 맞추는 것.

하였고, 다른 한편으로는 언문일치를 몸소 실천하는 가운데, "때때로 속어와 운어(韻語) 및 외국 어법을 섞어 넣은" 신문체(新文體)를 사용하여, 쉽고도 분명하며 순조롭고도 전아한 신시(新詩)·백화문(白話文)·백화소설(白話小說)을 창작하였습니다. 이처럼 아속(雅俗)이 서로 스며들고 자리를 바꾸면서 문체 해방이 이루어졌고 언어가 크게 발전하였습니다. 해방된 문체와 발전된 언어가 신문학의 바탕이 되었습니다.

원 진 또한 중국 근대 문학을 연구할 때 우리는 응당 다른 국가와의 비교 연구에도 주의해야 합니다. 공업화와 상업화는 전지구적으로 관철되어 왔습니다. 이러한 과정 속에서 각국의 문화와 문학도 각각 자기 고유의 독특한 근대화의 길을 거쳤습니다. 다른 국가의 문학과 비교 연구를 진행하지 않으면 중국 문학 근대화 과정의 독특한 면모를 살펴볼 수 없습니다. 예컨대 세계 각국은 대부분 소설을 천시하던 태도에서 소설을 문학의 중심에다 올려놓는 과정을 겪었습니다. 그러나 주요 자본주의 국가의 경우에는 소설을 문학의 전당에 진입시키게 된 계기가 상류 사회의 구성원들이 점차 소설의 예술성을 인정했기 때문입니다. 아시아 국가의 경우는 이와 다릅니다. 일본과 중국은 모두 먼저 소설의 교육 작용을 강조했습니다. 소설이 먼저 정치에 접근하여 정통적인 문학관과 자신을 동일화한 후 다시 문학의 전당으로 진입하였던 것입니다. 일본에서는 명치유신의 촉진 하에서 그 정치적인 도구 역할을 하던 정치소설이 다량으로 창작되었습니다. 이 소설의 작가는 대부분 소설가가 아니고 정치가·선전가들이었습니다. 그들은 소설에 의지하여 자신의 정치적 이상을 선전하고 인민들을 교육하였습니다. 우리가 어렵지 않게 발견할 수 있는 바와 같이, 그 일단의 시기에 있었던 중국 소설의 근대 변혁도 거의 일본을 그대로 따라 배웠습니다. 양계초 등은 바로 일본의 경험에서 계발을 받아 우선적으로 정치 소설을 제창했던 것입니다. 그러나 중국과 일본은 소설 변혁에 있어서 서로 다른 점을 보여주고 있습니다. 일본의 정치 소설은 겨우 2년 동안 출판되었는데, 정치 소설의 물결이 아직 흥성하기도 전에 평내소요(坪內逍遙)가 ≪소설신수(小說神髓)≫[70]를 발표하였습니다. 그는 정치 소설과 권선징악류의 공리주의 소설을 비판하였고, 또 오락소설의 지나친 유희성도 비판하였습니다. 이를 바탕으로 그는 문학 자체의 독립적인 가치를 강조하면서 소설이 창작 방법상에서 세태와 인정을 모방해야 한다고 주장하였습니다. 2년 뒤 이엽정사미(二葉亭四迷)의 ≪부운(浮雲)≫[71]이 출판되었습니다. 이 작품은 심도 깊고도 세밀한 심리묘사·언문(言文)이 일치된 새로운 구어(口語)의 사용 및 인생에 대한 독특하고도 깊이 있는 관조 등의 요소로 인하여 엄격한 의미에서의 일본의 첫 근대소설이 되었습니다. 중국에서 이와 유사한 소설이 출판된 것은 일본보다 훨씬 늦습니다. 이러한 상이함은 탐구할 만한 가치가 있습니다. 그것은 실제로 문학의 근대화 과정에서 중일 양국이 전통과 서구에 대해서 취한 서로 다른 취사선택의 특징을 보여주고 있습니다. 일본에서는 근대 문학의 기점이 빠르고 높았으며 이후 문학의 발전도 중국에 비해 빨랐습니다. 또 중국에서는 근대시기에 인문주의 정신이 부족했기 때문에, 뒷날 인생을 표현하려던 문학가들이 각 방면으

---

70) 평내소요(坪內逍遙)의 ≪소설신수(小說神髓)≫는 송월당(松月堂)에서 1885년 출판되었다.
71) 이엽정사미(二葉亭四迷)의 ≪부운(浮雲)≫은 금항당(金港堂)에서 1887년 출판되었다.

왕 표

로부터 간섭을 받으며 줄곧 어려운 지경에 처하기도 했습니다. 저는 이러한 의견에 찬성할 뿐만 아니라 이제 그 시야를 좀 더 넓히고자 합니다. 오랫동안 우리는 근대 문학을 언급할 때 항상 유럽 문학만을 참고 체계로 삼으면서 세계 근대 문학에 단지 하나의 유형만 있는 것처럼 생각해 왔습니다. 진실로 서구 사회가 맨 처음 근대로 진입한 후 그 근대 문화를 전 세계로 확장했기 때문에 17세기 이후 200~300년 동안 전 세계가 자본주의 근대 문명의 영향을 받았습니다. 물론 문학도 여기에 포함됩니다. 그러나 각국마다 지역과 역사, 민족과 문화의 배경이 다르기 때문에 문학 근대화의 역정도 완전히 일치하지 않습니다. 예를 들어 라틴 아메리카의 경우는 기본적으로 유럽에 근원을 둔 이식 문학이라고 할 수 있지만 문학 발전 과정에서 "자신의 목소리"를 요구하게 되었고, 이에 토착 문화의 힘을 빌어 유럽과 대항하게 되었습니다. 아프리카 문학의 근대화는 비교적 늦어서 20세기 초에야 비로소 시작되었습니다. 중국과 비슷한 나라는 인도·이집트·아랍계 국가들 다시 말하자면 이른바 동방 지역의 국가들입니다. 이들 나라는 모두 고로(古老)하고 유구한 역사 속에서 자족적인 체계를 갖춘 전통 문학을 보유하고 있었지만 모두 쇠락의 길을 걷고 있었습니다. 또 이들 나라는 모두 앞서거니 뒤서거니 식민지와 반식민지의 상황으로 빠져들었을 뿐만 아니라, 대체로 동일한 투쟁 단계를 겪었습니다. 그리고 이들 나라는 모두 서구 문화를 수용함과 동시에, 그 서구 근대 문화를 어떻게 민족 전통 문화와 결합시켜서 본 민족의 신문화와 신문학을 건설(개조와 재건)할 것인지의 문제에 직면해 있었습니다. 그러므로 각국마다 자기 고유의 특징을 가지는 것은 당연한 일이겠습니다. 비교를 통해 우리는 단일한 참고 체계가 갖는 단순한 사유 모델을 타파하고, 중국 문학 근대화가 갖고 있는 독특한 노선을 연구하는 데 많은 도움을 받을 수 있을 것입니다. 이 과제는 그 난도가 더욱 크기 때문에 앞으로의 연구 성과에 더 큰 희망을 걸어야 할 것 같습니다.

원 진   토지가 이처럼 비옥한 데도, 아직도 광대한 처녀지가 연구자들의 개간을 기다리고 있습니다. 연구자들이 부지런히 땀방울을 쏟아 붇기만 하면 틀림없이 풍성한 수확을 거둘 수 있을 것입니다.

제 10 장

중국 고대 문론 연구의 민족성(民族性)과 현대 전환 문제

| 진백해(陳伯海) · 황림(黃霖) · 조욱(曹旭) |

조　욱(曹旭, 상해사범대학(上海師範大學) 교수, 연구생부(研究生部) 부장(部長))
두 분 선생님을 환영합니다. ≪문학유산(文學遺産)≫ 편집부에서
우리 세 사람이 함께 금세기 고대 문론 연구(古代文論研究)의 정
황에 대하여 간단하게 회고하고 아울러 이 학문 분야의 다음
한 세기 발전 가능성을 한 번 전망해 보도록 부탁하였습니다.
오늘 제가 임시로 주인 역할을 맡았기에 먼저 적당히 말을 꺼
내려고 하니, 두 분 선배님의 가르침을 부탁드립니다.

20세기에 출현된 신학문 분야로 간주되는 중국 고대 문론 연
구는 금세기 초기에 고대 문학과 문학 이론 연구 중에서 분화
되어 나왔으며, 지금에 이르러 이 학문 분야는 이미 큰 성과를
거두었으니, 이는 매우 기뻐할 만한 일이라 하겠습니다. 회고

해 보건대, 제 생각에 우선적으로 당면하게 되는 문제는 금세기 고대 문론 연구의 역사를 어떻게 구분하는가 하는 점입니다. 이 문제에 대하여 저는 3단계설에 찬동합니다. 즉 5·4에서 1949년까지의 제1단계, 1949년에서 문화 대혁명이 마무리되기 전후인 1976년까지의 제2단계, 이 후부터 지금까지의 제3단계가 그러합니다. 이러한 구분은 주로 상술한 3단계가 의식 형태·문화 관념과 철학 사상적 배경에 있어 큰 차이를 보이고 있음에 근거하니, 이로 인하여 이 3단계의 연구 방법 또한 서로 다른 모습을 드러내고 있습니다. 대체적으로 말하면, 제1단계는 동점(東漸)한 서학(西學)이 전통과 충돌하고 중국의 사상 문화가 격렬하게 변화한 시기에 놓여 있습니다. 이는 하나의 분열 시기인 까닭에 많은 부분이 무(無)에서 유(有)를 창조하였고, 중국 문학 비평사 또한 하나의 독립된 학문 분야로 간주되어 건립되었습니다. 제2·제3단계 역시 의식 형태에 커다란 변화를 초래한 시기였으니, 이러한 3단계 사이에는 죄었다 늦췄다 하는 나선형식 발전 곡선을 나타내고 있습니다. 그 기간에 서로 다른 사상 문화적 배경과 연구 인원의 조성은 연구의 특징 및 연구 성과의 성질을 결정지었을 뿐 아니라 연구 방법의 차이까지도 결정지었습니다.

제1단계의 실적으로 진수이(陳受頤)의 ≪문학비평발단(文學批評發端)≫(1910)·요평(廖平)의 <논'시서'(論詩序)>(1913) 등과 같은 단편적인 글 외에는 주로 '비평사(批評史)'에 대한 연구가 이루어졌습니다. 주요 저작으로는 진종범(陳鍾凡)의 ≪중국문학비평사(中國文學批評史)≫[1](1927)·방효악(方孝岳)의 ≪중국문학비평(中國文學批評)≫[2](1934)·곽소우(郭紹虞)의 ≪중국문학비평사(中國文學批評

史)≫3)(1934) · 주동윤(朱東潤)의 ≪중국문학비평사대강(中國文學批評史大綱)≫4)(1944)과 나근택(羅根澤)의 ≪중국문학비평사(中國文學批評史)≫5) 등이 있습니다. 이러한 연구는 거의 대부분 신문화 운동의 추동하에 서구의 이론관념을 참고로 하여 새롭게 중국 문학과 고대 문론의 성과를 평가한 것입니다. 그것의 주요 방면은 '사(史)'적 연구에 치중되어 있습니다. 제2단계는 마르크스주의의 입장과 관점 그리고 방법을 지침으로 삼아 민족특색을 갖춘 문예이론을 정립하고 비판적으로 고대문예이론을 계승할 것을 제기하였습니다. 그러나 총체적으로 말하자면 결코 결합이 제대로 이루어지지 않았지요. 제3단계의 발전에 대해서는 우리들이 비교적 상세히 알고 있으니, 그 주요 특징은 연구시야의 확대와 연구각도 및 방법의 다원화였습니다. 이는 연구 방법상 일련의 변화를 가져왔으니, 첫째, 전통적 사회학 외에도 철학 · 종교 · 미학의 시각에서 연구토론이 진행되었습니다. 그 가운데 창작을 심미의 과정으로 간주하여 노장(老莊) · 선종(禪宗)이 중국 고대 문학 이론과 미학과의 '접점(接點)'을 찾아내는 연구가 일시 성행하더니, 이택후(李澤厚)의 ≪미의 역정(美的歷程)≫6)과 같은 저작이 출판되었습니다. 다른 측면으로는 우리의 관심 밖에 있던 수십 년 간의 각종 서구 이론사조, 이를테면 구조주

---

1) 진종범(陳鍾凡), ≪중국문학비평사(中國文學批評史)≫(대북 : 명우출판사(鳴宇出版社), 1979).

2) 방효악(方孝岳), ≪중국문학비평(中國文學批評)≫(≪중국문학팔론(中國文學八論)≫ : 7)(대북 : 청류출판사(淸流出版社), 1976년).

3) 곽소우(郭紹虞), ≪중국문학비평사(中國文學批評史)≫(상해 : 상해고적출판사, 1979).

4) 주동윤(朱東潤), ≪중국문학비평사대강(中國文學批評史大綱)≫(상해 : 개명서점(開明書局), 1947).

5) 나근택(羅根澤), ≪중국문학비평사(中國文學批評史)≫(상해 : 상해고적출판사, 1984).

6) 이택후(李澤厚), ≪미의 역정(美的歷程)≫(북경 : 중국사회과학출판사, 1984). 이 책은 우리말로 번역되어 있다. 윤수영(尹壽榮), ≪미의 역정≫(서울 : 동문선, 1991).

의·신비평·수용미학·해석학, 심지어 본래 자연 과학 분야에 속해 있던 계통론·정보 이론·인간 기계론 등도 고대 문론 연구의 신식 무기가 되었습니다. 둘째, 거시적 연구의 제창입니다. 거시적 연구는 그 자체적으로도 하나의 발전 과정을 가지고 있습니다. 즉, 처음에는 방법론에서 미시적 연구와 대립 관계를 형성하더니 차츰 거시적 연구와 미시적 연구가 상호 융합의 상태에 이르게 되었지요. 이러한 제창과 발전은 일대(一代) 학풍(學風)에 커다란 영향을 끼쳤습니다. 셋째, 연구 중심의 전이입니다. 금세기 초기의 '비평사'에 대한 연구에서 비교 시학 연구(比較詩學硏究)까지 고대 문학 이론 내부의 체계·개념·범주·방법론에 대한 연구로 옮겨가게 되었습니다. 최근 세기말에는 또한 '고대 문론(文論)의 현대 전환' 문제가 일어나더군요. 사람들은 더욱 고대 문론과 현대의 관계에 관심을 가지게 되었으니, 현재 고대 문론을 어떻게 해석할 것인가? 현대를 가지고 고인을 다시 주조해낼 것인가? 그렇지 않으면 "옛 것으로 옛 것을 해석할(以古釋古)" 것인가? 중국 특색을 갖춘 문학 이론을 건립하는 발판은 어디에 있는가? 라는 토론들은 틀림없이 금세기 문론 연구의 제3단계에서부터 곧장 21세기까지 계속될 것입니다.

황 림(黃霖, 복단대학(復旦大學) 교수)   조(曹) 선생께서 방금 시간적으로 단계를 구분하였는데, 이러한 구분은 비교적 통용되는 방법입니다. 다른 하나의 사고의 맥락으로서, 우리는 몇 가지 다른 각도에서부터 이러한 문제를 고려해도 괜찮을 것 같습니다. 이를테면 첫 번째 방법으로서, 고대 문론 연구에 대한 인식의 자각성으로부터 살펴보면 대략 3단계로 나눌 수 있을 것입니다.

제1단계는 금세기 초에서 5·4 전후까지로서 "중국 문학 비평사" 분야의 연구로 말하자면 아직 자각하지 않은 단계입니다. 제2단계는 5·4 전후에서 60년대까지로서 자각적으로 중국 문학 비평사를 하나의 학문 분야 혹은 학문으로 간주하여 연구한 단계입니다. 제3단계는 60년대에서 지금까지로서 비평사에 대한 연구를 자각적으로 당대(當代) 중국 특색을 갖춘 문학 이론과 결합하기 시작한 단계입니다.

이 시점에서 간단하게나마 전통적 중국 문학 비평 연구의 정황에 대해 회고해 볼 필요가 있을 것 같습니다. 얼마 전에 중산대학(中山大學)의 오승학(吳承學)·팽옥평(彭玉平) 교수가 쓴 <고전 형태의 시문평 연구에서 현대 형태의 비평사까지(從古典形態的詩文評研究到現代形態的批評史)>란 글을 읽은 적이 있는데, 많은 계발을 받았습니다. 이로 말미암아 '중국 문학 비평사'에 대한 중국 고대의 연구는 실제로 아직 다방면에서 반영되고 있음을 생각하게 되었습니다. 많은 목록 저작 중의 제요 부분이 물론 중국 시문학 비평에 대한 연구와 관련되어 있지만 이 외에도 다음의 몇 가지 상황이 있습니다. 첫째, 적지 않은 '시문평(詩文評)' 저작은 그 자체가 곧 '시문평'에 관한 연구이니, 이를테면 풍반(馮班)의 ≪엄씨규류(嚴氏糾謬)≫가 바로 ≪창랑시화(滄浪詩話)≫를 전문적으로 논의한 것과 같으며, 이 밖에 ≪문심조룡(文心雕龍)≫·≪문사통의(文史通義)≫ 및 약간의 시화(詩話)·문화(文話)·사화(詞話) 중에도 적지 않은 내용이 들어 있습니다. 둘째, 문집 중의 단편 문장과 관련 서발류 및 약간의 필기잡저(筆記雜著) 중의 기록입니다. 셋째, ≪문심조룡(文心雕龍)≫·≪시품(詩品)≫·≪이십사시품(二十四詩品)≫·≪창랑시화(滄浪詩話)≫와 같은 전문 저작에 관련된 교(校)・주(注)・전(箋)・석(釋) 등의 작품입니다. 넷째, 평점(評點)으로, 이를테면 양신(楊愼)・종성(鍾惺)・기균(紀昀)・황숙림(黃叔琳) 등 많은 사람들이 ≪문심조룡(文心雕龍)≫에 대하여 평점한 적이 있으니, 이러한 평점 가운데 어떤 것은 문장학(文章學)의 각도에서 시작하였고, 어떤 것은 문론사(文論史)의 관점에서 착안하기도 하였습니다. 고대 '시문평' 연구에 종사한 모든 사람들 중 기균(紀昀)은 확실히 가장 비평사적 안목을 지닌 채 가장 탁월한 성취를 남긴 사람이지요. 이 점은 비단 ≪사고전서 총목제요(四庫全書總目提要)≫에서 확인될 뿐 아니라 또한 그는 ≪문심조룡(文心雕龍)≫・≪사통(史通)≫ 등의 저작에 대해서도 평점한 적이 있으며, 심지어 그가 제출한 약간의 회시(會試) 책문(策問)도 결국 모두 문학 비평사와 문학사의 제목이었으니, 몇몇 거자(擧子)들을 어안이 벙벙하게 만들어 버린 꼴이었지요. 이러한 정황은 20세기 초기까지 유지되었으니, 예를 들면 이상(李詳)의 ≪문심조룡 황주보정(文心雕龍黃注補正)≫7)・요평(廖平)의 <논시서(論詩序)> 및 유사배(劉師培)와 황간(黃侃)이 북경대학에 ≪문심조룡(文心雕龍)≫ 과정(課程)을 개설하고 관련 논문을 발표한 등은 모두 전통 방법을 따른 것으로서, 그들이 실제로 이미 문학 비평사의 문제를 다루기는 하였지만 결코 자각하지는 못하였습니다.

5・4 이후 <중국의 문학 비평가(中國的文學批評家)>・<중국 문학을 비평하는 방법(批評中國文學的方法)>(1922)・<중국 문학 비평(中

---

7) 위의 책은 아마도 유협(劉勰) 저・황숙림(黃叔琳) 주(注)・이상(李詳) 보주(補注)・양조명(楊照明) 교주습유(校注拾遺), ≪문심조룡 교주(文心雕龍校注)≫(상해 : 중화서국, 1959 ; 1961 제2차 인쇄)를 가리키는 듯하다.

國文學批評)>(1924) 등의 논문이 계속해서 발표되었고, 1927년 진종범(陳鍾凡)이 쓴 ≪중국문학비평사(中國文學批評史)≫의 출판은 사람들이 '중국 문학 비평'이라는 개념에 대해 이미 분명하게 알고 있음을 보여주었습니다. 이 학문 분야가 이미 확립되고 관련 전문 저작 또한 계속 출판되었으니, 학술계는 고대 문론 연구가 중국 문학 연구의 중요한 학문 분야라는 사실을 공인하게 되었습니다. 그러나 사람들은 왜 이 분야의 학문을 연구해야 하는지에 대해 결코 깊이 있는 검토를 하지 않은 채 대체적으로 서구의 방법을 답습하여 그들이 이 분야의 학문을 가지고 있으니 우리도 반드시 건립해야 한다고 여겼으니, 연구의 태도와 방법은 주로 '고대를 해석하는(詮釋古代)' 기반에서 건립되었습니다. 그러나 '현대를 건설하는(建設現代)' 것이 무슨 의의가 있는지에 대해서는 아직 진지하게 생각해보지 못했습니다. 60년대 초에 이르자 문예 이론상 더 이상 소련의 방식만을 쫓아갈 수 없다는 사실을 깨닫게 되었습니다. 그래서 중국 작풍(作風)과 중국 기개를 지닌 문예이론을 건립해야 한다고 강조하게 되었지요. ≪문예보(文藝報)≫ 등의 간행물은 전문적인 저술을 조직하였고, 인민출판사로부터 새로 교점(校點)한 중국 고대 문론 총서(中國古代文論叢書)가 출판되었으며, 1949년 이전의 몇몇 중요한 비평사 저작들이 재판되었으니, 중국 역사상 문학 비평사의 연구가 60년대 초반처럼 그렇게 활발한 적은 없었다고 할 수 있습니다. 제 생각으로, 이러한 열기의 의의는 단지 비평사에 대한 중시에만 국한되는 것이 아니라 더욱 깊은 뜻이 있으니, 즉 이로 말미암아 연구자들로 하여금 중국 문학 비평사를 연구하는 목적이 단순히 과거를 명료하게 알기 위함이 아니라 더욱 중요한 것은 당대(當代) 중국민족 특색을 갖춘 문학 이론을 세우기 위한 때문임을 분명하게 깨우쳐 주었다는 사실입니다. 당연히 사람들은 또한 여기에는 직접·간접의 구분이 있음을 인식하게 되었습니다. 그러나 설령 간접적으로 종사한다고 하더라도 마음 깊은 곳에서는 이것이 궁극적으로 현실에 효과가 있게 하기 위한 것임을 분명히 알게 되었습니다. 그러나 최근 또한 두 가지 문제에 직면하게 되었으니, 하나는 자유·독립적인 '개인성(個人性) 연구'를 강조하고 현실적인 '사회성(社會性) 연구'에 종사하는 것에 반대하는 부류가 있어서 중국 문학 비평사에 대한 연구가 "옛것은 지금을 위해서 쓰여야 하는(古爲今用)" 지에 대해 질의한다는 것입니다. 다른 하나의 문제는 '화어(話語) 전환(轉換)'의 임무를 제시하는 부류가 있으니, 이는 실제로 우리의 이론이 '소련화' → '민족화' → '서구화'로 걷도록 건설되어야 한다고 주장하는 것입니다.

다시 예를 들면, 관점과 방법으로써 구분하면 우선 '전통적'과 '현대적'이라는 두 시기로 구분해야 할 것입니다. 이른바 '전통적' 시기란 20세기 초를 가리킵니다. 이 시기는 주로 경사관(經史觀) 주도 아래의 전통 문학관과 문헌학적 방법이 서로 결합된 연구기입니다. 이상(李詳)·유사배(劉師培)·황간(黃侃) 등의 관점 및 방법과 기균(紀昀)·황숙림(黃叔琳) 등의 연구는 하나의 범위 내에 있었으니, 왕국유(王國維)의 ≪홍루몽 평론(紅樓夢評論)≫처럼 서구의 새로운 관점과 방법을 가지고 소설을 연구하는 것과 같이 '시문평'을 연구한 작품은 나오지 않았습니다. 5·4 이후에야 고대 문론에 대한 연구의 관점과 방법이 비로소 하나의 새로운 '현대기'로 접어들게 되었지요. 이 시기는 또한 3단계로 나눌 수 있으니, 제1단계는 5·4에서 1949년까지입니다. 이 단계는 전통의 기초 위에서 광범하고도 자유롭게 서구 문학 관점과 역사 연구 방법을 흡수한 뒤에 일종의 중서교융(中西交融)·백화제방(百花齊放)의 형태를 드러내었습니다. 마르크스주의가 하나의 사상으로 간주되어 중국 문학사 연구방면에서 이미 주도적 태세를 드러내고 있기는 하였지만 비평사 연구 영역 내에서는 상당히 박약한 실정이었습니다. 제2단계는 1949년에서 문화 대혁명까지입니다. 이 단계는 유물주의 관점과 방법의 통치 지위를 확립하였습니다. 사료의 정리와 해석은 말할 것도 없고 이론 분석 방면에도 어느 정도의 성취를 얻게 되었지요. 그러나 부적절하게 계급론을 강조하고 정치를 위해 복무해야 한다는 방해 하에 또한 많은 병폐를 낳게 되었습니다. 제3단계는 문화 대혁명 이후부터 현재까지입니다. 이 시기의 특징은 새롭고도 광범하게 중외고금(中外古今)의 이론 관점과 사유 방식 및 연구 방법을 거울로 삼았으며, 이로 말미암아 새로운 활기를 띠게 되었다는 점입니다.

중국 문학 비평'사(史)'의 연구 각도로부터 나누어보면 또한 3단계로 구분할 수 있습니다. 제1단계는 금세기 초부터 진종범(陳鍾凡)의 ≪중국문학비평사(中國文學批評史)≫가 출판되기까지이며, 이는 "사(史)"에 대한 연구가 불분명하고 자각하지 못한 시기였지요. 중국 고대의 ≪사고전서총목제요(四庫全書總目提要)≫와 같은 작품은 지금 보아도 '사(史)'적 의미를 지니고 있다고 말할 수 있습니다. 그러나 결코 엄격하고도 그 의의를 자각한 학술사는 아니며, 일반적으로 행해진 것은 모두 사례 연구이지 사적(史的) 연구는 아닙니다. 제2단계는 1927년부터 1946년 부경

생(傅庚生) 선생의 ≪중국문학비평통론(中國文學批評通論)≫8)이 출판
되기까지입니다. 이 시기 연구자들은 이미 분명하게 중국 문학
비평'사'를 쓴다는 관점에서 연구하였으니, 연구자들이 설령
'비평사'를 쓰지 않고 개별 작가의 작품에 대하여 연구하였다
고 하더라도 또한 자각하였던 그렇지 않든 전체 '비평사'라는
긴 사슬 안에서 관심을 두었습니다. 이 단계에서는 또한 몇몇
횡적인 연구가 나타났으니, 논문으로 <중국문학비평사에서의
'신(神)'과 '기(氣)'(中國文學批評史上之'神'與'氣')> · <선진 유가의 시
론(先秦儒家之詩論)> 등은 혹 한두 개의 범주에서 촉발되기도 하
고, 혹 한 집단의 비평가들에 의해 착안되기도 하며, 혹 하나의
문제에서 고찰되기도 하였는데, 모두 '사(史)'의 종적 통시성 연
구와는 같지 않으니, 횡적 공시성을 띤 연구가 이루어지기 시
작하였던 것입니다. 그러나 전체적으로 말하면 아직 성과가 형
성되지 않았다고 할 수 있지요. 제3단계는 1946년 부경생 선
생의 ≪중국문학비평통론≫이 출판되면서부터 시작되는데, 횡
적 연구의 새로운 국면으로 접어들었음을 보여주고 있습니다.
이 단계 중에는 비록 종적 연구가 아직 쇠퇴하지는 않았지만
횡적 연구가 점차 중시를 받게 되었지요. 특히 근년에 ≪중국
문학의 미학 정신(中國文學之美學精神)≫9) · ≪중국 고대 미학 범주
(中國古代美學範疇)≫10) · ≪중국 시학 체계 비교(中國詩學體系比較)≫11) ·

---

8) 부경생(傅庚生), ≪중국문학비평통론(中國文學批評通論)≫(상해 : 상무인서관, 1947). 부경
    생(傅庚生), ≪중국문학비평통론(中國文學批評通論)≫(대북 : 화정서국(華正書局), 1975).
9) 섭태평(葉太平), ≪중국 문학의 미학 정신(中國文學之美學精神)≫(대북 : 수우출판사(水牛出
    版社), 1998).
10) 증조음(曾祖蔭), ≪중국 고대 미학 범주(中國古代美學範疇)≫(대북 : 단청출판사(丹靑出版
    社), 1987). 증조음(曾祖蔭), ≪중국 고대 문예미학 범주(中國古代文藝美學範疇)≫(대북 :
    문진출판사(文津出版社), 1987).

≪중국 고대 문학 원리(中國古代文學原理)≫12) 등의 논저가 계속 출판되었는데, 사람들은 횡적 연구에 대하여 차츰 중시하게 되었습니다. 횡적 연구의 과정 중에서 사람들은 또한 서구의 관점과 체계를 전용하고 약간의 재료들을 열거하는 것에서 시작하여 중국 전통적 개념과 범주를 사용하여 체계적 틀을 세우는 데 주의하였고, 다시 힘써 중국 전통 문화의 핵심 정신을 움켜잡고 중국 문학 비평에 내재된 체계를 탐색하였으니, 이 또한 부단히 심화되고 있습니다. 그러나 이러한 각도의 연구는 실제로 '체계'의 연구에 관련되어 있기 마련이지요. 현재 몇몇 사람들이 중국 고대 문학 비평은 결국 "체계가 있느냐 없느냐?(有沒有體系)"는 문제를 제기할 때면 마치 30년대 중국 문학 비평사 연구가 이미 상당한 노정을 거친 이후에도 또한 "옛날의 '시문평'을 문학 비평이라고 간주할 수 있느냐?(舊時的'詩文評'是否也算得文學批評)"를 묻는 사람이 있는 상황과 어느 정도 유사합니다. 제 생각에 "문학 비평인가 아닌가?(是不是文學批評)"에서부터 "체계가 있느냐 없느냐?(有沒有體系)"의 문제까지 제기된 것은 바로 하나의 측면에서부터 중국 문학 비평사연구의 깊이를 반영하는 것이라고 여겨집니다.

진백해(陳伯海, 상해사회과학원 문학연구소 연구원·소장)   저는 20세기 중국 고대 문론 연구의 역사를 3단계로 구분하고, 이 3단계가

---

11) 비슷한 내용의 책으로는 진양운(陳良運), ≪중국 시학 체계론(中國詩學體系論)≫(북경 : 중국사회과학원, 1992)이 있다.

12) 번덕삼(樊德三), ≪중국 고대 문학 원리(中國古代文學原理)≫(북경 : 광명일보(光明日報), 1991). 기지상(祁志祥), ≪중국 고대 문학 원리(中國古代文學原理)≫(청년학자총서(青年學者叢書))(상해 : 학림출판사(學林出版社), 1993). 손추극(孫秋克), ≪중국 고대 문학 원리 8론(中國古代文學原理八論)≫(곤명(昆明) : 운남대학출판사(雲南大學出版社), 1995). 손요욱(孫耀煜), ≪중국 고대 문학 원리(中國古代文學原理)≫(남경 : 강소교육출판사, 1996).

금세기 고문론 연구 진행 과정의 세 개의 큰 걸음을 형성하였다는 점에 동의합니다. 이러한 역정을 회고해 보면 고문론 연구 중 매번 나타나는 새로운 단계의 도약은 실제로 모두 하나의 새로운 사회 사조를 버팀목으로 삼고 있으며, 학술 발전은 사회 변혁 및 그에 따라 나타나는 관념·방법의 새로운 구동(驅動)과 떨어질 수 없다는 사실을 발견하게 됩니다. 그러나 또한 이와 같기 때문에 고문론 분야의 건설은 사회 정치 조류의 진동에 따라 진동을 발생함을 면할 수 없으니, 왕왕 하나의 앞길이 아직 충분하게 전개되지 않았거나 혹은 성숙의 단계로 접어들었는데 바로 중도에 다른 하나의 앞길로 끼어들도록 강요당하고, 새로운 것이 낡은 것을 대체하고 뒤의 물결이 앞의 물결을 뒤덮게 되어 결국 빈번한 단절과 반복만을 조성하게 됩니다. 이는 전체 20세기 정치·사상의 급진적 변동과 불가분의 관계에 있지요. 향후 만약 진정으로 평화와 지속적 발전의 시대로 진입할 수 있다면 상황은 당연히 바뀌게 될 것입니다.

이 외에 저는 전망의 문제를 중점적으로 이야기하고 싶습니다. 당연히 '미래학(未來學)'을 이야기하면 어느 정도의 위험을 무릅써야 하며, 제대로 하지 못하면 더욱 허튼 소리를 지껄이는 꼴이 되니 잠시나마 한 번 시도해 보겠습니다.

사물의 발전에는 연속성(延續性)이 존재한다는 사실을 고려해 볼 때, 저는 눈앞의 고문론 연구 중의 많은 형세들 이를테면 다원화의 방식·학문 분야의 개척·전제(專題)의 철저함 등은 모두 장기간 보존되어 왔으며 아울러 끊임없이 새로운 성과를 획득하였으니, 이는 자세하게 설명할 필요는 없으며, 더욱 관심을 끌 필요가 있는 것은 아마도 발전 중의 새로운 동향일 것이라고 생각합니다. 고문론 분야의 건설을 가지고 말하자면, 제가 제기하고 싶은 점은 바로 이전의 '사(史)'에 대한 연구에 치중하던 것에서 점차 이후의 '논(論)'에 관한 연구의 강화로 바뀔 가능성이 있다는 것입니다. 제 생각으로 20세기 고문론 연구의 중점은 '사(史)'에 있었다는 사실에 대해서 누구나 동의할 것입니다. 이 분야에서 언제나 일컫는 '중국 문학 비평사'를 증거로 삼고, 다시 진종범(陳鍾凡)·곽소우(郭紹虞) 등 여러 선생들로부터 시작되고 복단대학(復旦大學)에서 편찬한 7권본 ≪비평통사(批評通史)≫13)를 집대성한 전저(專著) 업적 중 견실함을 더한 것으로 여겨 고대 문학 이론 비평에 대한 역사적 고찰과 정리를 진행한다면 이는 확실히 금세기 몇 대에 걸친 학인(學人)들이 심력을 기울인 착안점의 소재이자 또한 이 분야가 커다란 성취를 얻고 계통 구조를 형성하는 지표의 소재입니다. 이러한 공적은 어쨌든 가벼이 볼 수는 없습니다. 그러나 역사적 연구가 결코 이 분야의 내포를 다할 수는 없습니다. 고문론의 전통을 총결하는 것은 그것의 원류 연혁과 전후 관계를 분명하게 밝혀야 할 뿐 아니라 또한 이론 풍격과 이론 가치의 파악에 힘써야 하니, 이를테면 고문론의 핵심 개념·총체적 구조·표현 형태·비평 방법·철학 기초·문화 연원·민족 특성·역사 지위 및 오늘날 세계 학술 발전 중에서의 현실적 의의·미래 지향 등과 같은 문제는 모두 이 분야의 연구에 종사하는 논제 중 응당 있어야 할 의의에 속하며, 이러한 문제를 해결하려면 곧 단순히 역사적 고찰에 기댈 수는 없으니, 또한 반드시 이론적 종합에

---

13) 왕운희(王運熙)·고역생(顧易生) 주편, ≪중국문학비평통사(中國文學批評通史)≫(상해 : 상해고적출판사, 1996).

의지해야 합니다. 그래서 바로 '사(史)'에서 '논(論)'으로 가는 전환(轉化)의 이유가 있게 된 것입니다. 만약 부경생(傅庚生)이 1946년에 출판한 ≪중국문학비평통론(中國文學批評通論)≫ 또한 단지 이러한 전화(轉化)의 고립된 징후이자 그 형태 또한 아직 성숙되지 않았다고 말한다면, 근년에 이론 방면에서 고문론 전통에 대한 추출과 결합을 시도한 저작과 논문들이 확실히 많이 나왔고 연구토론 또한 깊이가 더해졌습니다.

잠시 '사(史)'의 측면은 버려두고 전적으로 '논(論)'의 개괄을 가지고 말해보면, 저는 응당 거쳐야 할 세 단계가 있다고 생각합니다. 첫째, 고문론 자체에 대하여 이론적으로 종합하고 힘써 그것의 기본정신과 내재된 체계를 파악하는 것입니다. 둘째, 고문론 전통 가운데 생명력을 지닌 성분들을 충분히 발굴하여 고문론의 현대 전환(轉換)을 촉진하는 것입니다. 셋째, 이러한 기초 위에서 기타 방면의 이론을 훤히 알아 시험적으로 민족특색을 갖춘 새로운 형태의 중국 현대 문론을 세우는 것입니다. 이 세 단계의 구분과 전후 차례는 주로 논리 관계로써 말한 것으로 시간적으로 뒤섞이고 혼합되는 것을 허용하니, 앞으로 한 걸음 걷지 않았다고 해서 한 걸음도 나아갈 수 없는 것과는 다르며, 반드시 한계가 분명한 세 단계를 구성할 수 있는 것은 더더욱 아닙니다.

먼저 고문론의 이론을 종합하는 것에 대하여 말하자면, 이는 매우 어렵고도 방대한 임무이며, 좀처럼 전통이론의 번잡, 산만함을 말하지 않은 채 귀납 정리하는 일은 결코 쉬운 일이 아니며 더욱 주의해야 할 점은 우리와 같은 학인(學人)들은 일반적으로 모두 현대 문론과 서구 문론의 영향을 받은 적이 있어서 시야가 그것으로 인해 얽매이게 되어 손을 대기만 하면 쉽게 기성의 모델을 빌려 상투적인 수법으로 삼으니, 결국 고문론 본래의 특색은 사라져 버리고 단지 "사방에 놓아두고 모두 본보기로 삼는다(放之四海而皆準)"는 서구 문론의 범례만 남게 된다는 사실입니다. 제가 생각건대, 민족 전통의 특색을 종합하고 보존하려면 마땅히 고대 문론의 특정 범주·명제 및 논증 방법에서부터 시작하여 점차 약간의 이론 전제(專題)·문체(文體) 분류에서 총체적 구성까지 상승해야 합니다. 왜 이렇게 해야 합니까? 왜냐하면 일종의 이론 형태를 그것의 온전한 체계로써 말하면 마치 하나의 네트워크와 같다고 할 수 있습니다. 체계가 의지해서 구축한 바의 각종 범주는 네트워크상의 눈금과 같고 눈금이 종횡교차하여 네트워크를 구성하니, 마치 각각의 범주 사이의 장력(張力)이 체계를 구축하는 것과 같아서, 체계의 주도 정신과 내재 구조 또한 구체적으로 그것의 몇몇 기본 범주와 서로 포함하고 추동하는 관계상에서 실현 가능하게 됩니다. 이는 단지 고문론 전통 중 예컨대 풍골(風骨)·흥기(興寄)·흥상(興象)·의경(意境)·이취(理趣)·신운(神韻) 등과 같은 범주 및 그것들이 상호 변화하는 과정에서 내포된 풍부한 민족 문화 정취(情趣)와 심미(審美) 경험을 생각해보면 곧 그 가운데 오묘함을 이해하게 하기란 어렵지 않습니다. 범주가 이와 같은데 명제가 언제 그렇지 않은 적이 있었습니까? 범주·명제로부터 파생된 논증 방법 또한 언제 그렇지 않은 적이 있었습니까? 따라서 고문론 본래의 특징에 근거한 이론의 종합 작업이 만약 범주를 지렛목으로 삼고 가장 전형(典型) 의의를 지닌 범주·명제 및 비평 방법으로부터 시작하여 개별에서 일반으로, 국부에서 전

체로 나아가고 최종적으로 고문론 구조 체계의 해석으로 들어
가게 된다면 마땅히 순서에 따라 점차 나아가는 유효한 탐색의
길로 간주할 수 있을 것입니다.

황 림　중국 전통 문학 이론의 특수 비평 방식의 가치를 어떻게 평가
하느냐는 것은 확실히 모든 사람이 관심을 두고 있는 문제입니
다. 중국 문학 이론 비평 방식의 특수성에 대하여 사람들의 탐
색은 이미 어느 정도 이루어졌습니다. 그러나 전면적이고 계통
적인 연구는 결코 충분하지 못한 실정입니다. 최근 저는 유명
금(劉明今) 동지가 쓴 ≪중국문학비평방법론(中國文學批評方法論)≫14)
이란 책을 읽었는데, 그는 책에서 중국 전통적 '비평 사유와
방법'의 특징을 네 가지로 개괄하였으니, 체용불이(體用不二 : 본
체와 작용이 다르지 않음)·정체직각(整體直覺 : 전체를 직관함)·통관
정합(通觀整合 : 전면적으로 살피고 종합함)·원융불집(圓融不執 : 원만하
게 융통하여 집착하지 않음)이 그것입니다. 우리들이 현재 일반적
으로 주목하고 있는 것은 단지 '정체직각(整體直覺)'의 측면인데,
공자께서 '시삼백편(詩三百篇)'을 한 마디로 개괄하여 "생각에 사
특함이 없다(思無邪)"라고 한 것에서부터 시작하여 후세 비평가
들이 대부분 이 노선을 걷게 되었으니, 이를테면 시인을 평가
하여 "조조(曹操)는 마치 유연(幽燕) 땅의 노장(老將)과 같아서 기
운(氣韻)이 침웅(沉雄)하고, 조식(曹植)은 마치 삼하(三河)의 소년이
풍류(風流)스러워 스스로 즐기는 것과 같다(魏武帝如幽燕老將, 氣韻沉
雄. 曹子建如三河少年, 風流自賞)."15)라고 하고, 일대의 시풍(詩風)을 평
가하여 "당인(唐人)의 시는 순수하고 송인(宋人)의 시는 잡박하며,

---

14) 유명금(劉明今), ≪방법론(方法論)≫(상해 : 복단대학(復旦大學), 2000).
15) 이 말은 송 오도손(敖陶孫, 1154~1227)의 ≪오도손시평(敖陶孫詩評)≫에서 나온 것이다.

당인(唐人)의 시는 살아 있고, 송인(宋人)의 시는 침체되었다.
…… 당인(唐人)의 시는 마치 귀공자와 같아서 행동거지에 풍류
가 담겨있고, 송인(宋人)의 시는 궁벽한 마을의 졸부와 같아서
좋은 옷을 입고 공손하게 손님을 맞이해도 말과 용모가 비속하
다(唐人詩純, 宋人詩駁; 唐人詩活, 宋人詩滯; ……唐人詩如貴介公子, 擧止風流;
宋人詩如三家村乍富人, 盛服揖賓, 辭容鄙俗)."라고 하며, 문장 관계를 총
결할 때 "무릇 글은 뜻을 주로 하고 기(氣)를 보조로 삼으며 사
채(辭采)와 장구(章句)를 병사(兵士)로 삼는다(凡爲文以意爲主, 以氣爲輔,
以辭采章句爲兵衛)."라고 하는 등이 그러합니다. 확실히 이와 같은
이론비평은 자연히 단점이 있기 마련이니, 주로 다음의 세 가
지 측면에서 나타납니다. 첫째, 말한 내용이 총체적 인상으로
서 전면적이고 세밀한 분석이 이루어지지 않았기 때문에 흔히
편향된 것으로써 전체를 개괄하게 되는 폐단을 가지게 된다는
점입니다. 둘째, 작가의 감정의 개입되기 때문에 흔히 어느 정
도의 주관적이고 단면적인 경향을 띨 수 있다는 점입니다. 셋
째, 개괄적이고 형상적으로 묘사하여 구체적인 평설(評說)이 이
루어지지 않았기 때문에 왕왕 사람들로 하여금 불분명하고 이
해하기 어렵게 만든다는 점입니다. 그러나 동시에 이러한 비평
방식 또한 장점을 가지고 있음을 알아야 하니, 첫째, 그것의 비
평 사유와 창작 사유가 서로 일치하고 사용된 말이 구체적이고
생동감이 있어서 문학작품의 정신을 전달하는데 용이할 뿐 아
니라 그 자체로 사람들에게 일종의 예술적 향수를 느끼게 하여
쉽게 받아들일 수 있게 한다는 점입니다. 둘째, 그것은 전체적
인 파악에 치중하여 총체적인 경향이 선명하다는 점입니다. 셋
째, 그것은 비평가의 감정이 투영되기를 요구하여 왕왕 뚜렷하

게 작품 창작 규율의 정미하고 오묘한 곳을 음미할 수 있다는
점입니다. 넷째, 그것은 독자에게 다시 생각할 여지를 남겨줌
으로써 독자들이 사고와 비평의 적극성과 창조성에 깊이 빠져
들도록 야기시키고 부추킬 수 있다는 점입니다. 이로 인하여
우리들은 우리의 선조들이 어떻게 거기에 몰두할 수 있었는지
어렵지 않게 이해하게 됩니다. 우리들은 현재 또한 다른 사람
들의 그릇에 담긴 고기만을 보고 우리들 그릇 안의 생선은 맛
이 없다고 말해서는 안 됩니다. 그런 까닭에 분명히 고대 문론
의 특징에 근거하여 이론을 종합하는 문제가 있다고 봅니다.

조 욱 두 분 선생님께서 말씀하신 발전추세에 대하여 저 역시 공감합
니다. 근년에 인민대학(人民大學) 채종상(蔡鍾翔) 등이 편찬한 ≪중
국문학이론사(中國文學理論史)≫(5권본)16)와 복단대학(復旦大學) 왕운
희(王運熙)・고역생(顧易生)이 주편한 ≪중국문학비평통사(中國文學
批評通史)≫(7권본)17) 및 나종강(羅宗强)이 주편한 ≪중국문학사상
통사(中國文學思想通史)≫(8권본)가 출판되었습니다. 이러한 저작들
이 출판됨에 따라 그것이 비평사 자료에 대한 발굴 정리이든
몇몇 문론가(文論家)의 사료에 대한 연구이든 아니면 '사(史)'에
대한 기본적인 서술이든 총체적인 규율에 대한 해석이든 간에
상술한 저작들은 이미 집대성식(集大成式) 연구로 간주됩니다. 제
가 생각건대, 다음 세기의 연구는 마땅히 바뀌어야 하니, 다시
중점을 '사(史)'의 연구에 두지 말고 고대 문론의 내부로 깊이
들어가 종적 연구에서 횡적 연구로 바뀌어야 한다고 생각합니

---

16) 채종상(蔡鍾翔)・황보진(黃保眞)・성부왕(成復旺), ≪중국문학이론사(中國文學理論史)≫(전
   5권)(북경 : 북경출판사, 1987 ; 1991).
17) 왕운희(王運熙)・고역생(顧易生), ≪중국문학비평통사(中國文學批評通史)≫(전7권)(상해 :
   상해고적출판사).

다. 이러한 전변(轉變)은 실제로 이미 일부 소식을 나타나고 있
으니, 예를 들면 복단대학(復旦大學)의 7권본 ≪중국문학비평통
사(中國文學批評通史)≫가 나온 뒤로 고대 문론 연구 또한 새로운
시도와 돌파가 이루어졌는데, 그들은 종적인 '사적(史的) 연구'
에서 중국 문학 이론 '내부의 연구'로 방향을 바꾸었습니다.
즉, '고대 문론 체계'·'고대 문론 범주'·'고대 문론 방법'이
라는 세 가지 측면에서 전개된 것이지요. 그 중 ≪중국문학비
평방법론(中國文學批評方法論)≫은 이미 결실을 보게 되었습니다.
전서(全書)는 모두 세 편으로 나뉘는데, 제1편은 '비평 의식과
방법'을 토론하였고, 제2편은 '비평 사유와 방법'을 토론하였
으며, 제3편은 '비평의 구체적 방법'을 토론하였습니다. 매 장
은 또한 모두 비평의 방법을 중심에 놓고 전개되었는데, 이를
테면 제1편에서 '비평 의식'을 구체적으로 '문화 역사 의식(文化
歷史意識)'·'교화 의식(敎化意識)'·'인물 품감 의식(人物品鑒意識)'·
'심미 초월 의식(審美超越意識)' 등으로 나누었습니다. 제3편의 내
용은 전통적 '중국 문학 비평사'와 서로 비교하면 각도가 더욱
참신한데, 이를테면 '지인논세(知人論世)'의 방법을 여기에서는
'지인논세(知人論世) 방법 계설(方法界說)'·'한위(漢魏) 지인논세(知人
論世) 방법의 전개'·'당송(唐宋) 시기 지인논세(知人論世) 방법의
심입(深入)' 등 다양한 각도에서 연구가 진행되어, 이전의 사적
(史的) 연구에 비해 훨씬 자세하고도 깊이가 있습니다.
이러한 것들이 주로 새로운 세대의 학자들이 시도한 연구 방향
과 획득한 성과라고 말한다면 또한 하나의 관련 문제를 생각하
게 됩니다. 즉, 금세기 몇 세대에 걸친 고대 문론 연구자들은
각기 지식 구조·연구 방법 등의 방면에서의 특징과 장단점에

있어 연구사(硏究史)의 3단계와 서로 부합하니, 연구자 또한 크게 3세대로 나눌 수 있습니다. 제1세대는 주광잠(朱光潛)·곽소우(郭紹虞)·진종범(陳鍾凡)·방효악(方孝岳)·나근택(羅根澤)·주동윤(朱東潤) 등의 여러 선생이 대표가 됩니다. 그들은 이 분야의 '개산조사(開山祖師)'로서, 공동의 특징은 대부분 학문이 중서(中西)를 꿰뚫었으며 구학(舊學)의 뿌리가 깊으면서도 '구미(歐美)의 바람과 비(歐風美雨)'의 영향을 받았다는 점입니다. 그들은 언제나 창작과 연구 그리고 번역 작업을 동시에 하였으니, 설령 학술 연구상 다방면의 전문가라 하더라도 고대 문학 이론을 연구한 바에는 더욱 문학사 혹은 언어 문자 방면을 연구한 전문가인 셈이지요. 또한 그들은 대부분 서재형(書齋型)이자 수졸형(守拙型)의 인물들로서, 일찍이 자신의 저작 중에 서구 이론을 인용하여 모종의 '개념의 한계나 범주를 확정[界定]'하였는데, 그러나 심각하지 않은 시험성에 속한다고 볼 수 있지요. 대다수 사람들은 이후로 이론 탐색 방면에서 후퇴하게 되었습니다. 그들의 연구 저작에 마르크스주의를 적용하지 않을 때는 그것과 우연히 일치할 수 있었는데, 마르크스주의를 사용하여 표방할 즈음에는 늘 웃음거리가 되곤 하였지요. 제2세대 인물은 대부분 마르크스주의의 입장과 방법을 받아들이고 이에 정통하였는데, 고문론 연구 중에 역사유물주의와 변증유물주의를 운용할 수 있었으니, 마치 "이광필(李光弼)이 곽자의(郭子儀) 군사를 거느리는(李光弼將郭子儀兵)" 격으로 낡은 깃발과 낡은 진영이 근사하게 한 번 변할 수 있었습니다. 그러나 시대적 원인으로 말미암아 그들이 지불한 대가는 많았지만 거두어들인 효과와는 비례하지 않았으니, 이로 인하여 일부 연구는 '과도적인 성격'이 되고 말았습니다. 그들은 방법상 '정점 투시법(定點透視法)'을 많이 사용하였는데, 즉 마르크스주의 이론이라는 유일한 거점으로써 고금(古今)을 투시하였으며, 일부 사람들은 신시기로 진입한 후 연구방법이 다원화되기 시작하여 비교적 성공적으로 수용 미학·민속학·문화 천석(闡釋) 등의 방법을 운용함으로써 중요한 성과를 거두게 되었습니다. 그들의 외국어와 구학(舊學)에 대한 지식은 제1세대 학자만 못하였지만 그러나 강한 연구 의식을 가졌을 뿐 아니라 이론적으로도 매우 출중하였습니다. 제3세대 연구자들은 80·90년대 이후에야 연구 영역으로 진입한 이들로서, 그들은 주체 의식이 매우 강하고 선배 학자들에 비해 독립적 사고를 많이 가졌으며, 동시에 제1세대 학자들에게는 중서관통(中西貫通)과 구학(舊學)의 기초를 배웠고, 제2세대 학자들에게는 이론 방법을 배웠습니다. 제3세대 사람들의 연구에서 사용된 방법은 '산점 투시법(散點透視法)'이었는데, 비교 문학적·미학적·종교적 방법에서 전통 고증적 방법까지 포괄하고 있습니다. 즉 그들은 '외학(外學)' 및 '내학(內學)'과 관련된 일체의 방법에 대하여 모두 시험해보았고 더하여 운용은 갈수록 익숙해졌으니, 이러한 기초 위에서 도출된 연구성과는 바로 사람들의 주목을 받게 되었습니다. 3대 학자들의 역정은 또한 우리들이 금세기 고대 문론 연구의 특징과 다음 세기의 발전 방향을 인식하는 데 시사하는 바가 있습니다.

진백해   선생께서 말한 문제와 관계가 있으면서 또한 오늘날 논쟁이 비교적 잦은 문제는 고대 문론의 현대 전환 문제입니다. 지금 세대 학자들의 고대 문론 연구는 이전과 매우 상이한 시대 환경 및 문화 환경 속에서 진행되었기 때문에 '현대 전환'의 문제가 사람들의 관심을 끄는 것은 매우 자연스러운 일일 것입니다. 당연히 현재 이 문제에 대한 인식은 결코 일치하지 않습니다. 대체적으로 말하면, '전환'을 주장하는 사람들은 주로 시대 정신에서 착안하여 고문론이 '전환'을 거치지 않으면 현재의 시대적 수요에 적응하기 어렵다고 여깁니다. 그러나 '전환'의 제기를 반대하는 사람들은 더욱이 민족성에서 고려하여 '전환'을 거치기만 하면 틀림없이 고문론의 개성을 잃어버리게 된다고 여깁니다. 쌍방이 각기 자신의 의견을 주장하며 양보하려 들지 않습니다. 중도 노선을 걷는 사람들도 있는데, 그들은 고문론의 '발전'을 가지고 '전환'으로 대체하면 시대에 적응할 수 있을 뿐더러 자아도 보존할 수 있어서 일이 모두 순조롭게 될 것이라고 건의합니다. 이러한 논쟁 가운데 저는 '전환' 쪽으로 경도되었는데, 고문론이 현대 전환이 요구될 뿐 아니라 전체 고대의 학술 전통·문화 전통도 모두 전환이 요구됩니다. 만일 전환하지 않는다면 원래 모양대로 두는 상태에 머물게 되니, 그렇다면 경직되어 생기를 잃고 골동품으로 변하게 되지요. 골동품은 당연히 사람들에게 감상을 제공하는 가치가 있지만, 그러나 반드시 넓고 심원한 민족 문화 전통에 대한 우리들의 바램인 것은 아니기 때문에 전통 중에서 낡은 것은 버리고 좋은 것은 찾아내 새로운 방향으로 발전시키는 데 힘을 쏟지 않을 수 없는 것입니다. '전환'은 반드시 발전을 내포하고 있지만 이미 정해진 틀 안에서의 확충·확대에 한정되지 않습니다. 시대가 발전하면 문학은 더욱 새롭게 되고 언어는 변하게 됩니다. 보수하고 손질한 지난날의 범주와 체계로써 종합하고 포용하려 한다면 제대로 해낼 수 있겠습니까? '전환'은 바로 개조·

재생을 의미하며 원래의 면모와 거리를 떼어놓는 것은 불가피하니, 이는 실제로 어찌할 수 없는 일입니다. 사실 역사에 대한 지금 사람들의 각종 연구와 해석은 모두 이미 현대인의 사유 방식과 언어 습관에 스며들었으니, 이는 곧 개조의 성분을 가지고 있는 것입니다. 그러나 개조는 결코 터무니없이 만들어내는 것이 아니며, 다른 방도를 세우는 것과도 다릅니다. 따라서 사물 고유의 재질과 성능은 자연히 보존될 여지가 있게 되지요. 어떻게 '유사하고 유사하지 않은 사이(似與不似之間)'에서 적절한 정도를 파악하느냐 문제는 아마도 고문론의 현대 전환이 성공할 수 있느냐의 관건일 것입니다.

문제를 분명하게 설명하기 위하여 저는 전환 과정 중의 두 개의 중요한 부분—비교와 분석을 가지고 좀 더 구체적으로 이야기해 볼까 합니다. 고문론이 현대 전환을 실현하려면 우선 반드시 고금(古今)과 중외(中外) 문론이 서로 소통하는 큰 시야에 두고 자세히 살펴야 하니, 이것이 바로 비교의 연구를 형성하게 됩니다. 비교연구의 기초는 두 종류의 이론 형태 사이에서 공통점과 상이점을 찾아내는 것이니, 근년에 이에 종사하는 사람이 적지 않지만 형식적으로 흐르는 폐단 또한 많이 나타납니다. 제 생각에 진정으로 사물의 핵심에 깊이 들어갈 수 있으려면 비교의 착안점이 간단하게 일치하는 점과 다른 점을 취하는 데 머물지 않아야 하며, '일치하는 가운데 다름(同中之異)'과 '다른 가운데 일치함(異中之同)'을 판별 분석하는 데 치중해야 합니다. 이치 또한 매우 간단하니, 만일 순전히 일치하는 점만을 취하게 되면 고문론이 현대 및 서구 문론과 소통하게 되어 그 이론 특색은 곧바로 용해되어 흩어져 버리니, 이는 결코 진정한 의미의 현대 전환은 아닌 셈이지요. 바꾸어 말하면, 만약 단지 다른 점만을 취하고 줄곧 고문론의 특수성만 강조하게 되면 '국수(國粹)'는 비록 존재하나 그것의 현대 의의와 세계 의의는 다시 분명하게 드러나지 않으니 무슨 전환이라고 말할 수는 없습니다. 단지 일치하는 가운데 다른 점이 있고, 다른 가운데 일치하는 점이 있음에 주목해야 만이 고금중외의 문론이 비로소 교류 대화의 필요성을 가지게 되며, 또한 교류 대화를 통해 융회관통(融會貫通)을 실현할 수 있게 됩니다. 예를 들어 말하면, 서구 미학의 전통 관념은 '아름다움은 형상에 놓여있다(美在形象)'는 것으로 '미학'의 명칭은 '감성학(感性學)'에서 유래되었습니다. 그런데도 중국인의 전통은 노자(老子)의 '큰 형상은 형체가 없다(大象無形)'에서 사공도(司空圖)의 '형상 밖의 형상(象外之象)'에 이르기까지 그 주도적 경향은 오히려 '아름다움은 형상에 대한 초월에 있다(美在對形象的超越)'라고 여기는 것이었습니다. 바꾸어 말하면 형상을 초월해야 만이 더욱 깊이 있는 아름다움이라는 것이지요. 동일한 주제에 대하여 서로 다른 답안을 제시하였는데, 그 배후에는 서로 다른 가치취향과 사고 문제의 방식을 숨기고 있으니, 이것이 바로 비교 연구를 구성하는 흥미점입니다. 그러나 그것의 각 방면의 동이(同異) 관계에 대한 판별 분석을 통하여 더욱 분명하게 전통 문론의 정신 실질과 그 이론 생명력의 소재를 파악할 수 있으니, 또한 중서 문론이 융합(融合)을 향해 나아가기 위한 조건을 만들어 주었습니다. 비교 연구는 고문론이 현대 전환하는 전제이니, 이러한 전환을 실현하려면 고문론에 대한 현대적 해석에 의지하여 고문론으로 하여금 그 현대적 의의를 얻게 해야 합니다. 이는 결코 고금을 억지로 비교해 보려고 말한 것은 아니며, 더욱이 금인(今人)의 사상을 무리하게 고인(古人)의 머리 위에 두려는 것과는 같지 않습니다. 고문론 본래의 의의에 근거하여 해석하고 설명하며 그것의 표면적이면서 비교적 일시적인 의의를 벗겨내고 포기함으로써 오랜 생명력을 지닌 그것의 잠재된 내함(內涵)을 충분하게 드러나게 하려는 것입니다. 이러한 해석 작업을 곧 분해라고 합니다. 예를 들어 말하면, '시언지(詩言志)'를 중국시학의 개산(開山) 강령(綱領)으로 간주하고 일찍이 유구한 역사전통을 세웠으니, 거기에 내재된 함의를 어떻게 해석해야 합니까? 전통적인 관점에 근거하면 '지(志)'가 가리키는 것은 종교사회의 예교(禮敎) 정치와 관계있는 시인의 회포이며, '언지(言志)'는 곧 시에서 나타내는 사상 감정이 사회의 정교(政敎) 규범(規範)에 부합함을 의미하고 있습니다. 이러한 함의는 그것이 역사적으로 어떠한 작용을 발휘하였는지 관계없이 오늘날 이미 완전히 시대적 요구에 적응하지 못한 채 단지 부정만 할 수 있게 되었습니다. 그러나 우리는 '시언지(詩言志)'의 의의에 대하여 마치 비교적 광범하게 이해할 수 있는 것 같아서, 그것을 시가 내용과 사회 정치의 연계를 강조한 것으로 보았습니다. 이 하나의 주제를 가지고 말하면 '시언지(詩言志)'의 관점이 아직 분명하지 않았을 때 그것은 현대 문론 중의 '문예와 정치'의 명제와 함께 궤도를 잇댈 수 있었으나, 고인(古人)은 '정(情)'·'지(志)' 등의 관계의 갖가지 의론과 실천을 중심에 놓고 금인(今人)의 사고에 대해서도 또한 본보기로 삼지 않음이 없었습니다. 다시 한 층 더 깊이 살펴보건대, '시언지(詩言志)'의 '지(志)'는 확실히 하나의 매우 독특한 범주이니, 그것은 사상을 가리키자 감정을 포함하고 있으며, 게다가 일반적인 사상 감정이 아니라 사회 윤리적 내함(內涵)을 축적한 채 사회 군체(社會群體)의 규범을 구현해 내는 일종의 사상감정을 가리키는 것입니다. 이러한 하나의 범주는 서구 문론과 우리의 현대 문론 중에서 아직도 적절한 대응물(對應物)을 찾을 수 없습니다. 오직 헤겔이 말한 '정치(情致)'가 그것과 비슷합니다. 그러나 '정치(情致)'란 이념에 스며든 정감(情感)을 가리키는 것으로 이성 정신을 중시하니 사회적 내함(內涵)을 강조한 '정지(情志)'와는 여전히 차이가 납니다. 또한 '지(志)'는 풍부한 사회 내용을 지니고 있기 때문에 '언지(言志)'는 결코 서구 문론 중의 '자아를 표현하는(表現自我)' 것과는 같을 수가 없습니다. 서구의 전통 속에서 표현론(表現論)과 재현론(再現論)은 상호 대립적인 것이나, 우리의 '언지(言志)'는 도리어 '사물에 따라 감흥을 일으키는(因物興感)' 것에서 나왔으니, 여기에서의 사물[物] 역시 항상 사회 정치를 가리킵니다. 표현론적 시학은 외재된 형식의 전달과 접수를 고려하지 않을 수 있지만 우리의 전통은 도리어 '지(志)'와 '언(言)'의 결합을 요구하여 문건에서 실현된 것이 바로 시이며, 그래서 독자들 또한 시가의 문건에 의거하여 '이의역지(以意逆志)'할 수 있게 됩니다. 결론적으로 말하면, 작가와 독자 그리고 세계와 문건― 에이브람스(Abrams, 艾布拉姆斯)가 말한 문학의 4대 요소는 서구 문론 중에서 항상 대치와 단절의 상태에 놓였으나 우리에게는 오히려 혼연일체가 되었으니, 그 중점은 바로 사회적 내함(內涵)에 풍부한 시인의 '지(志)'에 달려 있습니다. 만약 우리가 '지(志)'라는 핵심에 대하여 깊이 있는 연구를 진행하여 그 내함(內涵)의 사회학·윤리학·심리학·미학의 각종 잠재 능력을 충분히 펼쳐지게 한다면 '시언지(詩言志)'의 명제 또한 인류의 미래 시학을 정립하는 데 있어서 더욱 심원한 의의를 뚜렷하게 나타내 보임을 미루어 알 수 있을 것입니다. 이는 바로 제가 주장한 고문론의 현대 전환이며, 그것은 현대인의 비교 연구와 분해(分解) 전석(詮釋)을 통해서 만이 비로소 전통 속에 잠재되어 있는 열성 인자를 우성 인자로 변화시킬 수 있고 또 그 본래의 의도에 위배되지 않게 될 것입니다.

황 림 진 선생님께서는 '시언지(詩言志)'라는 명제를 가지고 예를 들어 오늘날 어떻게 고대 문론을 인식하느냐가 복잡하고도 세밀한 문제임을 설명해 주셨습니다. 사실은 전체 중국 전통적 문학 이론에 대한 인식도 똑같이 간단화 할 수는 없습니다. 이를테면 '중국 전통 문학 이론이 체계적 의의를 지니고 있느냐?'의 문제에 대답하려면 세밀하고도 구체적인 분석이 이루어져야 합니다. 현재 많은 사람들이 이에 대한 논쟁에 관심을 기울이고 있는데, 제 생각에는 주로 다음의 몇 가지 문제에 마주침으로 해서 기인된 것이라고 봅니다. 첫째, 중국 고대 문론의 표현 형태는 대부분 감상식(感想式)이고 경험형적(經驗型的)이니, 서구와 같이 그렇게 이론적이고 조리가 분명한 저작이 아닙니다. 둘째, 사상 문화 배경이 복잡하니, 유(儒)·도(道)·불(佛) 제가(諸家)는 모두 서로 다른 특징과 계통을 가지고 있는데, 이러한 서로 다른 사상의 지도하에 서로 다른 문학 사상과 문론 저작이 있게 되었습니다. 셋째, 시문·희곡·소설 등 다양한 문체는 각기 서로 다른 특징을 가지고 있습니다. 넷째, 각 유파·개인 및 모든 문론가의 서로 다른 시기에는 모두 각기 서로 다른 주장이 있었습니다. 이렇게 많은 복잡 요소가 한 곳에서 종합되면 하나의 완전한 체계를 모색하기란 어려운 일이라고 생각됩니다. 여기에서 첫째 문제는 거의 중국 및 동양에서 비교적 두드러지게 나타나고 있습니다. 그러나 그 나머지 약간의 문제는 거의 모든 서구·동양 각국에서 마주칠 수 있으며, 모두 서로 다른 사상·서로 다른 유파·서로 다른 인간이 존재할 수 있기 때문에 실제로 다만 우리 선조들의 이론에 체계가 있는지의 이유를 의심하게 되지는 말아야 합니다. 저는 중국 문학 비평의 연구로써 말하면 그것의 '체계(體系)'란 실제로 클 수도 있고 작을 수도 있다고 생각합니다. 작은 것이란 이를테면 '기(氣)'·'신(神)'·'풍골(風骨)' 등의 범주 혹은 '명도설(明道說)'·'정변설(正變說)' 등의 이론문제에 관한 것이며, 큰 것이란 이를테면 '선진 유가 문론(先秦儒家文論)'에서 '유가 문론(儒家文論)' 그리고 다시 전체 '중국 고대 문론(中國古代文論)'에 관한 것인데, 큰 것이든 작은 것이든 모두 서로 연계되고 서로 제약하는 '전체[整體]'를 구성할 수 있습니다. 따라서 넓은 의미로 말하면, 몇몇 범주 혹은 이론 문제에 대한 정리, 하나의 유파·하나의 시대 등의 문론에 대한 고찰은 모두 '체계성(體系性)'을 갖춘 연구로 간주될 수 있습니다. 우리들이 어떤 하나의 범주 혹은 어떤 하나의 문파(文派)의 이론을 논술할 때, 그리고 이 '전체[整體]'를 구성하는 각종 요소와 상호 관계를 분석할 때가 곧 실제로 하나의 체계를 세우고 있는 것입니다. 그런 까닭에 체계란 결코 오묘하여 헤아릴 수 없는 것이 아니지요. 전체 '중국 전통 문학 이론'으로부터 볼 것 같으면, 서로 다른 사상 문화의 배경·서로 다른 문체·서로 다른 시대·서로 다른 유파의 수많은 이론가의 자질구레한 논의 중에서 하나의 체계를 총괄해 내기란 확실히 어느 정도의 어려움이 있습니다. 왜냐하면 그들 사이에는 너무나 큰 차이성이 존재하고 있기 때문입니다. 그러나 동시에 또한 마땅히 그들 사이에는 결국 일정한 연계성과 통일성이 함께 존재하고 있으며, 이로 인하여 선명한 '중국 작풍(作風)과 중국 기질(氣質)'를 형성하였다는 사실을 알아야 합니다. 이러한 중국 문론의 기운(氣韻)은 우리들이 단시간에 비록 분명하고 정확하게 설명할 수 없다고 하더라도, 바꾸어 말하면 중국 문론의 체계에 대하여 단시간에 모든 사람들이 만족할 정도로 세울 수 없다고 하더라도 우리는 누구라도 모두 그것의 확실한 존재를 느낄 수 있을 것입니다. 이 또한 서구의 문학 이론 체계와 마찬가지로 우리들이 그것을 느낄 수 있지만 그러나 누가 자신이 분명하고도 모든 사람들이 만족할 정도로 이야기할 수 있다고 말하겠습니까? 우리들은 마땅히 몇 십 년에 걸친 노력을 통하여 결국 한 걸음 한 걸음 진리에 가까워졌음을 보아야만 하니, 혹자는 조금씩 조금씩 이 방면의 연구에 철저함을 촉진시켰다고 말합니다. 마지막으로 우리나라 고대 문론의 표현 형태를 보건대, 대부분 경험형(經驗型)·감흥식(感興式)의 한 두 마디의 간단한 말이었으니, 이는 곧 사람들로 하여금 그것과 엄밀성과 논리성을 갖춘 이론 체계를 쉽게 연계하지 못하게 하여 마침내 그것은 체계성이 없다고 여기게 되었습니다. 사실 여기에는 외재된 표현과 내재된 본질의 관계 문제가 있습니다. 마치 신령스런 용을 그릴 때 머리만 보이고 꼬리는 보이지 않으며 단지 동쪽으로 비늘 한 조각만 그리고 서쪽으로 발톱 한 개만 내놓은 것과 같지만 그러나 용의 머리와 발톱이 없는 것과는 다릅니다. 연구자의 목적과 재능은 바로 운무를 걷어내고 용의 머리·꼬리·발톱·수염에서 하나의 비늘 조각까지 완전하게 그려내어 전체적인 면모를 드러내 보이는 것입니다. 따라서 외재된 형태의 어떤 표현은 그것의 실제 체계를 부정할 수 없는 존재인 것입니다. 이러한 표현 형식에 대해서 결국 어떻게 평가하느냐는 것은 별개의 문제일 테지요.

현대의 조건하에서 중국 문학 이론을 건립함에 세계화에 주의해야 할 바엔 민족화에도 주의해야 하며, 이 두 가지 중에 어느 한 쪽을 버릴 수 없으니, 이는 모든 사람이 받아들일 수 있는 것입니다. 분기점은 아마도 중학(中學)을 본체로 삼느냐 그렇지 않으면 서학(西學)을 본체로 삼느냐의 문제에 놓여 있습니다. 제 생각에 이 문제를 토론할 때는 몇 가지 주의해야 할 점이 있으니, 그 내용은 다음과 같습니다. 첫째, 우리의 문학 이론은 비록 전 세계를 겨냥한 것이지만 그러나 지금은 주로 중국에 살면서 중국 언어를 사용하며 중국 민족 특징을 갖춘 사람들에게 제공된다는 것입니다. 둘째, 우리의 전통적 이론은 비록 서구의 것과 차이가 나지만 그러나 동시에 반드시 서로 통하는 부분이 있다는 사실을 알아야 하는데, 이는 고금·중외의 사람들 마음이 모두 서로 통하는 부분이 있고 문학도 서로 통하는 부분이 있기 때문입니다. 이는 곧 동서 문학 이론이 서로 융합할 수 있는 기초인 셈이지요. 셋째, 동서 문학 이론을 융합할 때면 민족 자존심을 가져야 합니다. 다른 사람의 장점을 보아야 하는데, 그러나 오로지 다른 사람의 장점만 보고 자신의 단점만을 보아서는 안 됩니다. 넷째, 눈앞에 형형색색으로 도입되고 제멋대로 만들어진 개념·술어·어휘는 틀림없이 정교하고 거칢·좋고 나쁨의 구별이 있는데 한바탕 눈이 어지럽게 된

뒤에 다급하게 '화어 전환(話語轉換)'을 외쳐서는 안 되며, 잠재
적으로 의식된 서구 문화 중심 주의의 구동(驅動)하에서의 실태
(失態)와 학술상의 투기로 교묘하게 이득을 취하는 풍조를 경계
해야 합니다. 우리의 바람은 서구 문학 이론 중의 유용한 '소
금'을 흡수하여 전통 문론 중의 '화어(話語)'라는 '물'에 용해시
킴으로써 세계를 겨냥한 그리고 중국 특색을 지닌 현대 문학
이론을 건립하는 것입니다.

진백해 이는 바로 제가 말하고자 하는 미래지향적인 제3단계 작업으
로서, 고문론에 대한 현대전환을 통하여 우리들 눈앞의 문학
이론의 건설을 추동하는 것입니다. 이 걸음은 이미 고문론의
전문 범주를 뛰어넘었습니다. 그러나 여전히 고문론 연구자들
이 얼마간의 역량을 바칠 것을 기대하고 있습니다. 중국 현대
문론의 건립은 주로 세 방면이 힘을 합치는 데서 나오니, 첫째,
외래 문론의 본토화요 둘째, 고문론의 현대 전화이며 셋째, 눈
앞의 창작 실천 경험의 이론적 개괄이 그것입니다. 이 세 방면
의 결합은 작금의 시대 수요에 적절하면서 또한 중국 민족 특
색을 지닌 새로운 형태의 이론 형태를 세워서 세계 집단에 배
열되기에 충분합니다. 마땅히 20세기 중국 문론의 발전은 바로
이러한 노정을 따라 걸어왔지만 그러나 힘을 합침이 가지런하
지 않고 걸음도 고르지 않았음을 말해야 할 것입니다. 현재까
지를 끝으로 하여 총체적으로 볼 것 같으면 외래 화어(話語)가
중국 현대 문론의 줄기('體'의 측면)를 구성하였고, 눈앞의 창작
실천 중에서 추출되어 나온 사상 원칙은 대부분 방침과 정책의
부위('用'의 측면)에 놓여 있으며, 고문론의 전통은 마치 개별적
성분(예를 들면 의상(意象)·의경(意境)들을 흡수한 듯합니다. 따라

서 우리가 설령 일련의 현대 문론 화어(話語)를 말하더라도 여전히 일상적으로 '상실화어권(喪失話語權)'과 관련된 감탄을 들을 수 있을 것입니다. 이러한 상황을 바꾸려면 근본적으로 외래 화어(外來話語)를 제어하는 데(이는 불필요하면서도 불가능한 일임) 있지 않고 적절하게 자신의 창작 실천과 이론 총결을 강화하는 데 있습니다. 특히 자신의 언어 환경 중에서 발생되어 나온 특색있는 화제(話題)와 화어(話語)를 주의해서 추출하고 이와 동시에 또한 대대적으로 고문론 전통 중의 활성(活性) 요소를 개발하여 고문론의 현대 전환을 촉진해야 합니다. 후반부 두 방면의 작업을 제대로 하게 되면 '화어(話語)'의 출처가 확장되고, 나아가 도입된 외국 문론과 함께 서로 스며들어 공동으로 중국 현대 문론의 유기적 전체를 조직하게 되면 우리는 곧 전통과 구별되면서 또한 전통에 벗어나지 않은 새로운 형태의 민족 문론 체계를 가질 수 있을 것이며, 나머지 어떠한 이론 계통과도 대등하게 대화하고 교류회통(交流會通)할 수 있을 것입니다. 이 또한 마땅히 고문론 연구자의 공동의 염원이겠지요.

조 욱 두 분 선생님께서 고대 문론과 현대성의 관계 문제를 집중적으로 말씀해 주셨습니다. 저 자신의 체회(體會)를 결합해 보건대, 저는 이 두 가지의 대과제를 완전하게 연계하려면 특별히 중외(中外)가 두루 소통되는 작업에 힘을 쏟아 더욱 깊이 있게 비교 문학 이론·비교 시학의 연구를 진행해야 하며, 세계 한학이라는 배경 하에서 고문론의 연구를 진행해야 한다고 생각합니다. 다가올 세기에 대해서 말하자면, 세계 한학이라는 큰 배경 하에서 우리의 고대 문화에 대한 연구는 아마도 하나의 기초성 작업입니다. 중국 고대 문론이 당 이후 한문화권의 역사에 영향을 끼친 사실은 모두 익히 알고 있는 내용이며, 현대 의의에 대한 연구에서는 국외 학술계 또한 사람들을 주목하게 하는 많은 성과를 얻게 되었습니다. 일본·한국·구미 등의 나라의 학자들에 대해서 말하면, 중국문화는 일종의 '이질 문화'로서 중국 고대 문론에 대한 연구는 곧 우리와 서로 다른 태도와 각도를 가지고 있어서 약간의 상상하지도 못한 결론이 우리들의 생각을 계발시킬 수 있으며 동시에 다른 이론 체계·가치 좌표와 우리가 본보기로 삼을 만한 방법론을 제공하기도 합니다. 마땅히 우리 학자들은 금세기에 시작된 국외 고대 문론 연구를 따라서 노신(魯迅)의 시대에는 비교적 중시하였으며, 이후로는 매우 엄중한 격막(膈膜) 상태에 처하였으며 상당한 일단의 시간 안에 닭 울고 개 짖는 소리가 들릴 정도로 가까이 살건만 늙어 죽을 때까지 한 번도 왕래하지 않았음을 말해야 합니다. 예를 들면, 영목호웅(鈴木虎雄)의 ≪지나 시론사(支那詩論史)≫·청목정아(靑木正兒)의 ≪지나 문학개론(支那文學槪論)≫·≪지나 문학사상사(支那文學思想史)≫에서 20세기 70년대에 나타난 '≪시품(詩品)≫의 열기'는 우리 모두 많이 알고 있지 않으면서 노신(魯迅)이 영목호웅(鈴木虎雄)이 위(魏)의 시대를 '중국 문학상의 자각 시대(中國文學上的自覺時代)'라고 말한 내용을 인용하여 노신이 말한 것이라고 잘못 알고 있는 실정입니다. 저는 이후 몇 년 내의 작업에서 20세기 일본 한학 중 중국 고대 문학에 대한 연구에 대하여 정리해 보고 싶었는데, 그 중 일부분은 일본의 중국 고대 문론 연구에 대한 일본의 재연구가 될 것입니다. 이후 컴퓨터 통신망의 발전이 제대로 발달하게 되면 우리들은 국외 연구의 소식을 얻은 상태에서 매우 빠르게 하나의 돌파가 있을 수 있으며, 외부에 대한 유사한 이해가 다음 세기에서는 틀림없이 더욱 큰 발전이 있을 것이니, 이러한 배경 하에서 앞서 우리들이 토론한 현대 전환·중국 고대 문론의 민족 특수성과 세계성 등의 문제를 고려하게 되면 더욱 이성(理性)과 건설성(建設性)을 강화한 기초를 가질 수 있으리라는 점을 가상해 볼 수 있을 것입니다.

_ 본문 정리자 : 왕의(王毅)

서언(序言) : 서공지(徐公持) ·· (역자 : 이홍진)

제1장 새로운 학문은 대부분 새로운 발견을 따른다-고고 발견과 선진 (先秦)·진한(秦漢) 전적 문화 : 이학근(李學勤)·구석규(裘錫圭)
·· (2000년 제3기/역자 : 이홍진)

제2장 위진 남북조 문학의 분기(分期), 평가 및 그 상관된 문제들 : 조도형(曹道衡)·나종강(羅宗强)·서공지(徐公持)
·· (1999년 제2기/역자 : 안찬순)

제3장 사료·시각·방법-당대(唐代) 문학 연구 : 동내빈(董乃斌)·조창평(趙昌平)·진상군(陳尙君)
·· (1998년 제4기/역자 : 이홍진)

제4장 송시(宋詩) 연구의 회고·평가와 전망 : 막려봉(莫礪鋒)·도문붕(陶文鵬)·정걸(程杰)
·· (1998년 제5기/역자 : 송용준)

제5장 사학(詞學) 연구의 회고와 전망 : 엄적창(嚴迪昌)·유양충(劉揚忠)·종진진(鍾振振)·왕조붕(王兆鵬)
·· (1999년 제3기/역자 : 류종목)

제6장 문학과 예술 사이에서 거닐다-희곡 연구 : 강보성(康保成)·황사충(黃仕忠)·동상덕(董上德)
·· (1999년 제1기/역자 : 이창숙)

제7장 관심과 주목을 기대하는 학술 영역-명(明)·청(淸) 시문(詩文) 연구 : 오승학(吳承學)·조홍(曹虹)·장인(蔣寅)
·· (1999년 제4기/역자 : 신재환)

제8장 중국 고대 백화소설에 있어서 학술 연구 패러다임의 변천 궤적 : 곽영덕(郭英德)·유용강(劉勇强)·축청(竺靑)
·· (199년 제2기/역자 : 나선희)

제9장 고대에서 현대로 나아가는 중국 문학의 변화 과정에 대한 탐색 : 왕표(王颷)·관애화(關愛和)·원진(袁進)
·· (2000년 제4기/역자 : 김영문)

제10장 중국 고대 문론 연구의 민족성(民族性)과 현대 전환 문제 : 진백해(陳伯海)·황림(黃霖)·조욱(曹旭)
·· (1998년 제3기/역자 : 신재환)

좌담자 소개

강보성(康保成, 1952〜)

하남(河南) 정주(鄭州) 사람이다. 1982년 하남대학을 졸업하고 ≪역대 악비극 연구(歷代岳飛劇研究)≫(지도교수 : 이춘상(李春祥))로 문학석사 학위를 취득하였고, 1987년 중산대학에서 ≪논소주파(論蘇州派)≫(지도교수 : 왕기(王起))로 문학박사 학위를 취득하였다.

현재는 중산대학 중문계에서 가르치고 있다.

주요 저서 : ≪중국 근대 희곡 형식론(中國近代戲曲形式論)≫, 이강출판사(漓江出版社), 1991.
　　　　　　≪소주극파 연구(蘇州劇派研究)≫, 화성출판사(花城出版社), 1993.

곽영덕(郭英德, 1954〜)

1988년에 북경사범대학 중문계에서 〈명청 문인 전기 종록 및 연구(明淸文人傳奇綜錄及研究)〉(지도교수 : 계공(啓功))로 박사학위를 취득하였다.

현재는 북경사범대학 중문계 교수・박사연구생 지도교수이다.

주요 저서 : ≪세속적제례 : 중국 희곡적 종교 정신(世俗的祭禮 : 中國戲曲的宗教精神)≫, 국제문화출판공사, 1988.
　　　　　　≪명청 문인 전기 연구(明淸文人傳奇研究)≫, 북경사범대학출판사, 1992.
　　　　　　≪중국 고전 문학 연구사≫(사사위(謝思煒)・상학봉(尙學峰)・우취령(于翠玲)과 공저), 중화서국, 1995.
　　　　　　≪원잡극과 원대 사회(元雜劇與元代社會)≫, 북경사범대학출판사, 1996.
　　　　　　≪명청 전기 종록(明淸傳奇綜錄)≫(상하), 하북교육출판사, 1997.

관애화(關愛和, 1956〜)

하남(河南) 여남(汝南) 사람이다. 1981년 초에 하남대학 중문계를 졸업하였다. 1984년에는 하남대학에서 석사학위를 받았다.

현재는 지금은 하남대학 중문계 교수이다.

주요 저서 : ≪중국 근대 문학사(中國近代文學史)≫, 하남대학출판사, 1988.
　　　　　　≪고전에서 현대로(從古典走向現代)≫, 하남인민출판사, 1992.

구석규(裘錫圭, 1935〜)

조적(祖籍)은 절강(浙江) 영파(寧波), 상해(上海)에서 태어났다. 1952년에 복단대학(復旦大學) 역사계(歷史系)에 입학하였고, 1956년 졸업 후에는 역사계의 "갑골학(甲骨學)과 상대사(商代

史)"의 연구생(지도교수 : 호후선(胡厚宣, 1911~95))이 되었다. 북경대학 중문계 고전문헌 교
연실(敎硏室)로 부임하였다. 1984년 제2기 박사생 지도교수가 되었다.

현재는 복단대학 출토문헌여고문자(出土文獻與古文字) 연구 중심 교수로 있다.

주요 저서 : ≪문자학 개요(文字學槪要)≫, 북경 : 상무인서관(商務印書館), 1988 ; 수정본, 대
　　　　북(臺北) : 만권루도서유한공사(萬卷樓圖書有限公司), 1994. 이 책은 우리 말로
　　　　번역되어 있다. 이홍진 역, ≪중국 문자학≫ 신아사, 2001 ; ≪중국 문자학의 이
　　　　해≫ 신아사, 2010.

　　　　≪고대 문사 연구 신탐(古代文史硏究新探)≫, 남경 : 강소고적출판사(江蘇古籍出
　　　　版社), 1992.

　　　　≪고문자 논집(古文字論集)≫, 북경 : 중화서국, 1992.

　　　　≪구석규 자선집(裘錫圭自選集)≫, 정주(鄭州) : 하남교육출판사(河南敎育出版社),
　　　　1994.

　　　　≪문사 총고(文史叢稿)≫, 상해 : 상해원동출판사(上海遠東出版社), 1996.

　　　　≪중국출토고문헌십강(中國出土古文獻十講)≫ 상해 : 복단대학(復旦大學), 2004.

▌나종강(羅宗强, 1931~)

광동(廣東) 게양(揭陽)에서 태어났다. 1956년 9월에 남개대학 중문계 입학, 1961년 연구생으
로 입학하여 중국문학비평사를 공부하고 1964년 졸업하였다. 1975년 5월에 모교로 돌아와
≪남개학보≫의 편집을 담당하였고, 후에는 중문계에서 가르쳤다. 중국당대문학학회 부회장
을 역임하였다.

현재는 교수, 박사생 지도교수이다.

주요 저서 : ≪이두 논략(李杜論略)≫, 내몽고인민출판사, 1980.
　　　　　≪수당 오대 문학 사상사(隋唐五代文學思想史)≫, 상해문예출판사, 1986.
　　　　　≪현학과 위진 사인 심태(玄學與魏晉士人心態)≫, 절강인민출판사, 1991 ; 대만
　　　　　문사철출판사, 1992.
　　　　　≪위진 남북조 문학 사상사(魏晉南北朝文學思想史)≫, 중화서국, 1996.

▌도문붕(陶文鵬, 1941~)

광서(廣西) 남녕(南寧) 사람이다. 1964년에 북경대학 중문계를 졸업하였다. 1981년 중국사회
과학원 연구생원 문학계에서 ≪소식 산수시 연구(蘇軾山水詩硏究)≫)(지도교수 : 오세창(吳世
昌)・장백산(張白山))로 석사학위를 취득하였다. 1981년부터 문학연구소 고대문학 연구실,

1988년 ≪문학유산(文學遺産)≫의 편집을 맡았고 주편을 역임하였다.
현재는 사회과학원 연구생원 교수이다.
주요 저서 : ≪중국 고대 산수시 감상 사전(中國古代山水詩鑒賞辭典)≫(여관영(余冠英) 주편,
　　　　　위봉연(韋鳳娟)과 부주편), 남경 : 강소고적출판사, 1989.
　　　　　≪당시와 회화(唐詩與繪畵)≫, 이강출판사(漓江出版社), 1996.
　　　　　≪소식 시사 예술론(蘇軾詩詞藝術論)≫, 상해고적출판사, 2001.
　　　　　≪당송시 미학과 예술론(唐宋詩美學與藝術論)≫, 남개대학, 2003.
　　　　　≪영경시심(靈境詩心)≫(중국 고대 산수 시사)(위봉연(韋鳳娟)과 주편), 봉황출판
　　　　　사, 2004.

동내빈(董乃斌, 1942~)

1963년에 복단대학 중문계를 졸업하고 중국과학원(지금의 사회과학원) 문학연구소로 부임하였다. 1981년 〈이상은 연구(李商隱研究)〉(지도교수 : 오세창(吳世昌))로 석사학위를 취득하고 고대문학연구실에서 근무하였다. 1988년 고대 문학 연구실 주임, 1994년 문학연구소 부소장을 역임하였다.
현재는 상해대학 중문계 교수이다.
주요 저서 : ≪이상은전(李商隱傳)≫, 섬서인민출판사, 1985.
　　　　　≪이상은의 심령 세계(李商隱的心靈世界)≫, 상해고적출판사, 1992.
　　　　　≪중국 고전소설의 문체 독립(中國古典小說的文體獨立)≫, 중국사회과학출판사,
　　　　　1992.
　　　　　≪당대 문학사(唐代文學史)≫(하)(오경순(吳庚舜)과 주편), 인민문학, 1995.
　　　　　≪당제국의 정신 문명 : 민속과 문학(唐帝國的精神文明 : 民俗與文學)≫(정장(程
　　　　　薔)과 공저), 중국사회과학 출판사, 1996.
　　　　　≪중국 고전 문학 학술사 연구(中國古典文學學術史研究)≫(설천위(薛天緯)·석창
　　　　　유(石昌渝)와 주편, 신강인민출판사(新疆人民出版社), 1997.

동상덕(董上德, 1959~)

현재 중산대학 교수이다.
주요 저서 : ≪동매감 문집(董每戡文集)≫(황천기(黃天驥)와 공편), 중산대학출판사, 2004.
　　　　　≪고대 희곡 소설 서사 연구(古代戲曲小說敍事研究)≫, 광주고등교육출판사, 2007.

막려봉(莫礪鋒, 1949~)

강소(江蘇) 무석(無錫) 사람이다. 1984년에 남경대학 중문계에서 ≪강서시파(江西詩派) 연구≫(지도교수 : 정천범(程千帆))로 문학박사 학위를 취득하였다.
현재는 남경대학 중문계 교수, 박사연구생 지도교수(고대 문학 전공), 중국 시학 연구 중심 주임을 맡고 있다.
주요 저서 : ≪강서시파 연구(江西詩派研究)≫, 제로서사, 1986.

≪개척된 시세계(被開拓的詩世界)≫(정천범·장굉생(張宏生)과 공저), 상해고적출
판사, 1990.
≪두보 평전(杜甫評傳)≫, 남경대학출판사, 1993,
≪주희 문학 연구(朱熹文學硏究)≫, 남경대학출판사, 2000.

서공지(徐公持)

사회과학원 문학연구소 ≪문학유산≫ 주편을 역임하였다.

현재는 연구생원 교수·박사 연구생 지도교수이다.

주요 저서 : ≪완적과 혜강(阮籍與嵇康)≫, 상해고적출판사, 1985.
　　　　　≪위진 문학사(魏晉文學史)≫, 인민문학출판사, 1999.

엄적창(嚴迪昌, 1936~2003)

원적은 절강(浙江) 은현(鄞縣), 상해시에서 태어났다. 1955년 남경대학 중문계에 입학하였고 1959년 졸업 후에는 강소 남통사전(南通師專) 중문계에서 교직에 종사하였다. 1980년 남경 대학 중문계의 부교수로 부임하였고 ≪전청사≫ 편찬연구실 부주임·상무 부주편 등 직을 맡았다. 1986년 소주대학 교수로 부임, 박사연구생 지도교수를 지낸 바 있다.

주요 저서 : ≪청사사(淸詞史)≫, 강소고적출판사, 1990.
　　　　　≪양선사파 연구(陽羨詞派硏究)≫, 제로서사, 1993.
　　　　　≪청시사(淸詩史)≫, 길림문사출판사, 1994.
　　　　　≪근대사초(近代詞鈔)(3책)≫(주편), 강소고적출판사, 1996.

오승학(吳承學, 1956~)

광동(廣東) 조주(潮州) 출신이다. 1982년에 중산대학을 졸업하고, 1984년에는 중산대학에서 ≪창랑시화연구(滄浪詩話硏究)≫(지도교수 : 황해장(黃海章)·구세우(邱世友))로 석사학위를 받았고, 1990년에는 복단대학에서 ≪중국 고전문학 풍격학(中國古典文學風格學)≫(지도교 수 : 왕운희(王運熙))으로 박사학위를 받았다.

현재는 중산대학 중문계 교수, 박사생 지도교수이다.

주요 저서 : ≪중국 고전문학 풍격학(中國古典文學風格學)≫, 화성출판사(花城出版社), 1993.
　　　　　≪만명 소품 연구(晩明小品硏究)≫, 강소고적출판사(江蘇古籍出版社), 근간.

왕조붕(王兆鵬, 1959~)

호북(湖北) 악주(岳州) 사람이다. 1982년 2월에 무한사범학원 중문계를 졸업하였다. 1987년 호북대학(湖北大學)에서 ≪장원간연구≫(지도교수 : 증소민(曾昭岷))로 석사학위를 받고, 1990년 남경사범대학에서 ≪송 남도 사인 군체 연구(宋南渡詞人群體硏究)≫(지도교수 : 당규 장(唐圭璋))로 박사학위를 받았다.

현재는 무한대학 교수, 송대문학학회 부회장을 맡고 있다.

주요 저서 : ≪장원간 연보(張元幹年譜)≫, 남경 : 남경출판사, 1989.
　　　　　　≪송 남도 사인 군체 연구(宋南渡詞人群體研究)≫, 대북 : 문진출판사(文津出版
　　　　　　社), 1992 ; 봉황출판사, 2009.
　　　　　　≪양송사인연보(兩宋詞人年譜)≫, 대북 : 문진출판사, 1994.
　　　　　　≪전당오대사(상하)(全唐五代詞(上下)≫,　증소민(曾昭岷)・조제평(曹濟平)・유존
　　　　　　명(劉尊明)과 편저, 중화서국, 1999.
　　　　　　≪당송 사사론(唐宋詞史論)≫, 인민문학출판사, 2000.
　　　　　　≪사학 사료학(詞學史料學)≫, 중화서국, 2004.
　　　　　　≪당송사 휘평(당오대권)(唐宋詞彙評(唐五代卷))≫(주편), 절강교육, 2004.
　　　　　　≪양송 사인 총고(兩宋詞人叢考)≫, 왕가희(王可喜)・방성이(方星移)와 공저, 봉
　　　　　　황출판전매집단・봉황출판사, 2007.

▎왕표(王飇, 1944∼)

원적은 사천(四川) 중경(重慶)이다. 1965년 상해사범대학 중문계를 졸업하였다. 1978년 중국
사회과학원 연구생원 문학계에 입학하여 1981년 문학석사 학위를 받고, 중국 사회과학원 문
학연구소 근대문학연구실에 남아 연구에 종사하였다.
현재는 연구원, ≪문학평론≫ 편집위원이다.

▎원진(袁進, 1951∼)

1982년 화동사범대학 중문계를 졸업하였다.
현재는 상해사회과학원 연구원이다.
주요 저서 : ≪중국 소설의 근대 변혁(中國小說的近代變革)≫, 중국사회과학출판사, 1992.
　　　　　　≪상해 근대 문학사(上海近代文學史)≫(진백해(陳伯海)와 공동 주편), 상해인민출
　　　　　　판사, 1993.
　　　　　　≪근 사백년 중국 문학 사조사(近四百年中國文學思潮史≫, 진백해(陳伯海)・하함
　　　　　　순(夏含淳)・육해명(陸海明)・왕문영(王文英)과 공저), 동방출판중심, 1997.

▎유양충(劉揚忠, 1946∼)

귀주(貴州) 대방(大方) 사람이다. 1968년 귀주대학을 졸업하고 여러 해　동안 중등학교 교사
로 있었다. 1978년에 중국사회과학원 연구생원 문학계에 입학하여 오세창(吳世昌) 교수의 지
도로 당송(唐宋) 시사(詩詞)를 전공, 1981년에 석사학위를 받았다.
현재는 중국사회과학원 문학연구소 연구원, 고대문학 연구실 주임, ≪문학유산≫ 편집위원을
맡고 있다.
주요 저서 : ≪송사 연구의 길(宋詞研究之路)≫, 천진 : 천진교육출판사, 1989.
　　　　　　≪신기질 사심 탐미(辛棄疾詞心探微)≫, 제남 : 제로서사, 1990.
　　　　　　≪주방언 전론(周邦彦傳論)≫, 서안 : 섬서인민출판사, 1991.
　　　　　　≪당송사 유파사(唐宋詞流派史)≫, 복건인민출판사, 1999.

유용강(劉勇强, 1960～)

1988년에 북경대학 중문계에서 ≪서유기(西遊記) 논요(西遊記論要)≫(지도교수 : 오조상(吳組緗) · 주강(周强))로 문학박사 학위를 취득하였다.

현재는 북경대학 중문계 교수이다.

주요 저서 : ≪기특한 정신 만유 : 〈서유기〉 신설(奇特的精神漫游 : 〈西遊記〉新說)≫, 북경 : 삼련서점, 1992.

　　　　　≪중국 신화와 소설(中國神話與小說)≫, 대상출판사(大象出版社), 1997.

이학근(李學勤, 1933～)

1951년 중국 과학원에 들어갔으며, 사회과학원 역사연구소 소장을 지낸 바 있다.

현재는 청화대학 사상문화연구소 소장이다.

주요 저서 : ≪갑골 문자 철합(甲骨文字綴合)≫(곽약우(郭若愚) · 증의공(曾毅公)과 합작), 과학출판사, 1955.

　　　　　≪은대 지리 간론(殷代地理簡論)≫, 과학출판사, 1959.

　　　　　≪동주와 진대 문명(東周與秦代文明)≫, 문물출판사, 1984.

장인(蔣寅, 1959～)

남경(南京) 출신이다. 1981년 양주사범학원(揚州師範學院)(현재 양주대학(揚州大學)) 중문계를 졸업하고, 1984년 광서사범대학(廣西師範大學) 연구생부에서 ≪대력시풍(大曆詩風)≫(지도교수 : 호광주(胡光舟))으로 석사학위를 취득하였고, 1988년 남경대학 연구생원에서 ≪대력시풍(大曆詩風)≫(지도교수 : 정천범(程千帆))으로 박사학위를 취득하였다. 1988년 3월 사회과학원 문학연구소 고대문학 연구실로 부임하였다. 1997년에 일본 경도대학, 1999년에 경북대학의 객원교수를 역임한 바 있다.

현재는 고대문학 연구실 부주임, 연구생원 박사생 지도교수를 맡고 있다.

주요 저서 : ≪대력 시풍(大曆詩風)≫, 상해고적출판사, 1992.

　　　　　≪대숙륜 시집 교주(戴叔倫詩集校注)≫, 상해고적출판사, 1993.

　　　　　≪중국 고전 문학 명저 분류 집성(中國古典文學名著分類集成)≫(청대권, 주편), 천진 : 백화문예출판사, 1995.

　　　　　≪대력 시인 연구(大曆詩人研究)≫(상 · 하), 중화서국, 1995.

　　　　　≪중화 문학 통사(中國文學通史)≫(공저), 화악문예출판사(華岳文藝出版社), 1997.

　　　　　≪학술의 연륜(學術的年輪)≫, 중국문련출판공사, 2000.

　　　　　≪왕어양 사적 징략(王漁洋事跡徵略)≫, 인민문학출판사, 2001.

　　　　　≪왕어양과 강희 시단(王漁洋與康熙詩壇)≫, 중국사회과학출판사, 2001.

　　　　　≪중국 시학의 사로와 실천(中國詩學的思路與實踐)≫, 광서사범대학출판사, 2001.

　　　　　≪고전 시학의 현대 전석(古典詩學的現代詮釋)≫, 중화서국, 2003.

　　　　　≪중국 고대 문학 통론(中國古代文學通論)≫(3 : 수당오대권(隋唐五代卷)), 총주편 : 부선종(傅璇琮) · 장인(蔣寅), 본권 주편, 요녕인민, 2005.

≪중국 고대 문학 통론≫(7 : 청대권), 요녕인민, 2005.
≪청시화고(수정본)(淸詩話考(修訂本))≫, 북경 : 중화서국, 2005 ; 2007.

정걸(程杰, 1959~)

강소(江蘇) 태흥(泰興) 사람이다. 1975년 중학을 졸업한 후에 3년 동안 농사에 종사하였다. 1982년 남경사범대학 중문계를 졸업하였다. 1994년 ≪북송 시문 혁신 연구≫(지도교수 : 욱현호(郁賢皓))로 문학박사 학위를 취득하였다.
현재는 남경사범대학 교수이다.
주요 저서로는 ≪북송 시문 혁신 연구(北宋詩文革新研究)≫, 대북 : 문진출판사, 1996.

조도형(曹道衡, 1928~)

강소 소주(蘇州) 사람이다. 1952년 7월 북경대학 중문계를 졸업하고, 1953년 6월부터 북경대학 문학연구소(지금의 중국사회과학원)으로 부임하였다. 1979년에는 중국사회과학원의 부연구원, 1986년에는 연구원으로 승급하였다.
현재 중국사회과학원 연구생원 박사연구생 지도교수, ≪문학유산≫ 편집위원, 중국문선학회 회장 등 직을 겸임하고 있다.
주요 저서 : ≪문선 이주 의소(文選李注義疏)≫(전4책)(고보영(高步瀛) 저, 심옥성(沈玉成)과 함께 점교), 중화서국, 1985.
≪중고 문학사 논문집(中古文學史論文集)≫, 중화서국, 1986.
≪한위 육조 사부(漢魏六朝辭賦)≫, 상해고적출판사, 1989.
≪남북조 문학사(南北朝文學史)≫(심옥성과 공저), 인민문학출판사, 1991.
≪한위 육조시 감상 사전(漢魏六朝詩鑒賞辭典)≫(오소여(吳小如)·왕운희(王運熙)·장배항(章培恒)·낙옥명(駱玉明) 등과 공편), 상해사서출판사, 1992.
≪중고 문학사 논문집 속편(中古文學史論文集續編)≫, 대북 : 문진출판사, 1994.
≪중국 문학가 대사전(선진한위남북조권)(中國文學家大辭典(先秦漢魏南北朝卷))≫(심옥성(沈玉成)과 공편), 중화서국, 1996.
≪남조 문학과 북조 문학(南朝文學與北朝文學)≫, 강소고적출판사, 1998.
≪남북조 문학 편년사(南北朝文學編年史)≫(유약진(劉躍進)과 공저), 인민문학출판사, 2000.
≪소통 평전(蕭統評傳)≫(중국사상가평전총서 : 50)(부강(傅剛)과 공저), 남경대학, 2001.
≪중고 문학 사료 총고(中古文學史料叢考)≫(심옥성과 공저), 중화서국, 2003.
≪난릉 소씨와 남조 문학(蘭陵蕭氏與南朝文學)≫, 중화서국, 2004.
≪선진 양한 문학 사료학(先秦兩漢文學史料學)≫(유약진(劉躍進)과 공저), 중화서국, 2005.

조욱(曹旭, 1947~)

강소(江蘇) 금단(金壇) 사람이다. 1977년 상해사범대학 중문계에 입학하였고, 1988년 복단대학에서 ≪종영(鍾嶸) 시품(詩品) 연구≫(지도교수 : 왕운희(王運熙))로 문학박사 학위를 취득하였다.

현재는 상해사범대학 중문계 교수, 중국시학 전공 박사생 지도교수이다.

주요 저서 : ≪시품 집주(詩品集注)≫, 상해고적출판사, 1994.

　　　　　≪시품 연구(詩品研究)≫, 상해고적출판사, 1997.

조창평(趙昌平, 1945~)

원적은 절강 상우(上虞), 상해에서 태어났다. 1968년 북경대학 중문계를 졸업하고 1982년 화동사범대학에서 문학석사 학위(지도교수 : 시칩존(施蟄存))를 취득하였다.

현재는 상해고적출판사 총편집, 화동사범대학 고적연구소 겸직 교수를 겸임하고 있다.

주요 저서 : ≪고황 시집(顧況詩集)≫(교편(校編)), 강서인민출판사, 1983).

　　　　　≪당시 삼백수 신편(唐詩三百首新編)≫(마무원(馬茂元)과 공편), 악록서사, 1985 ; 1992 제2판).

　　　　　≪정곡 시집 교주(鄭谷詩集校注)≫(엄수징(嚴守澂)·황명(黃明)과 공저), 상해고적출판사, 1991.

　　　　　≪조창평 자선집(趙昌平自選集)≫, 광서사범대학출판사, 1997.

조홍(曹虹, 1958~)

강소(江蘇) 남통(南通) 출신이다. 1982년 남경대학 중문계를 졸업하고, 1984년에는 대학원에서 ≪양호 문파 연구(陽湖文派研究)≫(지도교수 : 왕기중(王氣中))로 석사 학위, 1989년에는 ≪부론(賦論) : 한위 육조편(漢魏六朝編)≫(지도교수 : 정천범(程千帆))으로 박사학위를 취득하였다. 1991~1992년에는 일본 경도대학 외국인 연구원, 1997~1998년에는 고려대학교 서창 캠퍼스 중문과의 방문교수를 지냈다.

현재는 남경대 고전문헌 연구소 교수이다.

주요 저서 : ≪양호 문파 연구(陽湖文派研究)≫, 중화서국, 1996.

　　　　　≪중국 사부 원류 종론(中國辭賦源流綜論)≫, 남경대학, 2005.

종진진(鍾振振, 1950~)

원적은 호남(湖南) 상음(湘陰), 강소 남경시에서 태어났다. 1968년 남경외국어학교(영어 전공)를 졸업하였다. 1981년 남경사범학원에서 ≪하주 및 그 동산사를 논함(論賀鑄及其東山詞)≫(지도교수 : 당규장(唐圭璋))이라는 논제로 문학석사 학위, 1988년 ≪북송 사인 하주 연구(北宋詞人賀鑄研究)≫(지도교수 : 당규장)로 문학박사 학위를 취득하고 학교에 남아 가르쳤다. 1993년 박사연구생 지도교수로 비준되었다.

현재는 남경사범대학 문학연구소 소장·박사연구생 지도교수, 강소성 철학사회과학 "95" 규획 전가조(專家組) 성원, 중국 운문학회 부회장 등 직을 겸임하고 있다.

주요 저서 : ≪송사거(宋詞擧)≫(교점), 금릉서화사, 1983.

　　　　　≪동산사(東山詞)≫(하주(賀鑄), 교주), 상해고적출판사, 1989.

　　　　　≪금원명청사 감상 사전(金元明淸詞鑑賞詞典)≫(부주편, 주편 : 당규장(唐圭璋)),
강소고적출판사, 1993.

　　　　　≪역대 소령사 정화(歷代小令詞精華)≫, 악록서사, 1993.

　　　　　≪북송 사인 하주 연구(北宋詞人賀鑄硏究)≫, 대북 : 문진출판사, 1994.

　　　　　≪증정 주석 전송사(增訂注釋全宋詞)≫(전4책), 주편 : 주덕재(朱德才), 부주편 :
종진진·사쌍원(史雙元)·왕조붕(王兆鵬)·양연(楊燕)·왕소운(王筱芸), 문화예술,
1997.

　　　　　≪사학의 빛(詞學的輝煌)≫(문학 문헌학가 당규장(唐圭璋))(편), 남경대학출판사,
2001.

진백해(陳伯海, 1935〜)

호남(湖南) 장사(長沙) 사람이다. 1957년에 화동사범대학 중문계를 졸업하였다. 상해사회과
학원 문학연구소 소장 등 직을 역임하였다. 1982년에는 일본의 대판(大阪) 부립(府立) 대학
에서 강학한 바 있다.

현재는 상해사회과학원 문학연구소 연구원이다.

주요 저서 : ≪엄우와 창랑시화(嚴羽與滄浪詩話)≫, 상해고적출판사, 1987.

　　　　　≪당시학 인론(唐詩學引論)≫, 지식출판사, 1988.

　　　　　≪당시 서록(唐詩敍錄)≫, 주이안(朱易安)과 공편, 제로서사, 1989.

　　　　　≪상해 근대 문학사(近代文學史)≫, 원진(袁進)과 주편, 상해인민출판사, 1993.

　　　　　≪당시 논평 류편(唐詩論評類編)≫(주편), 산동교육출판사, 1993.

　　　　　≪당시 휘평(唐詩彙評)≫(전3책)(주편), 절강교육출판사, 1995.

진상군(陳尙君, 1952〜)

원적은 절강(浙江) 자계(慈溪), 남통(南通)에서 태어났다. 1977년 복단대학에 입학, 1981년에
≪구양수와 북송 문학 혁신의 성공(歐陽脩與北宋文學革新的成功)≫(지도교수 : 주동윤(朱東
潤))으로 석사학위를 받고 중문계에서 가르쳤다. 당대 시문의 집일(輯佚) 고증과 작가의 생평
연구에 뛰어난 업적을 올렸다.

현재는 박사생 지도교수, 중국 당대 문학 학회(中國唐代文學學會) 회장을 맡고 있다.

주요 저서 : ≪전당시 보편(全唐詩補編)≫(상·중·하), 중화서국, 1992.

　　　　　≪당대 문학 총고(唐代文學叢考)≫, 중국사회과학출판사, 1997.

　　　　　≪진상군 자선집(陳尙君自選集)≫, 광서사범대학출판사, 2000.

　　　　　≪전당문 보편(全唐文補編)≫(전3권), 중화서국, 2005.

　　　　　≪구오대사 신집 회증(舊五代史新輯會證)≫(전12책), 복단대학, 2005.

　　　　　≪한당 문학과 문헌 논고(漢唐文學與文獻論考)≫, 상해고적출판사, 2008.

　　　　　≪사고제요 정독(四庫提要精讀)≫, 복단대학, 2008.

축청(竺靑)

현재 ≪문학유산≫의 편집위원을 맡고 있다.

주요 저서 : 점교(點校) : ≪제공전(濟公傳)≫(곽소정(郭小亭) 저), 중화서국, 2004.

황림(黃霖, 1942~)

상해(上海) 가정(嘉定) 사람이다. 1964년에 복단대학 중문계를 졸업하고 동년에 연구생 과정 (지도교수 : 주동윤(朱東潤))으로 입학하여 중국문학 비평사를 공부하고 1967년 졸업하였다 (당시에는 학위제를 시행하지 않았다). 1978년 이후 복단대학 중국 어언 문학 연구소에서 문학 연구에 종사하였다. 1986~1987년 일본의 창가대학(創價大學)의 객원 연구원을 지냈다. 현재는 복단대학 박사생 지도교수, 중국 고대 문학 연구 중심 주임, 중국 어언 문학 연구소 소장을 맡고 있다.

주요 저서 : ≪중국 역대 소설 논저선(中國歷代小說論著選)≫(상하)(한동문(韓同文)과 공편), 강서인민출판사, 1982~1985 ; 수정판, 1990.

≪금병매 자료 회편(金瓶梅資料匯編)≫, 북경 : 중화서국, 1985.

≪금병매 만화(金瓶梅漫話)≫, 학림출판사, 1985.

≪고소설론 개관(古小說論槪觀)≫, 상해문예출판사, 1986.

≪금병매 고론(金瓶梅考論)≫, 요녕인민출판사, 1989.

≪금병매 대사전(金瓶梅大辭典)≫(주편), 파촉서사, 1991.

≪근대 문학 비평사(近代文學批評史)≫, 상해고적출판사, 1993.

≪금병매 사화 주역(金瓶梅詞話注譯)≫(공저), 홍콩(香港) : 홍모맹관출판사, 1993.

≪중국 역대 소설 사전(中國歷代小說辭典)≫(명대권)(주편), 운남인민출판사, 1993.

≪중국 역대 문론선(근대권)(中國歷代文論選(近代卷))≫(상하)(오국평(鄔國平)과 공편), 왕운희(王運熙) 주편, 강소문예출판사, 1996.

≪원인론(原人論)≫(오건민(吳健民)·오조로(吳兆路)와 공저), 복단대학출판사, 2000.

≪중국 소설 연구사(中國小說研究史)≫(공저), 절강고적, 2002.

황사충(黃仕忠, 1960~)

절강(浙江) 제기(諸暨) 사람이다. 1978~1985년 항주대학(杭州大學) 중문계에서 학사와 석사 학위(지도교수 : 서삭방(徐朔方))를 취득하고 학교에 남아 가르쳤다. 1989년 중산(中山) 대학에서 ≪배신(背信) 혼변(婚變) 모티프 연구(負心婚變母題硏究)≫(지도교수 : 왕기(王起)·황천기(黃天驥))로 박사학위를 취득하였다.

현재는 지금은 중산대학 고문헌연구소 연구원이다.

주요 저서 : ≪낙서망천 : 배신 혼변과 고전 문학(落絮望天 : 負心婚變與古典文學)≫, 섬서교육출판사, 1991.

≪비파기 연구(琵琶記硏究)≫, 광동고등교육출판사, 1996.

≪중국 희곡사 연구(中國戲曲史硏究)≫, 중산대학출판사, 1997.

역자 소개

이홍진(李鴻鎭, 1947~)

서울대 대학원 졸업(중국 고전 시사(詩詞) 전공)

현재 경북대 중어중문학과 교수

역서 : ≪중국언어학사≫(왕력(王力), ≪중국어언학사(中國語言學史)≫, 1981), 계명대 출판부, 1984.

　　　≪중국경학사≫(피석서(皮錫瑞), ≪경학역사≫, 1906), 동화출판공사, 1985 ; 형설출판사, 1995.

　　　≪중국문자학≫(구석규(裘錫圭), ≪문자학개요≫, 1988), 신아사, 2001 ; ≪중국 문자학의 이해≫, 신아사, 2010.

송용준(宋龍準, 1952~)

서울대 대학원 졸업, 문학박사(중국 고전 시사 전공)

현재 서울대 중어중문학과 교수

저서 : ≪송시사≫(공저), 역락, 2004.

역서 : ≪당송 사사(唐宋詞史)≫(공역)(양해명(楊海明), ≪당송사사≫, 1987), 신아사, 1995.

류종목(柳種睦, 1952~)

서울대 대학원 졸업, 문학박사(중국 고전 시사 전공)

현재 서울대 중어중문학과 교수

역서 : ≪당송 사사(唐宋詞史)≫(공역)(양해명(楊海明), ≪당송사사≫, 1987), 신아사, 1995.

김영문(金永文, 1960~)

서울대 대학원 졸업, 문학박사(중국 근·현대 문학 전공)

현재 서울대 강사

역서 : ≪루쉰과 저우쭈어런≫(공역)(손욱(孫郁), ≪노신과 주작인(魯迅與周作人)≫, 하북인민출판사, 1997), 소명출판, 2005.

■ **신재환(申載煥, 1962~)**

경북대학 대학원 졸업, 문학박사(중국 고전 문학 평론 전공)

현재 경북대 강사

■ **이창숙(李昌淑, 1962~)**

서울대 대학원 졸업, 문학박사(중국 고전 희곡 전공)

현재 서울대 중어중문학과 교수

역서 : ≪중국 고대 음악사고≫(양음류(楊蔭瀏), ≪중국 고대 음악사고(中國古代音樂史稿)≫),
　　　 솔, 1999 ; ≪중국 고대 음악사고(하)≫, 소명출판, 2007.

■ **안찬순(安贊淳, 1965~)**

대만대학 대학원 졸업, 문학박사(중국 고전 문학 평론 전공)

현재 영진대(대구) 교수

■ **나선희(羅善姬, 1967~)**

서울대 대학원 졸업, 문학박사(중국 고전 소설 전공)

현재 서울대 강사

논문 : ≪〈서유기〉 즐거운 여행 : 〈서유기〉 새로운 해설≫(유용강(劉勇强), ≪기이한 정신 만
　　　 유 : 〈서유기〉 새로운 설(奇特的精神漫遊 : 〈西遊記〉新說)≫, 차이나하우스, 2008.
　　　 ≪진인각(陳寅恪)≫(왕자주(王子舟)), 차이나하우스, 2008.

중국 고전 문학 연구의 회고와 전망

초판 인쇄 2010년 8월 20일
초판 발행 2010년 8월 30일

역　자 이홍진 송용준 류종목 김영문 신재환 이창숙 안찬순 나선희
펴낸이 이대현
편　집 이소희
펴낸곳 도서출판 역락
　　　　서울 서초구 반포4동 577-25 문창빌딩 2층
　　　　전화 02-3409-2058(영업부), 2060(편집부)
　　　　팩시밀리 02-3409-2059
　　　　이메일 youkrack@hanmail.net
　　　　등록 1999년 4월 19일 제303-2002-000014호

ISBN 978-89-5556-855-4 93720
정　가 42,000원

* 잘못된 책은 교환해 드립니다.